지도 위의 붉은 선

지도 위의 붉은 선

LE LINEE ROSSE

지도가 말하는 사람, 국경, 역사
그 운명의 선을 따라나서는 지정학 여행

페데리코 람피니 지음 | 김정하 옮김

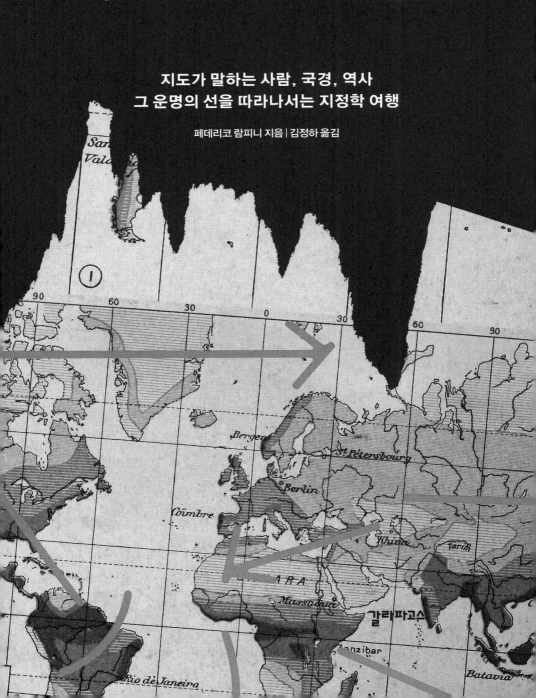

일러두기

지리학과 역사를 가르치고

교육하며

좋아해서 전공하려는

사람들에게

이 책을 바친다.

차례

페데리코 람피니(Federico Rampini)는『중국-인도 제국(L'impero di Cindia)』,
『마오쩌둥의 유산(L'ombra di Mao)』 그리고『인도의 희망(La speranza
indiana)』을 저술한 바 있으며 지정학에 대한 폭넓은 지식과 현대의 흐름을
관통하는 국제 정세에 대한 깊은 통찰력을 가진 이탈리아 작가이다.

그는 의미가 명확하고 간결한 문체를 통해 독자들에게 국제관계의 정세변
화, 특히 정치적 결정들의 이면에서 작용한 보이지 않는 의도와 치밀한 계
산들에 대해 알기 쉽게 설명한다.

저자는 이 책에서 현상의 근원을 세심하게 분석해 인류 정신의 심연을 파
헤치고 있다. "우리의 여행은 더 잦아지고 있지만 이해의 정도는 이에 반
비례한다. 여행의 속도는 빨라지고 있지만 우리를 둘러싼 세상은 우리를
혼란스럽게 한다. 심지어 정치나 경제의 유능한 지도자들까지도 급작스러
운 충격에 세상의 흐름을 더 이상 읽어내지 못하기도 한다. 또한 이들은 지
도에 붉은 선들을 그려 넣을 뿐, 그 의미를 충분히 이해하지 못한다. 어쩌
면 그 온갖 선들의 의미를 이해하려 들지 않는 것인지도 모른다." 지금도
이러한 현상은 더욱 두드러지고 있다.

이 책은 독자들이 현실세계의 긴 여정에 더 많은 관심을 가질 것과 향후 나
아가야 할 미래에 대한 심층적인 관심을 독려하고 있다.

역자인 부산외국어대학교 지중해지역원의 김정하 교수는 람피니와 같은
비중 있는 저자들을 매개로 한국-이탈리아 간 문화교류의 다양성을 독자
들에게 생생하게 전달하는데 크게 이바지하고 있다.

페데리코 람피니의『지도 위의 붉은 선』출간은 이탈리아의 영광일 뿐만

아니라, 한국과 이탈리아 문화 전반에 대한 폭넓은 교류를 기대하게 하는
의미를 가질 것이다.

미켈라 린다 마그리(Michela Linda Magri')

주한이탈리아문화원 원장 (Direttore Istituto Italiano di Cultura. Seoul)

서론

    우리의 여행은 더 잦아지고 있지만 이해의 정도는 이에 반비례한다. 여행의 속도는 빨라지고 있지만 우리를 둘러싼 세상은 우리를 혼란스럽게 한다. 심지어 정치나 경제의 유능한 지도자들까지도 급작스러운 충격에 세상의 흐름을 더 이상 읽어내지 못하기도 한다. 또한 이들은 지도에 붉은 선들을 그려 넣을 뿐, 그 의미를 충분히 이해하지 못한다. 어쩌면 그 온갖 선들의 의미를 이해하려 들지 않는 것인지도 모른다. 중국의 시진핑 주석과 같은 독재자들은 사실상 선출을 위한 절차인 선거의 영향을 받지 않기에, 책을 읽을 시간이 충분하다. 반면 서방의 지도자들은 단지 트위터만을 들여다볼 뿐이다.

    세상이 의미하는 모든 것은 그림들로 설명된다. 우리의 운명은 지도와 그 역사에 기록되어 있다. 그래서 우리는 지도를 판독할 줄 알아야 한다.

    우리 주변의 모든 위기, 즉 지중해 난민에서 한반도의 갈등 구도까지, 브렉시트(Brexit)에서 트럼프까지, 이슬람 테러리즘에서 기후변화까지, 중국과 러시아의 독재에서 신보호주의까지, 유토피아를 향한 교황 프란치스코의 '불가능한 임무들'에서 소셜미디어의 디스토피아까지, 이 모든 것은 우리가 살고 있는 이 세계의 본질을 이해하도록 강요한다. 지리와 역사는 학교에서 공부하는 것만으로 더 이상 충분하지 않다. 시대에 뒤처진 학교

교재 속 사진들과 이 세계가 적지 않게 달라졌기 때문이기도 하다. 국가와 문화의 경계를 나타내는 수많은 '붉은 선들'은 빠른 속도로 효용성을 상실하고 있다. 또한 학교는 새로운 변화들을 교육하거나 지도에 숨겨진 의미들에 대해 언급하지 않으며, 많은 민족과 제국의 선진적인 법과 문명의 역사가 표시된 이 땅의 이미지들을 신속하게 반영하지도 않는다.

인류의 복잡다단한 관계, 우리의 과거를 규정했던 수많은 조건, 인접한 국가들에게 받아온 지속적인 압박, 보다 나은 미래를 건설하기 위한 후퇴. 이 모든 것과 관련해 우리의 현주소와 미래의 방향을 알기 위해서는 지성의 지도가 필요하다.

모든 분쟁, 난민을 위한 통로가 다수 존재하는 모든 국경, 고통을 겪고 있거나 봉기한 모든 민중, 위협적이거나 공격적인 모든 정권, 새로운 기술로 영토를 정복한 모든 경우에, 누군가는 (지도에) 붉은 선을 표시하고 다른 누군가는 이에 항의하며 위반 행위를 서슴지 않는다. 미국의 리더십은 불안하게도 흔들리고 있으며 유럽은 무기력함에 빠져들고 있다. 정국이 불안하기 그지없는 이탈리아에서는 불공정한 경제의 징후들이 나타나고 있다. 근본적으로는 서양의 자유민주주의 내부에서 독재의 징후들이 나타나고 있으며 우리를 공포에 빠뜨리는 테러리즘의 위협도 증가하고 있다. 우리에게는 진정으로 새로운 분석 기준과 새로운 이념, 그리고 새로운 대책이 필요하다.

새로운 기회의 가능성을 신중하게 고려하고 대서양 국가들의 도움을 받으면서 우리 시대의 극심한 혼란을 야기한 가장 위험한 진원들에 대처한다면, 실제적인 힘의 역학관계로 형성된 세계와 우리가 예상하는 세계의 비밀스러운 지리를 찾아낼 수 있을 것이다.

지도 위의 붉은 선

이 책은 여행의 과정에서 드러난 수많은 이야기에 대해 기술하고 있다. 예를 들면, 지리적으로 멀리 떨어진 지역들에 대한 사적인 관점, 해외에서 지내며 쓴 일기, 취재를 통해 작성한 보고 기사, 각종 조사, 해외의 지도자를 수행한 경험, 국제 정상회담 들이다. 이들 중 어떤 것은 독자들의 호기심을 증폭시키고, 때로는 나의 판단이 독자들의 인식을 선도하는 여정이 될 수도 있을 것이다. 만약 나의 수많은 여행이 독자들의 생각을 자극한다면, 이 책에 담긴 모든 사실은 겉으로 드러난 것들의 이면을 통찰하고 새롭게 인식하기 위한 지침으로 활용될 수 있을 것이다.

대서양 국가들에게 고대의 역사는 반복되는 비가시적 줄거리처럼 보일 것이다. 과거의 위대한 제국들은 결코 모두 사라진 것이 아니라, 무의식적으로나마 우리를 이끄는 흔적을 남겼다.

미래의 세계를 건설하고 있는 보이지 않는 붉은 선들도 존재하는데, 예를 들면 종교의 '소프트파워'가 미치는 영향력의 경계, 새로운 기술 혁명을 경험한 국가, 뜻밖에 세계의 곳곳으로 영향을 미친 이탈리아적인 삶의 방식 등이다.

이 책의 줄거리는 내가 17년 전 마지막으로 이주했던 국가에서 시작한다. 미주의 동부 해안에서 서부 해안으로의 이동, 즉 풍부한 내륙의 에너지 자원에서 두 대양(大洋)을 향한 진출로 전환했다는 것은 미국의 패권이 지리에 근거를 두고 있음을 보여준다. 미국제국의 몰락을 언급하기에 앞서, 미국이 전 세계에 거느리고 있는 군사기지와 해군력을 살펴볼 필요가 있다. 이때 고려할 가치가 있는 지도가 하나 있다. 바로 유권자들의 선택을 반영하는 미국 내부의 지도인데 2016년 이 선거 지도가 나비효과를 통해 세계를 충격에 몰아넣은 바 있다. 점점 더 말할 수도, 들을 수도 없게 된 분열된 두 미국은 지리적이고 인종적이며 종교적이고 사회적인 분열의 선들에 의해 갈라져 있었다. 이러한 분열은 놀랍도록 동일한 방식으로 유럽에서도 발견된다. 그럼 트럼프에게 표를 던졌던 금속노동자들의 미국으로 함께 떠나보자. 좌파는 금속노동자들을 대표하기를 거부했고 이들도 이러한 사실을 잘 알고 있었다. 그 밖에도 미국의 북부와 남부 사이에서는 150년이 지난 지금도 남북전쟁이 지속되고 있다. 하지만 구대륙에서도 최근의 선거 판세 지도는 글로벌주의자와 주권주의자로 분열된 사회의 양상을 보여준다. '계급' 투표가 엄연히 존재하며, 우파는 가장 약한 자들, 아마도 우리가 생각하는 것보다 조금 덜 순진한 자들을 지배하고 있다.

포퓰리즘의 역사적 지리는 과거의 시간을 되돌아보게 한다. 세계 정치의 실험실이었던 이탈리아에서는 실비오 베를루스코니 이전, 심지어 무솔리니 시대 이전에 이미 모든 것이 일어난 바 있다.

베를린 장벽이 무너진 후, 보편적인 목표인 것처럼 보였던 자유와 법치가 약속된 땅은 매력을 상실했고 모든 분야에서 강력한 자들이 약진했다. 새로운 글로벌 지정학의 시각에서 볼 때 관용의 경계는 우리가 거의 예상하지 못한 곳에서까지 축소되었다.

구대륙에 상당한 영향력을 행사하는 독일의 역할을 살펴보기 위해서는, 독일의 통일을 방해하려는 극단적인 시도를 취재하기 위해 내가 동베를린을 방문했던 당시로 돌아가야 한다. 1871년과 1990년 사이에 그 어떤 국가의 지도도 독일처럼 빈번하게, 그리고 충격적으로 바뀐 적은 없었다. 그럼에도 독일은 재통일에 성공했다. 통일된 유럽의 경계들도 카롤링거에서 신성로마제국에 이르기까지 게르만의 영향을 받았다. 자신의 과거로부터 교훈을 얻은 덕분에 유럽은 오늘날 '공격적이지 않은' 초강력 세력이 될 수 있었다. 그럼에도 지금 유럽은 비스마르크의 시대처럼 불안정한 상태에 직면해 있다. 또한 러시아의 거부하기 힘든 매력과 유럽연합의 터키 배제는 메르켈-푸틴-에르도안의 삼각 권력 체제에 따른 결과였다.

유럽은 극동으로부터 새로운 실크로드의 제안을 받았다. 나는 중국이 지향하는 이 거대한 정책의 전제들에 대해, 고비사막을 여행했던 한 이탈리아인의 흔적을 따라 여행하면서 이야기할 것이다. 그리고 일본 팽창주의의 역사적 여정을 이용해 북한의 함정을 분석할 것이다. 우리는 미래의 세대를 위해 "중국은 글로벌 헤게모니의 계획을 의도하고 있는가?"에 대한 답변을 제시해야 한다. 중국의 지도자들은 유럽에 확신을 주기 위해 투키디데스와 펠로폰네소스의 함정(아테네-스파르타)를 인용했는데, 이것이 의미하는 바는 정확하게 무엇일까?

과거에 내가 잘 알고 있었고 자주 방문했던 소련 연방처럼, 러시아에서도 차르[1]와 푸틴 간의 연속성을 발견한다. 러시아는 자신이 주변 국가들을 위협하도록 강요당했다는 열등감에 사로잡힌 거인이다. 제3의 로마(모스크바)에서 유라시아, 그리고 공산주의 교회까지, 모스크바가 서유럽의 포퓰리즘을 위해 비축한 오늘날의 정치적 투자가 영향을 미치고 있다. 나는 지도들을 통해 우리에게 중요한 질문, 즉 러시아는 평범한 국가가 될 수 있을까에 대한 답을 찾고 있다.

인도에서 우리를 안내한 첫 번째 가이드는 마케도니아의 알렉산드로스 대왕이었다. 그는 이곳에 이슬람의 확산 효과가 나타나기 오래전에, 인더스강과 갠지스강 사이에서 중동의 자연스러운 팽창을 목격했다. 타지마

---

1 zar, 제정 러시아 때 황제의 칭호.

할은 내가 문명 충돌의 진원지이자 은유로서 탐험한 상징적인 장소이다. 파키스탄의 핵무기와 근본주의 간 갈등은 서양에 앞서 이 지역에서 먼저 시작되었다. 오늘날 경제 분야에서 인도의 코끼리는 중국의 용에 도전하지만 '인도의 희망'은 이탈리아인들의 지속적인 편견에 의해 위협받는다.

버마 역사의 중세를 돌아본 것은 불과 10년 전이었다. 당시 나는 끔찍한 놀라움을 초래할 수 있는 노벨평화상의 수수께끼를 풀기 위한 열쇠를 찾고 있었다. 반면 내가 인도네시아, 베트남, 라오스에서 취재한 내용은, 경제발전의 지도는 고무적이었으나 인권의 지도는 이에 한참 미치지 못한다는 사실을 말해주었다. 자유를 빼앗긴 '험난한' 번영이 승리하고 있었던 것이다.

가톨릭 국가 필리핀의 무슬림 요새인 민다나오정글에서 납치된 한 이탈리아 선교사의 이야기는 "교황은 얼마나 많은 사단을 보유하고 있느냐?"는 스탈린의 질문을 떠올리게 했다. 이에 대해서는 카롤 유제프 보이티와(교황 요한 바오로 2세)-로널드 레이건, 그리고 프란치스코 교황-오바마의 답변을 기억할 필요가 있다. 또한 가톨릭교회의 영향은 쿠바에서 중앙아프리카에 이르는 평행의 지정학적 구도를 그리고 있었다. 하지만 모든 길이 로마로 통하는 것은 아니었다.

난민의 수용과 출생지주의[2]에 대한 이탈리아 특유의 논쟁을 이해하기 위해서는 이탈리아 가톨릭교회의 역사적 중요성과 영토성에 대한 고찰이 필요하다. 이민/침략의 실제 역사는 로마제국의 몰락, 또는 그 훨씬 이전으로 돌아가 원인이 밝혀지지 않은 네안데르탈인의 종말로 소급된다.

---

2 출생한 국가에 따라 국적이 부여되는 방식.

과학, 기술, 일상생활의 교차점에서 지도의 힘은 크리스토퍼 콜럼버스로부터 구글 맵에 이르는 제국들의 운명을 결정했다. 도시와 사회의 경관은 모든 기술 혁명에 의해 재조정되고 재설계되었다. 인터넷은 대륙들의 표류를 알고 있다. 네트워크의 지배자들은 자신들의 이익을 위해 거짓된 유토피아를 제공한다.

기후변화에 대한 낙관적인 기사들은 파리기후협정이 끝내 승리할 것이라고 했다. 하지만 오염의 위력은 우리가 전혀 예상하지 못한 장소들에 숨어 있었다. 식수는 뜻밖의 장소들에서 부족한 것으로 드러났고 우리의 생각보다 더 양이 적다는 사실이 밝혀졌다. 지중해는 플라스틱으로 몸살을 앓고 있으며 북극과 해군 항로의 지리학은 이미 우리 시대에 변화하고 있다.

오늘날 사람들은 여행의 경험이 더 이상 과거 같지 않다고 한다. 너무 빠르고 너무 쉬우며 그 과정에서 배우는 것이 별로 없기 때문일까? 증조부 시대에 여행은 어렵고 고된 것이기는 했지만 지리와 인간의 모습들에서 쉽게 눈에 들어오지 않는 느린 변화들이 존재했다. 계곡과 평원, 언덕과 산, 해안과 바다의 특징과 다양한 종족의 모습과 풍속에 대한 인류학적 특징은 오랜 연구 끝에 이해될 수 있는 것이었다. 이러한 것들은 만년필로 기록된 일기에 담긴 기억과 축적된 감각이었다. 오늘날은 모든 것이 빠르며 제트기나 고속열차는 우리가 스마트폰의 화면에 눈을 고정하고 있는 짧은 순간에도 엄청난 거리를 이동한다. 우리는 육지에서 시속 300킬로미터의 속도로 이동하거나 1만 킬로미터의 고도에서 시속 800킬로미터로 비행하고 대륙 간 이동을 하면서 미처 인식하지 못했던 지역과 민족, 그리고 이들의 역사에 대해 아무것도 알지 못한다.

피상적인 독재에 굴복하지 말아야 한다. 비행기 여행도 단시간의 집중으로 할 수 있는 훌륭한 지리학 수업이 될 수 있다.

중요한 것은 왜 우리가 여기에 있는지, 우리가 누구이고 우리의 국가적 운명은 무엇인지 합리화해주는 이념들을, 장소에 대한 서술을 포함한 맵핑으로 교차시키는 것이다. 프랑스의 철학자이며 소설가인 쥘리앵 방다는 자신의 저서 『유럽연합에 고함(Discours à la Nation Européenne)』(1933)에서 다음과 같이 말했다. "사람들이 자신의 행동에 대해 가지는 이념은, 역사에서 행동 그 자체보다 더 유익하다." 오스카 와일드는 지도에 표시할 정도로 중요한 국가는 유토피아라고 했다. 이는 우리가 현재 있는 장소와 시간일 뿐만 아니라 나아갈 방향과 영감을 선사하는 시선인 것이다.

몇몇 매우 유용한 지도들은 일부는 환상의 결과이다. 『보이지 않는 도시들』에서 이탈로 칼비노가 보여준 지도들처럼 말이다. "위대한 칸은 모든 도시의 지도들을 수집한 지도책을 가지고 있다. 이들은 탄탄한 기초 위에 세워진 높은 성벽의 도시들이거나 붕괴되어 모래에 묻혀버린 도시들, 언젠가 건설되겠지만 지금은 토끼 굴만이 남아 있는 도시들 …… 지도책은 아직 형태를 갖추거나 이름을 가지지 못한 도시들의 형태를 보여준다는 특징을 가진다."

지도 위의 붉은 선

I

미국제국은
몰락하고 있는가?

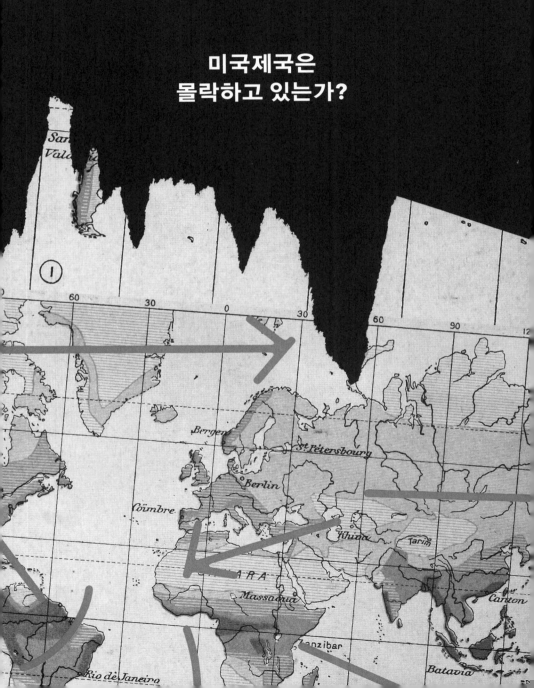

미국의 동부 해안에서 서부 해안에 이
르는 지역들은 계시(또는 묵시)로 넘쳐
나며, 미국의 우월함이 지리학에 근거한
다는 사실을 보여준다. 사우디아라비아
의 땅속에 매장된 석유, 영국에 버금가
는 막강한 해군력, 창조성과 법치는 그
어느 때보다 활기로 넘친다. 하지만 그
이상의 가치를 상실한 패권(헤게모니)
은 시대에 뒤떨어진 것일 뿐이다.

지도와 지도책은 미국의 미래와 세계에서의 역할에 대해 많은 것을 이야기한다. 하지만 이것들을 선별적으로 이해할 줄 알아야 한다.

나는 운이 좋게도, 구름 한 점 없이 맑던 어느 날 비행기의 창문을 통해 미국의 모든 해안을 두 눈으로 직접 관찰할 수 있었다. 내가 본 것을 판독하는 데는 기내 좌석 앞부분의 주머니에 비치된 잡지에 실린 지도의 도움이 컸다. 델타항공이나 유나이티드항공 또는 제트블루와 같은 항공사들이 제공하는, 항로가 표시된 지도였다. 또한 좌석 전면의 작은 TV 화면에서 영화나 게임 외에 항로를 표시한 디지털 지도들을 보여주는데, 여기에도 수많은 정보가 담겨 있다.

나는 화면을 살펴보면서 다음과 같은 질문에 대한 답변을 찾아본다. 미국제국에서는 시간이 계산될까? 비록 오늘날 해안을 따라 여행하는 것이 말을 탄 모험가들의 시대와는 달리 모험적이지도 매력적이지도 위험하지도 않다고는 하지만, 그럼에도 미국의 '물리적 특성'에 대한 부분적인 느낌, 즉 역사적으로 이 땅을 초강대국으로 변모시키는 데 중요한 역할을 했던 공간적인 차원에 대한 느낌을 받는 것은 사실이다. 미국 영토를 표시한 지도들에는 이 나라가 누리는 권력의 비밀이 숨겨져 있다. 지도들에서는 제국의 실제적인 경계를 가리키는 보이지 않는 붉은 선들, 또는 정치-사회적이고 경제적이며 문화적인 허약함도 드러난다. 이는 이미 시작된 몰락의 원인일지도 모른다.

뉴욕에서 샌프란시스코까지는 비행기로 대략 6시간이 걸린다. 이것만으로도 미국 영토가 대륙만큼이나 크고 방대하다는 것을 알 수 있다. 구대륙(유럽)의 경우, 6시간의 비행은 이미 당신이 그곳에서 벗어났다는 것을 의미한다. 유럽은 생각보다 작다. JFK공항은 퀸스 구역과 롱아일랜드섬의 경계 지역에 위치해 있으며 바다에서 가깝다. JFK공항에서 이륙한 비행기는 일반적으로 비행 고도에 도달하기 전에 대서양의 파도가 만들어낸 모래언덕 위를 지난다. 이곳은 미국의 동부 해안으로, 500여 년 전 크리스토퍼 콜럼버스가 항해했던 대양이 유럽을 향해 시작되는 곳이다. 미국은 이 대양을 통해 구대륙에 영향을 미친다. 대서양의 두 축은 같은 시기에, 유럽 출신의 백인들이 모여 살던 두 세계 사이에서 나토(NATO, 북대서양조약기구)와 같은 정치-군사동맹의 특권을 누리고 있었다. 초기의 개척자들에 이어 식민지 개척자들과 노예들, 그리고 미국의 초기 산업부흥에 노동자로 참여한 이민자들이 이 바다를 통해 상륙했다. 이 지역에서는 보스턴의 하버드대학교에서 뉴욕의 콜롬비아대학교까지, 코네티컷의 예일대학교에서 뉴저지의 프린스턴대학교까지 우수한 인재가 다니는 대학교들이 유럽 문화로 고양된 지도층 인물들을 배출했다.

항공기 조종사는 방향을 선회해 중서부 지역으로 비행한다. 날씨와 바람, 그리고 교통량을 고려하면서 캐나다 국경의 오대호가 있는 지역을 스

지도 위의 붉은 선

치듯 지나 시카고나 디트로이트로 향한다. 이 지역은 미드웨스트(서부의 중간)라고 하는데, 탐험가들과 식민지 개척자들이 서부의 멀고 먼 지역으로 향하는 여행의 절반에 해당한다는 뜻으로 붙인 이름이다. 미드웨스트는 초기에는 농경지로, 나중에는 산업 지역으로 전환된 경제발전의 배후지로서 동부 해안의 발전을 이끌었다. 그 가운데 시카고는 20세기 미국 자본주의의 놀라운 성장을 이끌었던 거대도시이다. 맨해튼보다 더 아름다운 빌딩들이 있는 시카고는 경제적으로 오랫동안 뉴욕의 경쟁 도시였다. 기압이 안정적인 기내에서 내려다보더라도 이 국가의 분명한 저력이 느껴진다. 오하이오에서 아이오와까지, 인디애나에서 위스콘신까지, 평탄한 평야와 푸르른 능선, 그리고 곡물이 누렇게 익어가는 들판에 수많은 농기구와 화학비료를 과도하게 사용하는 산업화된 농업 지역이 끝없이 펼쳐져 있다. 이곳은 밀과 옥수수와 콩을 생산하는, 지구에서 가장 비옥한 곡창 지역 중 하나이다. 미국은 가장 강력한 농업 국가로서의 위용을 유지하며, 시민의 필요를 넘어서는 막대한 양의 농산물을 생산하여 수많은 식품을 전 세계의 다른 지역들로 수출한다. 우리는 농업 비즈니스, 유전자 변형 생물, 유전자 변형 식품과 같이 자본주의의 작물 기술에 반대하는 수많은 논쟁에 대해 잘 알고 있다. 하지만 기후변화와 가뭄, 사막화로 인해 지구에서의 식량 생산을 위한 농산물 산업은 전략무기처럼 되어가고 있다.

상공에서 내려다보면 수많은 호수, 그리고 대서양의 항구나 멕시코만으로 물품을 낮은 가격에 운반하는 데 이용되는 강들이 한눈에 들어온다. 시간이 흘러 내가 탄 비행기는 농업에 적합하지 않은 지역의 상공을 날고 있다. 황량한 산악 지역들이 펼쳐진다. 하지만 만약 비행기가 지질학 연구에 이용되는 인공위성과 같은 특별한 장치를 갖추고 있다면, 높은 상공에서도 저 아래에 또 다른 보물, 즉 에너지가 숨겨져 있음을 알 수 있을 것이다. 내가 높은 상공에서 내려다보는 미국은 기내 잡지의 지면과 작은 디지털 화면의 항로 지도들을 통해서도 볼 수 있다. 네브래스카와 다코타, 와이오밍, 그리고 아이다호. 저 아래의 지역들에는 석유 매장량에서 사우디에 비견될 만한 '미국의 사우디'가 위치하고 있다. 이 지역의 땅속에는 막대한 천연가스와 상당량의 다양한 광물자원이 매장되어 있는 것으로 밝혀졌다. 이처럼 땅속에 묻혀 있는 원료들 역시 구조적인 저력이며, 미국을 초강대국으로 유지시키는 동력이다. 계속해서 내가 탄 비행기는 남쪽으로 기수를 돌려 샌프란시스코를 향해 비행한다. 디지털 지도에서는 거대한 반원 형태의 서부 해안 전체가 한눈에 들어온다. 비록 비행을 통해 직접 확인할 수는 없지만(북쪽으로 기수를 돌린다면 우리의 비행 시간은 너무 길어질 것이 확실하다), 서부 해안의 북단으로 알래스카주가 나타난다. 이 주는 지난 1867년 미합중국 정부가 러시아 차르 정권으로부터 720만 달러, 즉 1제곱킬로미터당 4달러의 가격으로 구입한 것이다. 중서부와 로키산맥의 중간에 위치한 지역이 미국의 사우디에 해당한다면, 알래스카는 미국의 쿠웨이트라 할 수 있을 것이다.

우리를 태운 비행기가 샌프란시스코만을 향해 하강을 시작할 무렵 상공에서 내려다보면서 느끼는 또 다른 사실은 샌프란시스코가 마치 사람이 거의 살지 않는 지역처럼 보인다는 것이다. 이러한 느낌은 내가 비행기를 이용해 방문했던 다른 많은 주들의 경우에도 마찬가지였다. 비행기 창문에서 내려다본 캘리포니아에는 산과 사막, 그리고 거대한 호수와 끝없는 숲이 펼쳐져 있었다. 방대한 크기의 경작지도 있는데, 센트럴밸리(또는 그레이트계곡)는 과일과 채소를 경작하는 농업 지역인 반면에 내파와 소노마 사이의 샌프란시스코 북부는 '미국의 키안티[1] 계곡'으로 개발되어 있다. 크기상 대도시로는 남부 지역에 위치한 로스앤젤레스와 샌디에이고가 있지만 이들이 차지하는 면적은 상대적으로 크지 않다. 아직도 이 주의 많은 지역들이 무언가 채워야 할 빈 공간으로 남아 있다. 미국은 아직도 세계의 모든 지역으로부터 많은 이민을 받아들이고 있지만 그럼에도 인구밀도는 여전히 낮은 편이다. 약 980만 제곱킬로미터 면적의 미합중국은 지구상에서 러시아와 캐나다 다음으로 큰 국가이다. 하지만 캐나다와는 달리, 미국 영토의 대부분은 농업과 주민 거주에 적합하다. 또한 미합중국은 1제곱킬로미터당 약 30명으로 인구밀도가 매우 낮아 전 세계 국가 중 180위에 머물고 있다. 이 땅은 사실상 비어 있다고 해도 과언이 아니다.

미합중국은 지리적으로 상당히 유리한 입장에 있다. 이는 미국이 행사하는 강력한 권력의 구조적인 배경으로 작용한다. 미국은 방대한 영토를 배경으로 풍부한 자연 자원과 농산물, 광물자원, 에너지 자원을 보유하고 있다. 그리고 동서에 걸쳐 두 대양으로 얼굴을 내밀고 있는데, 이 바다가 적들의 공격이나 침략을 막아주는 천연의 방어선이 된다. 1941년 하와이의 진주만 공격 이후 일본군이 캘리포니아를 침략할지도 모른다는 정신 나간 소문이 돌기는 했지만, 실제 그 어느 국가도 미합중국을 공격할 엄두를 내지 못했다(국경을 접하고 있는 캐나다와 멕시코는 미국에 대한 적대 정책을 노골적으로 드러내지 않는다). 할리우드의 영화나 텔레비전 드라마 시리즈에서 주로 외계인만이 미국을 침공하는 것은 이러한 미국인들의 잠재의식과 무관하지 않은 것 같다.

---

1 Chianti, 이탈리아 토스카나주의 와인 산지로 유명한 지역을 묶어 이르는 말.

현대 기술의 발전과 더불어, 미국인들은 과거에 비해 거리가 더욱 좁혀졌을 뿐만 아니라 더 이상 충분히 안전하지 않다고 느끼고 있다. 냉전이 시작되면서 미국과 소련의 군비경쟁이 본격화되었고, 핵무기 체제가 갖추어지면서 소련과 중국이 대양을 넘어 미국의 목표물들에 도달할 수 있는 대륙 간 미사일 체제를 구축하기 시작했다. 최근에는 북한도 이론상으로는 최소 알래스카까지 도달하는 미사일 발사를 실험했다. 테러리즘은 상대적으로 적은 비용이 드는 기술들을 이용하기 시작했다. 2001년 9월 11일 알카에다는 뉴욕의 쌍둥이 빌딩과 워싱턴의 펜타곤을 대상으로 여객기 테러를 감행했다. 이로써 미국의 본토에서 과거 진주만 공격에 의한 희생자(약 2,400명)보다 더 많은 수의 시민(약 3,000명)이 희생되었다. 그럼에도 아직까지 크게 우려할 정도는 아니다. 미국은 유럽의 다른 국가들에 비해 한층 쉽게 자신의 국경을 방어할 수 있는 능력을 보유하고 있다. 거대한 태평양과 대서양은 지중해나 발트해와 비교한다면 천연의 요새나 다름없다.

미국제국에 대해 언급하자면, 여기에는 천연자원 외에도 다른 많은 요인들이 관여된다. 특히 경제력에서 미국은 국내총생산에 근거할 때(물론 반론과 논쟁의 여지가 없는 것은 아니지만) 세계에서 가장 부유한 국가이다. 중국이 이에 근접하며 추월을 눈앞에 두고 있지만 미국보다 4배나 많은 인구를 가지고 있기 때문에 실제로는 국가의 부가 각 개인에게 동일한 수준의 물질적 풍요를 제공하지 못한다. 미국의 경제는 두 다리가 진흙에 빠져 하체가 허약해진 거인에 비유되는데, 그 이유는 막대한 공공 부채를 짊어지고 있고 이로 인해 미국 재무부가 발행한 공공 채권의 상당 부분을 구입한 중국에게 압박당하기 때문이다.

하지만 이러한 보편적인 분석은 정확하지 못한 정보에 근거하고 있으며, 특히 경제체계를 충분히 이해하지 못한 데서 비롯된 것이다. 무엇보다 한 국가의 공공 부채는 해당 국가의 부(재력)에 비추어 판단해야 하는데 여기에는 얼마나 지탱할 수 있는지, 즉 이자를 지불하는 데 어려움이 있는지, 또는 채권자들에 적절하게 대처할 수 있는지에 대한 고려가 뒤따른다. 미국의 국가 채무는 그 액수가 상당해 2021년 기준으로 국내총생산의 104.4퍼센트에 이르지만 유럽연합의 평균치보다는 낮은 편이며, 304퍼센트로 세계에서 가장 비중이 큰 베네수엘라나 일본의 채무 비율보다 낮다. 중국은 기존에 알려진 것과는 달리, 미국 재무부(USA Treasury)의 채권을 가장 많이 구입한 국가가 아니다. 오히려 연방준비제도(Federal Reserve)가 채권을 가장 많이 보유하고 있다. 다시 말하면 미국이 미국의 가장 큰 재정 지원 국가인 셈이다.

중국은 미국의 채무 증권에 가장 많이 투자한 국가도 아니다. 초기 몇 년 동안은 그랬지만, 이미 1980~1990년대부터 일본이 그 자리를 대신했다. 중요한 것은 채무자-채권자가 상호의존관계에 있다는 사실이다. 중국 정부가 미국 재무부의 채권을 (더 이상) 구입하지 않는 것으로 미국을 위협할 수 있다는 생각은 그저 순진한 발상에 불과하다. 만약 중국 정부가 이를 시도한다면 스스로 더 큰 충격을 받게 될 것이다. 그 첫 번째 타격은 달러에 대한 급격한 평가절하로 인해 중국에서 생산하는 제품들의 수출 가격이 크게 인상된다는 것이다. 그 외에도 중국처럼 대외 수출이 수입보다 많은 국가는 안전한 재정 활동을 통해 이를 순환시켜야 한다. 세계적으로 미국 재무부가 발행하는 채권만큼 안전한 것은 없다. '안전한 피난처'[2]라는

---

2 일반적인 물가 수준의 상승 후에도 가치를 잃지 않는, 즉 '실제' 가치를 지닌 안전 자산.

말은 우연히 나온 것이 아니다. 달러가 바로 그 안전한 피난처에 해당한다. 월 스트리트 금융시장은 세계에서 가장 유연하다(즉, 주식을 신속하게 매도하겠다는 의사만 내비치면 금방 매수자를 구할 수 있다). 중국 정부에게는 다른 선택의 여지가 없다. 게다가 사회주의 정부의 모든 시민들도 이러한 사실을 알고 있다. 중국의 억만장자들은 맨해튼이나 샌프란시스코에 아파트를 구입한다. 반면 미국의 억만장자들은 플랜 B로 북경이나 상하이에 별장이나 주택을 구입하지 않는다. 이 모든 것은 미국제국에 우호적인 증거들로서 모두 미국에 유리하게 작용하고 있다. 대부분의 사람들은 도심이 변두리보다 안전하다고 생각한다.

군사적 우위는 경제력에 기초한다. 즉, 미국은 다른 모든 국가보다 군사력에 많은 예산을 지출한다. 지금도 미국은 군사력에서 아래 7위까지의 국가들보다 더 많은 예산을 사용한다. 그 어떤 국가도 미국처럼 많은 예산을 국방비로 배정할 여력을 가지고 있지 않다. 미국은 전 세계의 동서남북 모든 지역에서 군사력을 유지하고 있으며 지중해와 페르시아만, 중국해와 인도양에도 함대를 파견하고 있다. 하지만 2017년 미국의 도널드 트럼프 대통령은 이처럼 과도한 군사비 지출에 의문을 제기한 바 있다. 트럼프는 시대착오적인 발상에 사로잡힌 전문가 그룹과 더불어, 미국이 한계를 넘어서는 '과도한 확장(overstretching)'의 위험성, 즉 과도한 부담의 한계를 넘어서면서까지 미국의 군사적 패권을 확대하는 데 따른 위험성을 본격적으로 논의하기 시작했었다. 역사적으로 중국을 포함한 제국들은 이러한 무리한 확장의 과정에서 최후를 맞이했다. 가장 최근의 예로는 영국제국이 그러했다. 영국제국은 제2차 세계대전 이후 아시아와 아프리카에 군사기지를 건설하고 모든 바다에 함대를 파견할 경제력을 더 이상 유지하지 못

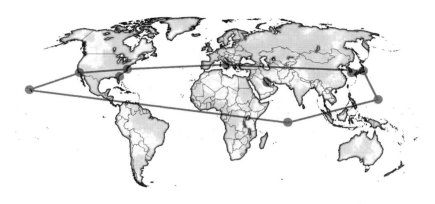

전 세계 미국의 주요 해군기지

했다.

나는 먼저 대양들에서부터 붉은 선을 표시해보려고 한다. 이 선은 미국제국의 건전 상태를 이해하는 데 필요한 이정표라 할 수 있다. 이 경우에 붉은 선은 국경선이 아니라, 미국의 군사력이 주둔하고 있는 해외의 여러 군사기지들을 연결하는 선이다. 나는 이러한 상상의 붉은 선을 해외 주둔 미 해군의 주요 기지들을 연결하는 방식으로 표시했다. 모든 군사기지를 열거하지 않더라도, 아시아-태평양 지역에서 미군의 가장 중요한 기지는 일본과 한국, 그리고 괌에 위치하고 있다. 이 지역은 미 제7함대의 활동 영역이며 여기에는 호주와 뉴질랜드가 동맹국으로 함께한다. 붉은 선은 자국의 태평양 지역 군사기지인 진주만이나 샌디에이고, 대서양 지역의 노퍽과 잭슨빌을 통과해 지중해, 특히 제6함대가 주둔하고 있는 나폴리를 통과한다. 계속해서 붉은 선은 미군이 바레인에 가장 중요한 군사기지를 두고 있는 중동과 제5함대의 핵심적인 기지가 있는 페르시아만으로 이어진다. 그리고 인도양 지역까지 연결되는데, 이곳에는 제7함대가 주둔하고 있는 디에고가르시아 군사기지가 있다. 모든 지역, 모든 대륙, 모든 대양과 모든 바다에서 미국은 자국의 군사력 수준을 넘어 해당 지역의 동맹국을 위한 군사력의 역할도 수행하고 있다.

내가 해군기지들에 대해 언급한 이유는 이들이 군사력의 위용과 영향을 드러내는 가장 대표적인 사례이기 때문이다. 하지만 항구들 주변에는 비행장도 있으며, 또한 레이더나 인공위성에 포착되지 않으면서 멀리까지 항해할 수 있는 핵잠수함의 수리를 위한 시설도 있다. 그 밖에도 미국은 해외에 지상군을 주둔시키고, 나토 회원국과 같은 동맹국들과 자동적으로 또는 긴밀하게 협력하고 있다. 가장 중요한 군대 주둔지는 독일, 일본, 한국이다. 하지만 미군의 주된 특징은 지상 주둔군의 성격을 가지기보다는 강력한 해군력과 현대적 의미의 공군력을 통해 하늘을 장악하는 데 큰 목적이 있다는 것이다.

이러한 의미에서 두 대양과 맞닿아 있는 미국은 영국제국의 계승자이며, 중국과 러시아와 같은 전형적인 육지 세력과 대치하고 있는 해상 세력이다. 해상 제국과 지상 세력 간의 비교와 충돌은 오래전, 아마도 그리스 도시국가들과 페르시아 제국의 전쟁, 또는 아테네와 스파르타의 전쟁 시대부터 역사가들의 관심을 집중시켰다. 이 시점에서 지리학은 다음과 같은 단순한 사실을 주목했다. 육지의 표면은 주로 바다로 덮여 있고 물밑에 잠긴 대부분은 대양으로 덮여 있다. 바다와 하늘을 지배하는 것은 그 영향력이 훨씬 크다. 물론 그런다고 해서 전쟁에서 반드시 승리하고 확실하게 영토를 정복하는 것은 아니다. 하지만 누군가가 하늘과 바다를 선점한다면 지상 세력은 계속해서 붕괴하기 쉽다. 또한 그동안은 어떤 국가도 미국의 글로벌 확장성에 대항할 엄두를 내지 못했다. 중국은 2017년 아프리카의 뿔(The Horn of Africa)의 지부티공화국에 처음으로 해외 주둔지를 구축했다. 이는 의미가 있지만, 여기에서 출발해 미국에 도달하는 것은 사실상 불가능하다.

제국은 고대이든 포스트모더니즘 시대이든 간에 늘 자신의 시대를 풍미했다. 마케도니아의 알렉산드로스나 칭기즈칸처럼 신속하게 전쟁에서 승리하며 방대한 영토를 정복한 경우는 지극히 드물었다. 이보다는 고대 로마처럼, 차르의 러시아처럼, 여러 왕조에 걸친 중국처럼 수십 년에서 수 세기에 걸쳐 거대한 영토를 정복한 경우가 대부분이었다.

미합중국은 가장 먼저 대륙을 정복한 후에 전쟁과 매입을 통해 거대한 제국을 건설한 특이한 사례였다. 예를 들어 미국은 러시아의 차르 정부로부터 알래스카를 구입하기 오래전인 1803년, 나폴레옹의 프랑스로부터 루이지애나 전체를 1,500만 달러에 사들였다. 당시 루이지애나는 오늘날 이 이름으로 불리는 주 정부뿐만 아니라 미시시피강 서쪽의 광활한 지역(200만 제곱킬로미터로 오늘날 미국 영토의 약 1/5에 해당한다), 즉 미시시피에서 캔자스와 몬태나에 걸친 방대한 지역을 포함했다. 또 다른 중요한 지역으로 서남부의 텍사스부터 캘리포니아에 이르는 영토는 1846~1848년에 주로 멕시코전쟁에서 승리하면서 획득했다.

이러한 영토 확장의 시대에, 미국은 대서양에 접한 지역을 중심으로 제국의 초기 모습을 갖추었다. 1823년 제임스 먼로 대통령은 훗날 먼로독트린(The Monroe Doctrine)으로 불리게 될 선언을 준비했다. 초안에는 반식민주의 사상이 반영되어 있었다. 당시 라틴아메리카의 여러 국가들이 독립을 쟁취했다. 미국은 영국의 간섭과 영향으로부터 완전히 자유롭지 않던 당시 아대륙이 유럽 국가들의 정복과 분쟁에 희생되는 것을 막으려고 했다. 스페인과 포르투갈이 상실한 영토가 영국에 넘어갈 가능성이 있었기 때문이다. 먼로 대통령은 유럽인들이 라틴아메리카에 개입하여 이 지역을 군사적으로 공격하려 한다면 미국에 대한 공격으로 간주하겠다고 말했다.

19세기가 끝나갈 무렵 미국의 경제력과 무역 활동이 크게 발전하면서 먼로 대통령은 독트린의 적용 범위를 확대했는데, 이는 사실상 초기 독트린 내용의 변화를 예고하는 것이었다. 조지프 퓰리처[3]와 윌리엄 허스트의 신문사들이 주도한 전쟁 지지 캠페인 이후, 윌리엄 매킨리 대통령은 쿠바의 독립을 위해 스페인에 선전포고했다. 미국은 승리했지만, 쿠바의 독립을 보장하기보다는 보호국으로 만들었다. 그의 해군 차관이었던 테드 루스벨트는 훗날 미국의 초대 대통령에 당선되었으며, 그의 행정적 감독하에서 남반구와 카리브해에 대한 개입이 추진되었다.

20세기 초반 라틴아메리카에서는 미국의 주도하에 군사작전이나 전쟁이 전개되었다. 먼로와 루스벨트의 독트린은 냉전의 논리, 심지어 소련의 쿠바 미사일 배치로 인해 발생한 소련과의 핵전쟁 위기(1962)가 극복된 지 반세기 만에 수정 작업을 거쳐 강화되었다. 1950~1980년대 라틴아메리카에 대해서는, 과거 소련이 동유럽과 아프가니스탄의 위성국가들에 적용했던 일종의 '제한된 주권'의 주장이 우세했다. 미국은 보다 탄력적이거나 간접적인 방식을 도입하면서 자신의 군사력 사용을 지극히 자제했으며 때로는 공산화를 막기 위해 지역 독재자들을 지원하기도 했다.

당시까지만 해도 서양은 라틴아메리카를 마치 자기 집의 정원처럼 간

---

3 Joseph Pulitzer, 미국의 언론인이자 신문 경영자로, 현대 신문의 정형을 확립했다고 평가된다.

주했다. 하지만 이미 1898년 스페인과의 전쟁을 통해 미국은 태평양에 머리를 내밀었고 스페인의 지배하에 있던 필리핀과 괌을 차지했다. 반식민주의 이념으로부터 새로운 제국 건설로의 전환은 신속했다. 이러한 정책 변경은 기적적인 산업 발전의 붐과 시기적으로 일치했다. 당시 미국은 오늘날의 중국과 다르지 않았다. 다시 말해 놀라운 경제발전을 통해 영국, 독일, 프랑스와 같은 구(舊) 산업 세력들을 빠르게 따라잡은 신흥 세력으로 등장했다. 하지만 20세기 초반까지 미국은 유럽에서 전개되고 있는 상황을 은밀하게 주시하고 있었다. 미국의 인구와 지도 계층이 유럽에서 온 사람들이었기에 유럽의 국가들을 크게 신뢰하지 않았다. 미국의 설립자와 초기 개척민 대부분은 시민전쟁과 종교전쟁, 소수자 박해, 절대주의 정권을 피해 미국으로 도피한 사람들이었다. 이들은 다시 돌아가 유럽의 사태에 휘말리는 것을 원하지 않았다. 이러한 사실은 고립주의의 역사적 뿌리, 즉 주기적으로 재등장하는 흐름, 최근에는 트럼프를 통해 다시 출현한 고립주의를 이해하는 데 도움이 된다.

미국의 이념에서 국제주의적이고 간섭주의적인 초기 이론들이 강조된 계기는 두 번에 걸쳐 일어난 세계대전이었다. 미국은 소위 선(善)의 제국과 같은 이미지였다. 보편적인 가치에 기초했으며, 방대한 동맹국들과 협력했고, 다른 국가들의 영토를 직접 착취하고 간섭하는 데 관심을 갖지 않는 반(反)식민주의를 지향했다. 토머스 우드로 윌슨 대통령은 제1차 세계대전에서, 그리고 프랭클린 델러노 루스벨트 대통령은 제2차 세계대전에서, 모두 민주당원으로서 이러한 새로운 비전을 제시하며 미국이 새로운 세계질서의 강력한 심판관이 되기를 자처했다. 지금까지 나는 '미국제국'이라는 용어를 사용했다. 이는 고대 로마, 인도의 무굴제국, 제국 왕조의 중국, 나폴레옹제국 또는 독일의 제3제국과는 다른 모델이다. 미국은 무력을 자주 사용했지만, 과거 카이사르 군단과 히틀러의 군대가 시도했던 것처럼 무기한으로 무력 점령을 하거나 외국 영토를 병합한 사례는 거의 없다.

국제주의 이념은 이것이 미국 정치를 통해 표면화되었을 때 인권에 대한 보편적 선언의 가치들과 관련이 있었지만, 지리학적인 관점에서 볼 때 미합중국은 어느 정도 안정적인 단계에 진입한 후에는 영국제국의 방대한 영토를 상속하려고 했다. 반면 이념적인 측면에서는 프랑스 계몽주의를 지향했다. 권리장전(Bill of Rights)은 미합중국 헌법의 첫 10개 조항에 반영되었고 기본권으로 규정되었다. 미국은 때로는 프랑스혁명의 이념을 표방했으며 어떤 경우에는 이를 넘어서려는 의지를 드러내기도 했다. 프랑스혁명과 미국 독립은 각기 서로 다른 역사적 사건이지만, 연도는 1789년으로 동일하다. 프랑스혁명 당시 유명한 장군이었던 라파예트는 미국의 독립을 위해 싸웠다. 세상의 가난한 자들과 난민들에게 피난처를 보장하는 자유의 여신상은 프랑스인들로부터 상속받은 것이나 다름없다. 미국과 프랑스는 오늘날까지도 서양이 추구하는 보편주의 비전에 의해 탄생했다. 제국주의 패권의 이념과 그 구체적인 실천 사이에는 커다란 차이가 있다. 루스벨트 대통령 당시 미국은 나치즘과 파시즘에 맞서 싸웠으며 이탈리아의 자유에 결정적인 공헌을 했다. 하지만 베트남전쟁과 이라크전쟁에서 드러난 미국의 이미지는 강압적이고 옳지 못한 행위를 자행하는 변질된 모습 그 자체였다.

급진주의적인 여론은 인간의 권리와 의무라는 명분하에 루스벨트 시대의 미국을 갈망하기를 멈추지 않았다. 유럽의 좌파가 전(前) 유고슬라비아 사태에 대한 나토의 개입을 지지한 것, 빌 클린턴 대통령이 르완다에서 자행되던 대량 학살을 막지 않은 데 대해 비난받은 것, 버락 오바마 대통령이 시리아에서 아사드 정권의 시민 탄압을 저지하지 않은 데 대해 비난받은 것. 이러한 에피소드들에서는 불의에 당당히 맞서 바로잡는 '선의 제국'에 대한 향수가 겉으로 드러난다. 이 모든 질타에도 불구하고, 한때 미국은 선의 제국의 모습을 보여주기도 했다. 군사력이나 경제력 외에도, 공감된 가치의 모델에 근거한 포스트모더니즘 시대의 제국이었다. 이러한 포스트모더니즘의 제국주의가 그 자체로 최선의 모습을 드러낸 지역은 대서양의 두 연안이었다. 유럽과 미국의 관계는 이러한 가치의 공감대를 형성했다. 나토의 저력은 군사력에서만 유래된 것이 아니다. 소련의 붕괴와 공산주의 블록의 해체는 차선적인 가치 체제의 붕괴이기도 했다.

정확하게 말해, 여러 선(線)들의 다발이라고 해야 할 또 하나의 붉은 선은 대서양의 두 연안 간 관계가 얼마나 긴밀했는지를 보여준다. 지구 지도를 보면 밝은 선들의 흔적이 보이는데, 이는 디지털 시대의 많은 정보 교류라 할 수 있는 데이터들의 흐름을 나타낸다. 붉은 선들은 모든 국가에서 모든 방향으로 뻗어간다. 하지만 북미와 서유럽 사이에서 붉은 선들은 수없이 많고 넓고 강렬하여 마치 고속도로처럼 보이는데, 이는 이 두 지역이 동일한 이해관계와 정보의 차원에 해당된다는 것을 의미한다. 또한 두 지역 간에는 교류가 보다 빈번하며 거의 단일한 문화를 공유한다. 인터넷은 고대의 항해 경로나 다름없다. 지금까지는 그 무게중심이 여전히 서양에 있다. 세상의 다른 지역들, 예를 들어 아프리카와 남미의 여러 지역은 빈곤과 낮은 생활수준 같은 여러 이유로 인해 우리와, 그리고 그들 사이에서도 빈번한 소통이 전개되지 않는다. 중국, 러시아, 이란과 같이 미국제국의 일부가 되는 것을 몹시 꺼리는 국가들은 검열과 여러 정치적 장벽을 위해 네트워크를 '국유화'했다. 중국의 경우는 미국을 대체하려고 하며, 러시아와 이란의 경우는 자신들의 영향력을 확대하기 위해 미국의 쇠퇴를 이용하려고 한다.

미국의 리더십은 그 우위가 확인된 순간부터 항상 문화적 패권을 동반했다. 미국제국의 몰락에 대한 질문에 답변하기 위해서는 이러한 패권의 여러 요인들을 규명하고 얼마나 견고한 것인지를 분석하며, 몰락이 가능한 것인지 아니면 불가역적인 것인지를 이해할 필요가 있다.

현재 미합중국은 자신의 경제적 능력의 한계치에 직면하지는 않았다. 해안 지역을 따라 비행하는 여객기의 항로에서 착륙 직전의 몇 분은 매우 중요하다. 착륙하기 직전에 비행기는 샌프란시스코공항이 인접해 있는 실리콘밸리의 상공을 통과해야 한다. 따라서 여행객들은 지리에 대한 약간의 정보를 떠올릴 필요가 있다. 샌프란시스코와 산호세의 중간 지역에는 팔로 알토, 스탠퍼드 쿠퍼티노, 마운틴 뷰, 멘로 파크라고 불리는 명소들이 있다. 이곳에 네트워크를 지배하는 자들의 본부가 있는데, 이들은 디지털 경제를 지배하는 애플, 구글, 페이스북, 그리고 다른 많은 하이테크 기업과 같은 거대 기업들이다(아마존과 마이크로소프트도 지리적으로 같은 서부 해안이지만, 상대적으로 북쪽의 시애틀 인근에 있다).

캘리포니아는 지리적인 위치 덕분에 전자 산업의 중심지로 등장하기 시작했다. 즉, 제2차 세계대전 당시 루스벨트 대통령은 캘리포니아주가 지리적으로 일본에 가깝다는 이유로 군수산업의 상당수를 서부 해안 지역으로 이전했다. 전쟁 목적의 과학 연구는 인터넷의 탄생과 더불어 항상 중요한 역할을 했다. 실리콘밸리의 기적은 유명 대학들에서 유능한 외국인 인재를 적극적으로 수용하는 다인종사회에 이르기까지 창조성을 지향하는 자유주의 문화에서 벤처 자본의 금융 유연성에 이르기까지, 많은 요인들의 기여가 있었기에 가능했다. 기술이 미국에 날개를 달아준 셈이다.

경제적 부와 기술적 창조성은 미국이 보유한 다른 저력들과도 결합했다. 이들 중 가장 중요한 요인은 법치였다. 우리는 이를 너무나 익숙한 것처럼 생각하기 때문에 쉽게 망각해버리거나 당연시한다. 추진 정신, 시장경제의 활력은 모두에게 동일하며 법원에 의해 효력이 발효된 구체적인 규정들을 필요로 한다. 자본주의는 피노체트 장군의 칠레에서 오늘날 중국공산당에 이르는 독재정권들에 의해서도 발전된 바 있다. 하지만 독재는 지속적인 불확실성을 심화시킨다. 즉, 매일같이 언론을 통해서 접하고 있듯이, 의견을 달리하는 지식인뿐만 아니라 부유한 기업인도 운이 없는 경우 거의 모든 것을 잃을 수 있으며 처벌을 받거나 독재자의 의지에 따라 추방될 수 있다. 이탈리아를 포함한 다른 지역들에서 경제는 마피아 조직의 예측 불가능한 숨겨진 세금의 압박으로 취약해진다. 치안 권력과 사법기관들은 잘 작동하지 않으며 범죄 기생주의는 국가를 빈곤하게 만든다.

법치는 미국 모델의 핵심적인 골격이며, 수많은 과학자와 기업인이 미국으로 이주하는 이유 중 하나이다. 미합중국은 법치를 독점하기보다는 (법치는 스위스와 덴마크에서도 잘 작동되고 있다), 방대한 내수시장에 대한 대대적인 비판을 통해 대륙 전체로 확대했다. 영국과 독일의 대학들도 발명의 자유와 지적재산권의 보호를 받는다. 중국과 인도 역시 지속적인 연구를 집중적으로 지원했다. 하지만 중국, 인도, 러시아, 프랑스, 그리고 이탈리아의 인재들은 미국을 향해 지속적으로 탈출하고 있다. 이러한 흐름이 지속되는 것은 미국제국의 활력을 보여주는 신호이다. 하지만 이것만으로는 충분하지 않다. 고대 로마의 지도층은, 심지어 아테네가 오래전 독립을 상실한 이후에도 자식들을 계속해서 그리스로 유학 보내고 있었다. 하지만 단지 이러한 사실만으로는 미국제국이 전성기를 보내고 있는지, 아니면 쇠퇴의 기미를 보이고 있는지를 알기 힘들다.

미국의 몰락을 보여주는 신호는 매우 많다. 그리고 오래전부터 그 수가 증가하고 있다. 이에 근거해서 미국제국이 몰락하고 있느냐는 질문에 대해 무언가를 말할 수 있는데, '그렇다'는 답변과 더불어 그 끝이 점차 다가오고 있다는 것이다. 그 이유들 중 첫 번째로 지적할 수 있는 것이 경제적 불평등이다. 이 요인은 미국의 민주주의 사회를 좀먹으며 과두정치로 바꾸어놓고 있다. 대학의 시스템도 그 영향으로부터 자유롭지 않다. 해외 인재의 유입은 미국 중산층의 많은 자식들이 비싼 등록금 때문에 좋은 대학에 입학하기 힘들다는 현실을 가리고 있다. 심각한 병리 현상 중에는 타락하고 변질된 정치 시스템이 포함된다. 즉, 국가는 분열을 거듭하고 있으며 좌파와 우파는 서로의 모든 정당성을 부인한다(이 문제는 트럼프 대통령 이전에 이미 빌 클린턴, 조지 W. 부시, 버락 오바마의 정부를 통해 드러난 바 있다). 병든 민주정치는 기후 문제, 교육과 보건의 질, 공공서비스와 기간산업의 침체와 같이 보다 심각하고 시급한 도전들에 대처하지 못하고 있다.

그럼 이제 마지막 붉은 선에 대해 이야기해보자. 이는 미국 패권의 종말에 대한 답변을 줄 수 있을지 모른다. 미국제국의 성격상 동맹국들과의 관계망은 중요한 가치를 가질 것이며 견고한 붉은 선은 자유민주정치의 세계적인 척도일 것이다. 민주정치의 발전은, 베를린 장벽이 무너지고 동유럽의 많은 국가들이 미국 중심의 모델에 참여하기로 결정한 이후 미국 리더십의 일방적인 독주를 통해 최고점에 도달했다. 오늘날 이러한 자유민주정치의 붉은 선은 그 선명성이 약화되고 있다. 트럼프 대통령이 자신의 정치 노선에서 보편적 가치(윌슨 대통령과 루스벨트 대통령의 전통)를 배제했던 것은 이러한 붉은 선의 선명성 회복을 저해했다.

자유민주정치의 붉은 선은, 거대한 군사기지들의 붉은 선들에 앞서 거대한 미 해군의 항구들의 문제를 우선적으로 보여준다. 미국제국은 이념이 물리적인 힘만큼이나 강하게 드러나는 경우들에서 자신의 고유한 특성을 유지해왔다. 이념들의 빛이 바래진다면 군사력은 시대착오적이며 높은 비용으로 인해 더 이상 유지하기 힘들 수 있다.

II

서양은 중국을
죽이고 있는가?

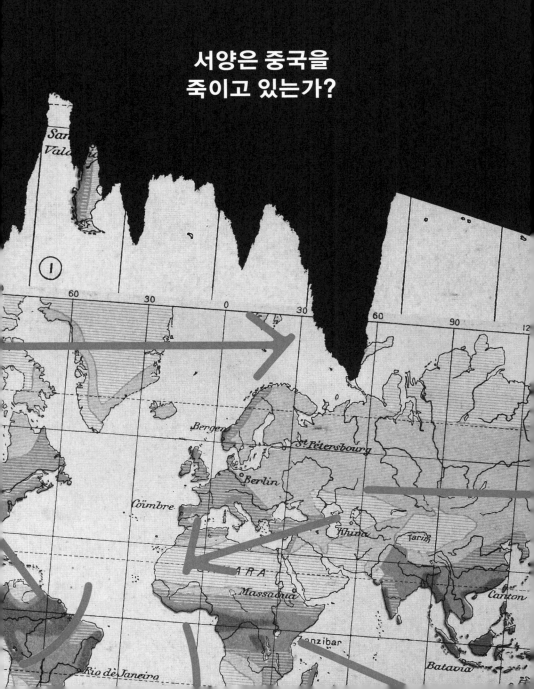

신新실크로드가 열리는 그곳에서 중국
의 지도자들은 자신들의 입지를 강화하
기 위해 고대 그리스인의 '투키디데스의
함정'[1]을 인용한다. 고비사막에 남겨진
한 이탈리아인의 흔적이 새로운 관심을
받고 있다. 그리고 북한의 함정에 대한
분석이 진행되고 있다. 그 결과 다음과
같은 질문이 가능하다. "중국은 글로벌
패권(헤게모니)을 위한 계획을 가지고
있는가?"

---

1 기존의 패권 국가가 신흥 강국의 등장에 두려움을 느껴 긴장 상황을 해결하기 위한 전쟁을 벌
   인다는 이론.

나는 고대 베네치아 상인들의 수많은 여정 중 하나를 따라 중국에 입국한 적이 있다. 이 육로는 중앙아시아의 초원 지역에서 발흥하며, 중세 중원의 제국들을 위협했던 많은 침략자들도 이용한 바 있다. 나는 비교적 편안한 상황에서, 그 유명한 고비사막의 자동차 경주에 참가한 신문기자 루이지 바르지니의 여정에 참여했다. 당시의 경험은 상당히 유익했는데, 왜 중국의 제국이 만리장성을 건설해야 했는지 그 이유를 확실하게 알 수 있었기 때문이다. 이 거대한 성벽은 중국의 제국들이 야만족의 위협이 빈번하던 그곳에 자신들을 보호하기 위해 감행한 역사적인 대공사의 결과였다. 이는 중화인민공화국이 생각하던 자신들의 영토가 어디까지였는지, 그리고 불교의 티베트, 위구르의 무슬림, 그리고 몽고와 같은 소수인종에 대한 베이징의 단호한 태도를 잘 설명해준다.

오늘날에는 중국에 들어갈 때 보통 비행기를 이용한다. 중앙아시아의 산악과 사막 지역을 통과하지 않는다. 나는 중국으로 가는 모든 항공로를 경험한 바 있다. 한번은 색다른 경험을 했는데, 하나의 문명권이라고 할 수 있는 중국의 수천 년 역사와 지리가 혼합되어 나타난 것이다. 현 중국 국경의 기능 외에도 사람들이 중국을 어떻게 바라보고 있는지, 또는 중국이 자기 자신 그리고 외부 세계와의 관계에 대해 어떻게 생각하고 있는지 알 수 있었다. 그 외에도 겉으로 드러나지 않는 붉은 선은 지금도 지속적으로 영토를 확장하고 있는 이 새로운 제국의 국경에 대한 이미지가 어떤 것인지를 말해준다.

40년 전 마오쩌둥이 통치하던 중국은 상당히 고립된 상태였으며, 이후 그의 후계자들이 지배하면서 점차 외부 세계에 자신의 모습을 드러낼 당시까지도 외부와 연결된 항공로는 상당히 드물었다. 홍콩을 통해 중화인민공화국의 목적지로 가는 것이 더 편리한 방법이었다. 이처럼 남부의 해안 지역을 통해 중국에 입국하는 것은, 이 나라에서 가장 인구가 밀집된 지역인 베이징의 만다린어와 상당히 다른 남부 지역의 언어인 광둥어를 사용하는 주민들의 거대도시들을 곧바로 통과한다는 뜻이다. 홍콩을 출발한 직후 비행기는 선전(深圳)과, 이름부터가 광둥(廣東)인 거대한 산업 중심지 광저우의 상공을 지난다. 이 지역의 심장은 주강(또는 월강) 삼각주이다. 황허강과 양쯔강에 이어 중국에서 세 번째로 긴 주강은 홍콩과 마카오 사이의 중국해 남부 지역으로 흘러나간다. 이 명칭은 오늘날 이 지역이 사실상 중국에서 가장 산업화된 지역이며 동시에 가장 오염이 심한 지역이라는 사실을 강하게 암시한다. 이곳에는 중국 인구의 5퍼센트에 해당하는 6,600만 명이 거주하고 있으며 중국 수출의 5퍼센트를 생산하는데, 이는 독일 전체의 해외 무역량에 해당한다.

중국의 산업화 지역을 통과한 후 해안을 따라 계속해서 비행하면 고대의 실크 도시로서 마르코 폴로가 머물렀던 항저우의 상공을 지나 상하이가 모습을 드러낸다. 비행기에서 내려다보면 비록 방대한 규모의 유독성 연무가 형성되어 있고 도시와 산업 시설에 의해 오염이 더욱 심해질 때도 있지만, 그래도 이곳이 지난 30년 이후 중국 경제의 기적을 이끈 진정한 주역이라는 사실을 알게 된다. 1979년 중국 공산당의 지도자 덩샤오핑이 마오쩌둥 경제의 종식을 알렸을 때, "부자가 되는 것은 영광된 일이다"라는 메시지의 첫 수혜자는 남부 지역의 주민이었다. 이 지역이 수세기 전, 중국이 세계에서 가장 부유하고 발전된 국가였을 당시 상업자본주의의 전형이었다는 것은 우연이 아니다. 광둥의 남부 주와 지역들은 중원의 많은 제국들을 위한 부의 원천이었으며 역사적으로는 유목 생활에서 정주의 농업 체제로의 전환을 성공적으로 실천한 사례 중 하나였다.

논으로 사용된 토지의 높은 비옥도는 위도와 온도, 즉 '수력 문명'에 필수적인 요인들이었고 중국인들은 체계적인 대규모 공공사업을 추진하면서 농사를 위해 강의 흐름을 바꾸거나 수로를 건설했다. 덕분에 중국의 남부 지역들은 수천 년 전부터 인구가 가장 밀집된 지역 중 하나를 건설할 수 있었다. 규모의 경제, 또는 많은 사람들이 한곳에 정착하여 노동을 함께하는 시너지 효과는 산업화 시대에도 장점으로 작용했을 것이다. 물론 이 때문에 인구 과밀에 따른 병폐도 없지는 않았다.

현대의 오염 문제가 제기되기 훨씬 전, 중국 남부는 주민들이 과밀하게 모여 살면서 인간 간 또는 인간과 동물(닭, 돼지) 간 전염병 창궐의 실험실이 되었다. 나 역시 미국에서 중국으로 1년간 파견되었던 2003년 당시 사스 대유행으로, 예방 차원에서 중국과 외부 세계의 국경 봉쇄가 단행되었을 때 비슷한 경험을 한 바 있다. 2003년을 전후해 출현한 것은 조류독감만이 아니었다. 이토록 밀집해 살아가는 주민들은 지난 수천 년 동안 협

력하고 이념을 교류하며 생산기술을 발명하고, 또한 세균을 전파하기도
했다.

캘리포니아와 중국을 오가면서 생활하던 당시, 나는 샌프란시스코와
베이징을 논스톱 11시간 비행하는 노선을 선호했다. 때로는 뉴욕-베이징
노선을 이용했는데 14시간이 걸리는 직항이었다. 이는 지리를 배우는 데
많은 도움이 되었다. 해안을 따라 미국을 비행하는 데 6시간이 소요된다
고 봤을 때, 왜 미국의 동부 해안에서 중국으로 가는 데 걸리는 비행 시간
은 그 절반으로 줄어들까? 뉴욕-베이징 항공 노선은 11+6시간, 즉 17시간
이 걸려야 맞지 않은가. 해답은 극좌표[2]를 통과하는 데 있었다. 대륙 간 비
행이 길어질수록 최종 목적지에 도착하기 전에 북극을 향해 비행하는 것
이 효과적이다. 지구는 적도의 중앙 부분이 넓고 양극의 지점이 좁다(지구
를 실제의 거리가 왜곡되는 2차원적인 구의 이미지로 나타낸 지구본 때문에, 우리
는 흔히 이러한 사실을 잊고 산다). 비행기를 타고 여행하는 사람은 이러한 사
실을 분명하게 알게 된다. 왜냐하면 북극 경로가 이미 오래전부터 비행에
이용되었기 때문이다. 최근에는 이와 동일한 논리가 선박 항해의 노선에
도 적용되고 있다.

북극 경로를 통하지 않는다면, 미국에서 중국으로 가는 비행기는 한반
도를 향해 빠르게 나아가다가 베이징을 향해 기수를 돌린다. 베이징은 중
국의 북동부 지역에 위치하고 있으며, 이해관계와 수도의 위치에 따라 남
부 왕조와 북부 왕조로 구분되는 제국 문명의 또 다른 중심이었다. 시안
(西安)은 진시황의 병마용이 발견된 도시로서, 베이징과 더불어 북부 왕조

---

2 평면 위 점의 위치를, 정점으로부터의 거리와 x축과 이루는 각으로 나타내는 좌표.

의 수도 중 하나였다. 고대의 지름길을 따라 미국에서 중국으로 가기 위해서는 긴 시간 동안 길도 없고 사람도 거의 살지 않는 산악 지역과 사막이나 다름없는 지역을 통과해야 한다. 이곳에서도 중국 역사의 마지막 제국인 만주족의 청나라가 등장했다. 이 제국은 외부인들에 의해 건설된 것으로 중국의 역사에서는 드문 경우이다. 만주족은 흔히 '정통 중국인'으로 간주되며 인구의 대부분을 차지하는 한족과 거의 섞이지 않았다. 또한 만주족은 풍속과 언어를 지배하려고 하지도 않았다. 그러면서도 1644년부터 1912년까지 대략 3세기 동안 통치를 이어갔다. 이전에도 외부 세력의 다른 왕조들이 있었지만 모두 중국인으로 동화되었는데, 이들은 몽고 또는 튀르크와 같이 북부 지역의 국경을 통해 스텝 지역 주민들이 침입한 결과였다.

북동부 지역으로 접근해 베이징에 도착할 때, 운이 좋다면 거대한 수도의 모습에 앞서 만리장성의 여러 흔적들을 목격할 수 있다. 그 장대한 고대 유적의 성벽과 요새들을 알아보지 못하는 것은 불가능하다. 만리장성은 그 전례를 찾아볼 수 없는 중국의 대표적인 유적으로, 종종 건축가들이 산의 정상에 올라 성벽의 모습을 설계했다고 전해진다. 이러한 작업은 토목 인부들에게 결코 쉬운 일이 아니었다. 하지만 망루들은 계곡의 전체를 감시하는 데 매우 효과적이었으며 적이나 침입자 또는 잠재적인 위협 세력의 접근을 사전에 파악하고 경고를 보내는 데 매우 유용했다. 만리장성은 전략적으로 상당히 먼 지역까지 볼 수 있었지만, 제트기의 창문에서 보는 것처럼 매우 먼 곳에서도 그 모습을 볼 수 있었다. 높은 상공에서 북동부 지역에 위치한 산들의 높고 낮은 능선들이 지그재그로 펼쳐진 모습을 바라보면, 중국이 주민들이 거의 살지 않는 사막이나 다름없는 지역에서 출현한 기마 전사들의 침략을 얼마나 빈번하게 받았는지 떠올리게 된다. 야만족 전사들과 정주 문명 간의 충돌은 지속적이었다. 건조한 지역의 주민들은 힘든 삶에 익숙해진 채 부족 간의 빈번한 폭력 속에서 성장했다. 이들이 한 지역에 정착하여 전쟁 없이 살면서 번영을 누리던 세계를 동경한 것은 당연해 보인다. 소규모의 전사 그룹들은 자신들의 목숨을 희생할 각오로 서로 단결하여 제국의 강력한 군대를 격파할 수 있었다. 역사적 기억과 지리적 특징들은 선조들이 직면하고 있던 불안전한 현실에 근거하고 있었던 것이다.

만리장성의 2,500년 역사는 우리에게 자연지리와 인간지리가 어떻게 얽혀 있는지에 대한 궁금증을 불러일으킨다. 다른 그 어떤 인위적인 노력들에 비해 만리장성의 대공사는 역사의 여정을 결정하고 사건, 특히 이주-침략의 사건들을 지배하려는 인간들이 벌인 영원한 투쟁의 상징이었다. 진 왕조 시황제(기원전 259~210)의 의지에 따라 기원전 220년에 건설되기 시작한 만리장성은 오늘날의 중국인들에게, 아편전쟁으로 시작된 200년의 굴욕으로 인해 서양에 의해 중단된 과거의 황금시대와 영광스러운 제국의 역사에 대한 모호한 비유이다. 실제로 군사적인 관점에서 보자면 요새화는 정복자들의 공격을 막는 데 역부족인 허술한 마지노선에 불과했다. 이는 질서와 혼란, 문명과 야만의 관계에서 지리적이기보다는 문화적인 의미가 더 큰 경계의 상징이었다. 세상의 그 어떤 제국도 이처럼 가시적인 방식으로, 8,800킬로미터의 물리적인 장벽을 건설해 자신과 세상을 '분리시키려는 시도'를 하지 않았다. 트럼프가 선거 유세에서 공약으로 제시했던 기나긴 멕시코 장벽보다 무려 세 배나 더 길다. 혼란을 몰고 오는 외부인들에 대항한 방어용 장벽인 만리장성 덕분에 인간은 불가능한 전설을 상상하기도 했는데, 1930년대의 한 미국인 작가는 만리장성이 '달에서도 볼 수 있는 유일한 건축물'이라고 했다. 미국인 우주인 제이크 가른은 1985년 디스커버리 우주왕복선을 타고 임무를 수행하면서 만리장성을 보았다고 증언한 바 있다(실제로는 전혀 가능하지 않다).

야만족의 침입에 대한 중국인들의 신드롬을 이해하기 위해서는 유럽에서 출발하는 항공 노선이 보다 효과적이다. 나는 종종 이탈리아, 프랑스, 또는 독일에서 출발하는 항공편을 이용해 베이징에 가곤 했다. 이러한 경우에도 연료 절감을 위해 비행기는 북쪽 항로를 선택했다. 항공사들은 러시아에 상공통과료를 지불하더라도 극점을 향해 비행하면서 시베리아를 통과해 베이징에 도착하는 노선을 선호했다. 이 역시 역사와 지리에 대한 효율적인 교훈을 제공하는데, 이에 비추어 보면 오늘날의 중국에 대해 많은 것을 알 수 있다. 시베리아 상공을 통과하는 비행은 오늘날 중국의 두 성을 통과한다. 이 지역들은 인종적으로 동질적이지 않고 베이징의 지속적인 통제하에 있지도 않다. 예를 들어, 신장은 중화인민공화국에서 가장 넓으며, 이슬람교의 위구르인, 그리고 칭기즈칸의 후손으로서 마르코 폴로를 환대했던 쿠빌라이 칸의 먼 후손인 몽고인이 거주하고 있다. 이들 지역은 매우 방대하며 수많은 국가들과 경계를 접하고 있다. 또한 주민이 적으며 사막과 산악이 거의 대부분이다. 이들은 방대하기가 끝이 없는 붉은 선(이 경우 '안전벨트'라 해야 할 것이다)에 해당하는데, 중화인민공화국은 비교적 최근에 차지한 이 지역들의 국경을 통제하고 있다. 종종 이곳에서는 에너지나 광물 등이 발견되고 있다. 예를 들어 신장의 타림과 중가르에는 중국에서 생산하는 가스와 석유의 1/4이 매장되어 있으며 모든 석탄의 40퍼센트를 생산하고 있다. 하지만 이 지역은 매장된 광물자원의 실체에 대해 알기 훨씬 이전인 지난 18세기에 청 왕조에 의해 병합됐다. 어쨌든 중국은 이 지역에 지하자원이 없다고 할지라도 여전히 지배하려고 했을 것이다. 이는 한나라의 문명과 외부의 야만족 간 완충 지역이라는 사실을 통해 확인할 수 있다. 여전히 중국은 이러한 지역들을 지배하려는 의도를 확실하게 드러내고 있다. 티베트가 인도의 위협 가능성을 경계하고 있듯이, 시진핑과 몽고는 북부의 국경 지역, 특히 러시아(시베리아) 또는 중앙아시아 나라들의 실제적이거나 예상되는 위협으로부터 중국인을 보호할 것이다.

중국 문명의 역사에서 불행과 침략, 즉 수적으로는 적지만 군사적으로는 상당히 뛰어난 능력을 보유해 스텝 지역에 자신들의 제국을 건설했던 종족들에게 받았던 대부분의 심각한 위험은 북부의 야생 지역들에서 시작되었다. 이 사실은 역사와 지리가 긴밀하게 연관되어 있음을 말해준다. 중국은 바다 세력이기보다는 강력한 육지 세력이다. 이를 구분하는 것은 항상 중요한 의미를 내포하고 있다.

역사에서는 해상 제국과 내륙 제국이 빈번하게 충돌했다. 우리는 유럽의 역사에서 포르투갈과 스페인, 네덜란드와 영국 같은 대양 제국 간, 그리고 프랑스와 독일, 러시아와 같은 지상 제국 간의 오랜 투쟁을 목격한 바 있다. 오늘날 지구 전체에서는 미국과 같은 해양 제국과 중국과 같은 육지 기원의 제국이 경쟁 관계에 있다. 더 나아가 우리는 중국의 역사에서 특별히 중요한 사례로, 명나라 환관이었던 정화의 모험을 찾아볼 수 있다. 그는 어떤 측면에서는 크리스토퍼 콜럼버스의 선배였다. 명나라 당시 중국은 대양 확장의 야망을 실현하려 시도했다. 하지만 이는 중국 문명의 수천 년 역사에서 불과 하나의 단순한 에피소드에 지나지 않았다. 중국이 바다로 눈을 돌린 진정한 계기는 현재가 아닌가 한다. 우리는 이로 인한 결과를 집안에서도 느끼고 있다.

베이징에 거주하기 위해 도착했을 때, 나는 황제의 호수인 후해 인근 역사 중심지의 골목에 있는 낡은 집을 나의 새로운 거처로 꾸미면서 벽에 상당히 큰 지도를 붙여놓았다. 이 지도는 학교에서 사용하는 지도 중 하나로, 교실의 맨 뒷줄에서도 잘 보일 만큼 컸다. 나는 이 지도를 베이징의 한 문구점에서 구입했다. 처음 보았을 때 느낌은 조금 혼란스러웠다. 왜냐하면 서양에서 흔히 사용하는 것과는 상당히 달랐기 때문이다. 유럽의 지도에서는 중앙 부분에 유럽이 위치하며 그 왼쪽으로 미국이, 오른쪽으로 아시아가 등장한다. 반면 중국의 지도에서는 중앙 부분에 중국제국이 위치한다. 이는 중국을 가리키는 베이징어인 중궈(Zhongguo, 中国)의 문자 그대로의 의미이다. 중국을 제외한 그 밖의 세계, 즉 한편으로는 유럽, 다른 한편으로는 미주를 포함한 세계가 좌우의 양극단에 배치되어 있다. 우리가 한 번도 보지 못한 세계지도일 것이다. 이는 우리를 혼란스럽게 만든다. 다른 대륙들의 형태가 변형된 것처럼 보이며 마치 압착되고 뒤틀려버린 것 같기 때문이다. 어린 시절부터 익숙하게 보아왔던 것과는 전혀 다른 느낌을 받았다. 중국의 학교에서는 이 지도로 공부한다고 한다. 유교적 세계관인 것인데, 이에 따르면 중국 문명은 세계의 중심에 위치하며 나머지는 그 중심에 매달려 있는 위성들, 또는 열등한 수준에서 벗어나지 못하는 주변 지역의 야만족이나 다름없다.

나와 내 아내는 세 명의 '중국인' 아이를 입양했다. 이들은 중화인민공화국의 시민이며 이족(彝族), 즉 쓰촨성의 소수민족 출신이다. 초기에 우리 부부는 쓰촨성의 도시인 시창(西昌)을 떠나면서 세 아이를 베이징으로 데려갔다. 하지만 불과 며칠이 지나지 않아 우리의 결정이 잘못되었다는 사실을 알게 되었다. 세 아이에 대한 인종차별이 일상적으로 발생하기 시작했다. 세 아이는 자신들을 향한 차별과 멸시에 직면했다. 친구들은 우리 아이들이 베이징에서 정신적 장애아를 위한 학교에만 입학할 수 있다고 말해주었다. 그 학교에 다니게 했다면 세 아이를 불행하게 만들었을 것이다. 인종차별이 서양의 병폐라고 믿는 사람은 중국이나 일본에서 결코 살아보지 않은 사람이다. 어떤 민족은 자신의 우월성 이론에 고취되어 있는데, 이 중에는 유교 문명권의 민족도 포함된다.

나는 중국에서 지내며 이 나라의 역사에 심취해 있었다. 특히 한 인물에 많은 관심을 가졌다. 그는 중국 북서부 지역의 소수민족으로 위구르족과 더불어 이슬람교를 믿는 후이족 출신인 정화였다. 그 역시 이슬람교도로서, 유럽의 항해자들이 위대한 발견의 시대를 열기 이전인 1405년부터 반세기가 넘는 기간 동안 멀리까지 대양을 탐험했다. 중국의 역사책에서 정화는 애국자로 높게 평가받았으며, 정복이나 착취의 야망 없이 모든 대륙을 탐험하기 위해 함대를 이끌었던 위대한 영웅으로 서술되었다. 하지만 최근에 이러한 신화적 이미지는 재검토된 후 중국의 역사책들에서 삭제되었다. 실제로 정화의 거대한 함대는 명나라에 항복하고 조공을 바치게 만들기 위해 그가 방문한 모든 지역에게 공포의 대상이었다. 그는 바다 건너의 지역들을 정복하여 제국을 건설하지는 않았다. 그 이유는 명나라가 함대를 귀환시키고 모든 군사력을 국내의 내륙에 집중하면서 유목 민족들의 새로운 침입에 대처하려는 것이었을지 모른다. 다시 한 번 중국은 바다에 대한 관심을 철회하고 내륙의 위험들에 집중해야만 했다.

이러한 역사적 사실들은 우리 시대의 근본적인 질문에 답하는 데 유용하게 사용된다. 역사의 과정에서 중국의 재등장은 이슬람의 테러리즘이나 러시아의 팽창주의보다 더 중요한가? 미국의 시대에서 중국의 시대로의 전환은 냉정한 현실이고 동시에 불가피한 것인가? 베이징은 제국에 대한 야망을 품고 있는가? 우리는 중국의 의지에 종속된 채 그들의 여정으로 서서히 빠져들 것인가?

미국의 정치과학자이자 하버드대학교 교수인 그레이엄 앨리슨과 같이 '투키디데스의 함정'의 이론을 주장하는 사람들은 펠로폰네소스 전쟁(기원전 431~404)을 생각나게 한다. 그리스 역사학자인 투키디데스의 역사 해석에 따르면, 아테네의 등장으로 스파르타가 느낀 공포심은 전쟁을 불가피하게 만들었다. 앨리슨은 "한 위대한 국가의 등장이 지배적인 권력의 지위를 위협하던" 지난 500년의 역사에서 가장 최근에 발생한 16가지 사례를 연구했다. 이들 중 12가지는 한 번의 거대한 전쟁으로 종식되었다.

시진핑도 이 주제에 대해 언급한 바 있다. 그는 투키디데스의 함정을 신중하게 고려하면서, 자신의 연설문에서 이에 대해 여러 차례 언급한 바 있다. 중국의 시진핑이 고대 그리스의 위대한 역사학자를 인용한 것은 나름 중요한 의미를 가진다. 반면 서양의 정치가들은 책을 거의 읽지 않으며(공개적으로 말하건대, 2017년 현재 이탈리아의 수상이 그 대표적인 인물이라고 하겠다) 도널드 트럼프는 외교 정치를 이해하기 위해 텔레비전의 토크쇼를 시청할 뿐이다. 이는 차기 선거에 대해 전혀 걱정할 필요가 없는 절대 권력의 군주가 누릴 수 있는 부수적인 이익일까? 사실은 투키디데스가 베이징의 '열렬한 독자(讀者)' 덕분에 큰 행운을 누린 것이다. 베이징의 권력자는 우리 서양인들, 특히 미국인들에게 펠로폰네소스전쟁을 일으켜 모두가 희생을 감수해야 하는 과오를 범하지 말 것을 경고한다(아테네가 패배한 후에 이 도시국가의 민주정치도 위기에 직면했다. 그리고 결국에는 그리스 세계 전체가 몰락의 길로 접어들었는데, 이는 마케도니아의 필립 5세에게 정복의 길을 열어주는 기회가 되었다). 시진핑은 자신의 중국이, 마치 정화를 다룬 위인전에서 보듯이 선(善)의 권력이라는 사실을 강조한다. 그는 상호 간 이해관계의 교류를 촉진하는 데 관심을 보였다. 이러한 윈-윈 게임에 따르면 우리 모두는 승리자이다. 그의 모델은 실크로드, 즉 그 기나긴 여정을 통해 부를 창출하는 위대한 무역 루트의 전형인 것이다.

'실크로드'는 독일의 지리학자 페르디난트 폰 리히트호펜이 1877년 고대사를 설명하기 위해 지어낸 용어였다. 반면 이탈리아인들에게 이 단어는 과거를 소환하는 의미를 가진다. 즉 고대 로마에서 르네상스까지, 지중해와 중앙아시아, 그리고 계속해서 극동을 연결하는 무역 및 카라반의 모든 통행로를 가리킨다. 베네치아 상인의 후예인 마르코 폴로는 자신의 『동방견문록』에서 언급한 바와 같이, 전설의 카타이(Catai), 즉 몽고인들의 황제인 쿠빌라이 칸의 중국에 도달하기 위해 이 길을 통과했다.

오늘날 중국이 일대일로(一帶一路, Belt and Road Initiative)라는 명칭으로 전 세계에 제시한 신실크로드는 글로벌 2.0의 프레임이다. 미국의 시대가 마감되고 있다면 중국의 시대는 이러한 평화 모델을 앞세워 미국의 역할을 대체하려고 한다. 베이징이 전 세계에 제시한 거대한 사회 기반 프로젝트는 경제 관계의 강화를 위한 방대한 연결망을 구축하는 것 외에도 미국 모델을 대체하는 새로운 모델의 이념이다.

그럼 실제로 이러한 전환은 일어나고 있는가? 미국과 서방 세계에서는 글로벌화를 후회하는 사람들의 수가 증가하고 있으며 민족주의로 회귀하려는 경향이 고개를 들고 있다. 중국은 글로벌주의의 깃발을 잡은 채 리더십을 요구하고 있으며 이를 통제하기 위한 새로운 제도들을 구상하고

신실크로드: 실선은 육로, 점선은 해로를 나타낸다.

있다.

오늘날 서양은 다자주의와 글로벌화와 관련해 후퇴하고 있다. 트럼프만의 잘못은 아니다. 그가 미국의 대통령으로 선출되기 이전에 영국에서는 국민투표를 통해 브렉시트가 결정되었다. 그 결과, 이미 얼마 전부터 유럽과 미국에서 드러나고 있던 거대한 열린 시장의 시대에 역행하는 움직임이 시작되었다. 트럼프는 미국의 대통령으로 당선된 직후, 과거 오바마 대통령이 수년간 노력해 실현했던 아시아-태평양 교류의 자유화를 위한 새로운 조약인 환태평양경제동반자협정(TPP)에서 탈퇴했다. 미국과 유럽 연합 간 쌍둥이 조약인 범대서양무역투자동반자협정(TTIP)은 사실상 이미 오래전에 종식되었다. 이것은 트럼프가 등장하기 이전부터 유럽인들이 더 이상 원하지 않고 있었다.

하지만 트럼프 미국 대통령은 글로벌 전통의 다른 특징들도 거부했으며, 미국이 국제사회에서 수행하던 지도자의 역할에 대한 논쟁에 다시 불을 붙였다. 그는 2016년 대통령 선거운동을 벌이면서 여러 차례 좌파 유권자들을 향해 언급한 바 있다. 더 이상 세계의 헌병이기를 원하지 않으며 민주주의를 세계에 확산시킬 수 있다는 환상을 가지지 않을 것이라고 했다. 재건해야 할 국가가 있다면 그것은 미국이다. 미국의 사회 기반은 붕괴되고 있다. 이는 분명한 사실이다. 이러한 '국내 우선'에 대한 지적은 지난 1970년대 미국의 글로벌 전통과의 단절을 의미했다. 그렇다고 중국이 이보다 덜 민족주의적이라고 말하는 것은 아니다. 보호주의의 모습은 모든 측면에서 쉽게 찾아볼 수 있다. 하지만 이제 시진핑은 글로벌 차원에서 중국의 국가적 이해관계를 집중시키고 있는데, 여기에는 전 세계의 다른 지역과 공감대를 형성하는 계획도 포함한다. 베이징의 소식통에 따르면, 신실크로드에 대한 투자는 세계 인구의 62퍼센트가 살고 있는 65개 국가에서 이미 18만 개의 일자리를 창출했으며 전 세계 인구 총 생산액의 1/3을 넘어서고 있다.

중국이 인도양과 지중해, 동남아시아와 중부 유럽의 물류 철도에서 항구, 송유관, 전기 네트워크에 투자한 총액은 '최소' 1,000억 달러에 이른다고 평가된다. 재정적으로 감당할 수 있을까? 중국의 공공 부채는 미국보다 더 많다. 그럼에도 중국은 이를 추진하고 있다. 국가 자본주의에서 공공-민간 합작 투자는 지속되고 있다. 공공은행과 거대 국영기업들은 다양한 방식으로 신실크로드에 이미 1,300억 달러를 투자했다.

중국의 글로벌주의는 제2차 세계대전이 종식된 직후 미국 글로벌주의와 마찬가지로, 고속도로와 공항은 물론, 거버넌스의 제도들까지도 구축했다. 미국의 프랭클린 루스벨트 대통령은 1944년 브레튼우즈회의에서 세계은행과 국제통화기금(IMF)을 설립하고, 1947년에는 관세 및 무역에 관한 일반협정인 가트(Gatt)를 발족하면서 첫 글로벌화의 원형을 설계했다. 루스벨트의 후임자들은 1957년에 창설된 유럽경제공동체(EEC)를 지지했다. 중국은 아시아의 지원을 받으며 아시아인프라투자은행(Infrastructure Investment Bank) 설립으로 본격적인 작업에 들어갔다. 이는 실로 거대한 공공 및 정부 은행이다. 하지만 인프라에 투자하기를 원하는 모든 개인 자본들에도 개방되었다. 미국인들은 자국과 동맹국들을 결속시키고, 동시에 자신의 수출을 위한 창구로 활용하기 위해 마셜플랜(Marshall Plan)을 이용했다. 시진핑은 유럽 국가들을 미국과 분리한 후에 자신의 편으로 끌어들이는 데 성공했다. 신실크로드는 마셜플랜의 경우처럼, 중국에게 거대한 인프라 공사, 시멘트와 철강 생산에서 새로운 출구를 제공했다. 사실 중화인민공화국은 이러한 분야들에서 과잉생산으로 인한 문제에 직면하고 있었다. 이것은 중국이 국내적으로 투기, 금융 문제, 인구 노령화로 위협받고 있던 자국의 성장을 재시도하는 방식이었다. 여기에는 위안화의 국제화 노력이 동반되었는데, 국제통화기금은 달러, 유로화, 엔과 함께 위안화가 글로벌 가치를 공유할 수 있게 해주었다.

미국의 시대는 이에 해당하는 이론을 가지고 있었다. 한편으로는 자유민주주의와 시장경제에서 우월한 지위를 차지하고 있었으며, 다른 한편으로는 이 모델에 참여한 모두에게 이익을 분배했다. 오늘날 서양은 의심과 실망에 사로잡혀 있다. 글로벌화로 인해 내적인 불평등이 증가하며 중산층은 주춤거리고 있다. 또한 젊은이들은 부모 세대에 비해 상대적으로 저급한 수준에 머물고 있다. 중국은 세상을 거꾸로 직시한다. 세계화는 서양과 중국을 갈라놓은 거리감을 줄여주었고, 5억 명 이상의 새로운 중산층을 만들어냈다.

시진핑은 서구 민주주의의 정치적 혼란과는 달리, 자신의 전제적 모델의 우월함을 공개적으로 이론화한다. 하지만 신실크로드를 위한 투자에서 누가 환경지속가능성을 보장하는가? 그리고 이 과정의 여러 분야들에 조합의 권리를 위한 여지가 존재할까? 소비자의 건강과 보호를 명분으로 오바마 대통령의 글로벌리즘과 TTIP을 공개적으로 비판했던 유럽은 중국의 모델이 추진되는 상황에서 적절한 감시의 역할을 해야 할 것이다. 신실크로드는 지중해, 중동 및 아프리카의 해안 지역과 더불어 제노바와 트리에스테 같은 이탈리아의 여러 항구들에도 큰 영향을 미친다. 중국이 건설하고 있는 도로, 고속도로, 철도, 항구는 중국과 중앙아시아 전체의 결속을 강화한다. 게다가 위구르 분리주의가 발생하고 있는 이슬람국가들의 지지를 얻을 수 있는 기회이다. 이 시점에서 우리는 독일의 지리학자이며 지정학자로서 히틀러의 최측근 심복이었고 나치 정권 시절 최고의 군사-외교 고문으로 악명이 높았던 카를 하우스호퍼가 지향했던 나치즘의 지정학적인 비전을 기억할 필요가 있다. 하우스호퍼에 따르면, 몰락하고 있는 국가들만이 안정된 국경을 원하고, 쇠퇴의 길에 접어든 문명만이 요새를 구축하여 스스로를 보호하려고 한다. 반면, 발전하는 국가들은 성벽이 아니라 도로를 건설한다. 따라서 오늘날의 중국은 자신의 문명 발전을 위한 신호를 보내고 있는 셈이다. 과거의 역사를 볼 때, 중국은 만리장성을 건설했지만 야만족의 침략을 막아내는 데 성공하지 못했다. 그 이후에도 티베트, 위구르, 몽고와 같은 여러 종족들이 살고 있는 방대한 반(半)사막 지역 즉, 한

나라의 심장부를 보호하기 위한 완충 지역들의 붉은 선을 정복한 바 있다. 지금은 이 붉은 선에 또 다른 선이 중첩되고 있다. 신중하게 추진해야 할 마지막 붉은 선은 육로의 신실크로드이다. 이는 제국의 모습을 갖추기 위한 것으로 새로운 고속도로와 철도, 송유관과 전기송전탑, 전화 및 인터넷 광섬유는 중국이 중앙아시아 이웃 국가들의 저항을 예방하면서 이들을 예속시키고 경제적으로 종속시키기 위해 소수인종의 요구를 지원하려는 큰 야망을 의미한다.

이러한 제국의 전략은 인구통계학적으로 중국화와 연결되어 있다. 이미 오래전부터 중국은 티베트 또는 신장 지구와 같은 척박한 지역으로의 이주를 수용한 한족 시민들에게 전폭적인 지원을 제공하고 있다. 이러한 지역들로 이주하는 사람들은 비행기로 여러 시간이 걸리는(또는 기차로 한 나절이 걸리는) 거리를 이동해, 해안 지역과는 기후가 상당히 다르고 현지 주민들이 새로운 이주자들에게 상당히 적대적인 지역의 친척이나 친구를 찾아 거주지를 옮겨간다. 티베트는 고도가 높기 때문에, 나는 라사에 도착한 후 여러 중국인 친구들이 구토하는 것을 본 적도 있으며, 한족이 3,000 미터가 넘는 고도의 환경에 적응하는 데 많은 어려움을 겪고 있다고 확신한다. 하지만 중국인들은 이곳에 계속해서 몰려들고 있다. 남부에서 북부와 극서 지역을 향한 인구 이주는 기정사실이다. 이주는 중국화의 강력한 수단이기는 하지만 충분하지는 않다. 중국인들은 티베트인, 위구르인, 몽고인을 그들의 고향에서 소수민족으로 전락시키고 있다. 지난 2008년과 2009년의 사태처럼 급작스러운 폭력 시위가 발생하고 있다. 하지만 중화인민공화국의 국경 지역들에서 반란을 일으키는 사람들이 국경 너머로부터 그 어떤 지원도 기대할 수 없다는 것은 분명하다.

"자동차를 이용해 베이징에서 파리로 가라고 하면, 이를 수락할 사람이 있을까?" 1907년 프랑스 일간지 《르마탱》은 두 대륙을 횡단하는 랠리에 대한 기사를 게재했다. 당시 언급된 용어는 군사적 용어에 빗댄 '자동차 급습'이었다. 자동차는 한 세기 이전만 해도 희귀하고 강력했기에 미래주의 시인들이 진보의 상징으로 추켜세웠던 만큼, 기사는 이 경주의 서사적인 특징을 강조했다. 경주에 참가를 신청한 사람들은 아마추어와 신화 마니아들로 넘쳐났다. 프랑스 신문은 이탈리아 신문기자인 루이지 바르지니의 "마치 영수증처럼 간결하지만 의미가 분명한" 참가 요청을 보도했다. "이탈리아 자동차로 베이징-파리 경주에 참여하려고 합니다. 가능한 신속하게 세부 사항을 알려주시기 바랍니다. 프린치페 시피오네 보르게세 드림." 미지의 세계를 전문적으로 탐험하는 보르게세는 자동차 엔지니어인 에토레 귀차르디, 이탈리아 언론 역사상 가장 저명한 특파원인 바르지니와 함께 이탈라[3]가 생산한 2톤여 무게의 자동차를 타고 참가했다. 이들 세 명은 60일 동안 중국, 몽고, 시베리아, 러시아, 독일을 관통하는 1만 5,000킬로미터를 달려 파리에 도착했다. 바르지니는 대장정의 모든 여정에 대한 소식을 세계에 알리기 위해 이탈리아의 일간지 《코리에레 델라 세라》와 영국의 《데일리 텔레그래프》에 기사를 보냈다. 중국을 통과하는 여정은 이국적이면서도 불편함의 연속이었다. 바르지니는 자신의 기사에서 이렇게 썼다. "베이징을 벗어나 만리장성을 통과한 직후 끝없이 펼쳐지는 사막을 달려 수 시간의 고독 끝에 본 것은, 양가죽 옷을 마치 파고다 상단처럼 낙

---

3 Itala, 마테오 체이라노와 5명의 동업자가 1903년 이탈리아 토리노에 설립하여 1934년까지 운영한 자동차 기업.

타 등에 높게 쌓은 채 이동하는 몽고의 카라반 몇몇이 전부였다." 이탈리아 참가자들은 "진흙으로 지은 집들의 가난한 마을과 허물어지고 있는 작은 사원, 드문드문한 오두막집들, 오랜 세월 겨우 서 있는 보잘것없는 집들의 구역을 통과했다. 붉은 천 조각들은 이곳이 피곤한 여행자들과 작은 노새들이 쉬어가는 장소"라는 것을 말해준다. 많은 지역에서는 "사람이 살지 않는 것처럼 단 한 사람도 보이지 않으며 작은 소리조차 들리지 않는다". 1907년 중국은 "이미 수 세기 전부터 방치된 것처럼 보였다". 바르지니가 알고 있는 중국은 의화단운동[4] 기간에 반(反)서양의 의지를 드러냈지만 결국 참패한 국가라는 것이 전부였다.

20세기 초반 중국은 강력했던 중원제국의 허망한 유령에 지나지 않았다. 부패한 만주족의 청 왕조는 몰락의 마지막 수순을 밟고 있었고, 이미 두 세기 동안 쇠락의 길을 걷고 있었으며 무능력함으로 인해 더 이상 서양에 맞서지 못했다. 바르지니는 자동차 경주에 대한 중국 정부의 첫 반응을 다음과 같이 풍자했다. "청 제국의 현명하고 조심성 많은 군기처[5]는 프랑스를 통해 다음과 같은 질문을 해왔다. 베이징에서 출발하는 자동차의 수는 얼마인가? 아마도 군기처는 침략을 우려하고 있었을 것이다." 중세의 불행에 빠져 있는 중국은 이탈리아의 통과를 초자연적인 불가사의로 바라보았다. 이에 대해 바르지니는 다음과 같이 썼다. "우리 주변으로 많은 사

---

4 義和團運動, 청나라 때 외세를 배척하기 위해 조직된 비밀 결사 운동.

5 軍機處, 1733년 옹정제가 설립한 기관으로, 본래 중가르족 원정과 관련된 군사 업무들을 황제에게 보고하는 역할이었지만 점차 권한을 확대하면서 청나라 후기에는 제국의 최고 정무 기관이 되었다.

람이 모여들었다. 인근의 진흙 요새에서 온 중국 군인들, 초원지대에서 벌어지고 있는 놀라운 일을 보기 위해 자신들의 짐을 버려둔 채 달려온 카라반들, 인근의 거주용 텐트에 머물고 있는 몽고인들과 보석을 이용해 아무렇게나 머리카락을 장식한 둥근 얼굴의 여성들. 이들은 주변의 모든 공간으로 모여든 채 신기한 눈빛으로 자동차를 관찰하면서 우리의 모든 움직임을 신기한 표정으로 바라보고 있다. 외부인들의 모든 움직임을 중요하고 신비한 의미로 간주하는 것 같다. 군중을 멀리 떼어놓기 위해 에토레는 이탈리아 자동차 주변에 막대기로 원을 그려놓았다. 그리고 누구도 그 끔찍한 선을 넘지 않았다."

돌다리들은 큰 자동차가 지나기에는 너무 협소했다. 이탈라 자동차는 도로의 움푹 파인 곳과 진흙 웅덩이에 빠지기 일쑤였고 그때마다 사람들이 밧줄을 이용해 끌어내야만 했다. 귀차르디는 모래의 유입으로 인한 고장을 방지하기 위해 쉴 때마다 차를 분해하여 청소하고 엔진을 점검하는 작업 때문에 뜬눈으로 밤을 보냈다. 이탈라 자동차가 고비사막을 통과할 때 방향을 알아내는 유일한 방식은 전신주를 따라가는 것이었다. 결국, 우리는 문명의 최일선을 상징하는 우체국을 발견했다. 바르지니와 독자들을 연결해주던 우체국 근무자는 웃지 못할 사고를 내고 말았다. 신문기자의 자세한 설명에도 불구하고, "이곳에 근무하는 직원들은 송신할 기사의 길이에 놀라움을 금치 못했다. 너무 긴 내용의 전보를 보내는 것을 미친 짓으로 간주해 단호하게 거부했으며" 바르지니가 "기사를 송신하지 못하게 하려고 온갖 이유를 제시했다". 어느 날 밤 한 중국인 전보 기사는 의문이 있었는지 바르지니를 깨웠다. 이유인즉, 기사의 단어들을 위에서 아래로, 오른쪽에서 왼쪽으로 읽는지 궁금하다는 것이었다. 단순한 호기심이었다. 하지만

"송신 기사의 텍스트는 위에서 아래로 읽힌 상태로 이미 발송되었다".

당시 바르지니가 쓴 전문, 『자동차에서 본 세상의 절반(La Metà del Mondo vista da un'automobile)』(1908, 2006)의 내용은 환상적이었다. 나는 그로부터 100년이 지난 후 같은 자동차 경주의 여정을 따라 했고 그 경험을 이탈리아 일간지《라 레푸블리카》에 기고했다. 하지만 과거와 비교할 때 상황은 전혀 달랐다. 당시에는 터보 엔진, 에어컨디셔너, 인공위성 내비게이션, 타이어의 공기압력과 서스펜션을 통제하는 전자 장치들이 없었다. 2006년 9월 메르세데스벤츠 기업은 프랑스 신문《르마탱》이 시도했던 것과 유사한 자동차 경주를 계획했다. 하지만 그때와는 달리 이번에는 중국이 도착점이었다. 나는 그 경주가 개최되기 2년 전부터 베이징에서 살고 있었기에 이 초대를 기꺼이 받아들였다. 내게는 속도의 신기록이 문제가 아니었다. 이번 모험은 다른 의미에서 나에게 상당히 매혹적인 도전이었다. 오늘날의 중국에 대한 이미지를 과거 세 이탈리아인이 보았던 것과 나란히 비교해보는 것이 주된 목적이었다. 특히 1907년 야생의 고비사막에 대한 느낌은, 당시의 바르지니에 따르면 현기증을 일으킬 정도였다. "몽고의 고비사막은 말 그대로 '거대한 구멍'이다. 사막은 몽고의 중심부에 있는 거대한 분지이다. 또한, 바다를 품고 있다. 우리는 사라진 이 바다의 외곽에 있다." 고비사막의 면적은 130만 제곱킬로미터로 이탈리아의 4배에 달한다. 서쪽에는 또 하나의 거대한 사막으로 독일의 면적만큼이나 큰 타클라마칸사막이 있다.

중국 영토 내, 나의 랠리의 첫 여정인 우루무치시의 사막에서 나아갈 방향을 설정하는 데는 인공위성 위성항법장치(GPS)가 별로 도움이 되지 않는다. 반면 자동차, 트럭, 버스, 화물차의 소용돌이에서 탈출하는 데는 유용하다. 불과 얼마 전까지만 해도 우루무치는 옛 실크로드의 긴 여정에서 낙타들의 행렬을 위한 오아시스였다. 오늘날 신장 자치구의 수도는 높은 빌딩과 공장 들로 가득하며 500만 인구와 국제공항을 갖춘 거대도시이다. 하지만 고도 1,000미터의 도시임에도 불구하고, 짙은 스모그에 포위되어 있다. 도시를 탈출해서야 비로소 첫 실망의 충격에서 벗어난다. 도시를 벗어난 직후에 마주한 사막은 새벽의 첫 태양에 붉게 물든 산맥들과 미세한 모래들로 덮인 바위 협곡처럼 높고 방대하다. 매일매일의 긴 여행에서는 수없이 다양한 풍경의 파노라마가 펼쳐진다. 마치 지상의 모든 사막을 모아놓은 것 같다. 사하라에서 라자스탄까지, 시베리아의 스텝에서 미국의 모뉴먼트밸리[6]와 데스밸리[7]까지, 무연탄의 회색에서 노란색과 붉은색까지, 달처럼 평편한 평원에서 야생적인 산맥의 보기 좋은 모습들까지, 이 모두가 맑고 푸른 하늘과 잔인한 태양 아래서 펼쳐진다.

이러한 경관들을 바라보면서 과거의 여러 기억을 떠올린다. (위구르인인) 튀르크인의 모습, 또는 칭기즈칸을 따르던 몽고 기마대의 광대뼈와 갈기를 닮은 유목민 상인들의 낙타 카라반들이 지나간다. 페즈 모자를 쓰고 칼리프의 수염을 한 늙은 족장이, 여러 색으로 물들인 카자흐 숄을 얼굴에 두른 여러 명의 부인과 시장에 팔 암소 가죽을 작은 손수레에 가득 실은 채 지나고 있다. 하지만 빈번하게 통행하는 것은 국제도로운송(Transport International Routier)의 행렬이었다. 트럭 운전자들은 이 사막을 항해하는

6　Monument Valley, 미국 서남부의 유타주 남부에서 애리조나주 북부까지 걸쳐 있는 지역.

7　Death Valley, 캘리포니아주 남동부 이뇨군의 구조분지로, 미국에서 가장 살기 힘들다고 알려진 혹서 지역.

새로운 유목민으로, 사막을 소유하고 있지만 이를 두려워하고(사막의 폭풍은 도시 전체를 파괴할 정도로 강력하다), 그러면서도 자신들의 집처럼 여기며 주어진 고난으로 받아들인다. 교차 지점마다 누군가는 피곤함에 찌든 모습으로 도로 한가운데서 브레이크를 잡아 차를 멈추고 소변을 보거나 담배나 맥주를 권하면서 외국인들과 함께 기념사진을 찍는다. 이들은 카타르인, 중국인, 인도인, 또는 레반트 주민의 모습을 하고 있다. 마르코 폴로의 시대처럼, 이들은 간단한 국제 언어로 소통한다. 수천 년 동안 이 여정의 반복을 통해 동서양 간 관계를 구축한 상인들의 에스페란토어인 셈이다. 다시 말해 이곳에서 통용되는 만국 공통어는 오늘날 아랍어와 페르시아어에 몇 마디의 영어와 중국어가 섞여 형성된 것이다.

만약 실크로드가 고속도로의 전신으로서 인류가 만든 모든 육로의 모체였다면, 오늘날 중국은 이를 4차선의 넓은 아스팔트 도로로 확장했다. 사막은 점차 확대되는 콘크리트 타설 작업에 의해 점령되고 있다. 고가도로, 교차점들, 통행료 징수소(TC), 피라미드처럼 거대한 주유소들, 그리고 때로는 아직 주유기가 설치되지 않은 주유소들도 목격된다. 고가도로가 끝나지 않은 지점들 주변의 사막 한가운데에는 굴착기, 크레인, 쇄석기, 건설노동자들의 거처용 텐트로 사용되는 몽고 유르트가 즐비하다. 마치 보기 흉한 검은 흉터처럼 무한대의 사막을 절단하는 이 새로운 고속도로에서, 나는 움직이지 않는 그 무엇인 양 꼼짝없이 앉아 수천 킬로미터를 엄청난 속도로 운전하고 있다. 이곳의 고속도로는 마치 미국 중서부 지역의 평원에 건설된 고속도로들과 마찬가지로, 자로 잰 듯이 곧게 뻗어 수평선 너머로 사라진다. 지난 2006년 이곳을 지날 때 통행량이 별로 없었던 것과는 달리, 이번에는 고속도로들이 너무 넓은 나머지 집중력이 산만해진 트럭 운전자들이 역방향으로 운전하는데 이 때문에 자동차 경주 참가자들이 크게 당황하기도 한다. 중국 정부가 건설한 고속도로는 그 규모가 너무 엄청나 마치 우리 시대에 재현된 파라오의 낭비가 아닌가 하는 생각이 든다. 우루무치시와 하미시[8]의 딜러들에게 공급될 자동차를 운반하는 트럭 행렬이 줄지어 지나가는데, 마치 여기 중국에서는 모든 예측이 앞서 실현되는 것 같다. 이곳 고비사막 고속도로의 4차선 도로에는 차량의 통행이 빈번하다. 아마도 내가 참가했던 자동차 경주로부터 10년이 지난 현재는 더 이상 아닐 수도 있을 것이다. 100년 전 이탈라 자동차를 타고 외롭게 달리던 바르지니는 말했다. "나는 우리가 직면하고 있는 많은 문제 외에 이제는 자동차에 대한 걱정도 추가해야 할 판인데 …… 중국은 전진을 계속하고 있다! 이렇듯 나는 유감스러운 심정으로 홀로 중얼거리고 있었다."

보르게세는 길을 잃지 않기 위해 전신주를 찾고 있었다. 오늘날 사막에서는 높게 설치된 전화 중계기가 중요한 이정표들이다. 10여 킬로미터 거리마다 설치된 이 장치들은 태양에너지 판이나 풍력발전용 터빈으로 전력을 공급받는데, 그래서 핸드폰은 맨해튼의 중심부보다 여기에서 더 잘 작동된다. 이제 전신 전보는 더 이상 필요가 없다. 사막의 오아시스에 인터넷이 설치되어 있기 때문이다. 때때로 실크로드의 고속도로는 계속해서 이어지는 유정 탑들과 나란히 달린다. 이들은 불과 수 미터 깊이의 땅속에 매장되어 있는 기름을 뽑아내고 있다. 우리는 중국이 왜 집요하게 이슬람 문명권의 신장 지구를 식민지화하려고 했는지 알 수 있다. 이곳은 중국인들의 텍사스인 셈이다. 이 사막의 지하에는 210억 배럴의 석유와 100억 세

---

8 Hami, 중국 신장 위구르 자치구 동부에 있는 오아시스 도시.

제곱미터의 천연가스, 138종의 금속과 희귀광물이 매장되어 있다. 개척민들의 미국에서처럼, 이곳에서도 모래들 한가운데에 하루가 다르게 도시의 모습이 드러나며 석유와 광물 채굴노동자들을 위한 숙소가 세워지고 있다. 고속도로와 철로의 주변을 따라 주민의 주택이 상점과 함께 세워지고 있으며, 심지어 개방된 장소들에서는 당구대도 보인다.

　이 모든 것에도 불구하고, 꿈꾸는 자에게 사막은 여전히 많은 감정의 대상이다. 고속도로를 벗어나 먼지로 뒤덮인 도로를 달리다 보면 여러 매혹적인 놀라움을 경험하게 된다. 카레즈의 오아시스는 너도밤나무와 포플러의 노랗고 붉은 잎사귀들로 꾸며진 다양한 가을 색채의 축제이다. 또한 이곳에는 울창한 포도원이 있고, 달콤한 맛의 포도를 건조해 건포도를 생산하는 벌집 오두막이 있다. 길가의 노점들에 전시된 대추야자, 아몬드, 무화과 등은 효율적으로 설치한 카레즈[9]들과 대수층의 귀중한 물을 뽑아내기 위해 만들어진 지하터널 덕분에 잘 자라고 있다. 자오허시에서는 폼페이에 비유될 만한 유적이 발견된 바 있다. 땅속에 묻힌 신비의 거대도시는 일종의 동굴주택으로 넓이가 38만 제곱킬로미터에 이르는데, 지금은 유명해진 한 중국인에 의해 발굴되었다. 발굴 당시 깊은 협곡의 도시에서는 첨탑과 해골들이 발견되었으며 그 중심에는 바위를 조각한 첨탑과 더불어, 마치 열린 하늘로 솟은 고딕 양식의 대성당처럼 생긴 지붕 없는 웅장한 불교 사원이 있었다. 이곳에는 1,200년 전 티베트에서 들어온 불교와 이슬람교가 공존하고 있었다. 이에 대해 바르지니는 "종교들이 성립한 아시아의 심장부로부터 이 계곡에서 태동한 새로운 신앙이 중국인들의 마음을 사로

9　karez, 투루판과 같이 건조한 지역에 물을 공급하는 관개 시스템.

잡았다"라고 당시를 회상했다. 이탈라의 자동차 경주 이후 20여 년이 지나 독일인 고고학자가 불교의 벽화들을 베를린으로 가져가기 위해 동굴을 파괴했다. 그리고 이 벽화들이 보존되어 있던 장소는 1944년 베를린 폭격으로 파괴되었다.

고비사막의 모래언덕은 간쑤성의 자위관시에 있는 요새의 탑을 부드럽게 어루만지고 있다. 이는 베이징에서 가장 멀리 떨어져 있는 곳으로, 수 세기 동안 만리장성의 서쪽 극단을 대표하는 랜드마크였다. 이 지역은 말 그대로 타타르족의 사막에 가장 가까운 마지막 요새로서 중국인들의 문명과 야만인들의 지옥 간 경계이지만, 동시에 유목민 전사들이 급작스럽게 출현했던 '거대한 공백'이기도 했다. 자위관시는 중국인들에게 시베리아가 시작되는 곳으로, 명 왕조의 황제들은 잘못을 저지른 관리를 이곳으로 귀향 보냈다. 오늘날 만리장성의 유적은 또 다른 자연, 즉 새로운 경계의 시작을 의미하는 상징이다. 고비사막의 횡단이 끝나갈 무렵에는 다음과 같은 단순한 진리가 눈에 새겨졌다. 중국은 지구에서 인구가 가장 많은 나라이지만 아직도 영토의 대부분 지역에는 사람들이 거의 살지 않는다. 단지 원자재가 부족해서 사람들이 이곳에 몰리는 것은 아니다. 한족의 중국이 이 사막을 통제하는 것도 근본적이면서 전략적인 안보상의 이유 때문만은 아니다. 이 사막은 미국인들이 서부를 정복했듯이, 중국인들에게 거부하기 힘든 매력의 대상이다. 이 끝없는 지역들에서 중국인들이 수행하고 있는 것은 결코 서양과 무관하지 않은 역사이다. 바르지니는 이미 100년 전에 이러한 사실을 인식하고 있었다. "수천 년의 침묵을 깨고, 오랜 잠에서 깨어나는 신호인 것 같다. 서양인들의 위대한 염원은 모든 발전의 진실한 비밀로서 다음과 같은 표현으로 대변된다. "보다 신속하게, 잠자는 중

지도 위의 붉은 선

국인들에게 우리의 열정을 보여줍시다."

바르지니가 자동차 경주를 벌이던 시대와 비교할 때, 오늘날에는 많은 것이 달라졌다. 중국인들은 무언가를 하려는 열정을 외부 세계로 드러내고 있으며 미래의 주인이 된다는 것을 확신하고 있다. 이 말은 우리의 주인이 될 수 있다는 의미이기도 하다.

고비사막의 자동차 경주에 참가한 지 3년이 지난 현재, 나는 중국을 떠날 준비를 하고 있다. 중국에 머물던 5년의 기간이 끝나갈 무렵, 신장 지구의 무슬림이 일으킨 폭력적인 봉기 중 하나를 목격했다. 2009년 여름, 이탈리아 주재하에 아퀼라에서 G8 회의가 열리기 수일 전, 나는 미국 특파원 파견을 앞두고 마지막 취재로 중국 대표단을 수행했다. 초대된 많은 귀빈 중에, 비록 G8의 회원국은 아니지만 후진타오를 단장으로 하는 중국 사절단도 있었다. 하지만 실제로 후진타오는 이 회의에 참석하지 못했다. 그는 자국에서 발생한 비상사태, 즉 신장 지구에서 발생한 유혈사태(공식적인 소식통에 따르면, 200명 이상이 사망했다)로 인해 중국 외교부의 다른 관리로 교체되었고, 급하게 본국으로 소환되었다. 이후 중국 정부는 위구르인 지역에 계엄령을 선포했다.

2009년 7월 중순 베이징을 떠나기 며칠 전, 나는 G8 정상회담이 열린 아퀼라에서 신장 지구의 수도 우루무치와 이슬람 도시인 카슈가르로 달려갔다. 중국 정부가 자신에게 불리한 증언을 원하지 않았기 때문에 동료 기자들이 추방된 이후, 나 역시 함께 여행하고 있는 아내와 자식들, 조수 장인의 안전을 위해 조심해야만 했다. 당시 나는 특별한 허가를 받아야 하는 불편을 줄이기 위해 관광 비자를 신청했다. 이론적으로 베이징 특파원은 당국의 허가 없이는 지방 여행을 할 수 없었다. 티베트의 경우에는 정식 비자가 필요했다. 나는 『극서양(Occidente estremo)』이라는 저서에서 당시 군사적으로 점령되어 있던 신장 지구에 대해 언급했다. 또한, 이보다 1년 전 티베트에서 발생한 올림픽 전 시위의 비극적인 장면들에 대해서도 언급했다. 당시 나는 전투부대가 점령하고 있던 신장 지구 수도인 우루무치의 모든 교차로에서 자동화기로 무장한 채 행인들의 키 높이에 맞게 조준사격의 자세를 취하고 있던 군인들을 목격했다. 중국 정부가 파견한 군부대의 탄압은 우루무치의 두 모습 간 경계를 명확하게 보여주었다. 하나는 최근 한족의 이주가 많았던 현대화된 도시의 모습이었던 반면, 다른 하나는 피의 봉기를 일으킨 이슬람 카스바의 점령된 영토라는 이미지였다. 후자의 모습은 중동의 한 단면을 보여주는 것으로, 시장 가판대에서는 못에 걸려 있는 양고기, 따뜻한 도넛, 형형색색의 실크를 판매하며 여성들은 얼굴을 베일로 가린 채 돌아다니는 가장 빈곤한 도시 지역의 민낯이었다.

1년 전 티베트에 대한 군사적 점령이 있기 전인 2009년 7월, 중국 정부는 위구르인을 탄압하기 위해 상당한 기술력까지 동원했다. 군대를 동원해 도시를 포위했을 뿐만 아니라, 철저한 전자(電子) 정전을 감행한 것이다. 나는 우루무치와 카슈가르에 머무는 동안 인터넷도 핸드폰도 전혀 사용할 수 없었다. 중국 정부의 결정에 따라 이탈리아 면적의 5배에 달하는 신장 지구 전체가 통신 암흑에 빠져 있었다. 이는 디지털 전쟁의 확실한 증거로서, 중국 정부는 접속의 시대로부터 후퇴할 수 있음을 보여주었다. 당시 나는 새로운 전파 회로의 지리학, 즉 만약 한 독재체제의 현대화된 국가가 원하기만 한다면 세계 전체가 거대한 암흑의 수렁에 빠져들 수 있다는 사실을 깨달았다. 나는 기술 시대 이전의 고전적인 신문기자로서 펜과 노트만을 들고 신장 지구를 돌며, (인터넷이 무용지물인) 전자의 만리장성을 벗어났을 때 보도할 기삿거리를 찾아다녔다. 취재차 돌아다니는 동안, 한층 전통적이고 고전적인 방식의 통제가 늘 나와 동행했다. 무슬림의 중심지인 카슈가르에 도착하는 순간부터 한 경찰이 호텔 로비로 날 찾아왔다. 그는 마치 마피아 두목처럼 거만한 태도로 심문하듯 질문했으며 '여행 가이드'마냥 근거리에서 나와 동행하며 이동할 때마다 모든 일정을 알릴 것을 요구했다. 그는 "이곳에서 질문은 내가 합니다"라고 말했다.

나는 카슈가르를 떠나 파키스탄, 타지키스탄, 아프가니스탄과 국경을 접한 지역들을 방문했다. 말 그대로 환상적인 지역들이다. 이곳의 타클라마칸사막은 쿤룬산맥의 기슭으로 이어진다. 이곳은 고도 7,600미터의 눈 덮인 지아다산 정상에서 물이 흘러드는 카라쿨호수와 같은 경관으로 유명하다. 고비사막처럼, 이곳에도 4차선 고속도로가 건설되어 있으며 여기저기에 광산들이 보인다. 국제도로운송과 태양광 발전소에서 그러했던 것처럼 이 고도의 지역들에서도 중국 경제력의 영향이 잘 드러난다. 이곳은 중앙아시아의 인근 지역으로 통하는 관문이며, 중국의 제국 권력이 이슬람과 첨예하게 대치하는 지역이기도 하다. 또한 이곳에서 위구르인의 결속 관계는 아시아의 무슬림에게도 전파되었다. 과거 이 지역에서는 중국의 아프가니스탄 정책에 저항하는 탈레반이 준동하기도 했는데, 이들은 중국의 위구르족 탄압에 복수하려고 했다.

신장 지구의 위구르인은 800만 명을 넘어서고 있으며 400만 명이 조금 넘는 위구르인이 일자리를 찾아 중국 전역으로 이주했다. 그 밖에도 중국에는 55개의 소수민족이 살고 있지만, 이들 모두 10억 명 이상의 한족 영향권에서 벗어나지 못하고 있다. 서양의 관점에서 위구르족에 대한 소식은 결코 알려진 적이 없다. 신장 지구에서 벌어진 잔인한 탄압이 알려졌을 때, 중국은 예방 차원에서 서양의 모든 항의를 이슬람 근본주의자들과의 투쟁이라는 명분으로 차단했다. 아닌 게 아니라 위구르족 전사들은 아프가니스탄에서 미군에 의해 포로로 잡혀 수년 동안 쿠바의 관타나모 포로수용소에 수용된 바 있었다. 알카에다와 이시스[10]의 침투를 막는다는 명분은 어느 정도 효과를 발휘했다. 미국과 유럽의 정부들은 중국의 편에서 이곳저곳에 폭탄을 설치했고, 항공기 테러를 여러 차례 시도한 것으로 의심받는 위구르 분리주의자들의 움직임에 동조하려고 하지 않았다.

중화인민공화국의 내부에서 인종 폭동의 모든 시도는 한족에게도 적지 않은 영향을 주었다. 소수민족에 대한 동정심이 사라졌고 민족주의의 흐름이 정권을 지원했으며 군사적 탄압을 지지하고 나섰다. 신문, 블로그, 온라인 논설에는 위구르인에 대한 비난이 넘쳐나고 있었다. 이들은 도둑과 마피아, 기생충 같은 사람들로 비난받았다. 이러한 비판과 전형들이 진실의 내용을 담고 있는지 여부는 별 도움이 되지 않는다. 즉, 위구르 마피아는 과거 소련과 러시아 체첸 마피아의 존재처럼 중국의 다른 지역들에 알려진 것이 분명하다. 지하드의 위협에 맞서기 위한 중국과 러시아의 대처에서는 안전이 최우선이다. 인권에 대한 우려가 고려될 여지는 전혀 없으며 극단주의자들을 이들의 가족과 친구, 지인을 공격하는 방식으로 몰아낼 필요만이 우선시되었다.

2009년 7월에 발생한 신장 지구의 비극은 중국 제국주의에 대한 질문에 어느 정도의 답변을 제공하고 있다. 이미 오늘날 중국은 다인종 제국이다. 하지만 서양의 경우처럼 다문화 현상의 영향을 받았다. 중화인민공화

10 ISIS, 수니파 이슬람 극단주의 무장단체.

국은 자국 내 모든 인종을 근대화의 리듬에 동원하고 있으며 이들 모두에게 경제적 혜택을 제공하고 있다(소수인종들은 공부할 권리와 같은 '차별 철폐 조치'에 따른 권리를 누리고 있다). 중국에 흡수되는 것을 원하지 않는 자들은 이해도 관용도 기대할 수 없다. 나는 카슈가르의 이슬람 사원들 입구에서 경찰, 금속탐지기, 수많은 감시카메라를 목격했다. 이슬람교는 중국 정부의 엄격한 감시와 통제하에서 유지되고 있었다.

중앙아시아의 대부분 지역을 관통하는 붉은 선에 걸쳐 있는 중국제국의 미래에는 이 제국만큼이나 오래된 전제가 영향을 미친다. 이는 중국이 역사적으로 항상 직면하고 있던 문제였다. 이 문제는 환관 정화가 거대한 해양 제국을 건설하지 못한 이유이기도 하다. 오늘날 중화인민공화국은 강력해지면서 미국에 근접하고 있지만, 군사력은 해양의 글로벌 세력을 건설하는 데 집중할 여력을 갖고 있지 않다. 소수인종들은 수적으로 한족에 미치지 못하며, 수백만에 불과한 무슬림은 언젠가는 새로운 인민봉기를 일으킬 수 있다. 이 경우 중국은 군사력을 국내 문제에 투입하여 경찰의 기능을 수행하도록 해야 한다. 미국은 이러한 문제를 가지고 있지 않다. 캐나다 또는 멕시코와 접한 국경 지역에는 봉기를 일으켜 진압을 위해 군대를 동원하게 만들 수 있는 소수종교 분파 세력이 존재하지 않기 때문이다. 중국은 자국의 2,200년 역사에서처럼, 지금도 자신의 대륙 경계에 대한 걱정에 직면해 있다.

2017년 김정은의 미사일 발사와 핵실험으로 인해 고조되었던 세계대전에 대한 공포를 계기로, 2006년 내가 북한을 방문했을 때 작성한 낡은 몰스킨 수첩의 내용을 다시 들여다보았다. 기자의 임무는 거의 대외비였으며 두려운 여행이었다. 하지만 지금보다는 덜 위험했던 것 같다. 당시 김정은은 부친인 독재자와는 멀리 떨어진 채 스위스에서 사치스럽게 살고 있던 어린아이였다. 정권은 잔인했지만 아직 핵폭탄이나 대륙 간 탄도미사일과는 거리가 있었다. 그럼 내가 당시 작성한 내용의 한 부분을 회상해보자. 후에 이 글은 『마오쩌둥의 그림자(L'ombra di Mao)』로 출간되었다.

(내가 탑승한) 일류신 62 여객기는 소련이 40년 전에 제작한 비행기이다. 하지만 북한에 들어가기 위해서는 다른 선택이 없었다. 고려 항공의 베이징-평양 간 비행은 북한과 외부 세계를 이어주는 유일한 정기노선이다. 이 여객기를 타는 모험을 감수해야만 한다. 신문기자가 북한에 입국하는 경우는 매우 드물다. 기내의 북조선 승객들은 금방 알아볼 수 있다. 모두 회색 양복과 넥타이를 착용하고 있으며, 양복의 단추 구멍에는 북한 지도자의 초상화 브로치를 달고 있다. 평양에 도착한 직후 신비의 세계에 입국한 것을 알리려는 듯이 환영 의식이 진행된다. 북한은 국경 경찰이 핸드폰을 압수하는 유일한 국가이다. 이곳에서는 외부에서 걸려오는 전화를 유선으로 수신할 수 없다. 단지 소수의 권력자만이 인터넷을 사용할 수 있으며 방문자는 두 명의 정부 요원과 함께 모든 여정을 수행한다. 수도 평양에서 볼 수 있는 유적들의 규모는 유령도시의 비현실적인 환경을 말해준다. 김일성광장을 지나 눈에 들어오는 승리의 아치는 미국인들과의 전쟁에서 승리한 것을 기념한다. 김정일 동상은 종종 첩보 위성에서도 감지될 만큼 거대하다. 도시의 모든 건축물은 역사적으로 공산주의 독재 권력의 계승에 대한 절대적인 존경을 보여준다. 사실 이러한 공산당 독재 권력의 상속은 세월이 흐르면서 거의 종교적인 의미로 옮겨가고 있었다. 지도자에게는 초자연적인 권력이 부여되며, 기적의 전설이 만들어진다. 그를 상

징하는 신전들이 세워졌는데, 이는 지난 유교 시대의 황제 숭배를 떠올리게 한다.

평양은 마치 가짜 같다. 관광객이 거의 없는 디즈니랜드를 연상시킨다. 모두가 공산주의의 역사만을 보여준다. 시간을 거슬러 우리를 과거로 안내하는 쥬라기공원이라고 할 만하다. 반세기 전 냉전이 정점에 달했던 시대에 맞추어 재구성된 세계 같다는 느낌을 준다. 도시의 나머지 지역은 낡은 흑백 다큐멘터리 필름을 보는 듯하다. 하지만 점차 슬픈 민중의 그림자들이 보이기 시작하는데, 이는 디즈니랜드의 느낌을 대체하는 전혀 다른 현실이다. 건설 도중에 방치된 마천루 피라미드, 벽이 벗겨지거나 석고가 없는 아파트 블록은 전쟁 이후의 모습을 보여준다. 그리고 희미한 네온 불빛의 틈새를 통해서는 중간 특권층과 정권에 의해 수도 생활을 허가받은 '중산층' 주택들의 모습이 드러난다. 지하철을 이용한 짧은 여행은 허용되었다. 우리에게 핵폭탄 방공호와 터널의 깊이를 자랑하려는 의도인 것 같다. 지하여행은 1950년대 동유럽의 얼어붙은 듯 무표정한 주민들과 회색 일색의 의복을 착용한 그들의 애써 피하는 것 같은 슬픈 눈동자와 시선을 동반하고 있다는 느낌을 준다. 이곳은 어린아이들이 외국인들에게 미소를 보이지 않고, 반가운 마음에 '헬~로'라고 인사하기는커녕 시선을 아래로 내리거나 두려움의 표정을 드러내는 아시아의 유일한 지역이다.

그날 나는, 반세기 전부터 항상 거대한 침략에 맞서기 위한 동원과 지속적인 경계 속에 살아온 국가에서 두려움과 증오심을 경험했다. 독재자가 자신의 권력을 유지하기 위해 벌이는 미치광이 행동은 대중에게 전염되고 대중의 집단 편집증과 민중의 광기가 되었다. 그렇다면 이제 제3차 세계대전이 일어날 수도 있을까?

기자로서 매시간 진화의 과정을 추적해야 하는 민감한 사건들에 대해 기사를 쓰는 것은 위험하다. 나는 '역사의 긴 흐름'을 바탕으로 한발 물러선 채 관점을 전환하고, 이해하기 힘들거나 위협적이고 지정학적인 사실들을 판독하기 위해 노력한다.

가장 먼저, 한반도 전체의 전략적 중요성은 중국제국과 (상대적으로 짧았던) 일본제국 간 갈등에서 기인한다. 일본 문명은 중국 문명에서 '유래된' 것이다. 즉, 대륙으로부터 불교와 유교가 일본열도에 유입되었고 일본 글자는 한자의 영향을 받았다. 전근대의 일본 역사 대부분은 자신의 지리적 운명, 즉 섬이라는 사실에 머물렀다. 하지만 이미 전근대에 대륙을 정복하려던 일본의 유일한 시도는 조선을 통과하는 것이었다. 1592~1598년 사이에 도요토미 히데요시는 한반도에 상륙해 조선 정복에 이어 중국을 침략하려고 했다. 중국인들의 지원과 바다로부터의 반격으로 일본은 후퇴했다. 이는 짧은 에피소드였지만, 훗날 매우 중요하게 부각될 주제를 상징한다. 다시 말해, 조선의 지리적 위치는 이동 경로 또는 이웃 국가에 대한 공격의 대상으로서 극동의 두 강대국이 노리던 먹잇감이었다. 보는 관점에 따라 한반도는 중국을 목표로 하는 일본의 계획 실현을 위한 '교량'으로, 또는 일본을 겨누는 중국의 '검(劍)'으로 인식되었다(오늘날 일본의 긴밀한 동맹국인 미국이 일본을 대체한다고 해서 이 역할이 크게 바뀌지는 않는다).

일본의 놀라운 성장에 따른 결과로 대륙을 향한 팽창주의는 1894~1895년 일본의 해상 제국이 중일전쟁에서 승리하고 타이완을 병합하면서 지상 제국을 패배시킨 것을 계기로 재등장했다. 이후 1904~1905년에 러일전쟁이 발발했다. 이번에도 섬나라 제국은 승리를 거두고 조선과 만주의 여러 지역까지 점령했다. 일본은 팽창정책을 시작으로 1937년부터 중국의 다른 지역들도 침략해 베이징과 남부 지역으로까지 군사작전을 확대했다. 하지만 이것이 계기가 되어 제2차 세계대전에서 패배하게 된다. 제2차 중일전쟁(1937~1945)은 난징학살을 통해서도 알 수 있듯이, 오늘날 중국인들의 기억에 가장 뼈아픈 역사로 남았으며 공산당 정권은 초등학교부터 이에 대한 민족주의적인 선전을 하고 있다. 하지만 이 모든 것은 한반도로부터 시작됐으며, 중국은 결코 이 교훈을 잊지 않고 있다. 이러한 설명은 왜 1950년 마오쩌둥이 남한을 침략한 북한 공산 독재자를 지원하며 미국과의 전쟁을 결정했는지를 말해준다.

1950년 6월 25일 김일성은 38선 이남에 대한 공격을 명령했다. 당시 남북 간 경계선은 제2차 세계대전이 종식되면서 미군과 소련이 아시아에 대한 자신들의 영향력의 분계선으로 설정한 것이다. 스탈린이나 마오쩌둥은 북한의 남한 공격을 승인했다. 이에 대해 서방은 큰 충격을 받았다. 미군은 당시 남한과 아시아에 주둔하고 있던 군대를 동원했다. 당시 남한은 변변한 군대조차 보유하지 못한 상태였기에 속수무책으로 밀렸다. 유엔 안전보장이사회는 북한의 침략을 비난했고 유엔의 이름으로 군대를 파견했다. 미군은 남한을 해방시킨 후에도 북한 전역으로 전선을 확대했다. 마오쩌둥은 국경을 넘어 수백만의 인민해방군을 파견했다. 중공군의 대규모 개입으로 미군은 후퇴했다. 이후 전쟁은 3년 동안 계속되었다. 미국의 언론은 이 전쟁에 대해 알려 하지 않았고, 결국 6.25전쟁은 전쟁 이전의 38선을 유혈의 경계선으로 재설정했다. 휴전은 체결되었지만 전쟁의 결과는 참혹했다. 중국인과 한국인 모두 합쳐 200만 명이 사망했고, 5만 5,000명의 미군이 전사했다. 판문점의 북한 쪽 박물관에서는 당시의 전쟁에 대한 진실한 기록을 볼 수 없다. 오늘날 한국이 서울을 수도로 한반도를 통일하지 못한 유일한 이유로 지적되는 중공군의 군사적 개입에 대해서는 그 어떤 흔적도 남아 있지 않다. 이러한 (6.25전쟁에 대한) 공식적인 재구성은 평양의 극단적 민족주의가 베이징의 지원에 의존하고 있으면서도 이웃한 공산주의 권력에 진 빚을 인정하지 않으려 한다는 신호이다.

황폐한 북한의 내부를 들여다볼 때, 김일성의 '계산 착오'는 또 다른 사실을 보여준다. 전 세계를 동서 갈등과 냉전으로 몰아넣었던 이와 같은 '실수'가 없었다면 김정은은 전체주의적 테러를 가할 수도 없었을 것이고, 현대 세계에서 가장 무자비한 정권 중 하나인 북한에서 2,300만 명을 인질로 잡지도 못했을 것이다. 실패로 끝난 이 침략 덕분에 평양은 민중이 항상 기아에 시달리는 군사사회로 영원히 전환되었으며 지상에서 가장 많은 군대, 즉 120만 명의 정규군과 600만 명의 예비군을 유지해야만 한다. 김씨 왕조는 3대에 걸쳐 북한을 통제하고 있다. 하지만 할아버지에서 현재에 이르기까지 상황은 계속해서 악화되고 있다. 이탈리아 공산당과 서양 및 소비에트 연방의 다른 공산주의 정당들은 김일성을 별난 인물로 간주하고 있다(김일성의 업적은 그를 좋아하는 출판사들에 의해 이탈리아어를 포함한 많은 언어로 번역되었다). 그는 알바니아의 엔베르 호자와 루마니아의 차우셰스쿠와 동등하게 공산주의 깃발의 동양 독재주의를 대변한다. 개인 숭배로서는 극단적이고 기괴하지만 세계의 평화에는 무해하다. 내정에 대해서는 거의 알려진 바 없다. 단지 1997년 정권의 실력자 중 한 명으로서 평양의 괴벨스로 알려졌던 74세의 황장엽이 해외로 망명했을 때 북한 내부의 잔인함이 폭로되기는 했다. 민중에 대한 체계적인 감시, 일반화된 기소, 공포를 유발하기 위한 무작위 숙청, 세뇌, 고문과 강제노동수용소, 사회 특권층의 과도한 사치, 김정일의 메르세데스 컬렉션과 유럽인 최고급 요리사, 해외여행을 위한 개인 열차. 이 모든 악습은 그의 자식인 김정은에게 상속되었다.

그 사이 1994년부터 북한은 핵무기를 제조하면서 미국의 동맹인 한국과 일본을 위협하기 시작했다. 그 이후로 김정일과 김정은은 세 명의 미국 대통령을 이들의 여섯 회에 걸친 임기 동안 조롱했다. 빌 클린턴 대통령, 조지 W. 부시 대통령, 버락 오바마 대통령 모두 단계적 확산을 막는 데 무능함을 드러냈다. 전임자들이 직면했던 위기를 상속한 도널드 트럼프 대통령의 임기 기간에 북한의 핵실험 강도와 기술적 발전은 비판의 한계를 넘어섰다. 핵무기를 장착한 미사일의 목표 사정거리 내에 처음으로 미국 영토인 괌이 포함되었다. 전 세계가 새로운 붉은 선, 즉 미사일의 파괴력 면에서 우리 시대의 가장 뜨거워진 경계선에 모든 관심을 집중해야만 했다. 히로시마와 나가사키에 원자폭탄이 투하된 이후, 38선이 처음으로 핵분쟁의 가능성으로 제기된 것이다. 38선 주변에서는 적어도 북한, 중국, 미국의 세 국가가 핵무기를 보유하고 있다. 어느 국가든 선제공격을 할 수 있는데, 두 초강대국의 충돌은 지난 1962년 소련 미사일의 쿠바 배치를 둘러싼 소련-미국 간 위기 이후 없었던 만큼 심각한 위험이 아닐 수 없다.

무슨 이유로 세상은 이러한 위험한 지경에 직면하게 되었을까? 1914년 사라예보 암살 사건 이후 유럽을 제1차 세계대전으로 몰아넣었던 '몽유병 지도자들'이 그랬듯이, 일련의 계산 착오로 다른 국가들의 움직임을 잘못 평가하여 절벽을 향해 서서히 미끄러지는 위험의 정체는 무엇일까?

김정은의 계산을 추정하는 것은 도박이지만 피할 수 없다. 많은 사람이 사담 후세인과 카다피의 행보를 김정은의 핵 프로그램과 연관지으려

한다. 북한의 독재자는 다른 독재자들의 종말과는 달리 핵무기가 자신의 생명에 대한 유일한 보험이라고 확신하고 있을지도 모른다. 하지만 핵무기를 보유한 이후에도(다른 모든 국가는 북한이 핵무기를 보유하고 있다는 것을 알고 있다) 왜 북한은 위협적인 행동으로 미국과 그 동맹국들을 계속해서 자극하는 것일까? 여기에는 또 다른 생존 논리가 개입되어 있을 것이다. 북한 정권은 아마도 현 상황에서 평안함을 느끼지 못하여, 민중을 장악하기 위해 계속해서 긴박한 전쟁 상태를 조성해야 하는 게 아닐까?

다른 미스터리는 중국과 관련이 있다. 중국은 비록 평양의 핵실험을 외교적으로 비난하고 유엔 결의에 공식적으로 동조함에도 불구하고 북한에 경제 지원을 계속하고 있는데, 이는 북한 정권의 생존을 보장하는 결정적인 요인이다. 중국은 서양의 입장에 동조하면서도 많은 피해를 인내해야만 했는데, 한국과 일본의 재무장이 그것이다. 자신이 가진 막강한 영향력을 고려할 때 중국은 북한의 독재자를 추방하고 그를 대신해 좀 더 중국의 이해관계에 복종적이고 충실한 정권을 세우면서 불필요한 자극을 피하는 것이 편리하지 않았을까? 몇 가지 가설에 따르면 과거 러시아나 중국은 쿠데타를 계획했지만 그때마다 북한의 독재자에 의해 좌절되었다고 한다. 독재자들은 미친 자들이지만 동시에 적대적인 음모를 감지하고 배신자들을 색출하는 데 매우 뛰어나다. 히틀러를 보면 알 수 있다. 물론 쿠데타 시도가 있었다는 증거는 없다.

어쨌든 중국의 관점은 서양의 그것과는 상당히 다르다. 거의 정반대이다. 절대적으로 시급한 것은 한반도가 중국에 적대적인 강대국들의 개입을 위한 교량이 되지 않게 막는 것이다. 마오쩌둥 시대에 200만 명의 희생을 강요했던 38선의 붉은 선은 중요한 전략적인 경계선이다. 북한이 동독처럼 무너지고 동서독의 경우와 유사한 방식으로 재통일되어 한반도 전체가 미국의 전략적 차원에 속하게 되는 것을 중국은 바라지 않는다. 북한이 스스로 자멸하는 것을 막기 위해 중국은 물자 지원을 하고 있고, 자국 경제가 북한의 경제에 서서히 침투할 수 있게 노력하고 있다. 중국과 북한 간 국경에서는 1989년 천안문 사건 이후 시도한 자본공산주의(capital-comunista)를 전파하려는 노력이 경주되고 있다. 중국에게는 김정은 독재 정권이 예측할 수 없는 사태로 인해 위기에 빠져드는 것보다 핵실험이 북한 주민들에게 행복을 가져다주기를 기다리는 것이 최선일 것이다. 무엇보다도 북한 정권이 무너질지도 모른다는 사실은 중국으로 난민의 물결이 밀어닥칠 수 있음을 의미한다. 이러한 사태는 '단일 민족'의 문화를 가진 국가에게는 전혀 관리할 준비가 되어 있지 않은 긴급 상황이다.

평양의 도발은 중국에 도움이 된다. 또한 이것은 미국의 무능력함을 드러내는 방편이기도 하다. 장기적으로 보면 미국 동맹의 균열을 초래할 수도 있다. 한국과 일본의 일부 언론은 제2차 세계대전과 한국전쟁 이후 상당한 평화 지향성을 유지하고 있다. 이는 장기적으로는 북한을 핵보유국으로 인정하고 동북아에서 미국의 존재감을 낮추려는 것일까? 중국은 오래전부터 동북아를 비무장지대로 만들 것을 요구하고 있다. 다시 말하면 미군의 철수를 원하고 있다. 이러한 논리로 본다면 김정은의 미치광이 짓과 북한에 대한 중국의 관용이 설명된다.

한반도 문제에 접근하려면 중국의 전략을 한층 폭넓게 검토할 필요가 있다. 중국은 근대사에서 이미 두 번이나 대륙 즉 육지에서 비싼 대가를 치른 바 있다. 첫 번째는 영국제국이 1839~1860년에 아편전쟁을 일으켜 중국의 해안 지역을 점령하고 여러 항구(홍콩, 광저우, 상하이 등)를 영구 조차

한 것이다. 이 사건은 청 제국의 몰락을 가속화하는 결과를 동반했다. 이후에도 19세기 말부터는 일본이 반복적으로 중국의 해안 지역에 출현했다. 오늘날 중국은 이러한 실수를 반복하기를 원하지 않는다. 바다로의 진출은 불가피한 것이다. 이미 자급자족의 수준에 도달한 미국과는 달리, 중국 경제는 원유 수입을 필요로 한다. 페르시아만에서 출발한 유조선이 지나는 통로인 말라카해협은 미국의 여러 동맹국에 의해 지리적으로 포위되어 있다. 중국은 자신의 힘을 바다에 집중하여 원유 수입 등의 안전을 확보하려 하고 있다. 이미 얼마 전부터 자국의 '곡물창고'이자 원자재의 공급처로 간주하는 아프리카에 대한 적극적인 공세를 시작했다. 중국은 해안 인근의 바다들에서 자신의 영향력, 즉 영해와 섬들의 붉은 선을 적극적으로 확대하고 있는데, 이 과정에서 일본부터 필리핀과 베트남에 이르는 많은 인접 국가에 자국의 군주권을 행사하려고 한다. 이것은 중국이 내륙은 물론 대양에서도 안전을 원하는 새로운 국면의 역사가 시작되고 있음을 말해준다.

III

유럽의 심장 독일,
그리고 지도에서 드러난
영원한 혁명

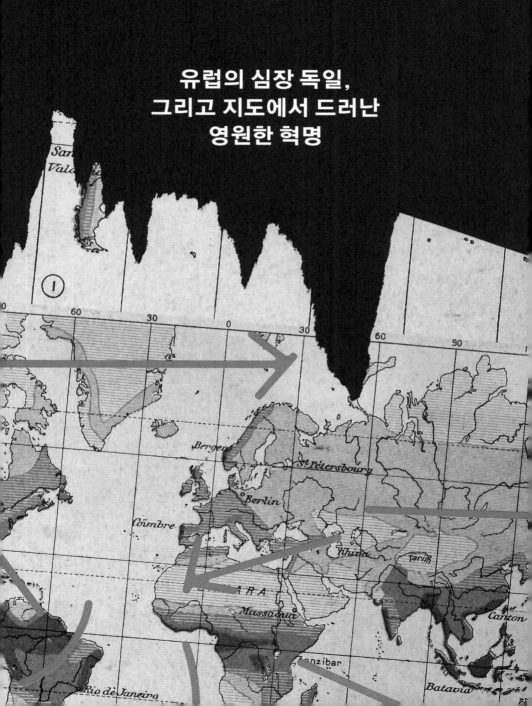

나는 독일의 통일을 '저지하려는' 필사적인 시도가 경주되고 있던 당시 동베를린으로 마지막 여행을 시작한다. 1871~1990년 사이에 그 어느 국가도 이토록 자주, 그리고 이 같은 변혁을 통해 자신의 지도를 바꾸는 것을 보지 못했다. 하지만 독일은 재통일된다. 또한 통일된 유럽의 국경은 카롤링거제국 이후부터 게르만의 흔적을 반영한다. 과거로부터 교훈을 배운 '초식' 강대국이 어떻게 현재의 기적을 이루었는지, 그리고 왜 오늘날 유럽이 비스마르크 시대처럼 불안정한지, 메르켈-푸틴-에르도안의 흔적, 거부하기 힘든 러시아의 매력과 유럽의 범주에서 배제된 터키.

나의 첫 여행지는 키예프였고 마지막 목적지는 동베를린이었다. 과거 동독이 공산주의였고 내가 공산주의자였던 당시 나는 체크포인트 찰리[1]를 통해 동베를린의 '적색 지역'을 수차례 방문한 바 있다.

사실 1989년이 끝나갈 무렵, 엔리코 베를링구에르가 사망할 때까지 내가 당원으로 있던 이탈리아 공산당은 당의 명칭 변경을 준비하고 있었다. 이탈리아 공산당의 운명이 베를린 장벽의 붕괴와 맞물린 것이다. 단순히 지리적인 관점이 아니라면 동베를린에 대해 말하는 것은 더 이상 아무런 의미가 없었다. 당시 나는 역사의 흐름을 멈추려는 한 인물을 주목하고 있었다. 그는 프랑스의 마지막 위대한 대통령이었다. 결점이 많은 지도자였을 뿐 도덕적인 모델은 아니었다. 하지만 사회주의자인 프랑수아 미테랑은 진정한 정치인이었다. 당시 나는 이탈리아 일간지 《일 솔레 24 오레》의

1 Checkpoint Charlie, 통일 이전의 동서 베를린 경계에 있던, 외국인 통행이 가능한 유일한 검문소.

파리 주재 특파원으로 엘리제궁에 출입하던 기자였다. 냉전의 종식은 모두가 만장일치로 환영했다. 하지만 새로운 불안감을 조성했는데, 즉 낡은 공포심, 특히 독일이 초강대국으로 재등장하는 것에 대한 불안감이 그것이었다. 프랑스에게는 불행하게도 다시 찾아온 악몽의 시작이었다. 대통령의 지위가 절반으로 축소되고 심지어 독일 총리들을 지지하는 보조적인 역할로 전락했다. 독일만이 재통일의 결과에 직면한 것은 아니었다. 하지만 프랑스는 다른 나라들에 비해 잃을 것을 더 많이 가지고 있었다. 특히 그나마 남아 있는 위대함의 이미지와 강대국의 역할에 대한 환상이 그것이었다.

1989년 11월 9일 베를린 장벽이 무너졌을 때 첫 현상은 동독 시민들의 서독으로의 탈출이 빨라졌다는 것이다. 체크포인트 찰리의 장벽은 냉전 시대의 스파이 활동을 그린 존 르 카레의 소설에서 알 수 있듯이, 가장 유명한 스파이 소설의 상징이며 진원지였다. 독일민주주의공화국의 국경수비대인 독일인민경찰은 더 이상 도망자들에게 발포하지 말고 국경을 개방하여 모든 시민이 통과할 수 있도록 하라는 갑작스러운 지시를 받았다. 수많은 인파가 서독을 향해 몰려들고 있던 당시의 충격적인 이미지로 인해 "독일민주주의공화국을 떠나는 마지막 사람이 소등한다"라는 농담이 생겨났다.

1989년 11월 당시 세계는 독일의 부유한 서부 지역을 향한 끝없는 탈출 행렬과 동독 이주민들의 쓰나미를 주목했다. 하지만 냉철함으로 멀리 바라보는 자는 동독이 살아남지 못할 것이라는 사실에 주목했다. 독일의 동쪽에서는 떠나는 주민들로 인해 '인구 공백'이 발생했으며 서독의 동독 병합이 현실적인 예상이었다. 이러한 분단의 끝은 지정학적인 지도의 관점에서 볼 때 충격 그 자체였다. 제2차 세계대전이 끝나갈 무렵 승리자들인 루스벨트-스탈린-처칠은 1945년 얄타회담에서 자신들의 이해관계를 기준으로 세계를 재편했고 독일이 미래의 또 다른 위협이 되는 것을 방지할 목적으로 그 영토를 동독과 서독으로 나누었다. 초기에는 얄타회담과 포츠담회담의 결과로 4개의 독일, 즉 미국, 소련, 영국, 프랑스가 각각 점령하여 분할 통치하는 안이 제안되었었다. 후에 서방의 세 승전국은 독일연방공화국이라는 최종안에 합의했다. 그리고 나머지 절반은 소련의 수중에 남게 되었다.

소비에트 제국을 청산한 미카엘 고르바초프는 1980년대 말 이 모델이 실패로 끝나는 데 나름 기여했다. 자유의 결핍과 끔찍한 경제적 빈곤은 고르바초프에게 심각한 타격을 주었고 그는 동-서 간 경쟁에서 승리하지 못했다. 세계가 그의 발밑에 굴복하고 있던 극적인 순간에 소련의 마지막 대통령이 거둔 최대 공로는, 유럽의 중동부 지역에서 발생한 민중 폭동을 진압하는 데 군사력을 사용하려는 유혹을 거부했다는 것이다. 당시의 극적인 상황에 비하면 붕괴는 부드럽게 진행되었다. 루마니아의 독재자 니콜라에 차우셰스쿠의 심각하고 폭력적인 (하지만 짧았던) 통치를 제외한다면, 동유럽의 다른 국가들에서는 유혈사태 없는 벨벳 혁명이 지배적이었다. 고르바초프에게 경의를 표한다. 하지만 소련의 지도자는 의심과 망설임, 공포심을 가지고 있었다. 그는 특히 독일민주주의공화국의 몰락이 소련과의 전략적 단절로서 동독의 상실, 즉 서독과 특히 군사적 동맹체제인 나토에 병합되는 심각한 결과를 동반했다는 사실을 이해하고 있었다. 대안은 재통일된 독일이, 냉전의 대부분 기간에 핀란드가 그러했듯 중립으로 남는 것이었다. 역사적 여건이 달랐다면 그렇게 되었을지도 모르며, 향후 실현될 수 있을지도 모른다. 하지만 1989년 미국에 유리한 힘의 관계는 지배적이었고 냉전의 승패도 결정되었다. 승자는 모든 것을 차지했다.

러시아 다음으로, 당시 상황이 급작스럽게 진행되는 것에 대해 우려하고 있던 나라는 프랑스였다. 프랑스와 러시아는 (폴란드와 함께) 독일의 침략과 하나의 게르만이 동쪽이나 서쪽의 두 방향으로(북쪽의 바다와 남쪽의 알프스산맥은 제국의 원정 계획을 불가능까지는 아니어도 한층 복잡하게 만들 수 있었다) 자연스럽게 팽창하여 '활력의 공간'을 모색한 데 따른 예고된 피해자였다. 하지만 러시아는 비록 엄청난 인명 피해를 감수해야 했지만, 나폴레옹에서 히틀러까지 침략자들을 물리치는 데 성공했다. 프랑스는 제2차 세계대전에서 승리했다기보다는 패배한 것이나 다름없었으며 페탱 장군의 정권과 같은 친(親)나치의 꼭두각시 정권을 경험해야만 했다. 단지, 반(反)나치 망명정부를 이끌던 찰스 드골 장군의 정치적 노력 덕분에 프랑스는 전후 승전국들과 자리를 함께할 수 있었다. 당시 프랑스는 유엔안전보장이사회의 회원국이 되었고 나중에는 '합법적인' 핵보유국에 포함되기는 했지만, 사실상 강대국의 자리에서 물러나 군소 세력의 위치에 머물렀다. 프랑스는 러시아와 마찬가지로, 독일의 '축소된 책임감'[2]에 상응하는 유럽적 지위에 만족해야만 했다.

1989년 12월 6일, 즉 베를린 장벽이 붕괴된 지 한 달이 지나지 않은 어느 날 나는 그때까지 소비에트 공화국에 속해 있던 우크라이나의 수도 키예프에 갔다. 이곳에서 미테랑은 고르바초프를 만났다. 독일민주주의공화국의 존재가 바람 앞의 등불이던 당시 두 정상은 향후 자신들의 역할에 대해 의견을 교환했다. 훗날 미테랑 대통령의 회고록을 통해, 소련연방의 마

---

2 diminutio capitis, 로마 시대 법학자 가이우스가 사용한 용어로, 적의 포로가 되어 시민권이나 자유를 상실했을 경우의 신분 변화 등을 가리킨다.

지막 서기장이 어떤 심정이었는지를 이해할 수 있었다. 당시 고르바초프는 말했다. "독일의 재통일을 피할 수 있게 도와주기 바랍니다. 만약 독일이 재통일된다면 나는 군사정권에 의해 권력을 잃을 것입니다." (그의 말대로) 소련에서는 쿠데타가 일어났다. 그리고 1991년 여름, 고르바초프는 붉은 군대의 군단장에 의해 체포되어 구금되었다. 쿠데타는 신속하게 진압되었지만 그 충격은 상당했다. 고르바초프의 몰락이 시작되었고 소련의 붕괴가 가속화되었다. 이로써 소련은 보리스 옐친 통치하의 러시아로 축소되었다.

1989년 12월 미테랑은 더 이상 고르바초프나 소련의 운명을 중요하게 생각하지 않았다. 하지만 독일의 운명에 대해서는 그렇지 않았다. 미테랑도 프랑스의 지위에 미칠 결과를 고려할 때 재통일이 재앙이라고 판단하고 있었다. 미테랑은 일련의 외교 활동을 결심했는데, 이는 거의 도발이나 다름없었다. 그는 크리스마스를 며칠 앞둔 어느 날, 엘리제궁에 출입하는 기자들에게 자신이 특별기 편으로 동베를린에 가서 독일민주주의공화국의 의장인 만프레트 게를라흐 국가원수와 만날 것이라는 성명을 발표했다. 게를라흐 국가원수나 그의 독일민주주의공화국은 살아 있는 시체나 다름없었다. 이 시점에서 동독이 붕괴되고 있는 것은 이미 자명해 보였다. 재통일은 신속했을 뿐만 아니라, 주민들의 대량 이주를 해결하는 데 유일한 현실적 대안이었다. 만약 동독 주민들 거의 대부분이 서독으로 이주해 살기를 원한다면, 서독이 동독 주민들의 지역으로 이주해 이곳에 머무르는 것도 유효해 보였다. 12월 말 미테랑이 동베를린으로 간 것은 절망적인 몸짓이었으며 붕괴되고 있는 정권에 합법성과 긴 생명력을 보장할 수 있다는 착각이었다. 독일의 지도를 냉전 시대의 지도로 고정하고 지도상의 변화를 차단하려는 마지막 시도였다. 또한 이는 재통일을 위한 작업을 이미 개시한 헬무트 콜 서기장의 의도에 반하는 것이기도 했다. 우리 신문기자들은 파리에서 키예프와 동베를린으로 미테랑을 수행했다. 이러한 정치순례는 이미 절망적인 것처럼 보였으며 성공하지 못했다.

이로부터 얼마 후 《일 솔레 24 오레》는 나를 부쿠레슈티로 파견해 당시의 유일한 무장 혁명에 대한 취재를 맡겼다. 이곳에서는 다행히 오래 지속되지는 않았지만 상당한 유혈 사태가 있었다(이 와중에 북한 독재자의 친구였던 니콜라에 차우셰스쿠와 그의 부인이 처형되었다). 역사의 바람은 한 방향으로만 세차게 불고 있었다. 반면, 유럽 공산주의의 짧은 역사는 끝나가고 있었으며(러시아에서는 1917년, 동유럽에서는 1945년 이후 붉은 군대가 진주했다) 승리자는 둘이었는데, 하나는 미국이었고 다른 하나는 새로운 하나의 위대한 독일이었다.

이러한 지도의 대대적인 뒤섞임을 우려한 것은 미테랑만이 아니었다. 1990년 1월 프랑스 대통령은 당시 이탈리아 수상이었던 줄리오 안드레오티를 만나, 드골의 친구인 소설가 프랑수아 모리아크[3]의 유명한 논쟁을 반복했다. "나는 둘로 분열된 상태의 독일을 지극히 사랑한다." 영국의 수상인 철의 여인 마거릿 대처도 불편한 심기를 드러냈다. 독일의 재통일이 유럽의 균형을 불안정하게 만들 것이라고 확신했던 그녀는 미국 대통령 조지 부시에게 헬무트 콜 서기장의 행보를 자제시켜줄 것을 강하게 요청했다. 하지만 소용이 없었다. 콜 서기장은 위대한 독일의 재구성을 이룩한 장인으로 역사에 새겨질 만한 걸작을 남겼다.

---

3 프랑스의 문인이자 언론인으로 1952년 노벨문학상을 수상했다.

미테랑, 대처, 줄리오 안드레오티, 그리고 다른 많은 정치인들이 (독일의) 재통일을 두려워할 이유가 있었을까? 우선은, 아니라고 말할 필요가 있다. 독일인들은 긍정적인 의미에서 우리를 놀라게 했다. 그들은 전(前)독일민주주의공화국을 법치주의, 연방헌법, 다원주의와 관용, 표현의 자유, 그리고 나치즘과 홀로코스트의 공포를 반복하지 않기 위한 평화적인 정치 문화로 이끌며 진정한 평화적 혁명을 실천했다. 이러한 노력의 결과로 탄생한 통일 독일은 의심의 여지 없이 세계에서 가장 시민적인 국가 중 하나이며 인권을 존중하는 가장 발전된 모델이다. '초식' 권력의 정의는 소프트파워, 즉 무기의 수단을 철폐하는 대신 경제적 영향력 행사를 선호하는 것이었기 때문이다. 통일된 독일은 비스마르크의 팽창주의, 히틀러의 제국주의, 반유대적 인종주의로부터 광년(光年)의 거리만큼 떨어져 있다. 그리고 불과 몇 년이 지나지 않아 이탈리아가 지난 1세기 반의 세월 동안 실현하지 못했던 것, 즉 경제적으로 국민의 최빈곤층을 통합하고 지역 간 불평등을 완화하며 국가의 절반을 비생산적이고 지원에 의존하는 상태로 남겨두지 않는 데 성공했다. 이탈리아 남부와의 비교에서는 하나같이 독일인들이 유리했다. 그럼에도 독일 재통일의 현장이 모두 성공한 것만은 아니다. 동독 주민들은 항의를 계획한 데 이어 극우 정당인 '독일을 위한 대안'[4]의 핵심 지지층을 형성했는데, 이는 독일 사회의 여러 불안 요소 중 하나였다.

나치즘 이후의 독일이 우리를 놀라게 하고 불길한 징조의 예언들을 반증한 것은 이번이 처음이 아니었다. 위대한 철학자인 한나 아렌트가 나치

---

4 Alternative für Deutschland, AfD, 독일의 우익대중주의, 유럽회의주의 정당으로 2013년에 창당했다.

즘의 박해를 피해 유배 생활을 한 후에 자신이 태어난 조국으로 돌아오는 여정을 담은 일기 『독일로의 귀환(Ritorno in Germania)』(1996)은 오늘날까지도 많은 감동을 주고 있다. 이 저술은 1949~1950년 사이에 집필되었으며 그 배경은 전후(戰後) 재건의 시대였다. 아렌트에게 미래를 예언하는 능력이 있었다고는 말할 수 없다. 하지만 이 글에서는 과거에 그랬던 것처럼 경제적, 정치적, 그리고 도덕적인 중흥의 가능성이 가설로라도 언급되지 않았다. 1950년 아렌트는 연합국의 폭격으로 파괴되었을 뿐만 아니라 잘될 것이라는 희망도 없이 실패한 정치체제로 인해 저항할 수 없었던 무능함과 죄의식에 짓눌린 조국을 목격했다. 이것은 이후의 역사가 지향했던 것과는 정반대였다. 20세기의 위대한 정치사상가 중 한 명으로 간주되던 아렌트조차도 파괴된 조국의 잔해들 속에서 정치지도자, 기업가, 노동조합과 지식인 등 새로운 지배계층의 배아들, 즉 부유하고 강력하며 철저하게 민주주의적이고, 또한 (스탈린의 통치 이후 소비에트의 지도자들, 문화혁명의 폭력이나 천안문 사태 이후의 중국인들, 아시아에서 제국주의의 잔혹함을 보여주었던 일본인들처럼) 다른 많은 국가들이 했던 것보다 더 용감하고 정직하게 과거의 잘못을 청산할 능력을 가진 인물들의 등장을 인지하지 못했다.

나는 비교적 최근에 독일에 대해 내려진 여러 치명적인 오판을 기억한다. 왜냐하면 개인적으로 이것들과 같은 시대를 살았기 때문이다. 1977년경, 이탈리아가 붉은여단(Brigate rosse)으로 인해 매우 어수선했던 당시, 독일은 적군파[5]의 테러에 직면하고 있었다. 독일은 테러리스트들을 분쇄하

---

5 Rote Armee Fraktion, 1968년 창설 초기에는 바더-마인호프 그룹으로 알려진 독일의 좌파 테러 조직.

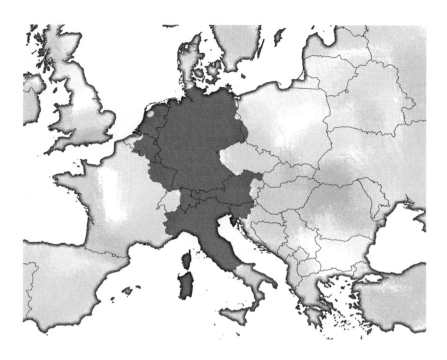

신성로마제국의 962년 성립 당시 최대 판도

기 위해 강경책을 내세웠다. 그리고 이탈리아도 특별법을 제정했다. 하지
만 헬무트 슈미트 서기장의 사회민주주의 정부가 지역 지식인들에 대해
이반 파블로프의 조건반사를 모방한 정책을 추진한 것이 국민의 저항에
직면했다. 즉, '독일 모델'은 오싹한 권위주의, 더 나아가 나치즘 복원의 동
의어로 간주되었다는 뜻이다. 그 결과 독일에서는 위협받고 있는 인권을
방어하기 위한 좌익 지식인들의 운동이 시작되었다. (한편 프랑스의 미테랑
대통령은, 자유의 영웅들로 추정되지만 실제로는 이탈리아 공화국 법원에서 최종
적으로 유죄판결을 받은 테러리스트들에게 피난처를 제공했다.)

이후 독일이 1990년 재통일되었을 당시, 많은 사람들은 통일에 따른 정책이 너무 많은 대가와 재정적 부담을 동반하여 독일 경제를 붕괴시킬 것이라고 생각했다. 얼마 동안은 이러한 부정적인 예측이 사실인 것처럼 보였고 오늘날에는 전혀 어울리지 않게도 급기야 독일은 '유럽의 병자'로 불리게 될 판이었다. 시작 단계에서 고통은 오래가지 않았고 동독 지역의 새로운 주들을 흡수하는 비용과 관련해서는 공공적자와 이자율(이탈리아와 프랑스도 지불하는)에 대한 협정이 필요했다. 하지만 이 모든 것은 놀라울 만큼 신속하게 극복되었다.

이후 1990년대 말을 지나 2000년대에 들어서면서 평가 모델은 두 개가 되었는데, 혁신적 활력의 캘리포니아 실리콘밸리와 놀라운 경제성장의 중국이었다. 상당히 유연한 미국자본주의 또는 중국의 활력적인 에너지와 비교할 때 독일은 지나친 복지, 지나친 법안들, 지나친 조합의 영향력에 의해 과도하게 경직된 경제로 간주되었다. 사회민주주의 정당의 새로운 총리로 임명된 게르하르트 슈뢰더는 국가 복지의 수준을 낮추고 완화했다. 그 결과 독일 제품의 경쟁력은 급속하게 강화되었다. 또한 독일은 미국이 거의 대부분 해체한 산업유산까지도 유지했다.

1970년대에 독일에서 파시즘이 재등장하는 과오가 있었지만, 1990년대에 우리는 조금은 빠른 속도의 경제적 침체를 목격했다. 우리는 독일에 대해 부정적인 편견의 포로인 것 같다. 영국과 프랑스가 아돌프 히틀러와 독일의 재무장, 독일의 보복적이고 팽창주의적이며 호전적인 목표를 과소평가했을 때인 1930년대의 경향과 비교한다면 정반대되고 대칭적인 태도가 아닐 수 없다.

독일에 대해서는 무언가 생각하지 못했다거나 이해 못 하는 것이 불가능한 그 무언가가 있다. 유럽의 운명은 상당한 정도로 독일의 손에 달려 있다. 어쩌면 이는 새삼스러운 것이 아닐지 모른다. 적어도 샤를마뉴의 시대 이후로는 그렇다고 할 수 있다.

독일을 지도에 '표시하는 것'은 쉽지 않다. 시도할 때마다 계속해서 성공하지 못한다. 독일국가는 상당히 빈번하게 형태와 차원을 바꾼다. 하나의 독일에서 다른 독일로의 '도약'은 주목할 만하다. 지도는 빈번하게 수정된다. 1871년(독일의 첫 번째 통일) 이후 오늘날까지 실제로 모든 독일 세대는 역사의 과정을 거치며 자국의 국경들에서 척도의 변화를 목격한 바 있다. 때로는 거대한 변화였다. 즉, 독일은 이탈리아보다 더 파편화되었던 1871년 이전의 수많은 군소 국가들로부터 제1제국 또는 제3제국(나치 독일)에 이를 때까지, 수많은 지역 규모의 권력들로부터 대륙의 제국으로 도약했다.

낭만주의 시인들이나 작곡가 리하르트 바그너가 사망한 후 이들의 영향하에서 성립되었던 민족주의 신화들을 배제한다면, 독일 민중의 고유한 이념으로 거슬러 올라가는 것은 사실상 불가능해 보인다. 왜냐하면 그것이 이탈리아의 이념에 비해 훨씬 난해하기 때문이다. 이를 이해하기 위해서는 다른 무엇보다 지리가 우리에게 도움이 된다. 지중해와 알프스산맥은 자연의 경계이다. 독일은 북쪽으로 바다의 경계가 있지만 남쪽으로는 상황이 조금 복잡해지는데, 그 이유는 독일과 알프스 사이의 지역들에 수세기 전부터 공통의 언어와 문화를 사용하지만 지리적 정치성을 달리하는 민족들이 살고 있기 때문이다(오스트리아, 독일 방면의 스위스). 동쪽과 서쪽으로는 이처럼 정확한 자연의 경계가 없다. 서쪽으로 론강과 같은 강은 종종 분리의 역할을 하지만 대부분의 경우 두 해안 민족 중 하나가 오랫동안 반대편 해안을 점령하는 경우가 많았다. 이처럼 물리적인 경계가 존재하지 않는다는 면에서 하나의 '지리적인 사실'이 유래되는데, 이는 독일이 그 특성상 불안정한 실체라는 점이다. 독일은 어떻게 움직이든지 이웃을 방해한다. 동쪽에서는 폴란드, 러시아, 체코가, 서쪽에서는 프랑스, 벨기에, 네덜란드가 이에 해당한다.

그 밖에도 독일만큼 그토록 오래전부터, 그리고 오랫동안 '유럽적 소명'을 가졌던 국가는 없었다. 실제로 로마제국이 몰락한 이후 로마의 통일이라는 역할을 계승하려는 자는 정치적 주체들, 왕조, 게르만의 구심점을 중심으로 집중되는 권력들이었다. 카롤링거 제국은 인종적으로 게르만이었다. 비록 오늘날의 프랑스인들이 자신들이 카롤링거 제국을 계승했다는 주장을 내세울지라도 말이다. 그럼에도 당시 프랑크족이 게르만 종족으로서 기독교를 수용하면서까지 갈리아-로마인들을 통치하고 있었던 것은 사실이다. 중세 프랑크 제국의 황제 샤를마뉴는 죽은 후에 독일 서부에 위치한 아헨에 묻혔다. 카롤링거 제국은 로마제국과 크게 다르지 않은 방식으로 유럽을 재통일하려고 노력했던 첫 번째 제국이었다. 예외적으로 이베리아반도, 북아프리카, 중동, 그리고 이탈리아 남부 지역은 배제했다. 그럼 '게르만족'인 샤를마뉴의 정복을 보여주는 붉은 선을 잘 관찰하면 우리는 이로부터 무엇을 알 수 있을까? 붉은 선에는 큰 틀에서 6개 국가의 유럽, 즉 확산되기 이전의 첫 유럽공동체를 창설했던 핵심이 속해 있다. 이유럽연합은 1957년의 로마조약으로부터 첫 확대의 연도인 1973년까지 영국의 운명적인 가입에 상당히 잘 저항했다. 그럼에도 샤를마뉴의 6개국 유럽은 로마에서 종식되었다. 카롤링거 황가는 남부로는 더 이상 진출하지 않았다. 물론, 이는 우리 시대의 잣대로 만들어진 지도는 아니었다. 샤를마뉴에게 유럽의 이념은 추상적이었다(로마제국의 이념은 추상적이지 않았지만, 로마제국을 재건하려는 노력은 대륙 전체의 역사를 관통하며 지속되었다). 어쨌든 로마제국 이후 유럽에 단일통화를 도입한 것은 카롤링거 제국이었다. 당시 유럽인 모두의 글로벌 종교였던 기독교는 언어와 출생지보다 더 중요한 정체성이었다. 이러한 의미에서 카롤링거의 유일한 통화와 유럽의 이념은 훗날 상당히 성공적이었던 국가의 개념에 우선했다.

카롤링거 왕조가 붕괴된 이후, 대륙의 역할을 자처하면서 유럽의 목표를 정복한 가장 중요한 제국은 신성로마제국이었다. 이 제국의 공식 명칭은 게르만족의 신성로마제국, 다시 말해 로마-게르만 권력인 게르만족의 신성로마제국이었다. 비록 이 제국의 역사는 변화무쌍했지만 지도 위에서는 다른 모든 유럽 제국들에 비해 가장 오래 지속되었다. 공식적인 성립 연도는 962년이고 멸망한 연도는 1806년이다. 로마에서 황제로 등극한 오토 1세로부터 합스부르크-로레나 가문의 프란체스코 2세까지 8세기 이상 장수했다. 프랑스 계몽주의 철학자인 볼테르의 논쟁은 매우 유명하다. 그에 따르면 19세기 신성로마제국의 경우, "오래전에 그 존재의 신성함과 로마의 정체성, 그리고 진정한 제국의 의미는 퇴색되었다". 이것은 사실이다. 하지만 그들은 게르만이기를 결코 멈추지 않았다. 또한 수많은 기복에도 불구하고 자신의 심장부에 독일, 갈리아, 이탈리아 민중을 품는 것을 결코 멈추지 않았다.

이 제국의 지도는 그 오랜 역사를 돌아볼 때 많은 변화를 겪었지만 지속적이기도 했다. 독일 지역과 로타링기아의 영토 외에도 핀란드(벨기에-네덜란드), 프랑스 동부의 일부 지역과 이탈리아 북부가 빈번하게 포함되어 있었다. 신성로마제국, 즉 유럽공동체 본래의 핵심적인 지역을 대상으

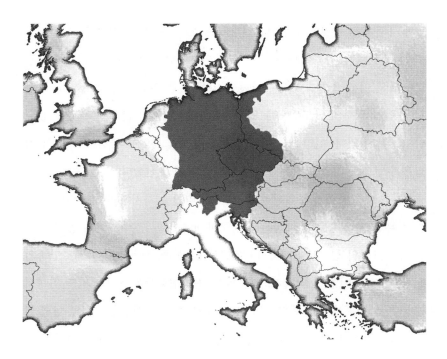

1806년 해체 당시의 신성로마제국

로 그어진 붉은 선 내부에는 수많은 연방주의가 존재했는데, 그 이유는 볼
테르의 일리 있는 말처럼 별로 제국 같지 못했던 이 제국이 중앙 집중의 경
향보다는 풍부한 지역자치주의 성향을 내포하고 있었기 때문이다. 이러한
현상은 1,000년 이상의 세월 동안 게르만 왕권하에서 계속되었다. 알프스
산맥의 장벽에도 불구하고, 로타링기아 유럽의 시기부터 롬바르디아, 트리
베네토, 에밀리아의 일부 지역들은 로마성(Romanity)과 느슨한 관계에 있
었으며 주기적으로 친(親)게르만의 성향을 드러냈다. 롬바르디아는 튜턴
종족인 랑고바르드족의 이름에서 유래했다. 물론, 내가 지리와 역사의 지

도를 가지고 하는 이 게임은 민족적 변수와 혼동되어서는 안 된다. 침략과 이주는 수 세기 동안 유럽인들의 DNA를 섞어놓았으며 혼합을 불가피하게 했다. 하지만 대륙의 역사에서 지속적이었던 독일의 지정학적 중심은 좋든 싫든 행복과 불행 속에 머물고 있었다.

20여 년 전, 나는 『게르만화(Germanizzazione)』에서 카롤링거 이후 신성로마-게르만 제국에 통합되었던 지역들에 대해 다음과 같이 말한 바 있다. "유럽의 영토는 프리지아로부터 플랑드르의 벨기에, 알자스-로렌과 부르고뉴, 라인랜드의 일부, 스위스와 롬바르디아, 그리고 제3이탈리아를 포함해 자치도시 시에나의 구릉 지역에 이른다. 유럽은 거의 천 년 동안 자신의 미시적 상태, 발전되고 진취적인 시민사회를 위한 자치권 보장을 자랑스럽게 방어했다. 또한 유럽은 고대 기원의 수많은 도시국가들과 민주주의 공화국들로 구성된 자본주의 요람이었다. 까마득한 과거부터 소규모 국가와 모험의 자유가 있던 땅이었다." 하지만 이미 중세부터 게르만의 핵심적인 중심은 상당히 다른 지리적 변화와 소명 사이에서 분화된 것이 사실이다. 프로이센의 영토가 되는 지역들은 동쪽으로 러시아와 자연스러운 경쟁자 또는 파트너가 되었다. 한자동맹[6]의 상업도시들(이탈리아 해상공화국들과 상당히 유사하다)은 함부르크 방향으로 흐르는 강과 보다 북쪽으로 흐르는 강들을 이용해 스칸디나비아 국가들 또는 영국과 교역했으며 향후에는 대서양 및 미국과 교역하게 된다. 라인란트는 지역 분쟁에 얽힌 관계 속에서도 프랑스와 자연적인 공생관계에 있었다. 남부와 바이에른(오늘날에는 '가톨릭 초자본주의'의 보루이다)은 이탈리아 및 발칸 지역과 긴밀한 관계

---

6 die Hanse, 13~17세기 독일 북쪽과 발트해 연안 여러 도시의 무역 길드 동맹.

를 형성하고 있었다. 원심분리 성향, 다극화 성향, 다양한 소명들, 즉 다양성 속의 통일성이 존재했다.

1930년대에 프랑스의 소설가이자 유럽통일주의자로서 나치독일 점령군에 협조했으나 1945년에 자살한 피에르 드리외라로셸은 말했다. "프랑크 제국의 말기부터 10세기 이상 동안 유럽 민중은 급진적인 차별화의 움직임에 고통을 받아왔다. 이편, 저편을 분열시키려는 시도는 늘 수없이 많았다." 유럽 대륙의 모든 구석에서도 '이러한 차별화의 움직임'은 독일에서처럼 끝없이 지속되었다. 독일이 처음으로 통일되었을 때인 1871년 1월, 베르사유궁전의 거울의 방에서 제2제국이 선포되던 당시 독일의 정체성은 거의 40여 개의 국가들로 분열되어 있었다. 오스트리아의 합스부르크 제국을 제외하더라도 이들은 모두 독일어와 독일 문화의 공통분모를 가지고 있었다.

나는 독일 최초의 통일이 유럽에 미친 영향을 재구성하기 위해 한스 쿤드나니가 쓴 『베를린의 관점에서 본 유럽, 독일 권력의 패러독스(l'Europa secondo Berlino. Il paradosso della potenza tedesca)』(2015)를 읽었다. 유럽외교위원회의 의장인 쿤드나니는 이 책에서, 독일이 재통일된 지 한 달이 지난 어느 날 당시 영국 수상이었던 벤저민 디즈레일리가 한 말을 회상했다. "독일 혁명이 새로운 세계를 열었지만 세력들 간의 균형을 파괴했다." 같은 시기에 성사된 이탈리아의 통일은 그토록 파괴적인 영향을 보여주지는 못했다. 영국, 프랑스, 러시아, 오스트리아-헝가리 제국은 1648년의 베스트팔렌조약(이는 나폴레옹의 정복 전쟁으로 짧은 기간이나마 무력화된 상태였다)을 유지하려는 균형이 위협받는 것을 목격했다. 당시까지만 해도 독일 신드롬에 대한 언급은 파편화와 약화를 의미하는 것이었다. 프랑스는 태

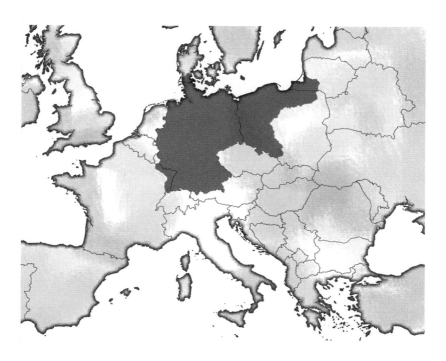

1871년 독일 제국

양왕 루이 14세부터 나폴레옹 시대까지 버터를 칼로 자르듯이 레노강 너머의 많은 군주국들과 공국들에 자신의 군사력을 개입시켰다. 서기장 비스마르크는 '새로운 독일 문제'에 의해 야기된 패러독스에 처음으로 대처해야만 했다. 즉, 비스마르크의 독일은 결단코 위대했고 모두를 놀라게 할 만큼 부유하고 강력했으며 다른 세력들에게 자신과 연합할 것을 강요했다.

　1882년에는 이미 베를린이 유럽 외교의 수도였다고 할 수 있다. 하지만 다른 국가들에게 이러한 사실을 받아들이도록 강제해야만 했다. 독일은 결코 성공하지 못했는데, 그 이유는 독일 내부에서 민족주의적이고 팽창주의적인 경향들이 꿈틀거리고 있었기 때문이다. 한편에서는 지멘스와 아에게[7] 같은 새로운 산업체들의 경제적 이해관계가, 다른 한편에서는 군사적 로비가 이러한 성향들을 부추겼다. 결국 낭만주의에 뿌리를 둔 국가-민중의 문화는 니체를 통해 초인(超人)의 신화로 발전하면서 독일에 최고의 역사적 소명을 부여했다. 같은 시기에 다른 초강대국들(영국, 프랑스, 러시아)과는 달리, 독일은 자연에 의한 방어선 없이 모든 국경이 다른 세력들에 의해 둘러싸여 있었다. 다시 말해, 포위되었다는 신드롬으로 고통받고 있었던 것이다. '활력적인 공간'을 확보할 필요성을 지정학적으로 이론화해야 한다는 주장이 독일의 여러 학파들에 의해 제기되었다. 이러한 주장은 일반적으로 동쪽의 '야만스러운 슬라브족'에게 불리한 상황으로 작용할 수 있었다. 게다가 아프리카에서는 식민지를 개척하기도 했다. 독일의 가장 위대한 사회학자인 막스 베버는 자국의 신제국주의를 신봉하던 인물이었다. 많은 이념들 중에서 나치즘을 위한 이념에 따르면, 독일은 자신의 역사와 지리적 위치에서 열등한 슬라브 민중을 문명화해야 한다는 소명의식을 가지고 있었다. 두 차례에 걸친 세계대전은 이러한 첫 독일통일의 비극적인 출구로서, 이탈리아 파시즘과 동맹을 맺은 제3제국이 프랑스, 베네룩스, 대부분의 스칸디나비아 영토, 슬라브 중앙유럽을 점령했을 당시 이들은 짧은 기간이지만 '유럽연합'으로 인식되기도 했다. 이에 대한 대가는 얄타회담과 분할이었다. 다시 한 번 지도 위 치명적인 변화가 불가피했다.

　　서독은 기독교민주당 당수인 콘라트 아데나워의 정치하에서 확실한 지정학적 선택을 했다. 영토가 극도로 축소된 독일연방공화국은 수도를

7　Aeg, 독일 가전제품 제조기업.

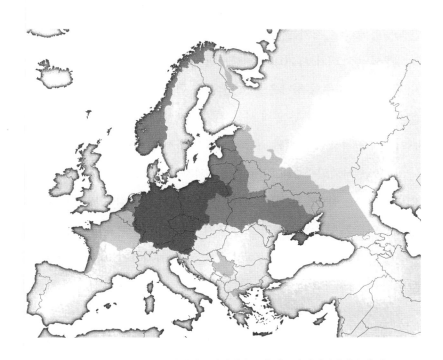

게르마니아, 1942년 제3제국 기간에 군사행정에 속한 영토와 시민행정에 속한 영토

프랑스 국경에서 가까운 르노강 인근의 본(Bohn)으로 결정했다. 이로써 독일은 서양의 소명을 선택했고 단호하게 서양을 지향했다. 프랑스와의 중재를 위해 라인강의 독일을 결정한 것이다. 이것은 새로운 유럽의 건설을 위한 첫 동력이었으며, 재건을 위한 평화의 축이 성립된 것을 의미했다. 독일은 대서양 조약에 가입했으며 이로써 미국의 군사적 인도와 보호하에 들어갔다. 이는 우리가 목격한 다(多)방향성의 소명과 다(多)중심의 역사에 비추어 볼 때 '자연스러운' 선택이 아니었으며 새삼스러운 것도 고통스러운 것도 아니었다. 1952년 스탈린은 차선의 선택을 제시했다. 이에 따르

면 독일은 중립을 지키는 대신 빠른 시일 안에 소련의 지배하에 있는 동독과 재통일하는 대가로, 거대한 핀란드의 운명을 반복하게 되었다. 독일 좌익, 즉 사회민주주의 정당은 1950년대에 유럽공동체를 원하지 않았으며 스탈린의 제안이었던 두 권력 블록 간 중립과 재통일을 환영했다. 하지만 두 지리적 축과 이에 상반된 소명의 갈등은 다시 반복될 운명이었다.

1969년 사회민주주의 정당의 당수이자 전(前) 서베를린 시장이었던 빌리 브란트는 처음으로 '동방정책'[8]으로 정의된 혁신적인 외교정책을 제안했다. 이는 냉전을 극복하기 위한 초기의 확장 시도 중 하나였다. 동독에 관대한 경제 원조를 제공하고 코메콘[9]의 모든 국가들과 교역을 추진한다는 것이 그 내용이었다. 하지만 동독은 빌리 브란트 정부에 스파이 활동으로 응수했다. 서독 수상의 오른팔이 동독의 스파이였다는 사실이 발각되자 브란트는 사임해야만 했다(1974). 서독 정부의 후임 수상은 같은 정당 소속이었지만 전임자와는 달리 아무런 망설임 없이 친(親)서방 정책을 표명했다.

사회민주주의자인 헬무트 슈미트는 1977년 소련이 동독과 다른 유럽 국가들을 향해 핵탄두가 장착된 SS-20 미사일을 배치했을 때, 이에 대항하여 서유럽을 이끌었다. 소련의 속셈은 '분리'를 시도하려는 것이었다. 소련은 중거리 미사일을 방대한 지역에 배치하여 유럽 무대로 국한된 핵 분

---

8 Ostpolitik, 서독이 1960년대 중반부터 소련 및 동유럽과 관련해 추진했던 외교정책으로, 당시 빌리 브란트 총리는 제2차 세계대전의 피해자 국가들에 대한 사죄 등과 같은 진보주의 정책을 추진했다.

9 Comecon, 바르샤바조약의 사회주의 국가들을 위한 유럽경제공동체.

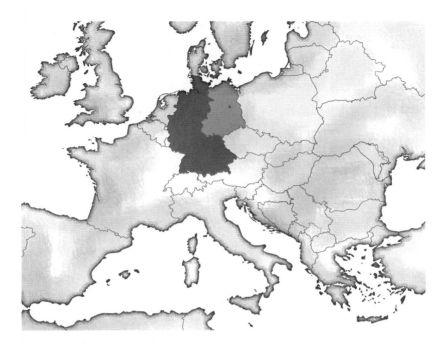

두 개의 독일

쟁의 가능성을 고조시키면서, 핵 공격이 미국의 영토를 위협하지 않는 만
큼 미국이 개입하지 않을 것이라는 생각을 서유럽의 정부와 언론에 퍼트
리려고 했다. 이는 독일이 핀란드의 중립화를 반복하게 만들려는 새로운
시도이기도 했다. 슈미트는 서유럽의 정부들과 결속력을 다지면서 대처했
고 미국의 지미 카터 대통령에게 소련의 SS-20 미사일에 맞서 '유로미사
일(Euromissile)'의 서유럽 배치를 요청했다. 하지만 그는 자신의 정책에 반
대하는 독일 좌익의 대대적인 저항에 직면했다. 쿤드나니의 회상에 따르
면, 40만 명에 이르는 시위자들이 광장에 모여 유로미사일의 배치를 승인

하려는 독일 연방의회의 투표를 저지하려고 했다.

수많은 시민의 항의 집회에서 독일의 평화시위자들은 "연방공화국의 역사에서 가장 방대하고 이질적인 대중운동에 활력을 불어넣었다". 빌리 브란트, 1999년 노벨문학상 수상자인 귄터 그라스 같은 명망 있는 지식인들이 이 운동을 이끌었다. 이러한 움직임은 독일에서만 일어난 것이 아니었다. 당시 나는 유로미사일을 이탈리아에 배치하는 것에 반대하는 대규모 시위에 참여했다(반대가 없었다면, 1983년 유로미사일이 시칠리아에 배치되었을 것이다). 엔리코 베를링구에르는 소련과 공식적인 관계를 단절했음에도 이 시위에서는 평화주의자들, 즉 소련의 SS-20 미사일에 대응하지 않는 자들의 편에 섰다. "죽음보다는 차라리 붉은색을 선택할 것이다." 이것은 독일과 이탈리아의 여러 광장에 모인 수많은 인파의 슬로건 중 하나였다. 슈미트는 소신을 가지고 자신의 결정을 추진했는데, 역사는 그가 옳았음을 증명했다. 우리는 핵의 홀로코스트에서 죽지 않았으며 정치적 인질도 되지 않았다. 그리고 모스크바의 협박에 굴복하지도 않았다. 다시 한 번, 이 시점에서 독일은 유럽 정치의 균형을 위한 결정적인 선택을 한 셈이었다.

'독일의 두 번째 재통일'은 당시 유럽이 직면해 있던 침체를 고려할 때 국가경제의 기적이었다.

경제적 착취는 부인할 수 없었지만, 이탈리아의 남북 간 심각한 격차(또는 악화)와 비교한다면 놀라운 성과였다. 독일연방공화국은 1,700만 주민의 동독을 흡수했는데 당시 동독의 봉급 수준은 서유럽의 60퍼센트 수준에 불과했고, 공산주의 정부의 관료정치에 따른 비효율성은 매우 심각했다. 동독과 서독의 두 화폐(마르크) 간 1대 1의 환율은 정치적인 판단, 즉 당시 헬무트 콜이 독일연방은행의 반대와 '경제적 합리성'의 논리를 물리치고 내린 결정이었다. 이는 독일의 새로운 동부 지역으로 막대한 부가 이동하는 것을 의미했다. 기독교민주당의 당수는 이들에게 미래를 보장하고 (적어도 초기에는) 지지를 얻었다. 초기 몇 년은 상당히 어려웠다. 동독 기업들의 구조조정으로 실업률이 이탈리아의 수준으로 급증했으며 연방 예산은 적자로 돌아섰고, 서독의 시민들은 동독 지역에 살던 주민들과의 '문화적 차이'에 대해 불만을 토로하기 시작했다(이는 동독 주민들이 공산주의의 악습에 의해 구제불능 상태가 되었으며, 이들이 모든 것을 정부에 의존한 채 거의 일을 하지 않고 잘하지도 못한다는 생각에 대한 완곡한 표현이었다). 하지만 결국, 내기에서 승리했다. 이후의 경제적 회복으로 (비록 임시적인 일자리를 크게 늘린 결과이기는 하지만) 부분적으로나마 실업률이 줄어들었고 헬무트 콜의 전략적 도박은 성공을 거두었다. 15년 만에 동·서독 간 불균형은 축소되었으며 동독 주민들의 수입은 서독 주민들의 75퍼센트 수준으로 향상되었다.

그 사이에 위대한 독일의 재탄생, 즉 지도상의 또 다른 변화는 거의 1871년 독일통일에 상응하는 지정학적인 충격을 동반했다. 이전 수십 년 동안 독일연방공화국의 경제적 발전 덕분에 이미 명백한 불균형을 드러내고 있던 프랑스-독일의 축은 모든 측면에서 관계 간 균형을 상실했다. 이미 내가 언급한 바와 같이, 역사의 흐름을 멈추려고 했던 미테랑의 동독 방문은 별다른 성과 없이 끝났다. 하지만 이 방문은 이후 한층 진지하고 중재된 또 다른 전략적 움직임으로 이어졌다. 프랑스는 역할의 불가피한 축소를 인정해야만 했으나 그 대신 자신의 오래된 계획, 즉 유럽단일통화의 구상이 신속하게 추진되어야 한다고 주장했다. 이로써 다시 한 번 독일의 운

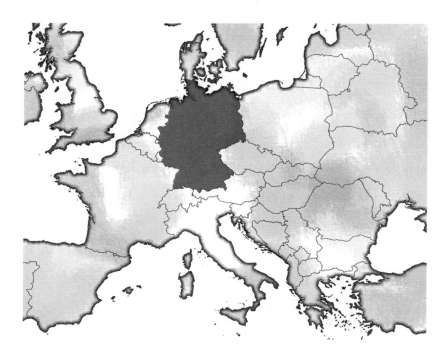

현재의 독일

명은 대륙의 대부분 국가들이 관련된 변화에 휩쓸려 들어가게 되었다. 독일의 지도가 변화된 데 따른 충격은 게르만 유럽 또는 단일통화를 원하는 국가들이 포함된 붉은 선 전체에 마치 전기가 흐르듯이 확산되었다.

독일의 통일에서 유로화로의 '논리적인' 비약을 이해하기 위해서는 이전 반세기의 지도를 살펴볼 필요가 있다. 다시 말해 냉전이 한참이던 당시 첫 유럽공동체 탄생으로 돌아가야 한다. 유로화의 꿈은 이처럼 오래되었다. 샤를마뉴를 제외하더라도 말이다. 1950년대 로마조약이 체결될 당시 이미 알티에로 스피넬리와 같은 유럽연합주의자들은 이에 대해 생각하고 있었다. 이들은 진정한 정치적 연합의 계획에서 통화를 고려하고 있었는데, 이는 미국의 그것과 매우 유사한 그 무엇이었다. 다른 한편으로 드골과 같은 프랑스 민족주의자들은 자크 뤼에프와 같은 경제고문의 자문을 전제로, 언젠가 달러의 세계 지배를 무너뜨리려는 야심을 키우고 있었다. 녹색 지폐는 진정 세계적 차원의 유일한 지불 수단이었으며, 미국인들은 자신들이 원하는 만큼 달러를 발행할 수 있었다. 이러한 제국주의적인 특권은 베트남전쟁 기간에 문제를 일으켰다. 미국은 유럽에도 막대한 달러를 유입시켜 인플레이션을 일으키면서, 자신들의 엄청난 전쟁 비용의 일부를 세계의 다른 나라들에 전가했다. 드골은 가치가 부풀려진 달러를 포트 녹스[10]의 금괴로 교환할 자신의 권리를 강하게 내세웠다. 이에 미국 대통령 리처드 닉슨은 달러-금의 전환 가능성을 중단하겠다고 일방적으로 선언했다.

이러한 움직임은 가치 간 고정 환율 또는 반(半)고정 환율 제도의 종식을 가져왔다. 이율과 통화의 파동이 시작되었다. 당시는 유럽 통화들의 가치가 각자 자신의 리듬에 따라 평가되던 시기였다. 독일의 마르크는 보다 견고하고 경쟁력을 갖춘 경제를 대표하고 있었던 만큼, 안전한 피난처였고 지속적으로 재평가되고 있었다. 이탈리아와 프랑스는 독일 제품들에 비해 경쟁력이 떨어졌기에 지속적으로 평가 절하되었다. 이는 상당히 불안정한 상황이었다. 이탈리아 산업은 경쟁력 하락에도 그럭저럭 대처하고 있었지만, 봉급과 월급과 연금으로 사는 이탈리아인은 가파르게 상승하는 물가로 인해 화폐의 구매력을 지속적으로 보호받지는 못했다. 그럼에도 월급과 연금을 인플레이션과 연동하는 슬라이딩 스케일(Sliding scale)은 단

10 Fort Knox, 미국의 켄터키주에 위치한 육군 기지로, 연방금괴저장소가 있는 장소.

연 최고 수준이었다. 그 이외에도 국가 부채는 통화의 경쟁력이 약할 때 지불해야 할 비용인 높은 이자율로 인해 크게 증가했다. 독일인들은 자신들의 마르크화에 자긍심을 가지고 있었다. 하지만 독일 제품에 대한 신뢰도에도 불구하고, 뮌헨의 산업가들부터 프랑크푸르트와 뒤셀도르프의 산업가들에 이르기까지 프랑과 리라(유로화 이전의 이탈리아 화폐 단위)의 불공정 경쟁에 불만을 토로했다. 상호 간 불신은 유럽 국가들 간 보호주의가 다시 고개를 들고, 유럽공동체가 1960년대에 점진적으로 철폐했던 장벽이 다시 만들어질 위험을 가져올 수 있었다. 단일시장의 붕괴 위험을 막기 위해 1970년대 중후반 환율을 설정하기 위한 해결 방안이 시도되었는데, 첫 번째의 스네이크제도[11]와 두 번째의 유럽통화시스템은 피해를 제한하기 위해 도입되었지만 실질적인 효과는 경미했다. 유럽의 각 국가는 자국의 중앙은행, 자국의 통화정책, 자국의 이자율을 유지했다.

한편, 점차 강화되는 마르크화의 패권은 구대륙 유럽에서 달러화의 세계적인 영향력을 재현했다. 독일연방은행은 인접국들에 영향력을 행사했다. 만약 독일연방은행이 이자율을 높이면 이탈리아 은행과 프랑스 은행은 이를 따라가지 않을 수 없었다. 중요한 사안들은 프랑크푸르트에서 결정했으며 다른 국가들은 큰 목소리를 내지 못한 채 수용하고 만족해야만 했다. 이탈리아의 리라와 프랑스의 프랑은 독일 경제 또는 유로화의 부침에 영향을 받아 '이중의 직접화폐'가 되었다. 하지만 독일 마르크화가 누리는 혜택들, 즉 안정된 통화, 낮은 인플레이션, 구매력에 의한 보호는 전혀 누리지 못했다. 프랑스와 이탈리아, 벨기에의 정부 관료들은 과거 단일

---

11 Snake in the tunnel, 1972년 바젤협약에서 도입된 제도로 일종의 공동변동환율제이다.

통화의 계획에서 자신들의 문제에 대한 해결 가능성을 모색했다. 1979년부터 1993년까지 이탈리아 국립은행의 은행장이었으며 과거 라이프치히 대학교에서도 공부했기에 독일어에 능통했던 카를로 아젤리오 참피와 같은 핵심적인 인물은 미래에 게르만 중심으로 구성될 유럽통화체제의 붉은 선 안에 머무는 것이 이탈리아에 유리하다는 주장을 제기했다. 하지만 문제는 독일을 어떻게 설득하는가였다. 독일은 나름 자기 생각에, 이탈리아나 프랑스 같은 국가들이 자국 통화의 경우처럼 단일통화의 '강압복'을 버텨내지 못할 것이라고 확신했다. '라틴 국가들'의 조합주의는, 노동자의 경영참여권에 근거해 행정위원회(공동관리 또는 공동결정)에 참여하여 책임을 분담하는 독일 조합에 비해 한층 갈등이 빈번하고 분열되어 있었다. 경쟁력 면에서 이탈리아 공공행정은 마치 발에 붙은 공, 즉 골칫거리나 다름없었다. 부패와 조직범죄는 이탈리아 시스템의 전반적인 작동을 크게 저해하는 요인이었다. 독일인들은 이러한 방해 요인들이 극복될 수 있다는 것에 의구심을 가지고 있었다. 또한 독일인들은 새로운 단일통화가 리라나 프랑처럼 인플레이션에 직면하거나 평가 절하된다면 독일 마르크를 포기하지 않으려고 할 것이 자명했다.

하지만 미테랑 대통령은 확고한 신념에 따라 자신의 주장을 굽히지 않았다. 그는 독일의 재통일을 계기로, 동등한 관계의 상태를 그대로 유지하면서도 재협상의 마지막 기회가 있을 것이라는 사실을 직감했다. 이번에야말로 위대한 독일이 지배적인 지위에 올라 패권을 장악하게 될 것인 만큼 헬무트 콜이 대답할 순간이었다. 미테랑이 독일인들에게 요구한 희생의 대상은 독일 마르크 즉 독일연방은행이었다. 콜은 제안을 수용했다. 왜냐하면 미테랑의 제안이 유럽의 다른 국가들을 안심시키기 위해 지불해야 할 정당한 대가라고 생각했기 때문이다. 다시 말해, 콜은 1871년 이후 공포와 무관심, 반(反)독일 연맹을 구성하려는 각종 시도들에 직면했던 비스마르크의 전철을 밟고 싶지 않았다. 이렇게 해서 두 번째 독일통일을 계기로 유로화의 건설 현장이 출범했다. 그 여정은 정해진 마감 시한을 전제로 강력하게 추진되었다. 하지만 그 중심에는 핵심적인 이념이 자리하고 있었다. 마스트리흐트조약의 기준은 독일이 최고의 경제 정책이라고 판단하고 있는 사안들, 즉 최소한의 공공적자와 제한된 부채의 조건들에 회원 국가들이 모두 동의하도록 만드는 데 필요한 것들이었다. 정치인들의 국가이성은 경제학자들의 조심성에 우선했는데, 이는 단일통화가 유사 경제, 획일적인 행동을 필요로 한다는 의식이었다.

한편, 이탈리아는 과거에 시도할 때마다 실패로 끝났던 거대한 개혁의 과제에 직면했다. 그 골자는 관료정치와 사법제도를 개선하고, 재정적 탈세를 근절하고 부패를 축소하며, 학교와 전문가 교육에 재정을 투자하고, 공공고용을 둘러싼 분쟁을 조정하는 것이었다. 독일에게 하는 양보 그 이상으로, 이탈리아에 상당히 유리한 변화가 예상되는 계기였다. 하지만 이미 알다시피 변화는 일어나지 않았다. 미테랑-콜의 노력이 유로화를 탄생시키는 데 기여했던 그 중요한 시기에 마스트리흐트조약을 위한 협상이 진행되었으며, 단일통화의 출범을 위한 예비 실험이 준비되었다. 독일이 재통일된 이후 몇 년 동안 이탈리아에 유리했던 조건들 중에는 신(新)경제의 조짐[12]이 나타나고 있던 미국과의 경쟁에서 오늘날보다 약한 경쟁력을

---

12 인터넷 혁명 초기 실리콘밸리의 중흥과 이를 주도했던 거대기업들인 마이크로소프트, Aol, 야후, 인텔, 시스코 등을 말한다.

가지고 있던 독일이 있었다. 사회민주주의 정당의 슈뢰더는 복지를 위한 개혁을 계획했는데, 이는 낭비와 비효율성을 제거하고 지속가능한 사회주의 정부의 본질을 모색하기 위한 것이었다. 이탈리아는 당시 알프스 이북에서 나름 최선을 다해 새로운 도전에 상응하는 희생과 긴장감을 감당하고 있던 국가들의 사례를 따라해야만 했다.

유로화가 탄생하고 새로운 통화체제에 대한 이탈리아의 참여가 임박한 시기(1997~1999)에 나는 브뤼셀, 프랑크푸르트, 밀라노, 로마를 오가면서, 프랑크푸르트에 파견된 이탈리아 일간지《라 레푸블리카》의 신문기자로 활동하고 있었다. 그리고 개인적으로 『게르만화』를 집필하고 있었다. 이것은 지나치게 이론적이고 약간의 광신주의가 가미된 발상이었을까? 이미 파리에 머물고 있었을 때 나는 베를린 장벽의 붕괴를 경험한 바 있다. 당시 나는 벌리츠 학원에서 독일어를 배우기 시작했고 이후에도 계속해서 밀라노의 괴테 학원을 다녔다. 물론 당시에도 취재를 위해 많은 여행을 해야만 했다. 만약 유럽이 독일의 패권이 확실해 보이는 시대로 진입해야만 한다면 나는 이에 대처하기 위한 준비를 하고 싶었다. 이 확신은 프랑스 사립학교에 등록한 내 딸 코스탄차에게도 영향을 주었다. 당시 제3외국어 선택에 대해 나와 아내는 딸이 올바른 결정을 했다고 생각했다. 코스탄차는 독일어를 공부하고자 했다. 그녀는 독일어를 좋아하지 않았지만 이렇게 해서 자신의 의지와는 무관하게 유럽의 거대한 지정학적 시나리오에 참여하게 되었다.

당시의 결정은 20년이 지난 후에도 구체적인 결과로 이어지지 않았다. 코스탄차의 삶은 캘리포니아, 극동, 인도로 옮겨갔다. 이러한 지역들은 독일과는 멀리 떨어져 있었지만 프랑크푸르트 공항의 항공 편 연결 덕분에 불과 몇 시간의 거리에 위치했다. 코스탄차는 그동안 배우고 있던 독일어를 대신해 중국어와 일본어를 공부했다. 캘리포니아에서는 일상적인 제2 외국어로 스페인어를 공부했다. 그것은 마치 1990년대 말 코스탄차가, 미래에 알게 될 것이라고 속이는 어른들의 이야기와 인생을 살면서 하게 되는 농담 사이에서 강요와 단절을 본능적으로 알아차린 것과 같았다.

나는 이후에 집필한 책들을 반복적으로 읽곤 했는데, 그 이유는 내가 어디에서 실수를 범했는지를 알기 위해서였다. 게르만화는 내가 예상했던 형태로는 진행되지 않았다. 앙겔라 메르켈의 위대한 독일의 목표는 당연히 유럽의 리더가 되는 것이었다. 하지만 대륙을 획일화하지 못했으며 자신과 자신의 가치체계를 중심으로 다른 국가들을 동질화하지 못했다. 1990년대 말의 이러한 맥락에서 볼 때, 게르만화라는 용어가 내가 생각한 것과 많이 다르지만 바람직하지는 않은 여러 가지를 의미할 수 있음을 떠올렸다. 통화의 안정, 보다 폐쇄적이고 전통적이며 금융-산업 간 불투명과 근친상간의 관계로 드러난 자본주의에 기초한 경제 문화의 확산이 그것이었다. 최고경영진과 조합의 공동결정에 기초한 산업 관계의 장치는 독일적인 것이었다(하지만 때로는 이러한 특징들이 공모와 부패의 사례로 전락했다). 또한 조합의 중재, 파업 수단의 적절한 활용, 유익한 일에 대한 동참을 조건으로 하는 사회적 평화 역시 독일적이라고 할 수 있다.

1990년대 말, '라인강의 자본주의'에 대한 새로운 관심이 드러났다. 이것은 기업가 정신, 조합의 참여와 결속력을 중재하려는 체제였다. 이 시스템은 독일에서뿐만 아니라 카롤링거 시대와 이후 신성로마제국 당시 고대 유럽의 단단한 중심이었던 주변 지역들로도 확산되었다(브뤼셀, 플랑드르, 룩셈부르크, 프랑스 동북부 지역). 미셸 알베르, 카를로 아젤리오 참피, 로마노 프로디, 마리오 몬티, 마리오 드라기와 같은 프랑스와 이탈리아의 인물들은 이 모델의 미덕을 확신했다. 독일의 모델은 파다니아, 트리베네토에서 브레시아노와 모데네세에 걸친 지역들의 경우에도 바람직한 것이었다. 이러한 지역들의 산업구조에서는 전통은 다양하지만 그럼에도 가톨릭-얀센주의(Jansenist)-암브로시우스주의(Ambrosian)의 결속 형태, 또는 기업 지배 구조에서 사회공산주의 노동자들의 실질적인 공동참여가 두드러졌다. 이러한 지역들에서 이탈리아는 잘해왔으며 유로화에도 잘 적응했다. 왜냐하면 이미 오래전부터 게르만화되어 있었기 때문이다. 오늘날 롬바르디아-베네토-에밀리아 지역의 경제적 능력과 수출 능력을 고려한다면 결론은 다음과 같이 분명하게 드러난다. 우리는 이탈리아에 바이에른을 가지고 있는 것이나 다름없다. 이러한 이탈리아 지역들은 2007~2008년의 위기 이후 심각했던 시기에도 독일의 능률에 버금가는 수준을 유지하고 있었다. 이는 마스트리흐트조약의 덕분도, 이탈리아 정부들의 노력 때문도 아니었다.

이탈리아의 나머지 지역들은 유로화가 도입된 이후 조금도, 또는 거의 게르만화되지 않았다. 이러한 많은 개혁들이 실패한 것은 이미 잘 알려진 사실이다. 또한 조합들의 고집은 여전했으며 이들의 기생 소득은 조금도 변하지 않았다. 이탈리아의 '거대한' 자본주의(이는 '지역 차원에서' 보자면 거대했고, 글로벌 차원에서 보자면 소규모에 불과했다)의 극악한 역할도 문제였다. 가족 왕조는 한때 가장 중요한 자들을 의미하는 살로토 부오노(Salotto buono), 즉 강력한 권력, 권력 상속자들로 불렸다. 이들은 처음에는 유로화에 반대했지만(이탈리아산업연합은 유로화에 지속적으로 반대했다), 나중에는

『표범(Gattopardo)』[13]의 다음 구절이 의미하듯이 적극적으로 동조했다. "모든 것을 바꾸어라. 왜냐하면 아무것도 바뀌지 않기 때문이다." 이들은 토크쇼에서 경쟁의 미덕에 대해 말하지만, 정부와 납세자들에게 특별한 도움을 요구했다. 또한 이들은 이탈리아산업연합의 회의에서는 능력주의를 찬양했지만, 후계자에게 자신들의 기업을 상속하는 것을 결코 멈추지 않았다. 이들은 국제화를 위한 중요한 약속을 외면한 채 가장 높은 가격을 제시하는 외국인에게 자신들의 기업을 매도하는 데 주저하지 않았다. 또한 계속해서 탐욕스러운 자본주의를 고집함으로써 특히 다른 사람들의 자본을 위험에 빠뜨렸다. 이러한 과두지배체제의 추종자들은 독일 모델이 가진 최악의 요인들만을 받아들였다. 예를 들면 은행들에 의존하기, 신용기관들을 백만장자의 '시민 보호'처럼 이용하기가 그것이었다.

이미 언급한 바와 같이, 프랑스 역시 게르만화되지 않았다. 이탈리아의 경우와는 상당히 다른 이유들 때문이었으며 또한 이탈리아와 다른 방식을 지향했다. 프랑스 역시 이탈리아의 패션에서 농산물까지, 항공 산업에서 금융까지, 무기 산업에서 원자력발전소까지 여러 기업을 사들였던 글로벌 경쟁력의 거대 다국적 기업들을 지원했다. 프랑스 자본주의의 정상에는 독일의 그것과 상당히 유사한 모델이 존재했다. 예를 들면 은행-산업 연합, 국가 시스템의 결속력, 암묵적 민족주의, 모든 노선의 정부에 대한 전폭적인 지원이 그것이었다. 글로벌화된 프랑스의 이면에서는 현상유지주의가 거의 지배적이었는데, 노동조합의 과실에 따른 폭력적인 파업에

---

13 주세폐 토마시 디 람페두사의 소설로서 1860년대 시칠리아를 배경으로 이탈리아 통일 전후에 흔들리는 귀족의 심정과 시칠리아 지배층의 신구 세대교체를 묘사한 작품.

서 자기 중심적인 논리에 함몰된 정치 계층까지, 오늘날에는 더 이상 화려하지 않은 환상 속에서 성장한 그랑제콜[14]의 엘리트들이 그 대표적인 인물이었다. 에마뉘엘 마크롱은 이러한 엘리트 과정을 밟은 전형적인 인물이었다. 유럽연합의 동력으로서 파리-베를린의 동등한 축을 재설정할 수 있다는 발상, 메르크롱(Merkron, 독일의 메르켈과 프랑스의 마크롱을 함께 가리키는 용어)의 이항식, 아덴하우어-드골, 슈미트-지스카르 또는 콜-미테랑의 시대에서처럼 동등한(또는 거의 동등한) 자들 간의 관계. 이 모든 것은 헛된 환상, 알프스 이북 쇼비니즘의 소비 또는 관습적인 선전에 불과했다.

젊은이들의 실업은 가장 중요한 실험들 중 하나였다. 프랑스도 이탈리아도 독일 모델의 유익함을 수용할 수 있었다. 지도 계층의 잘못인 것에는 의심의 여지가 없었다. 그리고 특정 시민 계층의 보수주의에 의한 잘못인 것도 사실이었다. 독일은 조금은 완고하고 아둔하며 전통주의적인 국가이기를 원했다. 다시 말해 독일의 슈뢰더 총리는 별다른 저항 없이 직업법(Jobs Act) 유형의 개혁을 수용한 바 있다.

수년간 여러 책들을 통해 나를 괴롭혔던 질문은 왜 독일이 통일 이후 자신의 규모와 부에 준하는 정치-문화적 헤게모니를 끝까지 행사하지 않았는가 하는 것이다. 역사, 즉 19~20세기의 끔찍한 기억들이 그 해답을 말해준다. 민주주의 독일은 소심한 강대국으로서, 주변의 국가들에 영향을 미치기 위해 자신의 우월함을 과도할 정도로, 그리고 공개적으로 행사하기를 주저했다. 나는 더 먼 과거로 눈을 돌려 신성로마제국의 지도를 보고 또 보면서, 시스템의 중심에 위치한 황제가 자신의 지역들에서 법을 제정

---

14 Grandes Écoles, 프랑스에서 일반 공립 대학교와 구분되는 소수정예 고등교육기관 체계.

하는 지방 권력들에게 많은 자치권을 부여했던 유형의 유럽으로 다시금 회귀한 것이 아닌가를 자문해보았다. 유로화의 위기 당시 독일은 특히 그리스에게 자신의 요구에 따를 것을 강요한 바 있다.

게르만화가 실현되지 않은 것은 경제적 측면에서도 설명할 수 있다. 독일 모델은 수출의 동력에 근거했다. 독일의 경제는 구조적으로 수익성이 있는 방식, 즉 가치의 측면에서 수입보다 수출이 월등하게 많은 방식으로 구축되었다. 독일은 유럽을 포함한 세계의 다른 지역들을 대상으로 무역 흑자를 기록하고 있었다. 독일의 과도한 중상주의는 중국보다 더 심각하다. 2016년 독일의 무역 흑자는 중국의 2,000억 달러를 넘어선 3,000억 달러에 달했다. 수출이 견인하는 경제모델에 대해서는 다음의 두 가지 중요한 추론이 가능하다. 첫째는 문화적이고 가치적인 성격을 보여준다. 수입보다 수출을 더 높이기 위해서는 소비되는 것보다 더 많은 것을 생산하고, 소비보다 더 많은 돈을 저축해야 한다. 이러한 경제구조의 국가들에는 근검과 절약의 덕목을 강조하는 집단주의적 윤리가 자리하고 있다. 이것은 극동의 거대한 유교 문명권에 속한 국가들과 마찬가지로 '독일 정신'에 해당한다. 두 번째 추론은 어떤 국가들이 수익성을 유지하기 위해서는 다른 국가들이 지속적으로 무역 적자를 봐야 하고 이를 피할 수 없다는 것이다. 이러한 의미에서 독일은 앞서 언급된 미덕을 보유한 채, 경제 상태가 좋지 못한 국가들에 둘러싸여 있을 필요가 있다. 독일은 지중해 국가들을 자신의 모델에 적응시키는 데는 성공하지 못했다. 게다가 이에 관심을 가지고 노력한 적도 없었다. 이러한 관점에서 도이치은행부터 시작해 다른 독일 은행들이 유로화 이후, 그리고 1999~2008년 위기 이후의 시기에 그리스, 스페인, 포르투갈에서 신용대출과 자국 투기자본의 투자를 장려해 유럽 남부 국가들의 용이한 공공 지출을 비정상적인 방식으로 부추긴 것은 분명한 사실이다.

독일은 유로존 내부에서, 그리고 더 나아가 글로벌 차원에서 미덕의 실천과 함께 악습도 확산시켰다. 미국 대통령 버락 오바마는 이러한 모순에 대해 잘 알고 있었다. 그는 당선된 직후 위기 탈출을 위한 세계적 모델을 구상하기 시작했다. 미국의 공공부채로 인해 야기된 2008년 재정위기는 전 세계의 거시적 불균형을 전제했다. 미국은 소비를 위해 빚을 지고 살았다. 반면 다른 국가들(독일, 중국)은 돈을 빌려주는 것에 만족해했는데, 그 이유는 이렇게 해서 자신의 잉여자본을 최고의 고객인 미국의 소비자들에게 제공하여 재순환시켰기 때문이다. 2009년 9월 피츠버그에서 개최된 G20 세계정상회담에서 오바마 대통령은 자신의 이름으로 독트린을 발표했다. 그 내용은 다음과 같다. 세계경제는 채무국과 채권국 간의 심각한 불균형으로 병들어 있다. 미국은 과도한 거품을 제거하기 위해 자신의 역할을 할 것이며 저축을 더 늘리겠다고 약속했다. 하지만 만약 다른 국가들이 동일한 과정을 그 반대의 방식으로 따르지 않는다면 이는 우리만의 노력으로는 불가능하다, 즉 지금까지 저축하고 무한정으로 수출한 국가들은 더 많이 소비하여 성장의 기관차가 되어야 한다는 것이었다. 오바마는 독트린 내용의 대상으로 중국, 일본, 그리고 독일을 염두에 두고 있었다.

2017년 도널드 트럼프도 같은 내용을 말했는데, 왜 하필 트럼프인가를 두고 이탈리아를 포함한 전 세계가 일제히 비난을 시작했다. 왜냐하면 그의 재임 기간에 백악관의 배신적인 보호주의가 드러났기 때문이었다. 트럼프는 많은 이유로 독일을 비난했다. 그에 따르면 독일이 자국 국내총생산의 8퍼센트에 해당하는 무역 흑자를 거둔 것은 세계경제를 악화시키는 괴물과 같은 짓으로, 유로존의 모든 파트너 국가들에게 좋지 않은 영향을 주었다(이미 그 기원부터 독일화를 추진해 독일과 거의 동일해진 국가들, 예를 들어 네덜란드, 룩셈부르크, 오스트리아, 스칸디나비아, 핀란드는 예외였으며, 이 과정에서 이러한 국가들과 함께 신성로마제국의 무게 중심은 조금 북쪽으로 이동했다). 투자 대비 과도하고 지속적인 저축은 덕목이 아니라 패악이었다. 이러한 불균형은 각 가정의 과도한 저축이 아니라, 국가와 기업들의 불충분한 투자에서 기인했기 때문이다. 또한 임금의 조정도 병적인 특징을 가지고 있었는데, 그 이유는 독일 가정의 소비가 너무 적었기 때문이다. 독일에서 개인들의 소비는 국내총생산의 54퍼센트에 불과했던 반면, 미국은 69퍼센트였다.

2009년 9월 이후부터 중국은 강력한 공공 지출의 추진과 임금 인상을 통해 국내 수요를 자극하는 데 더 많은 노력을 기울였다. 독일의 노력은 상대적으로 적었다. 이는 견인차 역할을 꺼린 것이라고 볼 수 있다. 이 경우에도 경제적 논리와 윤리적 의미는 혼합되어 있었다. 많은 독일인들은 경제를 도덕적인 이론으로 간주했다. 미국이 서브프라임 모기지 분야의 지속불가능한 부채로 인해 2008년의 위기를 발생시킨 장본인이면서도 다른 국가들을 훈계하는 것을 메르켈은 수용할 수 없었다. 도대체 무슨 생각으로 채무자가 강단에 올라 독일과 같이 덕을 갖춘 국가를 가르친다는 말인가? 독일의 저항은 자신의 도덕적 권위를 가지고 있는 것이었으며 그 의도 역시 잘못된 것은 아니었다. 도덕 차원에서 모든 독일인은 초금융의 영미 자본주의 모델과 손쉬운 신용에 의한 소비주의를 불신의 눈으로 바라보았다. 그리고 미국의 가르침과 올바르게 통치되고 있지 않은 유럽 지중해 국가들이 주는 교훈이 독일을 상실의 길로 이끄는 유혹이라고 생각했다.

독일의 도덕주의자와 같은 태도는 도이치은행의 파생 상품들부터 폭스바겐의 유로디젤에 이르는 독일의 거대한 스캔들을 고려할 때 진정으로 정직하지 못한 것이었다. 독일이 유로존에 부과한 긴축 정책은 부정적인 효과를 초래한 반면, 자국을 부유하게 만들었다. 하지만 다른 문제들에서 독일의 도덕주의는 몇 가지 장점을 가지고 있다. 독일이 이탈리아에 마피아, 카모라, 은드랑게타[15]를 들여온 것은 아니다. 거만한 관료정치와 세분화된 민법 집행을 지시한 것도 아니다. 반(反)독일의 정서에 내재된 위험한 오해는, 이탈리아의 가장 심각한 악습들을 반복하기 위해 '유럽에서 휴가'를 보내려는 자(독일인)들에게 알리바이를 제공했다.

이처럼 독일의 확고하지 못한 헤게모니는 변칙적인 것이다. 한스 쿤드나니는 '반(半)헤게모니 권력'에 대해 언급한 바 있다. 여기에 독일의 이념과 가치들로 헤게모니를 강화하면서 유럽 통합을 실현하려는 프로젝트의 흔적은 없었다. 이것은 과거의 환영에 사로잡힌 자의적인 노력이었다. 하지만 여기에는 강압적이고 삐뚤어진 논리, 즉 독일을 모방할 수 있는 학생이 거의 없는 환상적인 모델로 남게 하려는 논리가 추가되었다. 독일어 배우기를 거부하고 다른 언어들을 배우려고 했던 내 딸 코스탄차의 결정이 옳은 것이었을까?

반헤게모니적인 독일은 우리를 동양과 서양 중 어디로 이끌고 있는가? '핀란드화'의 주제는 중립으로 기우는 유럽의 모습으로, 미국과의 관계를 느슨하게 하고 러시아나 중동 또는 중국과 가까워지게 하는 것이었다. 이 모든 것이 갑자기 현실이 되었다. 부분적으로는 블라디미르 푸틴이

---

15 이탈리아를 중심으로 활동하는 범죄 조직.

유라시아 국가들과 경제적으로 협력하려는 계획을 추진하거나, 또는 자신의 권위주의로 유럽의 여론에 영향력을 행사하려고 했던 것 때문이었다. 또한 독일, 터키, 이란 간의 역사적이고 지리-경제적인 관계들 때문이기도 했다. 한편으로는 독일에 신실크로드의 명예로운 지위를 제안했던 시진핑의 아첨 때문도 있었다. 그뿐만 아니라 특별히 트럼프의 미국이 미움과 불신, 그리고 지난 60년 역사의 대서양 동맹이 불안해질 수 있다는 두려움을 조장했기 때문이었다.

한때 위대한 독일은 미국의 외교정책과 완벽한 조화를 이루고 있었다. 하지만 오늘날에는 과거의 희미한 기억일 뿐이다. 1991~1999년의 발칸전쟁과 친(親)러시아 노선의 슬로보단 밀로셰비치가 이끄는 세르비아에 반대하면서 코소보를 지원했던 나토의 개입이 그 대표적인 사례였다. 1993년 1월에는 빌 클린턴이 미국의 새로운 대통령이 되었다. 그는 국제위기, 즉 인종청소에 대해 크게 분노했다. 당시에도 독일 총리였던 콜은 자국의 재통일에 동의했던 미국에 정치적 빚을 지고 있었다. 미국은 독일이 전통적인 평화주의 입장에서 벗어나 국방에 더 많은 예산을 지출하고 나토에서 더 큰 책임을 수행하도록 압력을 행사했다(이 역시 트럼프의 주제는 아니었다). 이는 독일이 논란의 여지에도 불구하고 신속하게 크로아티아 분리주의자들을 인정함으로써 구(舊) 유고슬라비아 사건의 촉발에 원인을 제공했기 때문이기도 했다. 콜은 딜레마에 빠졌는데, 즉 단순히 방어적이지만은 않았던 전쟁에 전투를 위한 독일의 토네이도 전폭기를 파견해야만 했을 뿐만 아니라, 독일 국방군인 베어마흐트를 제2차 세계대전의 점령군으로 간주하는 국가의 편을 들어야만 했다. 그는 미국의 요청에 응하기 위해 한 번에 두 가지 금기 사항을 위반한 것이다. 이 시점에서 뜻하지 않게 급진 좌파가 마치 동맹 세력인 것처럼 콜을 지원하고 나섰다. 요슈카 피셔와 다니엘 콘벤디트의 녹색당(I Verdi)은 '개입의 권리' 또는 '인류애적인 개입의 의무'에 대한 주제를 이슈로 선점했다. 이들은 8,000여 명의 보스니아 무슬림 시민이 세르비아인에 의해 참혹하게 살해된 스레브레니차 학살[16]의 충격이 발생한 후, 이 주제를 숭고한 의도로 제안했다. 요슈카 피셔와 다니엘 콘벤디트는 국경없는의사회의 공동 설립자인 프랑스의 베르나르 쿠슈네르와 같은 유럽 좌파의 다른 인사들과 한목소리를 냈다. 이로부터 얼마 후 이탈리아에서는 전 공산당 출신의 마시모 달레마가 수상으로 선출되었다. 그는 밀로셰비치에 대한 나토의 개입과 관련해 좌파의 입장을 지지했다. 하지만 독일에서 벌어진 논쟁들에서는 독일의 역사와 관련이 있는 특별한 견해가 강조되었다. 이전의 '68전쟁'은 이미 정의된 바와 같이(피셔나 콘벤디트 모두 '68년'의 청년 데모를 계기로 정치 활동을 시작한 인물들이었는데, 이는 클린턴과 달레마의 경우도 마찬가지였다), 홀로코스트의 이름으로 그의 지지자들에 의해 환호되었다. 이것은 밀로셰비치가 주장하는 '새로운 파시즘'에 대한 저항이었다. '더 이상 전쟁은 안 된다'를 계속해서 반복하는 전통적인 평화주의에 대해 피셔와 콘벤디트는 '더 이상 아우슈비츠는 안 된다'로 응답했다. 그리고 이것은 독일 좌파의 집단의식을 꿰뚫었다.

하지만 20년 후 메르켈이 우크라이나 위기에서 밀로셰비치보다 더 두려운 블라디미르 푸틴을 상대하게 되었을 때, 이전 68전쟁의 주역이었던

16　1995년 보스니아전쟁 당시 스릅스카공화국 군대가 보스니아 주민을 집단 학살한 사건을 가리킨다.

코소보 세대는 어떻게 되었을까? 한편, 그 사이에 미국과의 첫 불협화음이 있었다. 이전 68전쟁의 또 다른 주역은 게르하르트 슈뢰더였다. 사회민주당 출신인 슈뢰더는 경제에 경쟁력을 불어넣은 대개혁의 주인공이었지만 다른 중요한 사건으로도 기억되는 인물이었다. 그는 2003년 조지 W. 부시 미국 대통령의 이라크 침공을 지지하지 않았다. 슈뢰더의 독일은 외교적으로는 역시 미국의 이라크 공격에 반대하던 러시아 및 중국과 같은 입장을 견지했다. 대서양 전선이 분열되었다. 그리고 슈뢰더는 자크 시라크 프랑스 대통령을 자신의 편으로 끌어들였다. 슈뢰더-시라크의 공동전선은, 도널드 럼스펠드가 폴란드와 발트해 국가들처럼 공산주의로부터 해방된 새로운 국가들에 반대하는 반미주의로 떠들썩한 구대륙 유럽에 신랄한 비판을 가할 원인을 제공했다.

슈뢰더의 도전은 전례가 없던 일이었다. 동방정책 당시, 빌리 브란트도 강력한 동맹국인 미국과 그처럼 공개적으로 충돌하지는 못했었다. 이제 당시의 (정치) 지도는 다시 표류하기 시작했다. 슈뢰더의 독일은 유럽에서의 중심적인 지위를 재발견했고 서유럽만큼이나 동유럽을 주시하면서, 당시에는 유일한 단극(單極)으로 보였지만 고독한 미국의 지도력이 곧 닳아 없어지게 될 세상에서 취해야 할 새로운 옵션을 검토하고 있었다. 이 경우에도 트럼프는 아무런 새로운 조치를 취하지 않았다. 그는 이미 얼마 전부터 징후가 보이기 시작한 워싱턴-베를린의 닳아 해진 관계를 그대로 상속했다. 독일은 미국의 실수와 잘못 때문만이 아니라 지리적으로 자신에게 제공된 공간을 차지하게 됨으로써, 머리를 360도 회전하여 서유럽에 관심을 집중할 만한 여력을 더 이상 가지고 있지 못했다.

그럼 우리 시대로 눈을 돌려 메르켈-푸틴-우크라이나의 주제를 살펴보자. 나는 『혼돈의 시대』에서 메르켈과 푸틴의 매우 특별한 관계를 언급했는데, 당시의 글을 일부 인용해보겠다.

앙겔라 메르켈은 푸틴의 위험성을 과소평가할 정치인이 아니다. 그녀의 전기가 이를 증명한다. 그녀는 1954년 독일 서쪽의 함부르크에서 출생했다. 그녀가 태어난 지 불과 몇 달 후에 루터교 사제인 부친은 브란덴부르크에서의 목회 활동을 이유로 가족과 함께 동독으로 이주했다. 어린 시절부터 성인이 될 때까지 메르켈은 공산주의의 동독에서 살면서 소련이 자신의 위성국가에서 어떤 통제 수단을 사용하는지를 목격했다. 운명의 아이러니처럼, 소련 비밀경찰의 젊은 간부였던 푸틴도 동독으로 전출되었다. 당시는 1985년에서 1990년까지로 독일 민주공화국의 존재가 거의 끝나갈 무렵이었으며, 푸틴은 드레스덴의 KGB 본부에서 근무하고 있었다. 당시 동독의 국가보안부 소속 비밀경찰 슈타지(Stasi)를 총괄하고 있던 그의 마지막 임무 중 하나는 베를린 장벽이 무너졌을 때 KGB 동독 지부의 모든 기록물을 불태우는 것이었다.
전기(傳記)에 따르면, 메르켈은 학교에서 공부했기에 러시아 말을 잘했으며 푸틴도 독일어를 모국어처럼 능숙하게 구사했다고 한다. 언어 구사력 외에도 사적인 부분에서 두 사람 모두 타인에 대한 심리 분석에 능통했다. 하지만 메르켈은 푸틴을 서양에 대한 승리에 목말라하며 팽창주의와 실지 회복의 야욕에 사로잡힌 위험한 제국주의자로 간주했기 때문에, 자국의 여론을 주시해야만 했다.

메르켈이 맞서야 했던 것은 독일의 여론뿐만이 아니었다. 당시 푸틴의 편에는 슈뢰더가 있었다. 전 사회민주주의 정당의 총리였던 슈뢰더는 푸틴과 인연이 깊은 러시아 석유 회사 로스네프트와 러시아-독일 가스관 사업을 담당하는 천연가스 파이프라인 시스템 노드스트림 조합의 행정 담당 자문 위원으로 많은 보수를 받으면서 제2의 삶을 살고 있었다. 과거 러시아에 대한 승인을 요청했을 때 독일의 경제-금융 설비의 중심은 슈뢰더의 주장을 지지했었다. 메르켈은 정치적 감각을 발휘해 푸틴의 위험성을 주목하면서도 러시아를 강력하게 지지하는 자들에 유연하게 대처했다. 다시 말해 과거 독일 중심의 유럽을 향한 여러 옵션이 열려 있었다. 하지만 유럽의 여론 악화에 무신경한 트럼프가 등장한 이후, 동유럽의 일부 지역들(우크라이나)이 푸틴의 권위주의로 끌려 들어가면서 독일이 행사하는 영향력의 붉은 선은 또다시 요동치기 시작했다.

경제적 이해관계로 인해 독일이 미국과 마찰을 빚은 것은 그때가 처음이 아니었다. 그 이전에 독일의 금융과 산업은 테헤란과 워싱턴 간 긴장 관계에도 불구하고 비즈니스 관계를 구축했었다. 오바마는 이러한 상황을 파악하고 이란 핵 합의 협정을 논의하기 위한 협상 테이블에 독일을 참여시켜야만 했다. 과거의 지도들이 작금의 현실로 회귀했다. 과거 독일은 이미 비스마르크의 시대부터, 특히 페르시아와 터키에 투자를 지속하면서 중동에서 영향력을 확대하기 위해 노력하고 있었다.

나의 친한 친구의 아내는 독일 여성으로 동베를린에서 태어났으며 공산주의의 지배하에 있던 동독에서 성장했다. 그녀는 자신이 살던 도시에서 어떤 일들이 벌어졌는지에 대한 아픈 기억을 이야기해주었다. '쾰른의 설날'에 대한 좋지 않은 기억이었는데, 이는 그날만의 예외적인 사건이 아니라 일상적이며 소소하지만 세심하게 은폐된 이야기였다. 그녀가 나에게 털어놓은 이야기를 간략하게 소개해보겠다.

여자 혼자, 그리고 독일인으로 베를린의 후미진 구역에 산다는 것은 결코 쉬운 일이 아니다. 혼자 외출했다가 밤늦게 귀가하는 것도 문제가 될 수 있었다. 나는 두려움 때문에 늦은 밤 혼자 집으로 돌아오는 것을 포기하곤 했다. 당시 우리에게 쾰른의 설날은 일상의 밤과 다를 바 없었다. 터키인, 북아프리카인, 아랍인의 무리가 우리를 주목하고 따라오면서 위협과 접촉을 시도했다. 때로는 성폭행으로 이어지기도 했다. 가끔은 칼로 겁을 주는 일도 있었고 지갑이나 스마트폰을 뺏어가기도 했다. 편안한 마음으로 다닐 수가 없었다. 더구나 이러한 사건들 가운데 불과 소수의 경우만이 공권력에 신고될 뿐이었다. 독일 텔레비전은 범죄를 저지르는 자들의 인종이나 국적에 대해 구체적으로 언급하는 것을 금지했다. 따라서 우리 여성들은 실제로 조사된 정보를 확인하고 해석하는 법을 배워야 했다. 만약 텔레비전 뉴스에서 단검이 사용된 폭행 사건이 보도된다면 우리는 이것이 불량배들이 저지른 것이라고 판단했다. 나는 그 역사적인 이유를 잘 알고 있다. 우리 독일인들은 용서받아야 할 잘못을 저지른 바 있으며 결코 홀로코스트를 잊을 수 없을 것이다. 그 결과 우리는 인종, 소수자, 또는 종교를 겨냥하지 않는다. 하지만 지금의 상황은 내가 살고 있는 이 세상이 매우 불안하다는 사실을 말해준다. 동독에서도 말하는 것이 금지된 사항들이 있었다. 유년 시절과 소녀 시절에 우리는 국영 텔레비전의 공식적인 발표에 대해 말하지 않거나 해석하지 않아야 했다. 우리 여성들은 정치적인 영역에서 소외된 것 같았다. 단지 여러 페미니즘 사이트만이 고립된 채 침묵의 장막을 뛰쳐나와 목소리를 내려고 노력할 뿐이다.

퀼른의 설날이 무엇인지 모르는 사람을 위해 이에 대해 조금 더 설명해보자. 2015년 12월 31일에서 2016년 1월 1일 밤 사이 퀼른에서는 이슬람 국가들에서 이민을 온 젊은이들이 많은 여성과 소녀에게 공포심을 유발했다. 성추행, 다양한 신체적 위해, 그리고 절도 행각이 자행되었다. 경찰은 나타나지 않거나 수동적으로 대처했다. 진실이 알려지기까지는 많은 시간이 걸렸다. 그 원인으로는 성폭력을 당한 여성의 본능적인 두려움, 저항하거나 경찰에 출두하여 자신이 당한 성범죄를 진술하기에 앞서 느껴지는 수치심 외에, 미디어에 의한 자기 검열과 무슬림 공동체 내에 민족적·문화적 원인이 있는 에피소드를 설명하는 데 따른 당혹감도 있었다. 이후 점차적으로 퀼른의 설날에 대한 진실이 알려졌는데, 이는 국가적 차원의 충격이었다. 친구의 설명에 따르면, 이런 사건들이 단지 일회성 폭발이 아니라 '정상'이 되어버린 일상적인 현실을 둘러싸고 자기 검열이 이루어지고 있었다.

하지만 메르켈은 잘 알고 있었다. 2015년 난민에게 국경을 열어준 메르켈의 정책과 2017년의 정책 간에는 명백한 차이가 있다. 그리고 그 사이에는 퀼른의 설날이 있었다. 2016년에는 크리스마스 날 베를린 시장에서 트럭 테러가 발생했다. 물론 이 두 사건은 그 성격이 전혀 다르다. 하나는 대중에 대한 폭력 행위로, 자신들을 받아들인 국가의 규칙과는 거리가 먼 외국인 공동체의 분리주의에 의한 '정상적인' 문화의 결과였다. 다른 하나는 지하드 테러 행위였다. 하지만 이 역시 소수인종에 의한 테러로서 서양의 가치에 통합되기를 거부하는 경향과 관련이 있었다.

그 밖에도 터키에서는 에르도안의 권위주의적이고 근본주의적인 변화가 있었다. 그 누구보다 이슬람에 충실한 터키 대통령의 주장은 독일 방문을 계기로 자국민 이주자들에 대한 정치-이념적인 선전 활동에 이용되었다. 이 모든 것은 메르켈에게 경각심을 불러일으켰다. 이민자에 대한 환영 정책을 중단시킨 메르켈은 2017년 9월 24일 입법 선거에서 네 번째의 수상 임기를 보장받았다. 하지만 이슬람 이주민들에 의해 야기된 문화적 충격과 공포로 인해 그녀의 기독교민주당은 전후 최저의 지지율을 기록했다. 반면 극우 정당인 AfD(독일을 위한 대안)은 처음으로 의회에 입성했다.

　최종 결과는 모순적이었다. 그리고 그 결과는 다시 한 번 유럽 차원에서 영향력을 발휘했다. 독일은 터키의 유럽연합 가입을 논의하기 위한 협상이 중단되는 데 결정적인 역할을 했다. 터키를 자유민주주의, 인권, 표현의 자유, 세속 국가로 회귀하게 만들기 위해서는 유럽연합에 가입을 허용하는 것으로 충분하다는 환상은 깨어졌다. 에르도안은 향후의 유럽연합 가입을 위한 협상을 지속적으로 주장하면서도 반대 방향의 정책을 지향했다. 폴란드와 헝가리가 권위주의로 돌아선 이후, 유럽연합 가입이 그 자체로 난항에 빠진 협상을 매듭짓는 만병통치약이라고 거짓 주장하는 것도 힘들어졌다.

　같은 시기에 메르켈은 유럽연합과 난민들의 발칸 지역 통과를 차단하거나 그 수를 극히 제한하는 터키 정부와의 합의를 이끈 주된 동력이었다. 에르도안 대통령은 연간 30억 유로를 대가로, 과거 카다피가 이탈리아의 실비오 베를루스코니와 했던 것과 유사하게 상당수의 난민을 자국 내에 머물게 하는 데 합의했다.

　역사-지리의 지도는 우리의 시선을 신성로마제국보다는 고대 로마로 이끈다. 로마는 국경 지역의 야만족 부족들과 이 같은 합의를 협상한 바 있었다. 게르만 전사들은 보상과 인정, 동맹 협정의 결과로 국경 지역의 수비

대가 되었다. 이렇게 해서 로마는 자국 군단의 과도한 확장을 피할 수 있었으며 꼭 필요한 지역에 제국의 군사력을 집중할 수 있었다. '외부인들'은 국경 경찰의 역할을 담당했다. 오늘날의 용어로는 '아웃소싱'이라고 할 수 있다.

이러한 모델을 체계적으로 처음 이론화한 인물은 아랍인 역사가였다. 중세 이슬람의 위대한 이론가인 이븐 칼둔은 14세기의 인물로, 제국의 등장과 몰락에 대한 특별한 이론을 후대에 남겼다. 그는 이러한 체계적인 상수, 즉 (비무장 농민들로부터 수입을 징수하는 데 전념하는) 평화주의 제국들이 국경의 질서 유지 임무를 야만족 전사들에게 위임하는 무장민병대 역할을 처음으로 언급했다. 카다피와 에르도안은 이븐 칼둔이 6세기 전에 목록화하기 시작했던 많은 경우들 중에 단지 최근의 사례들에 지나지 않는다. 독일은 '초식' 강대국으로서 오래되고 검증된 모델을 지향했다.

IV

러시아는 결코 지나치게
크지 않다

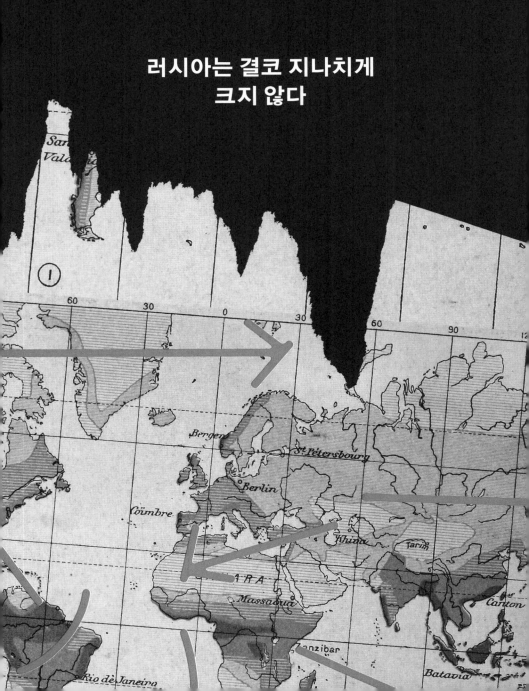

차르와 푸틴 간의 연속성은 어디서 찾을 수 있는지, 복합적인 열등감에 사로잡혀 주변 국가들을 위협하도록 '강요된' 거인, '제3의 로마'로부터 유라시아로 옮겨간 공산주의 교회, 서양의 포퓰리즘 또는 인민주의에 대한 투자…….결코 정상적인 국가는 될 수 없을까?

나는 투폴레프 항공기를 탄 채 침묵과 공포에 휩싸인 선실에 앉아 모스크바공항에 착륙하던 때를 항상 기억할 것이다. 사실 완벽한 침묵은 아니었다. 낡은 러시아 투폴레프의 터보프롭 엔진 소리 때문이었다. 승객들 사이에서 심각한 상황의 침묵을 깨는 소리가 들렸다. 비행기 조종실에도 침묵이 흘렀다. 조종사들은 승객들에게 정보를 제공하는 것 이상으로 중요한 일에 집중하고 있었다. 다른 그 무엇보다 우리의 목숨을 구하는 일이었다. 승객들 중에 누군가는 작은 소리로 기도를 하고 있었다. 이 와중에 우리를 태운 비행기는 무신론 공산주의 세계의 수도를 향해 비행하고 있었다. 모스크바에는 눈보라가 세차게 부는 중이었다. 날도 일찍 어두워져서 가시거리는 0이나 다름없어 보였다. 조종사는 세 번에 걸쳐 착륙을 시도했지만 그때마다 우리는 기내의 창문을 통해 흰색의 회오리바람과 어둠만을 볼 수 있었을 뿐이다. 폭풍이 모든 빛을 집어삼켰기 때문이다. 세 번의 착륙 시도는 모두 실패했다. 이 모든 과정이 기억 속에 생생하다. 조종석의 흔들림, 진동, 떨림과 함께 15분간의 오싹한 착륙 시도, 하지만 비행기는 최종적인 방향 전환과 함께 급작스럽게 다시 상공을 향해 고도를 높였다. 이것은 우리를 태운 비행기가 고도를 낮추어 활주로에 착륙하는 데 실패했다는 의미였다. 다시 20분간 고도를 높인 후 다음번 시도에는 무사히 착륙할 수 있기를 바라는 것 외에 아무것도 할 수 있는 일이 없었다. 게다가 기내의 모든 승무원이 보이지 않자 승객들의 긴장감은 최고조에 달했다. 승무원들도 아마 안전띠를 맨 채 자신들의 좌석에 앉아 있을 것이다. 연료는 얼마나 남아 있을까? 네 번째 시도 끝에 항공기는 지상에 착륙하는 데 성공했다. 무사히 착륙한 것을 정말 믿을 수 없었다.

이렇게 해서 나는 모스크바에 다시 돌아왔다. 아직 살아 있다. 이 모스크바 방문은 1970년대, 즉 20대 나이에 이탈리아 공산당 신문기자의 자격으로 국제공산주의 정상회담을 취재하러 다녔던 많은 여행 중 하나였다. 나는 정치적 의도는 가지고 있지 않았지만 외국어를 조금 알고 있었기에, 심각한 사안들의 경우 회의에 참석하는 지도자들과 동반해 공식 대표단에 포함될 수 있었다.

1968년 비틀즈는 척 베리의 노래 〈미국으로의 귀환(Back in the USA)〉을 패러디하는 차원에서 〈소련으로의 귀환(Back in the U.S.S.R.)〉을 발표했다. 당시 이 노래에서는 비치보이스의 〈캘리포니아 소녀들(California Girls)〉에 대한 조롱의 의미로 레넌-매카트니의 가사에 러시아와 우크라이나 소녀들이 언급되었다. 흔하게 찾아볼 수 있는 아이러니였다. 왜냐하면 그 누구도 '소련연방으로 돌아가기'를 원하지 않았기 때문이다. 대형 호텔들의 로비에서는 성매매 여성들이 전 세계의 공산당, 즉 공산주의 파라다이스의 도덕성 이론으로 치장된 공산당에 가입한 우리에게 접근하곤 했다. 어쨌든 러시아의 짧은 인내심을 증명이나 하듯이, 1960~1970년대에 비틀즈의 노래는 러시아에서 금지되었으며 이후 1980년대에 폴 매카트니는 러시아에서 라이브 콘서트를 할 수 없었다. 하지만 결국 2003년 5월, 이미 60대의 나이가 되어서야 붉은 광장에서 콘서트를 열 수 있었고 그가 부른 〈소련으로의 귀환〉은 많은 박수를 받았다. 하지만 구체적으로 무엇을 위한 박수였을까? 2003년은 소련이 사라진 지 이미 10년이 지난 해였다. 그리고 2000년부터 새로운 러시아의 대통령은 블라디미르 푸틴이었다.

40년 전 모스크바공항에 착륙하던 순간은 먼 지역으로의 많은 비행 경험에서 가장 위험했던 경우 중 하나였다. 당시의 기억은 나에게 역사와 지리에 대한 교훈으로 남아 있다. 그 비행 경험 이후 나는 여러 책들에서 '동장군'이라는 표현을 반복적으로 사용했다. 이 표현은 나에게 결코 추상적이지 않다. 나는 일반적인 겨울의 진면목을 직접 목격했다. 잔뜩 겁에 질린 채 투폴레프 기종의 항공기에 탄 다른 200명의 승객들과 함께, 나는 러시아 겨울의 혹독함을 실감하고 있었다. 과거 다른 환경들에 직면했던 나폴레옹과 히틀러처럼 말이다.

침략은 다른 나라들보다 러시아의 역사에 더 많은 흔적을 남겼을 것이다. 러시아 문학을 대표하는 세계적인 작품 중 하나가 『전쟁과 평화』인 것은 우연이 아니었다. 만약 톨스토이의 저작들을 읽었다면 전쟁이 빈번하게 언급되었다는 사실을 알 것이다. 러시아의 차르 알렉산드로 1세와 그의 강력한 연합군(오스트리아와 프로이센)에 대항한 나폴레옹의 대군이 좋은 사례이다. 당시는 인간의 행위가 아마도 결정적인 요인이 아니었을 비극의 시대였다. 결국 러시아의 후퇴는 모스크바와 상트페테르부르크를 외국의 침략자들로부터 방어한 가장 무시무시한 전사들이나 다름없던 '동장군'의 승리를 가져왔다. 수백만 러시아 군대의 영웅적인 희생 덕분에, 나치 군대는 강력한 동장군에 의해 패퇴했다. 이탈리아인들은 무솔리니-히틀러의 동맹으로 인해 상당한 대가를 지불했다. 즉, 바르바로사 작전에 동원되었던 이탈리아 군인들은 눈보라를 뚫고 후퇴하는 과정에서 수천 명의 희생을 감수해야만 했다(공식 통계에 따르면 알파인 부대에서만 4만 1,000명 중 60퍼센트가 사망했다고 한다). 덜 알려졌지만 이와 유사한 사례들로는 1707년 스웨덴의 침략과 1918년 제1차 세계대전의 승전국들이 반(反)볼셰비키 세력을 지원하기 위해 원정을 준비한 당시의 군사적 개입을 지적할 수 있다. 이 두 경우에도 불리한 기후 조건은 결정적인 역할을 했다.

후자의 침략의 패인은 러시아의 혹독한 추위였다. 만약 그렇게 혹독한 추위가 아니었다면 중부유럽의 거대한 평원을 가로질러 파리나 베를린으로부터 러시아의 심장부까지 가는 것은 상대적으로 용이했을 것이다. 그 길에는 천연의 지리적인 장애물, 즉 산맥이나 바다, 사실상 횡단이 불가능한 사막이나 강이 없었다. 러시아를 침략하는 것은 매우 용이했다(하지만 러시아를 점령하는 것은 전혀 다른 이야기이다). 나폴레옹과 히틀러는 이곳의 함정에 빠져들었다. 그리고 이러한 이유로 러시아의 지도자 또는 민중은 오래전의 불안감을 안고 살아야 했다. 각자 자신의 안전에 주의를 기울여야만 했기 때문이다.

허약한 초강대국의 모순은 미국의 역사학자이자 스탠퍼드대학 교수인 스티븐 코트킨의 글에서 잘 드러난다. 제목은 『러시아의 영원한 지정학(Russia's Perpetual Geopolitics)』으로, 2016년 6월 (미국) 외무부를 통해 출판되었다. 러시아 역사의 전문가로 스탈린에 대한 기념비적인 자서전을 쓴 코트킨은 불안감의 신드롬에 대해 기술했다. 이에 대해 독재자들의 세대는 다음과 같은 일관된 답변을 했다. 새로운 영토를 정복하는 것, 인접한 국가들을 희생시켜 세력을 확장하는 것, 외부 세계와의 경계를 모스크바와 상트페테르부르크로부터 멀어지게 하는 것. 코트킨에 따르면, "16세기 공포의 이반의 왕국으로부터 시작해서 러시아는 500년 이상 동안 하루에 130제곱킬로미터의 평균속도로 영토를 확장해 지구 면적의 거의 1/6에 해당하는 영토를 차지하는 데 성공했다". 다른 그 어떤 국가도 이토록 방대한 영토를 정복한 사례는 없었다. 코트킨은 최고의 전성기와 최대 판도의 순간들로 칼 12세에 대항한 차르 표트르 1세의 승리를 언급했는데, 이에 따른 결과로 18세기 초반 스칸디나비아인들이 추방되었고 러시아인들은 발트해 지역을 차지했다. 나폴레옹에 승리한 차르 알렉산드르 1세는 비엔나회의의 주역으로 활약하면서 유럽 국가들 간의 새로운 균형 모색을 주도할 수 있었다. 히틀러에 승리한 스탈린은 서유럽의 경계까지 영토를 확장하면서 중부유럽과 독일의 거의 절반을 차지했다. 후퇴의 순간들도 있었다. 1856년 크림전쟁에서 패배한 후 차르 정권은 첫 번째 위기에 봉착했으며 노예해방을 단행해야만 했다. 1905년 일본과의 전쟁에서 당한 참혹한 패배는 '백색'제국이 근대에 아시아의 적과의 군사적인 대결에서 당한 첫 번째 수모였다. 세계대전 패전은 로마노프 왕조의 몰락과 더불어 1917년의 공산주의 혁명을 촉발했다. 아프가니스탄에서의 철수는 소련의 위기를 가속화했으며 냉전에서의 패배는 공산주의 블록과 국제조직들의 내적인 해체를 가져왔다.

코트킨은 모순적인 사례에 대해서도 관심을 보였는데, 이는 러시아가 영토적으로나 군사적으로, 제국의 전성기에조차 항상 '허약한' 초강대국이었다는 것이다. 예를 들어 1900년 1인당 국민소득은 영국의 1/5에 불과했고, 인민의 평균 기대수명은 영국이 52세인 데 비해 30세에 그쳤으며 단지 러시아인들의 1/3만이 글을 읽고 쓸 줄 알았다.

　나는 공산주의 시대의 소련에 대해 지극히 개인적인 기억을 가지고 있다. 당시 소련의 군사력은 상당히 위협적이었다. 나는 소련이 북대서양방위조약의 결속력을 와해시킬 목적으로 서유럽에 대한 미국의 핵우산을 시험했던 1970년대 중반, 유로미사일 위기를 '현장에서' 경험했다. 소련은 서유럽의 경계에서 멀지 않은 곳에 핵탄두를 배치할 수 있었으며 더구나 나토의 회원국들 내부에서조차 일부 언론의 정치적인 지지를 받고 있었다. 이탈리아와 프랑스의 강력한 공산당은 물론, "죽느니 적색(공산주의)을 선택하자"라는 슬로건을 수용한 평화주의자들까지도 소련의 움직임에 동조했다. 좌익은 최우선으로 일방적인 시위를 주도했던 반면, 공산주의의 위험에 대해서는 무시하고 있었다. 결국 서양의 일부는 항복을 선택하려 했는데, 그 이유는 소련의 군사력에 상당한 두려움을 느끼고 있었으며 자유민주주의 가치들을 방어하는 데는 무관심함으로써 반제국주의적인 성향(미국의 패권에 대한 저항)을 일방적으로 지향했기 때문이다.

　소련이 무시무시한 핵무기 체제를 갖출 수 있었던 것은 1960년대부터의 과학이 놀랍게 발전했기 때문이다. 실제로 1961년 러시아인 유리 가가린은 미국인들에 앞서 처음으로 지구궤도를 도는 우주비행사가 되었다. '우주 경쟁'은 미사일 경쟁에서 소련이 정확성과 신뢰성을 선점할 수 있게 해주었다. 동일한 기술은 핵탄두를 운반하는 데도 적용될 수 있었다. 하지만 과학기구와 국방 산업의 이면에는 거의 아무것도 없었다. 1970년대 말, 우리와 같은 평범한 여행자들에게 공산주의 낙원은 이미 자신의 위태위태한 모습을 드러냈다. 삶의 수준과 물질적 행복, 그리고 인프라 면에서 소련은 서양과 제3세계의 중간쯤에 머물고 있었다. 반체제 인사를 수감하는 강제노동수용소, 검열, 국가 선동의 거짓말이 만연했다. 소련은 당시에 이미 군사적으로는 초강대국이었지만 경제적으로는 그저 왜소할 뿐이었다.

공산당 소수 엘리트 계층에 의한 사반세기의 사유화가 진행된 오늘날에도 변한 것은 사실상 없으며 거의 20년 동안 푸틴의 권위주의가 지속되고 있다. 차르의 시대와 이후 소비에트의 지배에서처럼, 러시아의 파라다이스는 실질적으로 항상 거대한 영토와 강력한 군사력이었지만, 반면 경제는 빈약하고 허약했다. 러시아의 1인 국민소득은 스페인의 그것을 조금 상회했다(믿기 힘들지만, 러시아의 승인하에 유엔이 매년 발행하는 통계자료에 따르면 사실이다). 인도나 브라질의 국민소득보다는 낮은 편이다. 경제는 미국 경제의 1/15 수준에 불과하다. 미-소 갈등이 국가의 부를 보여주는 그래픽 자료들을 통해 경제 분야로 옮겨 갔을 때 지구본의 형태는 바뀌었다. 즉, 미국은 상당히 크게 그려진 반면 러시아는 작게 묘사되었다. 마치 미국이 자신의 주(州) 하나 크기의 경쟁자와 마주하고 있는 것과 같았다(심지어 러시아는 캘리포니아나 텍사스처럼 방대한 크기의 주에는 아예 미치지 못했다).

그뿐 아니라 푸틴은 팽창의 극성기에 비해 축소된 영토를 상속했다. 소련의 해체는 전 소련의 많은 공화국들이 성립되는 계기로 작용하면서, 유럽연합보다 더 넓은 면적 즉 500만 제곱킬로미터의 영토가 떨어져 나가는 결과를 초래했다. 우리는 이러한 상태의 붉은 선, 특히 푸틴에게 관심이 있다. 소련 영향권의 유동적인 경계를 가리키며 변화는 확장과 축소를 반복했다. 동독, 발트해 국가들, 폴란드, 헝가리, 체코슬로바키아, 루마니아, 불가리아, 그리고 중앙아시아의 여러 공화국들을 포함하고 있던 소비에트 시대의 붉은 선은 오늘날 모스크바에 접근하면서 '위험하게도' 줄어들었고, 최근에는 우크라이나 전체를 포함하지 않는다. 이러한 영토들 중 일부는 나토에, 일부는 유럽연합에 흡수되었다. 푸틴은 옳든 그르든 간에 두 연합 세력을 경쟁 세력, 심지어 적대 세력으로 간주하고 있다.

오늘날 러시아의 약화를 보여주는 징후 두 가지는 특별한 관심의 대상이다. 이들은 바로 에너지 수입과 인재의 해외 유출이다. 첫째는 과도하게 에너지 수출에 의존하는 석유국가의 좋지 못한 특징을 뜻한다. 이는 많은 아랍 국가들의 경우와 마찬가지이다. 많은 석유를 가지고 있다고 해서 그 자체로 손해는 아니다. 노르웨이는 석유 수출 수익으로 세계에서 가장 관대한 자국의 복지정책을 재정적으로 지원하고, 오랜 기간 퇴직연금 시스템을 유지하는 데 사용한다. 게다가 노르웨이는 신에너지 정책으로 돌아섰으며 다른 국가들이 자국의 가스와 석유로 지구를 오염시키는 것을 지켜보고 있다. 네덜란드와 영국은 1960년대와 1970년대에 석유가 매장되어 있는 지층을 발견했지만, 이로 인해 고도로 다각화된 자국 경제의 다른 분야들이 약화되지 않도록 노력하고 있다. 미국과 캐나다는 원자재가 풍부한 국가들이지만 그것에 크게 의존하지는 않는다. 거대 석유 생산 국가인 멕시코와 인도네시아 같은 신흥국들까지도 최근에는 경쟁력을 갖춘 산업을 발전시키는 데 성공했다. 반면 러시아는 기회를 상실한 채 자신의 인적 잠재력을 약화시키고 있다. 일자리를 찾아 런던 또는 베를린, 뉴욕이나 캘리포니아의 실리콘밸리로 이주하는 이탈리아인들은 러시아로부터 탈출하는 인재들의 수에 비하면 상대적으로 적은 편이다. 모스크바와 상트페테르부르크는 수준 높은 대학들을 보유하고 있지만, 수학과 정보학 또는 의학을 전공한 훌륭한 인재들은 해외에서 일자리를 찾아야만 했다. 소련 시절에는 정치적 이유로, 또는 반유대주의를 피해 해외로 이주했다(많은 러시아 유대인들은 이스라엘로 이주했다). 오늘날 러시아에서는 아직도 해

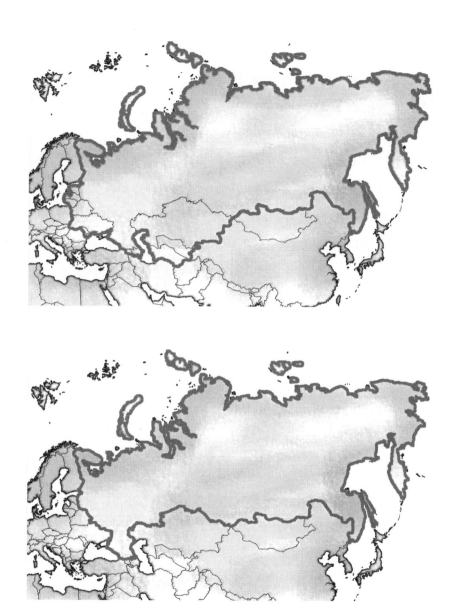

소련연방과 현(現) 러시아의 비교

외 이주가 계속되고 있는데, 이번에는 경제적인 이유, 노동 기회의 부족이 주된 원인이다. 이것은 국가가 발전 기회를 놓친 것이 무엇을 의미하는지에 대해 많은 것을 말해준다.

경제적·사회적 허약함에 직면한 푸틴은 회피의 고전적인 전략으로 대처한다. 더 정확하게 말한다면 후퇴하는 것이나 다름없다. 그는 초강대국의 지위에 집착하면서 민족주의적인 보상을 모색하고 있다. 이것은 항상 러시아와 다시 연결하면서도 차르의 비유를 잊지 않고 있음을 의미한다. 푸틴 자신에게도 실제 또는 추정된 불안감(포위되었다는 공포, 서양의 반러시아 음모)과 러시아의 영원한 운명인 역사적 임무가 함께 섞인 채 공존한다.

예외적인 운명, 특별한 임무, 섭리의 역할. 이러한 개념들은 종종 러시아 역사로 귀결된다. 또한 이들은 먼 곳에서 기원했다. 그럼 과거 그 어느 때보다 현재진행이라고 볼 수 있는 이러한 개념들에 대해 잠시 살펴보자. 이것들은 현대 러시아가 안고 있는 후진성에서 제국의 야망까지, 서양에 대한 복합적인 열등감에서 몰락하고 있는 유럽의 유일한 구원이라는 확신까지 수많은 모순들을 이해하는 데 도움을 준다. 이 국가의 기원에는 역사와 지리에 대한 유머가 존재하는데, 바로 진정한 러시아는 우크라이나에서 탄생한다는 것이다. 러시아 문명의 첫 명분으로 간주되는 첫 공동체는 9~12세기에, 오늘날 우크라이나의 수도인 키예프 인근에 위치한 드네프르강의 분지 지역에서 형성되었다. 고대 러시아의 역사에서 키예프의 군주들이 통치한 기간은 왜 오늘날 많은 러시아인들이 마치 트라우마처럼 서유럽 인근의 우크라이나 지역에 살고 있는지를 설명해준다.

기독교 개종, 키릴로스와 메토디우스 형제 선교사가 주도한 슬라브 지역의 복음화, 그리고 대군주인 블라디미르의 세례(988)는 키예프 러시아의 시대였다. 러시아 기독교는 다른 슬라브 종족들의 기독교와 마찬가지로, 키릴로스와 메토디우스 형제의 개종우선주의 영향을 받아 비잔티움 즉 동로마제국의 콘스탄티노플 대주교구를 기준점으로 선택했다. 다시 말해 그리스정교의 토대 위에 성립했고 이로부터 종교 권력과 세속 권력 간 혼합이 유래되었다. 프랑스 역사가인 마리 피에르 레이의 『러시아 대 유럽, 이반 4세에서 블라디미르 푸틴까지(La Russie face à l'Europe. D'Ivan le Terrible à Vladimir Putin)』(2016)에 따르면, "절대 권력의 바실레우스 즉 황제는 보편적 소명의 최고 권력이며 교회와 군대의 주인이다". 이후 500년이 더 지난 16세기에도 차르 바실리 3세는 황제와 교황의 역할을 극단적 절대주의의 차원에 집중시키면서 기독교의 인도자로 인식되고 있었다. 1520년 러시아 수도승 프스코프의 필로테우스(1465~1542)는 이렇게 말했다. "두 로마가 몰락했지만 제3의 로마인 모스크바는 하늘을 향해 떠올랐으며 이제 더 이상 제4의 로마는 없을 것이다. 정교회의 모든 지역은 하나의 유일한 홀(笏)을 중심으로 통합되었으며 우리는 기독교인들의 유일한 군주다." 이러한 전통은 그리스 정교와 차르들로부터 스탈린을 거쳐 푸틴으로 옮겨 간 교체 과정을 반복하는 세속 권력 간의 (종종 혁신의 과정을 거치기도 했던) 긴밀한 동맹에 대해 설명한다(독일의 공세에 직면한 독재자는 민족주의를 내세우면서 공산주의 선전을 잠재웠으며, 국가 동원을 위해 교회에 도움을 요청했다).

　러시아는 첫 1,000년의 여정을 통해, 로마와 비잔티움의 전통과 일정한 거리로 관계를 유지하면서 기독교 유럽의 역사에 개입하려고 했었다. 하지만 키예프와 모스크바를 공격해 파괴한 몽고(1223~1240, 킵차크 칸국으로도 불림)의 침입으로 인해 서유럽과 분리되었다. 몽고의 '보호'는 두 세기 동안 지속되었고 이 과정에서 러시아는 중앙아시아와 무슬림 세계(14

세기 몽고인들이 이슬람으로 개종한 이후)로 기울고 있었다. 수 세기 동안 모스크바는 서유럽의 변화들에서 분리되어 있었다. 레이의 말처럼, "러시아는 봉건 기사도, 도시혁명도 경험하지 못했다". 거대한 변화를 동반한 사회적 혁신인 두 요인은 한편으로는 군주들의 절대 권력을 제한했고, 다른 한편으로는 상업부르주아의 탄생을 촉진했었다. 서유럽 지방 영주들의 봉건제도, 그리고 일련의 시대 문학과 더불어 기사는 군주들의 권위와 관련해서 균형과 대항력이 만들어질 수 있다는 증거였다. 이탈리아와 플랑드르 도시들의 상인-금융업자들은 근대 금융과 글로벌 무역의 선구자였다. 민주정치와 자본주의는 중세 말부터 르네상스 시기까지 서유럽의 활력적인 사회지리의 배아에 이미 포함되어 있었다. 반면에 러시아에서는 그 흔적이 나타나지 않았다. 레이에 따르면 그와 같은 맥락에서 "모스크바는 서유럽 인문주의의 역사적 경험을 무시한 채, 15세기 말 이탈리아, 플랑드르, 부르고뉴에서 르네상스를 예고했던 모든 기술적이고 무역적인 혁신의 주변부에 머물러 있었다".

야만족의 침략과 경계를 접한 상태에서 저항하기 위해 러시아인은 그리스 정교의 신앙에 집착했다. 이렇게 해서 그들은 자기 자신이 유목민족과 아시아인, 그리고 궁극적으로 이슬람에 대항한 저항의 보루라고 상상하면서 민족적 전설을 만들어내기 시작했다. 이 시기에 러시아 최초의 민족서사가 형성되었는데, 여기에는 두 가지의 상이한 특징이 공존한다. 하나는 자신들이 완전한 유럽인이 아니라는 자의식이었고, 다른 하나는 유럽을 구원해야 한다는 확신이었다. 역사의 여러 여정에서는 지금까지 러시아 정체성을 정의하는 데 기여했던 모든 요인이 층층이 축적되었다. 모스크바는 비잔티움-콘스탄티노플로부터 기독교 문명의 보루 역할을 상속한 '제3의 로마'라는 이념을 형성했다. 러시아를 중부유럽에서 발칸까지 언어, 종교, 문화 면에서 수많은 '형제' 민족의 지도자로 간주하는 운동인 범슬라브주의도 있었다. 끝으로 국제공산주의도 있었는데, 이는 모스크바가 보편적 이념의 수도로서 멀리 중국까지 그 영향력을 확산해야 할 메시아적인 역할을 가리켰다. 반면, 이러한 역사의 또 다른 얼굴은 이반 4세(1547~1584), 표트르 1세(1694~1725), 카테리나 여제(1762~1796)와 같은 차르들이었다. 이들은 국가의 후진성을 잘 알고 있었으며, 문화, 과학, 경제, 시민 및 군사 조직의 모든 분야에서 드러난 심각한 후진성을 극복하기 위해 독일, 스위스, 이탈리아에서 이념과 숙련된 노동력을 들여오는 식으로 유럽에서 그 해결책을 모색했다. 소련이 유럽이라는 학교에 다니면서 근대화하기를 원했다고 해석할 수 있는 마지막 에피소드는 공산주의의 몰락을 인정했던 미카엘 고르바초프로 거슬러 올라간다.

오늘날 푸틴은 러시아의 위대함을 재건하기 위해 어떤 이념에 매달릴 것인가? '유라시아'라는 이념이 종종 인용되고 있다. 러시아는 유럽과 아시아를 이어주는 교량으로서, 두 대륙을 뭉치게 하고 이들을 통합할 수 있는 능력을 보유한 국가이다. 유라시아의 개념은 중요하며 지리와 역사를 통합한다. 러시아의 지리적 특성상 내륙을 통해 사실상 단일 대륙을 형성하고 있는 것은 분명하다. 다시 말해 유럽과 아시아 사이에는 물리적인 국경과 같은 확실한 구분이 존재하지 않는다. 유럽은 좁은 의미의 지형학적인 관점에서 아시아의 서쪽에 머리를 내밀고 있는 반도나 다름없다. 러시아의 유라시아적인 소명은 시베리아 정복이 시작된 이후 다른 많은 것들을 암시한다. 러시아는 19세기 초반부터 유럽 문화를 극동 지역으로 전달하는 역사적 역할을 수행했다. 즉, 중국의 지식인들은 톨스토이, 도스토옙스키, 니콜라이 고골, 안톤 체호프 등 많은 러시아 작가를 통해 서양의 이념과 취향에 가까워졌다. 하지만 가장 풍부한 결과들을 가져온 에피소드는 1917년의 볼셰비키혁명이었다. 실제로 유럽의 이념(독일인 카를 마르크스의 공산주의 이론)이 마오쩌둥에게 깊은 영향을 주고 중국의 공식적인 이념이 된 것은 러시아인 레닌과 스탈린을 통해서였다.

　푸틴은 이념주의자는 아니다. 하지만 러시아 역사에서 오늘날 자신에게 쓸모 있는 요인들을 선별할 줄 아는 인물이다. 그 역시 차르들처럼 그리스 정교의 수장들과 동맹을 맺는 방식으로 이슬람주의에 대항해 제3의 로마를 이끄는 역할을 부분적이나마 담당하고 있다. 이렇게 해서 체첸전쟁 이후 그는 자주 이슬람 근본주의자들의 가장 신랄한 적으로 행동했다. 그 외에도 그는 당시 사우디아라비아의 도움으로 카불의 공산당 정부를 전복하기 위해 탈레반을 지원했던 미국의 응집력 결여를 비난하면서, 1979년 러시아의 아프가니스탄 침공을 재평가했다. 단기적으로는 이 작전이 미국의 성공과 붉은 군대의 굴욕적인 퇴각으로 나타났지만, 나중에 탈레반은 오사마 빈 라덴과 알카에다를 지지하고 지원했다. 또한 푸틴과 그리스 정교의 동맹은 도덕적인 측면에서 보수-반동의 특성과 일치했다. 동성애를 처벌한 것이 그 대표적인 사례였다. 권위주의, 반대 세력에 대한 강압적인 진압은 푸틴의 러시아를 권위주의적이고 비자유주의적이며 강력한 인물에 의해 통제된 민주주의의 모델로 만들었다. 이것은 푸틴의 비전에서 질서를 보장하는 이상적인 방안이었는데, 이것이 서방에서는 혼란, 정치적 침체, 그리고 도덕적 타락에 기여한 바 있다. 강력한 국가는 러시아 지도자들이 다른 약점들, 즉 시민사회의 후진성과 경제적 빈곤을 해결하려고 했던 지름길이었다. 하지만 정부 조직에 대한 강력하고 집중적인, 그리고 권위주의적인 통제에도 불구하고, 너무 방대하고 평야가 너무 많으며 주변 국가들의 침략에 무방비 상태로 열려 있는 지리에서 비롯된 국가적 불안 감을 해결하려는 진정한 노력은 하지 않았다. 이러한 이유로 러시아는 너무 방대한 영토에도 불구하고, 결코 충분히 방대하다고 느껴지지 않는다.

차르들로부터 푸틴에까지 전달된 '공격적인 불안'에 대한 신드롬의 최근 현상은 1992년 1월로 거슬러 올라간다. 아버지 조지 부시 대통령은 소련연방에 대해 다음과 같이 엄숙하게 연설했다. "신의 도움으로 미국은 냉전에서 승리했습니다." 계속해서 그는 이 개념을 강화하기 위해 덧붙였다. "냉전은 단순히 끝난 것이 아닙니다. 결코 그렇지 않습니다. 냉전은 패배한 것입니다." 13년 후, 이와 유사하고 반사적인 연설(1년에 한 번 러시아 의회에서 하는 연설)에서 푸틴은 자신의 방식으로 냉전의 종식에 대한 치명적인 대차대조표를 제시했다. 그에게 2005년에 있었던 소련연방의 종식은 가장 거대한 지정학적 재앙이었다. 같은 연설에서 푸틴은 러시아와 차르 제국의 직접적인 지속성을 강력하게 주장하는 것으로, 소련이 결코 중단된 적이 없다는 사실을 강조했다. 그리고 소련의 붕괴에 대해 다시 한 번 다음과 같이 말했다. "당시 많은 사람들은 우리의 젊은 민주정치가 러시아 정부와 연속적이지 않으며 오히려 그 최종적인 몰락에 불과하다고 생각했습니다. 하지만 이것은 잘못된 생각이었습니다." 2005년은 푸틴이 자신의 나라에서 '통제된 민주정치'의 모델을 이론화한 시기인데, 이는 서방에게는 모순처럼 들렸다. 그것은 위선이었다. 그는 선거 사기에 대한 첫 번째 시위를 모른 척했다. 정부의 검열 중에는 자신에게 불리한 신문기자와 정적(政敵) 살해도 있었다. 러시아는 통제 면에서 한층 거만하고 덜 민주주의적인 권위주의로 기울었다.

나는 『혼돈의 시대』에서 푸틴의 행동에 갈수록 더 고집스럽고 비관용적인 권위주의 성향과, 러시아를 포위하고 약화하며 굴욕적으로 만들려고 한다는 '미국의 음모'에 의한 동요가 함께 뒤섞여 있는 것을 보여주는 두 역사적 증언을 인용한 바 있다. 푸틴은 사회 내부의 자유에 대한 탄압을 외부 적의 위협으로 정당화했다. 여기에서도 차리즘(zarism)과 푸틴 간의 지속성이 잘 드러난다. 푸틴의 경직됨을 직접적으로 보여주는 증거 중에는 2012~2014년 모스크바 주재 미국 대사를 역임했던 마이클 메크폴이 있다. 그는 2009년 오바마가 미국 대통령이 되면서부터 2012년 1월까지 미국과 러시아 관계가 좋았다고 회상했다. 당시 러시아 대통령은 드미트리 메드베데프였다. 두 정상은 핵확산에 반대하는 새로운 협상에 서명했고 이란에 대한 제재에 합의했으며 러시아의 세계무역기구(World Trade Organization, WTO) 가입에 합의했다. 그리고 워싱턴은 러시아 여행자를 위한 비자를 면제했다. 이 모든 조치는 오바마가 희망했던 관계들의 재정립을 보여주는 신호였다. "여론에서도 좋은 결과가 나타났다. 2010년 여론조사에 따르면 러시아인의 60퍼센트가 미국에 대해 긍정적인 이미지를 가지고 있었다." 오바마 정부에서 러시아 대사를 역임했던 인물에 따르면, 이에 변화를 가져온 유일한 것은 "러시아의 국내 정치"였다.

메크폴은 당시의 상황을 다음과 같이 회상했다.

푸틴이 세 번째로 대통령 출마를 선언한 후 2011년의 의회선거는 부정으로 얼룩졌다. 과거와 마찬가지였다. 하지만 이번에는 소셜미디어와 새로운 기술, 즉 비디오카메라를 장착한 스마트폰, 트위터, 페이스북, 러시아 소셜미디어인 브콘탁테(Vkontakte) 등이 정부의 부정을 그대로 폭로했다.

소련연방의 마지막 시기 이후 전례가 없는 큰 규모의 광장 시위가 벌어졌다. 부정선거에 대한 항의는 푸틴이 다시 크렘린궁으로 돌아가는 것(대통령에 다시 당선되는 것)에 반대하는 시위로 확대되었다. 푸틴은 이전의 소련 공화국들에서 발생했던 '오렌지 혁명'과 '아랍의 봄'(당시에 한창 진행 중이었다) 때문에 자국의 사태에 대해 크게 우려했다. 푸틴은 반대를 극복하고 자신의 기반을 다지기 위해 다시 미국을 적으로 간주하기 시작했다. 정부 매체들은 미국이 시위 사태를 부추긴다고 비난했다.

또한 러시아는 조지소로스재단이 후원하는 비정부기구들의 역할을 거부했다. 사실 재단은 이미 얼마 전부터, 과거 소련에 속했던 아시아 공화국들과 동유럽의 여러 국가들에서 시민의 권리를 위해 일하는 민주주의 운동가들을 지원하고 있었다. 이 순간부터 새로운 냉전이 시작되었다. 냉전에 의해 드러난 두 가지 사실은 크림반도의 병합과 우크라이나에서의 전투였다. 이러한 지역들에서는 제2차 세계대전이 종료된 이후 처음으로 영토 보존과 주권이 침해되었다.

나는 『혼돈의 시대』에서 러시아 내정에 대한 강압적 권위주의로 인해 어떤 일들이 벌어졌는지를 상세하게 설명했다. 이에 대해 지정학적인 관점에서, 그리고 외교와 군사적인 차원에서 좀 더 언급해보기로 하자. 푸틴은 오바마와 억만장자 진보주의자인 조지 소로스가 러시아에서 민주혁명을 일으키려 한다고 확신하면서, 이러한 예측된 (자신의 개인적인 권력에 대한) 공격에 모든 전임 황제들이 취했던 고전적인 전략으로 맞섰다. 즉, 러시아 영향권의 붉은 선을 다시금 이동시키면서 외부매개변수의 지리적 방어선을 넓히려고 했다. 여기에는 자국민들을 설득하는 데 성공한 수정주의적인 연설과, 푸틴이 대부분을 장악하고 있는 러시아 여론이 해당되었다. 그리고 그의 해외 친구들, 예를 들면 도널드 트럼프, 제러미 코빈, 마린 르펜, 마테오 살비니, 그리고 그리스의 통합 급진좌파연합인 시리자(Syriza)도 포함되었다.

푸틴의 연설에서 가장 잘 드러난 핵심은 표도르 루캬노프[1]가 작성했다. 그는 러시아의 새로운 세대에서 가장 권위 있는 전략적 두뇌 중 한 명으로서 모스크바에서 외무와 국방 정책위원회를 이끌고 있으며 러시아 수도에 있는 경제고등학교에서 강의했다. 그의 비판은 냉전 이후에 대한 푸틴의 인식을 근거로 했다. 승리에 도취한 미국은 자신의 '단극적' 상황에서 진정한 경쟁자가 없는 상황을 이용해 유일한 헤게모니를 철저하게 즐기고 있었다. 미국은 1990~1991년 걸프전쟁 당시, 즉 아버지 부시 대통령이 쿠웨이트를 침공한 이라크에 보복했을 때 자신의 진정한 의도를 드러낸 바 있다. 사담 후세인이 소련의 도움과 보호를 받았기 때문에 미국의 단호한 태도는 더 확장된 소비에트 제국의 낡은 붉은 선 내부로 미국이 침입한 첫 사례를 가리켰다. 이후 과거 공산주의 블록에 속했던 국가들이 북대서양조약기구(나토)에 가입하기 시작했다. 북대서양조약의 방어선이 전 동독의 지역으로 확대된 후(1990년 독일의 재통일), 1997년 비셰그라드[2] 그룹에 속한 국가들(폴란드, 헝가리, 체코 공화국)은 2년 후에 나토에 가입했다.

---

1 Fëdor Lukjanov, 러시아 외교정책에 정통한 저널리스트로, 부시 정권의 친(親)그루지아 정책이 코카서스전쟁을 촉발했다고 비난했다.

2 Visegrad, 보스니아 헤르체고비나의 도시로 행정구역상으로는 스릅스카공화국에 속한다.

계속해서 2004년에는 빌니우스[3] 그룹(발트해의 세 국가인 에스토니아, 레토니아, 리투아니아, 그리고 불가리아, 루마니아, 슬로바키아, 슬로베니아)의 국가들이 가입했다. 또한 2009년에는 알바니아와 크로아티아가, 2017년에는 몬테네그로가 가입했다. 1999년 확장일로에 있던 새로운 나토는 동쪽으로부터의 그 어떤 저항이나 불안감에도 직면하지 않고 코소보전쟁에 개입하여 밀로셰비치가 지배하던 친러시아 성향의 세르비아를 폭격했다. 2001년 9월 11일 나토의 개입은 글로벌 차원으로 확대되었다. 미국의 동맹 국가들은 조약의 제5조에 근거해 알카에다 및 탈레반과 전투를 벌였고 미국과 함께 아프가니스탄에 파병했다. 2003년에는 이라크에, 2011년에는 리비아 사태에 개입했다.

루캬노프의 재구성에 따르면, "나토는 정권을 붕괴시키고 민주정치를 장려하려고 한다. 세계의 질서를 바꾸려는 것 외에도 각 국가들의 내부에서 정치적 축까지도 변화시키려고 한다". 지난 2002년 로마노 프로디는 유럽연합위원회의 의장으로서 동부 지역으로의 확대를 위해 노력하고 있던 당시 러시아에 '제도를 제외한 모든 것'을 공유하자는 제안을 했었다. 프로디의 의도는 상당히 관대한 제안이었다. 이에 따르면 러시아는 긴밀한 관계 구축, 러시아의 준(準)통합, 유럽연합에 가입하지 않고도 거대 단일시장에 속하는 것에 따른 모든 이익을 누릴 수 있었다. 반면에 러시아의 입장, 즉 루캬노프에 따르면 프로디의 제안은 모욕이며 굴욕이나 다름없었다. "러시아는 유럽의 규정들을 채택해야 하지만 반대로 아무런 목소리도 낼 수 없다." 서유럽은 러시아에 새롭지만 훨씬 좁아진 입지를 제공하

---

3 Vilnius, 리투아니아의 수도로 네리스강과 빌니아강이 합류하는 곳에 위치한다.

고 있었다. 즉, 러시아는 B급의 국지적인 세력으로 유럽 국가들의 콘서트에 참여하도록 초대를 받은 격이었다. "러시아의 엘리트들도 민중도 자국이 단순히 지역 수준의 세력이라는 이미지를 결코 수용할 수 없었다." 루캬노프에게 최종 대결은 2014년 2월 친러시아 성향의 우크라이나 대통령 빅토르 야누코비치가 실각한 것이었다. 러시아는 나토가 우크라이나까지도 흡수하는 것을 더 이상 두고 볼 수 없었다. 왜냐하면 푸틴은 우크라이나를 러시아의 일부로 간주하고 있었기 때문이다. 결국 푸틴은 군사작전을 개시하여 크림반도를 병합하고 분리주의자들을 지원하면서 우크라이나 사태에 개입했다. 이후에도 러시아는 시리아의 아사드 정권을 지지하면서 군사력을 과시했다. 당시 시리아는 또 하나의 역사적 동맹이었기에 푸틴으로서는 어떤 대가를 지불하더라도 이곳에 자국의 세계적인 역할을 위한 교두보를 확보해야만 했다. 다시 말해 중동에 초강대국의 면모를 보여주고 싶었던 것이다. 붉은 선은 다시 확장되고 있었다. 지리의 유동성과 확장성, 수축의 움직임은 이미 1,000년 전부터 반복되고 있었다.

이러한 제국팽창주의의 경쟁은 러시아 군대의 재무장과 근대화에 의해 가능했다. 실제로 위축된 붉은 군대를 상속한 푸틴에게는 새로운 정책 수단이나 다름없었다. 모스크바 카네기센터의 센터장인 드미트리 트레닌은 소련 해체 이후 붉은 군대가 사실상 공중분해되었다고 회상했다. 당시 그는 '녹이 슬었다'는 표현을 사용했다. 러시아의 외무성 홈페이지에 실린 「러시아 군대의 경쟁자(The Revival of the Russian Military)」(2016.6)에서 트레닌은 "역사적으로 비무장과 무장해제의 가장 드라마틱한 사례 중 하나였던 러시아의 경우, 1988년과 1994년 사이에 군사력이 500만에서 100만 명으로 축소되었다"라고 말했다. 1988년 2,460억 달러였던 군비는 6년 후 140억 달러로 줄어들었다. 러시아 정부는 70만 명의 군대를 아프가니스탄, 독일, 몽고, 동유럽에서 철수시켰다. 군사적 전문성의 우위는 핵잠수함 쿠르스크가 바렌츠해의 바다에 좌초되었을 때인 2000년에 함장이 200달러의 월급을 받는 수준으로 전락했다. 대통령 임기 초기에 푸틴은 핵 억지력에 집중했는데, 이를 통해 러시아는 초강대국의 지위를 유지할 수 있었다. 러시아는 2008년 조지아에서의 전쟁과, 러시아의 보호국으로 전락한 압하스와 남오세티야의 분리주의 공화국들에 대한 침공을 계기로 군대의 근대화를 시작했다. 10여 년 동안 7,000억 달러를 투자해 거대한 규모의 붉은 군대를 보다 가볍고 신속하며 국지전투에 적합한 군대로 변화시켰다. 두 차례의 하이브리드 전쟁이었던 크림반도와 우크라이나 사태는 작전 중 준군사단체의 활동, 러시아 위장 부대, 러시아가 훈련시킨 자원자들, 그리고 국경 근처에서 불안을 조장할 목적으로 병행된 군사 기동훈련의 대표적인 사례였다(우크라이나 지도부를 압박하기 위한 본격적인 침략 위협이었다). 반(反)나토의 도발도 증가했는데 미국, 영국, 스웨덴의 상공에 러시아 항공기들이 빈번하게 출격한 것이 대표적인 사례였다.

러시아의 공격적인 행동 가운데 가장 충격적인 사례는 2016년 미국 대통령선거에 개입한 것이었다. 푸틴은 브렉시트를 위한 영국의 국민투표에 개입하기도 했다. 프랑스에서는 마린 르펜을 지지했지만 성공하지는 못했다. 미국의 잘못은 수페르에나로토[4]에서 잭팟을 터트린 것처럼 불어나 보였다. 푸틴은 미약한 조건에서 시작해 파렴치한 방식으로 조작을 시도하면서 일대 역작을 만드는 듯했다. 이러한 극단적이고 도박 같은 시도

---

4 Superenalotto, 이탈리아의 복권.

는 진정 성공하는 것처럼 보였다. 이에 대해 내가 기억하는 핵심적인 측면은 다음과 같다. 러시아 정부와 관련이 있는 러시아 해커들은 지속적인 온라인 공격을 통해 민주당의 데이터와 당시 대통령 후보였던 힐러리 클린턴은 물론 그녀의 참모들이 서로 주고받았던 이메일 정보를 해킹했다. 이러한 신뢰할 만한 정보들로부터 힐러리 후보의 이미지에 손상을 주고 민주당 캠프의 인사들 사이에 불화를 조장할 수 있는 근거들이 만들어졌다. 위키리크스(WikiLeaks)의 도움으로 이러한 '독소들'은 미국의 미디어에 확산되었다. 이렇게 해서 반클린턴 정서가 확산되었고 반대로 푸틴에 대한 도널드 트럼프의 친근감이 확대되었다. 이에 트럼프 후보는 러시아 대통령에 대한 우호적인 발언을 공개적으로 시작했다. 2016년 트럼프의 충격적인 당선으로 푸틴에게는 역사적으로 전례가 없을 만큼의 상당한 혜택이 예상되었다. 도적질한 정보들 덕분에 푸틴은 자신에게 적대적인 민주당 지도부를 당황하게 만드는 데 성공했으며, 이들을 다른 인사들로 교체되게 만들었다. 외교정책에 무지하고 전문적이지 못하며 전임자들의 그간 모든 노력을 단번에 부정하고 본능적으로 권위주의적인 인간성을 드러내는, 심지어 이해관계가 다를 경우에는 러시아 비밀경찰로부터 협박을 받을 수 있는 이들로 말이다. 하지만 트럼프의 의도는 오래가지 않았다. 2017년 1월 취임식으로부터 같은 해 여름까지 채 반년이 지나기 전에 끝났다. 이후 모든 것이 망가졌고 푸틴이 백악관에 '자신의 사람, 즉 트럼프'를 보내면서 얻어낸 모든 것이 사라지기 시작했다. 2017년 여름 나토의 국경 지역에서 러시아가 군사훈련을 위해 10만 명을 동원하며 푸틴과 트럼프의 밀월이 조기에 끝났음을 알렸다. 또한 1,000명이 조금 넘는 러시아 주재 미국 외교관들 중에 무려 755명이 추방되었다(이에 대해 미국은 즉각적으로

2017년 9월 샌프란시스코 주재 러시아 영사관과 다른 무역부 사무실을 폐쇄하는 것으로 맞대응했다).

같은 시기에 미국 부통령 마이크 펜스가 에스토니아, 조지아, 몬테네그로를 방문한 것은 같은 메시지를 담고 있었다. 당시 펜스는 조지아를 나토에 재가입시키려는 오랜 계획(푸틴은 이것을 자신에 대한 적대적인 행위로 간주해 반대했었다)을 다시 추진했다. 이는 러시아를 포위하려는 새로운 시도였다. 나토를 트빌리시⁵까지 확대한다는 발상은 2008년 러시아와 조지아 간 전쟁이 일어나기 불과 얼마 전 조지 W. 부시 대통령 임기 때 구체적인 내용 없이 처음으로 제기된 바 있었다. 크림반도의 합병과 우크라이나 전쟁 이후 조지아의 총리 기오르기 크비리카슈빌리는 러시아의 '일상적인 도발'을 비난했고 자국의 나토 가입을 요청했다. 미국이 펜스 부통령의 방문을 통해 조지아에 보여준 관심은 미국과 러시아 간 밀월의 종식에 대해 많은 것을 말해준다.

이것은 푸틴이 2017년 7월 함부르크에서 열린 G20에서 기대했던 것, 즉 트럼프와 상당히 친근한 대화를 나누는 정상회담의 시나리오가 아니었다. G20은 푸틴이 자신의 글로벌 이미지, 개인적인 특권, 그리고 러시아 외교의 협상 능력을 과시하려고 했던 전례 없는 시도의 성공을 확인시켜주는 것처럼 보였다. 트럼프 재임 기간 초기에는 러시아의 지위가 미국과 거의 동등한 차원의 파트너로 변경되었으며, 시리아 문제의 교착상태를 해결하는 데 큰 도움이 될 것으로 기대되었다. 하지만 푸틴은 미국 의회의 피드백 절차를 무시한 채 독자적인 판단을 시도했다. 선거 과정에 깊숙이 개

5 Tbilisi, 조지아의 수도로 트리알레티산맥과 카르틀리산맥 사이를 흐르는 쿠라강 유역에 있다.

입한 것과 관련해, 트럼프-푸틴의 밀월에 대한 언론과 미디어의 비판적인 태도는 공화당까지도 경직되게 만들었다. 결국 양국 간 대회가 중단되기에 이르렀다. 2017년 8월에 초당적으로 통과된 법안은 미국 대통령이 크림반도 병합과 우크라이나 사태 이후 러시아에 대한 경제적 제재를 승인하게 했으며 러시아 경제를 지탱하는 에너지 부문까지도 위협했다(노드스트림 2 가스관이 완성을 앞두고 있었다). 미국 의회의 트럼프-푸틴 간 합의를 차단하기 위한 움직임은 백악관 비서실장 존 켈리, 국방부 장관 제임스 매티스, 국가안보보좌관 허버트 R. 맥매스터에 의해 상대적으로 용이해졌다. 펜타곤은 미국제일주의를 신봉하는 새로운 세대의 군인들에 의지했다. 미국은 결코 푸틴과 등등한 지위에 머무는 것을 원하지 않고 있었다.

러시아는 진흙 발을 가진 거인에 불과했지만 여전히 유럽을 공포의 상황으로 몰아넣을 수 있는 군사 강국이었다. 이러한 사실은 나토가 발트해에서 훈련할 당시 동원한 군대가 3,000명 정도 되었던 것과는 달리, 붉은 군대가 벨라루스에서의 '일상적인' 군사훈련에 1만 명의 군대를 배치한 것에서 잘 드러난다.

2017년 유럽이 냉전으로 회귀한 것은 1950년대, 1960년대, 1970년대에 제기되었던 핵폭발의 가능성에 대한 불안 심리와 결코 비교될 수 없었다. 당시의 긴장 관계와 오늘날 러시아의 유사성 및 차이점을 조사하기 위해서는 중간 괄호의 공산주의 시대로 돌아갈 필요가 있다. '중간 괄호'라는 표현을 사용한 것은 70년이 조금 넘는 공산주의 시대가 이 국가의 역사에서는 3세대의 기간 또는 가장 오랫동안 통치한 두세 명의 차르에 의한 지배 기간에 해당하는, 상대적으로 짧은 기간이었기 때문이다.

소련연방의 시기에 러시아 제국의 영토는 최대로 확장되었다. 이것은 모스크바의 영향이 미치는 붉은 선의 외적 경계가 최대로 넓어졌다는 뜻이다. 하지만 그 이전까지는 러시아를 이상적인 기준, 자신들의 가치의 기원이 되는 조국, 건설해야 할 새로운 사회의 모델로 간주하던 국가들의 매개변수가 그토록 많지 않았다(이러한 모델은 경제적이거나 군사적인 도움을 대가로 수용되었다). 공산주의 교회는 힘이 가장 강력할 때 쿠바에서 베트남, 북한, 심지어는 전 프러시아 또는 전 오스트리아-헝가리제국의 일부 지역, 즉 경제적으로나 기술적으로, 문화적으로 가장 발전된 지역들에 대한 지배권을 행사했다. 그러면서 유럽의 중부와 동부 지역의 정부들에까지 직접적으로 영향력을 확대했다. 소련공산당(PCUS)에 직접 복종하면서 공산주의나 사회주의를 표방하는 국가들 외에도, 동맹관계를 표방하지는 않지만 소비에트 모델에 큰 존경심을 보이며 외교정책에서 모스크바의 야망을 지지하는 많은 국가들이 있었다. 대표적인 사례로는 인디라 간디의 인도, 나세르 장군의 이집트, 그리고 시리아 정권과 이라크 정권을 꼽을 수 있다. 1960년대 초반까지 심지어 마오쩌둥의 중국도 종종 무관심한 태도를 보이기는 했지만 그럼에도 세계 공산주의 국가들 그룹에서 소련이 차지하는 '우월한 지위'를 인정하고 있었다. 공산주의 세력은 확대일로에 있는 것 같았다. 마르크시즘의 투쟁 운동은 쿠바와 같은 소련의 동맹 국가들의 지원을 공개적으로 받았으며 콜롬비아와 앙골라로 진출하고 있었다. 세계에서 가장 발전된 지역 중 하나인 서유럽에는 소련공산당의 지시와 재정적 지원을 받는 정치 세력들이 존재했는데, 이들 사이에서는 1970년대 말 유럽공산주의가 몰락하기 전까지 이탈리아, 프랑스, 스페인, 포르투갈과 같은 라틴 국가들의 공산당이 가장 큰 영향력을 발휘하고 있었다. 소련연방은 서독에서 스칸디나비아 국가들에 이르기까지 많은 유럽 정부들에서 스파이 활동을 전개할 능력을 가지고 있었다.

푸틴은 공산주의에 향수를 가진 인물은 아니었지만 '제3의 로마'가 지구상에서 큰 영향력을 행사하던 시대에 대해 향수를 느끼고 있었다. 그는 이 제국의 국경 지역에서 가장 중요하고 전문적인 경험 중 하나를 바탕으로 살아가고 있었다. 동독에 파견된 소련비밀경찰(KGB)의 간부급 중 한 명이었던 경험 말이다.

푸틴의 러시아는 서양에, 그리고 소련의 70년과 전혀 관련이 없는 세계 전체에 제안할 가치가 있는 모델이었다. 현재의 모델은 민족주의, 민족중심주의, 외국인 혐오, 동성애 혐오, 가부장주의적인 가정, 권위주의적인 규율, 그리고 정보 통제로 구성되어 있다. 이는 세계화 또는 다민족 사회의 혜택에 환멸을 느끼고 불안정을 불안해하고 낙담한 사회에 호소하는 시스템이다. 헝가리와 폴란드, 즉 유럽 중동부 지역의 두 국가는 빠른 속도로 소비에트에서 벗어나 반동적 가치의 푸틴 편으로 기울었다. 롬바르디아동맹에서 국민전선에 이르기까지 유럽의 민족주의적이고 인민주의적인 정당들은 푸틴에 대해 친근감을 느끼고 있었다. 하지만 이들 모두 공산주의 교회가 행사하던 영향력과는 거리가 있었고, 소련공산당이 수많은 형제 정당들에 부과할 수 있었을 규율과도 분명히 닮지 않았다. 세계 전체에서 권위주의적이고 민족-민중주의적인 모델들의 파노라마는 다양하고 다중심주의적이었다. 하지만 푸틴은 이러한 모델을 전혀 독점하지 못했다.

그 밖에도 오늘날 러시아의 '허세'는 이러한 소비에트의 허세보다 더 빠르게 마찰을 불러왔다. 사회주의 경험의 초기 단계는 긍정적인 결과를 동반했었다. 스탈린에 의한 공포에도 불구하고 소련은 다른 독재국가들의 모델(이탈리아의 무솔리니, 독일의 히틀러)과 루스벨트의 뉴딜정책과도 많이 다르지 않으며 크게 효율적이지도 않은 경제 모델로서, 1930년대에는 세계적 공황에 직면했었다. 이러한 각각의 모델은 중앙집중식 계획, 거대 기간산업들에 대한 공공투자, 사회적 합치, 중앙정부의 강화가 혼합된 것이었다. 러시아 차르의 후진성에서 출발한 소련은 근대화를 향해 도약했다. 전후(戰後)의 시기에도 적어도 1960년대까지 국가사회주의는 과학연구, 공공교육, 보건의료와 같은 여러 분야들에서 성과를 거두었다. 예산은, 특히 미국이나 서유럽의 도착 조건이 아니라 러시아의 출발 조건이었다는 점을 고려한다면 재앙 수준은 아니었다. 1970년대와 1980년대에 소비에트의 성과(그리고 사회주의 블록)는 더 이상 비교의 대상이 아니었다. 즉, 서양에 비해 더 크게 뒤처지기 시작했는데도 사회주의의 소수 특권층은 부패, 기생주의, 특권 독점에 빠져들었다. 자유의 결핍만이 아니라 경제적 번영의 결여가 소련을 쇠퇴와 해체의 길로 이끌었다.

지금까지 이야기한 과거는 오늘날 푸틴을 위한 중요한 교훈을 포함한다는 점에서 기억될 필요가 있다. 21세기의 정치 영역에서 볼 때, 수많은 권위주의적 모델 중에는 보다 효율적인 모델이 포함되어 있는데 이는 중국의 모델이다. 푸틴의 러시아가 공산주의적인 '제3의 로마'의 전(全) 지구적 영향을 발산하지 못하는 이유 중 하나는 다른 민족주의적이고 인민주의적이며 권위주의적인 정권이 지난 30년 전부터 상당히 흥미로운 경제적 성과를 내고 있기 때문이다. 중국의 문제는 오만하게도 여러 면에서 새로운 러시아의 지리에 관여하고 있다. 세계 공산주의의 이전 두 교회 간 관계는 역전되었다. 오늘날 북경은 미국의 경제와 거의 동등한 수준 덕분에 세계적으로 상당히 우월한 무게감을 가진다. 중국은 과학연구, 기술혁신, 산업특허의 양산 능력과 같은 여러 분야에서 미국 및 서유럽과 경쟁하거나 뛰어넘고 있다. 이러한 점에서 러시아는 열등한 수준을 면치 못하고 있다. 중국은 국부(國富) 덕분에 재무장에 대한 미국과의 오랜 경쟁을 지탱하고 있다. 반면에 푸틴은 이를 위해서는 자국의 심각한 희생을 감수해야 한다. 중국은 자국의 인구 측면에서 차르 제국의 주변을 침범하고 있다. 러시아의 방대한 아시아 지역들, 특히 시베리아는 거의 빈 공간이나 다름없고 러시아인들이 별로 거주하지 않기 때문에 보다 많은 중국 이주민들을 받아들이고 있다. 중앙아시아에서는 아프리카에서처럼 중국이 세력을 확장하면서 기간산업의 건설을 위한 상당한 투자를 아끼지 않고 있다. 중앙아시아의 지리-전략적인 무대는 러시아 시각에서 중요하다. 이는 차르 황제들과 영국제국이 서로 경쟁하면서 러시아와 영국 식민지 사이에 위치한 걸프만의 석유에 접근하는 데 필요한 이란과 같은 중요한 국가들을 포함해 인도와 버마를 완충 지역으로 설정한 것에서 볼 수 있듯이, 과거 '거대한 게임'의 시대부터 항상 그래왔다.

이제 지리는 오만하게도 전면에 등장했다. 차르 황제들의 시대부터 러시아의 외교정책을 결정짓는 지리적 한계가 존재했는데, 이는 개방적이고 따뜻한 대양으로의 출구가 막힌 상황에서 글로벌 경제로 나아가는 출구였다. 러시아는 항상 발트해(얼음으로 인해 1년 중 일정 기간 동안 항해가 불가능했다)와 흑해(다르다넬스해협과 함께 터키에 의해 닫혀 있어 세계를 향한 진정한 운하가 될 수 없었다)로의 진출에 만족해야만 했다. 북극의 경로를 여는 기후변화의 영향으로, 미래에는 이러한 북쪽의 한계가 사라질 것이다. 하지만 군사 활동과 교역 활동의 이유들로 인해 러시아는 선박 항해를 통해 접근할 수 있는 인도양으로의 진출에 상당히 집착하고 있었다. 이곳에 도착하기 위한 조건은 아프가니스탄을 통제하는 것이었다. 소련은 이 국가를

지도 위의 붉은 선

장악하려는 시도를 이미 수십 년 전에 한 바 있었다. 우연은 아니지만 과거 1979년 붉은 군대가 침공하기 이전에 아프가니스탄은 '모두가 고대했던 게임'에서 러시아와 영국이 모두 탐내는 곳이었다. 이러한 '경쟁'을 부추기는 전략 중 하나는 서쪽 바다를 향한 러시아의 노력이었는데, 이는 오늘날 덩치가 더 커진 중국에 의해 무력화되었다. 중국은 자신이 인도양으로 진출하는 데 필요한 파키스탄의 중요한 항구를 이미 통제하고 있다. 즉, 페르시아 또는 소말리아를 향한 바닷길 항로를 확보했다.

중국의 모든 신실크로드 전략은 중앙아시아에 대한 러시아의 야망을 결정적으로 차단하고 있다. 이곳에서 푸틴은 아시아의 이웃들에게 원자재를 최대로 판매하거나, 또는 군사동맹을 제안할 수 있다. 이미 이곳에서는 고속도로, 철도와 공항, 학교와 병원, 발전소와 전화선을 건설하는 많은 중국인 공학자들을 찾아볼 수 있다. 유라시아에 대한 푸틴의 전망은 이곳에서 상당히 심각한 방해물에 직면해 있다. 즉, 방대한 러시아 영토의 아시아 방면으로 대안적 헤게모니가 추진되고 있다. 궁극적인 세부 사항은 정치권력의 성격, 즉 중국 공산주의자들의 정치권력에 비해 상대적으로 좀 더 협력적인 푸틴의 개인적 권력에서 기인한다. 비록 시진핑이 마오쩌둥과 덩샤오핑의 시대부터 전례가 없던 권력 집중을 실현했다고 할지라도, 그의 주변에는 2009년 위기 이후 경제 거버넌스의 능력을 검증받은 거대한 관료 그룹이 형성되어 있다. 반면에 러시아에서 푸틴은 폭넓은 지도층을 육성하지 않았다. 그가 사라지는 시점을 전후해 러시아는 미지의 세계에 노출될 것이 예상된다. 이러한 상황하에서 러시아-중국 간에는 전략적인 이유와 우발적인 이익 수렴으로 인해 어떤 동맹 관계든 성립될 수 있다. 하지만 이것은 결코 견고한 동거도 양자 간 평등한 파트너십도 아닐 것이다. 중국은 이에 동의하지 않을 것이기 때문이다. 이미 오래전부터 중국은 러시아에 대한 열등감이나 예속의 상태에서 벗어난 상태이다.

아시아 방면의 교착상태로 인해 러시아는 내부적으로 분열되어 있고 모든 것에 확고하지 못한 상태이며, 트럼프의 국가-보호주의적인 지향성에 실망한 서유럽을 압박하는 전략으로 우회할 것이다. 이 시점에서 푸틴은 러시아의 아시아 정책에 중국이 드러냈던 것보다 훨씬 약한 정도의 저항에 부딪힐 것으로 생각할지 모른다. 국가의 복합적인 열등감과 불안감에 어떻게 대처해야 할지에 대한 러시아의 영원한 딜레마를 배경으로, 오늘날 붉은 선의 새로운 확장 가능성은 유럽을 향하고 있다.

장기적으로 볼 때 러시아는 영국과 프랑스의 경우가 그러했듯이 과거 누렸던 글로벌 권력의 이미지를 되찾으려는 긍정적인 방향으로 나아갈 것이다. 서유럽의 두 국가는 방대한 글로벌 제국을 보유했었지만 이를 포기해야만 했다. 과거에 이들은 초강대국이었으며 현재는 핵무기, 유엔안전보장이사회 회원국, 언어 및 문화의 확산과 같은 초강대국으로서의 일부 기능을 유지하고 있다. 종종 영국과 프랑스의 정부 인사들과 시민들은 제국에 대한 시대착오적인 향수로 괴로워하는 것처럼 보인다. 하지만 전체적으로 이들은 자신들의 과거에 비해 상대적으로 작은 역할에 자족하는 방법을 알고 있다. 러시아는 영국과 프랑스에 비해 많은 측면에서 빈곤하고 후진적인 국가이면서도, 이와 유사한 과정을 준비하는 것 같지 않다. 푸틴에 대한 저주는 부분적으로 지도에 남아 있다. 이처럼 예외적인 운명을 지향하라고 러시아를 선동하는 듯한, 확장되고 무한하며 과도한 상태의 지도에서는 이를 위한 조건들이 결코 조성되지 못할 것이다.

V

인도의 희망은
어떻게 되었나?

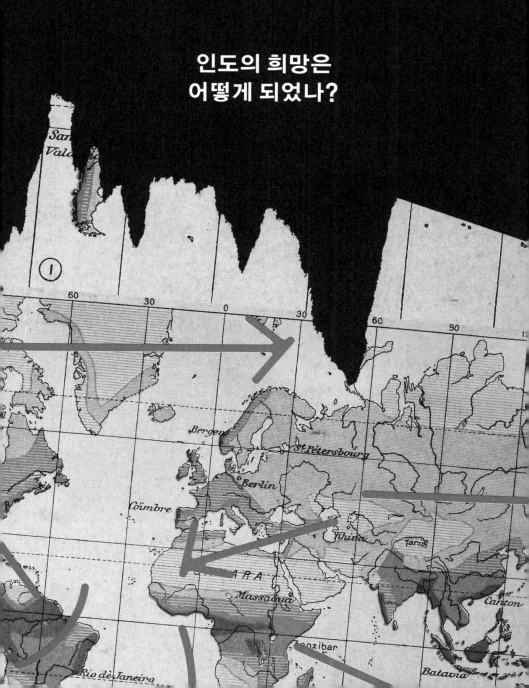

이슬람이 출현하기 오래전, 인도를 중동의 자연스러운 연장선으로 간주한 알렉산드로스가 기억되는 곳, 문명 간 충돌의 진원지이며 상징인 타지마할, 파키스탄의 핵폭탄 또는 근본주의자들 간의 전투, 중국의 용을 무찔렀지만 '인도의 희망을 부활시키지 못한'(인도의) 코끼리, 세계교회주의의 희귀한 사례인 케랄라(Kerala)의 기독교인들.

(알렉산드로스는) 자신의 모든 군대를 이끌고 인도의 국경에 도착했다. 이곳에서 그는 인도의 왕 포루스가 보낸 서신을 받았다. 알렉산드로스는 이를 군인들에게 읽어주었다. "인도의 왕 포루스는 도시를 정복하려는 알렉산드로스에게 돌아갈 것을 명령한다. 너는 무엇을 원하는가? 인간인 네가 신에 대항하려는가? …… 만약 우리 인도인들이 그리스에 대해 관심이 있었다면, 그리스를 우리의 노예로 만들었을 것이다! 하지만 우리는 그리스에 아무런 관심도 없다. 왕의 눈길을 받을 아무런 가치도 없는 종족이다. 따라서 우리는 결코 공격하지 않았다!" 알렉산드로스는 포루스의 서신을 공개적으로 낭독한 후에, 주변에 모여든 병사들에게 다음과 같이 말했다. "병사이자 동료들이여, 너희에게 읽은 이 서신 때문에 다시금 두려워하지 말라! 자신의 거대한 군대에 도취된 야만족들의 왕은 지적인 그리스인들에 쉽게 굴복하고 말 것이다.

『알렉산드로스의 소설(Il romanzo di Alessandro)』(1991)

알렉산드로스의 스승이었던 아리스토텔레스 또는 그의 조카인 칼리스테네스[1]로 거슬러 올라가는 전통에 따르면, 『알렉산드로스의 소설』은 실제로는 알렉산드로스가 사망한 기원전 323년과 기원후 4세기 사이에 작성된 이야기였으며, 진실은 서사시와 신화의 실타래로 얽혀 있다. 이야기의 정확성이나 신빙성은 중요하지 않다. 프톨레마이오스와 플루타르코스는 이 소설에서 영감을 받았다. 지리와 역사, 그리고 아시아와 유럽이라는, 우리에게는 문화적 의미로 가득한 개념들에 대한 우리의 최초 인식은 이 책에 근원을 두고 있다. 그리스에서 원정을 시작한 알렉산드로스는 짧은 기간에 소아시아와 중동에 걸쳐 제국을 건설했다. 훗날 유럽에게 이러한 지역들은 지리 전략적인 분쟁과 '이슬람 문제' 발생의 진원지가 되었다. 그는 불과 10여 년 동안의 전격적인 정복 활동으로 (지리적 순서와 정복의 연대기에 따라 나열하면) 오늘날의 터키, 시리아, 이스라엘과 팔레스타인, 이집트, 레바논, 요르단, 이라크, 이란, 그리고 현 파키스탄의 일부 지역, 심지어 인도 북서부 지역을 포함하는 영토를 차지했다. 인도의 지리는 '다공성(多孔性)'의 특징과 더불어, 북서 방면으로는 자연적인 장벽이 거의 없으며(동북 방면의 경계인 히말라야와 티베트평원과는 달리) 이로 인해 잦은 외침을 받았지만 동시에 경제적·문화적·종교적 교류에 그대로 노출된 문명의 요람이었다.

2,000년 전부터 알렉산드로스는 '고르디우스의 매듭'[2]의 신화를 통해,

---

1 Callisthenes of Olynthus, 기원전 360~328, 고대 그리스의 역사가.

2 Gordian Knot, 알렉산드로스가 칼로 잘랐다는 전설의 매듭으로, 후대에는 담대한 방법으로 해결해야 할 문제라는 의미로 쓰이고 있다.

서양의 세계관에서도 지리에서도 두 개의 끈질긴 패러다임인 동양과 서양 간 첫 반목의 주인공이 되었다. 그는 인도를 정복하기 위해 포루스 왕의 군대를 격파하고 인도계곡으로 진격해 들어갔다. 하지만 갠지스강까지 진출하려는 순간에 그는 병사들의 극렬한 반대에 직면해 발길을 돌려야만 했다. 얼마 후 그는 불과 32세의 나이로 사망했다. 역사에서 가장 유명한 제국 중 하나였던 그의 제국은 가장 단명한 제국 중 하나이기도 했다. 제국이 이를 건설한 자의 죽음으로 멸망했기 때문이다. 하지만 이 순간부터 인도는 서양 세계의 지리와 문명의 일부가 되었다. 그리고 그 속에서 결코 벗어난 적이 없다.

알렉산드로스의 서사적 모험은 외관상으로만 멀리 떨어진 지역들의 지리를 잘 공부할 수 있게 도와준다. 인도는 실질적으로 아랍 세계와 인접해 있다. 육로로는 이란을 통해 연결되며, 바닷길로는 페르시아만을 거쳐 이어진다. 이러한 공간적 접근은 교역 상품, 전통, 풍속, 그리고 문화의 지속적인 교류를 동반했다. 라자스탄의 시장 자판들을 산책하다 보면 향료, 향신료, 그리고 테헤란이나 마라케시[3]의 그것들과 별로 다르지 않은 염료들을 쉽게 볼 수 있다. 결과적으로 유럽과 인도 간 교류는 항상 빈번했었다. 실크로드는 중국에 도달하기 전에 인도의 여러 해로와 육로를 거쳤다. 고대 로마는 인도와 이미 활발한 무역 관계를 형성하고 있었다. 반면 중간계의 존재에 대해서는 거의 의심하지 않고 있었다(그리고 중국인들은 인도인들과는 달리, 지중해의 존재를 거의 알지 못하고 있었다). 선박이나 낙타 카라반으로 여행을 하던 마르코 폴로와 베니스 상인들에게 인도는 상당히 중요

---

3 Marraketh, 모로코의 텐시프트강 남쪽의 비옥한 하우즈평야가 위치한 지역.

한 무역 파트너였다. 그 중요성은 지명을 통해서도 잘 드러난다. 서양의 탐험가와 개척자들은 멀리 위치한 땅의 명칭에 인도의 이름을 사용하고 있었다(예를 들어 현재의 인도네시아와 뉴기니는 네덜란드령 인도로 불린다). 크리스토퍼 콜럼버스는 '서쪽에서 동쪽을 찾기'[4] 위해 서쪽으로 항해하면서, 반대편 방향으로 출발해 인도에 도착하는 다른 항로를 찾고 있었다. 미국의 초기 식민지 중 일부는 신인도제도로 불렸으며 오늘날에도 카리브해의 소(小)앤틸리스제도는 서인도제도로 불리고 있다.

우리에게 오늘날 인도의 '근접성'은 다양한 방식으로 가능하다. 인도는 놀라운 근대성을 보유하고 있고 캘리포니아의 실리콘밸리와 기술적 경쟁 관계에 있다. 인도는 2001년의 9.11 사태와 유럽의 비극에 반세기 앞서 이슬람과의 충돌이 있었던 역사 무대였다. 미국의 모든 전략적 계산에 따르면 인도는 중국에 대한 균형추에 해당한다. 그리고 국민적 포퓰리즘의 실험실이기도 하다. 인도는 현기증을 일으키고, 혼란스럽게 하며, 내재된 수많은 모순들로 인해 우리를 짜증나게 하고 낙담시키기도 한다.

이탈리아인들은 불과 수년 사이에도 숭배에서 적대감으로 쉽게 돌아서는 데 일가견이 있다. 인도의 희망은 어떻게 된 것인가? 이에 대해 나는 수년 전에 한 권의 책을 저술한 바 있다. 인도의 희망은 시대정신을 사로잡는 데 성공했을까? 언제 그리고 왜 인도는 긍정적인 모델로 (비록 갑작스럽게 중단되기는 했지만) 간주되기 시작했을까? 지금은 이 신화의 어떤 것들이 잔존할까?

이탈리아뿐만이 아니다. 사실은 서양 전체가 금방 열광하고 또한 금방

---

4 서쪽으로 항해하며 동방에 도달하려는 콜럼버스의 강한 집착을 드러내는 표현.

식는다. 2,000년 전부터 우리는 인도에 대해 우리의 무의식적인 고통, 우리의 부적절함에 대한 불안감, 그리고 마술 같은 해결책을 기대하는 데 익숙해 있었다. 인도는 서양과 별개의 존재이지만 내재적인 존재이기도 하다. 여기에서 중국과 비교할 때 고유한 차이점 중 하나가 드러난다. 우리 유럽인은 종종 인도유럽어족에 속하는 종족으로 정의된 바 있다. 따라서 우리 일부는 우리의 언어에서 보듯이 이곳에서 기원했다. 반면에 중국과는 공통된 역사가 훨씬 적고 그것도 최근에 와서야 시작되었다. 만약 알렉산드로스가 인도를 정복하려는 꿈을 추진했다면, 인도문명과 그리스-로마문명의 접변은 실현되었을 것이다. 반면에 중국에 대해 우리는 잘 알지 못하며 접촉도 간접적이고 다른 종족이나 실크로드를 왕래하는 상인 유목민 부족들의 상호중재를 통한 것이 거의 전부였다. 최근 중국과 인도 사이에 어느 정도는 인위적인 적대감이 조성되었는데 이는 두 발전 모델, 즉 하나는 권위주의적인 자본-공산주의 모델에 의해 지배되고, 다른 하나는 혼란스러운 다원주의적 민주주의에 의해 지배되는 두 모델 간 경쟁의 결과로서 그 반향은 현재에도 영향을 미치고 있다.

(우리 각자는 자신의 기억을 되돌아볼 때, 인도의 신화와 관련된 그 무언가의 흔적을 발견한다. 나는 열다섯 살 때, 즉 비틀스가 인도에서 돌아온 지 3년이 지난 어느 날 요가를 시작했다. 대략 같은 시기에, 어떤 경우에도 비폭력을 고집하는 것에 대해 의심하게 만들었던 마르크스의 영향과 반목되기는 했지만 그래도 나는 간디의 글을 읽기 시작했다. 나는 이것이 투명성의 의무를 위한 기원이었다고 생각한다. 나는 좋든 싫든 인도와 무관하지 않았다.)

우리의 관심이 피상적임을 보여주는 가장 최근의 징후들 중에서 나는 이런 말을 많이 들었던 시기를 기억한다. "나는 인도에 가지 않는다. 끔찍한 빈곤의 참상에 충격을 받을 것이 두렵기 때문이다." 일반적으로 이러한 지적은 이미 낡은 것이다. 왜냐하면 아직은 불균형하지만 그래도 놀라운 경제성장 덕분에 이러한 빈곤의 모습이 줄어들었고, 지금은 이러한 모습이 유럽으로, 예를 들면 밀라노 첸트랄레 기차역이나 로마 테르미니 기차역으로 옮겨갔다. 두 기차역은 캘커타를 떠올리게 하는 대표적인 장소다.

정반대의 모습도 있다. 아룬다티 로이의 소설 『작은 것들의 신(Il dio delle piccole cose)』(1997, 한국어판은 문학동네, 2016), 그리고 큰 성공을 거둔 영화인 〈몬순 웨딩: 인도의 결혼(Monsoon Wedding – Matrimonio indiano)〉(미라 나이르, 2001) 또는 〈슬럼독 밀리어네어(Slumdog Millionaire)〉(대니 보일, 2008)가 그것이다. 그런가 하면 여행도 빼놓을 수 없다. 가급적이면 별 5개의 호텔을 포함한 최상급 여행. 대부분의 경우 여행은 라자스탄(그리고 뉴델리, 아그라, 뭄바이) 방문, 타지(Taj)와 오베로이 체인의 최고급 호텔을 포함한 관광 프로그램으로 계획된다. 이와 함께 인도는 다보스의 세계경제포럼(World Economic Forum)으로 이목을 집중시켰다. 특히 서양에서 엘리트 지도 계층은 중국 모델에 맞서기 위해 노력하고 있었다. 이는 용에 맞서는 코끼리인 셈이다. 좀 더 구체적으로 설명하면 다음과 같다. 중국은 단기적으로 자국 경제발전의 놀라운 저력을 발휘하고 있었다(하지만 2016년 적어도 발전 속도에서는 코끼리의 추월이 있었다). 인도는 장기적으로 몇 가지 분야에서 비교우위를 보였는데, 이는 노동 인력 대부분의 젊은 연령층, 기술에 대한 적응(력), 민주정치, 영어의 보편적 확산, 서양과의 높은 친근성 때문이다. 인도와 미국은 세계에서 가장 큰 규모의 민주정치를 대표하며 여러 이유로 자매관계라 할 수 있는데, 이는 '중국의 시대'에 대한 두려움 때문이었다.

이탈리아 언론에 따르면, 평온한 삶은 살바토레 지로네와 마시밀리아노 라토레의 비극적인 사건을 계기로 급작스럽게 중단되었다. 2012년 인도에서 두 해군 병사가 이탈리아 국적의 석유 운반선 갑판에서 해적 감시 활동을 하던 도중에 케랄라의 어부들을 살해한 혐의로 체포되었다. 이를 계기로 이탈리아 언론은 이전과는 달리 인도를 나쁜 강대국으로 비난했다. 나는 갑작스러운 태도 변화에 주목했다. 이 순간 이후로 인도에 대해서는 단지 끔찍한 공포의 이미지만이 남았고 여성에 대한 온갖 만행만이 집중적으로 보도되었다. 반면, 12억 인구의 아대륙에서 벌어지는 다른 모든 일들은 별로 중요하지 않게 다루어졌다.

2014년에는 한시적이지만 보수적인 종교 색채가 강한 우익 지도자인 나렌드라 모디의 인도 정부가 들어섰다. 그는 네루, 인디라 간디, 소냐 간디가 장기 집권해 온 국민회의의 정부를 대체했다. 이를 계기로 이탈리아 언론과 서방의 진보주의 엘리트들은 인도에 대해 열광하던 태도를 거두고 갑작스럽게 냉담한 입장을 드러냈다. 여기에는 세속적이고 좌파적인 관점에서의 반대와 관련해, 불용(不容)의 새로운 분위기에 대한 인도 지식인들의 반복적인 비난도 한몫했다.

모디는 트럼프에 앞서 세계의 많은 지역들에서 정치 세력으로 등장하고 있는 민족적 포퓰리즘의 전례를 남겼다. 그의 재임 기간에 인도는 우리가 여러 세대를 거쳐 알게 되었던 것과는 사뭇 다른 '신화'를 대변했다. 다시 말해 온화하고 유심론적인 인도가 아니었다. 모디는 채식주의자로서 요가를 즐기는 인물이었지만 강경한 민족주의자이기도 했다. 무슬림에 대한 적대적인 태도에서도 알 수 있듯이 많은 측면에서 트럼프와 맥을 같이했다. 모디는 2001년 구자라트의 총독으로 정치인의 삶을 시작했다. 1년 후 힌두교와 무슬림 간 유혈 충돌이 일어나 2,000여 명이 사망하는 사건이 발생하자 그는 이에 대한 책임에 직면했다.

인도와 미국은 중국의 팽창주의를 저지하는 데 전략적 이해를 같이한다. 이러한 성향은 버락 오바마의 시대에도 여전했다. 그리고 그 이전 뉴델리에서 세속적이고 사회주의적인 성향의 간디 가문이 국민회의를 지배하고 있던 당시에도 조지 W. 부시 대통령과 공통된 견해를 가지고 있었다.

동맹들의 새로운 기하학적 구도는 오래된 의무 규정들에 근거했다. 1947년 독립한 인도의 근대화에서는 지리적으로 두 가지 사실이 우선시되었다. 첫째는 파키스탄의 이슬람 신정정치에 맞서는 것이었다(파키스탄은 이란보다 먼저, 종교를 국가정체성의 근본으로 선택한 바 있다). 둘째는 국경을 접하고 있는 중국으로부터 자국을 보호하는 것이었다. 사실, 파키스탄을 제외하면 중국은 근대화된 인도와 전쟁(1962)을 벌인 유일한 국가였다.

인도는 자국 역사에서 세계 공산주의를 대표하는 두 강대국이 살벌한 경쟁자 관계를 형성했을 당시 중국과의 균형추를 맞추기 위해 러시아에 접근하기도 했다. 인디라 간디의 시대에 인도는 제3세계라고도 불린 비동맹 국가들의 운동에 속해 있었다. 나토와 바르샤바조약기구와 같은 동맹체제에 가담하지 않은 것은 소련연방과 상호협약을 체결하고 있었기 때문이며, 이러한 전략은 자국의 경제발전계획을 위한 모델에도 적합한 것이었다. 오늘날 미국이 인도에게 필수적인 동맹으로 등장한 것은 불과 20년도 되지 않았다. 이는 인도가 자본주의로 회귀한 결과 중 하나로서, 미국보다 훨씬 덜 자유주의적이고, 심지어 중국보다 한층 국가주권(국가통제)주의적이었다는 사실을 의미한다.

모디-트럼프와 더불어 가치조정이 시작되었다. 부시와 오바마 대통령 당시, 중국이 아시아 방면에서 영향력을 확대하는 것을 공동으로 저지하는 정치-군사적인 편리함의 이유만 있었던 것은 아니다. 보다 심오한 문화적 이유도 있었다. 이 때문에 모디 정부하에서 인도는 200여 년 전부터 유럽에서 시작된 모든 '흥미로운 풍자'로부터 멀어졌다. 나는 가장 유명한 주인공들, 사랑을 전염시키는 연인들, 인도 신화의 가수들, 그리고 독일의 소설가들과 쇼펜하우어를 기억한다. 정신분석학자인 카를 구스타프 융, 헤르만 헤세의 『싯다르타』, 비트 세대⁵의 미국 시인들, 서부 태평양 연안의 히피운동도 생각난다. 끝으로 비틀스는 1968년 대사면의 해에 히말라야의 능선을 따라 시타르(sitar)와 초월 명상의 여행을 경험했다. 이러한 것들은 영원한 인도, 즉 인도 문명에서 모든 종교들의 어머니, 마틴 루터 킹과 넬슨 만델라에게 영감을 준 마하트마 간디의 비폭력과 평화주의의 대표적인 사례에 이르기까지, '진정한 지혜'의 주요 원천인 신화의 핵심적인 저장고를 숭배하려는 서양 엘리트들의 관습과 소비를 위해 재창조된 이미지였다.

폭넓게 상상된(적어도 물질적인 면에서 '구축된' 것이지만, 우리의 필요와 열망, 환상과 꿈의 필요에 맞게) 인도에 오랫동안 빠져 있던 서양은 대략 20여 년 전, 그리 선명하지는 않은 인도의 또 다른 신화를 발견하고 충격을 받았다. 소프트웨어의 세계적인 수도인 벵갈루루가 그것이다. 이 기억이 선명한 이유는 이것이 나의 개인적인 삶과 겹치기 때문이다. 당시, 즉 미국과 전 세계가 밀레니엄 버그에 붙잡혀 있었을 때 나는 캘리포니아의 실리콘밸리로 이사를 준비하고 있었다. 이것은 전 지구적 컴퓨터 정전에 대한

---

5 Beat Generation, 제2차 세계대전 이후 잃어버린 세대(Lost generation)의 뒤를 이은 방랑적인 예술가들.

강박관념으로, 예상에 따르면 1999년 12월 31일과 2000년 1월 1일 사이 자정에 시작될 것이었다. 그 이유는 소프트웨어의 대부분이 세 번째 천년의 날짜 표기 체계를 위한 프로그램을 가지고 있지 않았기 때문이다. 당시에는 연도의 마지막 두 자리를 기입하도록 프로그램화되어 있었다. 즉 컴퓨터들에는 2000년과 2001년의 00 혹은 01을 1900년 또는 1901년으로 혼동할 위험이 존재하고 있었다. 나는 아직도 천년의 마지막 밤을 기억한다. 아내와 자식들과 함께 뉴욕의 한 호텔로 가서 세계 멸망의 경우에 사용할 생존 키트(음식, 물, 전기토치)를 제공받았다. 종말의 경고는 울리지 않았고, 우리는 아무 일 없이 2000년 새벽을 맞이했다. 그러나 많은 기업들은 이전의 달과 연도들을 수정하기 위해 소프트웨어를 업데이트해야만 했다. 전 세계적으로 억만장자들의 투자가 증가했고 이로 인해 정보학 전문가들을 위한 노동수요가 폭발적으로 증가했다. 서양에는 전문가들이 충분하지 않았고, 다국적 국가인 미국은 인도의 실리콘밸리인 벵갈루루에서 잘 훈련되고 능력 있는 많은 전문가들을 발견했다. 뜻하지 않은 순간에 인도의 미래 비전이 주목을 받은 것은 문화적 쇼크가 아닐 수 없었다. 급작스럽게 인도의 또 다른 내러티브와 기술적이고 경제적인 기억의 역사가 시작되었다. 이와 병행해, 또 다른 현상인 인도 봄베이의 영화산업 '발리우드(Bollywood)'는 세계의 영화계와 영화관들에 엄선된 식재료(영원한 인도의 염료와 향료, 음악과 전통, 춤과 풍속, 기민한 모더니티와 넘치는 내러티브 재능을 동반한 타지마할과 라자스탄의 관광산업)들로 반죽한 인디언 드림을 가져왔다. 비디아다르 나이폴에서 살만 루슈디까지, 아미타브 고시에서 수케투 메타까지, 영어를 구사하는 인도의 지식인들 덕분에 서양의 박식한 엘리트들도 고풍스러운 동시에 현대적인 인도, 즉 우리 시대의 가장 큰 모순들로 가득하고 신화와 고풍의 퇴적물이 응축되었지만 업데이트되고 국제화된 인도를 다시금 사랑하게 되었다. 문학과 정치, 또는 과학과 투쟁성 간의 경계에서 아룬다티 로이와 반다나 시바 같은 두 여성은 서양의 급진 좌파로부터 예언자로 평가되었다. 이들은 어떤 의미에서는 우리에게 온전하고 소중하며 원시적이고 순진하며 신성하고 순수한 '우리의 신화', 즉 우리의 다국적기업들과 잔인하고 냉혹한 자본주의에 의해 공격받고 파괴된 그것을 돌려주고 있었다.

결국 이 시점에서 나렌드라 모디가 등장했고, 그로 인해 모든 것이 조금씩 혼란스러워지면서 우리를 다시금 곤혹스럽게 만들었다. 진정 인도의 희망과 관련해, 결코 관용적이지 못하며 사회 내 반대 세력의 입을 막기 위해 검열을 불사하는 힌두교주의자들이 지배적인 상황에서 반동적이고 맹신주의적인 정부에는 무엇이 남아 있었을까? 실험실로서의 인도가 가지고 있는 다양한 버전 중에는 다음과 같은 것도 있었다. 이슬람 테러리즘이 미국을 공격하기 오래전에 일반적인 실험을 진행한 것은 인도였다. 세속적이고 급진주의적인 국민회의가 반(反)무슬림 등의 움직임(의회는 그 자신의 비효율성과 부패에 의한 희생자였다)에 주도권을 쥐고 있는 힌두교 근본주의에 의해 분쇄된 것도 인도였다. 그리고 근대적 포퓰리즘의 여러 촉진 요인들이 서양의 많은 자유민주주의 국가들에 비해 가장 먼저 성립된 것도 인도였다.

인도를 보여주는 지도는 무엇보다 내적인 사회-경제 지도이다. 카스트제도의 문제는 결코 해결되지도 극복되지도 않았다. 오히려 모디 수상의 시기에 그 심각성이 다시 점화되었다. 그의 힌두교 정당인 인도 인민당(Bharatiya Janata Party, BJP)도 정당 이념의 일관성을 위해 카스트제도의 상급 계급들뿐만 아니라 모든 힌두교도를 연합시켜야 했다. 그는 부분적인 성공만을 거두었다. 이는 모디 자신이 우타르프라데시 주정부의 총독으로 임명하기를 원하던 급진주의 사제, 요기 아디티야나트가 주된 역할을 했던 상징적인 에피소드였다. 아디티야나트가 자신이 통치하는 주의 한 마을 방문을 앞둔 시점에서, 부지런한 관료들이 카스트의 열등한 등급에 속한 마을 주민들에게 총독의 방문을 위해 비누와 샴푸로 씻을 것을 지시했다. '깨끗하지 못한', 그래서 '만질 수 없는' 카스트 계급의 개념을 자극하는 행위였다. 카스트제도의 지배 계급과 열등 계급 간 긴장은 계속해서 불용과 심지어 살인의 폭력으로 발전했다. 이 사건은 모디의 자서전을 쓰기도 했던 인도 신문기자 닐란잔 무코파디야이에 의해 보도되었다. 이는 2017년 4월 어느 날, 뉴델리에서 180킬로미터 떨어진 샤비르푸르 마을에서 일어난 사건이었다. 당시 카스트제도의 두 극단의 주역은 라지푸트와 불가촉천민인 달리트였다. '달리트'라는 용어는 고대 산스크리트어로 '억압된'을, 힌두어로는 '파편화'된 것을 의미하며 열등한 카스트 계층의 폭넓은 범주를 가리킨다. 이러한 용어의 사용은 법으로 금지되었다. 하지만 이에 해당하는 '후진적인 카스트 계층들'은 2011년의 인구조사 결과, 인구 전체의 17퍼센트에 달했다. 샤비르푸르의 달리트들은 근대 인도의 아버지 중 한 명으로 헌법의 기초를 마련했던 빔라오 람지 암베드카르의 탄생기념일 동상 제막 행사를 치르고 있었다. 달리트의 신분이었던 그들은 카스트제도의 금지를 지지했다. 하지만 마을의 라지푸트들은 암베드카르의 동상, 특히 어딘가를 가리키는 그의 손가락이 "우월한 카스트 계급의 여성들을 가리키는" 것일 수 있다는 사실로 인해 모욕감을 느꼈다. 결국 양측 간 심각한 무력 충돌이 일어나 많은 사상자가 발생했으며 달리트들의 주택이 불타기도 했다. 이것은 그토록 고통스럽고 분쟁적인 (인도의) 내부 지도이자, 모디에 의한 국민적 포퓰리즘의 모순이었다. 힌두교 정당인 인민당은 자신(정당성)을 위해서는 모든 힌두교도의 정당이어야 했지만, 우월한 카스트 계층들이 과거의 차별을 극복하고 철폐하는 방안을 수용하게 하는 데는 실패했다.

인도의 미래를 짓누르는 국내 지도의 또 다른 문제는 우리에게는 충격적인데, 이 나라의 봉건주의는 국가를 미완성의 상태로 보이게 할 정도로 상당히 방대하게 확산되어 있다는 점이다. 예를 들어, 최근까지만 해도 인도의 한 주에서 다른 주로 상품이 운송될 때에는 관세를 물어야 했다. 또한 국가의 공식 언어도 아직 없는 것이 사실이다. 즉, 현재 국민의 1/3이 영어를 말하며 이를 통해 다른 인도인들과 소통한다. 하지만 이것은 교육을 받지 못한 많은 수의 주민들에게 사회적 장벽으로 작용했다. 한편 영어는 1,600개의 언어가 존재하는 국가를 통일시키는 데 필수적이며, 특히 언어 장벽에 의해 분리된 두 낡은 인도를 이어주는 교량이다. 인도 북부는 힌두어와 벵갈어 같은 인도유럽어의 관용어들을 사용하는 반면, 인도 남부는 타밀어와 같은 드라비다 어족에 속하는 언어들을 사용한다.

중국의 용과 인도의 코끼리가 최근에 남긴 자료들을 비교하면, 최근 인도의 성장 속도가 중국을 추월했으며(2016~2017년 중국의 연간 국내총생산 6퍼센트에 비해 인도는 7퍼센트를 기록했다) 인도 국민의 젊은 연령 덕분에 미래도 한층 밝다는 사실을 알 수 있다. 2025년까지 인도인이 전 세계 노동력의 1/4을 차지할 것으로 예측되는 반면, 중국은 빠른 속도의 인구노령화에 직면하게 될 것이다. 물론, 인도 경제가 적어도 지금은 상대적으로 왜소한 규모에 머물고 있지만(인도는 미국, 중국, 일본 다음이지만 독일보다는 한 단계 앞섰다), 경제적 적극성 덕분에 중국 경제처럼 뚜렷한 거시적 불균형을 보이지는 않고 있다. 거대 기업인 미탈(Mittal)과 타타(Tata)의 과도한 철강 생산과 벵갈루루 또는 하이데라바드의 소프트웨어 분야 노동력 재배치를 제외한다면, 서양과 인도 간 심각한 경제적 분쟁은 없다. 인도는 수출에 기초한 발전 모델이 아니라, 내수 지향성의 경제에 근거한다. 이것은 글로벌 경제 균형 면에서 인도가 안정적인 경쟁력을 유지하는 데 도움을 준다.

지리의 관점에서는 미래 인도의 모든 측면의 조건을 결정짓는 다른 두 외적인 연결고리를 주목할 필요가 있다. 하나는 기후변화인데, 몬순 기후와 강의 흐름이 자주 변하는 상황에 매우 취약한 지역들이 많기 때문에 아직도 농업이 지배적인 국가에는 위협적인 요인으로 작용할 수 있다. 이와 관련해, 인도의 아삼주에서 여러 해 동안 일했으며 캘리포니아에서 환경 과학을 강의하는 내 딸 코스탄차의 말이 생각난다. 딸의 박사학위 주제는 기후변화가 이 지역의 강들에 미치는 영향이었다. 다시 말해 수력발전소들을 건설하기 위한 방대한 계획(국가의 부유한 지역들에 에너지를 공급하기 위한 것이지만 현지 주민들의 삶을 힘들게 만드는 계획)과 그 과정에서 값비싼 대가를 치르면서도 불행을 감수하는, 종종 '부족'들을 포함한 극빈층의 저항을 연구했다. 코스탄차는 연구를 위해 인도 민주정치의 한계를 직접 체험했으며 그 과정에서 정치적으로 민감한 주제들에 관심을 가지는 사람들을 의심의 눈초리로 바라보는 관료정치에 직면하기도 했다.

마오쩌둥의 혁명 직후, 중국의 침략으로 병합된 티베트는 아시아에서 가장 큰 저수지이다. 그리고 인도는 히말라야를 통제하는 자의 실질적인 '물 협박'을 받고 있다. 이곳이 긴장감이 상존하고 분쟁의 위험성이 높은 경계(지역)라는 사실은 중국령 티베트와 인도와 동맹 관계에 있는 부탄의 도클람 분쟁 지역에서 인도 군대와 중국군이 벌이는 무력 충돌 사태들을 통해, 또는 중국과 인도가 심각하게 대치하고 있는 라다크와 히말라야 서부 지역의 긴장 상태를 통해 알 수 있다.

또 하나의 구체적인 지리 데이터는 인도 해안과 인도 남부의 반대편 자연 해안 지역인 페르시아만과 소말리아반도를 주목한다. 오래전부터 많은 인도 상인들은 이러한 지역들에 지속적인 영향을 미칠 수 있는 근거지를 마련했다. 이는 강력한 저력이기도 했지만 동시에 위협이기도 했다. 오늘날 이러한 지역들에는 예전부터 인도를 가장 오래된 적으로 간주하는 이슬람 근본주의가 뿌리내리고 있다. 서양에는 이러한 사실을 아는 사람이 거의 없다. 하지만 인도와 사우디아라비아(그리고 페르시아만에서 에너지를 생산하는 다른 국가들)의 관계는 흥미롭게도 1950년대 이탈리아와 북유럽 국가들의 관계를 생각나게 한다. 당시 독일과 벨기에는 이탈리아 주민들의 이주를 수용했고, 대신에 이탈리아에는 산업발전에 필요한 석탄을 제공하고 있었다. 인도 이주민들은 오만 인구의 25퍼센트를 차지하며 걸프만의 경제를 발전시키는 데 중요한 동력이다. 샌프란시스코, 뉴욕, 런던으로의 이주는 다른 유형이다. 뉴델리의 통치자들이 기대하는 글로벌 자원 중에서 디지털 자본주의의 발전을 선도하는 인도인 인재들, 예를 들면 구글의 최고경영자인 선다 피차이와 마이크로소프트를 경영하는 사티아 나델라 같은 인재들의 대대적인 유입은 매우 중요하다. 이것은 서양의 밝은 미래를 보장하는 중요한 역할을 하는 다섯 번째 기둥이다.

장기적으로 인도와 중국 간의 경쟁이 예상된다면, 단기적으로 인도의 지도 계층과 언론이 한층 심각하게 간주하는 위협은 다른 데 있다. 파키스탄과 방글라데시까지 확대되고 있는 이슬람근본주의는 힌두교 통합주의

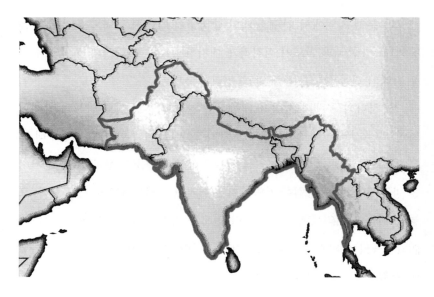

영국이 지배하던 시기의 인도

의 유래를 이해하는 데 고려해야 할 요인이다. 이 점에서 인도의 역사는 자신의 고대와 현대의 지도, 독립 이후의 지도와 교차한다. 인도인은 1947년 이전 파키스탄과 방글라데시의 현 영토가 인도에 속했던 당시에 영국이 건설한 식민제국인 '인도제국(British Raj)'의 붉은 선을 잊지 않고 있다. 국가의 두 경계, 즉 오늘날의 경계 및 분열과 이슬람 분리 이전의 경계 사이에는 아시아 아대륙을 두고 대립하던 거대 종교 간 관계의 기원으로 소급되는 비극이 위치한다. 오늘날 이 역사는 우리에게도 시사하는 바가 크다. 서양은 이러한 사실을 알고 있어야 한다. 이것은 우리가 우월함 콤플렉스와 죄책감 콤플렉스를 동시에 극복하는 데에도 도움이 된다. 첫째는 거만함에 의한 진정한 죄책감 콤플렉스로서, 이슬람 근본주의가 자신에 대

지도 위의 붉은 선

한 여러 표현에서 유독 서양하고만 좋지 못한 관계를 형성한다는 발상이다. 폭력적인 테러리즘에서부터, 온건하고 평화적이면서도 종교적인 원칙이 세속국가의 법을 위반할 때에조차 지극히 비타협적이고 근본주의적인 많은 무슬림 주민들에 이르기까지 말이다. 하지만 실제로 이슬람은 서양 문명과 상당히 다른 종교인 힌두교 문명하고도 난해하고 대립적인 관계에 있다.

따라서 서양과의 관계에만 국한해 무슬림의 문제를 파악하는 것은 심각한 무지의 결과이다. 죄책감 콤플렉스는 서구중심주의의 또 다른 얼굴이다. 즉, 정치적으로는 올바른 사고인데 이에 따르면 무슬림 세계의 적대감은 서양이 식민지 시대에 저지른 짓에 대해 책임져야 할 대가이다. 다시한번 서양은 스스로 세상 모든 것의 처음과 끝이라고 주장하고 있다. 심지어 이러한 자기 비난은 깊은 역사적 무지와 우리의 지역주의 기질에 의해 성립되었다. 현대 이슬람은 인도에서 버마, 중국에서 인도네시아에 이르는 지역들에서 국경을 맞대고 함께 살아가는 힌두교 및 불교와 지극히 오래된 분쟁을 상속했다. 인도는 다른 모든 경우보다 더 중요한데, 그 이유는 이곳에서 식민지 기억이 전도되었기 때문이다. 이슬람은 침략했고 식민지화했으며 힌두교 주민들을 노예로 전락시켰다. 그리고 마지막으로는 무슬림의 무굴제국을 건설했다. 인도는 상당히 오래전에 무슬림 침략자들에 의해 정복되었으며 매우 오랜 기간 영국의 지배를 받았다. 힌두교와 인도 무슬림 간 긴장 관계를 거슬러 올라가 영국의 책임으로 돌리려는 시도도, 인류의 모든 악에 대한 책임을 서구로 돌리려는 사람들의 광적인 강박관념에 따른 결과이다.

이러한 역사를 그 기원부터 조사하기 위한 좋은 출발점은 전 세계의 모든 관광객에게 잘 알려진 유적인 타지마할이다. 인도의 그 어떤 아름다움도 이 유적만큼 많은 관광객의 관심을 집중시키지는 못한다(매년 600만 명 이상의 관광객이 방문한다). 타지마할의 이미지는 인도를 찾는 모든 외국인의 1/4이 이 유적이 위치한 아그라를 방문할 만큼 아이콘이 되었다. 유네스코는 이곳을 세계문화유산으로 지정했다. 힌두 통합주의 사제 아디티야나트가 통치했던 우타르프라데시주 정부가 2017년 이 유적의 유지 기금 지원을 중단하기로 한 것을 외국인들은 이해하지 못했다. 그 이유는 무엇이었을까? 인도의 여당인 인민당은 타지마할이 "인도 문화를 반영하지 않는다"는 사실을 이유로 지적했다. 겉으로 보기에 상당히 어리석어 보이는 이 논쟁을 이해하기 위해서는 찬란한 유적의 기원을 이해할 필요가 있는데, 나는 그 이유를 『인도의 희망(La speranza indiana)』(2007)에서 설명한 바 있다. 다시 말한다면 인도에서의 이슬람 황금기는 동시대를 이해하는 주요 통로였다는 사실을 지적하고 싶다.

아그라의 영묘인 타지마할은 무굴제국이 남긴 가장 위대한 유적이다. 인도 북부 지역에 침입 후 정착한 몽고 주민의 먼 후손들이 건설한 제국은, 칭기즈 칸의 상속자로 간주되며 1526년 아그라를 왕국의 수도로 삼은 바부르의 왕국이다. 타지마할은 유럽으로부터 페르시아와 극동을 분리하는 아시아 영향의 혼합이며, 인도 역사에서 가장 행복한 시대의 산물로서 브라만 종교와 이슬람이 진정한 조화를 이룬 유적이다.

타지마할의 건설은 치명적인 분만의 과정에서 계획되었다. 1631년 6월 무굴제국의 왕 샤자한의 아내인 뭄타즈 마할은 하렘이 선호하는 '선택의 궁전'에서 38세의 나이로 열네 번째 출산의 고통에 시달리고 있었다. 침대 옆에는 왕조의 다섯 번째 황제인 남편 샤자한이 앉아 있었다. 그는 죽어가는 부인에게 결코 다른 부인을 맞지 않겠다고 맹세했다. 그리고 그들 사랑의 영원한 징표가 될 영묘의 건설을 약속했다. 그는 자신의 약속을 지키기 위해 모든 노력을 기울였다. 타지마할을 건축하기 위해 제국의 모든 부, 모든 기술적 노하우, 세 대륙에 걸쳐 유능한 예술가들을 동원했다. 결과는 놀랍고 위대한 업적이었다. 즉 1만 2,000톤의 돌과 대리석을 먼 곳으로부터 가져왔고 영묘의 원주는 성베드로성당을 능가했다. 그 밖에도 복합적인 수학 계산 덕분에 가능했던 형태들의 조화, 이슬람 전통에서는 성인들의 무덤에 사용했던 흰색 대리석, 벽들에 박힌 많은 보석, 당대 페르시아에서 온 위대한 서예가들의 화려한 장식들을 볼 수 있다. 타지마할 주변의 세련된 정원들은 아프간 산들의 풍경, 카슈미르의 숲과 호수, 히말라야의 능선들에서 영감을 받은 (사후세계의 삶에 대한) 기쁨이었다. 또한, 여기에서는 세련된 페르시아 문화의 흔적들도 찾아볼 수 있다. '파라다이스'는 고대 페르시아의 파이리다에자(Pairidaeza)에서 기원했는데, 이는 담을 두른 공원을 뜻했다. 에덴동산은 유대-기독교 전통에서, 고대 페르시아에서, 사막의 오아시스를 지상의 파라다이스로 간주했던 아라비아 유목민 부족들에서 발견되는 횡단 신화였다.

17세기에 무굴제국의 인구는 전례가 없이 1억 명에 달했으며, 오스만제국보다 5배나 더 큰 무슬림 권력을 행사하고 있었다. 이들의 역사는 아라비아에서 성립된 이슬람의 중심이 왜 신속하게 오리엔트 지역으로 진격해 들어갔는지를 설명한다. 만약 오늘날까지도 아프가니스탄의 서쪽이 아니라 동쪽에 더 많은 무슬림이 있다면 이는 인도 아대륙에서 무굴제국이 크게 번영한 덕분이었다. 무슬림의 인도는 부유하고 발전된 권력이었고 철, 금, 다이아몬드, 직물과 향신료의 생산을 통해 세계의 리더로 군림했으며 밀을 풍부하게 생산했다. 이 시기에 오직 하나의 제국만이 이들과 경쟁할 수 있었는데, 그것은 명나라의 중국이었다. 제국의 수도 아그라는 사치와 다양한 예술 면에서 인도의 베니스로 불렸다. 아그라의 규모는 당대 서양의 모든 도시를 뛰어넘었다. 인구는 75만 명이었는데, 이는 당시 런던 인구의 2배이며 파리와 콘스탄티노플을 넘어섰다. 하지만 오늘날의 우리에게 가장 중요한 것은, 유럽이 종교전쟁으로 수많은 고통을 받았고 종교재판으로 공포에 사로잡혀 있는 동안 무굴제국은 관용적이고 개방된 이슬람을 통해 힌두교와 기독교, 그리고 다른 종교들과 조화로운 공존을 유지했다는 점이다.

이슬람 사회에서 타지마할에 묻힌 뭄타즈 마할 왕비의 이야기는 여성의 전형적인 역할들에 대한 도전이었다. 샤자한을 포함한 무굴제국의 권력자들은 일부다처제를 따랐지만, 부인들에게 하렘 내에서 일정한 정도의 자유로운 풍속을 허용했다. 서양 방문자들의 호기심은 하렘을 둘러싼 금과 은의 장식, 남성과 여성을 위한 최음제의 폭넓은 사용, 그리고 법정의 기록들에서 볼 수 있듯이 제국의 포용적인 경향하에서 허용되었던 노골적인 성행위 묘사를 통해 한층 고조되었다. 하렘은 경제 권력의 중심이기도 했다. 부유하고 교육을 받았으며 자신들의 높은 지위를 세련되게 이용했던 여성들은 이곳에서 사업 활동을 활발하게 전개했다. 또한 여성들은 중계 네트워크를 활성화하여 전 세계와의 무역을 관리했으며, 상선을 소유한 채 인도에서 생산된 물품들을 아라비아와 그 밖의 지역으로 수출하고 있었다. 당대의 모든 기술은 황제와 그의 아내 뭄타즈 마할의 친밀함이 신뢰와 진실한 우정, 지적인 유대감에 근거했음을 말하고 있다. 다시 말해 둘의 사랑은 다른 모든 부인이나 첩과는 달리 동등하고 독점적이었으며 사실상 일부일처제의 관계나 다름없었다.

한편 타지마할이 건설되기 전인 1600년에 로마에서는 조르다노 부르노가 이단으로 고발되어 캄포데피오리에서 화형을 당했다. 반면에 아그라에서는 황제 악바르(Akbar, 샤자한의 할아버지)가 이미 관용을 말하고 있었고, 무슬림, 힌두교도, 기독교도, 유대인, 자이나교도, 파르시[6]들 간의 대화를 장려하고 있었다.

1947년 인도 공화국의 헌법이 제정되었을 당시, 인도의 정치적 아버지인 자와할랄 네루가 영국의 제도를 그대로 모방한 입법 및 사법 기관들과 더불어, 악바르나 아쇼카처럼 상당히 관용적이었던 무굴제국 황제들에 의해 상속된 가치들을 부활시키려고 한 것은 결코 우연이 아니었다.

다신론적인 종교는 거대한 유일신 종교들(이슬람교, 그리스도교)의 공격적인 개종론으로 점철된 수천 년의 세월 동안 생존했다. 그리고 동시에, 수많은 무슬림 성인들(수피 종단의 다르가)의 무덤이 힌두교 숭배의 영역에 수용되어 힌두교 사원들처럼 숭배되었던 것에서 알 수 있듯이 다른 종교들의 영향을 그대로 받아들였던, 그토록 위대하고 오래된 문명의 사례는 전 세계적으로 유례를 찾아볼 수 없다. 이러한 유연성은 마살라,[7] 즉 위대한 혼합을 상징하는 인도 문명의 멜팅폿[8]을 위한 열쇠였다. 하지만 이러한 고요한 시기를 벗어나면, 잔혹한 행위들을 동반한 폭풍의 기간도 있었다.

---

6 Parsee, 인도에서 이란의 예언자 자라투스투라를 추종하는 사람들.

7 masala, 인도 요리의 혼합 향신료.

8 Melting Pot, 다양한 문화의 사람들이 섞여 하나의 동질적인 문화를 만들어가는 것을 뜻하며 '인종의 용광로'라고도 한다.

이것은 '서양'이 이곳에 진출하기 훨씬 이전이었다. 현재의 인도와 무슬림 간 긴장을 영국 식민주의에 의한 결과로 기술하는 유럽 중심의 잘못된 인식은 바로잡을 필요가 있다. 실제로 영국이 인도를 정복하고 자신의 지배를 공고히 할 목적으로 종교적 분열을 교묘하게 이용하기 훨씬 이전에 있었던 이러한 긴장 상태는 이미 좋지 못한 방식으로 확대되고 있었다.

이슬람이 인도에 유입된 것은 헤지라의 첫 세기부터였다. 이 시기는 622년 마호메트가 메디나로 피신하면서 시작되었다. 새로운 종교, 즉 이슬람은 실크로드를 따라 상인들에 의해 도입된 후 아시아 아대륙으로 확대되었으며 711년부터는 아랍인 장군들의 침공으로 라자스탄에 정착되었다. 이때부터 인도는 이슬람 신앙의 많은 종족으로부터 지속적인 공격을 받았다. 최악의 상황은 많은 세월이 지난 후인 1658년부터 1707년까지 무굴제국의 황제였던 아우랑제브의 통치 기간에 발생했다. 그는 급작스럽게 자신들의 조상이 추진해오던 관용과 세계교회주의(Ecuminism)의 전통을 중단하고 힌두교 사원들을 파괴했으며 시크교도와 (무굴제국 수니파의 입장에서) 시아파 무슬림을 탄압했다. 따라서 인도인들의 역사에서 종교전쟁이 발생하고 상호 간 보복이 전개되며, 조화로운 공존의 역사에서 공동체 간의 급작스러운 증오가 나타난 것은 3세기 이상의 기간 전부터였다. 그리고 특히 영국인들이 들어온 이후 소수의 기독교적인 요인들이 추가되면서 불용(不容)의 성향이 한층 심화되었다.

이슬람과 다른 모든 종교 간 충돌의 무대로서 인도가 수행했던 근본적인 역할을 살펴보기에 앞서, 영국인들의 '등장'은 역사-지리적인 측면에서 다음과 같은 질문에 답해야 한다. 무슨 이유로 거대한 인도는 그렇게 쉽게 북유럽의 안개 자욱한 섬에서 온 정복자들의 희생물이 되었을까? 영국

상인들과의 첫 접촉이 이루어지던 시기에 세력 관계는 상당히 우월한 경제력을 보유하고 있던 무굴제국에 유리했다. 외부 세계와의 교역을 지배하고 있던 시대에 인도는 그 어떤 외부 세력에도 두려움을 가지고 있지 않았다. 1498년 포르투갈의 탐험가 바스쿠 다 가마가 인도의 해안에 도착한 직후 목격한 것은 크리스토퍼 콜럼버스가 아메리카 대륙에서 경험한 것과는 전혀 다른 것이었다. 다 가마는 인도에서 이미 1,000년 전부터 중국, 서남아시아, 아랍 세계, 그리고 지중해와 교역을 하고 있던 항구들을 발견했다. 16세기에 무굴제국은 군사력의 최전성기에 있었다. 유럽의 그 어느 국가도 이 강력한 세력이 통제하는 거대한 영토를 침입하거나, 스페인의 정복자들이 남미의 원주민들에게 했던 것처럼 주민들을 복속시키려는 엄두를 내지 못했다. 인도의 복속은 200년 이상의 기간을 두고 점진적으로, 그리고 단계적으로 진행되었다. 무굴제국은 장기적으로 볼 때, 18세기 초반에 이르러서야 치명적이라고 평가되는 약점들을 드러내기 시작했다. 한편에서는 아우랑제브 시대 이후 교단 공동체 간 분열의 조짐을 보이면서 이슬람이 쇠퇴하기 시작했고, 다른 한편에서는 무굴제국이 동시대 중국 왕조들의 실수와 유사한 실수를 저질렀다. 다시 말해 무굴제국의 황제들은 새로운 세계화 경제의 세력 구도가 바다에서 시작되고 있던 상황에서 내륙의 권력에만 집착하고 있었다.

유럽의 소규모 왕국들, 가장 먼저 스페인과 포르투갈, 계속해서 네덜란드와 영국, 부분적으로 프랑스는 아시아의 거인들과 비교할 때 개구리에 불과했지만, 기술과 무역의 발전이 대양으로 진출하기 위한 전략적 중요성으로 이어지게 될 역사적 상황에서 해상 루트를 장악하는 데 모든 역량을 투자하는 승리의 선택을 했다. 인도의 군주들은 잘못된 평가로 인해,

과거 수 세기 동안 유대인, 아랍인, 중국인 상인들이 서로 교역하던 해안 지역에 포르투갈인과 영국인이 정착하는 것을 별다른 걱정 없이 허용했다. 영국인들은 초기에는 항구들에 머물면서 인도의 경제와 그 밖의 세계 간 교역을 통제하려고 했다. 즉, 1640년에는 마드라스를 획득했다(마드라스는 1674년에 봄베이로 개칭되었지만 1995년부터는 뭄바이로 불렸다). 그리고 1690년에는 포트윌리엄(현재의 캘커타)을 조차했다. 영국의 능력은 점진적으로 인도 경제를 좀먹으면서, 그리고 벵골의 캘커타 항구를 물류 플랫폼으로 이용하면서 글로벌화하는 전략을 구사했다. 그리고 이를 통해 오리엔트의 진귀한 직물들을 유럽의 시장에서 대량으로 판매하는 길을 열었다.

이미 일찍부터 인도는, 21세기에 중국이 수행하게 된 역할을 담당하고 있었다. 즉, 세계의 공장으로서 자국이 생산한 직물-의복의 상품으로 유럽 시장에 진출했다. 런던은 이러한 변화의 핵심적인 중재를 담당했다. 영국의 자본주의 정신은 제도화된 무역법 및 소유권을 바탕으로 벵골의 상인 계층들에게, 무굴제국이 제공하는 것보다 더 유리한 기회를 제공했다. 이렇게 해서 이해관계의 동맹은 견고해졌고 이를 매개로 영국은 정치-군사적인 통제권을 갖기 이전에 벵골을 '장악'했다. 이 당시 벵골은 인도에서 가장 풍요로운 지역이었기 때문에, 나머지 지역에 대해서는 사실상의 지배나 다름없는 역사였다. 캘커타의 부를 통제하면서 영국은 대부분이 인도인으로 구성된 강력한 군대를 무장할 수단을 확보하게 되었으며 점차 다른 지역들까지도 차지할 수 있었다. 역사에서 처음으로 인도는 몽고-투르크, 아랍 또는 페르시아 또는 북쪽의 산맥들에서 진출한 아프가니스탄 주민들의 내륙 세력이 아니라, 해안에 상륙한 바닷사람들로부터 침략을 당했다. 유럽 북부의 섬나라는 기존의 모든 식민지보다 더 방대한 인도를 차지했다.

영국은 무역에 충실하면서, 초기에는 인도를 군주국의 입장에서가 아니라 일종의 민간 입찰의 방식으로 공략했다. 그 주역은 동인도회사였다. 영국의 군주들은 이 회사에 인도와의 무역독점권을 제공했다. 그 결과, 동인도회사는 엄청난 생산 주문처의 입장에서 유럽 소비자들의 취향에 맞게 재단할 목적으로 면화와 고급 직물을 인도의 수공업자들에게 주문했다. 그리고 이를 계기로 증기 에너지와 기계 직물이 가능해지면서, 점진적으로 영국의 산업혁명이 시작되었다. 이후 경쟁력 관계가 역전되기 시작하면서, 영국 공장들의 생산성이 인도의 생산성을 추월했다. 인도는 전형적인 식민지의 함정에 빠진 것이다. 결국, 인도는 낮은 가격의 원료 공급지로 전락했으며 영국으로부터 비싼 가격의 완제품을 수입했다. 벵골의 부는 빠른 속도로 유출되었고 영국 은행들은 막대한 부를 축적할 수 있었다.

영국의 식민주의 역사는 힌두교도들과 무슬림 간의 기존 관계에 근거했는데, 이는 영국 권력의 최고 관심사로 부상했다. 영국은 자국의 통제권이 동요하기 시작했을 때조차 종교적 분열을 더욱 획책하면서, '나누어 통치하라'의 원칙에 따라 인도를 지배했다. 19세기 말 독립의 첫 갈망은 힌두교도와 무슬림 간 균열을 만드는 것이나 다름없는 신성한 소를 보호하기 위한 캠페인과 일치했다(왜냐하면 이슬람은 고유한 식품 규정을 따르고 있었고, 무슬림 소수는 소고기 정육 시장에서 자신만을 위한 경제활동의 틈새를 유지하고 있었기 때문이다). 1946년 국민투표에서 분리가 승인되었다. 그리고 자와할랄 네루의 세속정당인 국민회의가 과반을 차지했다. 하지만 이슬람교도들은 무슬림 동맹을 지지했다. 이들의 지도자들은 각자 자신의 법을 가진 교단 공동체들이 지배하는 인도를 꿈꾸었다. 이것은 네루가 원하는 비종

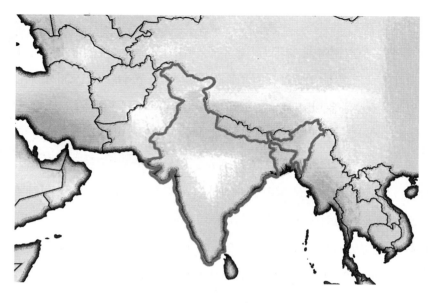

오늘날의 인도

교적이고 다원적인 성격의 민주주의 정당과는 대치되는 것이었다. 중재는 불가능해 보였다. 영국인들은 분열, 즉 무슬림이 대다수를 차지하고 있는 지역들과 여러 이슬람 지도자들이 신정정치 국가로 계획한 미래의 파키스탄을 분리하자는 제안을 수용했다. 이를 계기로 독립을 피로 물들게 만든 비극이 발생했다. 두 종교 간 경계는 인도의 모든 지역을 관통했으며, 분열은 외과수술의 깔끔한 절단처럼 진행될 수 없었다. 모두가 이편저편으로 갈라졌다. 수 세기 전부터 공동체들은 구역과 마을 들에서 섞여 살고 있었다. 하지만 자유 독립의 순간(1947년 8월)을 한 해 앞두고 봉기와 살인, 그리고 학살이 자행되었다. 이는 잔혹하기 그지없는 '인종청소'였으며 규모도 엄청났다. 1946년 8월 처음으로, 캘커타에서 참사가 발생했다. 4,000명이 사망했고 수천 명의 난민이 발생했다. 계속해서 비하르주 정부가 화염에 휩싸였고 7,000명의 무슬림이 살해되었다. 이슬람교도들이 벵골에 대한 지배권을 장악하자 폭동이 발생해 펀자브 지역까지 확대되었으며 시크교도들은 소수 게릴라 활동을 시작했다. 1년 후 참혹한 비극은 100만 명의 사망자를 기록했다. 1,100만 명의 난민이 같은 종교를 믿는 사람들이 거주하는 안전한 지역으로 피신하기 위해 끝없는 탈출 행렬을 연출했다. 이것은 인류의 역사에서 찾아볼 수 있는, 그토록 짧은 기간에 집중된 거대한 이주의 흔적이었다.

비폭력의 예언자 마하트마 간디의 외침은 충돌의 소음에 묻혔다. 독립투쟁의 지도자로 활동한 이후 간디의 영향력은 축소되었다. 분열 방지를 위한 극단적인 시도로서 마하트마 간디는 대담한 제안을 했다. 그는 인도의 수상으로, 네루가 아니라 무슬림의 지도자인 무함마드 알리 진나를 추천했다. 누구도 이러한 발상에 관심을 기울이지 않았고 결국 무산되었다. 간디는 1947년 이후 상징적 정의의 전투 즉 기도와 단식을 통해, 인도가 영국 식민지의 지배가 남긴 유산에서 자신의 지분(약 4,000만 파운드)을 파키스탄에 제공한다는 주장을 관철했다. 궁극적으로 분열은 그의 패배를 의미하는 것이었다. 그는 "인도, 힌두교, 이슬람, 시크교의 파괴를 무능한 목격자로 바라보며 사느니, 나에게 죽음은 차라리 기쁨으로 가득한 해방이다"라고 말했다. 운명은 그의 비극적인 죽음을 예고했다. 1948년 1월 30일 간디는 아침기도를 하는 도중에 총을 맞고 사망했다. 살인자는 광신적 민족주의자인 힌두교도로서 간디가 무슬림과 공모했다고 비난한 브라만 계층의 젊은이였다.

이 역사는 끔찍할 정도로 실제적이며, 나렌드라 모디의 인도를 이해할 수 있게 해준다. 무슬림과 기독교 침략자들로부터 위협을 받던 2,000년의 문명을 방어하기 위해 등장한 그의 힌두교 정당인 인도 인민당은 실제로는 기독교 이전 시대로 거슬러 올라가는 성스러운 책들인 바가바드 기타,[9] 마하바라타,[10] 그리고 우파니샤드[11]의 상당히 현대적인 영향을 받았다. 현대적 버전의 힌두 민족주의는 1920년대에 영국으로부터의 독립을 계획하던 엘리트들을 중심으로 성립했으며, 이로부터 영향을 받은 인물 중에는 주세페 마치니, 나중에는 가브리엘레 단눈치오, 그리고 베니토 무솔리니가 있었다. 핵심 구성원들 사이에서는 부드럽고 온순한 힌두교의 정체성이 이슬람과 그리스도교처럼 강력한 문화들 사이에서 파괴될지 모른다는 두려움이 존재하고 있었다. 따라서 이미 1925년에 힌두민족주의 한 일파는 나중에 이탈리아 파시즘이 모방한 자신의 군대를 조직하고 있었다.

1947년 네루는 자국과 국경을 접한 지역에 이슬람 파키스탄이 성립하는 것이 인도의 세속적이고 다종교적인 모델에 지속적인 위협이 될 것이라는 사실을 알고 있었다. 즉, 이것은 인도를 비(非)자유적이고 종교적이며 불용적인 힌두 버전의 국가로 유도하고 권력을 사제들의 영향권 아래두면서, '파키스탄처럼 만들려는' 시도가 반복될 것이라는 우려를 반영하고 있었다. 네루는 선거 목적에 종교적 상징을 사용하는 것을 법으로 금지

9　Bhagavad Gita, 성스러운 신에 대한 기타(Gita, 송가)를 뜻하며 기원전 4~2세기에 성립되었다.

10　Mahabharata, 카우라바 가문과 판다바 가문 간에 벌어졌던 권력 쟁탈전을 한 영웅의 전설과 교훈을 중심으로 기록한 내용이다.

11　Upanishad, 기원전 1000~600년경에 크게 활약했던 일련의 힌두교 스승과 성현의 사상들이 기록되어 있다.

했다. 힌두교의 통합주의자들을 배제하고, 서양화된 엘리트들과의 동맹에 주력했다. 또한 사회공산주의자들과도 협력하여 세속적이고 현실적인 합의의 기반을 마련하기 위해 동분서주했다. 30년 동안 인도에 대한 그의 사상은 성공적이었다. 이후 그의 후임자들은 일련의 양보와 타협, 오염과 위험한 관계의 시즌을 시작했다. 그의 딸 인디라는 표를 얻기 위해, 공동 집권과 세분된 형태의 정부를 조직했다. 때에 따라서는 시크교도들, 한층 광신적인 힌두교도들, 그리고 무슬림과도 협정을 체결하는 데 주저하지 않았다. 또한 권력을 유지하기 위해서는 많은 원칙에 따라 양보도 서슴지 않았다. 네루의 손자이자 인디라의 아들인 라지브 간디는 정부 노선에서 전임자의 정책을 계승했지만 보다 심각한 상황에도 직면했다. 예를 들면 최고 사법부와 가장 중요한 원칙 중 하나인 법치 이전의 시민 평등을 모욕한 것이었다. 1985년에는 헌법재판소가 이혼한 무슬림 여성들에게도, 법이 모든 인도 여성에게 보장하는 권리를 인정했다. 이슬람 공동체의 불명예를 치유하기 위해 라지브 간디 정부는 의회에서 무슬림 여성헌장(Muslim Woman's Act)을 승인하게 하고 이를 통해 헌법재판소의 판결을 뒤집었으며, 무슬림 가족들을 위해 가정 내에서 이슬람법인 샤리아(shariah)의 우선권을 설정했다. 영국의 식민통치자들이 각각의 교단 공동체를 위해 서로 다른 법을 적용했을 때 인도는 왕의 통치 시대(인도제국)로 후퇴했다. 라지브 간디의 결정은 심각한 결과를 초래했다. 이것은 힌두교도들에게 간디의 가문이 이끄는 국민회의가 무슬림 소수자들의 협박에 굴복한 것으로 받아들여졌다. 힌두민족주의의 부활은 압도적이었다.

인도의 인구 12억 명 중 2,000만 명 이상이 무슬림이었다. 인도네시아와 파키스탄 다음으로 세계에서 가장 큰 이슬람 국가인 셈이다. 하지만 인도네시아의 경우에만 이슬람 주민은 인도인 무슬림이 누리는 특권, 즉 민주주의에서 사는 특권을 누렸다. 이러한 무슬림은 세계의 다른 지역들에 사는 대부분의 무슬림 형제들에게는 부정된 이점을 누리고 있었으며, 규칙적으로 투표하여 자신들의 대표를 선출할 수 있었다. 따라서 인도는 이슬람과 다른 신앙 간 공존의 경험을 위한 가장 방대하고 중요한 중심으로 자리했다. 하지만 이러한 경험은 한 국가의 사례로만 끝나지는 않았다. 그 외에도 파키스탄이 있었는데, 이 국가는 핵무기 보유국이며 헌법에서는 "주권은 오직 신에게만 속한다"라고 규정했다. 인도와 파키스탄은 독립 이후, 이미 네 차례(1947, 1965, 1971, 1999)에 걸친 진정한 의미의 전쟁과 여러 다른 '국경 충돌'을 경험한 바 있다. 이들의 증오 관계는 거의 40년 전 핵 차원에서 성립된 것이었다. 뉴델리는 1974년 핵무기 보유에 성공했다. 이보다 몇 년 앞서 파키스탄은 자신의 계획을 수립하고 1984년 첫 이슬람 핵을 실험한 바 있었다. 전 세계는 다른 분쟁들에 시선을 빼앗긴 채 이러한 사실을 잊고 있었다. 하지만 오늘날까지도, 총 15억 이상의 인구를 보유한 두 강대국 간 핵전쟁은 언제든 가능하다.

물론 핵 홀로코스트는 발생하지 말아야 하지만, 긴장도가 낮은 전쟁 즉 테러리즘은 끝없이 계속되고 있다. 인도는 이미 수십 년 전부터 서구인들이 별다른 인식을 하지 않고 있는 상황에서, 이슬람에서 기원하는 테러리즘의 세계적인 실험실이 되고 있었다. 인도에서는 이미 일찍부터, 후에 서양으로 옮아간 심각한 사태들의 보편적인 증거들이 확인된 바 있다. 1985년 인도항공 소속의 한 여객기가 캐나다에서 돌아오는 도중에 폭발한 사건에서는, 1988년 스코틀랜드의 로커비에서 팬암(Pan Am) 103기를 폭발시키는 데 사용된 것과 동일한 기술과 물질이 실험됐었다. 1999년에는 인도항공 814 항공기가 아프가니스탄의 칸다하르에서 탈레반과 오사마 빈 라덴에 의해 납치되었다. 당시 항공기를 납치한 테러리스트들은 항공기 조종술을 배웠으며, 2001년 9월 11일 미국에서처럼 커터칼을 무기로 사용했다. 알카에다가 2004년과 2005년에 자신들이 벌였다고 주장한 마드리드와 런던의 참사가 있기 오래전에, 같은 도시의 여러 기차와 버스에서 동시에 폭발한 폭탄의 제조 기술은 이미 뭄바이에서 사용된 것이었다. 테러는 인도에 계속해서 많은 고통을 주고 있었다.

일련의 테러 시도는 여기에서 재구성하기에는 그 수가 너무 많다. 하지만 인도가 훗날 서양에서 사용된 테러 공격의 유형을 실험하기 위한 실험실이었다는 사실을 보여주는 사례들은 지적해볼 수 있다. 2008년 뭄바이 테러가 그것이다. 여러 지휘부가 도시의 여러 장소를 동시에 공격한 사건이었다(동시에 10개의 목표물을 공격했는데, 이 중 하나가 타지 호텔과 오베로이 호텔이었으며, 당시 160명이 사망했다). 동일 기술이 7년 후인 2015년 11월 파리 테러에 사용되었다.[12] 유일한 차이는 이를 주도한 조직과 이슬람 테러 단체의 명칭이 다르다는 것이었다. 뭄바이 테러는 라슈카레 타이바(Lashkar-e-Taiba)가, 프랑스 테러는 수니파 이슬람 극단주의 무장단체인 이시스 또는 이슬람국가가 주도했다. 또 다른 중요한 사건은 인도를 공격하는 이슬람 테러리스트 단원들을 훈련하고 조직하는 데 파키스탄 비밀기관이 반복적으로 개입했다는 것이다. 국경을 접한 곳에서 테러리즘을 지원하는 핵무장 이슬람국가의 존재는 이 위협에 대한 인도의 인식이 특별하다는 것을 보여준다.

---

12 바타클랑 극장, 스타드드프랑스 국립경기장 등 여러 공공장소에서 130여 명이 사망했다.

이러한 비극의 세 번째 주인공은 방글라데시였다. 영국으로부터 분리 후 파키스탄에 흡수되었는데, 그 이유는 무슬림 주민들이 대다수를 차지하고 있었기 때문이다. 이후 1971년 방글라데시는 인도의 지원을 받아 전쟁을 벌인 후 분리 독립했다. 인구는 1억 6,300만 명으로 지구상에서 여덟 번째로 인구가 많은 국가이다. 또한 직물 산업의 재배치를 통해 '새로운 중국'으로 그 역할이 증대되고 있으며 아시아 국가 간 균형의 신경계로 주목을 받고 있다. 인구의 87퍼센트는 무슬림이며 12퍼센트는 힌두교도이다. 2016년 7월, 이탈리아인들도 이슬람 테러리즘이 이 나라에 얼마나 침투했는지를 알게 되었다. 당시 이시스에 의한 다카 공격으로 외국인들이 자주 출입하던 레스토랑 테러에서 9명의 이탈리아인을 포함해 모두 20명이 사망했다.

힌두교와 이슬람의 갈등은 상당히 일찍 시작되었다. 여기에는 많은 수의 인도인들이 연관되었고, 파키스탄의 핵 위협과도 밀접한 관련이 있었다. 하지만 인도에서 근본주의자 모디가 주목받은 이유가 종교적 긴장만은 아니었다. 기독교도 나름 역할을 했다. 두 개의 거대한 유일신 종교인 이슬람과 기독교는 수 세기 전부터 힌두교의 지배적인 지위를 시기했다. 앞서 말한 바와 같이, 다른 종교들이 유일신교의 발전에 밀려 실질적으로 사라진 것과는 다르게 힌두교는 근대까지도 유지된 다신교의 드문 사례였다. 다른 사례로는 불교가 있다. 이는 '신이 없는 종교'로서 인도에서 성립했지만, 오늘날에는 소수 종교의 수준에 머물고 있으며 중국에서 가장 많은 신자를 확보하고 있다. 인도에서 두 유일신교가 번성한 이유에는 사회적 측면도 포함된다. 기독교나 이슬람은 그들이 섬기는 신 앞에 모든 인간이 평등하다. 하지만 힌두교는 그렇지 않다. 그 기원부터 카스트제도가 전제되었고, 그에 따르면 인간은 탄생부터 전혀 평등하지 않고 똑같은 권리를 가지고 있지도 않으며 오히려 엄격한 종교적 계층 구조에 머문다. 카스트제도의 열등한 등급에 속한 많은 인도인에게 종교적 개종은, 적어도 문화적으로는 해방을 위한 첫걸음일 수 있었다. 기독교로의 개종은 과거 일정 기간 유럽인들(포르투갈인, 프랑스인, 영국인)의 식민주의와 관련되어 있었다는 사실을 추가로 고려할 때, 기독교인들이 힌두교도들과 경쟁 관계를 형성하는 것은 그리 놀라운 일이 아니었다.

이미 공존을 위한 우호적인 분위기가 상대적으로 고조되었을 당시, 즉 인도 인민당이 중앙권력의 무대에 등장하기 전, 나는 오리사주[13]의 기독교인 드라마에 대해 언급한 바 있었다. 때는 2007년, 2008년이었다. 당시 나는 아시아에 머물고 있었다. 차별법과 심지어 피의 학살, 힌두교 통합주의자들이 아직 뉴델리 정부에 입각하지 않았을 때 발생한 기독교인 추방에 대한 기억은 당시의 취재 수첩들에 기록되어 있다. 이 수첩의 내용에 기초해 이야기하려고 한다. 두 가지 사실을 말할 것인데, 이들 모두 인도 인민당 즉 모디가 권력에 오르기 전으로 힌두교 정당이 연방 체제하에서 단지 소수 지역 정부만을 장악하고 있던 상황에서 발생했다.

2007년 7월 9일

기독교는 인도의 정체성에 대한 위협이다. 뉴델리에서 가장 규모가 큰 야당이며 여러 중요한 지역 정부들에 영향력을 행사하는 인도 인민당의

---

13 Orissa, 인도 동부에 있는 주로 현재 이름은 오디샤주.

지도자인 라자나트 성은 확신하고 있다. 그는 이렇게 말했다. "기독교 선교사들은 자신들의 사회적 활동을 위해 인도의 모든 가난한 사람들을 개종시킨다. 개종은 인도 사회의 가장 큰 위험이며 국가의 인구 균형을 바꾸어 놓을 수 있는 위협이다. 누군가는 이러한 과정을 통해 우리 힌두교도들이 50년이 채 지나기도 전에 소수가 될 것이라고 한다. 우리는 이러한 일이 일어나는 것을 용납할 수 없다." 힌두 통합주의 세력이 지배적인 지역들에서 이러한 말들은 이미 법률화되었다.

구자라트주의 정부는 반(反)개종법안을 통과시켰다. 누구든 타인을 바꾸거나 자신의 종교로 개종시키기를 원하는 자는 지방행정부의 특별허가를 받아야 한다. 위반은 3년의 징역으로 처벌할 수 있고, 만약 개종한 자가 카스트제도의 낮은 등급에 속한 '약자'인 경우에는 4년으로 한다. 라자스탄도 '종교의 자유를 위한 법안'을 채택했는데, 이에 따르면 "거짓이나 속임수로 개종 활동을 벌인 자"는 2~5년의 징역에 처한다. 이는 어린아이들과 심리 상태가 허약한 사람들을 속이는 단체들의 위험을 방지하는 것처럼 보였다. 반면, 라자스탄의 행정수도인 자이푸르의 오스왈드 루이스 주교는 "위험은 이 법이 우리를 대상으로 한다는 것이다"라고 했다. 반개종법은 타밀나두주의 정부들, 오리사와 마디아프라데시[14]에서도 통과되었다. 카르나타카에서는 지난 3월 20일에 경찰이 22명의 기독교 선교사를 "보다 행복한 삶을 위한 개종을 목적으로 한 마을 전체를 초대했다"라는 죄목으로 체포했다. 지방법원은 이들이 "종교적 감성을 모욕하고", "평화를 방해한" 죄목으로 처벌했다. 하지만 개종이 이토록 뜨거운 이슈인 이

---

14 Madhya Pradesh, 인도 중심부의 내륙에 있으며 인구가 가장 많은 주.

유는 무엇일까? 인도에 대한 전통적인 이미지, 즉 관용적인 다신교의 국가라는 이미지는 이미 오래전 시험대에 올랐다. 절대다수의 힌두교도와 절대소수의 무슬림 간 심각한 긴장 관계뿐만 아니라, 기독교인들과의 공존이 심각한 사고들과 무관하지 않다는 사실 때문이었다. 개종에 대한 극단적 저항의 역사는 오래되었다. 브라만 종교는 개종의 성향을 가지고 있지 않다. 인도의 중간 계층에 따르면, 힌두교 신자는 타고난 것이지 만들어지는 것이 아니다. 간디는 마하트마, 즉 '위대한 영혼'이 되기 오래전 이미 런던에서 법을 공부하던 젊은 학생 때부터, 그리고 19세기 말 남아프리카에서 변호사로 활동할 때부터 모든 신앙에 개방적이었으며 모친의 힌두교를 부정하지도, 그렇다고 힌두교의 우월성을 수용하지도 않았는데, 이는 우연이 아니다. 수 세기 전부터 인도는 이슬람교와 기독교처럼 상당히 '공격적인' 종교들의 영향을 받았다. 우리 시대에 거대한 유일신교들의 개종주의는 카스트제도의 열등한 계층에 속한 자들의 사회-경제적 해방을 위한 운동과 교차했다. 불가촉천민인 달리트('접촉할 수 없는 사람들')와 카스트제도의 최하층에 속한 사람들은 브라만교보다 평등주의를 더 크게 강조하는 성향의 종교들에 매력을 느꼈다. 불교로, 이슬람으로, 기독교로 개종하는 것은 인도 사회의 일부, 특히 몰락한 브라만들, 근대화로 인해 빈곤에 빠졌으며 보다 비타협적인 민족주의의 근간을 구성하는 농촌 귀족들에게는 뼈아픈 현실로 작용했다. 작가인 판카즈 미슈라는 이렇게 말했다. "카스트제도의 최하층에 속하는 자들이 의회 시스템을 장악한 것, 그리고 균등한 경제정책의 강화는 많은 브라만 사이에서 저항운동이 일어나는 계기를 제공했다. 비관용적이고 편협한 새로운 힌두민족주의는 진정한 인도의 순수함과 한층 심오한 자신들의 가치들을 지키려고 한다. 전통에 대한 변명의 이면에는 실제로 카스트제도에 대한 집착이 작용하지만, 공식적인 적은 종교적이고 문화적인 전염이다. 할리우드에 대한 비난, 서양에서 유입된 세속성과 성적 외설 외에도, 반동적 힌두교는 이슬람과 기독교를 두 개의 심각한 위험으로 묘사한다. 그리고 종파적이고 광신적이며 폭력적인 인도의 이념을 옹호한다." 물론 여러 개신교 교회들의 성대한 행사를 동반한 개종과 금품 살포는 이러한 공포증을 완화하는 데 도움이 되지 않는다.

　코임바토르에서 도로로 두 시간 거리에 있는 타밀나두주의 시골을 지날 때였다. 그해 몬순의 호우로 인해 진흙 속에 묻힌 오두막 마을 사이로, 미국이 자금을 지원해 새롭게 지은 사치스러운 모르몬교 저택들이 마치 UFO처럼 눈앞에 갑작스럽게 나타났다. 9개월 전 우타르프라데시주에서는 오순절에 목사들이 6개 마을 350명의 엄숙한 개종 의식을 계획했다. 처음 있는 일이 아니었고, 항상 그랬듯이 이러한 볼거리 행사에 대한 반발은 매우 심각했다. "자유의지에 의한 개종은 없었으며 이 순박한 농민들은 기독교 선교사들에 의해 강요되었다고 확신한다." 힌두교 지도자인 스리칸트 슈클라의 말이었다. 민족주의의 가장 극단적인 세력들은 같은 방식으로 대응했다. 아리아 사마지[15]는 "근원으로 돌아가자"고 설교했으며 우타르프라데시에서도 과거 오순절 교회 행사에 참여했던 200여 명의 농민을 힌두교로 다시 개종시키는 엄숙한 의식을 계획했다. 보복은 잔혹해질 수 있었다. 인도 인민당은 라자스탄의 선거에서 승리했을 때, 여러 기독교 학교와 병원들을 주저함 없이 폐쇄했다. 지난해 인도 가톨릭연합의 의장인

15　Arya Samaj, 1875년 다야난다 사라스와티가 창시한 현대 힌두교의 한 종파로 개혁 운동을 활발하게 전개했다.

존 데이아는 연방 총리인 만모한 싱에게 서신을 보냈다. 지난 30년 전부터 코타에서 고아들을 돌보고 결핵에 걸린 아이들을 치료하는 일에 종사하던 에마뉘엘선교단이 공격당한 것을 고발하기 위해서였다. 이들은 개신교 대주교 M. A. 토머스에 직속된 기독교 선교단체 소속이었다. 기독교 사제들은 한동안 조용했던 지역들에서도 갑작스럽게 위험에 직면했다. 2006년 3월 17일, 옛 포르투갈 식민지였지만 성 프란치스코 하비에르에 의해 복음화된 고아주 교구의 에우제비우 페라로 신부가 살해되었다. 포르투갈의 바로크 영향이 아직도 남아 있는 고아주는 오랫동안 종교 공동체 간 공존의 모델이었다. 지금도 이곳에서는 힌두교 운동의 뿌리 깊은 급진 성향이 식민주의를 재차 언급하면서, "기독교인들은 집으로 돌아가라"고 주장한다. 교회와 가톨릭 상징들에 대한 공격은 일상화되었고, 페라로 신부는 광신주의에 반하는 입장을 반복적으로 표명했기에 그 대가를 치른 것일지도 모른다. 지난달 다른 폭력 사태들이 라자스탄의 우다이푸르에서도 발생했다. 이곳에서 가톨릭 사제가 매질을 당한 채 살해 협박을 받고, 힌두 통합주의자들의 무리에 의해 추방되었다. 카르나타카에서는 가르멜수도회 소속인 실베스터 페레이라와 네 명의 신자들이 병원에 근무하던 중 공격을 당했다. 히마찰프라데시주에서는 국민의용단[16] 소속의 무리가 두 명의 기독교 선교사를 고문하고 털을 모두 깎은 후에 이들을 갠지스강에 담그면서 힌두교로 개종한 것처럼 연출했다. 나는 국민의용단의 리더인 마다 다스 데비에 대해 다음과 같이 말한 바 있다. "선교사들의 활동은 국민회의가 권력을 잡은 순간부터 증가하고 있다." 이것은 힌두 통합주의자들이 적

---

16 Rashtriya Swayamsevak Sangh, RSS, 힌두민족주의자들의 파시스트 준(準)군사단체.

극적으로 반복하고 있는 명분으로서, 네루-간디 왕조가 3대에 걸쳐 지배하고 있는 국민회의가 뉴델리의 연방정부를 이끌고 있다는 사실을 암시한다. 그중 핵심적인 내용은 정당을 이끄는 인물이 소니아 간디 즉 이탈리아 여성이며, 따라서 이 정당이 자연스럽게 바티칸의 다섯 번째 기둥쯤으로 인식된다는 것이었다.

실제로 민족주의와 증가하는 폭력 바이러스에도 불구하고, 인도는 다원주의의 유일한 사례로 남아 있다. 여당을 이끄는 것이 외국인 출신에 가톨릭 신앙을 가진 여성이라는 사실은 제외하더라도, 장관인 만모한 싱은 시크교도였고, 공화국 대통령 압둘 칼람은 무슬림이었다. 국가의 그 어느 고위직도 인구 대다수를 차지하는 힌두교를 대표하지 않고 있었다. 심지어 인도 경제력의 새로운 상징인 기업인 중에서는 종교적 소수(조로아스터의 숭배자들)에 속하는 타타 그룹과 비를라 그룹과 같은 왕조들이 지배적인 구조를 차지하고 있다.

힌두민족주의 운동의 가장 큰 장점 중에는, 캘리포니아의 실리콘밸리에 거주하는 인도인들을 포함해 해외로 피신한 부유한 자들의 재정적 지원이 있었다. '고국에서 소수로 위축된 힌두교도들'의 묵시적인 행위들은 선교사들의 개종과 무슬림의 태생적 강인함을 견고하게 융합시키는 악몽이었으며, 상당히 현대화된 영혼들까지도 고통스럽게 한다.

2008년 9월 14일

절단되고 손상된 그리스도의 이미지 조각은 주택들의 담벼락에 매달려 있었다. 아직도, "세상의 죄를 씻는 하나님의 양"이라는 영어 글귀가 눈에 들어온다. 티앙기아 마을에서 여러 조각으로 부서진 성상(聖像)은 발생한 비극을 보여주는 유일한 표시였다. 오리사주의 인도 정부 관할 구역 내 주택에서 살던 기독교인들은 사라졌다. 기독교인들에 대한 힌두 통합주의자들의 분노가 폭발한 직후, 이들은 목숨을 구하기 위해 도주했다. 25명의 기독교인이 살해되었고 80개의 교회가 불탔다. 1,400개의 주택이 공격을 받아 파괴되었다. 폭력의 현장은, 인도에 대한 전형적이고 단순화된 이미지가 지배하던 기독교 유럽 세계를 충격에 몰아넣었다, 서유럽에게 인도는 온화한 나라이고 지배적인 종교는 비폭력의 평화주의를 지향하는 국가였다. 실제로 힌두 근본주의가 전체 인구의 2퍼센트를 조금 넘는 소수 기독교인들에 적대감을 드러낸 것은 이번이 처음이 아니었고 마지막도 아닐 것이다. 원인에 대한 보다 보편적인 설명은 개종의 현상이었다. 하지만 인도인들의 영혼을 차지하기 위한 종교 간 경쟁은 반(反)기독교인들의 최근 학살을 이해하기에 충분한 설명은 아니다. …… 또한 오늘날 인도에서 고개를 들고 있는 개종 거부 반응은 그 나라의 강력한 경제발전과 연계된 매우 현대적인 요소를 가지고 있다.

항상 그랬듯이 기독교 선교사들의 특징 중 하나는 세속화에 대한 관심이었다. 고아주의 예수회는 중요한 고등학교들을 설립했다. 만약 케랄라주 정부가 인도 전체에서 문맹률이 가장 높다면 그것은 흥미로운 공존 때문이다. 즉, 이 주의 공산당 정부는 교육에 많은 예산을 투자하며, 최고 수준의 기독교 학교들과 긴밀한 관계를 유지하고 있다. 하지만 최근에는 기독교가 교육 분야에서 보여주는 적극적인 태도가 전례 없는 긴장을 조성했다. 오늘날 인도에서 좋은 수준의 학교는 새로운 기회를 제공한다. 영어와 수학을 잘 배운 학생들은 외국과의 비즈니스에서 일자리의 기회를 더 많이 가질 수 있거나 이공계 대학에 입학하기 위한 선발시험을 통과할 수 있다. 따라서 고급 기술의 직업을 얻어 빠른 사회적 성공(유동성)과 점차 많은 소득을 기대할 수 있다. 기독교 선교사들이 세운 학교들은 카스트제의 차별을 하지 않는다. 반면, 더 가난한 지방 학교들에서 불가촉천민의 자식들은 아직도 교육기관 입학에서 차별을 받고 있으며, 종교 기관들을 통해서만 기회를 얻을 수 있다. 이처럼 개종의 현상은 결코 과거에는 중요하지 않았던 사회·경제적 가능성을 풍부하게 해준다. 카스트제도의 하층민 자녀들, 심지어 소수인종의 자식들(힌두교 이전의 원주민들)은 정보학 기술자가될 수도 있었고 영어를 배우거나 다국적 기업에 다닐 수도 있었다. 사회계층의 피라미드에서 최하층에 있는 자들은 고대의 열등함에서 벗어나 신분상승을 꾀할 수 있었다. 이것은 최근 수십 년 동안 기술 분야들의 놀라운 발전 덕분에 보편적인 현상이 되었다. 인도인의 종교적 순수함과 문화적 정체성의 문제에 민감한 통합주의 지도자들은, 실제로는 보다 긴급한 물질적 걱정에 관심을 두고 있었다. 즉, 시골 지역의 수많은 중산계층은, 개종 덕분에 좋은 교육을 받을 수 있었던 극빈층에게 추월당하는 것을 두려워했다. 진정한 잘못은 정치 지도자 계층에 있었다. 이들은 공공교육의 침체에 책임이 있는 자들이었다. 새로운 세대들에게 한층 개선된 미래를 보장하기 위한 무상교육의 약속은 인도의 많은 지역에서 기대할 수 없었다. 부유한 가정의 자녀들은 최고 수준의 사교육 기관에 다녔다. 종교 기관들의 차선이 있었는데, 이는 거의 무상교육이었다. 오리사주 정부에서는 이러한 많은 학교가 문을 닫았다. 질서를 바로잡기 위해 충분한 경찰력을 파견하겠다는 뉴델리의 약속에도 불구하고, 1만 2,500명의 기독교인이 난민 수용소로 피신했다.

미국과 영국, 그리고 이탈리아에 이르는 다른 여러 국가처럼, 인도 역시 국내의 희미한 붉은 선으로 구분되어 있었다. 이 붉은 선은 글로벌주의자와 주권주의자를 구분한다. 세상을 향해 열려 있는 지리적이고 사회적인 지역과, 권리와 정체성의 상실을 두려워하는 지역을 구분한다. 인도에서 이러한 구분은, 비록 모디와 인도 인민당이 글로벌화를 주장한다고 할지라도 때로는 종교적인 내용에 물들어 있다. 다시 말해 민족-민중의 영혼을 대변하면서도 자본주의와 기술의 엘리트들과 연결되어 있었다. 지리적 차원이 중요하다. 뭄바이는 국제주의와 비즈니즈 활동 면에서 인도의 뉴욕이라고 할 만하다. 그리고 집단적 상상력과 많은 다양한 지역들을 배경으로 하는 '발리우드'는 인도의 로스앤젤레스이다. 벵갈루루, 하이데라바드, 첸나이는 아시아 실리콘밸리의 여러 중심지 중 하나이다. 하지만 나는 케랄라의 해안을 탐사하면서 글로벌주의와 주권주의를 분리하는 이러한 붉은 선의 반대편, 즉 드라비다인들의 인도에 관한 신문 기사를 쓴 적이 있다. 이곳은 북부 문명과는 기원부터 확실하게 구분되는 문명권이며, 모국어로 산스크리트어를 사용하고 종교로는 힌두교를 신봉한다. 인도의 지리에 대한 탐험은 한쪽으로는 중국의 영향에 노출되어 있고, 다른 한편으로는 아라비아로 열려 있는 남부 지역의 해안을 제외한다면 불완전할 것이다. 따라서 10년 전의 짧은 케랄라 여행을 되돌아보려고 한다. 이 여행에 대한 보다 충분한 설명은 내가 쓴 『인도의 희망』을 참고하기 바란다.

말라바르의 해안과 같이 상당히 다른 영향들이 공존하는 땅은 찾아보기 쉽지 않다. 적어도 2,000년 동안 향신료 무역의 세계적인 중심지였던 케랄라에는 아라비아해로부터 고대의 이집트인과 페니키아인, 로마인, 아랍인이 빈번하게 출입했다. 무슬림 학자인 이븐 바투타, 마르코 폴로, 15세기에 중국 남부의 고대 어업 인프라를 유산으로 남긴 명나라의 위대한 해군 제독 정화가 이곳을 지나갔다. 전설에 따르면, 유대인들과의 첫 접촉은 솔로몬 왕이 파견한 원정대로 거슬러 올라간다. 후에 유대인 디아스포라는 로마의 티투스 장군이 예루살렘의 두 번째 사원을 파괴한 직후인 기원전 70년 이곳에 정착했다. 또 다른 유대인 이주는, 현재의 유대인 공동체 시나고가(Sinagoga)가 역사 중심지인 마탄체리에 건설된 해인 1568년으로 거슬러 올라간다.

기독교는 유럽의 다른 많은 지역보다 이곳에 먼저 도착했다. 사도 성 토마스는 기원후 52년에 이 지역의 초기 복음화와 시리아에서 온 기독교인들의 정착을 주도했다. 350만 명 이상의 신자들을 거느린 시로말라바르 교회는 1992년 바티칸으로부터 자치권을 인정받았으며(가톨릭계에서는 우크라이나교회 이후 처음이었다), 인도 전체에서 소명률이 가장 높다. 1년에 10만 명, 신자 50명당 한 번의 사제 안수가 진행된다. 카스트제도의 높은 계층에 속하는 사람들과 기독교 신앙의 시리아 사람들 사이에서 잦은 개종 사례가 나타났는데(아룬다티 로이가 작품 속에서 묘사한 가정환경과 같은), 마치 '개종 사업'이라고도 볼 수 있을 정도로 활발했다.

케랄라가 주도한 향신료 비즈니스의 부는 크리스토퍼 콜럼버스가 자신의 캐러벨[17]을 타고 항해를 시작한 이유였다. 그 결과 콜럼버스는 인도의 여러 다른 지역을 발견했다. 포르투갈인, 네덜란드인, 영국인들은 아시아, 아프리카 그리고 서양이 교차하는 이곳 코치(Cochi)를 순차적으로 지배하면서, 다양한 사람들의 용광로에 용해된 채로 공존하는 (삶의) 스타일,

---

17 Caravalle, 포르투갈인들이 무슬림의 다우 선박을 응용해 개발한 어선.

문화, 유적들의 다양한 층위를 축적했다. 유럽의 흔적은 시간이 멈춘 것 같은 향신료 창고의 뾰족한 지붕들에서처럼 귀족의 저택들에 뿌리 깊게 남아 있었다. 바자르 거리의 모든 대문은 내부에 넓은 마당이 있는 상인들의 집을 숨기고 있었으며, 이곳 마당에는 생강 뿌리들이 태양 아래 흰색 카펫처럼 널려 있었다. 천정이 높아 실내가 어두운 창고들에는 상당량의 향신료들이 보관되어 있었다. 생강과 커민, 빨간색 후추와 검은색 후추, 사프란, 계피, 육두구, 바닐라, 붉은 고추, 카레. 창고들의 상층에서는 여러 명의 여성이 쪼그리고 앉아 수다를 떨면서 생강을 다듬고 오이를 자르고, 파프리카, 통조림 콩, 식물 저장 식품을 기름과 매운맛의 피클에 섞고 있었다. 피클은 전통적인 경제활동의 중심으로 인도의 현대소설을 대표하는 살만 루슈디의 소설『한밤의 아이들(Midnight's Children)』(1984, 한국어판은 문학동네, 2011)과 이미 언급한 아룬다티 로이의『작은 것들의 신』에서 잘 묘사된 바 있다.

과거의 저력은 역설과 공존한다. 케랄라는 독창적인 발전을 지향하는 능력으로는 인도에서 가장 흥미로운 실험실일 것이다. 비록 거대한 산업단지는 가지고 있지 않지만, 국가 평균보다 높은 소득을 기록하고 있다. 유아사망률과 집단건강지수는 신흥국보다는 영국에 더 가깝다. 이곳에서는 인도의 다른 지역을 특징짓는 빈부의 극단적인 불균형이 나타나지 않는다. 작가인 아카시 카푸르의 말처럼, 케랄라는 '부가 동반되지 않은 웰빙'을 보여주는 지극히 드문 사례이다.

케랄라는 수많은 영향의 조각들이 조화롭게 공존하는 모자이크이다. 종교적 다원주의 비율이 가장 높은 인도의 한 주에서는 유권자들의 민주주의적인 의지에 따라 공산당이 집권에 성공한(1957) 세계 최초의 정부가

들어섰다. 이곳에서 힌두교도들은 인구의 다수를 차지하고 있었고, 무슬림은 전체 인구의 25퍼센트, 기독교는 20퍼센트를 차지하고 있었다. 차이가 상당히 극단적으로 드러나는 바로 이곳에서 종교 공동체 간 교류는 다른 그 어느 곳에서보다 활발했다. 케랄라에서는 뭄바이의 이슬람 마피아, 뉴델리의 테러리즘, 카슈미르의 게릴라전투 또는 구자라트의 힌두민족주의자들에 의한 반(反)무슬림 학살과 같은 현상을 찾아볼 수 없다. 불용에 대한 최선의 대처는 신앙의 다양성을 축소하는 것이 아니라 오히려 풍부하게 유지하는 것이다.

기독교인들에 대한 적대감은 힌두교도들에 대해서보다 더 심했다. 종, 교회, 십자가는 강과 호수들이 있는 아열대숲의 울창한 나무들 사이의 어디에서든 볼 수 있었다. 교구들 외에도 주변에는 수천 개의 재단이 산재해 있다. 이들 대부분은 성모마리아, 말을 탄 채 용을 창으로 찌르는 성 조지(St. George)이다. 기독교인들은 힌두교 사원의 색들을 동일하게 사용한다. 파스텔톤의 색상들, 황토색, 분홍색, 하늘색 등 너무 밝아서 하나님과 성인들이 마치 달콤한 마르차파네[18] 또는 웨딩케이크처럼 보인다. 이들은 다른 색들의 흔적, 즉 주민들의 피부색과 어울려 더욱 환상적으로 보인다. 청록색 사리, 붉은 화염, 녹색 에메랄드 색상의 옷을 몸에 두른 채 끝없는 움직임을 연출한다.

코치에 위치한 로마 가톨릭 산타크루즈대성당의 성당지기는 이탈리아 사람인 나를 보자 감격하여 다음과 같이 말했다. "내가 어렸을 때 근처에 있는 카노사수도원 소속의 한 이탈리아 수녀님이 교육을 시켜주셨어

18 Marzapane, 설탕, 달걀, 밀가루, 호두, 아몬드로 만든 이탈리아 과자.

요. 이름은 비르지니아였어요. 나는 그녀의 이름을 내 딸들 중 한 명의 세례명으로 했어요. 수녀원은 항상 수녀님들로 가득했지만 얼마 전부터 이탈리아 수녀님은 계시지 않아요. 이제는 여기 케랄라가 로마에 사제와 수녀님을 파견합니다." 하지만 코치를 상징하는 가장 완벽한 사례는 성 프란체스코로 불리는 교회이다. 이곳에서 포르투갈의 탐험가 바스쿠 다 가마가 죽은 후 (1539년 리스본으로 옮겨가기 전에) 1524년 크리스마스 전날에 묻혔다. 오늘날 이곳에는 더 이상 프란체스코 교단의 교회가 없고, 모든 기독교인의 대화를 이끌어가는 회중인 인도 남부교회 소속의 교회들만이 있다. 야곱 사제가 중앙 전면의 입구에 있는 발코니 뒤에 앉아 방문객들을 맞이한다. 그의 유대인 이름은 인도 남부의 전형적인 특징, 즉 짙은 피부색, 아유르베다 스타일의 아로마오일 향을 풍기는 아름다운 회색 머리카락, 깨끗한 흰색의 긴 튜닉 의상과 어우러진다. "우리는 세계에서 가장 보편적인 교회로, 시리아-기독교인, 개신교도, 성공회교도, 그리스 정교 신자를 모두 수용하며 우리 중에는 가톨릭 신자도 있습니다. 이 모든 것이 가능한 곳은 케랄라뿐일 겁니다."

이곳에서는 멀리 떨어진 주들에서도 계절 이민자들이 올 정도로 물고기가 많이 잡힌다. 이곳 주민들은 '안드라프라데시주의 주민들'과 '오리사주의 주민들'과 같이, 수백 킬로미터 떨어진 인도의 다른 지역들에서 온 어부 공동체들을 쉽게 알아본다. 이 지역 주민들은 개별적으로 저인망 어업 활동을 한다. 카누 또는 폭이 좁은 곤돌라를 타고 해류에 맞서 열정적으로 노를 젓는 마른 체형의 어부들은 초인적인 에너지로 바다 위를 달리는데, 멀리서 보면 등 뒤로 솜사탕 같은 얇은 흰색 그물을 힘차게 물로 던지고 있다. 양식업을 위해 만든 인공 호수에서는 여성들이 옷을 입은 채 잠수하고,

시장에 내다 팔기 적합한 큰 물고기들을 전문가의 손놀림으로 선별한다. 600년 전에 중국에서 수입된 가장 오래된 그물은 방대한 해안 지역들에서 사용되고 있었는데, 이들을 고정하는 목재 구조는 멀리서 보면 거대한 플라밍고처럼 보인다. 그리고 이들은 마치 야자수만큼이나 거대한 거미들처럼 물속으로 내려진다.

케랄라에서는 높은 교육 수준이 농담의 소재가 되었다. 지역 노동시장의 일자리에 비해 수준이 너무 높은 젊은이들에게 외부 세계로의 이주는 배출구가 되었다. 케랄라주의 코치에서는 다음과 같은 농담이 회자된다. "카르나타카주의 기적(인근의 주 정부, 특히 벵갈루루시의 정보학 붐)은 케랄라의 인재들 때문에 가능했다." 아라비아해를 넘어, 특히 두바이에서 기회와 부를 성취한 젊은이들의 수가 점차 늘어나고 있다.

VI

돈이 많을수록 자유는 축소된다?
동남아시아의 멀고 먼 행복

중세 버마로 여행을 떠났던 일이 오래 전인 것 같지만 실제로는 불과 10년 전이었다. 버마를 방문해 놀랍고 끔찍한 능력을 가진 한 여성과 회담을 한 오바마 대통령을 동행 취재했다. 오바마의 인도네시아, 베트남, 라오스 방문에 대한 나의 취재 일지들. 경제발전의 지도는 놀라움 그 자체였지만 인권의 지도는 기대에 훨씬 미치지 못했다. 이러한 국가들은 새로운 동양 용들의 불안하기 짝이 없는 실험실이었다.

버마, 2007년 7월

망각의 기억 속으로 사라진 재앙에 대한 기내 취재일지

여러 날 전부터 나는 이라와디강의 뱃길을 따라 여행하면서 여러 유령 마을을 지나고 있다. 단지 초가 지붕의 끝부분만이 수면 위로 모습을 드러내고 있다. 초라한 대나무 오두막들은 물속에 완전히 잠겨 있다. 갑자기 강줄기가 사라지고 왼쪽으로 사막이 나타난다. 강변의 주민들은 식량을 찾아 열대림의 숲속으로, 그리고 구릉 지역들로 이주했다. 이제는 급조한 뗏목을 타고 피신한 소수의 사람들만이 남아 있을 뿐이다. 뗏목들은 나무의 꼭대기에 고정되어 있다. 파고다의 금빛 상단은 늘 밝게 빛나고 있다. 끝없이 펼쳐진 밤색 물길을 따라 이따금씩 한 무리의 농민들이 작은 통나무배(카누)의 노를 젓고 있다. 강은 그들에게서 모든 것을 가져갔고, 그들은 물에서 생존에 필요한 생선, 대나무 지팡이, 또는 급물살을 타고 운반되는 통나무들, 어느 날 갑자기 홍수로 사라진 오두막집을 다시 짓는 데 사용할 목재들을 구한다.

2007년 7월 세상은 텔레비전을 통해, 여기에서 아주 멀리 떨어진 인도와 방글라데시에서 태풍으로 인해 발생한 수천만 명의 이재민들이 도움만을 기다리는 참담한 재앙을 목격했다. 당시에는 이 비극이 버마에 심각한 고통을 주었다는 사실을 아는 사람이 아무도 없었다. 버마는 이해 여름 잊혀진 비극의 희생자였다. 이 나라의 인구는 이탈리아와 비슷하게 대략 6,000만 명이다. 얼마나 많은 주민이 태풍을 피해 이주했는지, 얼마나 많은 사람이 사망했는지, 얼마나 많은 사람이 기아 또는 질병으로 죽음에 직면했는지 누구도 알지 못한다. 해외의 텔레비전 방송은 이곳의 공포와 고통의 모습을 방송으로 보도하지 않았다. 나는 인도와 방글라데시에서 봉기가 발생했다는 소식을 인공위성 안테나 덕분에 BBC방송을 통해 접했다. 이웃 국가인데도 마치 비현실적인 먼 곳의 이야기인 것 같다. 버마의 위급 상황은 우리의 상상을 초월한다. 하지만 누구도 이에 대해 알아서는 안 된다. 나는 이라와디강을 따라 가축들로 넘쳐나는 작은 섬들을 목격했다. 몬순 태풍이 이곳의 마을들을 강타했을 때, 절망에 빠진 농민들은 자신들의 유일한 재산만은 구하려고 노력했다. 이들은 자신들의 소, 돼지, 양을 홍수에 잠기지 않은 땅으로 몰아넣었다. 마치 무인도에 도착한 피난민들처럼, 동물들은 물에 둘러싸인 채 강의 포위에 오래 버티지 못할 것 같았다. 며칠이 지나자 소들은 점차 야위어갔다. 아무런 도움의 흔적도 없었다. 내가 탄 페리(관광객을 위한 개인 보트)에서 때때로 구명정이 내려지고, 선원들은 우리의 물품에서 빼낸 쌀 몇 봉지와 물 몇 캔을, 물에 잠긴 마을에서 도망 나온 가족들이 피신해 있는 뗏목으로 가져간다. 구호품이 도착했을 때 이들은 서로 싸우기보다는 환호의 소리를 지를 뿐이다. 사람들은 웃음을 지으며 감사의 표시로 손을 흔든다. 버마 사람들의 부드럽고 놀라운 친절함은 재앙 앞에서도 결코 사라지지 않는다. 이들은 우리의 도착에 놀란 듯하다. 하지만 그들은 우리에게 아무것도 기대하지 않는다.

버마, 또는 군사정권에 의해 미얀마로 개칭된 이 나라는 현재 정부가 없는 국가처럼 보인다. 모든 지역이 홍수의 피해를 입었고 주민들은 피난을 떠났으며 수확물은 모두 분실되었다. 또한 체계적인 구호 활동은 어디에서도 보이지 않는다. 국가의 모든 자원을 독차지하는 거머리와 같은 존재인 군부는 무언가를 해야만 할 때 갑작스럽게 그 모습을 감춘다. 4일간 항해를 했지만, 수평선 너머로 구호품을 낙하하는 비행기도 헬리콥터도 시민 보호를 위한 보트도 보이지 않는다. 아직은 통행이 가능한 도로들에서 구호품을 운반하는 군 트럭도 보이지 않는다. 버마는 지상에서 가장 경직된 독재국가 중 하나로, 외국인들의 휴대폰을 차단하고 인터넷을 암호화하거나 신문기자들의 비자 발급을 금지하면서 국가 재난의 사태에 무대책으로 일관한다. 여기 농민들은 홍수가 언제 발생하는지를 잘 알고 있어, 때가 되면 도시로 이어지는 주요 도로로 피신하여 불과 수일 만에 길가를 따라 대나무와 짚으로 임시 거처를 마련하며, 아이들은 벌거벗은 채 돼지나 소와 함께 진흙탕에 뒹굴고 있다. 말라리아가 창궐하는 이 지역에는 마실 물에서 약품에 이르기까지 모든 것이 부족하다. 하지만 도시로부터 의사와 간호사는 오지 않는다.

해가 지기 직전, 이라와디강 흙탕물 위로 익사한 쥐 사체 수백 개가 떠내려왔다. 이들은 만달레이의 인근 해안에서 목격되었다. 몬순 태풍으로 인해 모든 것을 잃은 수재민에게는 뜻밖의 선물이었다. 아이들은 망설임 없이 흙탕물로 뛰어들어, 배를 물 밖으로 드러낸 채 떠내려가는 쥐 사체들을 좇아 수영을 한다. 저녁에는 모닥불이 켜지고, 물에 잠긴 마을들로부터 피신한 농민들은 자신의 임시 천막 앞에서 쥐들을 불에 굽기 시작한다.

이러한 비상사태는 엄격한 검열의 통제를 받는 지역신문에 실리지 않는다. 한심하기 그지없는 공식 일간지《미얀마 타임스》에는 군부에서 통보받은 해외 고위인사(대개의 경우 중국의 고위인사)의 방문이나 실재하지 않는 공공사업의 개막 찬양 등 정권에 유리한 행사 소식만이 게재된다. 지역신문들에 실리는 유일한 사진은 이미 반세기 전부터 이 국가를 탄압하고 있는, 제복과 별을 단 군인과 붉은 쿠데타를 주동한 인물 들의 모습뿐이다.

나를 위해 통역을 해주는 (자신의 이름을 밝히지 말 것을 당부한) 버마의 젊은이는 이러한 불행에 대한 어리석은 침묵의 이유를 잘 알고 있다. "국제연합 또는 서양의 인권 단체들은 우리를 도와주려고 하지만, 정부는 원하지 않아요. 이미 수년 전부터 이러한 상황이 반복되고 있어요. 수차례에 걸쳐 국제조직들은 학교, 대학, 병원, 기간산업을 건설하기 위한 재정적 지원 의사를 밝혔어요. 그때마다 정권이 거부했죠. 그들은 간섭을 원하지 않는다고 말해요."

버마는 정권이 자처한 고립으로 엄청난 대가를 치르고 있다. 내가 여행한 강 그 자체가 참담한 비극의 증인이다. 1920년대, 즉 버마가 영국의 식민지였던 당시에 이라와디강은 국가의 화물 운송 도로로 가장 중요했으며 연간 900만 명이 이용했다. 이 지역 고유의 목재인 티크나무와 같은 물품의 운송을 위한 고속도로였던 셈이다. 오늘날 '코끼리들의 강', 즉 버마의 갠지스강은 그 긴 지류 전체가 희귀하고 낡은 바지선들만이 오가는 황량한 빈 공간이나 다름없다. 다만 양곤(랑군)과 만달레이 같이 중국과 인도의 자본들로 근대화된 예외적인 공간들을 제외한다면, 이 나라의 거의 전체가 이러한 비극적 상황에 직면해 있다. 2007년 버마는 1950년대 아시아의 다양성, 풍속, 게으름, 심지어 조지 오웰에 의해 묘사된 불멸의 '인도제국'과 같은 분위기가 되살아난 것 같은 모습을 볼 수 있는 최후의 장소 중 하나였다. 이는 고립되고 경제적 발전이 전혀 이루어지지 않은 것에 따른 잔인한 결과였다. 버마의 후진성은 서구의 방문자들에게 큰 인상을 남기지만, 반면에 주민들은 인근 국가인 태국이나 심지어 베트남에 비유되는 원시적인 삶으로 인해 큰 고통을 받는다. 기대수명은 남성 58세, 여성 60세이다. 아시아에서는 가장 낮은 수준이다. 아동사망률은 7퍼센트로 거의 아프리카 수준이며, 어린아이들의 1/4은 영양실조 상태인 젊은 엄마들에게서 태어난다. 1인당 국민소득은 연 700달러로 태국의 1/3 수준이며, 세계은행이 발표한 절대빈곤의 수준을 밑돌고 있다. 양곤과 고대 도시 페구[1]를 이어주는 제1고속도로의 도로 위에는 수많은 포트홀이 있으며, 마지막 아스팔트 공사는 수십 년 전이었던 것 같다(그럼에도 정부는 통행세를 징수하고 있다). 이 국가는 석유가 풍부하지만 휘발유를 배급하고 있다. 길가에는 작은 노점들이 있는데, 이곳에서는 공식 가격보다 비싼 값으로 휘발유를 병에 담아 판매한다. 암시장에서는 달러도 거래되는데, 정부의 환율보다 10배 높은 가격으로 거래된다. 외화를 취급할 수 있는 사람은 어느 정도의 사치를 누릴 수 있다. 내 가이드가 사용하는 전화는 2,000달러를 주고 산 것인데, 이는 대부분 노동자들의 1년 봉급에 해당하는 거금이다. 철도와 도로는 식민지 시대에 영국이 건설한 것이다. 도로 위를 달리는 트럭의 대부분은 미국이나 일본에서 생산된 것이며 그 시기는 제2차 세계대전 당시로 거슬러 올라간다. 도시에서 벗어나면 가장 흔한 교통수단은 가난한 사

---

1 Pegu, 오늘날의 바고.

람들의 사이드카(Sidecar)이다. 이는 측면에 바퀴 하나를 더 장착하고 그 위에 승객용 의자를 설치한 자전거이다.

국가가 손을 놓은 채 방치한 상황에서 작동하는 유일한 복지는 불교이다. 이 나라에는 50만 명의 승려와 5만 명의 수녀가 있다. 이들 대부분은 불교를 자발적인 종교적 소명으로 여기지 않는다. 불교는 다만 교사교육의 기회를 가질 수 있는 유일한 방법이다. 사원들에서는 신성한 텍스트의 팔리어(Pali) 외에 표준 영어도 가르친다. 영어는 희망의 언어이며, 달러로 지불하는 외국인과 접촉하는 소수의 관광 활동처럼 좋은 직업을 얻기 위한 수단이다. 많은 젊은이들이 일곱 살에 사원에 들어가 승려들과 10년간 공부를 한 뒤 보다 수준 있는 문화 시민으로 돌아온다. 종교적 지위, 승려의 녹색 튜닉과 수녀들의 우아한 분홍색 의상은 기아에서 벗어나기 위한 일종의 보험이다. 사나운 몬순기후에도 승려들은 매일 아침 새벽에 사원을 나와 음식을 구하기 위한 순례를 시작한다. 결핍이 만연한 상황에서도 버마인들은 신성한 자선 행위를 부정하지 않는다. 오늘날 군사 권력이 유일하게 관용적으로 대하는 사회조직인 불교조차도 정부에 맞설 수 없다.

양곤 정부에 대해서는 무관심이 지배적이다. 동남아시아 국가들의 연합인 아세안(Asean)은 회원국으로 참여하고 있는 버마의 쿠데타 정부가 자행하는 인권탄압을 눈감아주고 있다. 중국 공산당과 인도 민주정부는 버마 정권을 계속 비호하면서 이 나라의 천연자원, 즉 석유와 풍부한 산림자원을 수탈하고 있다. 미국과 유럽연합은 이론적으로는 잔인한 불법 정부를 처벌하기 위해 대(對)버마 금지조치를 취하고 있다. 1990년 네 윈[2] 장

2 Ne Win, 1962년 쿠데타를 일으켜 정권을 잡은 군인.

군의 독재에 저항하는 시위가 자유선거로 이어지면서 아웅 산 수 치 여사 (1991년 노벨 평화상 수상자)의 민주당이 큰 표 차이로 승리했다. 하지만 군사 권력은 시민들의 의사를 무시하고 그녀를 자택 구금했다. 하지만 서양의 제재에는 결정적인 약점이 있었는데, 프랑스 에너지 기업인 토탈이 수년 전부터 제재를 무력화하고 버마 군사독재의 장군들과 비즈니스를 하고 있었기 때문이다.

버마는 북한 다음으로 동양에서 가장 부패하고 잔인한 권력일 것이다. 제네바 국제노동기구(International Labour Organization, ILO)는 미얀마에 대해 전례가 없는 조치를 결정했다. 즉, 공공근로를 위한 강제노동이 계속되는 한, 그리고 이를 정권이 '자유롭고 자발적인 자원봉사자들의 불교 전통'인 것처럼 정당화하는 것을 철회할 때까지 외국의 모든 다국적기업에게 철수해줄 것을 요청했다.

만달레이에서 양곤까지 이어지는 이라와디강을 따라 길게 늘어선 대부분의 농촌 마을에서는 전기 불빛도 수도도 하수도 처리 시설도 찾아볼 수 없다. 자연 풍경의 아름다움, 항상 푸르른 언덕, 정글, 논과 호수, 수많은 고대 사원, 흰색과 황금색으로 장식된 파고다, 옆으로 누워 미소를 짓는 거대한 불상. 이 모든 환상적인 이미지는 참혹한 빈곤에 가려져 있다. 학교에는 교재들이 없다. 들녘에서는 농부들이 맨손으로 일을 하며 가끔은 물소들의 도움을 받기도 한다. 트랙터는 소수를 위한 사치일 뿐이다. 바간[3]에서는 정부가 지역 수공품들의 전통수공업을 내세워 관광객을 유치하려는 선전 활동에 앞장서고 있다. 하지만 이러한 모델의 상점들은 착취와 비방의

---

3 Bagan, 미얀마 만달레이주의 고대 도시.

공간일 뿐이다. 열두 살, 열세 살 정도의 어린 소년과 소녀들이 끔찍한 환경에서 메스꺼운 연기를 내뿜는 수지와 검은 페인트에 하루 종일 손을 담근 채 과도한 노동에 시달리고 있다.

그러한 '모형 실험실'을 방문하면 외국인과 접촉하기 위해 혈안이 된 버마의 어린아이들을 목격할 수 있다. 관광지에 도착한 서양의 관광객들은, 항상 미소와 친절한 몸짓을 보이면서 자발적으로 관광 가이드를 해주겠다는 어린아이들에 포위된다. 이들은 팁을 얻으려는 것 외에도(하루에 1~2달러만 받아도, 논에서 일하는 아버지들의 수입을 능가한다), 외국어를 배우기를 간절히 바란다. 배고픔은 기적을 만든다. 나는 학교에서 배우지 않아도 영어를 상당히 잘하는 어린아이들을 알고 있다. 이들은 외국인 방문객에게 접근하려고 했을 뿐이다. 또한 프랑스어, 독일어, 스페인어, 그리고 이탈리아어를 말하기도 한다(이들은 심지어 이탈리아 축구 응원가를 외워서 실수 없이 정확한 발음과 악센트로 부르기도 한다). 가끔씩 관광객들을 만나 배우는 서양 언어는 이들을 구원할 여권이 될 수 있다. 즉, 보다 나은 직업을 구하고, 특히 달러로 보수를 받을 수 있는 가능성이 생긴다. 만달레이에 함께 갔던 동료 중 중년의 한 친구는 30년 전 일본 다국적기업에서 화학공학자로 일을 했었다. 하지만 그는 국가의 국제적 고립과 경제적 침체로 인해 현재 일본인 관광객 그룹을 위한 가이드 일을 하고 있다.

'버마의 사회주의를 향한' 반세기에 이어진, 뇌물에 상당히 관대한 자본주의에 몹시 익숙한 새로운 군사독재는 모든 공공서비스를 크게 위축시켰다. 학교는 열악하기 그지없다. 양곤을 방문했을 때 나를 도와준 통역사는 말했다. "누구도 우리나라의 대학에서 공부하기를 원하지 않고, 교수들은 아무것도 가르치지 않아요. 우리나라의 대학은 정부의 사기나 다름없어요. 내 딸은 영국대사관이 주관하고 영어로 강의하는 무역회계 과정에 등록해야만 했죠. 그게 유일하게 인정받는 해외 학위였거든요."

불교에 대한 정권의 태도에는 변화가 있었다. 네 원 장군이 통치하던 당시, 사회주의 이념을 공식적으로 수용한 것은 특별히 모든 종교와의 긴장 관계를 초래했다. 불교 사원들은 진정한 지성의 중심이며 저항의 진원지였다. 역사적으로 1930년대 영국인들에 맞선 첫 민족주의 저항의 중심이었으며, 1980년대에는 또다시 저항을 주도하면서 첫 군사독재의 위기를 가속화하는 원인이기도 했다. 따라서 네 원 장군은 불교의 세계를 불신하고 있었다. 반면에 그를 계승한 독재자들은 전략을 바꾸었다. 군사정권의 최고 지도자들은 라오스와 태국과의 국경 지역에 위치한 골든트라이앵글에서 아편 등의 무역으로 큰돈을 축적했다. 오늘날 이들은 황금색으로 도색한 돔이 천년 유적의 풍요로움을 그대로 보여주는 새로운 파고다를 건축했는데 자신들의 돈으로 건축비의 일부를 지원하면서 불교를 후원하는 시늉을 하고 있다. 조지 오웰의 소설 『버마 시절(Burmese Days)』(1934, 한국어판은 열린책들, 2010)의 주인공인 버마인 치안판사 우 포 킨처럼 군부 쿠데타 정권의 보스들은 미래의 환생을 위해 천상의 공덕을 쌓고 수도원에 대한 기부를 확대하면서, 자신들에 저항하는 민주주의 반대자들에 대한 잔혹 행위를 보상한다.

"버마를 자주 방문하는 사람은 우리의 일상이 얼마나 어려운지를 알기 힘들다. 겉으로는 평온해 보이지만 유능하지 못한 군부에 의해 통치되는 정부와 가까운 관계에 있는 사람이라면 그 이면의 것들을 볼 수 있을 것이다. 택시를 타고 주변에서 운행 중인 자동차들을 살펴보라. 이들 모두가 정부의 관료들이 공식 가격보다 10배, 15배 비싼 가격으로 내다 판 기름을

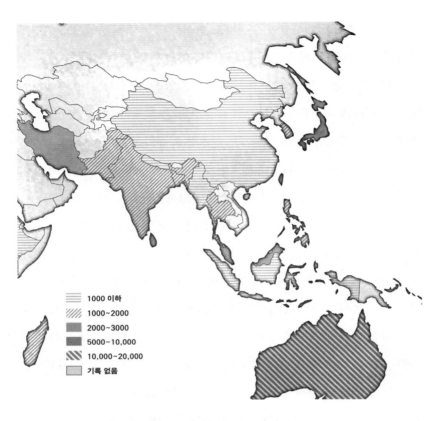

1000 이하
1000~2000
2000~3000
5000~10,000
10,000~20,000
기록 없음

1960년 동남아시아의 1인당 국민소득 분포(2011년 기준 달러로 표기)

암시장에서 구입한다."아웅 산 수 치 여사가 『나의 버마에서 보내는 편지 (Lettere dalla mia Birmania)』(2007)에서 언급한 내용이다.

2007년 수 치 여사에 대한 군부의 감시는 철저했다. "그들은 몇 년 전에 그랬던 것처럼, 수 치 여사가 집에서 가까운 사람들과 비공식적으로 만나는 것조차 금지했어요."내 통역사가 작은 소리로 말해주었다. 8월 19일 엄격하게 배급된 '합법적인' 휘발유의 값이 갑자기 500퍼센트 급등했다. 요리할 때 사용되는 액화가스의 가격도 마찬가지로 폭등했다. 이미 극단의 빈곤에 허덕이고 있으며 역사상 가장 오랫동안 군부독재가 유지되고 있는 국가로서는 견디기 힘든 충격이었다. 휘발유와 가스 가격의 상승은 최근 10년간 있었던 가장 심각한 항의 시위를 촉발했다.

2주 전부터 수도 양곤과 다른 많은 도시들의 광장에서는 매일같이 항의 시위가 벌어졌다. 수백 명 규모의 시위대는 우발적으로 모였지만, 인플레이션에 반대하는 시위 슬로건은 주변 사람들의 자발적인 호응을 얻었다. 항의는 오래가지 않았다. 악명 높은 부르주아 민병대와 폭력배들이 시위대를 포위했다. 이들은 군부가 반대자들을 탄압하기 위해 조직한 무리들로서, 말하자면 '정직하고 애국주의에 고취된 시민들의 자발적인 반응'인 것처럼 선전되었다. 양곤의 주요 교차로들에는 청년 불량배들을 태운 트럭들이 가득했는데, 이들은 항의 시위를 신속하게 진압하기 위해 도시에 진주해 있었다. 2주 만에 150명의 시위대가 투옥되었고, 이들 중에는 이전에 풀려난 반체제 인사들이 포함되어 있었다. 이후에도 국가의 모든 지역에서 시민들을 체포하기 위한 활동이 지속되었다. 노선이 차단된 지역들에서 버스가 정차하면 승객들은 하차하여 신분증을 제시해야 했다. 수배자들의 사진은 숙박업소와 병원에 뿌려졌다. 투옥된 자들은 폭력에 저항해 단식투쟁을 벌였다. 시위 주동자들 중 한 명인 오 와이는 구타를 당해 다리가 부러졌지만, 경찰들은 치료해줄 의사의 방문을 막아버렸다. 오 와이는 수 치 여사의 정당인 민족민주동맹(National League for Democracy, NLD)의 단원이었다.

일반적으로 정부와 대치하는 상황을 피하면서 중립적인 입장을 고수하려고 했던 국제적십자는 최근 들어 1994년 루완다의 대량학살 당시와 유사한 폭력을 자행한 버마 군부를 비난했다.

　적십자의 기소 내용은 잔인한 범죄의 목록이나 다름없다. 소수인종에 대한 탄압 과정에서 버마 군부는 다르푸르에 있던 많은 마을을 파괴했다. 골든트라이앵글에서 시작된 불법 마약 거래(정권과 결탁한 마약왕 쿤사가 통제한다)는 오염된 주사기 사용으로 에이즈 전염을 확산시켰다. 경제적 발전과 근대화의 흔적을 찾아볼 수 있는 유일한 곳은 중국 제품의 교역이 성행하는 중국 국경의 도시들이다. 극심한 빈곤을 피해 태국으로 이주하는 버마인들의 수가 계속해서 증가하고 있다. 이들은 불법체류자로서 건설 현장에서 반(半)노예 상태로 살거나 성매매를 강요받고 있다.

　버마 전문가 중에 가장 잘 알려진 인물은 마흔 살의 버마 역사학자인 탄트 민우이다. 그는 1960년대에 유엔 사무총장을 지냈지만 실종된 우 탄트의 조카이기도 하다. 그에 따르면, "버마의 시민 전쟁은 오늘날 세계에서 가장 오래된 무장투쟁이며 아직도 종식되지 않고 있다. 어떤 의미에서는 이곳에서 제2차 세계대전이 아직도 진행되고 있다". 버마는 영국인들, 이후에는 일본인들과의 투쟁, 두 번에 걸친 중국의 침략, 여러 공산주의 게릴라와의 투쟁, 그리고 여러 소수인종의 무장 저항을 거치며 세계에서 가장 많은 수(40만여 명)의 군대를 보유한 나라 중 하나인데, 이 군대는 무장 마피아들로서 국민의 모든 자원을 착취하고 있다.

　오늘날 버마 전체는 오웰의 소설처럼 보인다. 군부는 재정적으로 국가를 파멸시켰고 그 결과 수도는 양곤에서 북쪽으로 400킬로미터 떨어진 네피도로 바뀌었다(2006). 당시 수도를 옮긴 목적은 1988년 민주주의 운동의 중심이었던 도시 중산 계층을 붕괴시키는 것이었다. 또 다른 파라오식 계획은 기술적 근대화의 속임수를 상징하는 사이버 도시 야다나폰

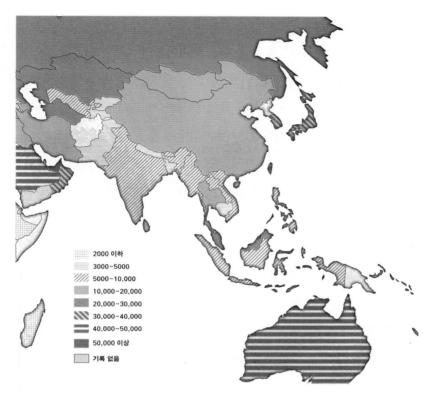

1980년 동남아시아의 1인당 국민소득 분포(2011년, 달러)

기록 없음
- 2000 이하
- 3000~5000
- 5000~10,000
- 10,000~20,000
- 20,000~30,000
- 30,000~40,000
- 40,000~50,000
- 50,000 이상
- 기록 없음

(Yadanapon)이었다. 나는 사이버 카페에 입장해 정보 사이트에 접속해보았다. 하지만 화면은 규칙적으로 어두워지다가 '접근 불가'라는 메시지가 나타났다. 오웰의 소설을 떠오르게 하는 이러한 계획은 국가의 지명 전체를 교체하려는 군부의 광적인 의도였다. 그 결과 버마는 미얀마가 되었고 랑군은 양곤으로 명칭이 변경되었다. 길거리들에서는 마약을 하는 자를 사형에 처한다는 현수막을 볼 수 있지만, 이미 사람들은 불법 마약 거래가 군

대의 수뇌부를 부자로 만든다는 사실을 잘 알고 있다.

주민들은 낯선 사람들을 믿는 것을 두려워하며 국가는 많은 스파이들로 넘쳐나기 때문에 고발에는 비싼 대가가 따랐다. 반면에 해외와 소통하려는 욕망은 매우 강하다. 도시를 함께 산책한 지 불과 몇 시간이 지나지 않아 나의 가이드는 더 이상 참지 못하겠다는 표정으로 말했다. "수많은 군인들은 가난하고 무지해요. 하지만 군대의 수뇌부는 사악한 사람들입니다. 우리에 대한 세계의 평판이 좋지 않은 건 군대 때문이에요." 말이 끝나자 가이드는 아웅 산 수 치 여사가 감금되어 있는 호수 위의 한 저택을 손가락으로 가리켰다.

유럽과 미국의 민주주의로부터 버림받았다고 생각하는 사람들이 있다. 1988년 버마 민주화운동의 소년들이 그 대표적인 사례이다. 당시 태국 국경의 열대림 숲속으로 도망했던 이들은 해외로부터 군사정권을 붕괴시키기 위한 도움이 올 것이라고 확신하고 있었다. 그들 중 한 명이 탄트 민우였다. "미국 특수부대가 오고 있고, 미 해군이 이미 버마 해안에 도착했다는 소문이 있었다." 하지만 지원은 오지 않았고 1988년의 소년들 대부분은 서양이 버마를 잊었다는 것에 대해 이해하지 못하고 있었다.

'인도네시아 모델', 2010년 11월
어린 시절의 오바마와 함께
"아버지의 이미지를 풍기는 한 사람이 어린 시절 이곳에서 나에게 이슬람은 관용이며 나는 이 사실을 결코 잊지 않았다고 가르쳤다." 버락 오바마는 이곳 자카르타에서 자신의 어린 시절 기억의 일부를 재발견한다.

수많은 미국인들은 이해하기 힘들겠지만 이 '글로벌' 대통령은 자신의 평범하지 않은 자서전을 언급하면서 이를 무슬림과의 대화를 제안하기 위해 활용했다. "나는 기독교인으로서, 이스티클랄 모스크를 방문해 다음과 같은 성명서를 발표했다. 무슬림은 교회에 갈 수 있다. 왜냐하면 우리 모두는 하나님의 자식이기 때문이다." '본국으로 귀국'하는 날, 오바마는 자신의 어린 시절을 회상하며 감상에 젖었다. 그는 인도네시아를 "세속적이고 다원적이고 관용적이며, 이슬람이 지배적인 국가들 가운데 가장 위대한 민주주의 국가이다"라고 말했다. 이는 아시아 방문의 가장 감동적인 순간이며 기억에 남을 만한 여행이었다. 그는 환영과 반대 시위가 함께하는 현장에 있었다. 2009년 6월 4일 카이로에서 오바마는 인도네시아대학교의 학생들에게 다음과 같은 연설을 했다. "미국과 이슬람 공동체와의 관계는 오래전부터 긴장 상태에 있었습니다. 하지만 나는 이 관계를 재구성하는 데 우선적인 관심을 가지고 있습니다."

자카르타는 평소와는 다른 분위기 속에서 미국 대통령을 맞이했다. 일요일 날 2만 명의 이슬람 극단주의자들은 다음과 같은 내용의 슬로건으로 적대적인 시위를 벌였다. "오바마와 부시는 쌍둥이이며 이들은 무슬림의 피로 손을 더럽힌 자들이다." 하지만 그가 도착한 날, 열대성 허리케인에도 불구하고 '인도네시아의 자식'을 위한 열렬한 환영이 있었다. 그는 "인도네시아는 나의 일부분입니다"라고 말했다. "나는 내 어머니가 이곳 출신인 롤로 소에토로와 혼인했을 때인 1967년 이곳에 왔습니다. 어릴 적부터 새로운 세계를 발견하고 있었죠. 하지만 인도네시아 주민들은 내가 집에 왔다는 느낌을 가질 수 있게 해주었습니다." 그는 인도네시아 대통령 수실로 밤방 유도요노에게는 이렇게 말했다. "내가 기억하는 자카르타는 지금과 많이 달랐습니다. 저택들은 층수가 낮았고, 이들 모두에 인도네시아 호텔이라는 현판이 있었습니다. 오늘날 이들은 모두 고층빌딩 사이로 사라졌죠." 이미 당시에도 지역의 인력거들로 인해 교통 혼란이 극심했다. 그의 엄마와 의붓아버지는 "믄틍 달람에 위치한, 문 앞에 망고나무가 있는 작은 집에서" 살고 있었다. "잠자리와 함께 논을 달리던 추억, 연을 가지고 하는 게임, 노점상에서 산 꼬치구이 음식에 대한 많은 기억이 떠오릅니다. 특히 사람에 대한 기억들이 생생해요. 어른들은 잔잔한 미소로 바라보았고, 아이들은 작은 외국인 아이의 마음을 편하게 해주었으며, 스승들은 보다 넓은 세상을 향해 눈을 뜨게 해주었습니다."

솔직한 연설이었지만 미국에서는 큰 호응을 얻지 못했다. 2010년 11월 마지막 입법부 선거에서 승리한 티파티 운동[4]의 우익 인사들에게, 오바마 대통령이 인도네시아에서 보낸 어린 시절은 의심의 여지로 남았으며 '외국인 대통령'에 대한 적대감의 근거로 작용했다. 고층 건물들의 그늘에서 성장한다는 것은, 동향 주민들의 20퍼센트에게는 오바마가 무슬림이라는 증거로 간주되었다. 미국 대통령은 "나의 의붓아버지는 대부분의 인도네시아 사람들처럼 무슬림 종교의 신앙하에서 교육을 받았지만, 그럼에도 모든 신앙이 동일한 존경을 받아야 한다고 굳게 믿고 있었습니다"라고 말했다. 이러한 따뜻한 이미지에 따른 평판은 나라 전체로 확산되었다. "우리의 헌법이 승인한 관용의 정신은 이 나라의 근본적이고 매력적인 성격 중 하나입니다." 그가 최근에 방문한 인도 이후 인도네시아는 또 다른 모델이

---

4 Tea Party Movement, 미국의 조세 저항 운동으로, 특정 정당이 없는 무정형의 형태지만 정치적으로는 보수 성향을 띠는 '극우 반정부 운동'을 의미한다.

다. 무슬림 인구가 가장 많은 나라이지만 종교 간 차별은 없다. 이것은 이슬람이 다원주의, 그리고 세속국가와 잘 공존할 수 있다는 증거이다. 이것은 최근 미국에서 흑인 대통령이 선출되었듯이 최근에 실현된 것이다. "나는 내가 대통령이 되어 미국에 돌아갈 것이라고는 상상하지 못했습니다." 그는 모친의 이미지("그녀는 여성 해방이 교육에 의해 실현될 것이라고 확신했어요.")와 사랑하는 여동생 마야에 대해서도 회상했다. "내가 물소와 염소들 사이로 들녘을 달리며 뛰어놀던 이 나라는 오늘날 지구에서 가장 '디지털화된' 새로운 세대를 보유한 글로벌 경제의 강대국입니다." 오직 민주주의 국가들을 대상으로 선택한 이번 방문에서 오바마는 가치들까지도 고려한 외교정책을 제안했다. 인도네시아 대통령과 합의한 사항 중 하나는 산림벌채 및 기후변화와의 투쟁에 대한 것이었다. 인도네시아는 이탈리아 다음으로, 중국 정부와 같은 권위주의 정권들과 차별화된 모델이었다. 오바마는 "민주정치는 혼란에 빠졌습니다. 하지만 당신들은 민주정치와 성장이 합쳐질 수 있다는 것을 보여주는 증거입니다"라고 말했다.

나는 미국 대표단과 함께 자카르타를 여행할 때도 여러 기억을 떠올렸다. 짧은 기간이었지만 인도네시아는 내가 일했던 첫 국가였다. 나는 스물세 살이었던 1979년 다국적기업인 스위스 네슬레의 지원하에 제3세계에서의 연구 프로젝트를 수행하고 있었다. 당시 인도네시아는 저개발국가로서 제3세계에 속해 있었다. 유럽의 현실과는 거리가 멀고 이국적이었다. 식민주의의 흔적도 적지 않았다. 나는 얼마 동안 자카르타에 살다가 수라바야로 옮겨갔다(두 도시 모두 자바섬에 있다). 왜냐하면 이곳에 네슬레의 가장 큰 공장이 있었기 때문이다. 특히 수라바야에는 사람들이 거의 살지 않았다. 나는 자동차는 거의 없지만 인력거와 자전거가 넘쳐나는 도시를 돌아다니곤 했다. 당시 많은 사람들이 나를 쳐다보곤 했는데, 이곳에는 백인이 거의 없었기 때문이다. 자연스럽고 도시적이며, 그리고 인간적인 환경에는 사람들의 모습이 거의 보이지 않았는데, 마치 조지프 콘래드[5]의 소설이 재현된 것 같았다.

민주주의는 아직 실현되지 않았고 이슬람의 존재는 매우 뚜렷하다. 스위스 다국적기업이 공장을 운영하기 위해 고용한 지역 엘리트들은 일반적으로 기독교인이었는데, 이들이 고위 부르주아 또는 지도 계층인 것은 확실했다. 이들 중에는 네덜란드어를 구사하는 사람들도 있었다. 나는 벨기에에서 성장했기에 금방 알아들을 수 있었다(플랑드르 언어는 네덜란드어와 매우 비슷하다). 식민지 개척자들의 언어는 지위의 상징이었기 때문에 부자들을 위한 사교육기관에서 사용되고 있었으며, 이는 특권 계층의 언어를 일반인이 이해하지 못하게 해주었다. 내가 보기에 식민지 시대 이후의 전환은 아직도 진행 중에 있는 것 같다. 인도네시아는 이미 당시에 미국의 긴밀한 동맹 국가였다. 하지만 공산주의와의 투쟁에서 권위주의 정권이 들어섰다. 30년 전 자카르타에서 어린 시절을 보낸 미국의 흑인 대통령이 상상하고 선언한 동맹과는 다른 동맹이었다.

버마, 2012년 11월 18일
몬순이 버마를 강타한 이후 5년이 지나 나는 양곤으로 돌아간다
오래전부터 아웅 산 수 치 여사가 가택 연금되어 있는 호수 위의 집은

---

5 Joseph Conrad, 『암흑의 핵심(Heart of Darkness)』의 작가.

버락 오바마 대통령을 기다리고 있었다. 미국 대통령은 밋 롬니 후보를 누르고 대통령 선거에서 승리한 이후, 첫 해외 순방의 이상적인 방문지로 아웅 산 수 치 여사의 저택을 선택했다. 오바마가 역사에 자신의 흔적을 남기게 될 4년의 대통령 임기를 앞두고 하게 된 첫 해외 방문이었다. 또한 그는 이 국가를 방문하는 첫 미국 대통령이기도 했다. 양곤의 호수 위 저택은 아웅 산 수 치 여사의 집이다. 오바마는 시민법을 위한 투쟁의 성지로 간주되는 이 저택을 방문했다. 나는 미국 대통령의 이번 방문을 백악관이 선정한 다른 기자들과 함께 동행 취재했다. 전혀 예상치 못하게, 과거 중국에 있을 때 알게 된 이 나라를 다시 방문하는 특별한 경험이었다. 지금 이곳에서는 갑작스럽게 정치적 상황이 수면 위로 떠오르고 있다.

2007년 신문기자 신분을 감추고 이 나라를 방문했을 당시, 사진을 찍기 위해 이 저택을 찾아오는 것은 체포되거나 추방될 수 있는 범죄로 간주되고 있었다. 오바마 대통령이 버마 정부의 모든 영광과 축복을 받으며 방문을 위해 건넌 대문의 안쪽에는, 아웅 산 수 치 여사가 시민들의 절대적인 존경에도 불구하고 가택 연금되어 있었다. 그녀는 실제 감옥에 투옥된 기간을 제외하고는 쿠데타 정권의 감시하에서 오랜 기간 이곳에 머물렀다. 오바마와 마찬가지로, 간디와 마틴 루터 킹의 글을 읽으며 성장한 그녀는 집에서 피아노를 치거나 남편이자 동양문명 전공의 영국학자 마이클 아리스가 남긴 철학 저술과 불교 경전을 읽으며 소일했다. 그녀는 남편을 보기 위해 해외로 나갈 수 없었고, 심지어 1999년 남편이 사망했을 때조차 가지 못했다.

나를 안내해주던 버마인 가이드들은 먼발치에서 호수 위의 저택을 마치 신성한 장소를 암시하듯 가리키며 작은 소리로 말해주었다. (혁명을 주도했던 승려들의 화관 색깔에서 유래한 이름인) 샤프란혁명이 시작된 2007년 9월, 수천 명의 불교 승려들이 정권에 맞섰으며 그녀의 저택 정문 앞까지 행진하며 시위를 했다.

오바마 대통령에게 이번 순방은 영국제국주의의 지배와 관련 있는 자신의 가족에 대한 기억의 한구석을 돌아보는 것이기도 했다. 케냐 출신인 할아버지 후세인 온양고 오바마는 제2차 세계대전 당시 버마에 주둔하고 있던 영국군의 요리사였다. 그는 바로 이곳에서 외교적으로 큰 성과를 거두고 있었다. 이 역사적인 날, 즉 정치적 긴장 완화의 초석을 준비하기 위해 미국 행정부는 오래전부터 공을 들이고 있었다. 오바마 대통령은 말했다. "일 년 전이었다면 이번 사태는 일어나지 않았을 것이다. 아웅 산 수 치 여사는 의회에서 선출되었고(2012년 4월 부분적인 입법부 선거에서 그녀의 민족민주동맹은 압승을 거두었다) 수백 명의 죄수가 석방되었다. 나는 민주주의를 향한 여정이 이제 시작되었다는 것을 안다. 앞으로 헤쳐나가야 할 일이 많다. 나는 수 치 여사의 판단을 경청하기 위해 이곳에 왔다."

2012년 1월 미국은 미얀마 정부와 외교 관계를 재개하고 경제제재를 완화하면서 첫 번째 반(半)자유선거를 통해 정권이 시작한 자유화를 지원했다. 백악관은 승리를 자축하지 않았다. 적어도 이러한 성공의 일정 부분은 아이러니하게도 중국의 간섭 덕분이었다. 광산 분야에 대한 중국 기업들의 강력한 영향력이 버마 대통령 테인 세인을 불안하게 만들면서, 그가 친서양의 성향으로 돌아서게 만들었다. 자유화는 아직까지는 국민 대다수의 삶을 개선하지 못했다. 하지만 미국 대통령이 호수 위의 저택을 방문한 것은 상당한 충격을 주었다. 정권은 몇 년 전부터, 미국을 자신들의 자유투쟁을 도와줄 우방이라고 생각하고 있던 국민의 환호를 그대로 묵인했다. 2007년 양곤을 방문했을 때 서양 방문객 수는 적었고, 비밀경찰의 감시하에서 별다른 환영을 받지 못했다. 하지만 불교 사원의 승려들이 거처하는 곳에 미국 문화, 영화, 팝 음악을 광고하는 포스터들이 가득 붙어 있던 것을 기억한다.

서양 제재의 점진적인 철폐가 진정 변화를 가져온 것은 사실인가? 미국과의 관계 회복이 실질적인 성과로 이어지기 위해서는 군사정권이 모든 경제활동에 대한 탄압을 멈추어야 했다. 위험은 다른 곳에도 있었다. 소수 인종에 대한 폭력이 그것이었는데, 아웅 산 수 치 여사는 이를 '국제적으로 끔찍한 비극'이라고 정의했다. 버마의 북쪽 지역에 살고 있던 10만 명 이상의 이슬람교도 로힝야 부족민이 방글라데시의 국경지대로 피신해야만 했다.

오바마는 호수 위의 저택을 방문한 후에 시민권의 또 다른 상징인 양곤대학교에 대해서도 언급했다. 자유를 위한 많은 봉기가 이곳에서 시작되었다. 군부의 지도자들은 이 대학교를 증오하며 파괴해야 할 대상으로 간주했다. 동일한 이유로 오바마 대통령은 이 대학을 선택하여 교육을 제대로 받고 있지 못한 버마의 젊은 세대를 만나려고 했다. 대통령은 민주주의에 대해 연설하면서, 이것이 "성취하기 매우 힘들고 점진적이며 무질서하고 항상 미완성 상태이기 때문에 미국에 있는 우리도 매일같이 이를 위해 노력해야 합니다"라고 했다. 그는 아웅 산 수 치 여사의 자식 또는 손자일 수도 있는 학생들 이야기를 경청하려고 했다. 이들로부터 이 나라의 진정한 상황에 대해 듣기를 원했기 때문이다. 오바마 대통령은 말했다. "저는 환상에 사로잡혀 있지 않습니다. 우리가 걸어가야 할 길은 아직도 멀어요."

버마, 2014년 11월

"2015년 버마에서 치러질 선거는 자유롭게, 투명하게, 모두를 포함하는 선거여야 한다." 오바마는 다음 일정인 말레이시아를 방문했고 이곳에서 그의 외교정책은 역사적 성공을 거두었는데, 말하자면 몇 안 되는 가시적인 성과 중 하나였다. 베이징정상회담과 오스트레일리아 G20회의에서 미국 대통령은 자신의 모든 영향력을 발휘했다. 당시 미국 대통령은 "진행 중인 민주화는 현실이다. 하지만 진정한 민주정치까지 우리는 전진해야 한다. 소수자들의 권리를 보호하고 시민 참여를 충분히 보장해야 한다. 결국 진정한 실험은 사람들의 삶이 개선될 수 있는가에 달려 있다"라고 했다. 2년 전 방문했을 때 정치개혁이 가속화되면서 상황이 개선되고 있었다. 하지만 얼마 후 아랍의봄은 오바마에게 뼈아픈 교훈을 제공했는데, 그것은 승리를 서둘러 축하하지 말아야 한다는 것이었다. 버마의 변화는 미완성의 상태로 남았으며, 그는 군사쿠데타로 권좌에서 내려온 테인 세인 대통령과 아웅 산 수 치 여사의 공식적인 만남에 기대를 걸어야 했다. (이 글을 쓰고 있는) 지금은 아웅 산 수 치 여사가 풀려난 상태이며 야당의 대표이지만 2015년 선거에서는 아직도 배제되어 있었다. 다른 여러 걱정거리 중에는 무슬림인 로힝야 소수인종의 문제가 포함되어 있었다. 이들은 불교 신자들의 공격 대상이었으며 14만 명이 방글라데시 난민수용소로 피신했다. 아웅 산 수 치 여사 자신도 무슬림을 탄압한다는 비난을 받았다. 인종 간 폭력을 해결하려는 노력은 별다른 성공을 거두지 못했다.

오바마 대통령은 민주주의로의 이행을 위해 미국의 영향력을 행사해야만 했지만, 동시에 미얀마가 다시 중국의 영향권으로 들어가는 것도 방지해야 했다.

지도 위의 붉은 선

하지만 오바마는 이전에 있었던 아랍의봄으로부터, 지도 계층을 통제하는 것이 얼마나 중요한가를 알게 되었다. 오늘 그는 양곤으로 돌아왔고 노벨평화상 수상자인 아웅 산 수 치 여사를 만났다. 그리고 수 치 여사가 "이 나라의 미래에서 유일하고 가장 중요한 인물이며, 시민사회의 가장 큰 지지를 받고 있다"고 언급했다. '아직도 상당히 유연한' 상황을 강력하게 통제할 수 있는 아시아의 넬슨 만델라였다.

추신, 1년 후

2015년 11월 8일 아웅 산 수 치 여사의 정당은 입법선거에서 압승했다. 헌법의 허점으로 인해 의장직은 차지하지 못했지만, 아웅 산 수 치 여사는 수상직과 외교부장관직을 차지해 실질적으로 버마 정부를 이끌었다. 그녀가 권력의 전면에 등장한 것은, 과거 민주화 시도를 비극적으로 좌절시켰던 유혈사태 없이, 불과 몇 년 전까지도 상상할 수 없었던 빠른 속도로 진행되었다.

베트남, 2016년 5월 23일
오바마의 호찌민 방문 동행 취재

이란 핵합의와 쿠바와의 외교 관계 완화 이후, 그리고 히로시마 기념식에 참석하기 전까지 오바마 외교정책의 이정표는 호찌민을 방문하는 것이었다. 오바마가 베트남에서 보여준 행보는 미국 대통령이 역사가들의 판단에 맡긴 '상속'의 일부, 즉 역사의 또 다른 페이지를 장식했다. 그의 임기는 끝나가고 있었다. 즉, 대통령 임기가 8개월 남은 시점이었다. 오바마가 계획한 아시아 순방의 첫 여정(일본에서 열린 G7에 참석하고 일정을 히로시마에서 마감할 예정이었다)은 새로운 전략을 보여주었다. 과거 적대 관계였던 베트남에 대한 무기 금수조치 해제가 그것이었다. 베트남과의 관계 개선은 이미 얼마 전부터 시작되고 있었으며, 전임 대통령이었던 빌 클린턴과 조지 부시는 하노이를 방문한 바 있었다. 오바마 정부는 전략적으로 상당히 획기적인 결정을 내렸는데, 베트남 정부가 군사 기지로 초청한 미군의 존재가 그것이었다. 하지만 어제까지만 해도 미국은 1960년대에 전쟁을 벌였던 국가에 무기를 제공하지 않고 있었다. 오바마는 이 사안에서도 자기 시대의 보편적 사고에서 벗어나지 않았다. 즉, 미국은 베트남전쟁을 일본과의 전쟁과 마찬가지로 취급해야 하며, 그러므로 과거의 사건이 동맹 관계를 구축하는 데 방해가 될 수 없음을 확신하고 있었다. 물론, 이 경우 과거의 두 적대 국가를 끌어안게 만든 주된 원인은 중국이었다. 베트남은 케네디 대통령, 존슨 대통령, 닉슨 대통령 재임 당시 미국과 오랫동안 파괴적인 전쟁을 치른 후, 덩샤오핑의 중국으로부터 침략을 받았다. 아이러니하게도 이 두 번째 전쟁에 대한 기억은 오늘날 후대에 더 큰 영향을 미치고 있다. 중국은 발전하고 있는 이웃 국가로서 경제적 성장을 배경으로 군사적 무장을 시도하고 있었다. 시진핑은 이웃 국가들에게 강압적인 태도를 노골적으로 드러냈으며, 베트남은 중국의 팽창주의가 상당한 위협으로 작용했던 1,000년 전 과거의 악몽을 떠올리고 있었다.

미국에서 오바마 정책은 만장일치의 지지를 얻어내지 못했다. 좌파에서 우파에 이르기까지,《뉴욕 타임스》에서《월스트리트 저널》에 이르는 여러 신문은 자국 대통령이 하노이에서 보여준 행보를 비판적으로 보도했다. 신문들은 오바마가 심각한 인권유린에 눈을 감은 채 베트남에 정치-

군사적 지원을 제공하려고 한다는 비난을 쏟아냈다. 오바마는 하노이에서 쿠바를 방문했을 때처럼 여러 반체제 인사를 만나는 것으로 자신의 답변을 대신했다.

"나의 적의 적은 나의 가장 가까운 친구인가?" 베트남 대통령 쩐 다이 꽝은 덩치가 큰 이웃인 중국에 대한 암시를 잊지 않았다. 베트남 대통령은 "미국과의 우호적인 관계는 우리 두 나라와 아시아-태평양의 안정을 위한 가장 큰 관심사이다"라고 말했다. 그럼 누가 이러한 안정을 시기하는가? 두 나라의 공동 성명은 다음과 같았다. "미국과 베트남은 최근 남중국해에서 발생한 일들에 심각한 우려를 표시한다. 긴장감이 고조되고 있으며 신뢰가 깨어지고 평화가 위협받고 있다." 중국은 독재자 시진핑이 지배하고 있다. 그는 소프트파워의 전문가가 아닌 것 같다. 적어도 이웃과의 관계에서는 그런 것 같다. 긴장감이 감도는 모든 바다에서 중국 함대는 힘을 과시했고 초계 비행도 감행했다. 중국의 군국주의는 미래에 더 악화될 것인가? 베트남은 안전보장책을 원하고 있었다. 미군은 보다 방대한 합의의 척도였다. 베트남에게 미국 시장은 절대적으로 중요했다. 양자 간 무역은 이미 3배로 증가했고 금액으로는 450억 달러에 이르렀다. 그리고 수출은 한 해에만 24퍼센트 증가했다. 오바마 대통령은 "환태평양경제동반자협정(TPP)으로 더 크게 성장할 것이다."라는 말을 남겼는데, 이로써 그는 도널드 트럼프와 버니 샌더스가 국내에서 공개적으로 반대하는 자유무역협정에 찬성할 기회를 잡았다.

이 시기에 트럼프의 대통령 당선은 거의 불가능한 듯 보였다. 반면, 샌더스는 민주당의 옆구리에 박힌 가시나 다름없었다. '좌파'의 글로벌화에 대한 그의 비판은 힐러리 클린턴을 환태평양경제동반자협정에서 멀어지게 만들었다. 오바마는 여러 차례에 걸쳐 자유교역의 새로운 협정에 가입할 경우, 자유롭고 독자적인 노조의 성립과 노동자의 권리에 대한 입법까지도 허용했던 베트남의 사례를 언급하면서 이 협정을 옹호했다. 오바마에게 베트남은 '좌파의' 글로벌화가 어떻게 가능한지를 보여줄 수 있는 시험대였다.

밀월여행은 완전했다. 쩐 다이 꽝은 프랑스 식민주의와 미국에 대한 저항 전쟁의 지도자인 호찌민을 조국의 아버지로 지칭하면서 이것의 역사적 중요성을 강조했다. "차가운 겨울을 인내하면 따뜻한 봄을 맞이할 것이다." 해빙은 절제된 표현이었다. 쩐 다이 꽝은 "우리 베트남은 전쟁의 신드롬으로 인한 뿌리 깊은 원한을 극복해야만 하며, 극복이 불가능해 보이는 방해물을 넘어서야 한다"라고 말했다. 오바마는 '진흙 속에 뿌리를 내리는 연꽃'이라는, 즉 역경 속에서 피어나는 희망을 노래한 이 베트남 시(詩)에서 영감을 받았다.

라오스, 2016년 9월
오바마와 함께, 선포되지 않은 전쟁의 땅으로 들어가다
(그리고 이미 트럼프를 생각하며)

"이미 망각의 기억 속으로 사라졌다고 해서 결코 잔혹하지 않았다고 할 수 없는 전쟁"을 겪은 동남아시아의 주민들에 대한 존경심. 이것은 임기가 끝나고 있는 오바마에게는 또 다른 역사적 결단이었다. 라오스를 방문한 최초의 미국 대통령 오바마는 메콩강의 동북쪽에 위치한 비엔티안을 가리켜 "그 원인과 우리의 의도가 무엇이었든 전쟁의 끔찍한 대가"였다고 했다.

　라오스에 대한 경의는 이 땅의 기억 속에서 너무 오래전부터 기다려온 당연한 의무로 남아 있을 것이다. 베트남전쟁과 더불어 미군의 라오스 폭격은 선포되지 않은, 그래서 불법적인 전쟁이었다. 미군은 베트남을 고립시키고 연결 통로들을 차단하기 위해 라오스에 대한 폭격을 9년 동안 계속했다. 오바마 대통령은 라오스에 투하한 폭탄의 양이 200만 톤에 이르는데, 이 수치가 "제2차 세계대전 당시 우리가 독일과 일본에 투하한 양"을 상회한다고 말한 바 있다. 그는 자신의 참모들에게 이같이 말하면서, 대다수의 미국인이 라오스와 전쟁이 있었다는 사실을 간과한다고 했다. 이에 대해 "상처를 치유할 수 있도록 당신들을 돕는 우리의 도덕적 의무"를 학생들에게도 연설했다. 당시 상황에서 행정부의 이름으로 사과하지는 않았다. 어쩌면 사죄를 했어야만 했을 것이다. 만약 그렇게 했다면 미국 우파는 선거전에서 이를 다시 한 번 배신행위로 비난했을 것이다. 이미 쿠바와 이란과는 관계 개선이 이루어졌다. 한편 트럼프가 몇 개의 여론조사에서 힐러리 클린턴을 따라잡았기 때문에 긁어 부스럼을 만들 필요는 없었다. 하지만 오바마는 지뢰 제거를 위한 9,000만 달러의 원조를 발표했다. 즉, 라오스의 많은 지역들은 아직도 40년 전 미군의 폭격으로 인한 악몽에서 벗어나지 못하고 있다.

　이번 방문은 시기적으로 동남아시아 국가들과 미국 및 중국 같은 주변국들을 연합시키는 아세안정상회담의 개최와도 일치했다. 이는 오바마 대통령이 임기를 시작하면서 피벗투아시아[6]로 불렸던 전략적 전환의 성과를

6　pivot to Asia, 아시아-태평양 지역으로 권력의 중심축이 이동하는 것을 의미한다.

점검하는 기회였다. 이는 비록 당시로서는 중동에 모든 관심이 집중되고 있었지만, 앞으로는 아시아-태평양 지역들에서 미래의 도전이 전개될 것이라는 분명한 의식을 반영하는 것이었다. 아시아에 대한 최우선적인 관심은 어떤 성과를 거두었을까? 부분적으로는 베트남과 같은 새로운 동맹 세력을 확보했다. 오바마는 버마가 민주주의로 나아가는 것을 지원했다. 국경을 접한 중국의 거만함 덕분에 미국은 인도, 한국, 일본, 인도네시아와 동맹 관계를 공고히 할 수 있었다. 하지만 미국에서 부는 보호주의의 열풍은 시진핑의 계획을 도와주는 결과를 초래하게 된다.

이 이야기의 교훈, 즉 이 장의 제목으로 사용된 임시적인 결론은 2017년 7월 22일 《이코노미스트》에 실린 글의 제목인 「돈이 많을수록 자유는 축소된다(More money, less freedom)」에서 인용한 것이다. 미얀마의 기적은 최근 5년 동안 매년 7.5퍼센트의 경제성장을 통해 확인되었다. 국제조직인 아시아개발은행(Asian Development Bank)은 버마의 성장률을 8퍼센트로 집계하고 있다. 내가 10년 전에 방문했을 당시 황량함과 절망에 빠져 있던 나라로서는 놀라움 그 자체였으며 상상할 수 없는 것이었다. 또한 2012년으로 돌아가 오바마가 관계 개선을 시작하던 초기에도 이와 유사한 경제적 붐은 상상 그 이상이었다. 이토록 짧은 기간에 불행의 끝에서 벗어나 행복으로의 전환이 시작된 것은 환상적이고 놀라운 일이 아닐 수 없었다. 이것은 버마에 국한된 이야기가 아니다. 주변 국가들인 캄보디아, 라오스, 필리핀, 베트남도 이와 유사한 발전의 리듬을 타고 있었다. 이들을 포함해 아세안을 구성하는 10개 국가는 최근 5년 동안 연평균 5퍼센트를 상회하는 성장을 기록했다. 이것은 결코 그저 그런 결과가 아니다. 동남아시아 6억

2,500만 명의 주민에게 이러한 사실은, 교육이 개선되고 건강하게 살 수 있으며 자신들의 부모 세대보다 더 오래 살 수 있는 기회가 마련된 것을 의미했다.

10년 전까지만 해도 결코 확실하지 않았다. 그렇다고 노벨경제학상을 수상한 스웨덴 학자 뮈르달이 세계적인 빈곤의 진원지로서 동남아시아를 주목하며 식민지 착취에 의해 희생된 국가들과 더불어 극단적인 빈곤의 블랙홀을 대표하는 국가들을 연구해『아시아의 드라마(Asian Drama)』를 집필했던 1950년대에 대해 말하는 것도 아니다. 집필 당시 뮈르달은 싱가포르가 이집트나 튀니지보다 덜 발전되었다고 말한 바 있다. 오늘날 싱가포르는 세계에서 가장 선진적인 대학들의 중심으로 자리 잡고 있고, 하이테크놀로지 기반의 경제구조를 갖추고 있으며 전 세계적으로 가장 크고 현대적인 항구 중 하나로 알려져 있다. 1979년 내가 업무상 이유로 인도네시아에 머물고 있었을 때, 2010년 오바마의 방문이 경제적 발전을 가져올 것이라고 상상하는 사람은 아무도 없었다. 이러한 물질적 행복의 대부분은 글로벌화의 결과였다. 오바마 대통령이 동남아시아 국가들과 협상하던 범대서양무역투자동반자협정(TTIP)은 이곳에서 찬성의 견고한 기반을 확보했다.

근대화와 경제적 성장의 붉은 선은 동남아 지역 전체, 즉 중국 모델을 추구할 것으로 예상되는 국가들을 둘러싸고 있다. 물질적 풍요는 분명한 사실이며 자본의 과점에만 한정되지도 않는다. 하지만 이것이 민주주의로의 전진을 암시하는 것은 아니다. 오히려 정치적인 차원에서 볼 때, 최근에는 그간의 발전을 지워버리는 후퇴의 조짐들이 등장했다. 미국을 비롯해 서양과 밀접한 관계를 맺고 자유민주주의의 형성을 공고히 하는 것 같았던 국가들도, 오늘날에는 발전의 흐름에 역행하는 여러 조짐을 드러내고 있다. 태국에서는 권력을 장악한 군부가 쿠데타 이후 3년이 지난 지금까지도 권좌에서 물러나지 않고 있다. 필리핀에서는 로드리고 두테르테 대통령이 과도한 법 집행으로 마약과의 전쟁을 치르고 있다. 근대화의 정점에 있는 싱가포르는 동양의 스위스로 불리면서, 지난 2015년 사망한 리콴유[7]의 시대처럼 권위주의적 가부장주의에 의해 통치되는 도시국가의 체제로 유지되고 있다. 인도네시아도 퇴보의 조짐을 보이고 있다. 오바마에 의해 권장된 모델은 기독교 신자인 자카르타 주지사가 코란을 모욕했다고 비난하고 있는 이슬람 근본주의자들의 압력으로 흔들리고 있다.

가장 큰 실망은 2017년 미얀마에서 발생했는데, 그 중심에는 강력한 카리스마를 발휘하고 있는 아웅 산 수 치 여사가 있었다. 그녀는 소수인종, 특히 로힝야족 무슬림에 대한 박해를 지지했다는 비난을 받고 있다. 그녀의 지휘하에(실제적이라기보다는 의심의 수준에서) 버마 군대는 로힝야족 마을들을 파괴하고 주민을 학살했다. 그리고 무슬림 주민들은 게릴라 전술로 반격을 시도했다. 불교와 이슬람 간 분쟁은 태국에서처럼 미얀마에서도 폭력을 동반한 심한 혼란을 불러왔다.

2017년에 로힝야족의 비극은 방글라데시를 향한 난민의 행렬과 함께 시작되었는데, 그 수는 40만 명에 이르렀다. 서양에서는 아웅 산 수 치 여사의 평판이 무너지고 있었으며 그녀의 침묵은 시간이 지나면서 인종-종교적 박해의 증거로 굳어졌다. 몇 명의 노벨평화상 수상자들이 해명을 요

---

7 Lee Kuan Yew, 싱가포르의 정치가로 26년간 총리로 재직했다. 우익 성향의 유교주의자이며, 중국 공산당의 지도자들로부터도 존경과 신망을 얻었다.

구했지만 그녀는 침묵했다. 그 결과 노벨평화상 수상을 취소하려는 움직임이 시작되었다. 그녀는 2017년 언론 인터뷰와 NGO 인권위, 그리고 세계 언론과의 대담이 예정되어 있던 뉴욕의 유엔 본부 총회에 참석하지 않기로 결정했다. 게다가 무슬림을 잔인하게 공격한 종교 민병대의 이미지가 덧붙여지면서 온화한 버마의 신화도 평화적인 불교의 신화도 깨어졌다.

'여신의 추락'은 서양인들의 순진함을 폭로하는 계기였다. 나의 경우에도 마찬가지였다. 우리는 아웅 산 수 치 여사를 캘커타의 테레사 수녀에서 맥베스 부인,[8] 또는 괴벨스에 이르기까지 다양한 이미지로 평가하면서 몇 달을 보냈다. 양극단의 두 가지 사실 간에는 과장된 이야기들이 포함되어 있는 것이 분명하다. 버마 군대를 창설한 인물의 딸이자 체포되어 완벽히 고립되어 있는 여성이 아시아 최빈국에서, 그것도 강경한 군사정권하에서 현명함, 관용, 균형의 모델이 되는 것이 도대체 가능한 것일까? 그녀가 체포되었을 때 대부분이 종교인이며 민족주의자들이었던 불교 승려들로부터 신중하지만 지속적인 지지를 받고 있었으며, 또한 이슬람을 위험 요인으로 간주하고 있었다는 사실을 간과해서는 안 된다. '여신의 몰락', 아웅 산 수 치 여사의 미스터리는 몇 년이 지나 버마의 정치적 상황이 상당한 모호성에서 벗어나면서 해명되었다. 여사에 가장 관대한 자들은 여사가 자유를 쟁취하고 권력을 장악한 것이 지극히 제한적인 상황에서 이루어졌고, 그녀는 사실상 군인들의 인질이나 다름없었으며, 그리고 10년 전의 상황이 다시 조성되면(정치적 상황의 중세가 다시 재현되면) 군대가 새로

8 Lady Macbeth, 셰익스피어의 희곡 『맥베스』의 등장인물로, 남편 맥베스를 설득해 왕을 죽이게 만든다.

운 쿠데타를 시도할 것이라고 생각했다. 가장 비판적인 자들은 아웅 산 수 치 여사가 대부분의 불교 신자와 반(反)무슬림에 대한 신랄한 편견을 공유하고 있었다고 판단했다.

오바마 대통령은 버마의 아웅 산 수 치 여사가, 석방된 뒤 소수 백인들에 대한 복수를 원하지 않았던 만델라의 정치적이고 도덕적인 위상을 가지고 있다고 믿고 있었다. 하지만 희생자가 되는 것만으로는 성인이 될 수 없는 노릇이었다. 탈피해야 할 또 다른 전형은 민족 전체 또는 종교 전체에 악이나 미덕의 이미지를 일괄적으로(또는 획일적으로) 덧씌우는 것이었다. 불교 신자라고 해서 모두 평화주의자는 아니다. 힌두교도의 경우도 마찬가지이다. 만약 비폭력의 지도가 존재한다면, 지도의 모든 위도에 생긴 많은 구멍(즉, 예외적인 경우들)으로 인해 들쭉날쭉할 것이다.

자유롭지 못한 행복? 나는 중국에서 5년간 살았기 때문에 이 모델에 대해 잘 알고 있다. 권위주의 정권, 강력한 경찰력, 소수인종이나 소수종교에 대한 괴롭힘, 검열, 반대자들에 대한 체포, 일상적인 박해를 생생하게 관찰하는 것은 중국의 근대화 모델에 대한 찬사라는 함정에 빠지지 않기 위한 효과적인 백신에 해당한다. 동시에 나는 아시아의 후진적인 농촌이나 지역들로 오랫동안 여행을 하고, 쓰촨성(또는 청두) 소수인종의 세 자녀를 양자로 받아들이면서도 극단적인 반대에 빠지지 않으려고 노력했다. 즉, 이것은 근대화와 경제 발전을 경멸하고 비극과 불의, 환경 파괴만을 보려고 하는 서양의 속물근성이다. 오직 모든 것을 이미 다 가지고 있는 자만이 물질적인 안녕(기아로 인한 악몽의 종식, 전기의 사용, 하수도와 상수도의 사용, 학교와 병원의 설립, 여행의 자유, 인터넷 사용)을 멸시할 정도로 피상적일 수 있다. 1950년대에 노벨경제학상 수상자인 뮈르달이 기술한 비극의 아시아는 소수의 어리석은 서양인에게만 향수를 불러일으킬 뿐, 다른 모든 서양 사람들에게는 다시는 돌아가고 싶지 않은 지옥이나 다름없었다.

만약 아시아의 기적이 존재한다면 그것은 권위주의적이거나 부패한 민주주의 정권들과 더불어, 수많은 불의와 불평등이 난무하는 한가운데에 있을 것이다. 그리고 싱가포르에서 한국, 인도에서 중국, 인도네시아에서 베트남에 이르는 국가들에서 지도층은 과거 중동과 아프리카의 지배 계급이 부끄럽게도 패배했던 내기에서 승리했다. 하지만 오바마의 꿈, 동시에 우리 중 많은 사람의 꿈은 오늘날 후퇴를 거듭하고 있다. 오바마의 재임 기간은 베트남, 인도네시아, 미얀마에서 얻은 개인적인 인기에도 불구하고, 권위주의와 발전이 결합된 중국 모델의 궁극적인 진출로 인해 끝나갔다. 물질적인 행복은 존재하고, 이것의 중요성을 평가 절하하는 것은 불행한 일이다. 하지만 새로운 독재자들이 권력을 차지하면서 새로운 형태의 불용이 나타났으며, 반대의 여지가 점차 좁아지는 일은 더욱 빈번해지고 있다. 동남아시아에서 경제발전의 붉은 선은 많은 지역으로 확대되는 반면, 인권의 붉은 선은 점차 축소되고 있다.

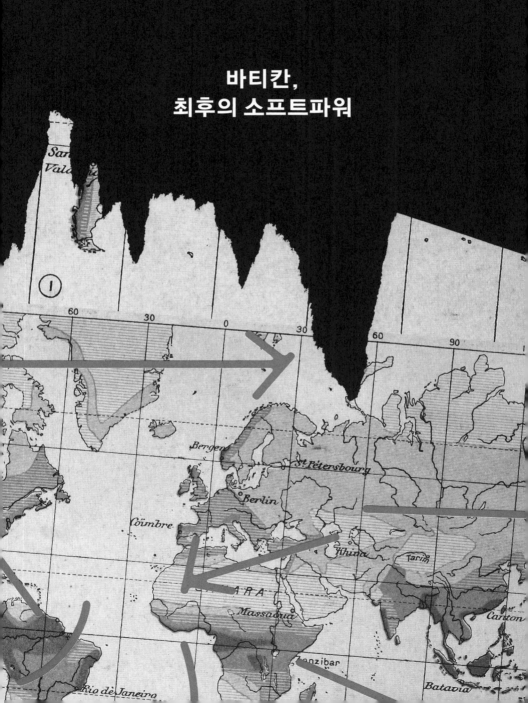

VII

바티칸,
최후의 소프트파워

납치된 이탈리아 선교사를 찾아, 여러분을 가톨릭 국가인 필리핀의 무슬림 요새 민다나오정글로 안내한다. 교황은 얼마나 많은 군대를 보유하고 있는지 스탈린이 묻자, 보이티와-레이건과 베르고글리오-오바마가 답한다. 가톨릭교회의 영향은 쿠바에서 중앙아프리카를 가로지르는 지정학적 평행선을 그린다. 하지만 모든 길이 로마로 통하는 것은 아니다.

민다나오섬(필리핀), 2007년 7월

　나는 물 위에 나무로 지어진 작은 수상가옥에서 지내고 있다. 유일한
소음은 해안으로 밀려오는 파도 소리뿐이다. 바닷가의 바위들 사이로 여
러 마리의 게들이 움직이고 있다. 마치 열대 지역의 섬에 건설된 조용한 리
조트와 같다. 하지만 얼마 전 외국인 여행객은 모두 이곳을 떠났다. 지금은
텅 빈 사막이나 다름없다. 문지기 말에 따르면 "종종 목격되는 유일한 사
람들은 인근의 군사기지에서 온 미군 전문가들뿐이다". 삼보앙가의 외곽
에 위치한 이 바다의 뒤편으로, 내가 머물고 있는 집에서 수백 미터 떨어진
열대우림 속에는 이탈리아인 신부 잔카를로 보시가 한 달 정도 전부터 납
치범들에게 붙잡혀 있다. 이곳 사람들은 모두 이탈리아 신부가 어디에 있
는지 알고 있다. 주민들은 인근의 한 숲속을 손가락으로 가리킨다. 필리핀
군인들만이 매복 공격 당시 납치된 선교사를 민다나오섬의 다른 지역에서
찾고 있는 것 같다. 만약 납치범들과의 협상이 재량에 따라 진행되었다면
보시 신부는 벌써 석방되었을 것이다. 또는, 만약 군인들이 계속해서 증거

를 찾고 납치범들과 전투를 벌였다면 이탈리아 신부는 심각한 위험에 처했을 것이다. 빽빽한 밀림, 은밀한 냇물들, 주민들의 침묵은 불법 납치범들에게 상당히 이상적인 환경을 제공한다. 조사 활동을 하던 한 신부는 자신의 이름을 밝히기를 거부하면서 이렇게 말했다. "이것을 국제적인 사건으로 확대한다면, 인질의 몸값은 더 오를 겁니다. 선교사 인질은 자신들을 드러내고 싶은 사람들에게 좋은 기회를 제공하죠. 우리는 탐스러운 먹잇감으로 전락하고 맙니다."

1992년, 이곳 삼보앙가에서 이탈리아인 사제 살바토레 카르체다가 살해되었다. 다른 사람들은 도망가야만 했다. 그럼에도 남은 사람들은 납치의 표적이 될 수 있다는 것을 잘 알고 있다. 민다나오에서 30분 거리에 위치한 홀로섬에서는 가톨릭 주교와 신부 들이 군인의 호위를 받으며 살고 있다. 필리핀은 아시아 전체의 유일한 가톨릭 국가이며(국민의 85퍼센트가 세례를 받았다) 많은 사제들의 삶은 단지 한 가지 방식으로만 이루어지고 있다.

마닐라 도착 후 눈으로 확인하는 필리핀의 이미지는 전혀 다르다. 필리핀의 수도는 경제적 붐의 모든 외형적인 모습들로 가득하다. 금융기관의 고층빌딩과 사치스러운 호텔은 마카티의 중심지를 가득 채우고 있고, 자동차 교통 체증이 상존하며, 영어가 보편화된 덕분에 다국적 기업의 콜센터가 이곳에 집중되어 있다. 인구가 9,000만 명으로 극동에서 네 번째로 많은 국가인 필리핀의 1인당 국민소득은 중국과 동일하고, 인도네시아보다 많으며, 베트남의 두 배이다. 이 나라에서 가톨릭은 별다른 문제를 일으키지 않는 것 같다. 마닐라에서는 어디를 가든 성당을 볼 수 있다. 매 시간마다 예식이 거행되는 스페인성당에서부터 루르드무염시태성당에 이르기까지. 모든 상업 활동은 신앙의 축복 아래에서 이루어진다. 여행사들은 비록 순례와는 무관하지만, 사제의 여행이라는 명칭으로 불린다. 이 나라의 상징인 친근한 지프니[1]는 예수, 마리아, 그리고 모든 성인의 이름으로 불린다. 하지만 이처럼 친절하고 미소 띤 겉모습을 조금만 걷어내면, 마닐라는 무장한 도시의 면모를 드러낸다. 경비원들은 호텔과 슈퍼마켓의 입구에 폭탄금속탐지기를 설치했다. 정부는 무장 세력들에 맞서 반(反)테러 법안을 예고했다. 유엔과 유럽연합에 따르면, 이 나라에서는 최근 5년 동안 800건의 처형과 58명의 신문기자 살해 사건이 발생했다(세계적으로 슬픈 기억이 아닐 수 없다). 긴장의 진원지는 여기 민다나오섬이다. 이 섬의 경우 주민의 35퍼센트는 무슬림이며, 표범이 서식하는 지역을 포함해 어떤 지역에서는 90퍼센트에 육박한다.

민다나오섬의 다양성은 그 기원이 매우 오래되었다. 마젤란은 1521년 이곳에 상륙했을 때, 이미 두 세기 전에 인도네시아에서 온 무슬림이 이곳을 점령하고 있다는 사실을 알게 되었다. 스페인 왕 필립 2세는 1565년 이곳의 섬들을 자신의 이름으로 불렀으며, 미겔 로페스 데 레가스피의 함대는 자신이 잘 알고 있던 적(이슬람)을 이곳에서 마주했다. 레콩키스타[2] 당시 안달루시아에서 무슬림을 추방한 것이 불과 수십 년 전이었다. 이곳에서 스페인 사람들은 민다나오와 인도네시아를 이어주는 교량의 전략적 중요성을 가진 홀로섬의 무슬림 술탄과 대치했다. 기독교와 이슬람의 대치

---

1 jeepneys, 필리핀의 주요 대중교통 수단으로, 지프와 버스의 중간 형태에 여러 색을 칠한 택시.
2 Reconquista, 718년부터 1492년까지 약 7세기 반에 걸쳐 이베리아반도 북부의 로마 가톨릭 왕국들이 남부의 이슬람 세력을 축출하고 반도를 재정복한 역사를 말한다.

는 과거와 동일하게 재현되었다. 낡은 유럽을 피로 물들였던 갈등의 선이 세상의 끝에 있는 7,000개의 섬을 가로지르고 있었다. 스페인은 이곳의 무슬림을 유럽에서처럼 무어인(moros)이라고 불렀다.

5세기가 지난 후 이 명칭은 두 무장 운동, 즉 모로민족해방전선과 모로이슬람해방전선의 자긍심을 상징하는 표현이 되었다. 이곳은 우리의 땅이며 너희 기독교인들이 이곳을 정복했다. 이것은 게릴라들이 나름 활동의 뿌리와 명분을 확인하고 코르도바와 그라나다에 대한 보복을 다짐하기 위해 과거의 역사에서 단순하게 소환한 것이었다. 민다나오섬의 경우만 해도 지난 10년 동안 12만 명이 죽었다. 이전 시대의 사람들이 감당했던 무분별한 납치와 몸값 요구, 아랍어로 '신의 검'을 뜻하는 아부사야프[3]와 같은 무슬림 무장 단체들이 벌인 과도한 폭력은 그 끔찍한 대가가 아닐 수 없다. 필리핀 정부는 이러한 상황을 잘 알고 있지 못했다. 하지만 용기 있게 민다나오섬에 남아 있던 보시 신부와 그의 동료들에게는 이미 오래전부터 경고의 신호들이 급증하고 있었다. 1950년대와 1960년대는 민다나오섬이 국제적인 사건들과는 무관한 상태에서 어부들의 섬으로 자신의 평온함을 유지하던 시기이자, 종교 공동체들 간 평화로운 공존이 유지되던 마지막 시기였다. 하지만 1970년대가 시작되면서 나세르 아랍민족주의의 첫 징후들이 나타나기 시작했으며 모로민족해방전선이라는 무장운동이 탄생했다. 한편 독재자 마르코스는 이를 명분으로 부상자들을 치료하지 않은 채 그대로 방치하는 일련의 만행과 학살을 자행하면서 자신의 무력 탄압을 정당화했다. 1990년대에 아부사야프의 내부에서는 아프가니스탄의 탈레

---

3 Abu Sayyaf, 필리핀의 민다나오섬을 중심으로 이슬람 소수의 분리주의를 전개하는 테러 집단.

반과 함께 양성된 테러리스트들의 새로운 세대가 등장했다. 오사마 빈 라덴은 이곳을 다녀갔으며 머물고 있는 동안 혼인도 했다. 최근 15년 동안 이슬람 근본주의는 젊은이들을 이중으로 단속하고 자만심에 빠져 있는 가톨릭계의 약점을 파고들면서 세력 확장을 시도했다. 오늘날 인구 80만 명의 삼보앙가에만 100개의 이슬람 사원이 있으며, 얼핏 보기에도 히잡(과거에는 알려지지 않았던 관습이었다)을 쓴 여성들의 수가 증가했다. 국제적 긴장 상황과의 연결고리는 상당히 젊은 이슬람 학생 세대인데, 이들은 파키스탄, 사우디아라비아, 이집트, 시리아의 신학대학교에서 교육을 받은 자들이다. "(이슬람 학생들은) 중동에서 이슬람교에 세뇌된 상태로 돌아옵니다." 보시 신부 납치 사건 해결에 관여하고 있는 한 선교사는 "이들은 지적으로 투쟁할 준비가 되어 있으며 가장 온건한 이슬람 원로들을 불안하게 만들고 있죠"라고 했다. 또한 이들은 종교에 모든 것을 헌신하는 반면, 다른 노동을 경멸한다. 이들의 소명은 '개종주의'이다. 이들은 기독교인들을, 이슬람으로 개종한 자를 의미하는 발리크(balik)로 만들기 위해 노력한다. 아부사야프의 새로운 지도자는 시리아에서 교육을 받은 야시르 이가산이다. 로메오 톨렌티노 장군은 그에 대해 "전사들의 우두머리라기보다는 정신적 카리스마의 지도자이며 그의 종교적 마인드는 다른 사람들에게 상당한 권위를 가진다"고 말했다. 2002년 발리의 나이트클럽 테러 사건을 일으킨 테러리스트 중 두 명은 이곳 민다나오섬의 정글로 숨어들었다. 아부사야프의 이름으로 저지른 가장 잔인한 테러 사건은 2004년 나룻배에 폭탄을 터트린 사건이었는데, 당시 100명 이상이 사망했다.

미국의 군사자문단은 필리핀 게릴라와 인도네시아의 이슬람 폭력 단체인 제마이슬라미야 간의 긴밀하고 끔찍한 공조에 놀라움을 금치 못했다. 미국은 필리핀을 자신들의 가장 온건한 동맹 세력으로 간주하고 있었다. 실제로 필리핀은 1898년부터 1935년까지 미국의 유일한 식민지였으며 이후 더글러스 맥아더 장군이 일본군을 물리친 승리의 무대였다. 미국은 인권 상황에 무관심한 태도를 보이고 있는 글로리아 마카파갈 아로요 정부에 압력을 넣어, 테러리즘에 대한 전면전을 종용했다. 하지만 종교적 충돌의 이면에서는 다른 불균형의 요인들로 인한 불안정한 상황이 확대되고 있었다. 마닐라 세계은행의 총재인 요아힘 폰 암스베르크는 "심각한 거버넌스, 제도의 만성적인 허약성, 정치와 비즈니스 간 부패, 핵심적인 공공 서비스를 제공하는 데 실패한 정부"에 대해 말한 바 있다. 필리핀 사람들 중 1/10은 일자리를 찾아 해외로 이주해야만 했으며, 이탈리아에서는 가정부로, 캐나다에서는 간호원으로, 중국에서는 영어 교사로, 아랍에미리트에서는 벽돌공으로 일했다. 아시아 전체에서 출생률이 가장 높아 최근 30년 동안 인구는 두 배로 증가했다. 하지만 출생률을 통제하는 것은 정부가 교회 당국과의 불편한 관계를 각오해야 하는 사안인 만큼 일종의 금기였다. 사회적 불평등은 극에 달했다. 인구의 42퍼센트는 절대빈곤의 수준에서 벗어나지 못하고 있었으며(하루 수입 2달러) 정치 폭력은 마치 풍토병이나 다름없었다. 위험에 노출된 것은 이슬람 지역에서 목회 활동을 하는 사제들만이 아니었다.

1985년 이탈리아인 신부 툴리오 파발리가 군인들에 의해 살해되었다. 극단적인 '좌파'로 간주되었기 때문이었다. 그의 필리핀 동료 신부는 거대한 목재 회사의 환경파괴에 반대하는 항의 시위를 벌이다가 목숨을 잃었다. 지금은 1953년에 출생한 다른 필리핀 신부인 에드 판릴리오가 이 일을 계속하고 있다. 많은 정치인들에게 뇌물을 제공하는 강력한 마피아에 맞서기 위해, 존경하는 판필리오 신부는 필리핀의 라스베이거스에 해당하는 팜 팡가의 지역선거에 출마했다. 지역 가톨릭교회의 지도부가 극구 말렸지만, 그는 압도적인 표차로 당선되었다. 대중의 열렬한 환호를 받아, 이 지역의 오래된 유명 인사들을 패배시킨 것이다. 하지만 그가 당선되자마자, 그의 오른팔에 해당하는 한 인사가 마피아에 의해 살해되는 사건이 발생했다.

"나는 65년 전 아치 트레차의 말라볼리아 가문에서 출생했습니다. 하지만 이미 인생의 거의 절반을 이곳 필리핀에서 보내고 있어요. 이곳에는 1977년에 왔으며 지금까지 추방될 위기를 두 번 겪었습니다. 첫 번째는 군인들이 나를 죽이려 했고 두 번째는 내가 이슬람 운동이 주목하는 주요 대상이었거든요. 오늘날 위험은 더 심각하게 다가옵니다. 어떤 지역들에는 전혀 들어갈 수 없으며 나를 잘 아는 사람도 나를 멀리하려고 해요. 그 결과 이곳의 외국인 선교사는 그 수가 계속해서 줄어들고 있습니다. 많은 신부가 이곳을 떠나려고 합니다." 세바스티아노 담브라 신부는 침착할 뿐만 아니라 항상 신중하게 말한다. '문명 충돌'의 양측 중 어느 한쪽을 선택한 예수의 십자군처럼 간주되는 것을 원하지 않는다. 오히려 그가 지금까지 노력한 모든 것은 그 반대였다. 나는 무슬림과 가톨릭 신자들의 상호 간 이해를 도울 목적으로 1984년에 설립된 삼보앙가의 영적 센터를 방문했다. 나와 대화를 나눈 사람은 아랍어와 코란을 공부했으며, 필리핀의 타갈로그어, 아직까지 스페인어 단어들이 혼용되고 있는 신기한 외래어인 크리올어를 포함해 남부 섬들의 많은 사투리를 구사했다. 그는 이미 민다나오 사람이나 다름없었다. 이슬람교도들을 이해하는 것은 이미 그의 두 번째 소명이 되었다. 그는 짐을 챙겨 떠날 생각이 조금도 없었다. 하지만 이곳에서 불과 수백 미터 떨어진 곳에 그의 동료인 보시 신부가 납치되어 있다. 학급 학생들을 대하는 선생님처럼 말하는 그의 표현에 따르면, 그를 납치한 자들은 "주로 평범한 범죄를 저지르는 질 나쁜 소년들"이었을 것이다. 이 섬에서도 이념 범죄가 일어날 수 있으며 통합주의를 배경으로 지원과 동맹 세력을 찾는 것이 가능해 보였다.

담브라 신부는 이슬람 공동체와의 접촉이 보시 신부를 석방시키는 데 도움이 되기를 간절히 바라고 있다. "수년 전에 한 게릴라 두목의 목숨을 구해준 적이 있습니다. 그는 총격전에서 다리에 총상을 입었죠. 많은 피를 흘렸기 때문에 수혈이 필요했는데, 당시 이를 해결해줄 사람은 나뿐이었어요. 이것은 의미 있는 행위였고 상징적인 교감을 형성했습니다. 그는 자신이 받은 도움을 결코 잊지 않겠다고 했어요. 나는 그의 말이 사실이기를 바랍니다. 어쩌면 내가 착각하고 있는지도 모르죠. 주민들 사이에는 우리 종교인에 대한 일종의 존경심이 남아 있지만, 가장 온순한 사람들조차도 특정 지도자에 대한 증오의 메시지에는 큰 불안감을 느낍니다. 무슬림의 정체성은 더욱 강경해지고 있어요. 불과 몇 년 안 돼 환경이 근본적으로 바뀌었습니다. 나는 삼보앙가의 어떤 구역에는 들어갈 수 없어요. 공동체의 우두머리들이 나에게 그렇게 말했기 때문이죠. 나는 내가 어떻게 행동해야 하는지, 어떻게 말해야 하는지에 대해 매우 조심해야 합니다. 다른 섬들에 갈 경우에는 빨리 갔다가 곧바로 돌아와요. 즉, 누군가가 배에서 당신의 움직임을 알리려고 한다면 휴대폰으로 금방 전할 수 있다는 뜻입니다."

과거에 선교사들은 기적이 있어야만 목숨을 구할 수 있었다. 1981년 모로민족해방전선과 정부 간 중재가 시도된 바 있다. 군인들은 선교사들을 위협했는데, 그 이유는 이들이 무슬림과 너무 가깝다는 것이었다. 독재자 페르디난드 마르코스 대통령은 담브라 신부의 중재 노력을 탐탁지 않게 생각했다. 그는 2년 동안 이탈리아와 아랍 국가들에서 코란 연구에 매진하고 돌아온 후 이곳에 대화 센터를 설립했다. 1992년 3월 모로민족해방전선의 사령관은 그에게 "내가 당신을 납치하도록 지시했었다"라고 말했다. 반군 사령관은 그를 몇 시간 동안 구금했다가 석방했다. 3개월 후 살바토레 카르체다 사제가 삼보앙가로 가는 도로에서 갑자기 옆으로 접근한 두 대의 오토바이에 의한 총격으로 살해되었다. 아부사야프는 "우리는 카르체다를 죽인 것처럼 다른 자들도 죽일 것이다"라고 선언했다. 조사는 시작되었지만 얼마 지나지 않아 은폐되었는데, 사법 조사가 오래 지속되었다면 선교사들의 안전에 결코 도움이 되지 않았을 것이다. 담브라 신부는 이탈리아로 돌아가 3년 동안 머물렀다. 하지만 그는 돌아와 그동안 중단되었던 일을 다시 시작했다.

선교사가 이곳 삼보앙가에 설립한 센터는 실실라(Silsilah)라고 불렸는데, 이는 수피교(이슬람교 신비주의 분파)도들에 의해 사용된 용어이며 아랍어로는 연결고리, 교감을 의미했다. 모든 신을 구하는 과정에서 모든 인간을 교감시키는 영적인 연결고리의 이미지를 의미한다. 담브라는 이 용어가 우리와 저들 간에, 서양 기독교와 이슬람 세계 간에 형성될 수 있는 결속 관계를 의미하기를 소원했다. 이 센터는 바다가 보이는 아름다운 푸른 언덕에 위치하고 있다. 입구에서는 긴 차양 아래를 지나게 되며 벽들에는 복음서와 코란에서 인용된 그림들이 그려져 있다. 이러한 그림들은 두 종교에서 이해를 구하고 관용을 찬양할 목적으로 엄선되었다. 센터의 강당 명칭은 1975년 사망한 구아르도의 산토 신부와 무슬림의 정신적 지도자인 하지 하이누딘 누뇨에게 헌정되었다. 교훈적인 포스터들은 위대한 지하드를 소명하는데 이는 코란의 개념이며, 자신의 마음을 정화하기 위해 벌이는 열등한 전쟁, 즉 불신자들에 대한 성전과는 전혀 다른 것이었다.

　실실라의 내부에는 학교가 있는데, 이곳에서는 기독교인과 무슬림 가정의 아이들이 함께 공부한다. 그토록 긴장감이 고조되어 있는 이 지역에서는 기적이나 다름없다. 이곳에서 선생으로 활동하고 있는 아민다 산호는 말했다. "우리가 학교를 열었을 때, 주민들은 의심의 눈초리로 우리를 바라보았습니다. 불과 소수의 부모만이 자녀를 이곳 학교에 보냈어요. 비록 우리는 너무 가난해 도시의 학교에 갈 수 없는 이 지역의 모든 가난한 아이들을 무료로 받아주었지만, 그럼에도 아이의 부모들은 혹시나 우리가 자식들을 개종시키지 않을까 우려하고 있었습니다. 하지만 이것이 사실이 아니라고 확신한 후에는 우리의 종교 간 공존의 학교는 섬 전체로 확대되었어요. 우리는 이러한 학교들을 '연대감의 프로그램'이라고 부릅니다." 실실라의 도서관은 모든 성향의 저자들이 집필한 복음서의 주석서와 코란 연구서, 서양에 대한 서적과 무슬림 세계에 대한 서적을 같은 수만큼 수서(受書)한다. 주말마다 실실라는 가톨릭 신앙의 신입생 학생들을 무슬림 가정으로 보내고, 그 반대로 무슬림 신입생을 가톨릭 가정으로 보내 머물도록 한다. 담브라 신부는 "개인적으로 서로를 이해하는 것은 증오의 실타래를 풀어내는 것"이라고 했다.

　30년 전 민다나오에 온 시칠리아인 신부 담브라가 선교사로서 수행하고 있는 일은 중재가 쉽지 않은 것이었다. 선교사라는 용어는 수 세기의 개종주의를 생각나게 하며 대대적인 개종은 종종 식민지 정복에 이은 백인들의 경제력과 군사력에 의해 강제되었다. 담브라 신부는 말했다. "선교사로 활동한다는 것은 다른 무엇보다 다양성을 수용하고, 타자의 문화를 사랑하는 것을 말합니다. 나는 나의 종교를 강제하기 위해 이곳에 온 것이 아니에요. 이것은 제2차 바티칸 공의회의 교훈입니다." 최근 이슬람 세계의 변화와는 대조적인 멋진 변화이다. 담브라 신부가 자신의 역할에 대해 설명한 것은 근본적으로 서양의 본격적인 후회, 즉 이미 우리가 학교에서 공부하고 있는 제국주의 범죄에 대한 죄의식과 맞닿아 있다. 이것은 정치적으로 매우 옳은 것이다. 하지만 유럽과 미국의 여러 도시에서 이슬람 사원과 그 내부에 설립된 학교인 마드라사의 수가 증가하고 있는 반면, 아랍의 많은 국가에서는 가톨릭의 종교 활동이 금지되었다. 필리핀에서 무슬림이 대다수를 차지할 경우에 어떤 일이 일어날지는 아무도 모를 일이다. "물론, 상호 관계의 문제는 존재합니다." 담브라 신부는 이어 말했다. "이에 대해 나도 조금은 알고 있어요. 공부하기 위해 사우디아라비아에서 생활한 적이 있었습니다. 그곳의 서양인들이 사는 주택들에서 은밀하게 미사를 드렸죠. 하루는 한 외국인이 리야드공항에서 나를 알아보고 '신부님' 하고 불렀어요. 그 순간 주변의 차가운 눈총이 나에게 쏟아졌습니다. 누구도 나에 대해 알지 못해야 했죠. 정부는 바티칸에 다른 종교와의 세속적 관계에 대해 중재를 요청할 수 있지만 나는 이것이 가톨릭교회의 고유한 임무라고는 보지 않아요. 물론 나는 우리 시대의 문제들을 군이 감추지 않습니다. 이슬람이 일상의 구석구석에 존재하는 신으로부터 힘을 얻는 반면, 서양은 그러한 가치들에 대한 신뢰를 상실했죠. 게다가 이러한 현실은 서양의 허약함을 그대로 보여줍니다." 실실라에서 담브라 신부는 또 다른 접근 방식을 시도했다. "여기에서 모든 사람은 자신의 마음에 있는 영성을 따르는 일에 자유롭습니다. 하나님을 믿지 않는 비(非)신앙인도 박애, 평화주의, 환경보호와 같은 다른 무언가에 대한 믿음을 가질 수 있습니다."

나는 아민다 산호 선생님을 따라 오두막 마을과 쓰레기 처리장으로 전락한 해안으로 내려갔다. 가난한 어부들의 엉성한 수상가옥들 사이에 있어 식수도 구하기 힘들었고 주변에서는 악취가 진동하고 있었다. 가톨릭 신도인 여자 선생님은 삼보앙가의 빈민 구역에 거주하는 여성들을 모아 가르치고 있었다. 교리문답의 수업이 아니었다. 아민다 선생님은 (실제로 이곳에는 존재하지 않는) 사회사업의 일을 하고 있다. 젊은 어머니들에게는 식품 위생의 핵심적인 사항들, 자연음식 섭취의 중요성 등을, 아이들에게 정크 음식(패스트푸드)을 먹지 않아야 하는 이유를 설명했다. 앉아서 듣는 여성들 중에는 베일로 얼굴 전체를 가린 이들도 있었다. 이들은 가톨릭 신도인 이 선생님을 존경한다. 소년, 소녀 자녀들도 함께 데리고 왔다. 이들은 입을 다문 채 눈을 크게 뜨고 수업을 들었다. 이들은 무슬림으로 성장해 어느 날인가 보시 신부와 같은 자신들의 형제를 증오하게 될 것이다. 실실라의 기억은 이러한 길로 빠져들기 전에 이들을 멈출 수 있을까? 아민다 산호 선생님은 "잘 모르겠어요"라고 말한다. "때로는 우리의 일이 상당한 적대감으로 가득한 바다에 떨어뜨리는 물 한 방울 같아요."

추신, 10년 후

보시 신부는 2007년 7월 19일에 석방되어, 자신의 고향인 아비아테그로소로 돌아갔다. 그는 1년 후 필리핀으로 돌아와 활동했으며 2012년 이탈리아에서 사망했다. 실실라에서 기독교인과 무슬림 간 대화가 진행되고 있다는 소식이 이메일을 통해 자주 들려온다. 민다나오는 가톨릭 선교사들이 적대적이고 폭력적인 환경에서 교황 프란치스코의 메시지를 일상적으로 전파하기 위해 노력하는, 로마교황청에서 가장 멀리 떨어진 전진기지 중 하나로 남아 있다. 2013년 삼보앙가에서는 필리핀 군대와 모로민족해방전선 간에 치열한 전투가 벌어져 수백 명이 목숨을 잃었다.

2016년 5월 9일 마닐라에서는 로드리고 두테르테가 72세의 나이로 대통령 선거에서 승리했다. 민다나오 출신의 필리핀 사람이 처음으로 대통령에 당선된 것이다. 그는 당선되기 전 22년간 다바오 시장을 역임했다. 그 시기 여러 인도주의 협회들의 조사에 따르면, 다바오의 자경단(주로 경범죄자와 어린이를 포함한 노점상인들)이 1,400건의 살인을 저질렀다고 한다. 두테르테는 민다나오섬에서 대책을 마련해 실시한 후 이를 국가 전체로 확대했다. 모로민족해방전선은 대통령 선거 기간에 두테르테를 지지했었다.

"드디어 샌프란시스코에 도착했다. 이 도시의 명칭은 아시시의 프란치스코[4]에서 유래했다. 하지만 이 이름은 이탈리아에서는 특별한 여운을 남기는 이름이자 이미지, 꿈이기도 하다. 그리고 나는 이 이름이 내가 지금까지도 잘 알지 못하는 세상에 갇혀 있는 수많은 남성과 여성의 삶을 바꾸어놓을 수 있다고 생각했다. 때는 2000년 11월의 어느 날이었다."

마리오 마라치티의 일기는 이렇게 시작한다. 그는 산테지디오 공동체의 기여로 성립된 사형반대세계연합의 설립자들 가운데 한 명이다. 우리 모두는 이 조직이 설립된 날짜를 알고 있다. 내 경우에도 새로운 역사는 17년 전으로 거슬러 올라간다. 즉, 내가 겪은 글로벌 유목민의 삶은 샌프란시스코에서 시작되었다. 2000년 7월에는 아내와 아이들이 함께 지내기 위해 캘리포니아에 왔다. 샌프란시스코에서 마라치티와 만난 것은 놀라움 그 자체였다. 충격이나 다름없었다. 나는 미국이 사형제도를 실시하는 것을 알고 있었다. 물론 나는 이탈리아 사람으로서 자연스럽게 사형제도에

---

4 Francesco d'Assisi, 중세 로마 가톨릭교회의 수사로, 프란치스코회의 창설자.

반대한다. 또한 이 문제를 심도 있게 생각해본 적은 없었다. 그는 내가 이 곳으로 온 지 몇 달 지나 나를 찾아와서 사형제도에 반대하는 세계적인 규모의 활동에 대해 이야기했다. 배우 수전 서랜던이 〈데드 맨 워킹〉이라는 영화에서 연기하기도 했던 사형폐지운동가 헬렌 프리진 수녀도 참석했다. 사형폐지를 위한 국제모임에는 미국 정치인들과 미국에서 크게 대중적이지 않은 사형폐지의 문제에 관여하고 있는 유명 인사들도 참석했다. 마라치티는 샌프란시스코의 아름다운 연안에서 죽음의 팔을 휘두르는 산 퀸티노의 거대한 감옥에 대해 말해주었다. 미국에서 가장 진보적인 지역인 캘리포니아는 죽음의 형벌에 대한 끔찍한 기억을 가지고 있다. 이러한 형벌이 반드시 집행된 것은 아니지만 형무소의 사형 집행에 크게 작용한 것은 사실이다. 구체적인 날짜를 지정하지 않은 채 처형을 계속해서 연기하는 것은 인간에게 "너의 죽음을 집행할 것이다. 하지만 나는 그 날짜를 아직 결정하지 않았다"라는 끔찍한 메시지가 아닐 수 없다. 이와 관련해 반(反)헌법성에 대한 반대가 제기되었다. 실제로, 미국 헌법에서는 모든 '잔인하고 관습적이지 않은' 처벌을 금지하고 있다.

마라치티와 사형에 반대하는 17년간의 모임 덕분에, 나는 입양에 관한 생각의 모순을 성찰하기 시작했다. 샌프란시스코는 1960년대의 저주받은 시인들, 즉 영원한 인도와 마약을 노래한 비트 세대의 요람이었다. 인근에 있는 버클리에서는 1964~1965년에, 훗날 1968년 5월 젊은 선구자들의 반란으로 발전한 자유언론운동[5]을 잉태했다. 하지만 캘리포니아는 트럼프

---

5 Free Speech Movement, FSM, 1964~1965년에 버클리 캘리포니아대학교 캠퍼스에서 벌어진 학생시위 운동이었으며, 그 중심에는 버클리 대학원생인 마리오 사비오가 있었다.

에게 영감을 준 리처드 닉슨 대통령과 로널드 레이건 대통령 또한 배출했다. 세 번째 위반 시 자동종신형(그렇다고 반드시 폭력적인 것은 아니다)이라는 내용과 함께, '쓰리스트라이크아웃(three strikes you are out)'과 같은 잔혹한 형벌 규정이 제정되었다. 오늘 나는 뉴욕에서 마라치티를 만난다. 17년 후에도 그는 이곳 유엔 본부에서 사형 반대를 위한 활동을 계속할 것이다. 그는 결코, 좌절하지 않았다. 여론조사에 따르면, 미국인들은 사형에 동의하지 않는다고 한다. 미국에서 사형제도를 집행하는 주(州)는 그 수가 줄어들고 있다. 이에 대해 더 많이 알고 싶고 사형선고를 받은 사람들과 연락하기를 원하는 사람에게는 그가 쓴 일기인 『카인에서 칼리프까지: 사형 없는 세상을 향해(Life. Da Caino al Califfato: verso un mondo senza pena di morte)』(2015)를 추천한다.

나에게는 2000년 샌프란시스코에서의 만남이, 1968년 트라스테베레에 첫 본부를 두었던 산테지디오 공동체의 영향력을 잘 알게 된 기회이기도 했다. 기도, 종교 간의 대화, 약자들을 도와주기 위한 자원 활동에 기초해 설립된 이 공동체는 전 세계로 자신의 영향력을 확대했다. 아내인 스테파니아는 뉴욕에서 산테지디오 공동체를 위한 자원봉사 활동을 했다. 특히 이 공동체는 뉴욕에서 노숙자를 위한 활동을 수행하고 있었다. 예를 들면 그랜드센트럴터미널과 펜스테이션에서 파스타를 제공했다. 전 세계의 지정학적 상황과 관련해 산테지디오 공동체는 모잠비크의 평화협정 과정에서, 1992년 세계의 초강대국들이 중재에 실패했던 내전 종식에 나름의 역할을 해 유명해졌다. 평화 외교에서 이 공동체가 주도했던 유사한 시도는 다른 아프리카 국가들에서도 반복되었다.

또 다른 작은 일화가 나의 상상력을 크게 자극했다. 2015년 나는 '제

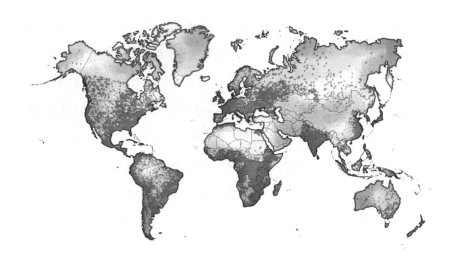

기독교 선교 활동의 세계 분포

2의 빈회의'의 기구에서 역할을 부탁받았다. 이는 캐나다 자선가 조엘 벨이 200년 전 메테르니히, 탈레랑, 알렉산드르 1세가 국제관계의 새로운 균형을 협상했던 테이블에 초강대국의 대표자들을 데려온다는 흥미로운 아이디어였다. 나는 이 행사에 이탈리아인들도 초대했는데, 이들 중에는 로마노 프로디와 산테지디오 공동체의 아고스티노 조바뇰리가 있었다. 제2의 빈회의에서는 산테지디오 공동체가 매우 잘 알려져 있다는 사실을 알게 되었다. 요르단의 군주인 하산 빈 탈랄은 조바뇰리를 보자마자 포옹하면서 반가워했다. 로마에서 조직된 이 공동체의 영향력을 보여주는 또 다른 사례였다. 교황 프란치스코도 이 공동체와의 관계를 바티칸 외교보다는 더 신중하고 덜 까다로운 '병렬 채널'로 유지했다.

21세기인 지금도 강대국들의 지리는 가톨릭교회를 포함해야 한다. 우리 이탈리아인은 이것을 당연하게 받아들인다. 하지만 현실정치의 지지자들은 비무장 종교 세력의 소프트파워에 대한 회의론을 거두지 않는다. 이와 관련한 유명한 일화는 윈스턴 처칠이 그의 회고록에서 언급한 바 있다. 영국의 정치가에 따르면, 1935년의 모스크바회담에서 프랑스 외무장관 피에르 라발이 교황에게 호의를 베푸는 차원에서 러시아 가톨릭 신자들에게 유리한 조약을 소비에트 독재자 스탈린에게 요청했다. 처칠의 회고에 따르면, 당시 스탈린은 후대에 전설로 남은 유명한 질문을 했다. "교황은 몇 개의 사단을 보유하고 있습니까?" 물론 여기에서 사단은 군대의 사단 병력이나 기갑사단 등을 가리킨다. 당연히, 누구도 대답을 하지 않았다. 하지만 소련은 시간이 흐른 후에, 교황의 무시무시한 '소프트파워'를 알게 되었을 것이다. 폴란드 이름이 카롤 보이티와인 교황 요한 바오로 2세는, 결국 소련 블록이 해체되는 결과로 이어진 조국 폴란드의 자유 투쟁을 지지했다. 폴란드는 베를린 장벽이 무너지기 9년 전인 1980년 자유노조 '연대'(Solidarność)와 노조위원장 레흐 보이티와가 주도한 그단스크조선소 노동자들의 투쟁을 시작으로 공산주의 정권에 대한 저항을 이어나갔다. 1981년에는 계엄령이 선포되었는데, 이는 사실상 야루젤스키[6] 장군의 군사쿠데타였다. 하지만 야루젤스키는 1968년 소련이 체코슬로바키아를 침공하는 것에 개입하지 않으려고 했다. 또한 그는 자유노조에 대해 '중도적이고 민족주의적인' 압박을 가했는데, 그 이유는 폴란드 자유노조가 세계적인 차원에서 노골적으로 관심을 표명하고 있는 교황의 적극적인 지원을 받고 있었기 때문이다. 이처럼 교황 요한 바오로 2세의 사단들은 나름

---

6 Wojciech Jaruzelski, 나중에 국방장관과 수상을 거쳐 대통령이 되었다.

의 방식으로 존재하고 있었던 셈이다.

　교황은 냉전의 '진정한 승자'인 로널드 레이건 미국 대통령이라는 확고한 동맹 세력을 가지고 있었다. 종교의 '소프트파워'는, 폴란드 자유노조에 대한 미국의 재정적 지원 외에도 샘 삼촌, 즉 하드파워인 미국 대통령의 지원을 받고 있었다. 이처럼 미국의 제국주의적 '하드파워'와 가톨릭교회의 종교적 '소프트파워'라는 두 강력한 세력들 간 관계의 역사에는 존 케네디-교황 요한 23세의 경우와 같은 여러 관계 조합이 추가되었다. 1960년대 초반에는 가톨릭 신앙의 첫 미국 대통령과 제2차 바티칸 공의회 간의 이상적인 조화가 성립했었다. 양측 모두 혁신적이고 희망적이며 냉전의 세월에서 벗어나는 변화의 분위기를 동반하고 있었는데, 이들은 뉴프런티어(New Frontier)를 제시한 젊고 매력적인 대통령과, 종교 간 보편적 대화를 주장하는 교황이었다. 아마도 이러한 관계 조합은 실질적인 것이기보다는 이미지적인 것이었을지 모른다. 레이건과 보이티와 사이에는 '협력적인' 외교 정책을 수행할 능력을 동반한 견고한 동맹 관계가 형성되어 있었다.

　그럼 오늘날 교황 프란치스코는 얼마나 많은 사단을 보유하고 있을까? 세계지도에서 가톨릭교회의 영향력이 미치는 지점들을 표시하면 얼마나 될까? 대상을 미국으로만 국한하더라도, 우리 시대의 초강대국과 교황청 소프트파워 간 만남과 충돌이 수없이 반복되었다는 사실을 알 수 있다. 그 결과도 상당히 다양했다. 수년간 나는 오바마-프란치스코 교황 간 관계 축의 일반적인 증거들과 더불어 흥미로운 결과들을 보아왔다. 이것은 레이건-보이티와 버전에 대한 좌파적 대안이었다. 나는 트럼프의 미국에 대해 큰 의문을 가지고 있다. 전 세계적으로 프란치스코 교황의 대중적인 인기는 비록 진보주의자와 비신자들 사이에 상당히 확산되어 있다고는

가톨릭이 다수인 국가들

하지만, 영향력에 어느 정도는 한계가 있는 것일까? 이민이나 환경과 같은 주제에 대한 그의 역할은 사막에서 설교하는 선지자와 같아진 것일까? 오바마에서 트럼프로 교체되면서, 프란치스코가 교황이 된 이후 이곳 미국에서 지켜내려 했던 이념들은 급작스럽게 후퇴한 것일까?

2015년 9월 24일이었다. 마치 한 세기 전 같았다.

"우리 대부분은 외국인이었습니다. 우리는 황금 규칙을 기억하고 있습니다. 즉, 다른 사람들이 너에게 원하는 것을 하라는 것이 그것입니다. 미국은 링컨과 마틴 루터 킹을 통해 모두를 위한 자유와 권리를 지켜낸 위대한 국가였습니다." 그날 교황 프란치스코는 상하 양원이 모두 모인 미국 의회에서 연설한 최초의 교황이었다. 그는 열정적이고 강경한 어조의 연설로 미국을 상대했다. 즉, 사형제도 폐지와 무기 판매 금지를 요청했고 이민자들과 난민들의 입국에 대한 정치적 허용, 불평등 해소, 기후변화에 대한 대처를 소명했다. 이는 그의 교황 재임 기간에 있었던 거대한 담론이었다. 하지만 의회에서 초강대국의 입법자들 앞에서는 상당한 정치적 무게감을 드러냈다. 그가 의회에 입장하는 순간 모든 참석자가 기립박수를 쳤다. 하지만 교황이 자신의 연설을 계속하면서 박수는 점차 선택적으로 바뀌어갔다. 반면, 밖에서 연설을 경청하던 군중 사이에서는 엄청난 환호가 터져 나왔다. 5만 명의 시민이 미국 국회의사당 서쪽 잔디밭에 특별히 설치된 거대한 스크린을 통해 교황의 연설을 듣고 있었다.

교황 프란치스코는 하루 전에 버락 오바마 대통령과 친교의 대화를 나누었다. 하지만 의회에서 교황을 맞이한 것은 전혀 다른 미국이었다. 이곳은 대통령 지명을 위한 캠페인에 고취된 공화주의자들이 대다수를 차지하고 있는, 이른바 사자의 굴이었다. 오른쪽에는 도널드 트럼프에 대한 공포, 기후협상 거부, 무기 로비와 사형제도 지지, 재분배 재정정책에 대한 거부의 분위기가 가득했다. 교황은 각각의 연설 주제에 대해 입장을 양보하지 않았고, 자신의 신랄함을 감추지 않았다.

아메리칸드림과 외국인들에 대한 환영은 연설의 첫 강력한 주제였다. 교황은 자신의 전기에 대한 이야기를 시작으로 이 주제에 대해 운을 뗐으며, 자신이 선호하는 스타일에 따른 복수 형태의 미주 대륙에 대한 이야기로 끝을 맺었다. 교황은 미국을 특별한 관점으로 바라보았다. 그에 따르면, 미국은 남미에서 거만한 제국주의 국가와 동일시되었지만, 미국의 개입은 외부 세계로 이주하려는 자에게 선망의 대상이기도 했다. "최근 몇 세기 동안 수백만 명이 자유의 미래를 위한 꿈을 실현하기 위해 이곳으로 건너왔습니다. 이 대륙에 사는 우리는 외국인들에 대해 두려움을 가지고 있지 않습니다. 왜냐하면 우리 대부분이 한 번은 외국인이었기 때문입니다. 나는 이민자의 자식으로서 여러분에게 이러한 사실에 대해 말하고 있으며 여러분 대부분도 이주민들의 후손이라는 것을 알고 있습니다. …… 이 대륙에서도 수많은 사람들이 보다 좋은 기회를 찾아 북유럽을 향한 여정을 감행하고 있으니까요. 이것은 자식 세대를 위해 우리가 원하던 것이 아닌가요?"

그는 우리 시대의 가장 심각한 네 가지 악이 증오, 돈에 대한 탐욕, 빈곤, 오염이라고 했다. 글로벌 자본주의의 과도함에 대한 그의 비판은 미국을 향한 메시지, 즉 지상에서 가장 부유한 나라에서는 정치가 돈에 의해 지배되지 말아야 하며 정치의 중심에는 '인간'이 있어야 한다는 메시지로 전달되었다. 환경보호의 주제에서 교황은 과거 오바마의 수많은 행정개혁이 좌초되었던 미국 의회를 보다 직접적인 원인으로 지목했다. "나는 교황 프란치스코 회칙 「찬미받으소서(Laudato Si' Enciclica Laudato si)」에 따라 진로를 바꾸고 인간 활동에 의한 환경파괴의 심각한 결과를 방지하기 위한 용기 있고 책임감 있는 노력을 권고합니다. 나는 우리가 차이를 만들어낼 수 있으며 미국과 이 의회가 중요한 역할을 갖는다고 확신합니다. 지금은 돌봄 문화를 구현하기 위해 용기 있고 전략적인 행동을 할 순간입니다."

이민자들에 대한 교황의 연설은 상당히 다른 반응을 불러왔다. "우리는 이민자의 숫자에 놀라지 말아야 합니다. 이보다는 이들의 얼굴을 보고 이들의 이야기를 청취하고, 이민자들이 처한 상황에 보다 잘 대처하려고 노력하면서 이들을 사람으로 바라보아야 합니다." 의회에서는 민주당 의원들만이 박수로 호응했다. 의회 밖 넓은 풀밭에서 듣고 있던 청중은 열렬한 환호를 보냈다. 수많은 스페인계 사람들이 미국 전 지역에서 교황의 연설을 듣기 위해 이곳에 온 것이다.

무기에 대한 언급은 보다 열정적이었다. 교황은 거대한 국제 무기 밀매와 개인적인 판매에 대해서도 지적했다. 이 주제는 전미총기협회(National Rifle Association)의 로비와 연관되어 있는 우익에게는 금기 사항과 같은 것이었다. 우파는 교황이 가족의 전통적인 가치를 옹호했을 때 큰 지지의 박수를 보냈다. 하지만 이 주제에서도 교황은 경제위기, 실업, 불평등에 대한 언급을 생략하지 않았다. "특히, 나는 가장 허약하고 젊은 세대의 가족 구성원들에 대한 관심을 언급하려고 합니다. …… 내 말이 진부하게 들릴 수도 있겠지만, 우리는 젊은이들이 미래를 위한 기회를 가지지 못해 가정을 꾸리지 못하는 문화 속에서 살아가고 있다는 말을 하고 싶습니다."

교황은 이후의 방문 일정에 따라, 가난한 가정들이 모여든 성파트리치오교회에서 스페인어로 미사를 집전했다. 이곳에서 교황은 다시금 자신이 중요하게 생각하는 주제에 대해 언급했다. "하나님의 아들은 집이 없는 자로 세상에 오셨습니다. 하나님의 아들은 지붕이 없는 삶(노숙자의 삶)을 시작하는 것이 어떤 것인지를 알고 계셨습니다." 몇 시간 전, 부유한 캘리포니아주의 매혹적인 거대 도시인 로스앤젤레스는 전례가 없는 조치를 취해야만 했는데, 이는 노숙자의 수가 증가한 것과 관련해 선포된 비상사태 때문이었다.

교황이 처음으로 미국을 방문했을 때, 오바마-프란치스코 교황의 축은 냉전의 마지막 상처 중 하나를 치유하는 데 기여함으로써 시험에 통과했다. 적어도 그렇게 보였다. 교황이 워싱턴의 미국 의회에서 연설하기 5개월 전인 2015년 4월 10일 파나마에서는 작은 기적이 발생했는데, 사실 여기에는 바티칸 외교가 깊이 관여하고 있었다.

오바마는 이를 "미주 대륙 역사의 일대 변혁"으로 정의했다. 라울 카스트로는 다음과 같은 말로 오바마 대통령에게 존경을 표했다. "그(오바마)는 정직한 사람이다. 그에게는 이전 시대에 일어난 일들에 대한 책임이 없다." 이러한 상호 존중의 외교 한가운데에는 파나마 사건이 있었다. 첫 만남은 50여 년 전 두 국가 간 냉전이 발생했을 때였다.

라울 카스트로가 언급한 "그의 시대 이전에 발생한 일들"은 세대 전체의 기억을 보여주는 것이었는데, 그 대상은 라틴아메리카만이 아니었다. 1973년 미국 CIA의 도움으로 쿠데타를 일으켜 칠레의 살바도르 아옌데 대통령을 권좌에서 끌어내린 피노체트 장군은 미국의 이미지에 영향을 준 비극으로 남아 있다. 반면 리처드 닉슨은 베트남에서 철수한 후, '자기 집의 정원'에서 라틴아메리카를 차지할 수 있었다. 산티아고의 모네다 대통령궁에 대한 공격은 양키 제국주의를 세계적인 웃음거리로 만들었다. 이로 인한 파장은 이탈리아에도 영향을 미쳤다. 이탈리아 공산당(PCI) 당수 엔리코 베를링구에르는 칠레 쿠데타에 대한 분석을 근거로 자신의 '역사적 타협', 즉 미국에 등을 돌린 자들에게 미칠 수 있는 위험을 경고했다. 그 결과 로널드 레이건의 고립이 시작되었다. 1983년에는 그라나다 침공이 발생했다. 이후 이란-콘트라 사건,[7] 니카라과 우익 민병대에 대한 무기 지원, 1985년부터는 정부에 대한 산디니스타민족해방전선(Frente Sandinista de Liberación Nacional, FSLN)의 게릴라전이 시작되었다.

하지만 이러한 개입의 역사적 뿌리는 더 오래된 것이었다. 미국에게

---

7 레이건 행정부가 니카라과의 콘트라에 자금을 지원하기 위해, 무기 제재의 대상이었던 이란 이슬람 공화국의 호메이니 정부에 비밀리에 무기의 판매를 허용했다.

라틴아메리카는 거의 2세기 전에 '집의 정원'이 되었다.

당시에 관한 기억은 리오그란데의 남부 지역에서는 개인들의 전기를 통해 아직도 생생하게 남아 있다. 교황 프란치스코는 이 지역을 방문했다. 교황의 지도하에 바티칸 외교는 미국과 아바나 간 관계 개선을 위해 많은 노력을 기울였다. 그리고 성공했다. 오바마는 수년에 걸친 비밀 협상을 통해 '바티칸의 제3의 노선'을 물심양면으로 지원했다. 쿠바와의 화해에는 교황청의 적극적인 개입이 있었다. 사실을 말하자면 한 번 그 이상이었다. 바티칸 외교의 물밑 노력은 교황 요한 바오로 2세의 재임 기간으로 거슬러 올라간다. 당시 폴란드 출신 교황은 1997년 피델 카스트로를 처음으로 만난 인물이었다. 적절한 정치적 타이밍에 맞추어 요한 바오로 2세는 소련의 경제 지원이 끝나갈 무렵 쿠바를 방문했고 아바나는 통상 금지로 인해 매우 힘든 상황에 직면해 있었다. 로마-워싱턴-아바나의 삼자 간 대화를 위한 바티칸 외교는 1997년으로 거슬러 올라가며 그 성과는 오바마의 화해 결정으로 가능했다.

2015년 7월 1일, 나는 이러한 역사적 사건의 공식적인 선포를 취재하기 위해 쿠바에 갔었다. "54년보다 더 오래전, 즉 냉전이 절정에 달했던 순간에 미국은 아바나 주재 미국 대사관을 폐쇄했었습니다. 오늘날 우리는 쿠바와의 외교관계를 다시 안정시켰고, 양국에 대사관을 두고 있습니다. 남미의 이웃들과 함께 새로운 장이 열리고 있습니다." 오바마 대통령은 백악관의 로즈가든에서 이와 같이 말했다. 내 주변에 있던 사람들 사이에서는 연이은 환호와 안도, 기쁨의 표현들이 터져 나왔다. 회의론과 우려의 조짐도 이어졌다. 그날 나는 미국 대통령의 선언을 아바나에서 쿠바 친구들과 함께 실시간으로 듣고 있었다. 모든 지역 텔레비전이 이 소식을 실시간으로 중계했다. 오바마의 역사적 선언은, 카스트로의 형제들이 통치하는 쿠바에서 인권 존중을 호소할 때에도 아무런 검열 없이 전체적으로 전달되었다.

하지만 이러한 희망이 현실화되기 위해서는 해야 할 일이 얼마나 많이 남았을까? "봉쇄는 대량학살이나 마찬가지이다." 마치 마술처럼 상업성 광고가 전무한 국가에 도착했을 때, 공항에서 도시로 들어가는 도로들의 주변으로 내가 목격한 대형광고 포스터는, 교수형을 당하는 자의 밧줄을 묘사한 것뿐이었다. 이 슬로건은 철폐와 같은 의미를 가지는 '금지'를 민중 학살과 동일시한 것이었다. 라틴아메리카 공중보건의 질을 따질 때 유일하게 쿠바인만이 플로리다 주민들과 동등한 삶의 희망을 누린다는 주장은 조금은 과장된 것이기도 하다. 고속도로의 포스터들에서는 모든 빈곤이 양키들의 거만한 제국주의 때문이라고 해석할 수 있는 광고들을 볼 수 있다. 역사는, 우리의 생각보다 훨씬 복잡하다.

잘 들어라, 양키들아. 1960년 미국의 저명한 사회학자인 찰스 라이트 밀스는 「잘 들어라, 양키들아」라는 제목의 팸플릿에서, 미국인들이 피델 카스트로를 고립시켜 친(親)소련의 국가로 만드는 것은 심각한 잘못이라고 설명했다. 하지만 쿠바의 필사적인 노력에도 불구하고 모든 사회주의 시스템은 실패했다. 점차 소련의 지원이(최근에는 베네수엘라의 지원까지) 줄어가면서 카스트로의 생각은 더욱 부정적으로 바뀌고 있었다.

오바마의 발표가 있던 날, 나는 베다도 구역의 모든 주민과 마찬가지로 4시간 동안 정전의 피해를 입었다. 슈퍼마켓에서도 겨우 생필품만을 구할 수 있었다. 유명한 역사 중심지로 유네스코에 세계적인 문화재로 등록된 아바나비에하는 제2차 세계대전의 폭격 이후 에도아르도 데필립포가 시장으로 있던 당시 처절했던 나폴리 수준으로 전락했다. 화려하고 풍성하던 식민지 시대의 과거는 몰락의 분위기에 휩싸였다. 하지만 일부 지역에서는 복원과 복구를 위한 공사가 진행되고 있다. 외부인은 1950년대의 캐딜락을 보며 복고풍의 분위기에 빠져든다. 아바나의 300만 명 주민들에게 이러한 도시의 몰락은 자신들의 불확실성을 의미하는 것이기도 했다. 스페인 바로크 시대의 모든 저택은 붕괴되기 일보 직전의 폐허 상태지만 다중 동거의 형태로 수많은 가정들이 거주하고 있다. 단 한 번의 허리케인으로도 19세기의 모든 화려함은 영원히 사라질 것만 같다. 나의 쿠바 동료들이 텔레비전으로 시청하고 있는 화해의 순간에 대해 가지는 회의론은, 과연 이를 계기로 쿠바가 보다 효과적인 경제 시스템으로 전환될 수 있는가 하는 것이었다. "중국 모델과 베트남 모델." 모두가 희망을 들먹이는 슬로건을 반복적으로 말하고 있다. 전자는 자본주의적 공산주의를, 후자는 하나의 정당과 무역경제를 가리킨다. 중국에 오랫동안 살았던 나로서는 이러한 비교가 도박처럼 느껴진다. 중국은 성장하고 있는 무역경제로서, 몰락이 시작된 19세기로부터 500년 전에는 유럽보다 더 부유했다. 쿠바는 카리브해와 라틴아메리카 국가들과 마찬가지로 식민 지배와 노예제도, 대농장제와 외국 세력의 지배가 동반된 근대화를 경험했다.

"1961년 대사관을 폐쇄했을 때만 해도 누구도 반세기가 조금 더 지나 대사관이 다시 열릴 것이라고 생각하지 못했습니다. 두 나라는 단지 90마일 거리에 위치하고 있습니다. 통상 금지는 작동하지 않았습니다." 오바마 대통령은 같은 민주당 출신의 젊은 대통령인 존 F. 케네디가 저지른 실수와 관련해 새로운 역사의 장을 열었다. 케네디는 다른 문제들에서는 진보주의자였지만, 라틴아메리카의 경우에 했던 어리석은 선택들에서만은 그

렁지 않았다. 오바마는 일련의 많은 잘못들을 시인했으며, 끝으로는 약속
에 대한 언급도 잊지 않았다. 일종의 위협적인 질문도 있었다. 만약 양키들
의 자본주의가 다시 밀물처럼 밀려온다면, 1,100만 인구의 이 섬에서는 무
슨 일이 벌어질 것인가?

　흥미로운 우연의 일치인지는 모르지만, 미국이 대사 교환을 발표하던
날 세계보건기구는 쿠바와 관련해 주목할 만한 사실을 언급했다. 이에 따
르면 쿠바는 세계에서 "에이즈나 매독과 관련해, 임신에 의한 모자 간 전
염을 완전히 근절한" 첫 번째 국가였다. 세계보건기구는 아바나를 "세계
다른 국가들을 위한 공중보건 시스템의 모델"로 간주했다. 이것은 왜 피델
카스트로의 '살사-사회주의'가 세계적으로, 특히 라틴아메리카에서 그토
록 많은 지지를 받았는지를 이해하는 데 도움이 된다. 능력을 인정받아 해
외로부터 초대를 받은 쿠바 의사들은 이들이 본국에 송금하는 돈 덕분에
쿠바 수입의 세 번째로 큰 출처가 되었다. 교육과 보건에 대한 투자는 자긍
심의 원천이다. 하지만 이 역시 미국의 글로벌화에 뒤늦게 참여했기에 동
요되거나 살아남기 힘든 모델일 수 있다.

　쿠바를 포함한 라틴아메리카 전체에 오래전부터, 그리고 긴밀하게 영
향을 미치고 있는 가톨릭교회는 이들을 지지한 세력이자 동시에 이들에
대한 탄압에 동참한 주체였다. 교황 프란치스코는 아르헨티나에서 군부독
재와 데사파레시도스[8]의 비극적인 시대를 살았고, 가톨릭 신자인 존 F. 케
네디보다 카스트로와 체 게바라에 더 가까운 해방신학과 (대립적인 방식으
로) 공생했기에 다른 그 누구보다 그 사실을 잘 알고 있었다. 또한 그는 로

8　desaparecidos, 구속실종자 유족회라는 뜻의 인권 단체.

마교회를 아메리카 역사의 한 부분으로 만드는 엄청난 유산의 짐을 짊어지고 있다. 즉, 콩키스타도르스[9]의 폭력적 개종주의에 의한 심각한 잘못으로부터, 교황청이 오바마와 카스트로를 화해하게 만든 끈질긴 중재에 이르기까지 500년이 넘는 세월이 흘렀다.

레이건-요한 바오로 2세의 시대처럼 워싱턴과 바티칸이 함께 일했던 지난 짧은 시즌의 무언가는 아직도 남아 있을까? 아니면 오바마-프란치스코 교황이 구축한 유산이 트럼프식 복원의 소용돌이 속으로 빨려 들어가 사라지게 될까?

환경과 이민 문제에서 트럼프의 미국과 프란치스코 교황의 로마교황청 간 간극은 좁혀지는 것이 불가능해 보였다. 2017년 5월 24일 트럼프가 미국 대통령에 당선된 지 4개월이 지나 바티칸의 교황을 방문했을 때에도 상황은 여전했다. 환대에도 불구하고 냉랭한 기류는 숨겨지지 않았다. 그날의 사진들에서도 이러한 분위기는 그대로 드러났다. 당시 방문은 일방적인 것이었다. 트럼프는 원하는 것을 얻었지만 아무것도 내주지 않았다. 그는 교황과 대화하는 특권을 누렸지만, 자신의 입장은 전혀 바꾸지 않았다. 미국 대통령은 자신의 개인적인 성공으로 간주한 교황과의 만남에서 존경을 표시했으며 미국의 가톨릭 신자들에게 보여줄 기념사진 또한 잊지 않았다. 그는 '기념사진을 남길 기회'에서 승리의 미소를 보인 반면, 단체사진에서 교황은 평소와는 달리 조금 떨어진 위치에서 깊은 수심에 잠겨 무언가를 골똘하게 생각하는 모습을 보였다. 이것은 실제 만남의 상황을

---

9 Conquistadores, 15세기부터 17세기에 걸쳐 아메리카 대륙에 침입한 스페인과 포르투갈 군인들을 가리킨다.

그대로 보여준다. 이 사진은 화해와는 거리가 먼 것이었다. 미국 대통령과 교황 간에는 차이와 더불어 양립할 수 없는 가치들이 너무 많았다. 교황과 미국 대통령 간에는 그 어느 때보다 갈등의 골이 깊었다.

2016년 2월 18일, 트럼프가 대통령 후보였고 프란치스코 교황이 멕시코 방문을 마쳤을 때, 교황은 단절의 장벽을 세우려는 그를 비판했다. 트럼프는 자신의 첫 반론을 제기했다. "교황은 정치인이며 아마도 멕시코 정부의 사람인 것 같다." 교황은 결코 포기하지 않았다. "장벽을 만드는 것만을 생각하는 사람은 기독교인이 아니다. 이러한 것은 복음서에서 찾아 볼 수 없다." 부동산 재벌 트럼프의 분노는 사우스캐롤라이나 집회를 마친 후에 폭발했다. "만약 이시스, 즉 수니파 이슬람 극단주의 무장 단체가 바티칸을 공격한다면, 이것은 테러리스트들이 원하는 최고의 트로피일 것이다. 도널드 트럼프가 대통령이 되도록 교황이 기도할 것이라고 나는 확신한다. 멕시코 정부는 교황과 함께, 국경에서 미국을 조롱하기를 원하고 있다. 교황은 범죄, 마약 밀매를 보지 못했다." 그는 덧붙였다. "나는 좋은 기독교인이며, 이에 자긍심을 느낀다."

바티칸 정상회담의 결과는 참담했다. 기후변화에 맞서기 위해 파리협약을 준수하는 것은 교황과의 대화에서 가장 핵심적인 주제 중 하나였다. 대화 노력에도 불구하고, 얼마 후 트럼프는 이 협약에서 탈퇴할 것이라고 발표했다.

교황이 "인류 공동의 집인 환경을 보존하기 위해" 교황 프란치스코의 회칙인 「찬미받으소서」를 포함해 세 권의 책을 선물로 주었을 때, 트럼프는 "이 책들을 읽겠습니다"라고 대답했다. 이는 위엄 있는 태도는 아니었다. 그리고 자발적으로는 결코 책들을 읽지 않을 것이고 이들을 자신의 협력자들에게 불필요한 것들로 치부해버릴 사람의 답변이었다. 미국 이민의 문제에 대한 교황과 트럼프 간 대화는 없었다. 이슬람의 문제에 대해서도 마찬가지였다. 게다가 사형제도나 무기에 대해서도 그러했다. 이렇게 해서 미국과의 협력 기간은 갑작스럽게 중단되었고 교황청 외교는 잠재력이 한층 강화된 추가적인 노력을 시작했다.

아프리카 대륙에 대한 나의 관심은 로사 다레조 에밀리아 수녀로부터 기인한다. 로사 수녀는 "아프리카의 고통은 분명히 존재하며 나는 곧 그곳으로 돌아갈 것이다"라고 말했다. 하지만 그녀는 본국으로 소환되었는데, 그 이유는 그녀가 살던 곳의 환경이 극히 위험했기 때문이다. 그녀는 중앙 아프리카에서 10년 넘게 지내왔으며 우리 인간(백인)이 상상하기조차 힘든 것들을 보아왔다. 도로는 반군-게릴라들에 의해 살해된 시신들로 덮여 있었으며 그녀는 납치 협박과 함께, AK-47 자동화기로 무장하고 뒤를 쫓는 무리들을 피해 야밤에 열대우림으로 피신해야만 했다. 프랑스 군대가 여러 차례 개입했지만, 황금, 다이아몬드, 우라늄 광산에 대한 통제권을 보장한 것 외에는 해결된 것이 아무것도 없었다. 게다가 무지와 지역 정령주의 미신이 지배하고 있어, 사람이 병에 들면 그를 사악한 눈으로 바라본 자를 붙잡아 식물에서 채취한 독으로 살해하는 행위가 자행되고 있었다. 그녀는 야만적이고 끔찍한 이야기들을 거침없이 냉정하고 명쾌한 어조로 들려주었다.

50대 나이에 접어든 로사 수녀는 아프리카 선교 활동에서 이처럼 엄청난 일들을 수없이 겪었기에 지금 하고 있는 일은 그저 가벼운 마음으로 하고 있다. 카몰리의 성안나수도원에는 대부분이 나이지리아 사람인 16명의 여성 난민이 생활하고 있다. 이들 중 상당수가 다리에 노예상인들의 사슬과 고문에 의한 깊은 흔적들 같은 학대받은 상처를 가지고 있다. 하지만 적어도 그녀들은 살아남는 데 성공했다. 수녀 로사는 정치적인 차원과는 무관하게 그녀들을 돌보고 있다. 하나님에 대한 순종의 의미를 실천하고 있는 것이다. 교황은 수도원들을 난민에게 개방하라고 말했고 그녀는 이에 복종한 것이다. 그리고 제노바 지사가 16명의 난민 여성을 위한 거처를 마련해야 했을 때 수녀 로사는 이를 제공했다. 그녀는 거짓말을 들었을 때만 제외하고, 난민에 대한 여러 잡음에 일체 신경을 쓰지 않았다. 그녀는 정치인이나 기자에게 전화를 걸어 말했다. "이곳에 와서 보기 바랍니다. 우리는 아무것도 숨기지 않습니다. 당신들은 어떤 의견이든 말할 수 있지만 사실에 근거해 판단하기 바랍니다. 난민이 부담만 될 뿐이라는 주장은 사실이 아니에요. 이들은 일을 할 수 있고 법이 이를 보장하고 있습니다." 실제로 로사 수녀는 이들 모두가 일을 할 수 있게 하고 있다. 한 난민 여성은 보건소에서 노인건강요양사를 보조하는 일을 하고 있다. 보조의 일이 돈을 벌기 위한 비즈니스는 아니다. 사기와 착취도 아니다(물론 이러한 짓을 자행하는 자들이 없는 것은 아니다). 로사 수녀는 나이지리아의 끔찍한 공포에서 도망친 여성들에게 언어 및 정보와 더불어, 잠자리와 먹을 것을 제공한다. 난민 여성들은 안정된 환경에서 잘 적응하고 있다. 또한 그녀들은 풀타임으로 일하고 있다. 심리상담도 받고 있다. 이들 중 한 명은 몇 달 동안을 무언(無言)의 상태로 시선을 허공에 고정한 채 악몽 같은 기억에 사로잡혀 있기도 했다. 더구나 대부분의 나이지리아 여성들은 본국에 자식들을 두고 온 상태인데, 언젠가 상황이 안정되면 재회할 수 있을 것이다.

로사 수녀는 수도원에 온 그녀들을 엄격한 규율에 따라 통제하고 있다. 하지만 그녀는 아프리카에 개입한 서구 열강들을 매우 냉철한 시선으로 보고 있다. 그녀가 직접 목격한 바에 따르면, 프랑스는 정말 못된 짓 그 자체였다. 프랑스의 식민지로서 40년 전 '보카사 황제의 다이아몬드'와 같은 스캔들(프랑스 대통령 발레리 지스카르 데스탱에게 선물로 제공되었다)을 일으켰던 중앙아프리카공화국은 여전히 보호국의 지위로 남아 있고, 이곳에서 프랑스 군대는 여전히 활동하고 있다. 프랑스인들은 이곳에 평화를 가져오지 않았다. 교육도 의료도 여전히 낙후된 상태에서 벗어나지 못하고 있다. 이 아프리카 국가에서는 지도층이 형성되지 못했다. 이탈리아보다 두 배나 큰 영토에 단지 450만 명의 인구가 살고 있으며 광산채굴에 의한 부의 축적이 매우 활발하다. 반군-게릴라들은 로사 수녀에게서, 말 그대로 고아원 학교 전체와 수도와 위생의 모든 것을 빼앗아갔다. 하지만 그녀는 이곳 수도원에서 지중해의 황혼을 바라보며 매일 저녁마다 반대편 지중해의 아프리카를 생각하고 그곳으로 돌아가기를 소망하고 있다.

그녀의 증언 덕분에 나는, 그녀는 모든 것을 알고 있지만 정작 나는 아무것도 모르는 중앙아프리카를 취재해야 한다고 생각했다. 내가 아는 것이 있다면 그것은 어린 시절 프랑스에 있을 때 알게 된, 황제 보카사가 엘리제궁에 제공했던 놀라운 선물이었다. 보카사는 알프레드 자리의 『위뷔 왕』[10]을 연상시키는 기괴한 인물이다. 자국의 땅속에 묻혀 있는 막대한 (우라늄, 금, 석유, 다이아몬드, 코발트의) 부와 방대한 농지와 풍부한 수력자원의 가능성에도 불구하고, 중앙아프리카공화국은 지상에서 가장 빈곤한 10개 국가 중 하나이다. 심지어 유엔의 인간개발지수에서 최하위인 180위 수준에 머물러 있다.

10 Ubu roi, 1896년에 발표된 기괴하고 난폭한 풍자극으로 부조리극의 효시가 되었다.

로사 수녀의 놀라운 이미지는 전임자들과는 달리 현대의 선교사들 (평화를 위해 활동하는 단체들)에게서, 그리고 가톨릭 세계의 지리와 가톨릭 교회의 세계적인 역할, 또한 이탈리아 정치에 미치는 영향에서 집중적으로 드러난다. 이탈리아 이민 정책에 대한 논쟁은 만약 로마교회와 모든 부속 조직들의 영향력이 없었다면 전혀 달랐을 것인데, 어떤 사람들은 이것을 부정적인 조건이나 심지어 불행으로 간주한다. 나는 바티칸이 구체적인 지위를 차지하고 있는 가톨릭의 지정학 또는 인도주의적인 비상사태의 '붉은 선'이 어떻게 이탈리아에 강력한 영향을 미치는지를 관찰하는 데 관심이 있다. 한편, 이와 유사한 상황은 독일에서 앙겔라 메르켈 총리가 초기에 난민들에게 개방정책을 결정했다가 이후 이를 수정해 재조정하는 일이 일어났을 때도 발생했었다. 메르켈 총리는 민주기독교당 당원이다. 그녀에게 투표했던 자들의 일부는 특히 라인강과 바이에른 지역의 가톨릭 신자들이었다. 하지만 메르켈 자신은 개신교 목사의 딸이었다. 교황이 독일 정치에 미치는 영향은 이탈리아의 그것에 비교될 수는 없다.

로사 수녀의 유명한 전기에는 교황 프란치스코의 인물과 사상을 엿볼 수 있는 내용이 있다. 오늘날 아르헨티나 출신의 프란치스코 교황은 최근의 반식민주의 가톨릭 개종을 상속한 인물이다. 나는 어린 시절에 자주 접했기 때문에 이 전기에 대해 잘 알고 있다. 내가 읽은 초기 정치 성향의 글의 저자 중에는 돈 로렌초 밀라니와 돔 엘데르 카마라가 있었다. 1967년에 출판된 돈 밀라니의 『여교수에게 보내는 서한(Lettera a una professoressa)』에는 미국제국주의와 베트남전쟁에 대한 심한 적대감이 반영되어 있었다. 브라질 레시페주의 대주교인 돔 카마라는 해방신학의 전문가였다. 이는 바티칸에 의해서도 박해를 받았으며 오랫동안 소수의 입장에 머물렀던 (관계) 단절의 운동이기도 했다. 콩키스타도르스의 뒤를 따라 들어가 인디오 원주민들에게 우리의 종교를 강제했던 사제들로부터, 1950~1970년대 남아메리카에서 군부독재를 지원하던 자들에 이르기까지, 제3세계에서 가톨릭교회의 기호는 항상 달랐다. 즉, 성직자는 백인들과 식민통치자들 또는 지역 엘리트들의 편에 있었다. 특히 가톨릭의 고위 성직자들은 권력의 공범으로서 민중의 신부들을 그대로 방치했다. 프란치스코 신부는 아르헨티나 주교로서 힘든 세월을 보냈다. 한편에서는 군사독재가 권력을 장악하고 있었고, 다른 한편에서는 무장 게릴라들에게 변명거리를 제공했으며, 냉전 당시에는 해방신학마저 소련과 암묵적으로 연합하기도 했다. 이러한 이유로 프란치스코 교황은 해방신학을 좋지 않게 생각했다. 하지만 오늘날 이민이나 빈곤과 같은 큰 주제들에 대한 입장을 취할 때, 나는 돈 밀라니와 돔 카마라가 다시 언급되는 것을 알고 있다. 교황의 가톨릭주의는 서양이 식민지화의 죄를 사죄할 것을 암시한다. 위험한 오해를 불러일으킬 위험도 없지 않다. 즉, 오늘날 아프리카 또는 남아메리카의 많은 국가들은 자신의 범죄를 덮기 위해 반(反)서양의 목소리를 내는 지역 지도층에 의해 착취를 당했다.

교회의 과거 잘못을 속죄하는 차원에서 이슬람에 대한 교회의 '선의주의'에는 논쟁의 여지가 있다. 이것은 이슬람공포증의 위험은 거부하지만, 무슬림 공동체들이 증오와 폭력적인 복수를 설교하는 자들에게 우호적인 여지를 제공하는 피해망상과 비난의 문화를 청산하는 것을 반기지는 않는다. 교회와 국가의 분리, 자유민주주의의 원리를 수용하기 전까지 오랫동안 고군분투했던 가톨릭 세계가 서양의 세속화를 거부하는 무슬림 공동체를 자극하는 것은 전혀 적절하지 않다.

바티칸의 지정학은 이탈리아에 보편성의 요인을 제공하며, 자신들의 극단적인 고통 속에서 세계를 알아가는 선교사들의 활동을 이탈리아인들이 알 수 있게 해준다. 로마교황청은 '행성 안테나'를 가지고 있다. 만약 그렇지 않다면 이탈리아와 같은 작은 국가는 교황청을 결코 소유할 수 없을 것이다. 이탈리아에 가톨릭의 수도가 위치한 것은 부담이자 특권이며, 항상 '비정상 이탈리아'의 일부가 될 잠재력이자 조건이다.

VIII

이민과 정체성,
지중해에 함몰된 이탈리아

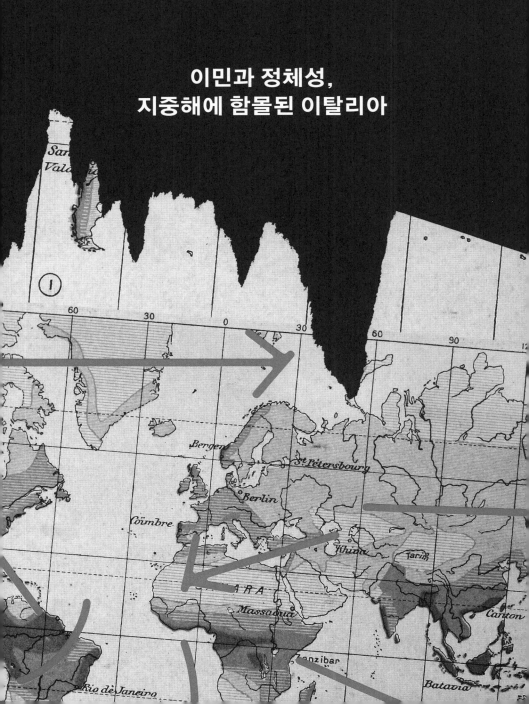

마약 장수들인 나르코스로부터 피신한
콜롬비아 사제가 (이탈리아의) 벤티밀
리아에서 난민과 은드랑게타를 만난다.
'출생지주의'는 양심을 자극한다. 또한
이주/침략의 역사는 우리를 로마제국의
몰락으로, 또는 더 먼 과거 즉 네안데르
탈인 몰락의 미스터리로까지 거슬러 올
라가게 하는가?

나는 벤티밀리아로 가기 위해 제노바에서 출발해 모든 역마다 정차하는 열차를 탔다. 내가 책을 읽고 있는 동안 갑작스럽게 큰 혼란이 발생했다. 기차의 복도에서 한 흑인 소년이 빠르게 달려가는 것을 보았다. 불과 몇 미터 떨어진 거리에서 한 여성 검표원이 소리치며 그 소년의 뒤를 따라갔다. "너 지금 내려야 해! 지금 당장 말이야! 그렇게 도망가지만 말고!" 잠시 후 이탈리아 철도인 트레니탈리아의 여직원이 기차의 끝 칸에 도착한 후 잠시 멈추었다가 헐떡이며 돌아왔다. 나는 그녀를 응원하는 의미에서 그녀의 행동을 축하하며 미소를 보냈다. 그녀는 어린 소녀가 아니었다. 20대의 나이가 지나면 숨이 차게 마련이다. 또한 용기도 필요하다. 나는 기차 안의 폭력 사태, 책임자와 검표원이 주먹질을 당하거나 칼에 찔렸다는 신문 기사를 종종 읽는다. 이러한 사건은 항상은 아니지만 자주 기차표를 사지 않고 무임승차하는 이민자들에 의해 발생한다. 나는 미국에 살고 있지만 이러한 추세가 증가하고 있다는 사실을 알고 있다. 이탈리아에서 휴가를 보내면서 지역 노선의 열차를 탈 때마다 이와 비슷한 광경을 목격한다.

무전여행의 습관은 이민자들 사이에 널리 일반화되어 있다. 이탈리아인 중에서도 이처럼 여행하는 자들이 없는 것은 아니다. 하지만 분명히 외국인들 사이에서는 보편적인 악습인 것 같다. 불쌍한 검표원들은 무장하지 않은 채 경찰의 역할까지 해야 한다. 이들은 어쩌면 소용없는 일일지도 모르지만 법치와 규칙을 유지하기 위해 매일같이 작은 전쟁을 치른다. 나는 이들이 아무 대가도, 사적인 이익조차도 없이 자신들의 의무를 위해 위험을 무릅쓰는 것에 대해 존경심을 표한다.

벤티밀리아로 가는 기차의 여성 검표원들은 풍자 감각을 발휘하며, 이런 일들을 심각하게 받아들이려 하지 않는다. "할 수 있는 한, 계속할 거예요. 하지만 이제 은퇴까지 두 달밖에 안 남았네요. 그러니 보이는 것만 볼 수밖에요." 나는 그녀와 이야기를 나누면서, 그리고 이와 유사한 상황에 대해 그녀의 동료들과 대화 나누면서, 외국인들이 그녀들을 잘 알고 있다는 사실을 알게 되었다. 그들은 노숙인일 뿐 대부분 난민은 아니었다. 검표원들은 같은 경로에서 이들과 자주 마주친다. 기차표는 돈을 지불하고 구입해야 하는 것이지만 이들은 거의 위험에 처하지 않으며 결코 유죄로 판결나지 않는 만큼 무임승차를 고집한다. 기차에서의 에피소드는 나의 벤티밀리아 난민 방문을 위한 서막이었다. 이곳은 리구리아주에서 프랑스 국경을 넘기 직전의 마지막 도시이다. 종종 자의적이고 변화무쌍한 국가 간 경계로 유럽의 민족주의가 극에 달했던 지난 19세기와 20세기에는 상당한 중요성을 가지고 있었다. 국경을 몇 킬로미터 옮기기 위해 끝없는 전쟁이 반복되었다. 프랑스와 해안을 따라 길게 늘어선 이탈리아의 붉은 선은 많은 변화를 겪었다. 니스는 이탈리아 영토였지만 지금은 프랑스령이다. 만약 주세페 가리발디가 1860년 니스를 나폴레옹 3세에게 넘기는 조건으로 토리노조약이 체결된 이후에 출생했다면, 그는 프랑스인이 되었을 것이며, 그렇다면 천인대 원정은 누가 지휘했을까? 사보이아 왕가는 카밀로 벤소 카부르 백작처럼 프랑스어를 사용했으며 이탈리아의 통일을 주도했다. 무솔리니 시대에 이탈리아는 비록 제2차 세계대전 당시의 짧은 기간이기는 했지만 니스를 차지했었다. 물론, 당시 니스와 관련한 국경 분쟁에서는 알자스-로렌의 경우와는 달리, 많은 군인이 희생되지는 않았다. 그리고 불과 몇 세대 전까지도 이탈리아와 프랑스는 국경선을 넓히려고 계속해서 노력했다. 벤티밀리아의 프랑스-이탈리아 국경에서 벌어지는 경쟁은 역사를 선형적이지 않은 것으로 기억하고, 종종 달리는 차에서 후진기어를 넣겠다는 농담처럼 들리는 하찮은 사례일 뿐이다. 유럽에서는 1914년 이전까지 사람들이 자유롭게 왕래했으며 20세기 초반의 글로벌화 시대에 국경에서는 사람, 화물, 자본의 출입이 가능했다. 이후 모든 것은 중단되었고 두 번에 걸친 세계대전 사이에 모든 것이 급작스럽게 퇴보했다.

1995년 3월 26일 셍겐[1]조약이 발효되면서 그리 멀지 않은 과거의 사건들은 시대착오적이고 무의미한 것이 되었다. 유럽연합은 결속력과 확장이 최고조에 도달했을 당시, (유럽연합 회원국들의) 국경선들을 과감하게 제거하기로 결정했다. 아스팔트 줄과 이동식 장벽, 세관과 국기들이 어디에서 이탈리아 영토가 끝나고 어디에서 프랑스 영토가 시작되는지를 표시할 수 있다는 것은 터무니없는 소리처럼 들린다. 두 국가는 이미 유럽합중국, 즉 유럽연합에 가입했기에 이러한 낡은 구분은 모든 의미를 상실했다.

---

1 Schengen, 룩셈부르크의 작은 마을로, 이곳에서 유럽연합(EU) 회원국 간의 자유로운 통행을 규정한 협정이 체결되었다.

캘리포니아에서 애리조나로 여행할 때 누구도 여권 제시를 요구하지 않는다. 1995년 이후 대략 20여 년 동안 통합된 유럽의 새로운 지리는 견고해 보였으며 수 세기 동안 지속될 것처럼 보였다. 하지만 불과 얼마 지나지 않아, 난민에 대한 경고, 유럽에서의 이슬람 지하드 활동, 포퓰리즘의 확산으로 인해 모든 것이 바뀌었다. 시대의 흐름에 역행하는 것 같다. 열린 국경의 유럽은 역사적 유물, 사실이기에는 너무도 아름다운 과거의 골동품이 된 것이다. 여기에는 모두가 동의한다. 내가 벤티밀리아에 가던 날, 즉 2017년 7월 14일, 국경의 한쪽에서는 프랑스가 니스 참사[2]의 1주기를 기념하고 있었다는 사실을 잊을 수 없다. 니스의 긴 해안을 따라 많은 어린아이들이 희생되었다. 하지만 이것이 이탈리아와의 국경과 무슨 상관이 있다는 말인가? 아무런 관계가 없다. 참사를 일으킨 테러리스트는 벤티밀리아에서 오지 않았다. 게다가 국경은 이미 닫혀 있었다. 각자는 나름의 방식으로 자신을 보호하려고 한다. 위험은 현실이며 공포는 과장된 것이 아니다. 또한 조국이라는 낡은 경계는 안전한 것 같은데, 왜냐하면 역사적으로 우리가 우리 자신을 방어하기 위해 군대와 경찰을 조직한 붉은 선의 안쪽에 있었기 때문이다. 현재의 지리에서 정부-국가는 다시 논쟁의 대상이 되고 있다. 우리는 오래되고 친숙한 것인 양 국기와 유니폼의 색에 집착한다.

난민 문제가 제기되기 전, 아직 유럽이 셍겐조약을 존중하고 있었을 때 벤티밀리아의 국경은 관습적인 차원에 머물러 있었다. 사람들은 이곳을 아무런 통제 없이 통행하고 있었다. 이후 프랑스는 원하지 않은 사람들

---

2 2016년 프랑스혁명 기념일에 니스에서 튀니지계로 추정되는 테러리스트에 의해 86명이 사망했다.

셍겐조약의 유럽과 난민 유입을 차단하기 위해 세워진 새로운 국경선들

의 유입을 차단하기 위해 이곳을 폐쇄했다. 희망을 찾아 여행하는 난민들은 아프리카에서 왔는데, 먼저 리비아 해안에 도착한 후에 지중해를 건넜고, 그때까지도 살아남았다면 이탈리아 해안에 도착했다. 하지만 이들 대부분은 이곳에 정착하기를 원하지 않았다. 가장 선호하는 목적지는 북부 즉 독일, 스칸디나비아, 영국이었다. 어떤 난민들은 프랑스로 가기를 희망했는데 그 이유는 이들이 프랑스어를 사용하는 아프리카 지역 출신이었고 이곳에 좀 더 밝은 미래가 있다고 생각했거나, 또는 자신들을 도와줄 수 있

는 친척이나 친구들이 있었기 때문이었다. 반면, 때로는 프랑스 자체가 목적지가 아니라 칼레로 가기 위한 통로이기도 했는데, 난민들은 이곳을 영국으로 건너가기 위한 중간 기착지로 활용했다. 하지만 지금은 먼저 벤티밀리아의 장벽에 직면하게 되는데, 프랑스 경찰은 이곳에서 난민의 입국을 차단하고 있다. 이것은 건너는 것이 금지된 새로운 붉은 선이다. 붉은색은 위험을 알리는 색으로, "높은 긴장감, 즉 건드리는 사람은 죽을 수 있는" 색이다. 절망에 빠진 난민들은 벤티밀리아와 멘토네 사이에 위치한 터널에서 기차에 올라타려는 위험천만한 모험을 감행하기도 한다. 그리고 이곳에서 목숨을 잃기도 한다. 이것은 보이지 않는 국경이며 많은 이탈리아인에게는 혼란스러운 의미가 아닐 수 없다. 마치 아프리카의 실질적인 경계가 이곳으로 옮겨진 것 같다. 이탈리아가 자신의 '지중해적인 운명'에 함몰된 것이다. 프랑스는 이탈리아를 더 이상 유럽으로 간주하지 않고 자신이 원하지 않는 자들, 즉 위험이 도래한 남부로만 간주한다.

이처럼 아프리카의 경계가 벤티밀리아로 옮겨진 것 같다는 발상은 로야계곡의 물줄기를 따라서도 목격된다. 이것은 리구리아의 전형적인 강줄기 중 하나로서 가파른 산들로부터 바다를 향해 흐르며 여름에는 거의 말라버리지만 가을에는 폭풍으로 인해 격렬한 물살이 형성된다. 흰색 모래와 덤불 숲 사이 로야자갈밭에는 수백 명의 흑인들이 모여 산다. 이들은 아프리카 난민들로 이곳에서 야영하면서 밀수업자들에 비유되는 파쇠르 즉 '안내인들'의 도움에 의지해 감시가 소홀한 지역을 찾아 월경할 순간을 기다리고 있다. 안내인 중 몇몇은 아마도 밀무역에서 중간 브로커 역할을 하며 돈을 받고 국경을 넘는 것을 도와준다. 이곳에는 프랑스 경찰에 맞서기 위해 북유럽에서 온 비정부기구의 자원봉사자들도 있다. 또한 프랑스 산악

지도 위의 붉은 선

인, 무정부주의자와 자유주의자들도 있는데, 원칙적으로 이들은 난민을 돕지만 처벌받는 것을 원치 않기 때문에 단 1센트의 대가도 받지 않는다.

이러한 인도주의자들 중에 가장 있을 법하지 않은 한 사람을 만났다. 그는 마약 거래의 나라인 콜롬비아 출신으로, 이름은 돈 로토 알바레스이다. 그는 수백 명의 난민이 노숙하고 있는 로야계곡의 강변에서 얼마 떨어지지 않은 곳에 있는 잔케테의 산안토니오교회의 교구신부이다. 돈 로토 신부가 이곳에 오게 된 데에는 블랙유머가 가미된 기상천외한 이유가 있었다. 그는 이탈리아 출신의 마약 밀매 두목이 실질적으로 장악한 지역을 떠나 마피아의 침투가 상당히 의심되는 이탈리아의 한 자치도시에 정착했다(2012년 2월 2일, 이탈리아 정부는 벤티밀리아의 자치도시위원회를 해체하고 조직범죄에 대한 수사를 의뢰했다. 하지만 2016년 3월 이탈리아 의회는 충분한 증거가 제시되지 않았기에 시의회를 해산해선 안 된다고 판단했다).

범죄에 관한 한 돈 로토는 거의 전문가 수준이었다. 그의 출신 지역은 콜롬비아 북동부 지역의 산악과 밀림으로 뒤덮인 카타툼보였다. 이곳은 한때는 마르크스주의자들의 지역으로 불렸지만 이후에는 마약 밀매의 무장 세력으로 완전히 돌아선 게릴라들의 피신처가 되었다. 관련 자료에 따르면, 카타툼보에서는 1년에 47톤의 코카인이 생산되며 그 대부분은 북미 시장에 공급되었다. 돈 로토는 "어린 시절의 많은 친구들이 마약 밀매에 가담했으며, 많은 사람들이 잔인하게 살해되었고 한 멍청이는 산 채로 개들에 물려 죽었어요"라고 말했다. 그가 사제 서품을 위한 공부를 목적으로 이탈리아에 온 1993년 이전에, 카타툼보는 반군 세력을 몰아내고 지역의 치안을 회복하는 임무를 수행한 반(反)게릴라 특수단체, 즉 반(半)군사 단체에 의해 극심한 혼란에 빠졌다. 이들은 때로는 마약 밀수의 주인공이거나 독점 세력이기도 했다. 두목은 살바토레 만쿠소라고 불리는 인물로서 그의 가족은 살레르노주의 사프리 출신이었다. 콜롬비아 국적으로 53세인 만쿠소는 자국 정부가 2008년에 신병을 인도한 이후 지금까지 미국 형무소에 투옥되어 있다. 돈 로토는 이야기했다. "만쿠소는 자신의 여러 친척을 살해하도록 지시했습니다. 카타툼보의 전 지역에서 이들 조직은 1만여 명을 살해했어요. 내가 그의 이야기를 이탈리아인들에게 하는 이유는 마약의 끔찍한 피해에 대해 말하고 싶기 때문입니다. 하지만 동시에 난민에 대해 퍼져나가는 공포, 외국인들을 악마로 간주하는 것에 맞서야 할 이유이기도 하죠. 만약 내가 고정관념에 따라 생각한다면, 내 가족이 이탈리아 출신의 마약 밀매 두목 때문에 많은 고통을 받았으니 나는 만나는 모든 이탈리아인을 두려워해야 할 겁니다."

2016년 여름 프란치스코 교황은 "교회를 난민에게 개방하라"고 권고했다. 잔케테의 성안토니오교구는 내가 이곳을 방문한 당일 170여 명의 난민을 받아들였다. 대부분이 여성과 아이, 그리고 환자였다. 돈 로토는 말을 이었다. "1년에 1만 5,000명이 이곳을 다녀갔어요. 하지만 이탈리아 정부의 도움은 단 한 푼도 없었죠. 모두 무상의 자발적인 도움만이 있었을 뿐입니다." 음식 기증, 이탈리아어를 가르치는 교수들의 자원봉사, 앰뷸런스 출동 서비스를 무상으로 제공하는 의사들. 몇몇 난민은 다르푸르 출신으로 마치 20대의 이스마일처럼 도움을 베푸는 일에 종사했다. 청년 이스마일은 2년 전부터 이탈리아로 정치적 망명을 신청하고 있으며, 교회의 정원에서 토마토, 호박, 콩을 재배하는 작은 텃밭을 일구고 있다. 이스마일은 "내 꿈은 이곳에서 농민으로 사는 것입니다"라고 말했다. 그는 리구리아처럼 아름다운 지역에 방치된 농지가 그토록 많은 이유를 이해할 수 없다고도 말했다. 하지만 그가 망명을 신청했다는 사실이 알려지면서 그 누구도 그를 채용하지 않고 보조로도 원하지 않는다.

사제는 말했다. "내가 교회를 개방했을 때, 우리는 이들을 데리러 강을 따라 걸어갔습니다. 난민들은 아무런 돌봄도 없이 방치된 상태였죠. 누구도 이들을 돕지 않았습니다." 돈 로토의 활동을 지원하던 자선단체들도 이곳에 도착했다. 또한 적십자도 이들에게 쉼터를 제공했다. "만약 국경이 닫혀 있다면 도대체 이들은 어디로 간다는 말인가요?" 돈 로토는 아이러니와 당혹감이 교차하는 심정으로 이들을 바라보았다. 이곳에서는 국경의 어리석음을 폭로하고 공권력에 공개적으로 반대하며 반(反)세계화의 성향을 지향하는 국경없는운동의 행동주의가 분출되었다. 100여 명의 아프리카 젊은이들, 시리아와 아프가니스탄 국적의 난민들이 여름 더위 아래 로야 강변에 캠프를 치고 있었다. 이들은 유럽과 지역의 지정학이라는 장기판에서 벌어진 거대한 게임의 말들이 되었다. 프랑스의 에마뉘엘 마크롱은 대통령에 당선된 직후 난민의 유입을 차단하는 강경책을 선택하고 국경을 완전히 폐쇄하기를 원했다. 산악 지역을 가로질러 난민들의 이동을 돕고 있던 국경없는운동은 국경에 대한 이념적 적대감을 공식화했다. 돈 로토는 복음서에서 이사야의 예언을 생각나게 하는 '씨 뿌리는 자'의 비유를 인용했다. "너희는 귀로 들어도 이해하지 못할 것이고, 눈으로 볼지라도 보지 못할 것이다. 이 민족의 마음은 무감각해졌기 때문에 귀는 들리지 않고 눈도 닫혀 있습니다." 돈 로토 신부는 무슬림 난민들 사이에서도 편안하게 행동했다. 잔케테의 구역은 난민들에 반대하는 시위를 벌였고 항의와 보이콧, 적대적인 행동을 반복했다. 나는 이 지역의 주민들 역시 과거의 지속적인 이주에 의한 결과였다는 사실을 알고 있다.

남쪽에서 북쪽으로 이동한 또 다른 붉은 선은 지역 범죄의 그것이었다. 은드랑게타가 처음으로 리구리아에 유입된 결정적 시기는 1950년대와 1960년대로 거슬러 올라간다. 당시 남부에서 마피아를 퇴치하고 이들을 이탈리아 북부의 '건전한' 지역들로 옮겨 고립시키고 무력화하려는 조치에 의해 추진된 것이었다. 실제로는 본래의 근거지를 떠난 두목들이 협력자들로 조직을 재건하여 새로운 거주지를 오염시켰으며 자신의 범죄 활동을 이곳으로 옮겨온 셈이 되었다. 이 지역에서 관심을 끄는 것은 산레모와 몬테카를로에 있는 카지노 두 곳이었다. 두 도시는 불법 자금의 순환을 위한 전통적인 은신처였다. 유럽연합이 관세를 철폐하면서 수입의 원천을 제거할 때까지 수익성이 높은 밀수도 성행했으며 범죄 수익이 모나코 은행으로 불법유출되기도 했다. 벤티밀리아로 본거지를 옮긴 칼라브리아 마피아인 은드랑게타의 두목 안토니오 팔라마라는 2017년 7월 죽은 뒤에도 산타마리아아순타대성당에서 거행된 호화스러운 장례식으로 주목을 받았다.

은드랑게타가 리구리아주에 세력을 뻗은 것과 관련해 공식 보고서가 작성된 적이 있다. 2017년 8월 8일에 마피아척결수사본부(Direzione Investigativa Antimafia, DIA)가 작성한 보고서에서는 벤티밀리아의 경우도 분명하게 언급되었다. 난민 사태가 공권력의 새로운 관심과 많은 조사의 필요성을 제기하고 있는 상황은 범죄 단체들에게는 불리하게 작용할 수 있었다. 하지만 그렇다고 해서 지역 주민들이 난민에 대해 항의하는 것이 범죄의 환경 탓이라고 말할 수는 없다. 오히려 범죄 조직이 확산된 지역들에서는 공범과 범죄 은폐의 경향과 더불어, 범죄에 의한 수많은 희생이 있었다. 그 밖에도 주민들의 거주 구역은 난민의 등장 또는 일반적으로 이민자, 즉 외국인의 수가 많아지고 있는 것에 대한 격렬한 분노가 자주 표출된 곳이기도 했다. 이들은 무질서하고 법 인식이나 규칙도 지켜지지 않아 혼란스러울 뿐만 아니라 공권력에 의해 전혀 관리되고 있지도 않은 다인종 사회의 모든 불편함을 인내해야 하는 시민들이었다. 세계적으로 엘리트들은 이민에 우호적인데 그 이유는 이러한 현상을 추상적으로만 분석하고 있기 때문이다. 하지만 자신들의 집 앞에서 매일같이 이민자들과 마주해야 하는 것은 평범한 서민들이었다.

돈 로토는 이미 2016년 여름 당시, 난민들에게 숙소를 제공하는 것으로 프란치스코 교황의 권고를 신속하게 이행했다. 1년 후 그는 수도원을 닫아야 했는데, 이는 자발적인 의지가 아니라 지역 공권력의 명령에 의한 것이었다. 하지만 비즈니스 차원에서 난민을 받아들인 교회도 많았다. 비열한 사례 중 하나는 2017년 7월 17일 《뉴욕 타임스》에 「마피아가 난민 공동체의 모든 것을 빼앗아가고 있다(La mafia succhia ricchezze dai centri per immigrati)」라는 기사가 실린 것이었다. 이 신문은 오성운동[3] 또는 롬바르디아동맹[4]의 정치적 선전에 관해서는 보도하지 않는다. 오히려 미국에서 도널드 트럼프에 반대하고 멕시코 장벽 건설이나 다른 반(反)이민 정책을 비판했다. 《뉴욕 타임스》는 2017년 5월 15일 이탈리아 일간지 《라 레푸블리카》에 보도된 파비오 토나치와 알레시아 칸디토의 글을 재인용했다. 특히 가장 충격적인 사실만을 선택적으로 보도했다. 유럽에서 난민 수용의

---

3 Movimento Cinque Stelle, 이탈리아 코미디언 출신의 정치인 베페 그릴로가 2009년 10월 4일 창당한 이탈리아의 정당.

4 Lega Lombardia, 2008년 롬바르디아 자치연합의 일부로서 2001~2011년 사이에 롬바르디아에서 활동한 자치정당.

규모가 가장 큰 장소들 중 하나로, 이미 10여 년 전부터 은드랑게타의 영향권 아래 있던 카라디크로토네를 조사한다는 소식이 그 대표적인 사례였다. 2006년부터 2015년까지 정부가 크로토네의 난민 시설 운영을 위해 지원했던 1억 300만 유로 중에 3,600만 유로가 아레나 마피아 가문의 하부 조직에 의해 횡령되었다. 코탄자로 반(反)마피아 위원회의 청문회 결과, 아레나 마피아 가문과 관련된 68명이 체포되었다. 이 중에는 자선 구호단체인 콘프라테르니타 델레 미세리코르디아의 칼라브리아-루카나 지부 책임자인 레오나르도 사코와 지역 교구의 돈 에도아르도 스코르디오도 포함되어 있었다. 이들은 모두 마피아 범죄 조직 가담, 횡령과 공금 착복의 혐의로 고발되었다. 사코는 출장 요리 서비스 등 다른 서비스의 하청 계약을 독점하기 위해 이솔라 디 카포 리추토의 교구신부인 돈 스코르디오와 자선 구호단체의 설립자들과 깊은 공범 관계에 있었을 것이다. 사코 덕분에 은드랑게타는 칼라브리아의 자선 구호단체인 카라칼라브리아뿐만 아니라 람페두사의 여러 난민 공동체 운영을 통해 정부 지원금을 불법적으로 횡령할 수 있었을 것이다. 범죄 규모는 3,000만 유로였으며 그 대상은 음식 식재료, 난민 거주지에서 일하는 노동자들의 인건비, 침대 시트와 수건 등의 청소·세탁 업체였다.

2017년 여름 내가 벤티밀리아를 방문했을 당시, 난민들은 새로운 논쟁에 휘말려 있었다. 분쟁의 핵심적인 이슈는 출생지주의다. 이 라틴어 용어는 출생지에 대한 권리를 의미하며 혈통주의에 반대된다. 전자는 태어난 곳의 시민이라는 원리이며 후자는 동향 사람들 즉 부모나 조상의 국적에 속하는 것이다. 2015년부터 이탈리아 정계에서 논의되고 있는 개혁안에서는 이탈리아 영토에서 출생한 사람을 이탈리아 시민으로 인정하는 것을 조금이나마 쉽게 하고 귀화의 경로를 수정하는 세부 작업이 논의되었다. 하지만 벤티밀리아의 난민들은 이와 무슨 관련이 있는 것일까? 이들 중 아무도 이탈리아에서 출생하지 않았다. 잔케테의 성안토니오교회에는 임신한 여성들도 있었다. 이론적으로 이들의 자식은 이탈리아에서 태어난다면 출생지주의에 관심을 가질 수 있을까? 그렇지 않다. 이탈리아에서 논의되고 있는 법안은 이곳에서 출생한 자에게도 엄격한 제한을 두고 있다. 즉, 적어도 부모 중 한 명은 수년 전부터 규칙적인 거주허가증을 가지고 있어야 한다. 혈통주의에 대한 논쟁도 난민 문제와 관련해 지속적으로 제기되고 있다. 2017년 여름, 이러한 내용을 담은 법안이 상원에 상정되었지만 반대와 항의가 잇따라 제기되면서 그해 가을에 완전히 폐지되었다. 난민들의 도착과 이탈리아 시민권 획득을 (상대적으로) 용이하게 하는 것 사이에 상관관계가 형성되었다. 이는 놀라운 일이라고 할 수 있지 않을까? 사실은 그렇기도, 그렇지 않기도 하다. 이탈리아도 예외가 아니다. 시민과 비시민 간의 경계를 그어버리는 냉혹하고 민감하기 이를 데 없는 또 하나의 붉은 선이다. 이로 인해 이탈리아 국적을 부여하는 문제는 민감한 사안으로 다루어졌다.

내가 미국에 체류하고 있을 당시에도 이와 유사한 상황이 발생했었다. 출생지주의는 근대적인 의미에서 미국의 발명품이나 다름없다. 그리고 남미와 북미의 두 아메리카 대륙 모두에 적용되었다. 출생지주의는 영국의 '보통법'을 크게 확대하는 차원에서 신대륙의 모든 지역에서 채택되었다. 역사적으로는 유럽에서 온 식민주의자들이 노동자로 부릴 인력을 필요로 했기 때문이기도 하다. 하지만 미국의 출생지주의는 출생의 특별한 환경들에서, 그리고 불법이민 온 부모의 자녀가 미국 시민이 될 수 있다는 점에서 매우 특별했다고 할 수 있다. 오늘날에는 이러한 방식으로, 부모가 추방될 수 있는 상태에 있더라도 이들이 매년 출산하는 30만 명의 신생아는 미국 시민권을 얻고 있다. 트럼프 시대에는 출생지주의의 무제한적인 적용이 묵인되었을까? 시민권과 귀화에 대한 법안을 개혁한 유럽의 모든 국가에서는 새로운 난민 유입의 압력하에서 '제한된' 출생지주의의 형태가 대세를 이루고 있다. 예를 들면 부모 중 적어도 한 명이 일정한 기간 동안 정기적으로 거주허가증을 발급받았는지의 여부가 제한된 요건을 충족시킬 수 있는 조건이다.

2017년 여름, 이탈리아 상원에서 논의된 법안도 예외는 아니었으며, 유럽의 성향과 맥을 같이했다. 이탈리아에서 출생한 사실만으로는 충분하지 않으며 적어도 부모 중 한 명의 '규정 충족'이 요구된다.[5] 지금까지 미국에서 이와 유사한 사례는 없었다.

미국 출생지주의의 역사는 시민권에 관한 아테네 법으로부터 카라칼라 황제의 칙령, 또는 로마 시민권을 제국의 영내에 거주하는 모든 자유민에게 제공한 안토니우스 황제의 칙령(기원후 212)에 이르기까지, 고대의 법적·철학적·문화적인 뿌리를 가지고 있다. 하지만 미국이 '극단적인' 출생지주의를 채택하고 있는 특별한 이유는 노예제 때문이다. 남북전쟁과 북부군의 승리 이후, 노예제를 폐지하고 금지하는 내용이 헌법의 13번째 조항으로 추가되었다. 하지만 남부의 주들은 모든 수단을 동원해 흑인들의 실질적인 권리를 좌절시키려고 시도했다. 이들이 선택한 전략 중 하나는

---

5 2021년 현재는 부모 중 한 명이 EU 소속 국가 국적일 경우 출생 후 4년간 거주, 그 외는 10년 간 거주하면 이탈리아 국적을 취득할 수 있다.

흑인이 미국 시민이 되는 것을 법적으로 금지하는 것이었다. 이 문제를 완전하게 해결하는 데는 1866년의 민권법(Civil Rights Act), 특히 1868년의 헌법에 14번째 수정조항을 삽입하는 조치가 필요했다. 이는 반노예주의자인 에이브러햄 링컨의 정당인 공화당의 노력 덕분이었다. 14번째 수정조항의 성립으로, 국가의 기본법에는 "미국에서 출생한 모든 사람은 미국의 시민이다."라는 원칙이 반영되었다.

이러한 원칙은 분명하며 전체적으로 명백한 방식으로 확정되었다. 물론 19세기의 입법가들은 자국의 영토에서 출생한 아프리카계 미국인만을 생각하고 있었다. 즉, 불법 이민자의 자식들에 대해서는 미처 생각할 수 없었다. 1868년 누구든 원하는 자는 미국에 들어올 수 있었다. 다만 이후 이를 제한하는 법안이 제정되었다. 역사가 에릭 포너는 《더 네이션》에 실린 「미국 예외주의의 대표적인 사례(The Good Kinf of American Exceptionalism)」에서, 계속해서 외국으로부터의 국내 이주를 통제하는 개혁을 통해 점차적으로 "매춘부, 일부다처, 정신병자, 무정부주의자, 그리고 중국인 전체"를 배제했다고 당시를 회상했다. 1882년에 제정되었지만 제2차 세계대전 기간에 폐지된 중국인배제법안(Chinese Exclusion Act)은 확실히 인종에 초점을 맞추어 제한했던 대표적인 사례였다. 다른 유사한 경우도 있지만, 이들은 적어도 비자의 '국가별 쿼터'라는 속임수에 숨겨져 있었다. 미국으로 들어간 이탈리아 이민자는 오랫동안 차별받은 인종들의 범주에 포함되어 있었다. 즉, 이들 중에 가장 불행한 자들은 남부(예를 들어 루이지애나주)로 향했다. 이탈리아 이민자들은 이곳에서 반(半)노예 상태로 살았는데, 그 이유는 토질이 매우 좋지 않은 땅을 구입하기 위한 부채에 허덕이고 있었기 때문이다. 게다가 KKK는 흑인들을 박해했을 뿐만 아니라, 때로는 이탈리아인들까지도 테러 대상으로 삼았다. 경우에 따라서는 이탈리아인을 무차별적으로 무정부주의자와 같은 범주로 간주했다(그럼에도 무정부주의적인 테러의 주동자들 중에는 이탈리아인들이 없지 않았다). 가장 끔찍한 사례는 이탈리아인 이주민이 경찰의 우두머리를 살해했다는 모함을 받아 뉴올리언스에서 테러를 당한 1891년으로 거슬러 올라간다.

1960년대 중반 린든 존슨 대통령의 대대적인 사회개혁 덕분에 미국에서는 오늘날 우리가 알고 있듯이, 현행 영주권 관련 법과 귀화 절차의 개선(5년의 영주권이 있는 경우 시민권을 요구할 권리가 주어진다) 등에 관한 개방 기준이 마련되었다. 이에 대해 2017년 트럼프 대통령은 적어도 특정 이슬람 국가에서 온 사람들의 미국 입국을 금지하는 무슬림밴[6]에 서명했다.

19세기 말, 중국인배제법안의 반이민자 조치조차도 출생지주의에 대한 재고를 이끌어내지 못했다. 1882년에는 미국의 중국인 가정에서 적어도 5만 명의 신생아가 출생했다. 하지만 그 누구도 이들의 미국 시민권을 부정하지 않았다. 이처럼 출생지주의의 원칙은 빌 클린턴 대통령 당시 법무부 부장관이었던 월터 델린저의 연구에서도 알 수 있듯이, 이미 미국 문화로 정착되었다. "영국인들의 이민 이후 독일 이민자들이 왔으며 계속해서 독일계 유대인들이 미국에 도착했다. 그 이후에는 유럽의 다른 국가들과 남미에서도 이민자들이 미국에 입국했다. 미국에서 출생한 자녀들은 의문의 여지 없이 합법적인 미국인이다. 혈통주의와는 달리, 미국에서는 과거나 이민자의 부모, 즉 혈통을 중요시하지 않는다."

---

6 Muslim Ban. 부동산 재벌 도널드 트럼프와 공화당 대선후보 경합을 벌이던 신경외과의사 출신의 밴 카슨이 무슬림은 미국 대통령으로 선출되어서는 안 된다고 말한 것에서 유래했다.

오늘날 우파의 공화주의자들 중에는 이에 대한 규정을 수정하려 시도하는 이가 없지 않다. 2015년경 선거운동을 시작하면서 트럼프는 이렇게 말했다. "많은 법학자들이 수정헌법 14조가 불법이민자의 자녀들, 즉 앵커베이비(Anchor Baby)에게는 적용되지 않는다고 주장한다." 앵커베이비는 그가 만든 신조어가 아니다. 이미 수년 전부터 우파가 사용하던 전문 용어였다. '앵커(Anchor, 정박하다)'는 거주허가증을 가지고 있지 않은 모친이 미국에 정착하여 언젠가 자신도 신분 안정의 기회를 얻을 수 있으리라 기대하는 것을 의미한다. 이들의 수는 관점에 따라 많기도 적기도 하다. 독자적인 추정에 따르면, 매년 미국에서 거주허가증을 발급받지 못한 외국인이 30만 명의 아이를 출산하며, 이들은 자동적으로 미국 시민이 된다. 이는 적은 숫자가 아니며, 전체 출생자의 18퍼센트에 육박한다. 미국 국적의 전체 인구를 고려할 때 1퍼센트가 조금 넘는 아이가 이러한 비정상적인 방식으로 시민권을 획득한다. 그 외에도 '앵커'의 이미지는 강제된 것이다. 즉, 미국 시민으로 출생한 신생아는 부모에게 유리한 영주권을 신청하기 위해 스무 살까지 기다려야 한다. 어쩌면 이러한 이유로 앵커베이비의 주제는 주기적으로 등장한다. 특히 선거 때마다 단골처럼 제기된다. 2017년 트럼프 외에 다른 공화당 후보들(테드 크루즈, 릭 샌토럼, 린지 그레이엄)도 출생지주의의 개정을 제안하면서 불법이민자의 자녀를 배제할 것을 요구했다. 트럼프는 미국 대통령으로 당선된 직후부터 멕시코장벽과 무슬림밴 정책에 착수했다. 하지만 출생지주의에 대해서는 더 이상 언급하지 않았다. 구글 검색에서는 '앵커베이비' 조회 수가 2015년에 절정에 도달한 이후 급감했다.

출생지주의에 대한 날카로운 분석은 역사가 프랑코 카르디니의 글에서 볼 수 있다. 그는 2017년 7월 이탈리아 일간지《라 레푸블리카》에 기고한 「권위와 자긍심은 우리가 모두 잡종이라고 말한다(La dignita' e l'orgoglio che ci fanno dire: siamo tutti bastardi)」에서, 법적 개념을 고전 시대로부터 모색했다.

로마는 기원전 8~1세기 사이에 빠르게 영토를 확장하면서 충격적인 교훈을 배웠다. 자신의 권력이 확대될수록 주변에 순례자들, 우호적인 자들/적대적인 자들, 야만인들의 수가 증가하면서 로마 주민들의 결속력은 약화되고 있었다. 로마 시민권은 공동체 전체에, 그리고 각 개인에게 부여될 수 있었던 만큼, 충성심과 복종을 이끌어내는 진정한 화합의 동력이었다. 국가에 대한 황제의 재평가와 더불어 시민권 부여는 황제의 특권으로 인정되었고, 혁명적인 개념의 동력으로 간주되었다. 이에 따르면 로마(Urbs, 도시)는 우주 즉 세계(Orbis)로 인식되고 동일시되었다. 제국의 국경 안으로 들어가는 것은 무제한적인 확장의 잠재력으로 간주되었다.

212년의 안토니우스 황제 칙령으로 카라칼라 황제는 특권적인 지위를 비워내고, 로마 시민권을 보편적인 유형의 법적 특권과 동일시하는 정도까지 시민권을 확대하는 결정적인 계기를 마련했다. 하지만 여기에는 하나의 추가적인 문제가 있었다. (로마)제국은 이미 복합적인 위기에 빠져들고 있었는데 이는 인구문제와 더불어 농촌 인구의 유출, 생산 감소, 불안감 고조라는 거시적인 현상들로 표출되었다. 각 개인들의 입장을 국가의 안정과 긴밀하게, 그리고 탄탄하게 연결하는 것은 선견지명을 가진 대안처럼 보였다.

오늘날의 분열과 기술-사회학적이고 인종-문화적인 혼란은 새로운 정체성 인식에 대해 새로운 정의를 필요로 한다. 이는 용기를 가지고 대처해야 할 도전이다. 탈식민지 시대의 발전에 밀려 위기에 처한 국가에서 왔으며, 인구통계학적인 발전의 정체 또는 진화에 의해 타협된 국가들에 정착한 사람들, 점차 늘어나고 있는 그 사람들의 압박에 대처할 길은 하나뿐이다. 희망과 믿음을 심어줄 정도의 강력한 선택, 즉 부모가 먼 타국에서 왔을지라도 태어난 나라를 조국으로 간주하는 선택 말이다. 이것은 처음부터 다시 시작하거나 외부의 문화를 강요하는 것이 아니라 언어, 제도, 전통, 가치로 구성된 통합되고 권위 있는 유산을 받아들이는 것을 의미한다. 새로운 시민들이 자신들의 새로운 조국에, 자신들의 아버지와 어머니들이 물려주었던 전통들로 기여한다면 매우 바람직할 것이다. 출생지주의로부터 차등화된 것이 아니라 다양해진 미래의 사회가 성립할 수 있을 것이다. 즉, 차이가 가치라는 것이며, '또는'의 '선택' 문화가 아니라 '그리고'의 문화로 강력하게 대처할 필요가 있다.

혼종의 미래 사회를 말하는 것인가? 그렇다. 우리는 권위와 자긍심을 가지고 이에 대해 말해야 한다. 순수사회는 모든 구체적이고 역사적인 검증이 결여된 계몽주의적이고 낭만주의적인 먼 시대의 신화적 산물이다. 적어도 기원후 2세기부터는 이베리아인, 일리리아인,[7] 아랍인, 시리아인, 심지어 야만족 출신(이후 비잔틴 시대의 마케도니아인과 아나톨리아인까지) 황제들이 등장했던 로마제국이 그 대표적인 증거이다. 이탈리아는 지중해에 깊숙이 발을 담그고 있으며 남부까지 근접한 지리적 환경을 배경으로, 이러한 상황의 최전선에 해당한다. 만약 지금 벌어지고 있는 상황을

---

7 Illyrians, 발칸반도의 서부 지역과 이탈리아의 동남 해안 지역에 살던 주민들.

뒤집고 장래의 주인공으로 자리매김할 미래의 기니피그로 성공한다면 생존과 문명을 위한 전투에서 승리할 것이다.

우리 모두는 혼종이다. 이러한 카르디니의 주장은 과학적으로 부정할 수 없는 사실이며 이민의 역사에서는 훨씬 이전으로 거슬러 올라간다. 소급하는 시점은 상당히 오래전 과거인 네안데르탈인의 이유를 알 수 없는 멸종이다. 이들은 인류의 역사에서 우리와 상당히 유사한 과(科)로, 현대의 인류가 기원하는 호모사피엔스와 더불어 자신의 족적을 지구에 남겼다. 네안데르탈인은 '이곳 지구에서' 매우 오랫동안 살았다. 화석 기록에 따르면, 이들의 생존은 40만 년 전으로 거슬러 올라간다. 이들이 '상대적으로' 최근인 4만 년 전에 멸종된 사실을 고려한다면, 자신들의 삶에 잘 적응했으며 놀라운 생존력을 발휘한 것을 알 수 있다. 이들이 멸종되기 전까지 36만 년 동안 생존한 것은 우리의 감탄과 시기심을 자아내기에 충분하다. 네안데르탈인은 우리의 매우 가까운 친척이기도 하다. DNA에 담긴 유전인자의 99.7퍼센트가 우리의 그것과 일치하다. 하지만 오랜 세월이 흐르면서, 우리의 오랜 조상인 호모사피엔스와의 공존에는 성공하지 못했다. 네안데르탈인이 멸종한 이유에 관해서는 무한하고 매력적이며 아직 완성되지 않은 과학 문헌들이 존재한다. 다양한 가설을 간단한 언어로 번역한 과학자-유포자들 중에는 재러드 다이아몬드와 유발 하라리가 있는데, 두 학자는 각각 『세 번째 침팬지(The Third Chimpanzee: The Evolution and Future of the Human Animal)』(1992)와 『사피엔스(Sapiens: A Brief History of Humankind)』(2015, 한국어판은 『사피엔스: 유인원에서 사이보그까지, 인간 역사의 대담하고 위대한 질문』, 김영사, 2015)의 저자이다. 세부적인 내용은 생략하더라도, 네안데르탈인의 멸종에 관한 모든 이론은 크게 세 가지로 구분된다. 가장 충격적인 가설은 전쟁과 대량학살이었다. 비록 네안데르탈인과 호모사피엔스는 거의 황무지나 다름없는 지구에서 수천 년 동안 공존했고 당시 지구에 이론적으로는 각자를 위한 충분한 땅이 있었지만 어느 시점에 이르러 '타자'에 대한 공격성을 드러내기 시작했으며, 첫 인류의 종은 잔혹한 방식으로 제거되었다. 다른 가설은 그 원인으로 경쟁과 적응을 잘한 자들의 생존을 지적했다. 즉, 호모사피엔스는 특히 여러 그룹 간의 협력, 분업에 적합한 '사회성'을 가지고 있었기 때문에 우월한 종으로 판명되었다. 소규모로 고립된 채 살아가던 네안데르탈인은 더 이상 평등하지 않은 현실에서(여성과 남성은 동일한 역할을 가지고 있었다) 사회를 조직하는 데 비효율적이었기에 우월한 '문명'에 뒤처진 채 멸종되었다. 세 번째 가설은 이전의 두 주장을 절충한 것인데, 이에 따르면 이들이 일정 기간 동안 혼합된 동거 상태였고 DNA가 혼합되었을 가능성이 매우 높다. 하지만 네안데르탈인은 거의 살아남지 못했고 그래서 결국 우리는 모든 측면에서 호모사피엔스의 후손이 되었다. 두 정체성 중 하나는 흡수되었고 나중에 다른 요인에 의해 지워졌다.

이 모든 이야기는 카르디니와 로마제국, 그리고 궁극적으로는 벤티밀리아의 난민들로 귀결된다. 네안데르탈인-호모사피엔스의 역사는 우리의 조상이 아프리카에 처음으로 정착한 것부터 시작해서 "우리 모두가 혼종"이라는 사실과 더불어, 선사시대부터 서서히 지구의 공간에서 살아온 모든 인류의 이주와 마찬가지였다. 인종 간 교차를 암시하는 '혼종'의 용어는 만남-충돌이 무승부로 끝났다는 의미가 아니다. 둘 중 하나가 지상에 가장 강한 유전인자를 남긴다는 의미에서 모든 혼종으로부터 승리자가 나온다. 호모사피엔스는 지상에 자신의 후손을 남겼고 네안데르탈인은 그렇지 못했다. 카르디니가 로마제국의 마지막 세기들에 대해 기술한 글은 인종 간 만남-충돌이 동등한 섞임이 아니라는 것을 확신시켜준다. 확산된 문화들은 상호적으로 보다 풍부해진다. 하지만 이 중 하나가 우세해지고 지배적인 상속의 주체로서 자신들의 가치, 풍속, 문명 모델을 더 크게 남긴다. 오랜 세월 동안 로마는 새로운 시민들을 통합하고 동화하는 데 성공했으며, 시민협정을 수많은 야만족들로 확대해 이들을 선택하여 '새로운 로마인'으로 만들었다. 다양한 영향의 용광로에서 혼합 및 융합이 있었다. 하지만 결국, 로마는 지배적인 입지를 상실했다. 어느 시기 이후부터 균형은 회복 불능의 방식에 따라 전혀 다른 의미로 전환되었다. 살아남은 것은 야만족이었다. 이들도 공식적으로는 겉으로 드러난 로마의 특성을 계속해서 유지하고 있었지만, 그럼에도 점차 내부로부터 로마의 정체성이 사라지기 시작했다. 프랑크족에서 고트족까지, 흉노족에서 알레만니족까지 어느 특정 시점부터 로마의 정체성은 DNA에서 '부수적인', 즉 열성의 유전적 특성이 되었다. 반면 야만족의 생활 모델, 풍속, 가치들이 우월한 위치를 차지했다.

이것들은 우리가 오늘날 출생지주의와 시민권의 규정들에 대해 근본적으로 자문하는 것이다. 어떤 의미에서는 아프리카와 유럽의 경계를 벤티밀리아로 이동시켰다고 할 수 있는 이민의 붉은 선은 우리의 인간성(환대의 윤리)뿐만 아니라, 진행 중인 인종적 혼합의 궁극적인 출구에 관한 근본적인 문제들을 제시한다. 우리는 카르디니의 말처럼, 항상 혼종이었을까? 그렇다. 하지만 어느 시점까지만 로마-혼종은 로마의 가치로 표현되었을 뿐이며 이후에는 상실되었고, 야만족들의 생활풍속, 가치와 문화의 모델들이 살아남았다. 로마의 가치는 내부로부터 천천히 부식되었으며 결국 로마 문명의 많은 부분이 지워졌다. 좋든 나쁘든 유럽의 북동부 지역에서 내려온 야만인 부족들의 문화를 재평가하는 역사적 수정주의가 시도되었다. 하지만 다른 민족적 융합과 마찬가지로, 네안데르탈인-호모사피엔스부터 그 이후 이민과 침략 사이에, 그리고 통합과 탄압 사이에는 불안정한 균형 상태가 존재했다. 다시 말해 두 인종이나 두 종족 또는 두 종의 인류는 동등한 차원에서 혼합되지 않았으며 어느 하나가 보다 우세해지면서 결정적인 방식으로 (타자와의) 만남의 최종적인 결과를 가져왔다.

오늘날 이 문제는 마치 국내로의 이민에 대한 정치적 논쟁의 이면에 담긴 '언급되지 않은' 그 무엇처럼, 사람들의 입을 통해 혼란스럽게 회자되고 있다. 우리는 이미 다인종 사회에 살고 있으며 과거로의 회귀는 없을 것이다. 그럼 지배적인 가치들, 상대적으로 우월해질 인종 모델은 무엇일까? 이것은 출생지주의에 대한 논쟁 그 자체가 시민권을 획득할 수 있는 자들의 실질적인 숫자와 더불어 공포심을 유발하는 이유이다. 2017년 6월 25일, 글로벌마케팅여론조사기관(Ipsos)이 실시한 조사의 결과가 난도 파논첼리의 「출생지주의, 대다수는 반대했다. 6년 만에 이러한 경향은 급반전되었다(Ius soli, la maggioranza dice no. In sei anni opinioni rivesciate)」라는 글을 통해 이탈리아 일간지 《코리에레 델라 세라》에 게재되었다. 이에 따르면, 이탈리아인들의 정서에는 좋지 못한 반전이 있었다. 2011년에는 출생지주의에 찬성하는 사람이 전체의 71퍼센트를 차지할 정도도 대다수였다. 하지만 불과 6년 후에는 이탈리아인의 절반 이상(54퍼센트)이 견해를 바꾸었으며, 이탈리아에서 출생한 외국인 이민자의 자녀들에게 이탈리아 시민권을 부여하는 법적 절차에 반대했다. 이탈리아 의회에서도 어릴 때 이탈리아에 와서 공부한 외국인 젊은이들에게 문화시민권[8]을 부여하는 것에 대한 논의가 있었다. 파논첼리는 다음의 두 가지 분석을 제시했다. "여기에는 특히 어려움이 많은 계층들과 교육 수준이 낮은 젊은 사람들이 해당한다. 이들은 상당한 배타성과 강한 불안감의 저항에 직면해 있다. 점화된 논쟁, 착한 사람들과 나쁜 사람들 간 상호 고발은 윤리적인 측면에서의 호소처럼, 대립보다는 입장들의 급선회를 초래한다."

첫 번째 측면, 즉 이민자들이 특권을 가지지 못한 계층들에게 더 큰 공포감을 조성한다는 사실과 관련해, 2017년 7월 23일 《라 레푸블리카》의 콘치타 데 그레고리오가 담당하는 서간문 기고란에 실린 한 편지 내용을 참고해보자. C. 마르코는 나디아가 쓴 "파시스트가 되는 이유"라는 제목의 편지에 답하면서 다음과 같이 말했다.

나는 피아지오의 역사 중심지인 폰테데라의 안토니오그람시마을 내 산업단지 구역에서 태어났다. 이곳에는 아직도 부모님이 살고 계신다. 하지만 과거의 좋았던 모습은 더 이상 찾아볼 수 없다. 예를 들어 술레만은 아파트 월세를 내지 않는다. 아흐마드 역시 마찬가지다. 그는 10년 전부터 이곳에 살고 있지만 이탈리아어를 말할 줄 모른다. 유세프 역시 이와 다르지 않다. 지붕을 수리할 수 없어 비가 오면 엄마의 집에 빗물이 샌다. 게다가 유세프가 공권력의 검거 작전이 있을 때 동료의 신속한 도망을 돕기 위해 출입문을 훼손했다. 그는 창문 밖으로 담배꽁초를 던지고, 화단에 버려

---

8   ius culturae, 외국인 젊은이들이 자신들이 태어났거나 일정한 기간 동안 학교를 다녔거나 교육 과정을 이수한 국가의 시민권을 획득할 수 있는 법적 원리.

진 담뱃갑들은 엄마가 치우기 전까지 그대로 지저분하게 널려 있다. 엄마가 그에게 가서 쓰레기를 휴지통에 버릴 것을 당부하면 그는 "네, 네" 하고 답하며 항상 웃는다. 내가 보기에 이것은 파시즘이 다시 등장하는 주된 원인이다. 즉, 마치 배신을 당하고 싸구려로 취급된다는 느낌, 낯선 사람들에게 무방비로 노출되어 있다는 느낌을 받는다. 나는 이 모든 것이 끝없이 복잡한 상황이라는 것을 알고 있다. 또한 우리는 스스로를 성찰하고 반성할 수 있다. 하지만 이러한 공존의 작고 구체적인 문제들은 부유한 도심지역에만 집중된 다양한 좌파들에 의해 지나치게 과소평가된 반면, 외곽지역에서는 우파적인 사고가 지배적이다.

이제는 오래전 이야기일 뿐이다. 하지만 이와 관련해 1980년대 중반 내가 파리, 즉 프랑스 공산당을 항상 절대적으로 지지하던 노동자들의 구역에 거주할 당시, 이들이 공산당을 떠나 국민전선에 대한 지지로 돌아선 사건을 통해 그 초기 현상들을 관찰한 바 있다. 이러한 노선 변화의 원인에는 이민자들이 있었다. 중산 계층은 노동 현장에서 이민자들과의 실제적인 경쟁으로 고통을 받고 있는 사람들이다. 또한 이들은 집에서도 풍속, 생활 스타일의 다양성에 직면하고 있다. 뿐만 아니라 이들은 히잡을 쓴 여성들과 근본주의의 마드라사가 자신들의 구역과 숙소에 나타나는 것, 그리고 최악의 경우 뻔뻔하기 그지없는 일상의 불법적인 일들을 겪어야 한다. 물론 부자들은 착하며 다인종주의자이다. 왜냐하면 정확히 동전의 반대면을 보기 때문이다. 부자들은 이민자를 자신들의 기업이나 공장에서 일하는 종업원으로, 정원사 또는 청소부로 고용한다. 중산층은 새로운 붉은 선을 따라 일상적으로 삶을 살아가는 사람들이다. 이 육지의 붉은 선에서

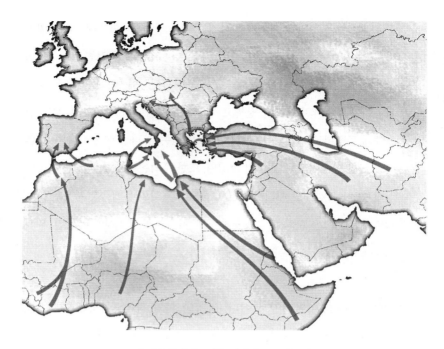

유럽을 목적지로 하는 이민의 주요 경로들

우리와 그들의 다양한 가치들은 서로 우세하기 위해, 우리가 살고 있는 사회를 선점하기 위해 경쟁 관계를 형성한다. 보다 심각한 것은 서민 계층 외에도, 이민자 공동체와 공존하면서 살고 있는 시민들의 중심에 여성들이 있다는 사실이다. 이들은 외국인 혐오증, 또는 더 심각한 경우 이슬람공포증, 그리고 남성 중심적 성향과 가부장제 문화는 물론, 북아프리카인 이웃의 성차별주의에 노출되어 있다.

출생지주의에 대해 생각을 바꾸었거나, 이탈리아에서 출생한 이민자 자녀들에게 시민권 부여를 용이하게 하는 것에 반대하는 이탈리아인 중

많은 사람들은 역사가 프랑코 카르디니가 잘 요약한 바 있는 문제를 제기한다. 이탈리아 민족주의를 받아들이는 것은 "언어, 제도, 전통, 가치들로 구성된 견고하고 특권적인 유산을 수용하는 것"을 의미한다고 말이다. 하지만 이탈리아인은 자국에 이민을 온 사람들에게 이 모든 것을 받아들이게 할 수 있을까? 우리는 어떤 유산을 지켜내고, 이탈리아 정체성의 진정한 가치, 이탈리아 민족 정체성의 핵심이 무엇인지를 발견할 수 있을까? 만약 칼라브리아 범죄 조직인 은드랑게타의 붉은 선이 벤티밀리아까지, 그리고 이탈리아 북부의 다른 많은 지역들에까지 진출했다면, 이탈리아가 자국에 이민을 오는 사람들이 법을 지키고 '제도, 전통, 가치들'을 존중하게 하는 데 역부족이라는 두려움은 정당해 보인다. 이러한 의문은 이탈리아에서 출생한 이민자 자녀들과도 관련이 있다. 서양에서 출생한 북아프리카인이나 아랍인 소년, 소녀들은 어느 시점에 이르러, 자신들이 살고 있는 국가에 대한 공개적인 도전, 저항 행위, 통합 거부 의지를 보여주기 위해 이슬람의 정체성을 수용하기로 결정했을까? 이들 중에 지하드와 폭력을 선택한 자는 극소수에 불과하다. 다행이 아닐 수 없다. 하지만 소수의 테러리스트라는 측면의 반대편에는, 세속 국가의 서구적 가치, 종교의 자유, 표현의 자유, 여성의 권리와 양립할 수 없는 외부 세계의 이슬람을 가치 모델의 기준으로 선택한 두 번째 혹은 세 번째 세대의 수많은 이민자들의 현상이 자리 잡고 있다.

프랑스인들이 벤티밀리아에서, 오스트리아인들이 브렌네로에서 저지하려고 결정했던, '우리 사이로 올라오는' 아프리카의 붉은 선은 아직은 수적으로 크지 않은 편이다. 이민자들은 이탈리아 인구에 비해 그 수가 매우 적은 상태이다. 만약 단순히 수량적으로만 본다면 사회적 우려는 지나치게 과장된 것이다. 하지만 출생지주의에 대한 논쟁, 지중해 난민들의 절망적인 탈출, 난민들의 비즈니스를 독점하고 있는 이탈리아 범죄에 대한 반마피아 조사 간의 근거 없는 연관성은 드러나지 않은 신경계, 즉 이탈리아가 유럽에서 가장 만만한 국가라는 인상, 국가가 강력하지 못하다는 판단과 더불어, 자신들의 가치를 확신하지 못하는 사회, 이미 불안정하고 외국인들을 동화하기에는 너무 분열되고 불안정한 법 준수 인식을 드러내고 있다. 우리도 프랑스의 세관원들이 우리의 등 뒤에서 보여준 속물 같고 폭력적인 전형, 즉 '아프리카의 마지막 국경 벤티밀리아'를 이미 오래전부터 인식하고 있다.

IX

우파에 투표하는 서민들, 둘로 나뉘는 세계

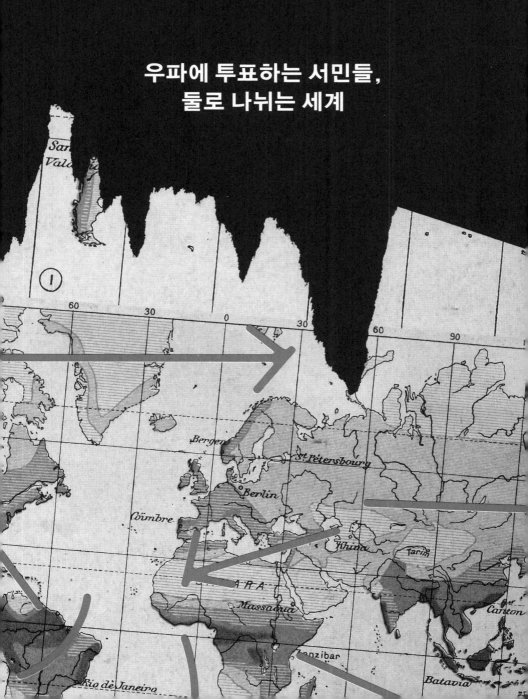

트럼프에게 투표한 금속노동자들의 미국으로 여행을 떠나보자. 좌파는 이들을 대변하기를 거부했고, 이들도 이러한 사실을 알고 있다. 미국의 남과 북은 150년이 지난 지금까지도 시민전쟁을 벌이고 있다. 영국과 프랑스에서 있었던 최근 선거들의 지도에서는 사회가 주권주의자와 글로벌주의자로 분열되었다. '계급' 투표는 존재하며, 우파는 우리가 생각하는 것보다는 덜 허약한 약자들을 정복했다.

2016년 11월 8일, 트럼프에 투표하지 않은 미국은 전례가 없을 만큼 기괴하고 파괴적인 대통령 직무의 조기 실패를 선언했다. 트럼프는 마치 아무 일도 없었다는 듯, 그리고 사실에 알레르기가 있는 사람처럼 계속해서 '대체 현실'을 추진했다. 그는 항상 선거 활동을 하듯이, 전문가로서보다는 떠버리처럼, 그리고 연예인처럼 행동했다. 어쩌면 선거 활동에 대한 기억이 그의 마음을 편안하게 하는지도 모른다. 당시에도 여러 조사와 미디어는 그를 포기하고 있었다. 그가 패배하지 않은 것은 11월 8일에 있었던, 카오스 이론에 비유되는 토론의 나비효과 때문이었는데 당시 그 여파는 무한대로 확대되면서 국가적으로나 세계적으로 허리케인처럼 확산되었다. 겨우 감지할 정도의 작은 박동은 (1억 3,600만 명의 유권자 중) 수십만 명, 즉 백인 노동자들과 그 아내들의 마음을 바꾸는 데 영향을 미쳤다. 이들 중 일부는 과거 한두 차례 오바마에게 표를 주었을지 모르지만 2016년에는 아웃사이더, 즉 안정에 반하는 혼란을 약속한 인물을 선택했다. 이러한 작은 표심의 이동은 미국과 세계를 전례 없는 역사 속으로 추락시켰다.

2017년 1월 20일, 트럼프는 바로 이러한 노동자들을 위해 워싱턴 취임 연설을 했다. 역대 대통령 취임 연설 중 가장 '암울한' 것이었다. 국가의 미래에 대한 비극적인 전망, 민족주의의 승리에 대한 약속이 그것이었다.

우리의 현주소를 이해하기 위해서는 분열의 진원지로 돌아갈 필요가 있다. 다시 말해, 모든 것은 디트로이트의 금속노동자들로부터 시작되었다. 나는 트럼프 대통령에 대한 견해를 듣기 위해 그곳에 갔다. 미국을 둘로 가르는 붉은 선의 흔적을 찾기 위한 노력은 주권주의자 대 글로벌주의자, 서민 계층 대 엘리트, 지방이나 시골 대 해안 지역 거대 도시들의 대결 구도에서 시작할 필요가 있다. 여기서 투표에 대한 지리적 고찰을 위해 언급하고 있는 노동자들은 (미국의 동부와 서부 사이에 위치하고 있다는 의미의) '중간에 낀 아메리카'에서 살아간다. 이 지역은 경멸적인 의미에서 '플라이오버컨트리'[1]로 정의된다. 두 해안 지역의 엘리트 계층은 중간 기착지를 거치지 않고, 별다른 고민 없이 높은 상공에서 지상을 내려다보며 비행하기를 선호한다. 다만 4년마다, 적어도 우리 신문기자들은 대통령 예비 선거를 취재하기 위해 이처럼 중간에 낀 아메리카의 지역들로 직접 들어가야만 한다. 그리고 이곳에서 모든 다양한 것을 보게 된다. 트럼프 현상에는 또 다른 사실이 숨어 있는데, 이것은 남부 대 북부의 구도, 즉 나중에 설명할 대체 매핑(alternative mapping)이다. 우리는 구대륙 유럽에서도 이와 매우 유사한 선거 지도를 찾아볼 수 있다.

우리는 증거에 기초해야 한다. 지도 역시 정치과학이다. 서양의 가장

---

1 fly-over country, 대륙 간 또는 미국의 동부 해안과 서부 해안 사이를 횡단하는 항공기가 상공을 통과하는 지역들 전체를 가리킨다.

오래되고 견고한 자유민주주의 중 몇 가지 사례에서는 '네가 어디에 사는지'가 사실상, '네가 어떻게 투표하는지'의 동의어처럼 간주되고 있었다. 이미 마치 국가의 모든 주민이 가치의 논리에 따라 지역 연합을 결정한 것이나 다름없어 보인다. 즉, 미국이나 영국 또는 프랑스에서 우리는 우리처럼 생각하는 사람들과 가까이 살려는 경향을 드러낸다. 트럼프의 승리에 기여했던 선거 지도, 브렉시트, 마크롱은 지형 논리를 추종했고, 정확한 경계들과 동질적인 응집력을 가지고 있었다. 지리는 사회-경제적인 여건, 직업과 소득, 교육 수준과 관련이 있으며 이민과 글로벌화에 대한 자신의 입장을 선택하는 데 영향을 미친다. 디트로이트 노동자들의 경우가 그러했다. 그들 중 일부는 시간이 흐르면서, 약속된 공약들이 너무 많이 지켜지지 않은 것에 실망하여 트럼프에 대한 지지를 철회했을지도 모른다. 나는 그들과 함께 대통령 재임 초기의 상황을 주의 깊게 관찰했었다. 이는 상당히 의미 있는 것이었는데, 왜냐하면 한편으로는 그가 어떻게 선출되었는지, 다른 한편으로는 새로운 선거 지도, 엘리트 진보주의자와 중산층 시민을 분리하는 붉은 선, 그들을 갈라놓은 근본적인 가치들을 명확하게 보여주기 때문이다.

"만나서 이야기해봅시다. 기사가 객관적이라는 조건이라면 말입니다. 당신네 신문기자들은 도널드 트럼프에 대한 진실을 말하지 않아요. 우리 노동자들이 그를 선택한 것입니다. 보시다시피 그는 우리를 돕고 있어요. 그는 말한 것을 행동으로 옮기는 사람입니다. 그는 진정으로 약속을 지키기를 원해요. 그는 정치인이 아닙니다. 그는 포드사에 압력을 넣어 멕시코로 옮겨질 공장을 이곳에 유치했어요. 우리의 대통령은 불법이민, 중국의 불공정 경쟁, 규제 완화와 관료정치에 대한 공격에 대항하여 위대한 일을 하고 있습니다. 그는 군대의 힘을 믿고 있어요. 그가 옳아요. 만약 그가 모든 개혁에 성공하지 못한다면 의회의 게으른 의원들, 그리고 이를 거부한 반대 세력들 탓이에요. 오늘날 당신들은 한때 로널드 레이건을 조롱하고 놀렸죠. 하지만 그는 역사상 가장 위대한 대통령 중 한 명입니다. 언젠가 트럼프에 대해서도 이러한 사실을 믿게 될 것입니다."

이렇게 말한 사람은 현재 57세로 포드자동차 공장에서 20년 동안 일한 뒤, 19년 전부터 크라이슬러(현재는 피아트-크라이슬러)에서 일하고 있는 브라이언 펜네베커였다. 당시에는 지게차 운전 업무를 담당하고 있었다. 나는 그와 그의 두 친구이자 동료 노동자인 빌 둘차브스키와 프랭크 피처를 '저녁 식사 자리'에서 함께 만났다. 양이 많고 값이 저렴한 매우 미국적인 식당이었다. 그들의 목 피부는 붉은색(redneck)이었다. 이는 마치 수십년 전 자유주의 지식인들이 야외에서의 육체노동으로 목 부분이 검게 그을린 백인 남성들을 업신여긴 것을 연상시켰다. 이 표현, 즉 '레드넥'은 우파의 성향으로 기울어 인종차별주의와 반계몽주의(또는 몽매주의), 동성애자 및 이슬람 혐오주의자로 비난을 받은 백인 무산자 계층에 대한 일련의 수많은 편견을 함축한 것 같은 닉네임이다. 이들은 한마디로 말하면 트럼프를 지지하는 금속노동자들이다. 만약 브라이언, 빌, 프랭크, 그리고 이들과 같은 노동자들이 없었다면 백악관은 힐러리 클린턴이 차지했을 것이다.

나는 그들의 이야기와 논리에 집중하면서 충격을 받았다. 엘리트 좌파에 반대하는 노동자 봉기의 저력이 그들의 대통령과 상상 이상으로 매우 끈끈하게 연결되어 있었기 때문이다. 물론 민주당이 자신의 승리를 원한다면 이를 잘 이해해야 할 교훈으로 삼는 것이 바람직할 것이다.

우리가 만난 레스토랑은 LA코니아일랜드의 마운드로드 39485번지에 있다. 미국 내륙의 수많은 고속도로처럼, 이곳에도 시선을 따라 끝없이 펼쳐진 고속도로의 차선, 트럭, 산업 물류창고, 가난한 사람들을 위한 쇼핑몰과 할인 체인점, 패스트푸드 음식점이 즐비하다. 우리는 스털링하이트 외곽, 디트로이트에서 35킬로미터 떨어진 곳에 있다. 여기는 미시건의 중심부이며, 트럼프를 백악관에 보내는 데 결정적인 역할을 했던 5개 주들 중하나이다. 오후 근무, 즉 오후 2시부터 일을 시작하기 두 시간 전에 만난 이들의 역할이 결정적이었던 것이다. 고속도로의 반대편에는 크랭크축을 조립하는 포드스털링 공장이 있고, 조금 떨어진 곳에는 피아트-클라이슬러 공장이 있다. 스털링하이트의 시민들(13만 명)과 그 주변 지역의 노동자들은 머콤군에 속해 있다. 이러한 선거 지역에서 트럼프는 압도적인 표 차이로 승리했다. 그는 전체 표의 54퍼센트를 차지했고 힐러리 클린턴은 42퍼센트의 지지에 그쳤다. 반면, 2012년 선거에서는 버락 오바마가 승리했는데, 그는 당시 51.6퍼센트를 얻어 47.6퍼센트를 획득한 밋 롬니를 근소한 표 차이로 누르고 승리했다. 미시간주는 머콤군의 사례를 반복했으며 그 결과 4년 후 오바마에서 트럼프를 지지하게 되었다. 이는 조합지도부의 공식적인 의사와 상반된 결과였다. 전미자동차노조(United Auto Workers Union, UAW)는 항상 민주당을 지지했었고 지도자들은 힐러리에 대한 지지를 표명했다. 하지만 노동자들의 상당수가 지도부의 공식적인 입장을 무시하고 자기 소신대로 결정했다. 나와 식사를 함께하고 있는 브라이언에게도 이러한 결정은 예외가 아니었다. 그는 노조의 반(半)의무적인 회원 가입과 회비 납부를 거부했다(조합의 간부들은 우리를 무시한 채 자신들의 이익만을 챙길 뿐이며 회원 가입비는 마치 세금처럼 변질되었다는 이유였다). 그는 벨기에 이민자 후손으로 미군에서 4년간 복무한 것을 자랑스럽게 생각했다. 펜네베커는 트럼프-펜스 선거 홍보용 티셔츠를 입고 약속 장소에 나타났다. 그는 트럼프에 대한 지지를 명확하게 보여주는 표시가 부착된 자신의 포드 이스케이프 SUV 자동차 뒤에서 사진을 찍었다.

그의 두 친구의 경우, 우파로 전향한 것은 최근이었다고 한다. 빌은 54세에 아들이 한 명 있는 싱글로 수염과 긴 머리가 특징이었다. 그 역시 포드자동차 공장에서 근무했지만 지금은 피아트-크라이슬러 공장에서 일하고 있다. 프랭크는 푸른 눈에 마치 소년처럼 어려 보였다. 그의 눈빛은 꿈을 꾸고 있는 것 같았다. 컨트리뮤직 스타일의 체구를 가진 그는 포드자동차 작업복을 입고 있다. 이들은 마치 세 명으로 구성된 노조 같았다. 프랭크는 말했다. "나는 조합에 고맙게 생각해요. 왜냐하면 조합은 내 권리들을 항상 옹호해주었거든요. 특히, 나는 우리의 뒤를 이어 일하게 될 젊은이들을 위해서도 조합이 나서주기를 바랍니다." 그도 트럼프를 선택했다. 우리는 이 식당의 메인 메뉴를 주문했다. 오믈렛과 계란 세 개, 프로슈토 햄과 치즈. 프랭크는 튀긴 베이컨을 추가로 주문했다. 실내의 벽에는 나스카 모델의 자동차 사진들이 붙어 있다. 이 자동차는 트럼프도 공감한 전형적인 레드넥들의 열정을 상징한다. 게다가 여기에는 자동차산업의 수도인 디트로이트에서 일하는 이탈리아계 미국인들도 추가될 것이다. 이들도 트럼프의 지지자이다. 이것이 바로, 트럼프가 어떻게 백악관에 입성할 수 있었는지 이해하려면 깊은 사고와 감동과 공포심을 조사할 필요가 있는 그 미국이다.

여론조사가 실시된 이후, 재임 첫해에 40퍼센트 미만의 낮은 지지를 받은 대통령은 트럼프가 유일했다. 브라이언은 그 잘못이 우리와 같은 기자들에게 있다고 말했다. "우리는 객관적이고 공정한 미디어를 가지고 있지 않아요. 당신네 신문기자들은 무슨 일이 벌어지고 있는지에 대해 진실을 말하지 않으니까요. 민주당은 대통령의 모든 제안에 반대로 일관하면서, 이걸 이용하기까지 해요. 또 대통령이 아무것도 할 줄 모른다고 비난하기 바쁘죠. 또 다른 큰 실수는 공화당을 포함한 의회에게 있습니다. 예를 들어 난 오바마의 의료개혁안이 철폐되지 않은 것에 크게 실망했어요. 7년 전부터 공화당 의원들은 오바마케어를 철폐하고, 비용이 덜 들고 미국인들에게 과중한 의무를 부과하지 않는 비정부 민간 시스템으로 교체하려고 했어요. 이게 성공하지 못한 것은 의회가 무능했기 때문입니다. 하지만 대통령은 이것과 무관해요. 대통령이 일하는 걸 방해하지 말았으면 합니다."

그들 내부에서 이른바 '브라이언 현상'은 동일하게 부정적인 조사 결과를 통해 확인된다. 핵심 기반 지지층, 즉 미국 노동자들은 트럼프의 강력한 지지 세력으로 남아 있다. 일반적으로 트럼프에게 표를 준 사람은 판단을 바꾸기를 매우 꺼린다. 즉, 2017년 여름의 국가조사(트럼프 행정부의 스캔들과 패배가 확실해졌을 때 실시되었다)에서는 그를 지지한 유권자의 60퍼센트가 "결코 입장을 바꾸지 않을 것"이라고 했으며, 이러한 사람들의 백분율은 그에게 표를 준 여성 유권자들 사이에서 72퍼센트까지 상승했었다.

그럼 트럼프는 이러한 핵심 지지층에게 무엇을 했을까? 그는 자신의 집행 활동을 과시했고 때로는 성공했다. 즉, 그는 오바마의 환경 정책을 철폐하기 위한 대통령령을 여러 차례 발동했다(파이프 라인 건설과 시추를 승인하고 자동차와 발전소의 오염에 대한 제한을 철폐했으며, 연구 자금을 삭감하고 환경 당국의 활동을 무력화했다). 그리고 디트로이트에서 위스콘신에 이르기까지 자신의 지지 기반인 노동자들을 위한 집회에 나섰다. "나는 미국 물품 구매(Buy America)와 미국인 고용(Hire American)의 행정명령에 서명했다.

이것은 역사적인 행위이다." 확실히 발표 효과는 있었다. 하지만 실질적인 결과는 이후 시간이 지나면 알게 될 것이다. 그는 공공 조달의 규정들을 바꾸려고 했고, 계약자가 미국에서 생산된 물품(예를 들면, 철강)만을 사용할 수 있게 보장하려고 했다. 고용에서는 실리콘밸리의 디지털 기업들이 중국인과 인도인, 이탈리아인과 프랑스인 정보학자들을 공용하는 데 이용하는 H1-B 비자에 반대하면서, 특정 비자에 대한 단속을 예고했다. 자동차 산업에서 구체적이고 즉각적인 변화는 환경 규제에 대한 "모든 조항들로부터 자유로워졌다"는 것이다. 트럼프는 기후변화의 파리조약에서 탈퇴하고 탄소배출에 대한 오바마의 제한을 폐지했으며, 오염이 심한 자동차 모델들의 생산을 허가하면서 생산 비용을 낮추려고 했다.

여기 미시간에서처럼, 미국 러스트벨트(Rust Belt, 녹의 띠)의 모든 지역에서 노동자 계층은 실제로 우파의 노선을 선택했다. 트럼프 선거에서 상당히 중요한 역할을 했던 인근 오하이오에서 전미자동차노조의 지부 책임자인 팀 오하라는 "선거등록인의 40~50퍼센트는 지도부의 의사를 무시한 채 트럼프를 지지했다"고 말했다. 그는 민주당이 가난하고 지위가 상대적으로 낮은 기반과의 관계를 상실했다고 비난했다. "이들은 과거 8만 달러의 연봉을 받아 가정을 유지했지만, 불과 몇 년 만에 소득이 3만 5,000달러로 급감했습니다."

당시 무슨 일이 있었는지를 이해하고 임금 사태를 설명하기 위한 역사적 진원지는 디트로이트와 그 배후지이다. 이곳에는 포드, 제너럴모터스(GM), 피아트-크라이슬러라는 세 역사적인 자동차 브랜드 생산의 대부분이 집중되어 있었다. 미국산 자동차의 최근 위기는 2007년에 시작되었다. 1년 후 큰 불황의 충격에 이어 GM과 크라이슬러의 파산이 뒤를 이었다.

이러한 경제적 위기는 8년 후의 경제 호황을 통해서도 완전히 극복되지 않았다. 디트로이트는 규모 면에서 역사상 유일한 인구감소에 직면했다. 즉, 도시 인구는 최대 200만 명에서 70만 명으로 줄어 이전 수준의 1/3로 급감했다. 과거에 상당한 지리적 이동에 익숙했던 미국의 경우에도 일자리가 없는 이 도시로부터의 인구 탈출은 전례가 없는 수준에 도달했다. 오늘날까지도 구역들 전체에 인구 부족의 여파가 그대로 남아 있어 유령도시처럼 전락했다. '도시 농업'과 같은 초기의 경험들에도 불구하고, 쇠퇴한 지역들은 폭력 범죄로 고통받았다. 시 정부는 파산했고 모든 공공 부문 서비스의 예산은 큰 폭으로 삭감되었다(주민들이 얼마 남지 않은 구역들에서는 물과 전기의 공급까지 끊겼다).

경제 부흥과 자동차 판매의 붐으로 이러한 성향은 역전의 기미를 보이기 시작했다. 하지만 아직도 침체의 징후들은 남아 있다. 큰 폭의 기업수지 개선은 노동자 봉급을 삭감한 덕분이었다. 디트로이트에 위치한 피아트-크라이슬러의 대변인 조디 틴슨은 이미 2007년에 두 등급을 설정하면서 노동비용을 줄이는 데 동의한 노동조합과의 합의에 대해 다음과 같이 설명했다. "10년 전에 고용된 노동자는 시간당 29달러의 봉급을 받고, 그 이후에 고용된 노동자는 시간당 17달러의 봉급을 받는다." 또한 2015년에 체결된 새로운 계약서에는 새로 채용된 노동자에게 8년에 걸쳐 점차적으로 '충분한' 봉급에 접근하는 방식을 적용하겠다는 규정이 삽입되었다. 브라이언은 이것이 자신이 일하는 공장 내부에 미친 영향을 설명해주었다. "우리 공장에는 같은 시간을 일하고 저보다 10달러 적은 돈을 받는 20퍼센트의 동료들이 있습니다." 공식 대변인이 나에게 제공한 모든 피아트-크라이슬러 공장의 평균임금은 신입사원의 경우 더 불균형했다. 즉, 전체

노동자의 47퍼센트는 가장 낮은 봉급 수준에 머물렀다.

　경제적 빈곤화에 이어 상대적으로 더 심각한 소외현상이 나타났는데, 이것은 좌익에 의한 문화·가치·인종적 소외였다. 글로벌적이고 다인종적이며 세속적인 엘리트들에게 '레드넥'의 세계에 속한 모든 것은 저속한 것으로 치부되었다. 오바마는 부유한 샌프란시스코 금융가들과의 비공개회의에서 미국 중서부 지역의 노동자들에 대한 자신의 입장을 털어놓았을 때 심각한 속물주의에 휘말렸다. "그들은 괴로워하고 무기, 맥주, 성경, 이민자들 또는 자유무역에 대한 적대감에 집착합니다." 충분히 현실적인 묘사이면서도 조금은 멸시적인 의미를 담고 있다. 깔끔한 표현이지만 다소 심하다는 느낌도 없지 않으며, 좌파가 다른 범주의 유권자들에게 사용하기에는 다소 무리가 있기도 하다. 오바마는 자신들의 코란에 집착하는 자들 역시 풍자한 것이었을까? 분명 아니다. 이맘(이슬람교의 지도자)은 우익의 복음전달자들보다 더 모호하고 역행하는 규칙을 설교하더라도 존중되어야 한다. 그렇지 않다면 무슬림을 비판하는 것도 정치적으로 옳지 않다. 2016년 힐러리 클린턴의 선거캠프에서는 모든 소수자, 즉 게이, 레즈비언, 트랜스젠더, 흑인, 히스패닉, 무슬림, 그리고 특히 유리천장의 비유를 분쇄하고 여성해방의 보이지 않는 장벽을 극복한 여성들의 권리에 대한 호소가 두드러졌다. 만약 힐러리가 승리한다면 모두가 조금씩은 얻어낼 수 있었다. 하지만 '그들은' 예외였다. 즉 브라이언, 빌, 프랭크와 같은 사람들 말이다.

　역사가 월터 러셀 미드는 이 현상에 대해 고찰한 바 있다. "많은 백인 미국인들이 정체성의 중요성에 대해 지속적으로 말하며 인종적 정통성의 가치를 평가하고, 경제적 도움과 정체성 기반의 사회적 지원을 제공하는 사회에서 살고 있다. 이것은 모두를 위한 것이지만 여기에서 그들은 제외된다. 2016년 선거캠프의 과정에서 백인들의 세기적 몰락에 근거한 신흥의 민주주의 다수에 대해 말하는 것은 미국의 구성을 변화시키기 위한 계획처럼 인식되었다. 그들은 이민을 자신들의 국가에서 자신들을 소외시키기 위한 결정적이고 의도적인 시도로 바라보았다." 《워싱턴 포스트》와 카이저패밀리재단이 함께 의뢰한 조사에 따르면, 트럼프를 지지하는 자들 중 46퍼센트가 백인들이 '사라지고 있다'는 사실을 가장 큰 걱정거리로 생각하고 있다는 사실이 드러났다.

2017년에는 『자신들의 국가에서 외국인으로 살기(Stranger in Their Own Land)』가 베스트셀러가 되었다. 언어적인 의역을 보태면 '조국에서 외국인으로 살기'로도 볼 수 있을 것이다. 저자인 여성 사회학자 앨리 러셀 혹실드는 많은 유권자들 사이에서 고개를 들고 있는 비난, 원한, 분노를 감지했다(그녀의 조사는 지리적으로 남부의 루이지애나에 집중되었다). 그녀는 여러 인터뷰에서 비유의 이미지를 사용했다. 국가가 직면하고 있는 상황은, 실제로 각자가 만들어낸 심오한 내러티브인 '깊은 이야기' 속에서 살기보다는 아메리칸드림을 열망하는 대중의 긴 행렬로 묘사되었다. 아메리칸드림은 막연하지만 한때 접근이 가능했던 목표, 즉 모두를 위한 소박한 행복, 나의 집을 가지는 것, 경제적 안전, 자식들을 위한 기회는 있었다. 반면, 아메리칸드림에 참여하기 위한 줄은 더 길어졌고 더 느려지거나 거의 부동의 상태이며, 여기에는 방금 도착했지만 이전의 모든 사람을 앞질러 통과하려는 범주의 사람들도 있었다. 이들은 또한 소수자들에게 도움을 제공하며 누구의 관심도 받지 못하는 가난한 백인들을 추월하려고 한다. 여성, 흑인, 히스패닉, 난민, 이들 각자는 자신들의 상승을 위한 '나름의 몫', 편의와 차별 철폐 조치에 대한 권리를 가지고 있다.

프랭크는 포드자동차 회사의 유니폼을 입은 노동자로서, 디트로이트와 그 주변 지역에 거주하는 아프리카계 미국인들의 환경에 관해 말하면서 이와 유사한 무언가를 암시했다. "1960년대에 이곳에서는 상당히 폭력적인 인종차별이 자행되었어요. 이후 1970년대에 접어들면서 상황은 상당히 호전되었고, 많은 흑인 노동자들이 우리와 함께 같은 공장에서 일을 시작했죠. 반면에 지금 우리 세대는 단지 요구해야 할 권리만을 가지고 있을 뿐이에요. 우리는 기득권의 국가가 된 겁니다." 빌은 동료의 말에 동조하면서 추가 설명을 해주었다. "더 주면 줄수록 그들은 더 많은 것을 요구해요. 더 많이 기대할수록 더 많은 복지를 요구한다고요."

트럼프의 포퓰리즘과 앤드루 잭슨[2]의 포퓰리즘 간 균형점을 지향했던 역사학자 미드는 수많은 백인 노동자들이 "트럼프는 확실한 우리 편이지 엘리트들의 편이 아니"라고 느낀다고 확신했다.

오늘날 이들이 진정으로 몰락하고 있다는 것을 확인시켜주듯이, 공장 내에서 마약 문제가 제기되었다. 식당에서 대화를 이어가면서 나는 신문을 통해 마약에 대한 많은 기사를 읽었다고 말하면서 이 문제에 대해 언급했다. 최근 많은 사람을 죽게 만든 신종 마약은 옥시콘틴과 같은 강력한 오피오이드(opioids) 진통제이다. 이 신종 마약에 의한 희생자는 중년의 백인 노동자들이다. 트럼프는 이 문제에 즉각적으로 개입했다. 대통령 임기를 시작한 지 100일이 지나기 전에 트럼프가 서명한 행정명령 중에는 '오피오이드 위기에 대처하기 위한 위원회'의 설치가 포함되어 있었다.

브라이언은 신종 마약 사태에 대해 이렇게 설명했다. "몇 년 전, 한 노

---

2 미국의 일곱 번째 대통령으로 민주당을 창당한 인물.

동자가 일을 하던 도중에 관절염 통증을 호소했고 의사는 그에게 옥시콘 틴을 처방해줬어요. 처방은 사람들 사이에서 입소문을 타기 시작했고 급기야 누군가가 이를 구입 후 되팔기 시작했죠. 내가 근무하는 공장에서는 같은 또래 십여 명의 노동자들이 점차 이 약품에 중독됐습니다. 물론 이로 인해 중독자들은 경제적으로 쪼들리기 시작했고 이 약품을 구입하는 데 한 달에 몇백 달러를 지출해야 했어요. 우리는 극빈 지역인 애팔래치아 지역들만큼 심각하진 않았지만 그래도 역시 이 문제에서 자유롭지 않아요."

브라이언이 언급한 애팔래치아는 켄터키에서 버지니아에 이르는 산악 지역이다. 과거 미국의 발전 지역 중 하나였으며 또한 가장 먼저 위기, 침체, 빈곤화로 고통받은 지역 중 하나이기도 했다. 이곳에는 가장 오래된 산업단지들이 있었지만, 오늘날에는 탄광들처럼 황폐화되었다. 힐러리는 재생가능에너지와 전기자동차 산업을 통한 캘리포니아의 미래를 언급했지만, 광산에서 평생을 일하고 건강을 상실한 채 겨우 생계를 유지하고 있는 사람들을 위해, 일시적이고 단기적인 해결책조차도 제시하지 않았다. 이곳에서 트럼프는 상당히 많은 표를 얻었다. 공화당 상원의원인 벤 새스는 여러 설명 중에 인간의 타락과 신약 중독을 지적했다. "10년 전 사람들의 서너 가지 큰 걱정거리가 무엇인지를 묻는 여론조사들에서는 진통제의 문제가 언급되지 않았다. 오늘날 오피오이드는 가장 큰 공포의 대상이 되었다. 사람들은 중년의 사람들 사이에 신약 중독이 확산되어 있다는 것을 잘 알고 있다. 이것은 경제적 파탄의 징조이다." 지옥 같은 애팔래치아는 당시를 이해하는 데 매우 중요한 다른 저술, 즉『힐빌리의 노래(Hillbilly Elegy)』(2016, 한국어판은 흐름출판, 2017)의 주제이기도 했다. 이 자서전(회고록)은 애팔래치아 지역과 이곳의 정신적 불행으로부터 벗어나려고 했던 한 사람의 이야기이다. 저자인 밴스는 자신이 가정 파탄, 학교 중퇴, 알코올중독, 범죄의 세계에서, 흑인이라는 '변명도' 없이 어떻게 성장했는지를 말하고 있다. 그는 '가난한 백인', 백인 쓰레기(white trash)에 불과했다. 성경과 무기는 이들이 집착해야 할 가치였다. 컬럼비아대학과 하버드대학에서 학위를 받은 오바마가 말했던 것처럼.

트럼프의 또 다른 직감은 말 그대로 '대학살'이었다. 그는 2017년 1월 20일 대통령 취임 연설에서도 이 단어를 반복적으로 사용했다. 이는 진보적인 지식인들의 분노를 불러일으키거나 모멸감을 자극했다. 신문과 방송은 당시 미국의 비극적인 상황에 대해 엄청난 기사를 쏟아냈다. 도대체 지난 80년간 지속적인 경제성장을 이룩했고 오바마 정부하에서 1,500만 개의 일자리가 창출된 미국에 대해 어떻게 대학살이라는 용어를 사용할 수 있다는 말인가? 트럼프는 멈추지 않고 대학살이라는 말을 계속했다. 그리고 그는 황량한 풍경에 대한 다른 느낌들로 '녹슨 공장, 증가하는 범죄'에 대한 언급을 추가했다. 종종 과장하기도 했고 때로는 통계수치에 의해 부정되기도 했다. 만약 공장의 같은 부품 조립라인에서 일하는 동료가 옥시콘틴에 중독되었다면 대학살은 그리 과도한 표현이 아닐 것이다.

장애 지원을 위한 사회보장기구의 통계는 고통의 또 다른 모습을 보여준다. 가짜 장애가 이탈리아의 전형적인 악습이라고 믿는 사람은 이를 다시 생각하기 바란다. 거짓이든 사실이든, 장애 판정을 받은 미국인 성인들은 1996년의 770만 명에서 오늘날 1,300만 명으로 증가했다. 20년 만에 거의 두 배가 된 셈이다. 이와 같은 증가는 인구노령화 또는 비만에 따른 질병만으로는 설명될 수 없다. 연방정부는 실업수당, 식사권, 공공주택 보조금, 복지혜택과 같은 복지의 다른 수단들보다 장애 보조금 항목에 더 많은 예산을 지출했다. 실제로 이러한 사실은 많은 미국인이 노동시장에서 일자리를 얻지 못하고 적은 연금을 받더라도 살아갈 수 있는 이유이다. 다시 말해, 이들은 진정 잘못 적응하고 있는 것이다. 연방정부의 지원은 생계소득을 위한 손쉬운 방편이 되었고 일을 하지 못한다는 증명서는 이미 삶이 파괴된 사람들에게 발급되었다. 장애연금의 붐은 미국에 대해 유럽인들이 가지고 있는 생각과 상반된다. 미국의 복지국가 이미지는 이미 수십년 전에 등장한 신자유주의에 의해 완전히 훼손되었다. 실제로 미국은 어떻게 해야 할지 모르는 숨겨진 실업자들을 유지하는 데 상당한 예산을 지출한다. 장애인을 위한 지출 예산만 해도 매년 2,000억 달러에 달한다.

스코틀랜드의 노벨상 수상자인 앵거스 디턴은 불평등으로 인한 지난 20년의 비극을 미국인들에게 설명하려고 했다. 즉, 평균 기대수명의 추세가 바뀐 것이다. 1999년부터 현재까지 평균 기대수명이 줄어들었는데 그 이유는 백인 남성들이 먼저 사망하기 때문이며, 그 원인은 절망의 질병들 (마약, 알코올, 자살)이 중년 나이의 노동자들 사이에서 가장 많이 발생한다는 것이었다. 학위가 없는 백인 남성들 사이에서 20년 사이에 간경변이 46퍼센트, 자살이 78퍼센트, 약물 과잉복용이 323퍼센트 증가했다. 미국기업연구소(American Enterprise Institute)의 아서 브룩스는 이러한 암울한 현실과 이민자 상황 간 상반성에 주목했다. 오늘날 히스패닉계의 48퍼센트는 아메리칸드림에 더 큰 신뢰를 가지고 있는데, 이들은 자식들의 보다 나은 미래를 원하고 있다. 이러한 낙관주의의 틈새에서 가난한 백인들은 자신들의 의심에 대해 확신하고 있었다. 상대적으로 이민자들이 미래에 대한 더 큰 신뢰감을 가지고 있으며 이들이 지원과 특혜를 받는다, 바로 이들이 줄을 뛰어넘어(새치기하여) 우리를 추월하는 사람들이라는 것이다.

트럼프는 '사실들에 대한 알레르기'와 그 자신의 충동과 즉흥성에도 불구하고, 심오한 무언가를 직감했다. 그는 관계위원회 회의에서 오바마 대통령 재임 기간에 4.5퍼센트로 내려갔던 공식적인 실업률 통계에 이의를 제기하며 자신의 주먹구구식 통계 수치를 제시했다. 실제의 실업자 수를 3~5배 정도 부풀린 것이다. 하지만 여기에도 진실이 담겨 있었다. 왜냐하면 일자리도 없고 일자리를 찾으려고도 하지 않는 만큼 노동력 통계에 포함되지 않은 성인 미국 남성의 그룹이 있는데, 이것이 최근 50년간 3배로 증가했기 때문이다. 구체적인 형태의 복지가 그들을 지원하고 있지만 이는 단지 생존 수준에 불과할 뿐, 삶에 그 어떤 의미를 부여할 정도는 아니었다. 브룩스는 이를 '존엄성 결핍(The Dignity Deficit)'으로 정의했다. 존엄성 결핍은 린든 존슨 대통령의 시대부터 가난과의 전쟁을 선포했지만 그 결과가 참담했던 (민주주의) 복지정책들의 부산물이었다. 오늘날 미국은 가난한 자들에게 먹을 것을, 그것도 너무 많이 보장하고 있다. 존슨은 1964년 애팔래치아 지역을 방문했을 때 톰 플레처라는 노동자의 집 문 앞에서 그의 자식들과 함께 기념사진을 찍었다. 이들은 말랐고 영양상태가 좋지 않았다. 오늘날 이러한 사회적 범주의 희생자들은 비만에 직면해 있다. 아직도 일자리를 구할 가능성은 상대적으로 낮은 편이다. 장애수당은 그들을 살 수 있게는 해주지만 국가에서 필요로 하는 사람이라는 인식은 주지 못한다.

미국 노동자 계층의 주제를 다룬 저명한 작가인 바버라 에런라이크는 남성들의 지위가 직면한 심각한 위기를 추가적으로 고찰했다. 페미니즘 그리고 게이의 권리를 위한 투쟁과 더불어, 경제위기는 많은 노동자들이 가장(家長) 역할의 마지막 연결고리를 상실하게 만들었다. 즉, 자식들을 양육하고 그들의 미래를 위해 투자하는 데 필요한 급여를 상실한 것이다. 탈산업화는 그나마 다행스러운 경우, 실업자 재교육을 위한 정책을 수반했다. 에런라이크는 최근 누군가가 과거에 광부였던 사람들을 간호사, 슈퍼마켓 계산원 등 과거에 여성들이 독점하던 직업들에 적응시키려 한다고 말했다. 에런라이크는 《뉴욕 타임스 매거진》에 기고한 기사에서 "나 자신은 과거 곡괭이와 다이너마이트를 다루던 사람들의 부조화에 대해 웃지 않을 수 없었다"라고 했다. 만약 클린턴의 재교육 프로그램과, 이들에게 이전의 직업을 기적적으로 돌려주려고 하는 트럼프의 제안 중 하나를 선택하라고 할 때, 이들이 후자의 조건을 선택하는 것은 그리 놀랄 만한 일이 아닐 것이다.

남성 정체성의 위기와, 진보주의적인 엘리트들 사이에 많은 위선이 존재하는 직업 혁명의 관계를 다루기 위해서는 '핑크칼라(pink collars)'라는 신조어를 알아 둘 필요가 있다. 블루칼라가 노동자들의 노동을, 화이트칼라가 사무원들의 노동을 의미한다면, 핑크칼라는 전통적으로 여성들이 담당하던 일자리를 가리킨다. 이러한 상징성은 적어도 미국에서는 더 확대되고 있다. 실로 큰 문제이다. 즉 자신들의 전통적인 영역에서 배제된 노동자 계층은 '핑크칼라'로 전환되지 못할 것이다. 태도와 훈련, 지위의 문제로서 이는 결코 간단하게 생각할 문제가 아니다. 이러한 일자리를 받아들이는 것은 남자다움과 남성적 정체성의 일부를 포기하는 것으로 해석될 수 있다. 게다가 지금 노동자이거나 한때 노동자였던 사람들만이 이러한 변화에 거부감을 가지고 있는 것이 아니다. 이들의 아내들도 마찬가지다. 수 세기 동안 유지되었던 역할 구분은 그리 쉽게 사라지지 않는다. 또한 경제적인 측면도 고려해야 하는데 이는 가장 중요한 요인은 아닐지라도, 그렇다고 쉽게 무시할 수 있는 것도 아니다. 핑크칼라들의 소득은 상당히 적다. 이 문제는 노동환경을 잘 알고 있는 한 여성 사회학자에 의해 깊이 있게 연구되었는데, 그 이유 중 하나는 그녀가 이러한 유형의 노동자와 결혼했기 때문이기도 하다(그녀의 남편과 시댁의 가족은 이러한 환경에서 살고 있다). 그녀의 이름은 조앤 윌리엄으로, 『백인 노동자 계층(White Working Class)』(2007)의 저자이다. 윌리엄은 노동-남성성의 주제를 편견 없이 다루었다. '마초'의 이미지를 가진 직업들이 있는데, 이러한 직업의 노동자들은 아버지로서, 그리고 남편의 역할에서 자신의 정체성이 실현되었다고 확신한다. 이들은 적어도 부분적으로라도 육체적인 힘이나 무언가를 만드는 능력을 가지고 있다. 이들은 건축업 종사자나 금속 기술자, 트럭 기사나 목축업자이다. 또한, 이들은 전통적으로 많은 보수를 받았으며 강력한 영향력의 조합을 구성하기도 했다. 10여 년 전부터 공장들이 문을 닫고 산업이 쇠퇴하면서 노동자들의 고용이 악화되었다. 반면에 간호사, 유치원 교사, 슈퍼마켓 계산원, 여성 청소원의 수요는 증가했다. 그럼 오늘날 이에 대한 수요가 더 많아졌는데, 왜 남성들은 이에 어울리지 않는 것처럼 보일까? 최근 동료 신문기자인 수전 데버라 치라가《뉴욕 타임스》에 게재한 기사에 따르면, "남성성의 개념은 여성들 사이에서 그리고 남성들 사이에서도 잘 사라지지 않는다. 남성들은 이러한 일부 직업들을 불명예스러운 것으로 생각하며 이러한 일을 하는 것이 감성적으로도 어울리지 않는다고 간주한다. 그들의 아내, 고용주, 그리고 이러한 직업을 가진 여성도 같은 생각을 한다". 이들은 진정, 자신들의 대통령이 미국의 산업을 중흥시켜 자신들에게 일자리를 돌려주기를 원하는 것일까? 경제학자들은 이들을 가난한 몽상가로 취급한다. 지적인 엘리트들은 '마초'들에 대한 집착을 시대착오적인 태도라고 일축한다. 하지만 엘리트들의 멸시는 근본적으로 정직하지 못한 것이다. '귀족적인' 직업들, 즉 주로 좌파에 투표한 자들의 이러한 직업에도 성(性)에 근거한 역할 구분이 존재한다. 중상류층의 남자들은 분명한 남성적 지배가 존재하는 기업 매니저나 변호사, 기술이나 금융 전문가 분야에서 활동한다. 이들은 자녀를 돌보거나 병든 노인을 돕기 위해 자신들의 지위를 포기하지 않는다.

대참사라는 용어는 금융(뉴욕), 기술(샌프란시스코), 또는 영화(로스앤젤레스)의 중심지에서, 그리고 대학(보스턴)이나 정치 활동(워싱턴)에 종사하는 사람들에게 터무니없고 적절하지도 않은 표현이다. 하지만 내가 스털링하이트의 마운드거리에 있는 레스토랑에 초대한 미시간의 금속노동자들은 자신들의 역할과 존경심을 옹호하는 데 자긍심을 가지고 있는 만큼, '대참사'의 의미에 깊이 공감한다. 오래전의 한 표현을 빌리자면 이들의 명예인 것이다. 극좌파 성향의 잡지인《더 네이션》은 이 문제에 대해 상당히 집요하다. "그 어떤 노동자도 버니 샌더스나 도널드 트럼프를 인용해 우리의 경제 시스템이 조작되었고 불공평하다는 사실을 말할 필요를 느끼지 않는다. 트럼프가 그들에게 준 것은 자신들이 중요하게 생각하는 이미지, 즉 이들의 (표를 통한) 지지와 문화, 가치, 육체노동을 하고 규칙을 존중하는 자신들에 대한 이미지였다. 이들은 민주당으로부터 소외되었고, 그래서 정치에 대한 관심을 포기한 사람들이다."

미국의 재산업화를 위한 노력은 이미 오바마 대통령 재임 시절에 시작되었다. 제조업 분야의 부활을 알리는 작은 신호였지만, 나름 그 의미는 충분했다. 문제는 새로운 공장들이 많은 로봇과 적은 수의 노동자를 고용한다는 점이다. 이러한 여건하에서 미국에 본사를 둔 공장은 품질과 자동화,

그리고 기술혁신의 분야들에 투자하면서 멕시코나 중국, 또는 베트남의 (물품) 가격과 경쟁할 수 있다. 트럼프의 '아메리칸 퍼스트' 구호는 자체적으로 여러 한계 중 하나에 직면했다. 즉, 다국적기업들이 미국에 더 투자하게 할 수는 있지만 고용에 미치는 영향은 제한적이라는 것이다.

이를 가장 먼저 알고 있는 사람들이 바로 노동자이다. 그들이 일하는 공장에서 착각이란 있을 수 없다. 노동자들은 이미 수년 전부터 변화가 시작되고 있다는 것을 눈으로 직접 목격하고 있다. 프랭크는 "로봇들과 잘 지낸다. 자동화된 공장에서 우리는 일을 잘하고 있기 때문에 산재는 줄고 있다". 빌은 "자식들에게도 그렇기를 바란다. 자식들은 로봇과 함께 노동하고 컴퓨터로 작업하는 것을 공부해야 한다. 미래의 공장에서는 우리 자리를 엔지니어들이 차지할 것이다. 부상을 입거나 병에 걸리는 것도 줄어들 것이다. 트럼프가 말하는 미래가 바로 이런 것이다".

LA코니아일랜드의 식사 자리에 이탈리아계 미국인들이 합류했다. 그들은 달걀 세 개의 오믈렛 같은 음식 문화에 친숙하지 않으며 콜레스테롤의 위험에 노출되는 것을 꺼린다(지중해 식문화는 쉽게 포기할 수 없는 좋은 습관이다). 그들은 자동차산업 또는 유사 산업 분야에서 평생을 일한 후 정년퇴직했다. 도메니코 루지렐로는 트라파니 지방의 산비토로카포 출신으로 1969년에 캐나다로 이민을 왔지만 1971년에는 디트로이트로 이주했다. 포드자동차에서 20년, 즉 정년까지 건설 분야에 종사한 후 2008년 정년퇴임을 했다. 지역의 이탈리아 공동체에서 적극적으로 활동하면서 이민자들을 대표하는 디트로이트 위원회의 회장직을 역임했다. 그는 2016년에 미국 시민권을 획득했다. 이후 선거 때마다 투표권을 행사했으며 이번에는 트럼프를 지지했다. "이곳에 거주하는 모든 이탈리아계 미국인들처럼"이라고 그가 말했다. 이러한 성향에는 시칠리아인 로두카(팔레르모 치니시 출신)도 동의했다. 그는 54년 전부터 건축업에 종사했으며, 이미 오래전부터 미국 시민이었다. 그는 슬하에 4명의 자식을 두고 있고 11명의 조카가 있는데, 모두 미국인이다. 성공적인 통합의 역사가 아닐 수 없다. 두 이탈리아계 미국인의 사례는 다인종 모델에 대한 긍정적인 설명의 대표적인 사례이다. 이것은 미국의 힘이며 이후의 지속적인 이민을 환대하고 통합하며 이들의 다양성을 발전의 동력으로 활용하는 능력이다. 그렇지 않은가? 만약 미국의 다인종 동화가 수십 년 동안 잘 작동했다면 왜 이전의 이민자들은 멕시코장벽을 건설하고 여러 이슬람 국가에서 온 사람들에게 국경을 닫아버리는 법령을 제정한 인물을 선택했을까?

루지렐로는 말했다. "우리 이탈리아인에게 우리의 경험에 대한 기억은 매우 소중하게 남아 있습니다. 우리는 이민자들이에요. 이 국가는 우리를 환대했고 우리에게 기회와 도움을 제공했어요. 하지만 트럼프의 정책에는 다른 요인들이 있죠. 불법성과 테러리즘 말이에요. 이것은 단순한 이민의 문제가 아닙니다." 로솔리노 로두카도 이에 동조했다. 그는 과거 이민자들이(이탈리아인들까지도) 어떻게 트럼프를 선택할 수 있었는지를 다음과 같이 설명했다. "프랑스는 미국에 자유의 여신상을 선물했어요. 이 여신상은 도움이 필요한 자들과 억압받은 자들을 환대하는 국가의 상징이 되었죠. 이들은 환대받을 권리를 가지고 있어요. 하지만 지켜야 할 규정들도 있습니다. 규정을 지키는 한 모두를 환영합니다. 트럼프는 이러한 사실을 특히 무슬림에게 말하고 있어요. 이들은 이 나라의 법을 수용하고 그 가치를 존중해야 해요. 이들은 미국을 사랑해야 해요."

다른 세 명의 미국계 미국인 노동자들은 이탈리아계 미국인들의 생각에 동의한다. 이들의 성(姓)을 잘 살펴보면, 우리 식사 자리에 '오리지널' 미국인이 있다는 발상이 얼마나 어리석은 것인지를 이해할 수 있다. 빌의 조상 중에는 슬라브인이 있었다. 프랭크는 자신의 혼합 가계도에 대해 설명해주었다. "부분적으로는 프랑스-캐나다가, 부분적으로는 인도인의 피가 흘러요. 물론 이민에 반대하지 않아요. 하지만 세밀한 통제가 필요한데, 자식들의 안전을 위해서죠. 우리는 권리의 국가, 법에 근거한 국가잖아요. 만약 누군가가 샤리아의 이슬람법이 미국 헌법보다 우월하다고 생각한다면, 미국은 그런 사람이 있을 곳이 아니에요. 나는 가톨릭 신자이지만 나의 종교를 다른 사람들에게 강요할 생각은 전혀 없습니다. 근데 이것이 이슬람 신자들 때문에 심각한 문제가 되고 있죠."

자동차의 수도인 디트로이트는 무슬림을 미국 사회에 통합하는 데 성공한 곳으로 간주된다. 디트로이트에는 미국 전체에서 가장 큰 아랍-미국인 공동체가 있다. 이들 중 대부분은 자동차산업이 호황이던 시절에 이곳에 온 노동자들이었다. 포드의 본사가 있는 곳은 디어본으로 주민들 절반이 중동 출신이다. 디트로이트의 다른 주거지인 햄트랙은 무슬림이 가장 많이 거주하는 미국의 첫 번째 구역이다. 디어본의 포드로드(Ford Road)에는 미국에서 가장 큰 이슬람 사원이 있고 그 근처의 박물관은 아랍 이민자들의 역사를 전시하고 있다. 마치 엘리스섬의 박물관이 이탈리아인과 아일랜드인이 뉴욕에 도착한 순간을 모두 기억하고 있듯이 말이다. 그 밖에도 수준이 가장 높은 교육기관(최근 50년 동안 미국에 도착한 이민자들의 63퍼센트가 대졸이었다)이 있으며 기업가들을 배출했다. 외국인은 단지 6퍼센트에 불과하지만, 이들은 하이테크 기업의 33퍼센트를 창업했다.

이러한 긍정적인 특징들에도 불구하고, 문화와 가치의 긴장감은 존재했다. 대표적인 사례는 지역 미디어에 의해 크게 다루어졌는데, 이는 마흔 네 살 여성 무슬림 박사인 주마나 나가르와라가 일곱 살 된 두 여아의 생식기를 절단한 행위(할례)로 미시건 연방검사에 의해 기소된 사건이었다. 불법적이고 은밀한 행위는 디트로이트 외곽에 위치한 리보니아의 한 진료소에서 벌어졌다. 이 수술은 분명 무해한 것이었지만 풍속 면에서 큰 차이를 드러냈다. 2015년부터 공공 사무실에서 히잡을 쓰거나 직장 신분증에 히잡을 착용한 얼굴 사진을 사용하려는 이슬람 여성의 수가 분명히 증가했다. 햄트랙의 폴란드 출신 가톨릭 신자(인구의 15퍼센트)들은 이슬람 사원이 큰 확성기로 기도를 알리는 것에 항의했다.

트럼프를 지지한 유권자의 63퍼센트는 진정한 미국인은 기독교인이어야 한다고 주장한다. 기독교 가치의 역사적 유산에 대한 집착은 지난 2,000년 동안 서양이 무엇인지를 정의하는 데 크게 기여한 반면, 오늘날에는 두 미국 사이에 지리적인 의미로도 볼 수 있는 분열의 고랑을 파는 데 이용되고 있다. 왜냐하면 주일 미사에 참여하는 근면함 외에, 무슬림이나 불교 신자, 해안 지역에 사는 세속 신분의 엘리트들, 불가지론자나 나와 같은 무신론자들을 배제하는 붉은 선이 그려졌기 때문이다. 뉴욕과 샌프란시스코에서 유럽계 백인들은 플라이오버컨트리에 사는 미국 시민들과는 달리 거의(또는 전혀) 교회에 가지 않는다. 백인 엘리트들의 다문화주의, 같은 인종들끼리만 폐쇄적으로 모여 사는 이민자들에 대한 과도한 인내는, 두 해안 지역의 거대 도시들에 사는 백인들이 더 이상 아무것도 믿지 않으며 이러한 가치들에 무관심하다는 사실을 확인시켜준다. 오히려 우리는 기독교의 가치들을 무시한다. 반면에 우리는 훨씬 더 까다롭고 가혹하며 편협한 종교를 들여오는 사람들을 두 팔 벌려 환영한다. 가난하고 가방끈

이 짧은 백인들 사이에서 회자되는 표현이 있다. 우리가 대학을 세운 두 해안 지역의 진보주의자들과는 달리, 그들은 교회에 다니며 교리화된 것을 자랑스러워한다. 그들은 자신들이 받은 교육에 큰 자긍심을 가지고 있으며(결코 우리의 자긍심보다 못하지 않은데, 그 이유는 교회에서 교육을 받았기 때문이다) 우리가 잊어버린 성서의 구절들을 인용하기도 한다.

프랭크는 좌파의 전통적 비판을 이민과 연계하여 다음과 같이 말했다. "만약 이주민들이 불법적으로 들어오면 좌파의 엘리트들은 거주허가증이나 정규 일자리가 없는 점을 이용해 그들을 착취할 거예요. 그리고 봉급도 덜 줄걸요. 그러니 모두에게 우리와 같은 권리, 동등한 수준의 봉급을 받는 합법적인 이민이 중요합니다." 이 오래된 주제(카를 마르크스는 하층 무산자 계층을 '예비산업부대'로 정의한 바 있다)는 얼마 전부터 좌파의 글로벌주의자들 사이에서 더 이상 인용되지 않았다. 노동시장에서는 "이민자들이 미국인이 하지 않으려는 일을 하려고 온다"는 것에 대한 반대와 더불어, 이민자들의 경쟁을 최소화하려는 경향이 등장했다. 좌파는 이민이 경제적으로나 젊은 인구의 증가 면에서 이 나라에 고무적인 가치를 가져올 것이라고 평가한다. 이는 설득력이 있는 주장이지만 동시에 지나치게 단순하다. 트럼프 이민 정책의 전문가 중 한 명으로 이민연구센터를 운영하는 마크 크리코리언은 이미 여러 차례에 걸쳐, 노동자들이 이민을 제한하는 데 관심이 있다는 사실을 언급한 바 있다. "외국인들이 단지 미국인들이 꺼리는 일을 위해 온다는 것은 사실이 아니다. 이민자들의 전형적인 일은 정원사, 수위, 도어맨이다. 하지만 이러한 일을 하는 사람들 중 3/4은 미국 시민이다. 직접적인 경쟁이 존재하는 셈이다. 청소, 택시 운전사, 벽돌공, 정원사의 경우에도 마찬가지이다. 우리는 아직도 이러한 각각의 노동 영역에서 많은 미국인을 목격한다. 이들의 봉급은 받아야 하는 수준에 미치지 못한다. 왜냐하면, 외국인들이 덜 받으면서도 일하기 때문이다.” 이 점에서, 둘로 갈라진 미국 유권자들은 하나의 계층인 것이다. 힐러리를 지지했으며 대부분이 고학력에 우월한 사회-전문직 계층을 구성하는 진보주의 엘리트들은, 택시 운전사, 벽돌공, 청소 노동자, 주로 남미 출신 정원사들의 노동을 낮은 봉급으로 착취하고 있다.

트럼프는 자신이 “미국을 과거처럼 위대한 아메리카로 만들기 위해 미국인들에 의해” 선출되었다는 사실을 잘 알고 있다. 그가 자신의 행동에 책임을 져야 하는 대상은 다른 세상의 사람들이 아니다. 곧 알게 될 것이다. 그 어떤 분야에서도 보호무역주의에서만큼 인식 차이가 크게 드러난 적은 없었다. 브라이언은 말했다. “이것은 트럼프 대통령이 다른 전임자들과 어떻게 다른지를 보여주는 완벽한 사례예요. 그는 말한 것을 행동에 옮겨요. 가장 먼저 환태평양경제동반자협정, 즉 아시아와의 새로운 자유무역협정을 언급했죠. 그는 이 협정을 거부할 거고, 서명도 하지 않을 거예요. 캐나다, 멕시코와의 단일시장을 위한 협약인 나프타를 재협상하기로 결정했어요. 그는 모든 올바른 것과 약속을 지키고 있고 또 지킬 겁니다.” 식사를 함께한 노동자들의 견해는 모두 일치했다. 프랭크는 이렇게 덧붙였다. “소위 말하는 자유무역은 평등한 무역이 아닙니다. 예를 들어 일본은 미국 자동차에 높은 관세를 부과하죠, 우리가 일본 자동차에 부과하는 것보다 훨씬 높게요. 나는 국경을 개방하는 것이 바람직하다고 생각해요. 규정은 모두에게 동일해야 하니까요.”

‘호혜성’은 트럼프가 시진핑에서 메르켈에 이르는 외국 지도자들과 회담을 할 때마다 반복적으로 인용한 용어이다. 이것은 그가, 적어도 말로는 최고경영자들보다 블루칼라에 훨씬 더 가깝다는 것을 보여준다. 자동차산업과 같은 다국적기업들은 글로벌화를 수용했고, 이를 위한 규정들을 만들었으며, 이를 통해 최대의 이익을 거두었다. 이들은 지역시장(중국은 제너럴모터스가 진출한 첫 번째 국가였다)을 위해, 그리고 저임금노동력을 활용하고 부유한 국가들로 상품을 재수출하기 위해 신흥국가들로 생산시설을 이전했다. 이 시스템은 스톡옵션으로 상당한 보수를 받는 최고경영자와 주식투자자에게 매우 유리했다. 말 그대로 가장 이상적인 세계였다. 트럼프는 자신의 개인적인 사업에서 항상 동일한 경영 방식을 유지했다. 티셔츠와 자신이 머천다이징하는 다른 물품들을 중국에서 생산하게 하는 것이다. 하지만 그는 자신의 사업을 뒤로하고 이러한 시스템을 거부하는 이념적 선택을 했다. 글로벌화에 대한 그의 비판은 후에 버니 샌더스의 경우에서 보듯이, 급진 좌파의 정책과 크게 다르지 않다.

빌은 말했다. "트럼프는 항상 명료했습니다. 만약 한 기업이 생산을 지역화하지 않는다면, 이곳의 일자리를 줄이고 해외로 공장을 이전하게 돼요. 그리고 판매를 위해 상품을 미국으로 재수출하죠. 그는 이걸 막을 겁니다. 포드의 최고경영자들은 멕시코에 새로운 공장을 건설하는 것을 중단했고, 그 결과 자본은 미국에 그대로 남아 있어 미국인들을 위한 일자리를 만들 거예요." 이에 대해 이탈리아계 미국인 루지렐로는 동의했지만 그렇게 적극적이지는 않았다. "나는 결국에 가서 멕시코에서 조립된 자동차를 구매할 때, 우리가 소비자의 입장에서 그 대가를 지불하는 것을 원하지 않아요." 이건 글로벌화의 영원한 딜레마로, 모든 예산 범위 내에서 월마트의 제품 진열대를 가득 채우고 있다. 경제학자들은 이걸 '차이니스 디스카운트(chinese discount)'라고 부르는데, 중산층의 구매력을 개선하는 중요한 요인이다. 하지만 미국인의 일자리가 중국인에게 넘어간다면 무슨 돈으로 월마트에서 쇼핑을 하겠는가? 호혜성이 결여되고 조작된 세계무역에 대해 트럼프는 숫자의 힘을 발휘했다. 미국은 매년 중국에서 생산된 거의 5조 개(5,000억 원)의 물품을 수입한다. 반면, 중국인들은 미국에서 생산된 제품의 1/5 조금 넘게 수입할 뿐이다.

외교정책은 아마도 트럼프가 해외에서 최대의 실패를 경험한 영역이었을 것이다. 시리아에서 북한에 대한 위협까지, 반(反)나토 정책에서 이후 다시 숙고하기까지, 블라디미르 푸틴과의 밀월에서 급작스러운 냉전의 출현에 이르기까지, 유럽인들은 미국 대통령이 다마스쿠스 또는 평양과의 외교정책에 임할 때 보여준 일관되지 못한 성향과 야망을 신랄하게 비판했다. 디트로이트의 하드코어는 다른 관점을 보여준다. 재무장부터 시작해서 군사비를 10퍼센트(매년 540억 달러) 올린 것이 그것이었다. 프랭크는 말했다. "내 아들은 스물여섯 살로 고등학교에서 과학을 가르칩니다. 미 공군에서 복무한 덕분이죠. 군대는 그 애에게 교육의 기회를 주고 일자리를 마련해주었어요. 군대는 오바마 시절에 약화되고 감축되었죠. 이를 재건하는 게 가장 좋은 일입니다." 군대가 가장 큰 기술연구소이고 대중의 직업교육을 위한 학교라는 발상에 유럽인은 어리둥절해질지도 모른다. 하지만 한때 미국에서는 이것이 좌파의 판단이었던 때가 있었다. 군대는 인종 통합의 전위대와 같은 역할을 했다. 제2차 세계대전 이후 참전용사들을 위한 공부의 권리는 사회적 신분 상승을 위한 효과적인 수단이자, 아메리칸 드림의 실현을 위한 지름길이었다(민주당이 발의한 제대군인원호법[GI Bill] 덕분이었다). 빌은 말했다. "강력한 군대는 전쟁을 위해 필요한 것이 아니라 이것을 방지하고 우리의 적이 오판하지 않도록 만들기 위한 겁니다. 군대는 자신의 삶을 설계하도록 가르치고 독립적인 인간으로 살아가도록 지원합니다. 삶의 가장 큰 학교인 셈이죠. 오늘날 젊은이들은 열심히 일하며 살아야 해요. 집과 가정에서 교육을 받지 않는 젊은이들도 군대에서는 받을 수 있어요."

애국심 또한 시간이 흐르면서 좌파와 우파 간, 그리고 엘리트와 민중 간 분열의 새로운 원인이 되었다. 오바마의 적들은 "그가 세계를 돌아다니면서 미국의 잘못을 사과하는 대통령"이라는 비난을 퍼부었다. 플라이오버컨트리에 위치한 미국은 글로벌주의의 성립에 상당한 불신을 드러냈다. 즉, 이것은 월스트리트 금융뿐만 아니라, 타인의 인권을 위해 노력하고 지구의 여러 구석에서 발생하는 비극에 분개하며 보편적인 원인들을 해결하기 위해 국가의 이익을 희생할 준비가 되어 있는 지식인들에 대한 불만이었다. 오바마는 은밀하게, 모든 인류의 대통령이 되고 싶었는지도 모른다. 하지만 이것은 전혀 다른 문제이다.

빌은 말했다. "지금은 대중적인 인기가 많이 떨어졌죠. 하지만 상관없어요. 트럼프에게는 별로 중요하지 않거든요. 그는 정치인이 아닙니다. 레이건이 대통령일 때, 사람들은 그를 조롱했잖아요. 지금 트럼프를 비판하는 사람들의 목소리와 비슷하죠. 트럼프는 미래의 레이건이 될 겁니다. 우리를 위해, 국가를 위해 위대한 일을 할 거예요."

로널드 레이건에 대한 인용은, 1980년대에 노동자들과 좌파의 결별에 대한 첫 조짐이 나타났던 중서부 지역에서 빈번했다. 이러한 사실과 관련해서는 근본적인 차이들, 즉 할리우드배우조합(상당히 정치적인 색채가 강했던 조직)의 조합장이었던 레이건의 수습 기간과 이후 두 번에 걸쳐 캘리포니아 주지사를 지낸 경력을 기억할 필요가 있다. 하지만 두 대통령은 한때

민주당 소속이었다는 공통점이 있다. 레이건은 말했다. "내가 민주당을 떠난 것이 아니라, 민주당이 나를 버린 것이다." 많은 노동자들이 이러한 사실을 인정한다.

미국인들의 투표를 우선적으로 예측하기 위해서는 이미 살펴보았듯이, 지리에 대한 고찰이 요구된다. 만약 남녀 유권자들이 대양(대서양 또는 태평양)의 연안에서 멀지 않은 곳에서 살고 있다면, 따라서 만약 이들이 글로벌화의 보이지 않는 일선에 해당하며 세계의 다른 지역들과 문화 교류를 하면서 이민자들이 가장 많은 대도시들에 살고 있다면, 좌파(민주당)는 많은 표를 얻을 것이 거의 확실하다. 반면, 이들이 '가장 미국적이고' 가장 내부적이며 대륙적인 미국에 살고 있다면, 공화당의 표심이 우세할 것이다. (나는 세계의 다른 지역들에 대해 말할 때 이념, 정보, 예술적 가치의 행사들, 음식 문화의 흐름을 전제하지만 경제적인 관계들은 시사하지 않는다. 나와 인터뷰한 노동자들이 사는 미시간은 문화적인 관점에서 볼 때 중서부 지역, 즉 대서양과 태평양의 사이에 위치한 플라이오버컨트리의 문화를 대변하지만, 경제적 글로벌화와 중국이나 멕시코와의 핵심적인 경쟁에 가장 크게 노출된 지역이다.)

아이러니하게도 미국의 이러한 주들은 뉴욕이나 캘리포니아에 비해, 이민자들의 수가 상대적으로 적지만 이들에 대한 공포심은 더 크다. 하지만 이것은 단지 겉으로 드러난 갈등이다. 플라이오버컨트리에 해당하는 주들은 "우리는 시간이 있는 한, 우리의 집에서 우리가 대다수를 차지하고 있는 한, 우리 자신을 잘 지켜낼 것이다"라고 말한다. 유럽의 많은 선거에서도 이와 같은 현상을 찾아볼 수 있다. 영국에서 헝가리에 이르기까지, 흔히 이민자들에 반대하여 투표권을 행사하는 사람들은 자기 삶의 스타일을 유지하고 '너무 늦기 전에' 장벽을 세우려고 한다.

미국 선거의 지리학은 국가 역사의 지도책과 지도 작성법을 교차해야 한다. 단순하게 생각하면, 만약 해안 지역들에서 승리했다면 미국은 '좌파의 색채'로 도배되어야 할 것이다. 뉴욕과 캘리포니아 주에서 2016년 힐러리는 유권자의 70퍼센트에 해당하는 전체 투표수의 2/3를 얻었는데, 오늘날 이곳에서는 공화당이 거의 멸종 상태나 다름없다. 해안 지역들은 지리적으로는 좁지만 많은 인구가 살고 있다. 하지만 연방주의에 의해 채택된 선거제도에서는 인구통계학적으로 밀집도가 높은 거대 주들(hyper-states)이 법을 정하는 것을 막고 있다. 힐러리는 대서양과 태평양 연안의 지역들에서 절대과반의 표를 얻었지만 대통령이 되기에는 충분하지 않았다. 왜냐하면 두 해안의 중간에 위치한 많은 주들에서 트럼프가 근소하게 더 많은 표를 얻었기 때문이다.

그럼에도 해안 지역과 내륙 지역 간 반목 외에 또 하나의 이분법이 존재하는데 이는 남과 북의 대립 관계이다. 여기에는 지형 지도의 안내만 필요한 것이 아니다. 150년이 더 지났지만 아직도 완전하게 극복되지 않은 남북전쟁에 대한 기억은 지형에도 잔존한다. 당시 노예제도를 실시하고 합법화했으며 이를 유지하기 위해 무장 분리를 시도했던 주들(사우스캐롤라이나, 미시시피, 플로리다, 앨라배마, 조지아, 루이지애나, 텍사스)은 오늘날 그 대부분이 공화당의 핵심 기반에 해당한다. 이러한 주들의 경제는 주로 농업 기반이었고 아프리카에서 끌려온 흑인노예들의 노동에 의존하는 대농장제로 구성되었다. 이들은 1860년 11월 공화당의 에이브러햄 링컨이 미국 대통령으로 선출된 이후 스스로 독립 국가를 선포했다. 연방주의자들은 링컨이 대통령 유세에서 약속했던 노예해방의 공약을 지키려는 움직임을 보이자, 1861년에 가입했던 미국합중국에서 탈퇴하기 위해 전쟁에 돌

2016년 미국 대선 당시 공화당이 승리한 주들

입했다. 전쟁이 발발하자 연방 측에는 버지니아, 아칸소, 테네시, 노스캐롤라이나가 추가로 가담했다. 트럼프 선거의 붉은 선은 과거에 노예제를 인정했던 남부 연방의 모든 주들을 포함한다. 하나의 예외가 있다면 그것은 버지니아이다. 한편, 2012년 플로리다를 제외한 상기의 주들은 버락 오바마에 반대하여 공화당의 밋 롬니를 지지했다. 시민전쟁에서 패배한 남부는 우파의 표밭이 되었다. 이것은 2017년 여름, '남부 주들의 전쟁' 기간에 트럼프가 취했던 행동에 특별히 중요한 의미로 작용했다. 이는 미국이 아닌 다른 나라의 사람들에게는 이해가 쉽지 않은 사건이지만 트럼프 시대의 정치적 활력을 이해하는 데 필수적이다.

"아름다운 동상과 유적의 제거를 계기로 분열된 우리나라의 역사와 문화를 바라보는 것은 슬픈 일이다." 트럼프는 2017년 8월 중반 트위터를 통해 자신이 남부에 향수를 느낀다는 말로 본인의 입장을 분명하게 드러냈다. 그는 많은 도시의 시장(市長)들이 연방주의자들에 의해 건립한 많은 유적들, 1861~1865년 남북전쟁 당시 노예제도를 유지하기 위해 싸웠던 로버트 E. 리와 같은 장군의 기념물을 제거하거나 파괴했다. 2017년 8월 11일과 12일에 버지니아주 샬러츠빌 시장의 '철거' 결정이 알려지자, 미국 전체에서 이에 반대하는 극우 민병대들의 저항이 극심했다. 그 중심에는 백인우월주의자들, 쿠클럭스클랜(Ku Klux Klan, KKK), 신나치주의자들 등의 '대안 우파', 즉 많은 급진적인 대안 우파들이 있었다. 반나치의 시위들도 있었다. 항의 시위에 대한 항의 시위도 지속적으로 발생했다. 충돌도 일어났다. 극우파의 한 여성이 사망했다.

본능적으로 트럼프는 양측 모두에 등거리를 유지하면서 발생한 폭력에 대해 우파와 급진 좌파 모두를 비난했다. 하지만 이후 그는 극우의 시위 행렬을 이해한다는 의미의 연설을 시작했으며, 더 나아가 '선량한 사람들도' 많다는 말 역시 빼놓지 않았다. 이에 대해 그가 속한 정당으로부터도 비난이 쏟아졌으며 군대의 지휘부도 일정한 거리를 유지했다(군대는 제2차 세계대전 이후 인종통합을 위한 기관이었고, 1991년 제1차 걸프전쟁 당시 총사령관은 아프리카계 미국인인 콜린 파월이었다). 또한 백악관의 자문위원직을 사임하고 본래의 산업 분야 최고경영자로 돌아간 자들도 속출했다. 트럼프는 포기하지 않았다. 그가 광장에서의 충돌에 등거리 입장을 고수했다면, 동상들을 제거하는 것에 대해서는 우익의 인종차별주의자들과 어깨를 나란히 했다. "차후에 제거할 것들은 조지 워싱턴과 토머스 제퍼슨의 동상인가?" 그는 미국의 첫 번째와 세 번째 대통령이 부유한 대농장주로 노예를 소유했던 인물들이었다는 사실을 언급하며 자신의 트위터에 도발적인 글을 올렸다. 이에 대한 답변은 다음과 같았다. 노예를 소유하는 것(남부의 백인 농부들 사이에서는 보편적인 것이었다)과 노예제를 폐지할 당시 이를 옹호하기 위해 같은 나라의 동포들과 전쟁을 벌이는 것은 완전히 다른 일이다.

흥미롭게도, 결코 자발적으로 책을 읽지 않는 사람인 트럼프는 이 시점에서 수정주의적인 논쟁에 집중했다. 미국 역사에 대해 완전히 무지했던 그는 이 주제에 대해서만은 분명한 생각을 가지고 있었다. 노예제도는 미국 역사의 일부이며, 우리는 이를 거부할 수 없다. 이것이 그의 메시지였다. 남부는 전쟁에서 패배했다. 하지만 이후 국가적 화해가 추진되었고 미국 역사에서 남부의 영웅들에 대한 존경은 로버트 E. 리 장군의 동상처럼 지워지지 않았다. 겉으로 보기에 트럼프는 재화해의 의사를 표현하려고 했던 것 같다. 남아프리카공화국에서 인종차별의 범죄를 저지른 백인 지도자들을 고소하지 않기로 결정한 넬슨 만델라의 전략이 진정한 '패배자의 위대함'을 보여 주었던 것처럼 말이다. 이러한 이유로 중도 성향의 남부주들은 비난받았던 동상들을 보호했다. 역사의 일부이며, 내륙문화의 뿌리에 대한 존중이었다. 하지만 트럼프를 칭송하는 KKK와 다른 극우 민병대들은 이것이 사실이 아니라는 것을 알고 있다. 이러한 유적들은 남북전쟁의 상처를 치유하기 위해 건립된 것이 아니라 그 반대였다. 미국에는 로버트 E. 리 장군과 같은 남부 연맹의 영웅들을 기념하기 위해 건립된 동상이 1,500여 개나 되며 이들 대부분은 20세기에 세워졌고 심지어 제2차 세계대전 이후에 제작된 동상들도 적지 않다. 동상 건립을 원했던 백인 지도자들은 인종차별에 반대하는 마틴 루터 킹 목사의 투쟁에 반대하기도 했다. 그리고 시민권의 법안들 역시 존 F. 케네디와 린든 존슨의 민주당 정권 하에서 제정된 것들이다. 오늘날 흑인들의 투표소 입장과 투표 행위를 방해하기 위해 의도적으로 통제와 확인의 절차를 강화시킨 법령을 지지하는 것도 남부주의를 신봉하는 지도자들이다.

2017년 여름 미국은 과거의 고통을 봉합하기보다는 이를 더욱 과장하는 대통령의 등장으로 인해 자신의 고통스러운 역사를 되돌아보아야 했다. 미국, 특히 공화당 후보를 백악관으로 보내는 데 그토록 중요했던 11개 주에서 '남부 문제'가 아직도 진행 중이라는 사실을 이해하기 위해서는 지리를 연구해야 한다. 아프리카계 미국인 대통령의 8년 재임에도 불구하고, 인종 간 관계에서 해결 방안이 강구되지 못한 반목과 갈등의 잔혹함은 그대로 상존한다. 오히려 과거의 증오가 다시 고개를 들고 있는지도 모른다.

지리와 역사는 결코 종식된 적이 없는 정치전쟁의 배경이다. 심지어 학교의 교과서들도 보스턴, 텍사스 등 지역에 따라 그 내용이 다르게 기술되었다. 남북전쟁 또는 미국시민전쟁을 언급할 때 남부의 11개 주는 여기에 다른 동기(그리고 의미)를 부여한다. 이들, 적어도 이러한 주들에 거주하는 백인들의 일부는 남부 연맹주의자들이 노예제도가 아니라 주들의 권리를 옹호한다고 생각한다(우리는 이를 지방자치의 자치라고 말할 것이다). 그밖에도 이들은 생활 스타일, 사회모델, 모든 가치를 고수하고 있었다. 주정부들의 권리는 연방주의의 가장 극단적인 버전이며 이에 근거하면 모든 주는 자신의 집에서 아버지와 다름없고, 미국합중국의 헌법에 명백하게 반(反)하는 법안을 만들고 적용할 수 있다. 하지만 이것은 거짓에 불과하며 노예제도를 유지하기 위한 변명에 지나지 않는다. 삶의 방식, 사회모델, 가치, 이러한 표현들의 이면에는 영화 〈바람과 함께 사라지다〉에서 드러난 남부 전통의 목가적인 버전, 즉 다시 말해 가족, 종교, 애국심에 기초한 농업사회의 버전이 존재한다. 기사도 정신의 깃발이 휘날리는 고대의 고귀한 세계, 예의 바름, 연대감, 환대와 관대함이 상존한다. 남부주의자들이 이상적으로 희망하는 이러한 요인들의 재구성과는 달리, 상반된 입장을 견지하는 에이브러햄 링컨의 북부는 탐욕스러운 자본주의에 지배되고, 산업화로 인해 오염된 익명의 거대도시, 파탄에 이른 가정, 물질적이고 이기적인 부르주아, 초기의 대량생산과 소비주의, 대농장의 노예보다 상대적으로 덜 열악한 조건으로 공장에서 일하기 위해 유럽에서 건너온 가난한 이민자의 사회였다. 남부에 대한 향수를 불러일으키는 낭만적인 관점에서 볼 때, 돈을 가진 강자들이 승리했을 뿐 전쟁을 통해 이상적인 가치가 실현된 것은 아니었다. 이 관점에 따르면, 링컨의 북부주의자들은 남부의 식민지를 착취하기 위한 가능성을 확보하기 위해 노예제도 폐지라는 구실을 이용했다. 노예제도는 차치하더라도, 이러한 연방주의자들에 대한 스토리텔링과, 오늘날 남부의 모든 문제를 피에몬테에 의한 병합의 영원한 결과처럼 간주하고 부르봉 왕가의 지배를 한탄하는 이탈리아의 극단적인 남부 문화에 대한 스토리텔링 사이의 유사성은 매우 흥미롭다.

이탈리아 남부 문제와의 또 다른 유사성은 토마시 디 람페두사가 승리의 지배자들과 패배자들 간의 타협을 주제로 집필한 『표범』에서 찾아볼 수 있다. 링컨이 카밀로 벤소 카보우르[3] 백작의 역할에 해당한다고 볼 수 있을까? 역사에 별반 관심이 없는 사람에겐 스티븐 스필버그 감독의 〈링컨〉을

---

3 Camillo Benso di Cavour, 1861년 주세페 가리발디, 주세페 마치니와 함께 이탈리아반도의 통일을 이룩한 3대 주역 중 한 명.

추천한다. 2012년에 상영된 이 영화는 미국의 역사가 도리스 컨스 굿윈이 쓴 『권력의 조건(Team of Rivals: The Political Genius of Abraham Lincoln)』(2005)을 원작으로 했다. 영화는 링컨 대통령이 암살되기 직전의 4개월을 조명했다. 시기적으로는 1864~1865년에 해당하며, 남북전쟁은 아직 진행 중이었지만 북부동맹의 승리가 점차 확실해 보였다. 바로 이 시기에 미국의 열여섯 번째 대통령 링컨은 자신의 두 번째 임기 중에 야심 찬 결정을 내렸는데, 이는 헌법에 노예제 폐지를 확실하게 명시하는 것이었다. 당시까지만 해도 노예제 폐지는 전시법으로 통과되었는데 그 이유는 적대관계가 청산된 후 폐지될 개연성이 있었기 때문이다. 영화의 핵심은 군사적 충돌이 아니라, 미국 수정헌법 제13조를 통과시키기 위해 의회에서 벌인 정치적 전쟁이었다. 이 조항의 삽입으로 미국의 혐오스러운 비정상, 즉 영국의 식민 지배에서 벗어난 후 거의 1세기 동안 유지되었던 노예제 기반의 자유민주정치가 종식되었다. 하지만 링컨의 심중에는 다른 측면이 담겨 있었는데, 이는 미국의 대통령과 하원의 공화당 리더인 타데우스 스티븐스를 차별화하는 것이었다. 스티븐스는 노예제도에 대한 투쟁에서 상당히 집요했다. 훗날 우익 성향의 수정주의 역사 기술이 그를 시민전쟁 후 남부의 주들에 '불공정한 제재'를 가한 인물로 비판한 것은 우연이 아니었다. 이와 관련해 링컨은 가장 명료하고 능력 있는 정치적 노련함을 발휘했다. 도리스 굿윈의 말을 빌리자면 그는 "현명함과 진정한 리더의 자질을 갖추고 있었으며 자신의 적에게 보기 드문 아량을 베풀었다". 궁극적으로 그는 미국이 남부 지도 계층의 협조 없이는 잘 통치될 수 없다는 사실을 잘 알고 있었기에, 이들과 토마시 디 람페두사 방식의 동맹을 실현하기 위해 노력한 인물이었다. 이에 따른 대가는 무엇이었을까? 국가의 대화합과 안정의 명목으로 남부의 오래된 '대농장 귀족'들 전체와 협력하는 것은 미국의 경우에도, "아무것도 바꾸지 않기 위해 모든 것을 바꾼다"[4]는 의미였을까?

미국의 남북전쟁은 전례가 없는 끔찍한 살육의 역사로 군인과 민간인을 합쳐 전체 인구의 3퍼센트에 해당하는 거의 100만 명의 사상자를 냈다. 사상자 숫자는 두 차례의 세계대전과 한국전쟁, 베트남전쟁과 이라크전쟁의 희생자를 모두 합친 것보다 많았다. 이것은 '산업화 방식'의 대량학살에 대한 보편적인 증거로, 훗날 구대륙에서의 대규모 전쟁으로 폭넓게 증명될 것이었다. 북부동맹이 승리한 후 400만 명의 흑인 노예가 해방되었다. 북부동맹은 1865~1877년 사이 국가 재건을 위해 총력을 기울였다. 링컨과 그의 후임자들은 남부가 농업경제와 저개발 지역으로 남아 있거나 항구적인 분노에 사로잡혀 있는 것을 원하지 않았다. 재건 사업의 차원에서 남부의 아프리카계 미국인들에게 정치적 권리를 부여하고 동시에 패배한 남부 주들의 지도 계층과 화합하려 노력하면서 국가의 실질적인 통일에 주력했다. 하지만 이러한 여정은 오래가지 못했다. 남부의 백인 부르주아 상류층은 1877년에 북부동맹의 주둔군 철수를 관철했으며, 1882년 북부는 공세를 머뭇거리고 있었다. 결국, 남부주의자들의 실질적인 재건과 더불어 폭력과 학살을 동반한 KKK의 '백색 테러'가 자행되었다. 헌법에 보장된 흑인들의 권리는 현실적으로 삭제된 것이나 다름없었다. 그리고 1896년에 분리주의를 합법화하는, '분리되었지만 평등한'의 원칙을 승인한 대법원의 판결과 함께, 흑인들은 백인들과 같은 학교, 같은 대학교, 그리고 같은 공공활동의 장소 등에 출입할 수 없게 되었다. 지방의 입법부는

---

4 프랑스의 명품 브랜드 에르메스의 창업자 티에리 에르메스가 한 말로 알려져 있다.

소위 흑인들의 분리와 투표권 금지를 규정한 짐크로법[5]을 승인했다. 남부주의에 동조하는 많은 주가 남부동맹의 깃발을 새로이 채택하고 남북전쟁을 '잃어버린 고귀한 명분'으로 간주하는 수정주의 해석을 채택했다.

이 모든 상황에서 볼 때, 민주당은 인종차별주의를 지향하는 정당으로 남부의 지주들에 깊은 뿌리를 두고 있었다. 하지만 동상들이 가장 많이 세워진 것은 그 이후, 즉 제2차 세계대전 후로 거슬러 올라간다. 루스벨트 이후의 시대에 민주당은 흑인들의 시민권을 지지하는 선택을 했었다. 그 결과 심각한 내분에 직면했는데, 1948년 남부의 민주당 세력은 딕시크랫[6]을 독자적으로 형성했다. 이러한 상황에서 동상과 기념비를 세우고 남부주의 영웅들의 기념패와 묘비들을 제작하는 움직임이 폭넓게 확산되었다. 존 F. 케네디, 린든 존슨, 그리고 밥 케네디(당시 사법부장관)가 반(反)분리주의 법률안의 의회 통과에 힘쓰면서 미국 남부에서 흑인들의 투표를 방해하는 것을 방지하고 차별과 입장 금지를 금지했을 당시에, 남부주의자들의 동상 건립은 가속화되었다. 그리고 심각한 결과로 이어진 정치적 변화의 조짐이 자라났는데, 이는 당시 링컨의 공화당이 남부의 백인들을 받아들인 결정이었다. 그리고 남부주의자들의 전략은 리처드 닉슨과 로널드 레이건의 승리를 도왔다. 이때 이후로 새로운 선거 지도가 성립되었고 트럼프는 이를 자신에게 유리하게 상속하고 이용했다.

재건의 실패와 분리주의의 출현과 더불어 사회적이고 문화적이며 가치적인 또 다른 움직임이 고개를 들기 시작했다. 『표범』의 시대적 상징성

5　Jim Crow Law, 미국 남부 인종차별법의 통칭.

6　Dixiecrat, 1948년 미국 대통령 선거 당시, 민주당을 배신한 우익 분리파를 가리킨다.

이 반영된 '표범'들, 즉 오래된 대농장 부르주아들은 흑인에 대한 가난한 백인의 적대 행위를 부추겼다. 남부의 방대한 백인 최하계층인 '가난한 백인(백인 쓰레기)'들은 흑인들과 함께 사회 밑바닥으로 떨어지거나 그들의 범죄에 직면하거나, 또는 복지정책의 도움으로 힘겹게 살아가는 것이 진정한 위험이라고 확신했다. 남부의 가난한 백인들은 자신들의 피부색을 중심으로 단합했는데, 이는 자신들에게 남은 마지막 특권이었다. 이들은 좌파가 "다른 사람들의 기회를 빼앗으려 한다"고 확신했기에 우파에 투표했다. 닉슨에서 레이건까지, 부시에서 트럼프까지 공화당의 그 어떤 정치인도 이러한 이야기를 이용하지 않고서는 결코 대통령에 당선될 수 없었다.

그럼 대서양의 연안 지역으로 관심을 돌려보자. 과거 이곳에서는 청교도 순례자들이 영국의 초기 개척민들과 함께 메이플라워호를 타고 신대륙에 상륙했다. 구대륙의 영국에서는 2016년 6월 23일 브렉시트, 즉 유럽연합을 탈퇴하자는 정치적 주장이 잔류의 정치적 견해를 누르고 승리했다. 유럽연합 탈퇴를 묻는 국민투표는 최근 20년간 가장 높은 투표율을 기록했는데, 이는 전체 유권자의 72퍼센트에 해당했다. 3,300만 투표자 중에 탈퇴에 대한 지지가 압도적이었다. 1,700만 명(51.9퍼센트)이 탈퇴를 원했던 반면, 1,600만 명(48.1퍼센트)은 남아 있기를 원했다. 주권주의자들과 글로벌주의자들 간 득표 차이는 3.8퍼센트로 크지 않았지만, 그 반향이 유럽연합의 다른 국가에서 상당히 크게 나타난 시대적 결정이었다. 이 경우에도 선거 지리는 우리의 이해를 높이는 데 도움이 된다. 영연방을 구성하는 스코틀랜드와 북아일랜드는 각각 67퍼센트와 63퍼센트의 지지로 유럽연합에 남는 것을 지지했다. 웨일스와 잉글랜드의 53퍼센트는 탈퇴를 지지했다. 하지만 이러한 결과의 내부에서 런던은 예외였는데, 투표 결과 시민

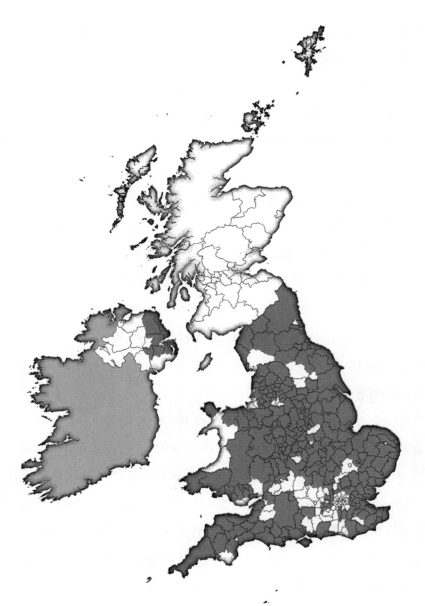

브렉시트를 묻는 국민투표에서 탈퇴를 지지한 자들이 승리한 선거구들

의 60퍼센트가 잔존을 원했다. 이 나라에서 유일한 대도시인 런던은 지방들과는 분명한 견해 차이를 보여주고 있었다.

지리적인 의미의 붉은 선들 외에 다른 붉은 선들은 승리한 주권주의자들과 패배한 글로벌주의자들을 분리한다. 이들은 나이, 교육, 인종의 붉은 선들이다. 부족 간 분리의 경계선들은 미국의 그것들과 믿을 수 없을 만큼 비슷하다. 영국 젊은이들의 3/4은 유럽연합에 남기를 희망했다(미국이었다면 이러한 젊은이들은 트럼프를 좋아하지 않았을 것이다). 반면 나이가 60세 이상인 시민들의 60퍼센트는 찬란했던 알레비온[7]의 화려한 고립(시대)으로 돌아가는 것에 행복해했다. 학위를 가진 영국인들의 65퍼센트는 유럽인으로 남기를 원했지만, 고등학교 이상의 학위가 없는 사람들은 브렉시트를 지지했다(미국에서는 학위를 가지고 있는 사람들이 힐러리를 선택했다). 영국의 실업자들은 대부분이 유럽연합 탈퇴를 원했다. 시민권을 가지고 있기에 투표권을 행사할 수 있는 이민자들의 절대다수는, 미국에서 소수인종들이 클린턴을 선호한 것과 마찬가지로 잔존을 희망했다. 이러한 많은 유사한 사례들을 최종적으로 종합하면, 영국인의 다수가 국민투표 직전에 마음을 결정했을 것이며 유럽연합 잔존을 지지하는 자들은 승리할 것을 확신하고 있었다. 이것은 많은 사람이 아직 자신의 의사를 결정하지 못했고, 크게 빗나간 여론조사와 뜻밖의 패배에 대한 민주당 진영의 쇼크가 있었던 미국에서도 마찬가지였다.

글로벌주의 엘리트(이들은 평균 이상으로 공부했고 더 많은 돈을 벌고 있으

---

7 Alebion, 포세이돈의 아들 알레비온에서 유래했으며, 후에 잉글랜드를 의미하는 용어로 사용되었다.

며 보다 활력적인 대도시들에 거주한다)와 주권주의를 지지하는 '민중'으로 구분하려는 유혹을 떨쳐버리는 것은 결코 쉬운 일이 아니다. 각각의 평가는 주관적이다. 이는 반드시 유효한 평가는 아니다. 좌파에 투표하지 않는 노동자는 "자신의 이익과는 반대로 행동한다"는 고정관념을 포함해, 모든 유형의 선입관에 유의해야 한다. 공부한 사람만이 자신의 정치적 선택에서 적게 실수한다거나, 또는 우리처럼 투표하지 않는 사람은 속임수에 넘어간 것이라는 생각 등은 위험하다. 이는 함정이며 최악의 직감에 빠지는 것이다.

1977년이었다. 20대의 나이였던 나는 엔리코 베를링구에르의 시대에 이탈리아 공산당 언론에서 처음으로 신문기자 일을 시작했다. 당시 나는 노동조합 특파원이었다. 피아트-미라피오리, 아레세, 또는 포밀리아노다 르코에 있는 알파로메오자동차 공장 노동자들을 자주 만났으며, 금속노동자들의 지도자인 브루노 트렌틴의 능력을 높이 평가하고 있었다. 노동자 계층은 이탈리아를 밝은 미래로 인도하는 임무를 그들의 어깨 위에 짊어지고 있었다. 하지만 상황은 다르게 전개되었다. 나는 기자 생활 40주년을 다른 자동차 도시인 디트로이트에서 맞이했다. 나는 이곳에서 트럼프를 지지했던 다른 금속노동자들을 만났다. 이탈리아와 미국에서의 기자 생활 동안 변화가 있었는데, 프랑스 노동운동의 환경이 조르주 마르셰의 프랑스 공산당에서 마린 르펜의 국민전선으로 급작스럽게 바뀐 것이었다. 당시 나는 파리 특파원이었다.

프랑스는 지리를 이용한 흥미로운 방식으로 투표 결과를 분석해볼 수 있는 또 다른 사례이다. 내가 1986~1991년 기간에 가까이서 목격한 사회지리의 색채는 라세느-생드니와 같은 변두리 지역들 전체에서 좋지 않게 바뀌었다. 불과 짧은 기간 안에 붉은색에서 검은색으로 바뀐 것이다. 당시 프랑스 대통령은 사회주의자인 프랑수아 미테랑이었다. 미테랑은 불과 몇 년 만에 거대기업과 은행을 국유화하면서, 극좌파의 경제정책에서 독일 헬무트 콜 총리의 그것과 맥을 같이하는 엄격한 방향으로 급선회했다. 노동자들의 표심이 바뀌는 데 결정적인 역할을 한 것은 이민자들이었다. 이미 그 명칭들이 잘 알려진 지역들(생제르맹, 마레, 생루이섬, 에콜 밀리테르, 앵발리드)의 급진 부르주아들은 자신들의 구역에서 아랍 이민자들이 청소부와 시 소속 청소 담당자, 지하철 운전자, 물품 배달원으로 일하는 것을 목격했다. 반면, 프랑스 노동자들은 이들과 함께 인근의 연립주택 지역에서 살았다. 북아프리카 마그레브 출신의 자녀들은 프랑스 노동자의 자녀들과 같은 학교에 다녔다. 차이는 모두 이곳에 있었다. 이러한 지역들에서는 이슬람 공동체의 사회적 수용과 관련한 어려움을 알리는 경고를 굳이 신문을 읽지 않아도 일상적으로 직접 체험할 수 있었다. 얼마 후 교외 지역의 아랍인 반란으로 잘못 정의된 사건들에서는 마그레브 이민자의 미성년 자녀들이 도시 게릴라와 같은 역할을 시작했다. 이들의 인근에 사는 전 공산주의 노동자 이웃의 자동차들이 불탔다. 리브고슈(센강 이남)에 거주하는 부르주아는 아랍인들의 반란 소식을 저녁 뉴스에서 들었다. 시민들은 창문을 열 때마다 불에 탄 자동차들의 냄새를 맡을 수 있었다.

하지만 투표에 대한 지리적 관점의 해석은 계속해서 풍부해지고 수정될 수 있다. 마린 르펜을 거부하고 2017년 에마뉘엘 마크롱을 대통령으로 선출한 프랑스에 대해, 프랑코 파리넬리는 일간지 《코리에레 델라 세라》에 「유럽의 경관도 선거에 참여한다(Anche i paesaggi europei vanno alle elezioni)」라는 흥미로운 제목의 기사를 기고했다. 이 기사는 1929년 프랑스의 저명한 역사학자인 마르크 블로크의 『프랑스 지방사의 독창적인 성격들(I caratteri originali della storia rurale francese)』(1973)에서 요약 발췌한 내용을 담고 있다. 이 저술은 농촌의 건축부터 시작해 유럽의 경관에 대한 후학들의 연구에 영향을 주었다. 그럼 파리넬리가 요약한 내용과 그의 정치적 결론을 살펴보자.

블로크는 자국 영토 내에 존재하는 두 개의 거대하고 상반된 왕국을 다음과 같이 규명하고 있었다. 대서양 방면의 서쪽에는 울타리가 있는 작은 농지들과 여러 곳에 산재해 있는 주택들로 구성된 장원(牆垣)들이 있는 반면, 중부유럽 방향의 동쪽에는 길게 탁 트인 농지들과 더불어, 집들이 서로 중첩된 채 집중적으로 모여 있는 환경의 주거지가 있다. 대양의 해안 근처에는 강력한 자치 전통에 근거한 도시 문명이 자리 잡고 있으며 공권력은 이 문명의 문 앞에서 영향력을 발휘하지 못한다. 모든 농민은 자신의 농지를 경작하는 주인이다. 반대로 유럽 내륙의 지역들에는 공동체의 상당히 엄격한 압력이 정기적인 경작 의무로 부과되고 있으며 노예들에게는 작은 농지들에서의 노동(운송과 관계시설)이 부과된다. 소유권 이전이나 상호 간 노동력 교류에 대한 그 어떤 흔적도 찾아볼 수 없다.
농지들은 드넓게 펼쳐져 있다. 이러한 모습은 로이라 북부의 프랑스 전역과 부르고뉴, 프로방스에서 아직도 목격된다. 파리 인근을 제외한다면, 이러한 풍경은 마린 르펜에게 투표한 사람들이 거주하는 아파트의 모습과 거의 완벽하게 일치한다. 반면에 대서양의 폐쇄적인 지역들에 거주하는 프랑스 주민들은 에마뉘엘 마크롱을 지지했다.

두 프랑스를 분리하는 붉은 선은 아마 매우 오래되었을 것이다.

한편, 유럽 엘리트들이 마크롱의 승리에 환호하면서 내쉰 안도의 한숨에도 불구하고, 그가 프랑스인의 소수, 즉 단지 44퍼센트의 지지를 받았다는 것은 분명한 사실이다. 2017년 5월 7일의 2차 대선에서는 반세기 만에 가장 높은 기권율(25퍼센트)과 400만 장 이상의 백지 무효표가 나왔다. 이는 최고의 기권율로서 특히 젊은이들과 실업자들에 집중되었다.

이와 유사한 결과는 2017년 9월 24일의 독일 선거에서도 반복되었다. 독일의 극우 정당인 독일을 위한 대안(Afd)의 도약은 상당히 안정적인 독일 경제에서도 복지예산 감축, 노동시장에서 드러난 이민자들의 경쟁, 그리고 글로벌화로 인해 빈곤과 같은 불안정한 상황이 발생함에 따라 불가피하게 피해를 경험한 서민 계층 사이에서 두드러졌다. 독일 선거의 또 다른 측면은 트럼프의 미국과 브렉시트의 영국과 유사하다. 외국인들의 수가 적은 지역들, 즉 예를 들어 사회적 빈곤이 상당히 심각하고 정체성과 안전의 상실에 대해서도 두려움이 상당히 심각했던 독일 동부의 주들에서는 많은 사람이 반(反)이민(정책)을 지지했다.

뉴욕시에서는 세계에서 단 하나의 대도시만이 자신들과 견줄 만하다고 여긴다. 규모, 다양성, 문화적 활력 외에도, 사업과 금융 면에서 런던은 뉴욕의 '쌍둥이 라이벌'이다. 유럽연합에 남아 있기 위한 투표에서도 둘은 공통점이 있었다. 즉, 브렉시트 캠페인의 반(反)이민자 슬로건을 공유하지 않았다. 뉴욕은 미국에서 인종차별이 가장 적은 도시 중 하나이며, 이곳에서는 트럼프가 1,100만 명의 이민자를 추방한다는 약속을 하더라도 많은 표를 얻을 수 없다. 이러한 비교는 일반적인 차원에서의 고려일 뿐이다. 영국에서 브렉시트에 대한 투표 지도와 미국에서 트럼프를 지지하는 주들을

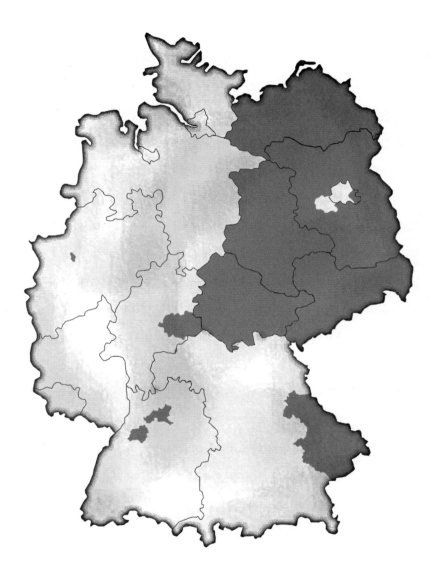

2017년 10월 독일 선거에서 우파 정당인 독일을위한대안(AfD)이
전체 투표수의 15퍼센트 이상을 획득한 지역들

분석하면서, 나는 이미 다음과 같은 해석을 시도한 바 있다. 이민자들은 같은 처지의 이민자들이 많은 곳에서 두려움을 덜 느낀다. 분노와 외국인 혐오의 개연성은 이러한 감정이 비교적 적은 미국에서 집중적으로 나타난다. 여기 뉴욕과 샌프란시스코와 로스앤젤레스처럼, 이제는 백인들이 소수인종(40퍼센트의 백인들은 유럽 기원의 카우카스 백인이다)으로 살아가고 있는 다인종 대도시들에서 이민자들의 유입은 거부반응을 일으키지 않는다.

설명한다면, 첫째 답변은 간단하다. 즉 대다수를 차지하고 있는 백인들은 도움을 제공하는 이민자들의 역할을 높게 평가할 줄 안다. 우리는 그들이 일하지 않을 경우, 뉴욕이나 런던의 경제가 마비될 것이라는 사실을 잘 알고 있다. 레스토랑에서 호텔에 이르기까지, 건축에서 병원에 이르기까지 말이다. 웨이터, 벨보이, 과학자 또는 의사에 이르기까지 이들은 밤낮으로 우리 주변에 상존한다. 이러한 사람들 없이 생존한다는 것은 생각조차 할 수 없다. 지역들에 대한 철저한 통제가 이루어지고 모든 범죄에 무관용 원칙이 적용되는 경우, 이민자들의 증가가 범죄율을 높이지 않는다는 사실을 우리는 이미 증명한 바 있다. 외국인들의 '빅 애플'[8]은 최근 수십 년간 백만 명을 수용했으며, 범죄자들은 그 수가 계속해서 감소했다. 나는 다인종의 비율이 높고, 동시에 20년 전보다 더 안전한 도시에 살고 있다. 뉴욕과 런던은 시민 공존의 '소프트웨어', 즉 통합을 유동화하고 외국인들의 '침략'의 강력한 위협을 감소시킨 사회의 수도를 만들었다.

이러한 다양한 설명은 역사에 대한 시야를 넓혀준다. 뉴욕은 이민자들

---

8 Big Apple, 1909년 에드워드 마틴은 『뉴욕의 나그네(The Wayfarer in New York)』에서 뉴욕이 미시시피계곡에 뿌리를 내린 나무의 열매와 같다고 했다.

의 세대를 계층화한다. 독일이 무지막지하게 학살했고 유럽이 원하지 않았기에 이곳으로 피신한 유대인들이 중요한 역할을 했다. 유대인 공동체는 통합되고 권력과 경제 분야에서 성공을 거둔 이후에도 자신들의 기원과 과거를 잊지 않았다. 뉴욕이 정치적으로 좌파이고 상당히 자유주의적인 이유 중 하나는 이들의 '유대인' 구성의 설정에 있다. 다시 말해 유대인들은 그 희생자가 다른 사람들이라고 할지라도 외국인 혐오증을 거부한다. 이와 유사한 성찰은 최근 아시아인들의 경우에서도 확인할 수 있다. 평균적으로 부자들에 속할지라도 '아시아계 미국인'들은 2012년 선거에서 오바마를 적극적으로 지지했는데, 이는 흑인들의 경우와 비교된다. 아시아인들의 경우, 그 이유는 유대인 공동체의 그것과 일치한다. 비록 지금 잘 지내고 있다고 할지라도, 과거 자신들이 '환영받지 못한 사람들'이었다는 사실을 잊으려 하지 않는다.

영국의 지방들에서 브렉시트가 성공한 그 이면에, 또는 아직도 백인들의 수가 더 많은 미국의 여러 지역에서 트럼프가 승리한 것의 이면에는, 다양하지만 동시에 상당히 단순하고 지리적인 성찰이 필요한 설명이 존재한다. 이들은 뉴욕이나 런던과 비슷해지는 것을 전혀 바라지 않는다. 이곳으로 휴가를 오고 타임스퀘어 광장과 새로운 무역센터를 당당한 걸음걸이로 산책하는 지방 사람들은 저녁 시간에는 브로드웨이의 뮤지컬을 보러 가며 자전거로 센트럴파크를 달린다. 그리고 휴가를 끝내고 집으로 돌아가면 마치 외국에 있다 온 것처럼 말한다. 자신의 경험에 즐거워하고 어색해하다가, 안식처로 돌아간 것에 안도하며 자신들이 사는 장소와 친근한 가족의 얼굴을 보는 것에 행복해한다. 이들은 러시아의 산들을 등산할 때처럼 뉴욕의 혼란을 즐거워한다. 하지만 이들 중 그 누구도 이곳에 살기를 원하거나 러시아의 산들을 등산하려 들지 않는다. '두 번째 인구 이동'이 새로운 이민에 따른 변화의 충격으로 정의되는 것처럼, 사람들은 가능하다면 그 일이 자신들의 집과는 상관없는 것이기를 원한다.

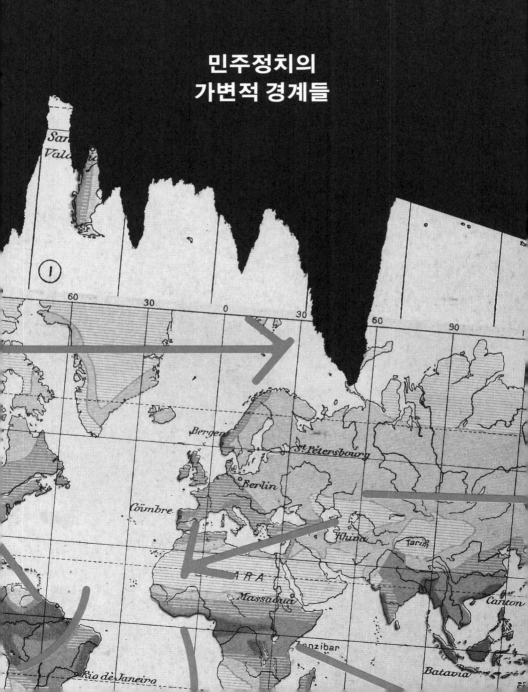

X

민주정치의
가변적 경계들

베를루스코니의 이전 시대, 심지어 무솔리니 이전부터 이미 세계정치의 실험실이었던 이탈리아에서는 모든 것이 가장 먼저 발생했었다. 베를린 장벽이 무너진 후에 마치 보편적인 목표처럼 보였던 자유가 약속된 땅은 매력을 상실했다. 전 세계 모든 지역에서 강력한 인물들이 등장한다. 새로운 지리, 관용의 경계들은 거의 예상하지 못한 곳에서마저 축소되고 있다.

이탈리아인들은 거창한 복수에 성공했다. 조금은 덜 심하게 할 수도 있었다. 하지만 복수는 복수다. 미국에 사는 이탈리아인에게는 명확한 사실이다. 베를루스코니의 첫 내각이 구성된 때가 까마득한 과거 같다. 당시 미국의 친구들은 이탈리아를 오페라 희극에 등장할 법한 지도자가 통치하는 바나나들의 공화국처럼 취급하면서, 이탈리아의 '전화 정치',[1] 이해 충돌 등을 웃음거리로 만들고 있었다. 끔찍한 갈등을 조장하면서도 문법에 맞지 않는 영어를 사용하고, 무지의 부끄러움조차 외면했던 인물이 백악관을 차지한 후, 조지 W. 부시 대통령 당시의 독재적인 조치들은 이미 어느 정도 타협되고 비판되었다. 도널드 트럼프 등장 후 극단적으로 충격적이고 굴욕적인 에피소드가 발생했다. 즉, 가장 정직한 자들이라면 그를 흉내 내거나 이탈리아인들을 조롱하는 대신, 자기들 나라에서 이와 유사한 현상을 예측하고 예방하기 위해 '베를루스코니 연구'에 몰두했을 것

---

1 Telecrazia, 시청각 매체를 이용해 여론에 영향력을 행사하는 정치.

이다. 우리는 베를루스코니 자신이 무(無)에서 만들어진 모델이 아니라는 것을 알고 있다. 그는 로널드 레이건 대통령 당시의 미국, 이미 1980년대에 등장한 정치 마케팅 기술, 미국에서 성립된 상업 텔레비전, 대통령을 상품처럼 대중에게 판매하는 것 등을 연구하고 있었다. 이처럼 과거 사례, 모델, 패러다임과 계보를 찾는 과정에서는 개척자들, 즉 오리지널을 찾기 위한 역사로의 회귀가 나타났다. 바로 여기에서 놀라운 일이 벌어졌다. 미국의 가장 세련된 지성인들 사이에서, 세계를 정복하고 있는 경향들을 선도할 수 있는 정치실험실로서 또 다른 이탈리아가 재발견되고 있는 것이다.

대표적인 사례는 인도 출신의 세계적인 작가인 판카즈 미슈라의 베스트셀러에서 찾아볼 수 있다. 책의 제목은 『분노의 시대(Age of Anger)』(2017)이며, 내용적으로는 새로운 포퓰리즘과 명분, 그리고 그 심오한 성격으로의 여행을 다루고 있다. 미슈라는 널리 알려진 젊은 지성인이다. 트럼프와 브렉시트, 마린 르펜 또는 이슬람의 지하드를 이해하기 위해서는 장 자크 루소에서 한나 아렌트까지, 도스토옙스키에서 미하일 바쿠닌까지 시야를 넓혀야 한다. 하지만 그는 가장 중요한 부분인 서론에서 가브리엘레 단눈치오를 다루면서, 그를 우리 시대의 세계적 혼란 속에 소용돌이치는 모든 것의 천재적인 선구자로 정의했다. 단눈치오는 시인이라기보다는 정치선동가였다. 또한, 민족주의 시인이었으며 파시즘에 영감을 제공하고 포퓰리즘의 영웅적인 미학을 창시한 인물이었다. 그는 좌파와 우파 간 전통적인 경계를 초월하려고 했으며, 정치인들을 몰아내고 그 빈자리를 카리스마와 영감을 갖춘 채 민중과 직접 소통하는 지도자로 대체하기를 원했다. 그는 결단주의자였다. 그는 폭력을 사용하는 데 주저하지 않았다. 단눈치오가 품은 사상의 활화산 내부에는 모든 것과 그 모든 것의 반대가 함께 있었

지도 위의 붉은 선

다. 그는 베니토 무솔리니가 약간의 사회주의 성향과 상당한 정도의 민족주의 성향을 드러내고 있었지만 아직은 파시즘이 완성되지 않았을 당시에 그에게 매혹되어 있었다. 또한, 단눈치오는 제1차 세계대전의 프롤레타리아 참전 용사들, 파업으로 인해 빈곤해지고 공포심에 사로잡혀 있던 가난한 소부르주아들, 그리고 반동 자본주의자들의 전폭적인 지지를 기대했었다. 단눈치오의 가장 심각한 모호함은 젊은 무솔리니에 대한 완벽한 환상이었다. 미슈라는 우리 시대의 슈퍼맨을 연상시키는 단눈치오의 다른 측면들을 보았는데, 자기 우월주의, 고삐 풀린 나르시시즘(자아도취), 자기 홍보의 무한한 능력, '자기 상품화(Self-Marketing)'가 그것이었다. 단눈치오는 새로운 소설을 집필하기 위해 자기의 죽음을 시뮬레이션하기에 이르렀다. 또한, 그는 자신의 이름으로 향수를 만들어 상품화를 시도했으며 백화점들을 '재흥(再興)'또는 '부흥'을 의미하는 리나센테(Rinascente)라고 불렀다. 이러한 단눈치오와 비교한다면 트럼프는 아마추어 수준에 불과하다.

미슈라는 가장 끔찍한 사례로, 단눈치오가 남성 지배적인 이데올로기가 지배적으로 드러나는 성적 난교(그리고 동성애)의 중심에서 젊은 투사들을 전능의 망상으로 몰아넣어 자유 공화정으로 바꾸어놓은 리예카[2]의 해방과 정복을 지적했다(미슈라는 이를 IS의 영토에서 여성을 노예로 부리고 강간하는 지하드 무장 세력들의 테스토스테론 과다분비에 비교하기도 했다). 게다가 여기에는 순교의 이념, 국가 또는 종교와 같은 숭고한 가치를 명분으로 하

---

2 Rijeka, 오스트리아-헝가리 제국에 병합된 이후로는 이탈리아인들이 많이 거주했으며, 1920년 라팔로조약에 따라 피우메 자유국으로 독립했다가, 제2차 세계대전 이후 유고슬라비아의 영토로 편입되었다.

는 신성한 죽음에 대한 열망의 이념도 포함되어 있었다.

한편, 미국인들은 자신의 부모나 조부가 이탈리아 파시즘을 찬양하면서 이를 미국으로 전파하기를 꿈꾸었던 조국 역사의 시대를 재발견하고 있었다. 1920년대부터 1990년대까지 베를루스코니 이외에도 반(反)이민자 운동을 처음 시작한 북부동맹(Lega del Nord)도 있다. 현재는 베페 그릴로[3]와 오성운동도 있다. 미국인, 그중에서도 가장 자긍심이 강한 자들도 자신들이 가장 먼저라는 의식과 우월함을 상실했다. 정직한 자들은 이탈리아인들을 과소평가한 것에 대해 사과할 것이다.

엔리코 베를링구에르의 공산당에 가입했던 나의 젊은 시절이 기억난다. 당시 나는 세상을 돌아다니면서 안토니오 그람시가 얼마나 널리 알려진 인물이었는지를 깨닫고 있었다. 오늘날 뉴욕과 캘리포니아의 대학들이 세계가 다시 주목하면서 모방하고 복제하는 이탈리아 '대가들'에 관심을 가지는 것은 또 다른 놀라움이 아닐 수 없다. 여기에는 놀랍게도, 지난 세기 이탈리아의 여러 정치인과 금세기 가장 발전된 민주주의를 선도하는 국가인 미국을 연결하는 붉은 선이 존재한다. 과거와 비교하는 것이 역사적 호기심 때문만은 아니다. 그 이면에는 세계가 어디로 흘러가고 있는지를 이해하고 싶은 기대감이 있다. 이것은 우리가 1920년대와 1930년대에 이미 목격했던 역사를 성찰하고 있는 것일까? 단눈치오 이후 국민적 포퓰리즘은 무솔리니를 잉태했고, 그 이후에는 그의 제자 격인 히틀러가 권력을 잡았으며 경계를 넘어 그의 맞은편에는 스탈린과 같은 다른 유형의 흉악한 독재자가 있었다. 이러한 불행의 시대는 세계대전으로 마감되었다. 인류가

3　Beppe Grillo, 이탈리아의 희극인이자 정치인으로, 포퓰리즘 정당인 오성운동의 설립자.

너무나 오랫동안 빠져나오지 못했던 정화(淨化)의 카타르시스이기나 한 것처럼 거대한 전쟁의 시작이 필연적이라는 애매한 이론들이 다시 등장했다. 심지어 이러한 이론의 좌파적 버전까지도 등장했는데, 대표적인 사례는 스탠퍼드대학의 역사학자인 발터 샤이델이 쓴『거대한 조정자: 선사시대부터 오늘날까지의 폭력과 불평등(The Great Leveler: Violence and the History of Inequality from the Stone Age to the Twenty-First Century』(2017, 한국어판은『불평등의 역사』, 에코리브르, 2017)이다. 이 저서 제목의 가장 중요한 화두는 전쟁이다. 어떤 의미에서는 자본주의와 불평등에 대한 토마 피케티의 연구『자본과 이데올로기(Capital et Idéologie)』(한국어판은 문학동네, 2020)의 연장선상에 있는 것 같다. 피케티는 이미 두 차례의 세계대전이 전쟁을 전후해 불평등의 정도를 감소하는 역할을 했다는 사실을 지적했다. 그 이유 중 하나는 전쟁을 벌이려면 돈이 있었던(그리고 있는) 곳, 즉 부자들의 주머니에서 돈을 강제로 받아내야 할 만큼 상당한 비용이 든다는 사실이다. 샤이델은 근대자본주의의 역사를 넘어 피케티의 관찰을 일반화하는 데까지 관점을 확대했다. 전쟁이 우리를 더욱 평등하게 만든다면, 엘리트들을 잘살게 하고 과두 지배체제를 재구성하며 특권들을 강화하는 '너무 오랜' 평화 기간에는 사회의 다른 분야들에서 이윤을 빨아먹는 엘리트 기생충들이 번영한다. 이러한 연구들을 인용하는 것은 서둘러 결론에 도달하기 위함이 아니라, 이것이 우리 시대 정신의 일부이기 때문이다. 다시 말해 서양의 몰락에 대한 주제엔 우리가 제시한 가치들에 대한 불신이 내포되어 있으며, 동시에 모두가 새로운 거대전쟁과 같은 재앙에 빠질 수도 있다는 느낌도 없지 않다. 마치 1920년대와 1930년대의 국민적 포퓰리즘과 대공황이, 강제수용소와 히로시마로 상징되는 대량학살의 전쟁을 불러왔던 것처럼 말이다.

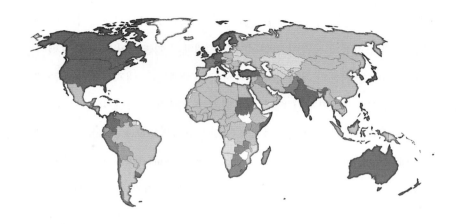

1966년의 정치권력 현황. 붉은색은 민주주의가 지배적인 지역이다.
평가를 위한 자료가 충분하지 않은 국가들은 색으로 표시하지 않았다.

    역사의 방향성을 이해하기 위한 요인 중 하나는 자유에 대한 지리이다. 이번엔 붉은 선을 자유민주주의의 경계를 아우르는 선으로 활용해보면, 최근 그 경계가 급격히 확장되던 시기가 있었다. 유럽은 1970년대에 우파 독재가 그리스, 스페인, 포르투갈에서 몰락하고, 공동시장의 혜택을 공유할 수 있다는 전망이 이들 국가의 민주화에 도움이 되고 있음을 목격했다. 1989년 이후, 민주정치의 경계는 유럽 중동부의 대부분 지역을 포함하는 선까지 확장되었으며 공산주의의 몰락으로 자유선거와 법치국가, 표현의 자유, 소수인종 보호의 조짐들이 다시 한번 유럽연합(그리고 나토) 가입과 더불어 나타나기 시작했다. 세상 반대편의 남아프리카공화국에서는 아파르트헤이트[4] 정권이 종식되고 처음으로 실시된 보통선거에서 넬슨 만

---

4 Apartheid, 백인우월주의에 기초한 남아프리카공화국의 극단적인 인종격리 정책.

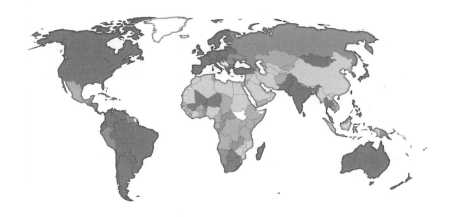

1993년의 정치체제

델라가 대통령에 당선되었다. 남아메리카에서는 아르헨티나, 브라질, 칠레가 군사독재의 그늘에서 벗어났다.

하지만 유럽의 가까운 지역들, 즉 우리에게는 필수적이라고 할 수 있는 지중해에서의 권리 신장은 아랍의봄의 비극적인 좌절로 인해, 이와 더불어 터키의 유럽연합 가입을 위한 협상으로 인해, 더 이상은 앞으로 나아가지 못했다. 터키의 경우에서는 두 가지 상반된 가설이 가능하다. 하나는 결국 이슬람근본주의로 빠져들게 될 국가이기 때문에, 터키의 유럽연합 가입에 제동을 걸길 잘했다는 것이다. 반면에 다른 하나는 유럽연합에 가입하지 못하면 터키 대통령 레제프 타이이프 에르도안의 권위주의 통치에 길을 열어주면서 이 나라의 민주주의 정착이 불발될 것이라는 견해이다. 후자는 정당한 주장임에도 불구하고 일련의 반론에 직면했다. 즉, 헝가리와 폴란드는 유럽연합의 두 회원국이지만 권위주의적인 지도자들이 표현의 자유, 사법부의 독립을 제한하면서 권력을 장악한 것을 막지 못했다. 유럽연합은 이를 제지하지 못하는 무능함을 드러냈다. 자유민주주의는 전제주의에서 벗어나고 독재에 항체를 가지고 있는 것처럼 보였던 구대륙의 심장부에서도 퇴보했다.

이러한 현상은 세계적이다. 세계의 민주주의를 보여주는 가장 신빙성 있는 지도는 1941년에 설립된 독립 조직인 프리덤하우스[5]가 제작한 보고서이다. 이 조직은 세계적으로 자유와 민주주의의 현황을 조사하는 일을 하고 있다. 본부는 워싱턴에 있지만, 필요한 경우 미국에 대한 비판도 서슴지 않는다. 연간 보고서는 인권에 대한 정보를 지도로 표시한 자료를 제공해준다. 좁은 의미에서의 민주주의와 모든 자유에 대해서도 언급하고 있다. 이 조직은 선거가 실시되는 모든 국가를 민주주의라고 정의하는데, 이 경우 푸틴의 러시아, 에르도안의 터키, 두테르테의 필리핀, 마두로의 베네수엘라는 민주주의 국가의 대열에 포함될 것이다. 선거민주주의와 자유민주주의 사이에는 차이가 존재한다. 이 차이는 추상적으로 보일 수 있지만, 독재자의 정권하에서 살아가는 사람에게는 그렇지 않다. 자유민주주의에는 법치가 존재하는데, 이는 통치자들의 권력에 제한을 설정하는 것, 즉 예를 들면 정치인들이 법과 법원의 판결을 존중하게 하는 것이다. 그리고 다수의 권력을 제한하는 것이기도 한데, 이는 다수가 소수를 탄압하지 못하게 만들기 위한 것이다. 비(非)자유민주주의에서는 푸틴, 에르도안, 두테르테, 마두로와 같은 많은 인물이 대중적인 인기에 의해 선출되었으며 이들

---

5   Freedom House, 1941년 미국 대통령 프랭클린 루스벨트의 후원하에 워싱턴에 설립된 비정부 조직으로, 민주주의, 정치적 자유, 인권을 위한 활동을 전개하고 있다.

처럼 생각하지 않는 자는 불행을 피할 수 없었다.

내가 이 글을 쓰기 위해 참고한 마지막 보고서, 즉 「2016 프리덤하우스 보고서」에 따르면, 세계인구의 3분의 1이 넘는 25억 명이 비자유국가에서 살고 있다. 상황은 좋아지기는커녕 악화되고 있다. 2016년은 글로벌 자유의 쇠퇴가 시작된 지 열한 번째 되는 해이다. 프리덤하우스의 발표에 따르면, 그 정도가 크든 작든 후퇴의 현상이 발생했던 국가 중에는 브라질, 폴란드, 세르비아, 남아프리카, 튀니지가 있으며, 테러 이후 도입된 계엄법을 고려하면 프랑스와 미국과 같이 자유민주주의가 견고한 서방 국가들도 포함되었다. 자유의 결핍이라는 점에서 중동과 북아프리카는 절대적으로 심각한 상황에 있다. 프리덤하우스는 보고서의 핵심 내용으로 민주주의 국가들에서 포퓰리즘적이고 민족주의적인 정치 세력들이 영향력을 확대하고 있다는 사실과, 전쟁 지역에서 지속적인 폭력 사태들이 발생하고 있다는 사실을 중점적으로 지적했다. 또한 2016년 기준 세계의 72개 국가가 자유와 시민권의 악화로 고통받고 있다고 했다. 반면, 자유가 향상된 국가는 겨우 36개에 불과했다. 과거에는 악화 현상이 이미 권위주의적인 국가들의 내부에서 발생했다면, 지금은 의미심장한 퇴화 현상이 진행되고 있는 서구 민주국가들에서 일어나고 있다. "민주주의가 후퇴한 국가들의 거의 4분의 1이 유럽 국가들이다."

이후에도, 이미 민주주의가 아니었던 여러 국가들마저 계속해서 퇴보하고 있다. 이러한 국가들의 수는 결코 적지 않다. 잠재적 영향으로 볼 때 가장 거시적이고 심각한 사례는 중국이다. 나에게 중국은 친숙하며 긴밀한 관계의 국가이다. 하지만 나는 프리덤하우스의 보고서에 전적으로 동의한다. 중국은 천안문 사태(1989), 즉 덩샤오핑이 군대를 보내 민주주의

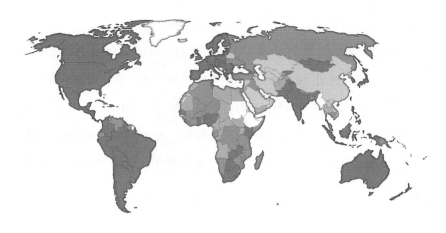

2015년의 정치체제

를 요구하는 학생들을 학살한 사건 이후 인권의 점진적인 개선을 위해 노력해왔다. 검열 완화, 새로운 이념에 대한 개방, 공산당 내부의 다원주의 경향이 장쩌민과 후진타오 주석의 시대에 나타났다. 반면, 시진핑은 반대와 탄압으로 돌아섰다. 정보 검열은 내가 베이징에 살던 당시(2004~2009)와 비교할 때 매우 엄격해졌다. 민족주의의 명분으로 위장된 탄압은, 내가 중국에 살던 당시 자치권과 인권을 누리던 행복한 섬이었던 홍콩의 자유를 질식시켰다. 우리가 시진핑에게 충격을 받는 이유는 그가 서양의 자유민주주의를 대신할 수 있는 정치 모델을 만들겠다고 공개적으로 선언하면서, 서양의 정치 모델을 쇠퇴하고 혼란스럽고 불충분할 뿐만 아니라 중국의 권위주의적인 가부장주의와의 경쟁에서 패배하게 될 대상으로 간주했다는 것이다. 이와 유사한 일이 블라디미르 푸틴의 시대에도 반복된 바 있다. 푸틴 역시 자국에 대한 권위주의적인 통제를 시작했으며, 이와 동시에

지도 위의 붉은 선

경쟁 관계에 있는 국가들의 민주주의에 영향을 미치거나 방해했다. 전 세계적으로 권위주의 정권들은 자유를 되찾기 위한 반격을 시작했다.

이러한 부정적인 상황은 세상에서 가장 오래된 자유민주주의 체제의 미국에서 오바마-트럼프의 계주가 벌어지며 상당히 혼란스러워졌다. 내가 보기에 트럼프의 당선만이 걱정스러운 문제들을 만들어낸 것이 아니라는 프리덤하우스의 지적은 정당해 보였다. 그의 전임자의 행적에도 문제가 없지는 않았다. "오바마 대통령 재임 8년 후에 세계에 대한 미국의 글로벌 영향력은 축소되었고, 그가 자유의 등대로서 수행한 역할은 불확실했다." 하지만 다음 대통령은 트럼프였다. 그렇다면 백악관에 핵가방을 손에 들고 있는 비밀파시스트가 들어앉기라도 했다는 말인가?

이것은 강경 보수주의자나 할 수 있는 말이다. 미국에 파시즘이 존재하는가? 금기를 깨고 이 질문에 답한 첫 번째 인물은 조지 W. 부시 대통령의 자문위원이었으며 지리정치학 전공의 신보수주의자이자 시오니스트인 로버트 케이건이었다. 그의 유명한 비유에 따르면, "미국인들은 화성에서 왔고, 유럽인들은 금성에서 왔다". 그는 트럼프가 대통령이 될 줄을 전혀 예상하지 못했다고 했다. 사실은 그렇지 않다. 케이건은 트럼프가 공화당 지명을 받을 수 있을지조차 확신할 수 없었던 예비선거 도중에 그 경보를 보낸 바 있다. 그는 《워싱턴 포스트》의 한 충격적인 사설에서, 지식인의 말실수와 입장 선회와 억제를 일축하며 여기에 마치 명치를 얻어맞은 것 같은 충격적인 제목을 붙였다. "이것이 바로 파시즘이 미국에 출현하는 방식이다." 케이건은 조금의 의심이나 주저도 없이 흑사병을 확산시키는 인물이 바로 트럼프라고 했다. 당시의 충격적인 인터뷰에서 우파의 케이건은 자신이 속한 정당의 동료들에 대한 비난도 서슴지 않았다. "트럼프를 정상적인 대통령 후보로 간주하려는 공화당의 노력은, 그가 우리 공화국에 그토록 위험하지 않았다면 해프닝으로 끝났을 것이다." 그리고 트럼프 선풍의 모든 요인들에 대한 설명이 이어졌다. "민주주의 문화가 허약함, …… 사악한 힘과 마초 성향을 초래한다. 이는 상호 모순되고 일관성 없지만, 소수인종에 대한 원한과 멸시, 증오와 분노 같은 공통된 구성 요인들을 동반한다는 주장이었다." 최종적인 결론은 "(트럼프는) 민주주의에 대한 위협"이라는 것이었다. 또한 그것이 "다른 국가나 다른 시대에 나타났다면 파시즘으로 정의되었을 현상"이라고 했다.

신보수주의 경향의 전문가인 케이건은 도널드 트럼프에게, 대부분의 사람들이 감히 하지 못하고 있던 말을 거침없이 했다. 《뉴욕 타임스》는 그 내용을 1면 기사로 보도했다. 기사의 제목은 "트럼프의 등장과 파시즘 논쟁"이었다. 《뉴욕 타임스》는 점차 구체화되고 있던 징조에 대한 2016년 봄의 경고를 언급했다. 정치인이며 전 매사추세츠 주지사였던 윌리엄 웰드는 11억 명의 이민자들을 추방하려는 트럼프의 계획을, 1938년 11월 독일에서 나치가 유대인들에게 폭력을 가했던 '수정의 밤'에 비유했다. 《뉴욕 타임스》는 관점의 지평을 확대해 트럼프 현상의 이면에 있는 보다 글로벌한 경향, 즉 푸틴에서 에르도안, 헝가리의 오르반에서 폴란드의 경쟁자들에 이르는 지도자들의 세대, 프랑스와 독일과 그리스에서 극우파의 다양한 움직임이 수면 위로 나타나는 경향을 주목했다.

이와 관련해 뉴욕의 지식인 엘리트들은 두 권의 정치 판타지 소설을 주목했다. 이들은 서로 다른 시기에 같은 주제로 노벨상을 받았는데, 모두 미국에서의 민족주의적 권위주의의 출현을 주제로 다루고 있다. 첫 번째는 싱클레어 루이스의 『그것은 여기서는 일어날 수 없다(It Can't Happen

Here)』(2016)이다. 이 소설의 제목만 봐서는 안심이 되지만, 이야기 속에서는 상반된 모순을 보여주었다. 1934년에 처음 출간된 이 소설은 프랭클린 루스벨트가 첫 대통령 임기를 마친 후 파시스트 인물에 패배하여 교체된 것으로 설정했다. 두 번째 소설은 2004년 필립 로스의 작품인데, 그는 루스벨트가 1940년 히틀러와 무솔리니의 동조자로 알려진 비행기 조종사 찰스 린드버그에 의해 패배한 것으로 상정했다. 로스는 루이스의 선례에서 영감을 받았을 것이다. 그럼 두 문학작품은 정치학자들도 고려하지 않았던 2016년 선거 캠페인을 예측했던 것일까?

미국에서 권위주의의 유래에 대한 논쟁을 저지했던 과묵함에 대해서는 여러 설명이 가능하다. 먼저 자유민주주의자들의 가장 오래된 결속력을 들 수 있다. 그리고 미국을 전위대로 간주하는 것에 익숙해졌기 때문에, 유럽에서 수년 전에 이미 등장했으며(이탈리아 경우만을 인용한다면, 보시-베를루스코니-그릴로) 브렉시트를 통해 영국에서 그 절정에 달했던 경향들이 2016년에 유입되었다는 사실을 인정하기가 부담스러웠을 것이다. 지식인들을 억누른 자동 검열도 일련의 복합적인 죄책감에서 기인했다. 다시 말해 생각하는 엘리트는 수년 동안, 2016년 대통령 선거에서 트럼프를 열렬하게 지지했던 백인 중산층, 즉 위기에 따른 충격으로 빈곤해졌고 다인종 사회에서 소외되어버린 이들의 고통을 무시해왔다. 트럼프를 파시스트라고 정의하는 것은 사회불안의 근본적인 원인을 무시하는 것, 즉 내가 『배신(Il tradimento)』(2016)에서 핵심적으로 다루었던 엘리트들의 배신으로 보일 수 있다.

흔히 사람들은 '비자유민주주의'에서 '권위주의 포퓰리즘'에 이르는 다양한 방식의 뉘앙스를 선호한다. 케이건의 경고는 공화당이 승리자의 마차에 오르는 것을 저지하기에는 너무 늦게 발령되었다. 멍청해지고, 당황하고, 굴욕감을 느꼈지만, 대부분은 너무 비겁했다. 이러한 자들은 에이브러햄 링컨과 드와이트 D. 아이젠하워의 그랜드올드파티(Grand Old Party) 즉 공화당을 권위주의의 스위치와 함께 사기꾼 사업가(도널드 트럼프)에게 넘겨준 것에 무한한 책임감을 느껴야 할 것이었다. 트럼프가 싱클레어 소설의 주인공과 유사하다는 사실은 상당히 흥미롭고 불안하기 그지없다.

역시 매우 중요한 또 다른 설명은 2016년 봄 선거에서 아무도 케이건의 경고에 주의를 기울이지 않았다는 사실이다. 기억력 상실이거나 아니면 자신의 역사를 무시한 결과가 아닐 수 없다. 지도층을 포함해 수많은, 정말이지 너무 많은 미국인들이 자신들의 국가가 1930년대에 얼마나 파시즘에 근접했는지를 모르거나 기억하지 못하고 있다. 싱클레어가 1934년에 『그것은 여기서는 일어날 수 없다』를 쓴 이유는 자신의 소설 제목이 의미하는 것에 정반대되는 상황을 확신하고 있었기 때문이고, 실제로 이를 풍자적으로 사용했다. 당시 무솔리니에게는 미국의 건설에 중요한 역할을 담당했던 팬들이 있었다. 예를 들면 자동차산업의 헨리 포드, 케네디 가문의 아버지가 그들이었다. 이들 중 어떤 사람은 후에 마음을 바꾸었지만, 이들의 파시스트적인 시도는 오랫동안 지속되었다.

미국을 기억상실로부터 구하기 위해서는 트럼프의 대통령 재임 6개월이 지난 2017년 여름까지 기다려야 했다. 2017년 여름휴가 당시 그는 알트라이트(alt-right), 즉 대안우파를 청산했다. 그리고 이를 대신해 극단주의적이고 급진적이며 광신적이고 지극히 폭력적인 방향으로 선회했다. 공화당의 그 어떤 대통령도 감히 시도하지 못했던 사례들이었다. 노예제도의 유지를 위해 투쟁했던 남부 영웅들의 동상을 제거한 것은 불만 표출의 신호탄이었으며 좌파의 데모에 맞선 우파 인종차별주의자들의 저항을 불러일으켰다. 버지니아의 샬러츠빌에서 한 극우 민병대원에 의해 1명이 사망하고 19명이 다친 사건이 발생한 지 며칠이 지나 트럼프는 다음과 같이 말했다. "시위를 질서 있게 잘하는 사람들도 있었다." KKK단의 깃발과 히틀러의 하켄크로이츠 휘장이 휘날리기도 했던 대통령의 연설은 전례가 없는 것이었지만 동시에 그리 놀라운 것도 아니었다.

이것은 트럼프의 백악관 입성을 위한 오랜 여정에서 드러난 결정적인 부분이었다. 리처드 퍼딩은 "선거 캠페인 기간 내내 트럼프는 이들의 표를 잃지 않기 위해 이들에 대해 지속적으로 언급했다"라고 말했다. 트럼프가 대통령 후보로 행보를 시작한 것은 2012년으로 거슬러 올라간다. 그때 그는 버락 오바마가 케냐에서 출생한 외국인으로 선거권이 없는 상태에서 미국의 대통령이 되었다는 거짓된 연설을 했다. 그 결과, 극우인종차별주의자들의 지지를 확보했다. 그들은 결코 트럼프를 배신하지 않았다. 하지만 대안우파의 이면에 무엇이 감추어져 있을까? 그리고 이들은 누구였을까?

트럼프에 무례에 대한 비판이 쏟아졌지만, 이에 모두가 수긍한 것은 아니었다. 이러한 공세는 2008년 오바마가 대통령에 당선되었을 당시, 극우 진영의 리처드 스펜서에 의해 시작되었다. 당시 대학 캠퍼스의 극우파 학생단체 모임들(그중 몇몇은 과도한 극우 성향으로 인해 공권력에 의해 취소되기도 했다)에서 상당한 인기를 얻고 있던 스펜서는 조지 W. 부시 대통령의 온건 보수주의에 싫증을 느낀 모든 극우 세력을 결집하려는 의도로 이러한 공세를 시작했었다. 좌파의 많은 사람들은 이러한 공세를, 인종차별주의를 숨기고 있고 민병대들과 연관이 있는 신(新)파시스트적인 백인우월주의 운동의 위선이라고 비난했다. 또 다른 전문가는 조지 홀리로, 『대안

보수를 이해하기(Making Sense of the Alt-Right)』(2017)의 저자인 그는 극좌의 비판에 대해 "대안우파가 하나의 구조와 한 명의 지도자를 따르는 조직이나 그룹이라고 생각하는 것은 오판이다"라고 말했다. 그는 이들이 "인터넷으로 소통하고 인종차별의 정책 아젠다를 공유하는 익명의 사람들이다"라고 설명했다. 이들은 젊은이, 밀레니엄 세대, 고등학생들에게 강력한 매력을 어필했다.

2016년 3월 29일 공화당 지명을 위한 대대적인 행사가 준비되었다. 이날 스티브 배넌(2018년 8월까지 트럼프의 수석전략가로 활동했다)의 극우 성향 온라인 언론 '브레이트바트 뉴스'는 대안우파의 '극우 지침'을 발표했다. 여기에는 대중운동의 팝스타인 마일로 야노포울로스와 알룸 보카리가 서명했다. 이 지침의 제목은 풍자적이었으며, 두 명의 인사는 공화당 지지자들에게 대안우파가 무엇인지를 설명하려고 했다. 글은 카를 마르크스의 『자본론』 서문처럼 "유령이 방황한다"로 시작되었다. 이 경우 유령은 "극우로, 자금을 모금하기 위한 만찬 모임들과 조직될 싱크탱크에 위협이 되고 있었다". 우익의 지도자들은 "좌익을 두렵게 하는 것 이상으로 이를 우려하고 있었다". 왜냐하면 대안우파는 "젊고, 창조적이고, 이단적"이었기 때문이다. 트럼프 캠페인과의 연관성, 즉 공화주의 전통과는 거리가 먼 보호주의와 고립주의와 같은 주제를 따르는 모든 반(反)체제 성향과의 연관성은 분명했다. 게다가 인종차별주의도 명백하게 드러났다. 이러한 문구들은 17개월 후 샬러츠빌에서의 '유나이티드 더 라이트 랠리'[6] 선언과 이념

6　Unite the Right rally, 로버트 E. 리 장군의 동상 철거가 의결되자 이에 반대해 2017년 8월 11일과 12일에 미국 버지니아주 샬러츠빌에서 개최된 극우 집회.

적으로 연결되었다. 이 집회를 조직한 인물은 제이슨 케슬러였는데, 그는 미국의 극우 집단으로 '백인 행동주의와 트럼프 지지 성향'을 노골적으로 표방하던 프라우드보이스(Proud Boys)의 회원이었다. 당시 집회의 연설자 중에는 리처드 스펜서도 있었다.

극우에 대한 가장 신빙성 있는 자료의 출처는 시민권 옹호를 위해 활동하는 남부빈곤법률센터(Southern Poverty Law Center)였다. 당시 기록에 따르면, 1,600개 이상의 극우 그룹이 활동하고 있었다. 이 센터는 대안우파를 "우리의 문명을 약화시키기 위해 사회정의와 정치적인 올바름을 이용하는 다문화 세력들에 의해 백인의 정체성이 공격받고 있다고 믿는 자들"로 규정했다. 이것은 가장 중요한 키워드였다. 민족사회주의운동(National Socialist Movement)은 1959년 전후에 설립되었던 미국 나치 정당을 상속한 조직이었다. 현재 이 조직을 이끄는 인물은 43세인 제프 클랜이다. 그는 대안우파의 다른 조직들을 규합하려고 노력하던 민족주의전선(Nationalist Front)의 설립자 중 한 명이었다. KKK는 가장 오래된 조직으로 남북전쟁에서 남부가 패배하고 재건이 본격화되던 시기에 학살과 폭력을 통해 흑인들(그리고 이탈리아인을 포함한 소수인종)의 권리를 저지할 목적으로 결성되었다. 최근 이들이 부활한 것은 1960년대로 당시에는 마틴 루터 킹 목사의 활동과 케네디와 존슨의 시민권 법안에 반대했다. 이 단체의 지도자 중한 명인 데이비드 듀크는 트럼프 선거 활동을 지지했다. 현재 KKK 기사단의 우두머리는 아칸소의 개신교 목사인 토머스 롭이다. 이후에도 스펜서가 이끄는 백인 민족주의자들과 이론적으로 남부의 분리를 주장하는 신연방주의자들, 오리건의 연방 소유 토지 점령을 주도했던 애국민병대들, 그리고 이미 언급했듯이 2016년 트럼프의 승리를 위해 조직된 프라우드보이스가 있었다. 끝으로 대안우파와는 다르면서도 종교적으로 우파를 표방하는 설교자인 제리 파월 주니어가 있는데, 그는 철저하게 트럼프를 옹호하는 인물로 알려져 있다.

샬러츠빌 사건과 이에 대한 트럼프의 모호한 연설이 있은 후에 《타임》은 공포심을 유발하는 사진을 다시 게재했다. 이 사진에서는 2만 명의 나치주의자들이 뉴욕의 매디슨스퀘어가든을 가득 채우고 있었다. 1934년에는 신독일의친구들의 모임이 개최되었다. 또한, 같은 해에 싱클레어 루이스의 『그것은 여기서는 일어날 수 없다』가 출판되었다.

나의 람피니 가문과 관련해 좋은 소식이 들려왔다. 딸 코스탄차가 박사학위를 받은 것이다. 가문에서는 미국 박사학위를 받는 첫 번째 경사였는데, 이는 이탈리아의 학위와는 달리 진정으로 Ph.D를 쟁취한 자에게 부여되는 명예였다. 딸의 박사학위는 인도 아셈 지역의 기후변화에 따른 피해를 조사하는 프로젝트로서 수년 동안의 현지 조사 끝에 얻어낸 인내의 결실 중 하나였다.

가족의 축하는 오래가지 않았다. 당시 행복한 사건은 '적대적인' 맥락에 묻혔기 때문이다. 코스탄차에게는 타이밍이 좋지 않았다. 딸이 환경 분야에서 학위를 받은 시점에 미국에서는 트럼프가 대통령에 당선되었다. 트럼프는 기후변화에 부정적인 견해를 가지고 있었으며 다국적 정유회사들의 집중적인 로비를 받고 있었다. 그는 다국적 석유화학기업인 엑손(Exxon)의 최고경영자였던 인물을 국무장관으로 지명했다. 연방 환경청의 지침에 따라 트럼프는 오바마의 규정들을 모두 폐지하는 조치를 단행했다. 그는 탄소배출 축소를 위한 파리협정에서 탈퇴했다. 이 부문에서 첫 전문직 경력을 시작하는 사람에게는 충격이 아닐 수 없었다. 하지만 코스탄차와 친구들, 그리고 동년배의 동료들이 우려하는 것은 트럼프에 의한 피해만이 아니었다. 이미 실행에 옮겨진 피해도 있었다. 심지어 딸의 설명에 따르면, 극도로 진보적인 성향의 캘리포니아에서도 극우 성향의 인종차별주의자들과 백인우월주의자들, 신나치주의자들의 공격이 확산되었다. 물리적인 공격과 증오범죄도 발생했는데, 이는 특히 소수인종, 동성연애자, 흑인과 무슬림에게 집중되었다. 게다가 소셜미디어들에 대해서도 이들의 공격이 감행되었다. 코스탄차는 극우 조직에 관해 설명해주었는데, 이들은 마치 음모를 획책하는 무리와 같았다고 했다. 코스탄차는 이러한 극단주의자들의 공격 목표가 된 한 교수와 연대했기에 미디어에서 수많은 비난을 감수해야만 했다. 딸이 여성인 관계로 이러한 공격은 성차별적인 의미로 도배되었고 공격은 더욱 심각하고 저속하게 지속되었다. 트럼프는 사회의 가장 괴물 같은 측면에 면죄부를 준 것이나 다름없었다. 이들은 소수이기는 했지만 잘 조직되고 광신적이었기에 수많은 악행을 저지를 수 있었다.

이들의 공격은 여러 관점에서 이미 성공을 거두었는데, 이는 미디어에서의 비난 수위를 넘어선 것이었다. 나는 이와 관련해 한 장의 사진에 대한 기억을 떠올렸다. 사진 속 그는 긴 노랑머리에 수염이 있고 팀버랜드 청바지를 입고 있었으며 약간은 히피 같았고 캐주얼한 느낌의 예술가처럼 보였다. 내 아들 또래의 남자였다. 그는 두 팔을 들어 올려 손으로 목덜미를 잡고 있었다. 사진의 배경에는 방탄복을 입은 여성 경찰이 반무릎 자세로 그 젊은이를 향해 무기를 조준하고 있었다. 남자는 28세의 에드거 매디슨 웰치였다. 웰치는 하이킹의 취미를 가지고 있었다. 그는 콜로라도의 둘레길을 500마일이나 여행했다. 대학에서 예술을 공부한 그는 영화 대본 일을 하고 있었다. 젊은 나이에도 이미 두 어린아이의 아버지였다. 어느 날 매디슨(친구들은 그를 두 번째 이름으로 불렀다고 한다)은 전투용 장총인 AR-15와 38구경 권총으로 무장하고 자신이 사는 노스캐롤라이나의 솔즈베리에서 출발해 워싱턴으로 갔다. 연방정부의 수도에서 그의 목표물은 코멧핑퐁(Comet Ping Pong) 피자 전문점이었다. 그는 무기를 소지한 채 이 음식점에 무단으로 침입했다. 그리고 내부를 수색하기 시작했다. 공포의 45분 동안 그는 총을 한 발 발사했지만, 다행히 아무도 다치지 않았다. 고립된 상태에서 거의 모든 손님이 피신했다. 경찰은 이 음식점을 포위하고 확성기로 투항을 권고했다. 그는 손을 들고 밖으로 나오기 전까지 당황한 기색 없이 내부 '수색'을 계속했다. 그는 음식점에서 무엇을 찾고 있었을까? 이곳은 성적 노예로 전락한 소년이나 소녀들의 미성년 매춘의 본거지로 알려져 있었다. 이곳이 힐러리 클린턴의 선거 캠페인 책임자였던 존 포데스타가 음식점 주인과 함께 운영하던 인신매매의 장소였다는 것이다. 여러분은 모르고 있었는가? 여러분은 클린턴 여사가 방대한 성노예 착취 비즈니스를 하고 있었다는 사실을 몰랐다는 말인가? 도대체 이러한 정보는 어디서 알 수 있었을까? 이러한 모든 정보는 바로 인터넷을 통해 알 수 있다.

자신이 이 피자 전문점 내부에 감금된 상태로 착취당하고 있는 불쌍한 어린아이들을 구해서 구원해주리라 확신했던 에드거 매디슨 웰치의 원정은 악몽의 상징으로 전락했다. 이것이야말로 '사후 시대'에 동반된 선거 캠페인의 괴물 같고 악마적인 완벽한 결론이었다. '사후 진실'의 말로이기도 했다. 매디슨이 손에 무기를 들고 워싱턴의 한 피자 전문점에 들이닥쳤던 2016년 12월 4일 전까지 사후 진실에 대한 논쟁은 트럼프가 무책임하게 지껄였던 수많은 거짓말로부터 시작되고 있었다. 외국에서 출생한 오바마에 대한 조작된 비난이 그것이었다. 뉴저지에 온 아랍 이민자들이 2001년 9월 11일 쌍둥이 빌딩의 파괴를 축하하고 있었다는 것은 전설적인 거짓말이었다. 기후변화에 대한 언급은 "미국의 산업에 피해를 주기 위해 중국인들이 계획했다는 거짓말"이었다. 트럼프의 거짓말은 향후를 참조할 때 공포 장르의 도서관을 가득 채우고도 남을 정도였다. 다른 시대 같았으면, 정치인들의 그것보다 훨씬 짧은 해프닝으로 끝났을 것이다. 하지만 사후 시대에 진실은 옵션이다. 각자는 자신의 편견에 근거해 자신만의 진실을 선택한다. 오바마가 케냐에서 출생했고 무슬림이라는 말은 공화당 유권자들의 3분의 1이 계속해서 이에 대해 생각하게 만들었다. 수년 전 이러한 거짓 루머를 중단시킬 목적에서 백악관은 대통령의 출생증명서를 공개한 바 있다. 극우 경향의 인터넷 사이트들도 이에 즉각적으로 반응을 보였는데, 이는 증명서가 조작되었다는 것이었다. "인터넷이 그렇게 말하고 있다!" 잘 찾아보기만 한다면, 온라인에서는 지구가 평편하다는 증거까지 발견할 수 있다.

마지막으로 사태가 꼬인 것은 28세의 매디슨이 체포된 이후였다. 극우의 여러 온라인 사이트는 이 젊은이가 예술을 공부했고, 자신들이 모든 것을 밝혀냈다는 사실, 즉 아동인신매매의 이야기를 불신하게 만들기 위해 민주당이 고용한 배우였다고 주장했다. 한편, "피자게이트는 그 반대의 사실이 제시되지 않는 한 여전히 유효한 트랙으로 남아 있다". 마이클 플린 주니어라는 이름의 한 인물이 트위터에 올린 글이었다. 그의 부친인 마이클 플린 시니어는 대통령 국가안보 고문으로 백악관에서 몇 달 동안 근무했던 장군이었다. 후에 그는 푸틴과의 밀월 협의에 연루되어 해고되었다.

도널드 트럼프는《워싱턴 포스트》, CNN과 같은 미디어들 외에《뉴욕 타임스》와도 공개적으로 충돌했다. 리처드 닉슨과 신문사 사이에 있었던 심각한 갈등을 연상시키는 사태가 지속되었다(결과적으로 닉슨은 1974년 워터게이트 스캔들로 인해 대통령직에서 사퇴했다). 대통령은 국가의 유수 언론들에 대해 언급할 때마다 항상 "실패한《뉴욕 타임스》"와 같은 냉소적인 표현들을 사용했다. 기업이 파산한 것처럼, 실패했거나 실패하고 있다는 말인가? 일간지는 트럼프에게 사임할 것을 요구했다. 신문들은 '실제로 벌어진 사건들과 행정의 과오를 감추기 위해' 언론들을 모욕하는 것은 소용없다는 논리를 전개했다. 대통령은 불편한 언론에 적응해야 했는데, 그 이유는 "민주주의에서 인간 호기심의 힘을 대체할 만한 합리적인 대안이 없다"는 것이었다.

나는 미국 수정헌법의 근간을 흔드는 전대미문의 미국 대통령과 제4의 권력인 언론의 충돌과 관련해, 대통령 그리고《뉴욕 타임스》의 최고경영자인 마크 톰슨과 대담을 했었다. 그는 59세의 영국인으로, 총책임자가 되기 전 자신의 경력 대부분을 BBC 리포터로 보낸 인물이었다. 그는 2012년부터 뉴욕 일간지의 최고경영자이자 회장으로 재직하고 있었다. 그가 정치의 몰락에 대해 집필한 책은 이탈리아에서『공개토론의 종말(La fine del dibattito pubblico)』(2017)이라는 제목으로 번역되어 출간된 바 있다. 나는 매일같이 강한 어조로《뉴욕 타임스》를 공격하고 있는 대통령과 신문기자들이 어떻게 공존하고 있는지를 질문했다. "흥미로운 기억이 떠오릅니다. 우리는 그가 대통령에 당선된 지 얼마 되지 않아 편집실의 비즈니스 점심 식사에 그를 초대했었죠. 당시 그는 수많은 기자 앞에서는 찬사를 아끼지 않으면서 우리를 신문계의 보석이라고 정의했습니다. 나는 그가 선거유세 당시 신문을 더 쉽게 고소할 수 있도록 하기 위해 명예훼손에 관한 법을 다시 들여다보겠다고 위협했던 일에 대해 질문했어요. 수정헌법 제1조를 존중하고, 언론과 표현의 자유를 방어할 의도를 가지고 있는지 분명하게 물어본 거죠. 그는 '여러분은 걱정할 필요가 없습니다.'라고 답했는데 돌이켜 보면 당시 그의 대답은 약간은 모호하게 느껴져요. 미국 헌법은 언론을 강력하게 보호하지만, 그럼에도 비우호적인 정부는 여전히 언론에 많은 적대적인 행위를 할 수 있죠. 예를 들어 행정부 내부에 정보유출에 대한 강경 기류가 존재하고 있었는데, 이들은 우리가 사실에 접근하는 것을 대폭 축소시킬 수 있었어요. 수정헌법 제1조를 보호하는 것은 그에게도 마찬가지로 적용됩니다. 미국의 대통령에게는 표현의 자유가 있죠."

직업윤리에 대한 트럼프의 도전은 어떤 것이었을까? 그가 아침마다 트위터로 지시하고 주도권을 잡으며 같은 장소에서 이를 실행에 옮기는 일은 위험한 것이 아닐까? 일간지의 최고경영자는 말했다. "정부나 공화당에 대한 정치적 반대로 돌아서는 것은 적절하지도 올바르지도 않은 것으로 판단돼요. 우리 일은 단 한 가지, 즉 소식을 찾아내 보도하는 겁니다. 우리는 모든 대통령을 올바르게 대하고 있어요. 우리는 살아남을 것이며, 이번 대통령 임기의 기간을 넘어 오랫동안 유지될 거예요. 트럼프 대통령과 우리의 관계는 레슬링 게임이 되어서는 안 됩니다. 그의 공격에 대처할 때 우리는 그와 같은 차원으로 대응해선 안 되고 그가 우리에게 표현하는 것과 동일한 분노에 전염되어서도 안 돼요."

톰슨은 앞서 언급한 저서에서 정치적 언어의 몰락에 관해서도 언급했다. 하지만 그 자신은 1980년대에 미국의 BBC 지사에서 일하면서, TV나 라디오를 통해 방송되는 정치인 등의 짧고 인상적인 발언, 즉 슬로건 충격(slogan shock)을 위한 커뮤니케이션이 성립하는 것을 목격한 바 있다. 그는 재임 당시 로널드 레이건 대통령이 언론이 과도하게 자유롭다고 비난한 것을 알고 있다. "지속적인 요인들이 존재하지만 더불어 새롭고 급진적인 소식도 있어요. 트럼프는 자신의 말이 어떤 결과로 이어질지를 생각하지 않고 말하죠. 때로는 문장 구성도 생략한 채 그저 떠벌이기도 하고요. 그가 말하는 것은 감정, 감성, 분노, 불확실성을 자극해요. 그는 진실이 아니라, 진실처럼 포장된 것(진실과 유사한 것)을 말해요. 그의 말에는 정치와 강령의 내용이 담겨 있지 않아요. 그는 우발적으로 대화하듯이 말을 하는데, 그동안 우리는 그와 같이 말하는 사람들을 많이 보아왔습니다. 하지만 정부의 수반이 그렇게 말하는 것은 놀라운 일이 아닐 수 없어요. 말 그대로 전혀 새로운 것이죠. 이와 더불어, 그는 미디어에 대처하고 대중과 직접 소통하는 데 전혀 다른 능력을 발휘합니다. 그것은 그의 경력에 많은 도움이 되고요. 우리는 정치의 최정상에 있는 트럼프에게서 열일곱 살 소년의 행동을 보고 있습니다."

톰슨이 핵심적으로 말하려고 했던 내용은, 정치 언어의 위기가 곧 민주정치에 대한 직접적인 위협이라는 것이다. 민주정치체제의 건강함은 우리가 서로를 잘 알고 우리와 다른 관점의 요점들을 잘 이해하며 공동의 문제들을 해결하는 방향으로 함께 나아가는 능력에 달려 있다. 정치 언어의 위기는 단지 기호학적인 병리학이 아니라, 보다 근본적인 악의 표시이며 또한 공적인 차원에서 공통된 규정들과 공유해야 할 예의, 그리고 우리를 서로 존중하게 만드는 시민 규약이 사라지는 것을 의미한다. 이것은 정치 외에도 모든 '가짜뉴스'를 포함하는 주제에서 볼 수 있다. 예를 들면, 기후에서 백신에 이르기까지 과학을 부정한 것이 그것이다. 공적인 언어가 저속해진다면 민주주의에서는 어떤 일이 벌어질까? 톰슨은 그 사례로 최근 영국에서 있었던 에피소드를 말해주었다. 브렉시트의 승리 후, 갑작스럽게 구글에서 유럽연합에 대한 검색이 크게 증가했었다. 국민투표가 끝난 후에 비로소 사람들은 유럽연합이 정말 무엇인지에 대해 관심을 가지기 시작했다. 선거 캠페인 기간에 논쟁의 수위는 양측 모두 우려할 만한 수준에 도달했으며, 유권자들에게 올바른 정보를 제공하기보다는 오히려 이들을 혼란스럽게 만들었다. 미국에서는 유권자의 1/3이 오바마케어의 보건 개혁에 반대했지만, 사실상 오바마케어와 명칭만이 다를 뿐 동일한 내용의 법안이었던 '환자보호 및 부담적정보험법(Affordable Care Act)'은 그대로 유지하기를 원하고 있었다. 공공 정치에 대한 정보의 수준은 상당히 낮은 반면, 텔레비전과 미디어를 통해 전달된 본능, 본성, 감정에 관한 내용이 도배되고 있다. 톰슨은 이렇게 설명했다. "미디어들이 발전한 방식은 사진에서 셀피로의 전환으로 요약됩니다. 사람들은 각자 자신에 의해 투영된 이미지를 원해요. 목적은 외부 세계가 아니라 이용자를 향한 영구적인 자기고백으로, 분 단위로 자신이 외부로부터 느끼는 거죠. 우리는 페이스북에서 우리 스스로가 느끼는 일련의 감정들, 즉 전혀 객관적이지 않은 내용들을 신뢰하고 있습니다. 게다가 이러한 현상은 이미 고백적인 내용이나 자서전적인 이야기들로 넘쳐나는 전통적인 미디어들을 오염시켰어요. 텔레비전이 좋은 사례죠. 심지어 전쟁 지역에 파견되어 소식을 전하는 특파원은 종종 자신의 감정을 섞어 보도합니다. 희생자에 대한 뉴스는 이것이 진정으로 탄압을 받은 소수인종에 대한 것이라면 큰 파장을 일으킵니다. 트럼프 재임 당시 미국에서는 백인 대다수, 즉 우파적 사고의 중산층은 이민자로부터 보호받아야 하는 자신을 희생자로 묘사하기 위해 소수자의 전술을 모방했습니다. 그 결과 희생자의 언어는 보편화되었죠. 우리는 민주주의에서 모두가 탄압받은 소수라고 주장할 때 발생하는 일들을 두 눈으로 직접 목격하고 있습니다."

《뉴욕 타임스》의 최고경영자는 '진정주의(authenticism)'라는 신조어를 사용했다. 이 용어는 진정성과는 전혀 다르다. 그의 설명은 흥미를 불러일으키는데, 그 이유는 포퓰리즘적인 정치 언어의 세계를 적나라하게 보여주기 때문이다.

"진정성, 즉 우리 자신에 진솔하려는 노력은 중요한 가치입니다. 진정주의는 정치적 본능이며 우리는 이를 통해 우리를 반대하는 자들보다 우리가 더 '진실한' 것처럼 보이게 노력하고, '실제의 민중'을 엘리트들과 반대되는 맥락으로 인식합니다. 정부 관료나 경제학자 또는 신문기자는 이를 실제가 아닌 것처럼 보이게 하고요. 이것은 계몽주의로 거슬러 올라가며 종교와 감정으로부터 공적 언어를 정화하려고 노력했던 합리성 문화에 반대됩니다. 책에서 나는 이성과 정체성 그리고 감성 간 균형을 모색한 아리스토텔레스의 수사학으로 거슬러 올라갔어요. 이러한 균형은 오늘날 더이상 존재하지 않습니다. 기후변화로부터 백신까지, 통계 자료와 학문적 분석의 결과 즉 사실들은 우리의 고통, 우리의 두려움, 우리의 원한을 토로하는 것에 여지를 제공한 채 잊혀졌습니다."

이 장의 서두에서 인용했던 판카즈 미슈라와 마찬가지로, 톰슨 역시 트럼프와 몇 명의 이탈리아인 선구자들 간 유사성을 강조했다. 내가 톰슨을 인터뷰한 이유는 이탈리아에 대한 그의 견해, 즉 이탈리아가 합리주의에 반(反)하는 봉기의 실험실이 되었다고 말할 수 있는지에 대해 알고 싶었기 때문이다. "모든 포퓰리즘 신봉자가 반드시 파시스트는 아닙니다. 하지만 1930년대의 반향이 감지되고 있는 것은 사실입니다. 무솔리니는 진정주의의 대표적인 인물이었으며 자신과 전통적인 정치 계층 간, 그리고 위선과 정의상 거짓된 것 간의 급진적인 차이를 과장하는 데 일가견이 있는 인물이었어요. 트럼프 이전에 베를루스코니는 사치스러운(그리고 사적으로 무질서한) 삶을 사는 부자는 민중의 기수가 될 수 없다는 마르크스의 이념에 도전장을 던졌습니다. 하지만 베를루스코니와 트럼프의 추종자들은 마르크스의 저술을 읽지 않은 게 분명해요. 이들은 단순하게 말하는 것을 좋아하며 자신에게 무언가를 약속하는 사람들, 즉 빈말은 그만하고 바로 행동에 옮기는 사람들을 선호하죠. 이들은 누구도 정치인 출신이 아니라는 점에서 베페 그릴로와 공통점을 가지고 있어요."

미국에서 우리 시대의 본질을 묘사하기 위해 유행한 약어는 TL(Too long, 너무 길다), 또는 DR(didn't read, 읽지 않았다)이다. 이는 게으름, 피상적인 성격, 그리고 진지하고 깊이 있으며 잘 연구된 내용에 대한 분노의 표식을 적나라하게 보여준다. 하지만 정보산업이 품질과 깊이에 투자할 수 있을까? 그리고 이를 위한 수단들은 가지고 있을까?

나는 샌프란시스코에 살 때부터, 즉 17년 전부터 마크 허츠가드와 친구처럼 지내고 있다. 그는 이후에도 계속해서 샌프란시스코에 살고 있지만, 나는 베이징과 뉴욕에 살았다. 우리는 종종 직접 만나기도 했다. 나는 그가 수년 전에 쓴『무릎을 꿇고(On Bended Knee)』(1988)를 읽으면서, 이 책이 미국 저널리즘의 위대함을 대변한다고 생각했다. 그는 상당히 과격한 제목의 이 책에서 미국 언론이 과거 레이건 대통령에게 보인 태도를 고발했다. 미국 언론은 종속되고 예속되었으며, 아첨하거나 무능했으며, 압박하고 비판한다고 생각할 때조차 위대한 의사소통자인 레이건 대통령의 의제를 벗어나지 못하고 있었다(트럼프 시대에는 이를 트럼프가 원하고 있다).10

여 년 전에 허츠가드는 기후변화로 인한 피해를 조사한 저명한 리포터였다. 최근에는 뉴올리언스에서 발생한 폭력 사태를 취재하다가 총격 현장에서 부상을 당하기도 했다. 이 사건은 그가 다음에 집필할 책의 주제, 즉 버려진 도시에 대한 사랑의 애국가가 될 것이다.

허츠가드는 자신의 삶에 대한 확고한 소신을 가지고 있다. 그는 신문사에서 일하기보다는 프리랜서의 활동을 선호했다. 독립적이고 독자적인 전문가로서 많은 자유를 누릴 수 있었기 때문이다. 그는 스스로 조사 대상을 결정하고 수개월 동안 취재한 후에 관련 기사를 유력 신문에 제공했다. 그의 르포르타주, 즉 취재 기사는 저명한 일간지나 주간지들에 게재되었다. 그의 선택은 대담한 것이었지만, 실제 미국에서는 흔하지 않은 것이기도 했다. 프리랜서 중에는 유명하고 잘 알려진 리포터들도 있었다. 미국 시장에서는 많은 수의 독자들, 일간지와 월간지의 높은 발행 부수, 방대한 인프라를 보유한 편집장들 덕분에 프리랜서의 활동이 보장되고 있다. 허츠가드는 부자가 되지 못했다. 물론 그는 많은 돈을 버는 것에 관심이 없었다. 그는 자신의 직업 활동으로 삶을 유지할 수 있었다. 최근에 그를 샌프란시스코에서 만났다. 그의 상황은 바뀌어 있었다. "요즘에는 프리랜서로 활동하면서 10년 혹은 20년 전과 비교할 때 수입이 10분의 1로 줄었어. 더 이상 일거리가 없지. 그래서 프리랜서 일을 포기해야만 했어." 그는 유명하지만, 경제 사정이 좋지 않았다. 극좌파 성향의 주간지인《더 네이션》에서 일하며 최저임금 수준의 보수를 받고 있었다.《더 네이션》은 민주당 예비선거 기간에 친(親)버니 샌더스 성향의 논조를 견지한 잡지였다. "인터넷 사이트에 수백만 독자가 있지만, 기삿거리에 대해 보상을 제공하지는 않지. 종이신문 독자들은 상당히 줄어들었어."

우리는 허츠가드의 관점을 잘 알고 있다. 나는 그가 진지하고 엄격한 저널리즘의 품격을 갖추고 있다고 생각한다. 트럼프 재임 시기에 그는 '특권 계층의 엘리트'로 인식되던 인물이었다. 세계적으로 우리 신문기자들은 엘리트 계층에 동화되었는지, 새로운 포퓰리즘에 의해 멸시받거나 심지어 증오받고 있는지와 관련해 철저한 양심 검증을 받아야 한다. 하지만 그는 엘리트주의와는 거리가 먼 전형적인 경제 상황에서 살고 있다. 그에게는 대출금과 부양해야 할 아들이 있다. 만약 월말에 봉급을 받지 못하면 다른 중산층 사람들처럼 많은 어려움을 겪을 것이다. 하지만 그는 자신의 개인적인 상황보다는 미디어를 더 이상 원하지 않는 것 같은 국가의 장래를 우려하고 있다. "만약 우리가 건전한 민주주의를 원한다면, 정보전문가의 역할은 대체할 수 없을 만큼 중요해. 정보가 무상으로 주어질 수 있다는 환상은 시민공동체에서 자기 멋대로 살려는 것과 마찬가지지. 돈을 내지 않고 매일 버스를 탈 수도 있어. 하지만 이로 인해 대중교통이 멈춘다면, 이에 대해 불평할 권리가 있을까? 온통 가짜뉴스, 권력자들의 거짓된 함정에 빠져 산다면 과연 우리는 진지한 저널리즘을 구현할 수 있을까? 신문기자의 관점에서 보면, 이건 저속한 집단의 요구처럼 보여. 하지만 누군가는 여기에 대해 말을 해야 해. 민주주의는 과도한 거짓 정보들 때문에 충격받고 오염되고 있어. 시민들은 우리가 만드는 것보다 더 좋은 신문을 자유롭게 선택할 수 있지. 하지만 만약 그들이 신문 없이도 완전히 잘할 수 있다면 우리는 야만의 세계로 빠져들 거야."

허츠가드가 우리 모두를 조금 멍청한 사람으로 만드는 것일까? 아마 트럼프가 할 수 있는 것보다 더 심각한 피해는 주지 않을 것이다. 말하자면 나는 제3차 세계대전이 끝난 후에나 그를 위험 인물의 긴 목록에 추가할 것이다. 그가 전혀 위험하지 않다고 확신한다는 뜻이다. 반면, 트럼프가 우리의 지성에 미치는 영향은 해롭고 일상적이며, 인식하지 못한 채 광란의 상태로 서서히 빠져들게 만들었다. 아침에 일어나《뉴욕 타임스》를 펼치면, 그를 비판하는 기사를 적어도 3~6개는 발견할 수 있었다. 최고경영자의 말에 따르면, 권위와 엄격함, 일상적인 엄숙함을 유지하는 신문이 전쟁 일색의 기사들로 도배된 신문으로 전락했다.《워싱턴 포스트》는 트럼프를 지지하고 그를 추종한다. CNN은 백악관에 대한 온갖 좋지 못한 소식을 보도한다. 비난의 소재는 얼마든지 있다. 즉, 트럼프가 신나치주의자들과 KKK단을 방조하고 있는 것은 사실이다. 미국 민주주의에 대한 우려는 대통령의 정당이 백악관, 하원과 상원, 대법원, 많은 주정부, 지역위원회 등 거의 모든 권력을 장악하고 있다는 데 근거한다. 이러한 상황에서 어떻게 대통령의 막강한 권력에 맞서 용기를 내 목소리를 높일 수 있겠는가?

문제는, 비록 드물기는 하지만 이 기괴한 괴물이 종종 옳은 말이나 행동을 한다는 것이다. 예를 들어 트럼프는 중국이 우리를 속이고 있다고 말한다. 그에 따르면, 시진핑은 글로벌화의 깃발에 도전장을 내밀었고 시장 개방을 말하지만 정작 자국 내에서는 강력한 보호주의를 추진하고 있다. 서양의 노하우를 훔치는 짓도 서슴지 않았다. 중국에서 활동하는 많은 이탈리아 기업인들이 이러한 사실을 증언하고 있다. 버니 샌더스는 글로벌화의 피해라는 주제에 관해, 현재의 게임 규칙에 따라 자신이 계획한 절반 이상의 집회들에서 언급했다. 이에 관해서는 노벨상 수상자인 조지프 스티글리츠와 같은 저명한 경제학자들도 글을 쓴 바 있다. 그럼 트럼프는 어떻게 말하고 있을까? 모두가 그의 말을 경청한다. 불행한 보호주의자가 무역전쟁을 일으켜 세계를 붕괴시킬 것이다. 만약 파블로프의 조건반사처럼 그가 무언가를 할 때마다 그를 주목한다면, 우리는 골드만삭스(월스트리트에서는 이러한 글로벌화가 잘 실현되고 있다)에 예속될 수밖에 없다.

또 다른 사례로는 모든 신문의 일면에 큰 폭의 건강보험료 인상을 비난하면서 그 잘못이 트럼프에게 있다고 보도하는 것이다. 하지만 트럼프는 오바마케어를 철회시키려고 시도했었다. 그의 반(反)개혁은 우리를 한층 심각한 상황에 직면하게 했을 것이다. 하지만 그는 성공하지 못했다. 왜냐하면 자신을 지지하는 의원들과 타협하지 않았기 때문이다. 우리는 그전까지 오바마가 세운 규칙들에 따라 통치되었다. 보험이나 약품의 과도한 인플레이션은 오바마가 해결하지 못한 악재였다. 내가 지지하는 대통령이 백악관에 있을 때, 나의 보험료는 매년 크게 인상되었으며 정부는 이를 저지하지 않았다.

나는 샬러츠빌 폭동과 관련해서도 우리의 지성에 두려움을 금치 못했다. 파시스트들에 대한 트럼프의 관용은 역겹고 분노를 금할 수 없었으며 온통 위험 요인들로 가득했다. 하지만 미디어들은 그가 분명한 사실, 즉 광장에는 반대편 지지자 중에도 폭력적인 사람들이 있었다는 사실을 말했을 때조차 이에 대해 부인했었다. 하지만 분명 폭력적인 사람들이 있었다. 거짓 좌파의 무정부주의자들인 일단의 흑인들이 있었으며 이들은 이탈리아에서도 유리창을 부수고 공권력을 공격하는 자들이다. 이들은 1999년 시애틀에서 결성되었다. 모두가 이들에 대해 알고 있으며 모두가 이들의 거친 행위를 목격했다. 우리의 지성을 부정하고, 총명함과 균형감을 상실하는 것은 애석한 일이다. 결국, 이러한 방식으로 트럼프는 승리를 거두고 있다. 그는 자신의 방식대로, 즉 그 어떤 구체적인 것도 하지 않으면서도 우리의 머릿속을 혼란스럽게 만들고 있다.

가장 오래되고 강력한 자유민주주의 내부의 반대편에서는 무슨 일이 일어나고 있을까? 좌파는 어디에 있으며 민주주의자들은 무엇을 하고 있는가? 많은 사람은 오바마가, 특히 대통령이 된 이후 타의 추종을 불허하는 도덕적 권위를 가진 유일한 인물이었다고 생각하고 있다. 하지만 여러분은 그의 첫 공개회의의 비용이 얼마였는지 알고 있는가? 40만 달러였다. 그는 같은 선거 전략을 구사한 빌 클린턴과 힐러리 클린턴에 승리를 거두었다. 나는 클린턴 부부가 크게 분노했다고 확신한다. 나는 오바마가 자신의 뛰어난 카리스마로 돈을 벌기 위해 노력했다고는 생각하지 않는다. 한편으로는 이것이 오바마가 백악관을 떠난 후에 받은 수많은 초대와 제안들을 선별하는 가장 단순하고 자동적이며 효율적인 방식이었다는 사실을 이해한다. 과거 대통령을 지낸 모든 인물은 회의 비즈니스에서 탐나는 트로피가 된다. 상당히 높은 가격을 설정하는 조치는 발표 의제의 가치를 높이고 시간 낭비를 막아준다. 그 밖에도 벌어들인 많은 돈은 대부분 자선기금으로 사용된다.

다른 한편, 오바마는 클린턴에서 토니 블레어에 이르기까지 좌파의 모든 지도자들의 공통된 악습을 반복하기도 했다. 그는 미국 대통령직에서 물러난 직후 억만장자들의 호화 요트에서 휴가를 보내는 모습을 드러냈다. 그리고 첫 저술의 출판과 관련해 수천만 달러의 계약서들에 사인했다. 트럼프 재벌의 이해 갈등에 대한 급진주의자들의 연설은 그에게 표를 주었던 금속노동자들에게는 조금은 위선적으로 들렸다.

전 세계가 경련, 히스테리, 강박관념에 사로잡힌 채 후임 대통령의 행동을 주목하고 있는 동안 우리는 오바마에게서 하나의 교훈을 얻을 수 있었는데, 이는 여러분을 놀라게 할지도 모른다. 과거 자신이 앉곤 했던 백악관 집무실의 소파를 현재 차지하고 있는 거대한 오류/공포(즉, 도널드 트럼프)를 포함해 자신의 적들도 존중하는 것이 그 핵심적인 내용이었다.

이 교훈은 내가 지적한 것이 아니다. 미국 우파의 인물 중에서 내가 좋아하는 여성 작가인 페기 누난의 글에서 인용한 내용이다. 그녀는 보수 정치 저널리즘을 대표하는 인사로,《월스트리트 저널》의 저명한 칼럼니스트이다. 그녀는 상당히 심각한 사안들도 부드럽고 단아한 필체로 풀어낼 줄 아는 작가이다. 또는 그녀는 신문기자로 활동하기 전의 젊은 시절부터 레이건의 연설문을 작성하고 있었다. 나는 누난의 생각에 공감하지는 않지만, 정기적으로 그녀의 글을 읽고 있다. 누난은 8년간 오바마에 대해 같은 잣대를 적용해왔다. 주의 깊게 관찰하면서도 그의 거의 모든 것을 인정하지 않았다. 어느 화창한 날 오후 그녀는 한 대학이 마련한 학생 모임에서 그녀가 알고 있는 많은 전직 대통령들을 주제로 이야기했다. 하지만 오바마에 대한 그녀의 판단은 학생들과 공감대를 형성하지 못했다. 그리고 그녀는 이 에피소드를 계기로, 즉 오바마의 임기가 끝나갈 무렵이 되어서야 비로소 지난 8년 동안 자신이 무언가를 놓치고 있었다는 사실을 알게 되었다. 누난의 글은 다음과 같았다.

그날 오후 나는 오바마가 젊은이들, 특히 위기를 겪고 있거나 불행한 가정의 학생들에게 어떤 존재였는지를 알게 되었다. 만약 당신이 열두 살이었을 때 오바마가 첫 대통령 임기를 시작했다면, 그리고 당신이 홀어머니 또는 할머니 손에서 성장했다면, 그리고 어머니나 할머니가 당신을 잘 대해주지 않았다면, 그래서 매일매일 당신이 어떤 사람이어야 하고 무엇을 해야 하는지를 가르쳐주는 사람이 주변에 한 사람도 없었다면, 그 무렵 당신은 오바마가 신중하고 의식이 분명한 존엄성을 가지고 가족과 함께 자신의 개인적인 스타일대로 세련되게 행동하는 것을 보았을 터이다. 아마도 이 모든 것이 큰 의미로 다가왔을 것이며 당신에게 구체적인 지침을 제공했을 것이다. 그리고 그가 여러 행사에 참석하는 것을 보면서 당신은 많은 것을 생각하게 되었을 것이다. 오바마는 자신의 개인적인 차원에서 존엄 의식을 보여주었으며 자신감과 자신에 대한 존중의 인식을 보여주고 있었다. 당신은 지난 8년 동안 그가 한 남자로서, 예를 들어 자신의 부인과 자식들에게 해야 할 일을 하고 있었다는 사실을 깨달았다. 그는 굳이 말하지 않았지만, 이것은 그의 행동들을 통해 드러난 하나의 모델이었다. 부모들의 역할이 사라지거나 의미를 상실하는 국가에서 이러한 것들은 상당히 중요한 가치로 평가될 수 있다. 나는 그날 대학에서 연설하기 전까지 이러한 사실들의 중요성을 충분히 인식하지 못하고 있었다. 이 글을 쓰는 이유는 모두에게, 아니 무엇보다 나 자신에게 이 말을 해주고 싶기 때문이다. 정치적으로 누군가를 극렬하게 반대할 수 있지만, 그의 내재된 선함에 대해서는 존중해야 한다는 사실 말이다. 우리는 이러한 능력을 상실하고 있으며 우리 자신의 보이지 않는 틀 속에 갇혀 있다.

나는 상호 간 노력이 경이로운 것이라는 사실을 알고 있다. 지금 나는 오바마의 후임자가 가진 '긍정적인 면'을 찾는 것이 얼마나 힘든 것인지를 새롭게 알아가고 있다. 나는 이러한 노력을 기울이는 사람들이 미국과 서양 전체의 민주주의가 직면해 있는 위험들에 대한 경계의 의무를 더 이상 수행하지 않게 될까 우려한다. 만약 우리가 이러한 노력을 게을리한다면, 우리는 국가의 분열된 두 부분이 서로를 이해하려 하지 않고 오직 이기려고만 하는 폭력과 악몽의 반복적인 상황에서 비슷한 사람들만의 테두리에 갇힌 채 파멸하게 될 것이다.

미국의 좌파가 위기에 직면한 것은 분명한 사실이다. 이는 투우사의 붉은 망토처럼 작용하는 트럼프의 트윗에 휘둘려 마치 투우장의 황소처럼 날뛰는 것, 즉 트럼프의 자극에 마치 짐승처럼 난폭하게 대응하는 것을 의미한다.

위험은 또 하나 있는데, 이는 앞서 지적한 것과 약간 다르다. 설명하자면, 이것은 마크 주커버그 증후군이라 할 것이다. 주커버그는 어쩌면 트럼프를 좋아하고 있을지 모르지만 어쨌든 본의 아니게 반(反)트럼프의 리더로 등장했기 때문이다. 그는 민족주의와 외국인 혐오증을 비난하며 이해와 결속력을 호소했다. 주커버그는 30대 나이에 페이스북의 창업자이자 최고경영자로서 기업의 철학과 가치들이 함축된 미디어 발전 전략을 위한 10년 계획을 제시했다. 주커버그에게 20억 명이 이용하는 소셜네트워크는 매우 각별했는데, 그는 세계의 70억 명 모두를 인터넷으로 연결한다는 야심을 가지고 있다. 이러한 사실로부터 그의 정치-도덕적인 관점이 유래한다. "우리는 전쟁으로부터 목숨을 구하려는 난민이나 기회를 찾으려는 이민자들을 받아들이고, 전염병이나 기후변화에 공동으로 대처하는 유일한 글로벌 공동체이다." 그는 "자기 자신만을 생각하는 많은 국가의 현 상황"을 비판적으로 평가했다. 그리고 "장벽을 건설하고 사람들을 우리와 다른 것처럼 간주하면서 거리를 두려는 공포의 목소리들"을 비판했다.

주커버그는 페이스북의 앱을 위한 새로운 소프트웨어 프로그램을 등록한 모든 개발자가 모인 샌프란시스코의 F8 회의에서 연설했다. 이날은 2016년 4월 13일이었다. 당시는 선거 캠페인의 열풍이 불고 있던 때로 이미 트럼프 현상이 나타나고 있었다. 하지만 그가 대통령이 될 것이라는 예측은 나오지 않고 있었다. 당시 페이스북 설립자의 연설을 듣기 위해 전 세계로부터 캘리포니아의 행사장 주변에 모인 사람들은 2,600여 명에 이르렀다. 주커버그가 전달하려던 메시지의 핵심 내용은 "우리 각자 다른 모든 사람과 공감하는 능력을 키우자"였다. 핵심적인 키워드는 '공감하는 것'으로, 우리 각자가 페이스북의 페이지들에서 친구들과 메시지, 사진, 경험, 그리고 댓글을 공유하는 것을 의미했다. 하지만 이것은 다른 유형의 공감, 기회의 확산, 부의 분배를 가리키는 것이기도 했다. 이처럼 주커버그는 실리콘밸리와 미국 서부 해안, 즉 기업가들이 진보주의적인 비전, 사회적 유토피아, 세계를 다시 만들려는 꿈을 가꾸어가는 지역의 전통을 활용했다. 빌 게이츠에서 스티브 잡스에 이르기까지, 래리 페이지에서 일론 머스크에 이르기까지 기술혁신의 많은 개척자들도 자유주의적이고 환경주의적이며 다인종적인 이념의 신조를 제안한 바 있다.

당시 주커버그는 초기에 "악마가 되지 마라", 즉 사악한 행위를 저지르지 말라, 또는 나쁜 사람이 되지 말라는 신조를 천명했던 구글의 역할을 도용했다. 주커버그는 말했다. "오늘날 우리에게는 공포가 아닌 희망을 선택할 용기가 필요하다. 만약 우리가 이것을 실천한다면 누군가는 우리를 평범하다고 말할 것이다. 하지만 진보를 향한 모든 움직임은 이러한 희망과 낙관주의를 통해 실현될 것이다." 이것이야말로 '오바마 스타일'로의 완벽한 전이였다.

2016년 선거 운동에서 주커버그는 초당적인 조직인 FWD[7]를 통해 나

---

7 앞으로의 전진을 의미하는 forward의 약자.

름의 재량권을 행사하면서 은밀하게 개입했다. 이 단체는 개별 주제에 따라 캠페인을 지원했는데, 예를 들면 민주당원의 입장과 일치하는 이민법 개혁을 위한 투쟁이 그것이었다. 반면, 그는 환경운동가들이 반대하고 오바마가 거부한 XL 키스톤 파이프라인 건설[8]을 지지했다.

1년 후, 주커버그는 대통령 출마를 저울질하고 있었을까? 미국 좌파는 미국을 구원하기 위해 전속력으로 달려온 백인 기사를 꿈꾸고 있었다. 우리 시대의 가장 유비쿼터스한 소셜미디어를 발명한 젊은이보다 더 훌륭한 인물이 있을까? 페이스북의 최고경영자는 2017년 내내 이러한 사실을 부정했다. "나는 (미국 대통령) 후보로 나서지 않을 것이다." 하지만 모두가 고뇌에 찬 결단을 발표하기 1분 전까지 이 같은 행동을 보인다. 백악관에 입성하기 위한 계획들의 징후를 보여준 것은 주커버그 자신이었다. 그는 30여 개 주를 순회하면서 그 목적이 "미국인들을 더 잘 이해하려는 의도였다"고 말했다. 그는 4년마다 과거 대통령 후보들이 지명을 위한 첫 방문지로 선택했던 오하이오주에서 첫 전국 순회를 시작했다. 그다음에는 미시간주의 디트로이트를 방문해, 트럼프의 대통령 당선에 결정적인 역할을 했던 포드자동차 노동자들을 만났다. 그리고 대통령 당선의 열쇠를 쥐고 있는 오하이오로 건너갔다. 그는 출발하기 전에, 선거 마케팅의 귀재로 알려졌으며 오바마 승리에 공을 세웠던 전략가 중 한 명인 데이비드 플루프를 자신의 재단에 영입했다. 그리고 이어서 조엘 베넨슨을 고용했다. 그 역시 인구조사 전문가로서 오바마와 함께했으며 후에는 힐러리 클린턴 선

---

8 에너지 인프라 회사인 TC Energy가 2008년에 계획했던 것으로, 원유를 시장에 신속하게 운송할 목적으로 설계되었다.

거캠프의 수석전략가로 활동했었다. 두 명의 선거전략가를 영입한 배경에 관해 주커버그는 플루프와 베넨슨이 인도주의 차원에서 참여했다고 설명했다. 두 전문가는 친(親)주커버그 재단을 도와 "질병을 치료하고 교육을 지원하며 개선된 미래를 건설하려는 모두에게 용기를 불어넣기 위한" 계획을 추진하고 있다.

부정하는 것만으로는 의심을 잠재우기 힘들다. 재단은 후보 지명을 위한 이상적인 발판이 될 수 있다. 인도주의적인 행동에는 주커버그가 인종적이거나 정치적인 정체성과 관련해 미국인들에게 제시하는 가치들이 함축되어 있다. 그가 정치에 입문하는 것이 전통적인 양당 중 하나를 선택해야 하는 것을 의미하지는 않는다. 다른 기업가들, 즉 1992년 대통령 선거에서 패배했지만 예상에서는 앞섰으며 트럼프에 앞서 먼저 보호주의를 주장했던 로스 페로, 뉴욕 시장에 연속으로 당선되면서 큰 인기를 누렸던 마이클 블룸버그와 같은 인물들은 독자적으로 후보에 출마한 바 있다. 하지만 당시 새로운 인물과 이념들, 세대와 아이디어 교체가 필요했던 정당이 있었는데 바로 민주당이었다. 단지 트럼프의 경우로 국한하더라도 '행동의 실종' 즉 전쟁에서 군인이 실종된 것과 같은 불행 그 자체였다. 야당인 민주당이 무엇을 할 수 있는지, 이에 대해 아는 사람은 거의 없다. 아직 포기하지 않은 클린턴 부부는 정당에 여전한 영향력을 행사하고 있었다. 새로운 지도계층을 선발하는 것은 그 어느 때보다 시급했다. 2018년 11월 입법부 중간선거가 있었는데, 이는 트럼프에 승리한 첫 사례였다. 구체적인 메시지도, 경쟁력을 갖춘 후보도 없이 선거를 맞이한다면 심각한 결과에 직면하게 될 것이었다.

주커버그는 분명한 장점들도 가지고 있다. 그는 젊다. 그리고 아웃사이더이다. 주커버그는 트럼프의 기업에 비해 가치가 100배나 높은 기업을 창업했다. 페이스북의 자산 가치는 5,000억 달러에 이른다. 페이스북은 그 저 그런 수준의 기업이 아니다. '가상 광장'인 이곳에서는 세계 인구의 거의 3분의 1이 대화하고 사회적 관계를 공유하며 정보, 감성, 우정을 교류한다. 그는 자기 재산의 99퍼센트를 재단에 기부할 것이다. 그는 진보주의자이다. 하지만 재산 기부에 관한 언급에는 문제의 소지가 있다. 실리콘밸리의 자유주의자들은 국가의 정치적 중심과 비교할 때, 환경이나 동성결혼, 마리화나와 같은 주제들에서 지나치게 좌파적 성향을 보인다. 하지만 이들은 엄청난 사회문제를 동반하고 있는 월스트리트, 그리고 불평등 자본주의와 악의 동맹을 맺었다. 이는 자선의 행위만으로는 해결되지 않는다. 주커버그는 1억 달러를 뉴저지의 뉴어크 공립학교들에 기부했을 때 결과적인 실패와 더불어 난처한 상황에 직면했다.

만약 미국의 자유민주주의가 병들었다면, 이는 우리가 세계적 유행의 전염병으로 정의했던 악으로 인해 고통을 당하고 있는 것을 가리킨다. 의학 사전에 따르면 세계적 유행의 전염병은 방대한 규모이며 여러 대륙으로 확대된다. 병리학은 부분적으로는 사회적이고 경제적인 불균형과 관련이 있으며, 또 부분적으로는 대중 연설의 인기 하락과 정보 품질의 저질화에 직결된다. 이러한 상황에서 주커버그와 같은 네트워크의 소유자들은 치료를 담당하는 의사들보다는 바이러스를 옮기는 사람들에 가깝다.

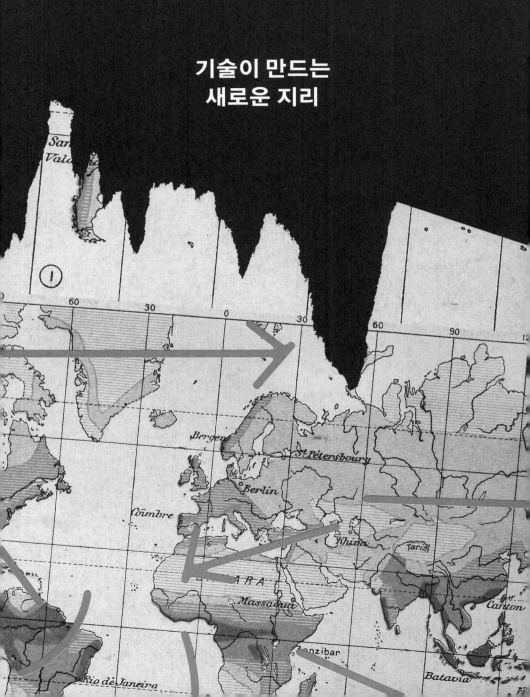

XI

기술이 만드는
새로운 지리

지도의 힘은 크리스토퍼 콜럼버스에서 구글 맵에 이르기까지 제국들의 운명을 결정한다. 혁명이 일어날 때마다 도시와 사회의 경관은 그 충격으로 인해 재설계되었다. 그리고 인터넷은 대륙들의 이동을 감지한다. 누구도 왜 실리콘밸리가 다른 곳이 아니라 이곳에 (어쩌면 히피들에 의해?) 세워졌는지 그 이유를 이해하지 못했다. 매체의 주인들은 자신들의 이익을 위해 잘못된 유토피아를 제시한다. 수에즈 운하가 건설된 이후 우리는 과학자들의 외교에 의한 또 다른 전환점을 기대하고 있다.

중국인들은 한 번 뒤처졌지만 이로 인해 500년의 뒤처짐, 즉 서양을 힘겹게 추격하는 대가를 치르고 있다. 그들은 지도에 담긴 거대한 힘을 제대로 평가하지 못했었다. 지도는 알려진 세계를 묘사하기 위한 도구이다. 따라서 이를 세심하게 살펴볼 필요가 있다. 그리고 결국에는 정복하고 소유해야 한다. 중국인들은 오랫동안, 15세기 초반까지도 가장 앞서가고 있었다. 지도의 소유자들 즉 명 왕조의 황제들은 이를 최고 등급의 비밀로 숨겨야 했다. 하지만 그렇게 하지 않았고 결국에는 이를 경쟁자들에게 넘겨주어야 했다. 나는 지금 크리스토퍼 콜럼버스와 아메리고 베스푸치의 대양 항해가, 중국인들에 의해 이탈리아에 도입된 지도 노하우와 기술 노하우 덕분에 가능했을 것이라는 가설을 말하고 있다.

여기에는 1433년 피렌체를 방문한, 이름을 알 수 없는 한 중국 사절의 결정적인 역할이 있었다. 당시 유럽의 지도는 중국의 지도에 비해 수준이 뒤떨어져 있었다. 서양의 항해자들은 경도를 세심하게 측정하지 않은 채 바다를 항해해야 했다. 반면, 중국의 선박들은 수 세기 전부터 바다에 있는 배의 위도와 경도를 결정하는 보다 선진적인 천문학 지식을 이용해 인도 양을 항해하고 있었다. 명 왕조의 고위 관료들은 피렌체에 파견되었을 때, 지도를 가지고 갔다. 당시 천문학자이자 지도학자였던 파올로 달 포초 토스카넬리가 이 지도를 보았을 것으로 추측된다. 그는 배울 것이 많다는 사실을 직감하고 연구를 시작했다. 이는 서양이 저작권료 없이 중국 지도를 무단으로 사용한 셈이다. 토스카넬리가 제작한 새로운 지도들은 콜럼버스와 다른 항해자들에게 매우 유용했다. 이렇게 해서 지리상의 대발견과 더불어 식민주의 시대가 열렸다. 15세기 초반에 서양보다 훨씬 부유했고 기술적으로도 한층 세련됐던 중국은 입지를 잃어가기 시작했다. 그리고 500여 년이 지난 지금에야 비로소 이를 만회하고 있다.

과거의 역사에서 배웠는지는 모르지만 이제 중국은 더 이상 지도에 집착하지 않는다. 그리고 자신의 힘을 무시하게 내버려 두지 않는다. 오히려 광신적으로 서양을 주시하고 있다. 이렇게 해서 중국인들은 자신들의 영토에서 구글 어스와 구글 맵에 매우 엄격한 제한과 한계를 부과했다. 전략적이고 군사적인 이유로 민감한 지역들뿐만 아니라, 공산당 특권층이 거주하는, 지도에는 존재하지 않는 베이징의 구역들에 대해서도 매핑을 금지하고 있다. 말 그대로 블랙홀이며, 미국은 이곳을 들여다볼 수 없다.

지도의 영향력은 구글 어스와 구글 맵을 둘러싼 흥분, 그리고 불안감을 설명해준다. 이는 새로운 기술로서 유비쿼터스가 되었고 심지어는 우리의 일상적인 행위들에 스며 있다는 면에서 통속적이기도 하다. 이 모든 것은 자동차에 장착되었을 때 비로소 대중적인 장치가 된 초기의 GPS(Global Positioning System, 정지 위성을 사용하여 지리에 적용하는 기술)로 시작되었다. 이것은 결과적으로 더 이상 진부하지 않으며, 특히 모든 세대가 지시하고 명령하는 지도를 일상적인 것으로 간주한다는 사실이 중요하다. 게다가 교통 체증과 사고에 관련된 데이터를 종합하거나 과속을 사전에 알려주는 지능형 지도이기도 하다. 이제 스마트폰에서 다운로드할 수 있는 앱처럼 다양한 종류들이 수없이 존재하며, 그중 이스라엘에서 만들어진 웨이스(Ways)는 군중의 지혜, 즉 이를 사용하는 운전자가 실제로 마주하는 모든 정보(교통 체증, 이벤트, 진행 중인 작업, 보수에 걸리는 시간 등)를 통합하는 가장 빠른 방법 중 하나이다. 아랍인들의 봉기 당시에는 자동차 운전자들에게 경찰의 도로 차단에 관한 정보를 미리 알려주기 위한 장치들이 고안되었다. 우리가 운전하는 차의 수많은 외부 센서에서 알고리즘은 A 지역에서 B 지역으로 이동하는 가장 빠른 경로를 1초도 채 지나기 전에 알려준다.

동시에, 구글 맵과 이와 경쟁 관계에 있는 다른 여러 지도처럼 다양한 지리-디지털 지도는 도시환경에서의 백과사전(나는 보고 싶은 유적과 이들의 역사를 이해하기 위해 검색할 수 있다), 레스토랑이나 호텔, 옷가게나 극장들을 검색하는 사이버 대형 슈퍼마켓과 같은 역할을 한다. 지금은 이 모든 것이 일반적이지만, 10년이나 15년 전까지만 해도 상상조차 할 수 없었다. 이처럼 우리의 일상생활에서 드러나는 자동적인 작용들은 우리를 선도하며, 이러한 (과도하게) '지적인' 지도들은 우리를 압도하고 있다. 이 시점에서 우리가 어떤 혁명의 시대를 살고 있는지를 살펴볼 필요가 있다. 그리고 그 이면에 무엇이 있는지에 관해서도 알아보자. 구글 맵에 이미 기억된 친구들의 집을 찾아간다는 의미보다는 우리가 어디로 가고 있는지, 즉 우리가 어떤 미래사회를 지향하고 있는지를 자문해보자는 것이다. 그리고 국가 간 어떤 관계가 존재하는지도 궁금하다. 다시 말해 인간들의 가장 오래되고 매력적인 활동 중 하나, 즉 여행하기 또는 율리시스의 도전이 어떻게 바뀌고 있는지를 살펴보자.

영국의 역사학자이자 지리학자로서 런던의 퀸메리대학에서 르네상스의 역사를 강의하는 제리 브로톤은 지도의 놀라운 영향력을 연구했다. 『12장의 지도로 본 세계사(La storia del mondo in dodici mappe)』(2013)에서 그는 현재(구글 어스와 구글 지도가 가장 앞서가고 있다)와 미래 시대의 지도에 관한 내용을 독립된 장으로 다루었다. 이 주제에 대해서는 좀 더 언급할 필요가 있다. 이미 시대에 뒤떨어진 이야기지만 주목할 만한 내용이 있기 때문이다. 우리의 스마트폰 기술과 인공위성을 연결하여 사용하고 있는 시대에 지리적인 지식을 계획하고 확산하는 것이 구글-알파벳과 같이 거의 독점적인 차원에서 사적인 비즈니스로 추진되고 있다(적어도 서양에선 그렇다). 이것은 분명하지 않았던 것이 아니라, 오히려 그 반대였다. 불과 얼마 전까지만 해도 거대한 지도들은 군주나 군사 지도자들 또는 해양 기업들이 독점하고 있었다. 하지만 19세기와 20세기 들어 계몽주의와 자유민주주의의 기간에는 사적 영역 내의 독점 상태에 머물지 않고 공적인 지식이 되었다. 오늘날 우리가 '항해하고 있는' 세계는 말 그대로, 그리고 비유적으로 지구의 지도 또는 내가 거주하는 구역의 길거리들을 보여주는 지도를 이용해 이윤을 남기는 자본주의적 기업에 의해 관리되고 있다.

또한 미래의 잠재력에 관한 문제, 그리고 제리 브로톤을 한층 흥분시킨 문제가 남아 있다. 그는 아르헨티나 작가인 호르헤 루이스 보르헤스의 꿈, 즉 일대일의 지도가 구글 맵과 구글 어스로 인해 현실이 되었다고 설명했다. 일대일은 실측의 지도, 세계에 대한 실제 차원의 지도를 의미한다. 보르헤스는 초현실적인 환영의 마술사였으며, 자신의 이야기를 통해 인간의 이해와 논리학의 한계를 냉철하게 증명했다. 일대일의 지도, 뉴욕만큼이나 거대한 동일 사본의 뉴욕 지도를 어디에 사용할 것인가? 이탈리아만큼이나 거대한 이탈리아 지도, 지구 자체만큼이나 거대한 지구 지도로 우리는 무엇을 할 수 있을까? '오래전', 즉 수십 년 전까지만 해도 이는 어리석고 웃기는 일이었으며 동시에 실현 불가능한 것처럼 보였다. 만약 이것이 상상이 아니라면, 보르헤스와 같은 전형적인 논리적 곡예가 원본을 대체한다는 것인가? 구글 어스는 높은 고도에 있는 인공위성에서 우리 사생활의 모든 구석구석을 포함한 전체적인 크기로 세계의 사진을 촬영하고 이미지들을 상상하는 것을 말한다. 구글 어스 내에는 필요 이상의 많은 것들이 포함되어 있다. 따라서 어떤 의미에서는 최후의 현실이라 할 수 있다. 그 밖에도 구글 어스가 공간에서 만들어낸 지구의 이미지는 '더 개선된 것'이다. 지도를 들여다보면, 구름이 없는 상태에서 우리가 궤도에 있는 우주 비행사보다 훨씬 더 잘 볼 수 있다. 구글 어스는 각 국가의 법 또는 군사 당국이 설정하는 한계 내에서 활동해야 한다. 하지만 이는 인위적인 한계에 불과하다. 구글은 이미 이러한 한계들을 넘어설 모든 역량을 보유하고 있지만 이를 추진하지는 않는데, 그 이유는 굳이 미국 국방부나 중국 정부와의 마찰을 원하지 않기 때문이다. 한편 이러한 정보와 이미지들, 즉 우리가 사는 세계와 우리 자신에 관한 지도들은 계속해서 축적되고 있다. 말 그대로 빅 데이터, 즉 지리에 대한 인간의 지식도 포함하는 엄청난 양의 데이터가 기하급수적으로 증가하고 있다. '지도책'을 뜻하는 아틀라스는 그리스 신화에서 세계를 자신의 어깨에 짊어진 타이탄보다 훨씬 더 이른 시기로부터 유래된 것이다. 오늘날 타이탄은 구글-알파벳의 최고경영자인 셈이다. 하지만 이것으로 만족하지 않고, 그 자신이 이제 막 시작한 상업적인 목적을 위해 모든 세밀한 디테일을 무한대로 재생산하고 있다.

우리는 지도나 지도책을 볼 때 이들이 진정 무엇이 되었는지, 그 속에 무엇이 있는지, 미래에 무엇이 될지, 우리를 어떻게 지배하게 될지에 대해 별다른 생각을 하지 않는다.

새로운 기술은 도시의 경관을 바꾸어놓는다. 도시의 이미지뿐만 아니라 실제의 모습도 변화시킨다. 환경의 물리적 특징들, 우리의 일상생활이 전개되고 있는 장소들은 기술 발전을 지배하는 자들, 즉 인터넷의 지배자들에 의해 재설계되고 있다.

물론 이러한 일들은 항상 벌어지곤 했다. 과거의 수많은 기술 혁명은 지리에 막대한 영향을 주었다. 대체로 기술은 새로운 생산 방식, 자연에 대한 색다른 인식, 경제적 패러다임의 변화로 이해되었다. 농업의 발명, 정착 사회의 성립, 이러한 사회를 지배하고 엘리트들이 그 이익을 차지하기 위한 집단 조직이 필요했다. 다시 말해 이 모든 것은 세계의 많은 지역의 산림을 벌채하여 숲을 농지로 전환하기 위해, 제트항공기의 창문에서도 보일 정도인 이집트의 피라미드, 마야문명과 중국의 만리장성 등 경관의 여러 부분을 구성하는 대공사를 추진하기 위해 노동력을 동원할 수 있게 했다. 바퀴의 발명, 말의 가축화는 예비적인 기술 여건이었는데, 왜냐하면 그 전에도 우리 시대 경관의 일부를 구성하는 도로, 교량, 수도시설을 갖춘 로마제국과 같은 거대 제국들이 건설될 수 있었기 때문이다. 중국 황제들의 '수력 문명'은 레오나르도 다빈치가 등장하기 오래전부터 이미 강의 물줄기를 결정하고 인위적인 수로들을 건설하는 대가였으며 거대한 농촌 경관에 상당한 영향을 주었다. 철도의 발명은 거리를 좁혔는데, 그것은 대륙 전체에 상당한 물리적 '상처(흔적)'를 남겼다. 산을 뚫어놓은 터널이 그 대표적인 사례이다. 보다 최근에는 내연기관이 출현했다. 대양, 사막, 접근할 수 없는 산 정상의 지역, 열대우림을 제외한 지구의 나머지 지역들은 자동차와 트럭의 기능을 중심으로 완전히 재편되었다고 할 수 있다. 도로와 고속도로도 주거 중심지, 사람들의 집중, 사회와 노동, 상업 집중 지역들의 입지를 '결정하는' 요인들이었다. 한 세기 전부터 우리가 알고 있듯이, 경관은 자동차들의 것이었다. 즉 10세기 전처럼 골목과 광장들을 그대로 유지하고 있는 중세의 주거지들까지도, 지금은 근처까지 자동차나 버스로 도착하는 많은 관광객으로 넘쳐나고 있다. 시멘트부터 고층 건물의 건축을 위한 여러 유형의 강화 유리들에 이르기까지 새로운 재료의 사용과 건축 기술은 뉴욕이나 시카고, 그리고 이들을 모방한 두바이에서 상하이와 쿠알라룸푸르에 이르는 현대 도시 건축을 가능하게 했다. 우리는 인류세 (anthropocene), 즉 지구의 역사에서 인류가 지구 환경에 큰 영향을 미치는 지질시대를 살고 있다. 그리고 지리는 때로는 가볍고 우아하지만 자주 괴물 같은 모습으로 출현하는 우리의 디지털 흔적들로 가득하다.

오늘날에는 이러한 경관 혁명의 또 다른 측면이 드러나고 있다. 그 첫 신호는 거의 감지할 수 없으며 모두가 똑같이 인식하고 있는 것도 아니다. 왜냐하면 그 변화가 모두 같지 않기 때문이다. 우리는 아직도 내연기관이 가져온 기술의 한계 내에 머물고 있다. 여전히 과거의 위대한 발명에 안주하고 있는 것이다. 하지만 이러한 모델의 끝 무렵에 와 있으며 새로운 배아의 초기 단계에서 다른 그 무엇으로의 전이 가능성이 점쳐지고 있다. 미국에서는 이미 이러한 변화의 여정이 시작되고 있다. 맨해튼 5번가에서 미네소타의 시골에 이르기까지, 미국의 물질문명은 새로운 혁명 때문에 점진적으로 변화하고 있다. 지금으로서는 상당히 조용하며 시작 단계에 불과

하다. 전조의 신호 중 하나는 상점, 대형 슈퍼마켓, 무역 센터 들이 온라인 무역의 놀라운 성장에 의해 급격한 사양길로 접어들고 있다는 것이다. 위기의 현상은 매우 뚜렷하며 경제적인 차원에서만 나타난 것이 아니다. 미국 생활 방식의 상징이자 라이프스타일, 심지어는 사교 모임의 장소이기도 한 비즈니스에도 영향을 미치고 있다. 미국 건국 후 초기 시대를 보여주는 영화 〈청춘 낙서〉[1]의 복고 영화 시대부터, 자동차는 슈퍼마켓과 패스트 푸드와 야외 영화관이 모여 있는 지방의 작은 도시들로 동년배의 친구들을 만나러 가는 데 사용되었다. 1950년대에는 쇼핑몰이 만들어졌는데, 이는 미국 내륙 사막의 성당들이나 다름없었으며 소비주의를 중심으로 만남의 장소, 자유 시간을 사용하는 방식, 구대륙 중세 광장들의 초현대적인 풍자를 의미했다. 1962년 샘 월턴은 대형 슈퍼마켓 사업을 시작했는데, 이는 지난 수십 년 동안 '중국 할인' 덕분에 구매한 물건들을 가득 실은 쇼핑 카트, 저렴하게 구매한 SUV로 대변되는 아메리칸 드림의 실현에서 주도적인 역할을 했다(이러한 물품들은 중국산이었기에, 지출 가능한 예산 범위 내에서 생산되었다).

하지만 지금 이 모든 것은 점진적으로 쇠퇴의 조짐을 드러내고 있다. 무시무시한 이미지를 찾아다니는 사진작가와 예술가들은 파산한 쇼핑몰, 고객이 없어 방치된 우리 시대의 거대한 유령 도시들을 찾아 미국을 여행한다. 거대한 난파선 위로 죽음의 바람이 불고 있다. 도시 외곽의 거주지로 불리는 교외 지역에서 정원과 주차장을 갖춘 단독주택에 거주하는 중산층은 주말에 각자 자신의 기호에 따라 좋아하는 것들을 찾아 쇼핑몰을 방문

---

1 American Graffiti, 1973년 개봉한 조지 루카스 감독의 코미디 영화.

하던 가족 단위의 쇼핑 습관을 상실했다. 이제는 단독주택의 자기 방에서 소셜미디어로 대화하거나 자신의 태블릿으로 아마존에서 원하는 물품을 주문한다. UPS의 트럭들은 각각 집 앞에 정차하여 배달할 물품 더미들을 내려놓기를 반복한다. 어떤 쇼핑몰은 찾는 고객이 없어 파산하기도 한다. 이들뿐만이 아니다. 사치품의 부티크에서 대형 슈퍼마켓, 대형 상점에 이르기까지, 모두 같은 몰락의 증후군을 겪고 있거나 현재와는 상당히 다른 불확실한 미래를 맞이하고 있다. 이러한 현상은 이를 처음 시작한 국가들에서 먼저 나타나고 있다. 이것은 머지않아 사라질 위험에 직면한 도시들의 모습이기도 하다. 즉, 만약 소비자가 자신의 집에서 소비 활동을 한다면 누가 진열장의 물품들을 보기 위해 돌아다닐 것인가? 지금으로서는 온라인 글로벌 여행이 성행하고 있으며, 이는 중국인과 러시아인, 이탈리아인과 프랑스인들의 관광과 더불어 지역 소비자들이 사라진 공간을 대체하고 있다. 현재는 이것이 맨해튼의 5번가와 휴스턴 서부 지역, 또는 로스앤젤레스의 베벌리힐스와 같은 장소들의 명성을 유지시키고 있는 셈이다. 어쩌면 밀라노의 몬타나필레오네와 스피가 거리, 로마의 콘도티 거리도 마찬가지일까? 계속해서 두바이 국제공항의 면세점, 동일 브랜드나 상점의 상품들에서 지역 전통의 특징이 사라지는 현상이 공통으로 나타나고 있는 것 같다.

2017년 여름 자료에 따르면, 불과 몇 년 전에 시작된 것처럼 보였던 미국 패션 브랜드 베베의 매장 170개가 폐업했으며 현재는 온라인 판매만을 하고 있다. 아동 패션 체인 루21은 1,100개 매장 중 400개가 폐점했다. 2017년 첫 3분기에만 미국에서 8,600개의 매장이 문을 닫았던 소매판매점 분야에서 두 가지 사례를 들어보자. 2008년 대위기 당시는 그 상황이

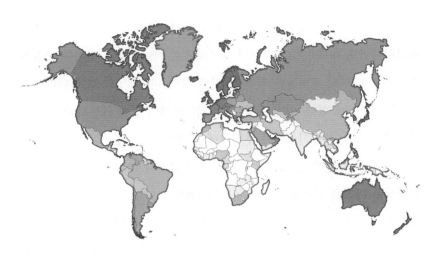

전 세계의 인터넷 보급률

매우 심각했었다. 하지만 이번에는 경기 침체가 원인이 아니었다. 소비자들의 습관과 행동이 급변했기 때문이었다. 2017년 전반기에만 길거리 판매와 더불어 쇼핑몰에서 틈새 부티크에 이르기까지 5만 개의 일자리가 사라졌다. 어쩌면 우리는 큰 재앙의 시작 단계에 와 있는지도 모른다. 쇼핑몰 전문 부동산 기업인 GGP의 통계에 따르면, 현재 소비의 규모가 축소되는 상황에서 쇼핑 센터들은 매장의 30퍼센트를 닫고 거의 500만 명의 직원을 해고해야 할지도 모른다. 이러한 모델을 가장 먼저 시작하여 전 세계로 확산시킨 국가에게는 죽음의 선고일 것이다.

　온라인 거래는 아직도 더 성장할 여지를 가지고 있다. 인터넷 거래는 아직은 전체의 10퍼센트 수준이지만, 이미 너무 많은 격변을 겪었다. 미래에도 이러한 변화의 흐름은 여전할 것으로 예측된다. 서적, CD, 비디오가 시작을 위한 초기 모델을 제시했는데, 이 분야에서는 아마존과 그 경쟁자들의 발전이 두드러지고 있으며 오늘날 판매 전체의 60퍼센트가 온라인에서 이루어지고 있다. 전자 또는 사무용품 부문에서도 40퍼센트에 가까운 같은 학습곡선이 나타나고 있다. 아이들을 위한 장난감까지도 동일한 성장곡선을 보여주고 있는데, 아마도 개인적으로 직접 매장을 방문하는 것이 부모들에게 스트레스를 주거나, 또는 어린아이들이 '디지털 원주민'으로서 태블릿을 통해 자신들이 원하는 선물을 구매하기 때문일 것이다. 모든 공통된 것에는 그 한계가 분명하게 존재한다. 물건들을 직접 살펴보지 않고는 옷이나 신발을 사지 않을 것이라고들 하지만 의류는 온라인 판매가 크게 성장한 분야 중 하나이다. 이 점에서 아마존도 개척자의 역할을 했다. 하지만 많은 사람이 요구 사항을 제시하는데, 바로 신속한 배송과 쉬운 반품 및 환불이다. 아마존은 신선식품을 위한 소비시장 분야에 뒤늦게 가세했지만, 온라인 주문 및 택배 부문이 확대되고 있는 홀푸드[2]를 인수하면서 따라잡고 있다. 메이시스와 페니 같은 명칭들은 미국 소비주의의 아이콘으로서 불확실한 출구로 인해 위기를 겪고 있다. 도시들의 새로운 지도가 미지의 목적지를 향해 항해하고 있다.

우리의 일상적인 삶의 지도들을 바꾸는 새로운 기술은 우버[3]이다. 천재적 발상으로 세계의 거의 모든 지역에서 운영되고 있다. 여러 차례 위기를 겪었으며 2017년에는 최고경영자가 사임했다. 전 세계적으로 수많은 항의에 직면하기도 했다. 이것이 우버의 역설이다. 샌프란시스코에서 탄

---

2 Whole Foods, 인공첨가제가 포함되지 않은 유기농 식품을 전문적으로 판매하는 미국의 슈퍼마켓 체인점.

3 Uber, 스마트폰 앱으로 택시가 아닌 일반 차량을 배정받을 수 있는 교통 중개 서비스.

생한 우버 앱은 모든 의미에서 도시 유동성에 혁명을 가져왔다. 스캔들로 인해 창업자이자 최고경영자인 트래비스 캘러닉이 사임 압박을 받고 있던 날(2017년 6월 20일),《월스트리트 저널》은 '자동차 소유'의 몰락에 대한 특별한 사설을 게재했다. 소유의 개념은 특히 '카셰어링(car sharing)'처럼 소유보다 이용을 선호하는 모든 방식을 적극적으로 수용하는 젊은이들에게는 이미 낡은 것이었다. 샌프란시스코의 한 청문회 조사에 따르면, 밀레니엄 세대의 월별 예산에서 우버 비용 항목은 이제 주택 임대료만큼 높은 비중을 차지했다.

우버만큼 전 세계적으로 감동과 증오의 상반된 반응을 불러일으키는 사례는 찾기 힘들 것이다. 과거에는 요금을 받고 자동차 이동을 도와주기 위해 만들어졌던 이 앱은 샌프란시스코에서 창업된 지 8년이 지난 이후에도 기술적으로 스타트업에 머물고 있었다. 2017년까지만 해도 주식시장에 상장되지 않았지만, 그 가치는 700억 달러에 달했다. 주식 보유자들 사이에서는 실리콘밸리, 골드만삭스와 모건스탠리, 그리고 사우디아라비아 군주의 자금과 같은 월스트리트 투자은행들의 '벤처 캐피털' 중 최고로 인식되고 있다.[4]

우버의 고민은 다양하다. 이미지 제고에서 가장 심각한 문제는 성차별과 관련이 깊다. 우버의 평균 이용자들이 대도시 주민처럼 인터넷에 익숙한 사람들로서 종종 자유주의자들이기도 하다는 점을 고려할 때 더욱 그렇다. 기업 내부에 존재하는 남성우월주의에 대한 여직원들의 고발이 있

---

4 우버는 2021년 기준 역대 첫 흑자를 기록하며 주목받았으며, 본업인 차량 예약 서비스보다 '우버이츠'라는 배달 서비스 매출이 더 높은 수익을 차지하고 있다.

었다. 심지어 인도의 우버 택시 기사에 의해 강간을 당한 한 여성이 우버의 최고관리자를 명예훼손으로 고소한 사건이 발생했다. 결국, 우버는 워싱턴 정부의 법적 조치로 인해 도시 운송에 관한 법률을 위반한 것으로 고발되었다. 2017년 조사에 따르면, 우버 이용자의 80퍼센트가 이 사건을 알고 있는 것으로 밝혀졌다. 주요 경쟁자인 리프트[5]의 시장점유율은 불과 3개월 만에 21퍼센트에서 25퍼센트로 상승했다. 우버는 미국 시장에서 75퍼센트의 압도적인 점유율을 차지하고 있지만 불과 몇 년 전까지만 해도 90퍼센트를 유지하고 있었다. 시장점유율의 차이가 점차 좁혀지고 있는 것은 사실이다. 하지만 그것은 신생 기업과 그 너머 세계의 '세부 사항'이다. 아마존닷컴의 대표인 제프 베이조스는 우리에게 교훈을 남겼는데, 이는 비용을 고려하지 않은 시장 점유 논리에 따라 수년 동안 손실을 감수했다는 사실이다.

우버가 탄생한 도시는 이러한 이상적인 전망의 가치를 살펴보는 데 매우 중요하다. 샌프란시스코는 애석하게도 최악의 택시 서비스를 자랑하며 택시를 찾기가 매우 힘들다고 알려져 있었다. 오늘날에는 유료 이동 서비스를 쉽게 받을 수 있는 '유연한' 도시가 되었다. 하지만 반대편 해안의 뉴욕에까지 자동차 렌탈 허가증을 가지고 있는 전문가들을 위한 X 및 블랙버전의 우버 서비스 품질은, 그 수가 많고 요금이 적은 옐로 택시보다 절대적으로 우월하다. 동부와 서부의 두 해안 지역 사이에 있는 미국 중부 지역들의 우버는 택시 서비스가 거의 존재하지 않았거나 요금이 매우 많이 나왔던 곳들에서 '유연한' 유동성을 실현했다. 이는 삶의 스타일에서 드러난

---

5 Lyft, 존 짐머와 로건 그린 리프트가 창업한 차량 공유경제 서비스 회사.

또 다른 혁명이었다.

오늘날 세계 전체는 우버에 의해 구분된다. 한편에서는 이용자들이 자유롭게 택시 기사를 찾는 새로운 앱을 소비자의 자유를 위해 허용하고 있고, 다른 한편에서는 국가나 도시 당국이 규정과 택시 기사들의 이해관계에 따라 이를 금지하고 있다. 이것은 힘의 논리로 재편된 지도와 경계를 갖춘 지구의 새로운 지정학을 의미한다. 다시 말해 이를 조합이나 규정의 최우선주의가 결정하는 곳이 있는 반면, 다른 곳에서는 이를 이용자들이 스스로 부과한다. 이탈리아에서는 다양한 판결문이 전자의 경우에 속하며, 앵글로색슨 국가들은 일반적으로 후자의 경우에 속한다.

이처럼 우버 전쟁은 도시에서 이동하는 새로운 방식이 확대되는 것을 가능하게 했다. 우버는 이미 지구적인 현상으로 200개 도시와 전 세계 55개 국가들에서 제공되고 있다.[6] 우버는 이러한 확산을 가리키는 의미로 '우버화'라는 신조어가 만들어질 정도로 빈번한 모방에 원인을 제공했다. 혁신적인 원리는 알고리즘에 있었다. 우버 앱의 소프트웨어는 다양한 서비스를 제공한다. 즉, 차를 찾는 사람, 자신의 택시 기사 서비스나 전문 자동차 렌트 또는 프리랜서 서비스를 제공하는 사람을 상당히 신속하게 찾아준다. 알고리즘은 서비스 요청과 서비스 제공을 찾기 위한 비용을 다양화했다. 이러한 기적은 비가 많이 와서 정규 택시 기사들을 찾기가 불가능할 때 이용 가능한 차를 찾아주거나 정확한 시간에 도착할 수 있게 해준다. 물론 요청이 많으면 비용은 올라가는데, 이는 불만의 여러 이유 중 하나였다. 즉 날씨가 좋지 못한 경우, 예를 들어 허리케인 샌디가 뉴욕을 강

6 2021년 12월 기준 대한민국을 포함해 70여 개국에서 서비스하고 있다.

타했을 때 비용은 최고치에 이르렀다. 반면, 정규 택시 기사들은 항상 동일한 요금을 유지한다. 우버는 운전기사들에게 내비게이션 시스템도 제공하며 모든 요금을 관리한다. 끝으로 다음의 두 가지 방식으로 임금을 결정한다. 즉, 이용자들이 운전기사에게 표를 주거나 그러지 않는 것이다(손님이 예의 없이 행동하거나 물리적인 폭력을 행사한 경우, 또는 늦게 도착한 경우 블랙리스트에 올릴 수 있으며 우버 운전기사는 이들의 호출을 거부할 것이다). 스마트폰의 앱을 이용해 목적지에 도착하는 과정을 추적할 수 있다. 우버의 성공은 대량 주식 보유자 중에 중국인 거부의 바이두(Baidu) 사이트(베이징과 상하이에서 서비스를 제공하고 있다)와 카타르의 군주가 포함되어 있다는 사실을 통해 확인된다. 사회가 투자하고 있는 향후 혁신의 경계는 운전자 없는 자동차로 이동 서비스를 제공하는 것이다. 이를 준비하고 있는 구글은 우버의 수도에 진출했다.

우리는 한 세기 전부터 자동차 문명에 의해 디자인된 경관 속에서 살고 있다. 따라서 지리적 유동성의 새로움을 보여주는 두 가지 요인인 '나눔 경제'와 전기자동차로 무엇을 바꿀 수 있는지를 살펴보아야 한다.

소유를 대체하는 '재산 공유'의 중요성을 깨달은 초기 인물 중에는 제러미 리프킨이 있었다. 그는 '접근의 경제학'을 이론화했다. 재산의 소유권을 모색하는 세계로부터 단지 필요할 때만 이를 사용하는 새로운 세계로의 전환을 의미했다. 이것은 전통적인 임대와는 다른 내용을 포함한다. 나눔 경제는 그 지속 기간이 무한대로 다양하지만 매우 짧기도 하고 계약상 상당히 탄력적인 기준에 따른다. 그리고 그 자체로 새로운 노동 세계를 동반한다. 나눔 경제는 프리랜서를 만들어낸다. 필요성에 따라 만들어지기도 하는데, 상당히 낮은 소득을 얻는 세대들은 지극히 평범한 소비를 인내해야 하는 것을 배웠다. 비평가들은 봉급에 대해 '푼돈의 공유'라고 비난한다(이유는 소득의 대부분이 소수의 주머니에 들어가기 때문이다). 환경적인 이점에는 의심의 여지가 없다. 반복적으로 사용된 재화는 낭비와 오염을 줄여준다. 이는 관습과 가치의 혁명이며, 거의 개척되지 않은 경제 차원으로의 도약이다. 나는 도시 지리로 한정해 이야기를 풀어갈 것이다. 만약 모든 세대가 구매와 소유에서 분리된 자동차라는 한정된 재화를 사용하는 데 집중한다면, 우리는 그때에도 주차를 위한 넓은 공간을 필요로 할까? 한정된 도시와 지하 공간은 운행되지 않고 정차된 많은 수의 자동차를 수용하는 역할을 한다. 다시 말해 개인 소유의 자동차는 95퍼센트의 시간 동안 주차된 채 사용되지 않는다고 한다. 나눔 경제의 장점은 방대한 크기의 '점령된 땅'을 자유롭게 해줄 수 있을 것이다. 이미 구글과 같은 기업들의 기술력과 전통적인 자동차 기업들이 투자하고 있는 전기자동차의 경우에도 영토의 지리학에 대한 의미가 상당하다. 파이프라인이 지나가는 세계에서는 전기충전소를 어디에나 설치할 수 있다.

기술은 이러한 미묘한 방식으로도 우리의 경관을 바꾸어놓는다. 경제적 편리함을 개선하면서 이동의 편리함을 보장할 수 있고 공간에 대한 우리의 인식까지도 변화시킬 것이다. 우리는 주행 시간과 이동하는 데 필요한 돈으로 거리를 측정한다. 이것을 쉽게 이해하려면 노선의 존재 또는 부재를 가이드 기준으로 채택하여 이탈리아의 지도를 재설계해보면 된다. 이탈리아고속열차(Frecciarossa)와 밀라노 중앙역인 이탈로(Italo)가 생겨나면서 밀라노, 볼로냐, 피렌체, 로마, 나폴리는 한층 가까워졌다. 반면, 예를 들어 티레노해의 해안은 이전만큼이나 멀게 유지되었다. 리구리아로 휴가를 자주 가는 나에게 오늘날 제노바-로마의 노선이 밀라노-로마의 노선보다 훨씬 더 먼 거리인 것은 '확실'하다. 왜냐하면 나는 이 거리를 킬로미터의 거리가 아니라 여행에 소요되는 시간으로 측정하기 때문이다.

이동 비용의 새로운 방정식은 저가 항공사에 의해 제기되었다. 오늘날 저가 항공이 개발한 새로운 항로와 여정을 이용하는 여행객이 증가하고 있다. 왜냐하면 경제적 여건에 따라 이동하는 것이 지극히 편리하기 때문이다. 유럽의 지도는 이러한 현상에 의해 다시 정의되었다. 즉, 한때 거의 알지도 못하고 자주 찾지도 않았으며 여행 일정에서 항상 B등급의 여행지로 간주되었던 도시들은 '집의 외곽 지역'이 되어간다. 라이언에어항공 또는 이지제트항공 또는 부엘링항공과 같은 항공사들이 상당히 낮은 비용으로 이용할 수 있는 새로운 항공 노선을 개발했기 때문이다. 이것은 새로운 '비즈니스 모델', 항공 기업의 운영을 위한 다른 시스템이기 때문에 우리에게 상당히 친숙하다(이미 알려진 바와 같이, 우리가 지출하는 항공료는 방문객의 새로운 흐름을 이끄는 목적지의 공항과 지역에서 자금을 조달하는 전형적인 저비용 청구서의 부차적인 출처가 되었다).

지리적 변화는 우리가 국제적인 차원의 체계적인 교류를 통해 대학교육을 추진하기 위한 '교육 플랫폼'으로 정의하는 '에라스무스(Erasmus)' 같은, 또는 미국 대학들의 분교를 전 세계의 모든 대륙에서 운영하는 다국적 기업으로 탈바꿈시키는 것과 같은 변화를 동반했다. 두 경우 모두에서 거리는 재조정되고 있고 학문적 동기에 따른 진정한 이민이라는 새로운 흐름이 만들어지고 있다. 만약 21세기에 서양인이나 아시아인의 정상적인 교육과정이 대륙 전체로 확대되거나 한 대륙에서 다른 대륙으로 옮겨 간다면 이는 우리가 변화하는 공간과 관계 맺고 있다는 증거인 것이다.

기술에 대한 지배의 중요성으로 인해, 수십 년 전부터 세계의 지도자들은 이러한 '지리적인' 문제에 관심을 집중하고 있다. 그럼 이로 인해 이미 세계의 곳곳에서는 혁신의 중심들이 형성되고 있고 우월성, 즉 이 분야에서의 헤게모니를 선점하고 있을까? 우리 시대의 현실을 고려할 때, 이 질문은 다음과 같이 해석된다. 실리콘밸리는 샌프란시스코와 산호세의 중간에 있는 캘리포니아에 어떻게 세워진 것일까? 이러한 지리적 혁신은 다른 곳에도 적용 가능할까? 이탈리아, 프랑스, 중국에서도 실리콘밸리가 만들어질 수 있을까? 우리는 이것이 자기의 국가나 고향에 세워지기를 원하거나, 유사 이익의 일부라도 기대하면서 작은 규모의 비슷한 것이라도 원할 것이다.

오랫동안 샌프란시스코에 살았던 나는 중국인에서 이탈리아인에 이르기까지 외국 정부의 많은 여행자를 보았다. 이들은 모두 혁신적인 기술의 지도를 자신들의 국가로 이전하기 위한 마술 주문의 성배를 찾고 있었다. 나는 미스터리에 관한 통속적인 설명을 제공하려는, 일부는 호기심을 자극하고 일부는 코미디 같은 몇 가지 전설들을 기억하고 있다. 이 실리콘밸리 계곡에 대량의 실리콘이 있다고 믿는 사람도 있었고, 전자 마이크로칩에 사용되는 규소의 광산이 있다고 믿는 사람들도 있었다. 실리콘밸리는 실제 계곡의 지형도 아니며(실제로는 캘리포니아 중부 계곡으로 농업 지역이다), 그 경계는 임의적이고 유동적이다. 실리콘밸리가 언제 만들어졌는지에 대한 설명은 실리콘 '계곡'과 무관하다. 오히려 이는 보이지 않는 붉은 선이며 진주만, 오클랜드, 버클리대학과 관련이 있다. 1941년 미국의 하와이 진주만 해군기지에 대한 일본의 공격으로 루스벨트는 서부 해안에 전쟁 준비를 위한 인프라를 집중했다. 군사적 목적의 연구를 위한 막대한 공공자금이 이곳에 집중되었으며 당시 여러 중심지 중 하나는 태평양전쟁에 파병되는 군대가 출발하는 오클랜드항구의 주변 지역이었다. 버클리대학에는 핵 과학자들이 활동하고 있었는데, 이들 중에는 이탈리아인 에밀리오 세그레가 있었다. 이들은 원자폭탄 개발 프로젝트에 참여하는 중이었다. 그 이전에 이 지역이 전자산업의 후보지가 된 데는 우연한 사건이 계기가 되었는데, 이는 대공항 시기에 스탠퍼드대학에서 윌리엄 휼렛과 데이비드 패커드가 만나 우정을 쌓은 것, 그리고 이들이 1935년 팰로앨토[7]의 한 차고에서 창업을 결정한 것이었다. 휼렛패커드 기업의 탄생은 전자 분야와 이후 정보학 영역에서 선구적인 역할을 했다. 시작 단계의 열정은 이후 그리스 전설에서처럼 일종의 창립 신화로 변화되었는데, 이는 빌 게이츠와 스티브 잡스에 의해 반복될 것이었다.

　지리적 조건들은 가치들, 즉 지역 문화의 지도를 포함해야 한다. 나는 히피 운동 속 꽃과 음악, 무정부주의가 폭발한 지 50주년이 되는 해에 그것들을 기억한다. 스티브 잡스와 같은 세대의 다른 인물들은 이를 두고 기존의 틀을 깨는 파괴적이고 혁명적이며 범법적이고 새로운 자본주의의 비유로 인식했다.

　50년 전 당시에는 인터넷도 없었고 페이스북도 없었으며 휴대전화조차도 없었다. 구식의 입소문만이 있었을 뿐이다. 하지만 이것은 미국 전역에서 온 수십만 명의 젊은이들을 샌프란시스코로 모여들게 하는 놀라운 효율성을 발휘했다. 많은 젊은이가 집에서 가출했고 절망한 부모들은 연락이 두절된 자식의 사진을 경찰서에 보내 실종신고를 하고 있었다. 하지만 헤이트애슈베리의 구역에서는 히피 공동체의 완벽한 침묵이 이들을 보

7　Palo Alto, 미국 캘리포니아주 샌타클래라군에 있는 도시.

호하고 있었다. 이들은 자신들이 좋아하는 음악가인 그레이트풀 데드와 제퍼슨 에어플레인의 공연을 보기 위해 골든게이트파크에 모여들었다. 이렇게 해서 '샌프란시스코 사운드'가 탄생했고 믿기 힘든 이벤트, 즉 "샌프란시스코에 가면 머리에 꽃을 다세요/당신은 이곳에서 상냥한 사람들을 만날 거예요/샌프란시스코의 거리에서는/전국에 전율이 있을 거예요/모든 세대가 이동을 시작하고/여름은 사랑의 시간이 될 거예요"라는 가사를 노래한 스콧 매켄지에 의해 대중화된 '사랑의 여름'[8]이 시작되었다.

이 이벤트는 음악적으로, 그리고 풍속·정치·문화적으로 근본적인 단절을 만들어냈다. 예술적인 차원에서는 밥 딜런에서 비틀스에 이르는 스타들이 당시의 시대를 풍미하고 있었다. 하지만 샌프란시스코에서는 음악 행사들뿐 아니라 정치적인 움직임, 시각예술, 환경주의와 더불어 성 해방, 동양 정신, 즉 성인 사회의 핵심적인 대안이 되기를 원했던 '전체론적인 이론'이 함께하는 뉴에이지 철학이 나타나고 있었다.

'사랑의 여름'의 쇼크는 젊은이들의 카오스에 대한 이미지, 그레이트풀 데드가 야외 공연에서 부른 〈댄싱 인 더 스트리트(Dancing in the Street)〉에 관한 1967년 6월의 CBS 뉴스 보도를 통해 잘 요약되었다. 당시 한 시사 해설자는 이렇게 논평했다. "여기 모인 젊은이들의 대부분은 교육을 받은 부르주아입니다. 이들은 우리 시대 물질주의 사회의 악에 저항합니다. 하지만 이들의 목적은 내적이고 개인적인 복지로 돌아가는 것이죠. 이들의

---

8 Summer of Love, 1967년 미국 록 음악계에 비틀스, 지미 헨드릭스, 도어스, 벨벳 언더그라운드, 롤링 스톤스 등의 대표 앨범들이 쏟아져 나오면서 히피의 주도로 이루어진 사회·문화적 현상.

운동은 성장하고 있으며 이와 더불어 마약도 확산되고 있습니다. 위험이 있다면 이는 더 많은 수의 젊은이들이 '너를 깨우고(turn on), 귀를 기울이고(tune in), 너 자신을 포기하라(drop out)'의 구호를 중심으로 모여든다는 사실입니다."

샌프란시스코는 반(反)문화의 요람이 되기 위한 전제 조건들을 이미 제시하고 있었다. 바버리해안,[9] 잭 런던, 1848년 황금 열풍[10]에 의한 약탈과 모험가들의 도시였다. 이 도시는 1950년대 비트 세대의 저주받은 시인들을 초대했다. 1964년 버클리대학의 캠퍼스에서는 젊은이들의 첫 데모가 발생했다. 1967년 1월에 부족의 모임은 두 가지 영혼을 함께 제시하기를 원하고 있었는데, 정치적 혁명을 갈망하는 자들의 영혼(버클리대학)과, 대안적인 삶을 실천하는 자들 즉 헤이트애슈베리 히피들의 영혼이었다. 그 저변에는 전투를 위해 베트남에 가는 것을 양심적으로 거부하는 수많은 젊은이들이 있었다. 이러한 경향은 여러 인종 사이에서 유행했다. 즉, 영국 빅토리안 시대의 복고풍 의복, 동양의 이국주의, 사후에 지역사회의 생활 모델로 새롭게 주목받은 아메리카 원주민의 스타일, 반(反)소비주의, 환경 존중의 의미를 모두 반영하고 있었다. 예술의 여러 분야에서는 콘서트 홍보나 디스크 표지의 포스터들이 넘쳐났다. 릭 그리핀, 빅터 모스코소, 웨스 윌슨과 같은 예술가들은 리버티위드인디아(Liberty with India)와 팝아트를 설립했다. 당대의 빌 햄과 벤 반 메터의 비디오들에서는 LSD 마약에 의한 환각 경험을 재생하려는 노력이 역력했다. 무료 클리닉은 약물중독 커

---

9 Barbary Coast, 유흥과 윤락 시설이 모여 있었다.

10 새크라멘토강 근처의 존 서터의 제재소에서 금이 발견되면서 골드러시가 시작되었다.

플들과, 자유 섹스를 즐기면서 야외에서 잠을 자는 많은 젊은이들에게 무상 의료 서비스를 제공했다. 영국 런던의 최대 환락가인 소호의 카나비스 트리트, 또는 비틀스와 롤링 스톤스의 공연[11]과 비교할 때, 비즈니스가 거의 전무했던 '사랑의 여름'의 무료 서비스는 실로 놀라운 것이었다. 단지 유일한 예외가 있었다면 그것은 코끼리 다리 형태의 청바지로 당시의 창조성을 독점하며 세계적으로 유행한 샌프란시스코의 레비스였다.

'사랑의 여름'은 여름이 조금 더 지나서까지 계속되었다. 1967년 10월 6일 폐회 행사는 광장에서 수많은 '시체'들의 퍼포먼스, 즉 '히피의 죽음'으로 대장정을 마감했다. 50년이 지난 지금 나는, 그레이트풀 데드 밴드의 요리사였다가 나중에 구글의 사내 식당으로 자리를 옮긴 찰리 아이어스를 생각한다. 지금의 샌프란시스코는 돈으로 넘쳐난다. 그 어떤 집시(보헤미안) 예술가도 현재의 임대료를 감당할 수 없을 것이다. 헤이트애슈베리는 관광객을 태운 버스들이 다녀간 추억의 진열대였다. 하지만 스타트업의 전형적인 혁신 문화가 집합되어 있는 강력한 이념, 즉 샌프란시스코의 범법 전통, 독창성을 존중하고 반란의 인물들을 존중하는 성향은 그대로 유지되고 있다. 이러한 모델을 베이징이나 싱가포르, 즉 전제주의 정권들이 통치하는 국가나 도시들로 옮겨 가는 것은 사실상 불가능하다.

샌프란시스코와 실리콘밸리의 문화 지리 또는 실제의 물리적 지도에는 서부 정복과 더불어 상속된 개척정신에서 현대의 벤처캐피털에 이르는, 그리고 극동으로의 자연 투영에서 국가의 선견지명과 개인적인 후원 조합에 의해 설립된 우수한 대학들에 이르는 다른 많은 요인이 포함된다.

11 한 흑인 팬이 경호원들에 의해 살해되는 사건이 발생했다.

끝으로 지저분한 비밀도 있다. 시간이 흐르면서 이러한 비밀의 중요성은 더욱 커졌다. 이는 실리콘밸리와 이전의 기술-산업혁명에서 지배적인 지위에 있었던 다른 지리적 중심지들의 역사의 공통된 특성이었다. 즉, 선도 기업의 세계가 집중된 후에는 독점과 독과점이 출현했다. 독과점은 자신의 권력에 집착하면서 이를 외부 세력들의 공격으로부터 방어했다. 따라서 그들과 합류하려는 일종의 강박이 발생했고, 이곳에 강력한 부의 집중이 나타났다. 이것이 오늘날 애플의 본사, 구글-알파벳, 페이스북이 위치한 실리콘밸리를 특징짓는 설명이며, 넓게 봤을 때 서부 해안의 북부에 위치한 시애틀에는 아마존과 마이크로소프트의 본사가 있다. 지리가 운명이 된 것이다. 이는 월스트리트가 맨해튼섬의 한 구역을 벗어나서는 글로벌 금융자본으로서의 역할을 수행하기가 불가능한 것과 마찬가지다.

이렇게 해서 오늘날 실리콘밸리는 스티브 잡스, 저커버그와 같은 젊은 개척자들의 많은 이념적 전제를 배신했음에도 전 세계로부터 인재를 끌어모을 수 있다. 원래는 무정부주의 정신, 심지어 반자본주의 정신이 있었는데 이는 인터넷에서 자유, 접근, 보편적 지식의 폭발적 증가를 목격했다. 평등주의 혁명은 기원에 대한 이야기를 통해 오랫동안 전해졌다.

오늘날 현실은 이러한 유토피아의 끔찍한 캐리커처로 전환되었다.

우리 시대에 샌프란시스코의 평범한 하루는 세자르차베스스트리트[12] 노숙자들을 추방하는 것으로 시작된다. 2016년 5월 어느 날 아침 7시에 노숙자 추방을 위한 작전이 전개되었다. 에드윈 리 시장의 지시로 이곳에 도

---

12 Cesar Chavez Stree, 라틴계 미국인 인권운동가인 세자르 차베스를 기리기 위해 1995년 이름이 변경된 거리.

시위생국의 트럭과 구급차들이 도착해 명령을 집행했다. 그리고 경찰 차량도 이 작전에 투입되었다. 공적 차원에서 철거된 노숙자들의 거처는 샌프란시스코의 한복판에 세워진 또 다른 텐트 도시였다. 하지만 그 효과는 오래가지 못했다. 경찰이 떠난 직후 노숙자들이 다시 돌아와 보행로에 텐트를 치기 시작했다. 아니, 실제로는 포트레로애비뉴 방향으로 조금 이동했을 뿐이다. 다른 노숙자들은 좀 더 도심에 가까운 텐더로인 지역을 영구적으로 차지했다. 이들은 도시에서 관광객이 가장 붐비는 유니언스퀘어까지 밀고 들어갔다.

베이에어리어[13]의 중심으로서 샌프란시스코는 전례가 없는 막대한 부의 유입을 경험했다. 여기에는 구글, 애플, 페이스북, 트위터 그리고 다른 많은 미디어 매체의 창업자와 대주주들이 살고 있다. 볼거리로도 유명한 샌프란시스코에는 샤론 스톤, 모건 프리먼의 저택이 있다. 중국의 억만장자들은 부동산 투자를 할 때 샌프란시스코를 맨해튼 다음으로 선호한다.

노숙자는 동전의 또 다른 단면이다. 샌프란시스코에는 이러한 양면이 항상 존재해왔다. 이 거대도시의 전설에 따르면, 이미 잭 케루악[14]과 비트 세대의 시대부터 노숙자들은 온화한 기후와 무엇보다 지역 관용과 관대한 지원, 급진적이고 자유로운 도시의 분위기에 매료되어 외부로부터 유입되었다. 하지만 이는 더 이상 사실이 아니다. 노숙자에 대한 조사에 따르면, 이들의 71퍼센트가 가난해지기 전에 이미 이 도시에 거주하고 있었기 때문이다. 부와 소외의 양 극단은 서로 연결되어 있다. 지속적인 기술 성장,

---

13 Bay Area, 샌프란시스코와 오클랜드, 그 위성 도시들을 포함한 샌프란시스코만의 해안 지역.

14 미국의 시인이자 소설가이며 비트운동의 지도자 겸 대변인으로 활동했다.

전 세계 인재들의 유입은 샌프란시스코를 가장 물가가 비싼 도시 중 하나로 만들었다. 중산층의 경제력으로는 이곳에서 집을 사거나 전세로 거주하는 것이 거의 불가능하다. 고등학교 교사는 이 도시에서 방 하나를 빌리는 데 봉급의 64퍼센트를 소비한다(평균 임대료는 3,500달러이다). 많은 사람들이 이 도시를 떠나고 있다. 누군가는 새로운 빈자들의 대열에 합류하기도 한다.

노숙자들은 부유층 주민들이 거주하는 대표적인 부자 동네인 퍼시픽하이츠와 카스트로에까지 진출하고 있다. 이러한 현상은 제3세계의 한 단면을 보는 것 같다. 도시의 존경받는 주민들은 광장에서 소변을 보거나 배변하는 사람들, 과음으로 토하는 사람들, 과잉 복용으로 쓰러진 사람들과 마주한다. 이들은 위험할 수 있다. 이 도시의 대표적인 신문인《샌프란시스코 크로니클》의 편집장은 아이와 함께 산책을 위해 외출했다가, 한 남녀가 야외에서 성행위를 하는 장면을 목격했다. 그녀는 놀라서 소리를 질렀고 그들의 반려견인 핏불의 공격을 받았다. 이후 이 신문사는 모든 지역 미디어와 함께 '노숙자로 인해 부끄러운 도시'라는 캠페인을 벌였다.

노숙자의 절대 수치는 그리 많지 않다. 2016년 조사에 따르면 6,686명이었다. 이것은 노숙자들이 쉼터로 가지 않고 거리에서 노숙한다는 것을 의미한다. 하지만 샌프란시스코는 미국 평균으로는 작은 도시이며 인구는 80만 명에 불과하다. 이 도시의 노숙자들은 2년마다 4퍼센트씩 증가하는 반면, 실리콘밸리의 주식은 하늘을 날고 있다.

과거 수십 년 동안 캘리포니아는 과거의 이념적 엄격함에서 자유로운 좌파 이념들, 즉 디지털 주도의 성장, 혁신 에너지, 다인종 사회, 교육과 과학연구의 수준 높은 실험실이었다. 하지만 오늘날 캘리포니아는 균열이 있는 유리창과 같다. 말 그대로 이는 각각의 조각들로 갈라진 기간산업의 균열이다. 오로빌댐에서 지금은 산사태로 폐쇄된 전설적인 빅서[15] 파노라마 고속도로, 또는 20년 전부터 예고되었지만 아직도 깜깜무소식이라 웃음거리가 된 고속철도가 대표적인 사례이다. 심지어 가장 중요한 자원인 대학 시스템은 점점 더 높아지는 수업료, 평생 짊어져야 할 학생들의 부채, 현실에 맞지 않는 학습 권리 탓에 학생 모집의 어려움에 직면했다. 캘리포니아는 공공재와 집단서비스 부문에 투자를 전혀 하지 않은 민주당 지도 계층의 실수로 인한 대가를 치르고 있다.

실리콘밸리의 또 다른 모습도 존재한다. 이는 '진보적' 자본주의로 세금을 회피하고 사회적 불평등을 조장하는 것으로서, 성장모델의 대안을 제시하지 못하고 있다.

자유주의 엘리트들은 경제 모델의 부산물이기도 했던 고통받는 사람들을 외면한 채, 미디어 매체의 소유주들과 즐기려고만 했다. 실리콘밸리의 파라오들은 자신들의 조세 피난처에서 국가공동체들이 간절하게 필요로 하는 자원들을 축적하고 있다. 진보주의자들과 매체의 주인들 간의 건전하지 못한 동거 사례로는 2017년 8월 말 발생한 정치적 사건을 들 수 있다. 워싱턴의 권위 있는 싱크탱크 차원에서 한 연구자는 유럽연합 집행위원회가 구글에 부과한 최대 액수의 벌금에 대해 긍정적으로 평가했다. 문제가 된 싱크탱크의 재정 후원자들 중에 구글과 이 기업의 최고경영자가 있었다는 점은 안타까운 일이다. 조심성이 없었던 학자는 결국 해고되었다. 사태는 더욱 악화되었다. 구글의 지시를 따르는 싱크탱크는 진보주의

---

15 Big Sur, 미국 캘리포니아주 서부의 명승지로 태평양 연안의 160킬로미터 바위 해안 지역.

자들로 구성된 뉴아메리칸재단(New America Foundation)이었는데, 이 재단은 민주당과 밀접하게 연결되어 있었다. 자신의 입장을 불편하게 하는 자들을 뒷조사하고 내쫓은 재단 이사장은 국무부에서 힐러리 클린턴의 오른팔이었다. 도덕은 땅바닥에 떨어졌다. 트럼프와 빅파마[16] 또는 석유업자들 간의 공모를 고발하는 것에 상당히 열성적이었던 좌파는 정작 자신의 편에 있는 자본주의자들, 즉 실리콘밸리의 자유주의 기업인들에게는 상당히 유연한 태도를 보였다.

해고의 희생자는 배리 린으로 독과점과 반(反)트러스트 규정의 전문가였다. 재단의 싱크탱크 '오픈마켓' 부서에서 선임연구원으로 근무하던 그는 유럽연합이 구글에 (24억 유로의) 벌금을 부과한 것에 대한 긍정적인 분석을 싱크탱크의 사이트에 기고했다. 하지만 이 글은 그의 상사의 지시에 따라 사이트에서 삭제되었다. 부서 상사는 앤마리 슬로터였는데, 그녀는 진보주의 지식인의 선도적인 상징이었다. 그녀는 하버드대학과 프린스턴대학에서 공부했으며 국제관계에 대한 여러 저서를 출판했다. 이후 그녀는 힐러리에게 영입되어 국무부의 고위직을 수행했다. 슬로터는 이 글을 읽은 후 배리 린을 불러 그 자리에서 해고했다. 동기는 분명했다. 즉, 뉴아메리카재단의 이사장은 구글의 항의와 최고경영자인 에릭 슈미트의 개인적인 불만을 전달받았다. 에릭 슈미트는 기업과 사적 차원 양쪽으로 2,100만 달러를 싱크탱크에 기증했다. 따라서 그는 린의 해고를 요청하면서 연구재단의 '사회적 후원자'로서의 권리를 행사한 것이다. 린은 직장을 옮겨야 했고 자신의 지지자들과 함께 프로그램의 명칭을 딴 사이트인 '독

16 Big Pharma, 다국적 초대형 제약회사.

점에 반대하는 시민들(Citizens Against Monopoly)'을 이미 개설했다. 그리고 이 사이트를 통해 구글이 "독과점의 위험성을 비판하는 신문기자들과 연구자들을 조사했다"는 사실을 폭로했다.

구글은 지구에서 가장 부유한 기업 중 하나라는 사실 외에도 문어발식 로비의 상징으로, '비영리' 연구기관 170개를 후원하고 있다. 또한 2017년 상반기에만 워싱턴 로비에 미화 950만 달러를 사용했다. 그래서 슈미트는 적어도 자신의 나라인 미국에서는, 유럽에서 자신을 따라다니는 독점 금지와 같은 문제에 직면하지 않았다. 미국에서 실리콘밸리의 거물들을 겨냥한다는 것은 사실상 불가능하다. 여기에는 좌파의 책임이 상당히 크다. 오바마 행정부는 유럽연합의 공격이 있을 때마다 체계적으로 '국내' 디지털 경제의 대표적인 기업들의 '편'을 들었다. 이렇게 해서 민주당 행정부는 미국의 보편적인 이해관계에 해를 입혔다. 한 가지 사례로 오바마는 비록 미국의 다국적 기업들이 해외 도피처를 이용해 미국의 세수를 횡령하여 미국인 납세자들에게 피해를 준다고 할지라도, 아일랜드의 조세 회피에 관한 조사에서 애플을 옹호했다. 한편, 구글은 수년 전부터 유럽에서도 학술 기관과 전문가들을 포함해 다각도로 자신의 정치적 영향력을 강화하려 노력하고 있다. 이러한 사실은 유럽연합의 경쟁 정책 책임자인 마르그레테 베스타게르에 의해 잘 드러난다(당시 유럽경쟁위원회는 24억 유로의 벌금을 승인했었다). 2017년 9월 2일 체르노비오포럼에서 그녀는 이렇게 발언했다. "유럽은 그들(미국)의 로비스트들에게 과도하게 노출되어 있습니다. 이는 분명한 사실입니다. 나는 우리의 장부에서 막대한 자금과 구글이 원하는 수많은 만남의 약속을 목격합니다. 거의 폭발할 지경이죠. 브뤼셀에서 구글이 전개하고 있는 로비 활동의 노력은 전례가 없을 정도로 빠르게

지도 위의 붉은 선

증가하고 있으며 엄청난 자금을 동원하고 있습니다. 나는 이러한 숨겨진 로비 활동, 즉 독립적인 입장을 견지해야 하는 대학들에 대한 후원을 우려하고 있습니다. 사람들은 더 이상 공개적으로 말할 수 없다는 것을 알고 있습니다."

물론 에릭 슈미트, 팀 쿡, 마크 저커버그는 좌파의 입장에서 기후변화, 이민, 게이들의 권리에 대해 연설한다. 하지만 이들은 냉혹한 독과점주의자들이다. 캘리포니아의 자본주의는 항상, 혁명을 요구하는 낡은 자본주의와 유사하다. 지도의 혁신은 부의 사회적 지리에 더 이상 상응하지 않는다. 디지털 경제에서 가장 부유한 자들은 정보학자와 이를 발명하는 엔지니어이다. 이들은 많은 대가를 받지만, 단지 '노동자 귀족'일 뿐이다. 진정한 부는 벤처기업들의 주식을 관리하는 월스트리트 금융과 한층 긴밀한 공생 관계를 맺고 있는 주주들이 장악하고 있다. 발명가들보다 더 우월한 위치에 있는 다른 범주는 변호사들이다. 이들은 실리콘밸리의 진정한 자산으로 저작권, 지적재산권에 대한 특별한 법적 공부를 통해 배출되었다. 예를 들어 애플과 삼성 간 특허 전쟁은 엔지니어들이 엄두도 낼 수 없는 많은 돈을 변호사들이 벌 수 있게 해주었다. 기생충 같은 엘리트들이 진정한 혁신과는 아무런 상관이 없는 자원들을 빨아들이고 있는 것은 또 다른 퇴보를 의미한다.

어떤 의미에서 실리콘밸리의 기업 모델은 전통적인 자본주의보다 더 불평등하고 한층 잔혹하다. 이를 보여주는 구체적인 사례는 2017년 9월 3일에 발표된 《뉴욕 타임스》의 보고서이다. 이 보고서는 시대와 공간을 달리하는 두 여성 노동자가 동일한 업무를 수행했을 때의 결과가 어떤 것인지 보여준다. 첫 번째 여성은 35세의 게일 에번스로, 뉴욕주의 로케스터에 위치한 코닥 사무실에서 청소를 담당한다. 두 번째 여성인 마르타 라모스는 실리콘밸리에서 가장 중요한 곳 중 하나인, 쿠페르티노의 애플 사무실을 청소한다. 두 여성의 봉급은 구매력 차원에서 볼 때 대동소이하다. 부유한 애플사는 주식 가치로 평가할 때 세계에서 첫 번째 기업인데도 청소 관련 직원들의 처우를 지난 35년 동안 전혀 개선하지 않았다. 이보다 더 심각한 경우도 없지 않다.

그럼 《뉴욕 타임스》의 보고서 내용을 더 자세히 살펴보자. "에번스 부인은 코닥의 정식 직원이었다. 그녀는 1년에 4주 이상의 휴가를 쓰고, 대학에 파트타임으로 다니기 위해 지출한 수업료를 일부 상환받을 권리를 가지고 있었다. 그녀가 청소하던 사무실이 폐쇄되었을 때에도 기업은 그녀를 해고하지 않고, 사진 필름을 재단하는 다른 부서로 파견했다. 라모스 부인은 애플이 청소를 하도급으로 위임한 외부업체의 직원이다. 수년 전부터 휴가의 기회를 얻지 못했다. 대학을 다니는 것은 그녀의 일과는 별개였다. 애플사에서 다른 일을 구할 수 있는 기회는 전혀 없었다." 이 이야기는 게일 에번스의 해피엔딩으로 끝난다. 즉, 그녀는 청소로 일을 시작했지만 정보학의 도움으로 야간대학에 다닌 덕분에 다른 직업을 구했으며 지금은 작은 기업에서 매니저로 일하고 있다. 아메리칸드림은 35년 전 코닥의 낡은 자본주의와 매우 유사했다. 애플은 본사의 내부에서조차 비숙련노동자들의 운명에 관심이 없었고 아웃소싱을 이용해 자사의 관심 영역에서 배제했는데, 우리 모두 그 의미에 대해 잘 알고 있다. 무수한 기능들이 하도급 경매로 외부의 업체들에 맡겨지는 순간 모기업은 노동자들의 처우에 관심을 가지지 않으며, 이들에 대해 걱정하지도 않는다. 이들이 착취를 당해도 저임금을 받아도 모기업의 잘못이 아닌 것이다. 애플의 창업자인 스티브 잡스는 개인적으로 좋지 못한 선례를 남겼다. 그는 다른 인도주의 협회들이 요청하는 선전(深圳)의 폭스콘[17] 공장 방문을 줄곧 거부했다. 아이폰을 생산하는 중국 노동자들의 삶과 노동조건은 그와 무관했다. 그가 고용한 직원들이 아니라 중국에 공장들을 가지고 있는 타이완 기업의 노동자들이라는 것이다. 영국의 경제학자인 니얼 퍼거슨은 캘리포니아 실리콘밸리의 괴이한 불평등뿐만 아니라 인터넷 덕분에 좋아진 글로벌 사회의 유토피아 전체를 가차 없이 비판했다. 영국제국 연구와 재정위기 연구로 저명해진 퍼거슨은 하버드대학에서 강의하지만 애플, 페이스북, 구글의 본사가 있는 구역에서 조금 떨어진 실리콘밸리 심장부의 스탠퍼드후버연구소에서 연구자로도 활동하고 있다. 그는 마소네리아(massoneria), 즉 프리메이슨 비밀결사로부터 페이스북에 이르는 모든 권력 네트워크의 역사를 재구성하는 저서를 집필하고 있다. 이 책을 준비하는 과정에서 그는 《포린어페어스(Foreign Affairs)》[18]에 '초연결에 대한 거짓 예언'과 관련한 글을 기고한 바 있다. 그는 저커버그의 온정주의를 겨냥해, 세계 전체를 모든 이해관계로 연결하기를 원한다고 주장하는 페이스북 창업자의 메시아 선포를 인용했다. 2017년 하버드대학의 학위 수여식장에서 했던 연설에서 저커버그는 우리 시대의 모든 위대한 도전, 예를 들면 "수백만의 일자리를 없애는 자동화, 권위주의와 민족주의의 등장"에 당당히 맞서는 데 기여하기를 원한다고 말했다. 퍼거슨은 이에 대해 이렇게 썼다. "그는 실리콘밸리에 있

---

17 Foxconn, 타이완의 전자기기 주문자 상표 부착 생산 기업으로, 홍하이정밀공업의 자회사이자 상표명이다.

18 뉴욕시에 위치한 미국외교협회가 격월간으로 발행하는 잡지.

는 자신의 기업과 자회사들이 이 모든 문제를 악화시켰다는 사실을 말하지 않았다. 캘리포니아의 거대 기술기업들보다 더 인간의 일자리를 제거하려고 노력하는 기업은 없다. 실리콘밸리의 주인들만큼 인구의 0.01퍼센트의 정상에서 엄청난 부를 끌어모으는 사람들은 없다. 비의도적이었다고 할지라도 그 어떤 기업도 페이스북처럼 2016년 선거에서 포퓰리즘 지지자들을 지원하지 않았다. 페이스북이 보유한 막대한 데이터가 없었다면, 브렉시트와 트럼프의 저비용 선거는 성공하지 못했을 것이다. 소셜미디어가 전염성이 강한 거짓과 가짜뉴스로 크게 기여한 것은 사실이다."

퍼거슨은 인터넷의 역사를 돌아보면서, 2001년에도 소프트웨어를 만든 인물로 '오픈소스' 즉 무료 정보 프로그램들을 촉진한 운동의 승리를 이론화했던 에릭 레이먼드와 같은 유토피아 추종자들이 존재하고 있었다는 사실을 지적했다. "오픈소스의 꿈은 독과점과 공적인 통제를 방해했던 공급 독점으로 인해 물거품이 되었다. 애플과 마이크로소프트는 소프트웨어의 공급을 독점했다. 서적 판매로 시작한 아마존은 모든 온라인 판매에서 지배적인 위치에 있다. 구글은 연구 동력에서 반독점의 상태이다. 그리고 페이스북은 소셜미디어 지배를 위한 경쟁에서 확실하게 승리했다." 영국의 역사학자인 니얼 퍼거슨은 인터넷의 글로벌 경쟁력은 15세기 유럽에서 구텐베르크의 인쇄술 발명이 누렸던 것에 비유될 수 있다고 했다. "하지만 부와 이윤의 분배에 따른 결과는 상당히 달랐다. 인쇄술의 발명은 억만장자를 만들어내지 않았으며 구텐베르크는 1456년에 파산했다."

한편, 인터넷 지도는 대륙 이동으로 인해 변화하고 있다. 이것은 사실이다. 서양인들이 계속해서 월드와이드웹, 즉 진정한 글로벌 네트워크가 존재한다는 환상에 머물고 있는 동안, 이는 점차 실제가 아닌 것이 되었다.

유럽과 미국인들은 공동의 디지털 공간을 공유하고 있다. 영토가 상당히 방대한 다른 국가들, 거의 모든 대륙은 우리로부터 멀어지고 있다. 이들은 분리되고 있다. 중국은 디지털 권력의 지도를 다시 디자인하는 움직임을 선도하고 있다.

가장 거대한 기술기업들은 더 이상 미국만의 전유물이 아니다. 얼마 전까지도 미국 서부 해안 지역의 '다섯 자매들'이 상당히 독점적인 클럽을 형성하고 있었다. 다섯 자매란, 애플, 구글-알파벳, 페이스북, 마이크로소프트, 아마존이다. 실리콘밸리에 세 개가 있고, 다른 두 개는 시애틀에 있다. 하지만 2017년 이 클럽은 중국의 알리바바와 텐센트를 포함해 그 규모가 확대되었다. 이들의 주식가치는 4,000억 달러 또는 그 이상이다. 이처럼 높은 자본 가치는 인텔, 시스코시스템즈, 아이비엠과 같은 하이테크 기업들의 두 배를 상회한다. 물론 4,000억 달러라는 평가는 임의적이며 애플의 두 배 가치로서 다른 기업들과는 확실하게 차별화된다. 우리가 다시 투기의 거품 속에 있다는 의혹도 없지 않다. 하지만 중국인들이 '이 클럽'에 합류한 것은 인터넷이 더 이상 미국의 독점 영역이 아니라는 것을 의미한다. 다섯 자매의 헤게모니가 대서양의 두 해안 지역에서 견고하게 유지되고 있다는 사실에도 불구하고, 미국인들과 유럽인들은 이를 사실로 받아들이고 있다. 하지만 아시아는 또 다른 차원이다. 이를 무시하는 것은 지역적인 특색을 배제한 채, 거만함의 실수를 범하는 것이다. 7억 5,000만 명의 인터넷 이용자를 보유한 중국은 오랫동안 세계에서 가장 방대한 인터넷 시장의 지위를 유지하고 있다. 미국의 인터넷 주민은 그 절반에 조금 못 미친다. 중국인들은 다른 나라 사람들보다 인터넷 구매를 애용하고 있으며 이들의 전자상거래는 세계 전체의 40퍼센트를 차지한다. 알리바바의 점유율이 가장 높다. 텐센트는 중국 소셜네트워크 및 콘텐츠 플랫폼 위챗의 메신저 서비스를 통해 거의 10억 명의 이용자를 확보하고 있다(페이스북의 이용자는 이보다 두 배 많다).

하지만 중국과 미국의 거대 기업 간 경쟁은 시장의 독점적인 역학관계에 따라 진행되지 않았다. 중국은 수년 전부터 '인터넷의 재국유화'의 경향을 선도하고 있다. 중국은 조사를 통해, 그리고 다른 보호주의 조치들을 통해 외국인들의 침투를 막는 강력한 방어벽을 설치했다. 2010년에는 캘리포니아의 기업이 중국 정부의 조사에 협조를 거부한 것을 계기로 구글의 연구 동력을 차단했다. 페이스북과 트위터 같은 미국 소셜미디어의 대부분은 중국에서 금지되었다. 중국인들의 극히 일부가 VPN[19] 기술을 이용해 우회하면서 소셜미디어에 접속할 수 있었는데, 최근 시진핑은 VPN에 대한 강력한 차단 조치를 단행했다. 결국, 중국 시장은 강력하게 무장했으며 지역 독점의 성장을 동반하는 보호 조치에 의해 보호되었다. 이것은 약점일 뿐 강점이 아니라고 말하는 사람도 있다. 이렇게 주장한 인물은 중국인 기업가 류창동(JD.Com으로 불리는 온라인 상거래의 창업자)이었다. 그에 따르면, 중국의 디지털 기업들은 "폐쇄된 상자에서 거세된 채, 외부 세계와의 첫 접촉에서 병들어 죽게 될 배양된 창조물과 같다". 하지만 외부 세계와의 이러한 접촉이 나타나게 될 것이라고 누가 말했는가? 왜 중국은 이러한 보호주의를 거부해야만 할까? 게다가 미국 기업들과의 경쟁력 부족으로 인해 중국 기업들이 혁신의 능력을 상실했다는 말은 사실이 아니다. 즉,

---

19 가상사설망, 즉 공중 네트워크를 통해 조직 내에서 외부로 노출하지 않고 통신할 목적으로 쓰는 사설 통신망.

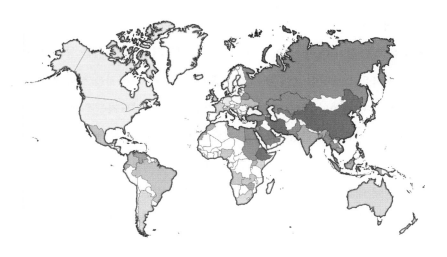

인터넷과 검열. 진한 색은 네트워크에 대한 통제가 강력하게 시행되고 있는 국가들이다.

스마트폰을 이용한 대금 지급과 같은 분야에서 중국은 상당히 앞서 있다. 그 밖에도 이러한 기업들은 자국의 경계를 넘어 인도와 동남아시아에 투자하고 있다.

기술 지리는 보다 좋은 미래를 향해 문호를 개방해야 한다. 나는 이러한 낙관적인 시나리오를 과거에 연구되지 않은 하나의 현상으로부터 인용한다. 이는 '과학 외교(Science Diplomacy)'이다. 즉, 과학이 외교의 역할을 수행할 때 심각한 글로벌 위기에 맞설 수 있다. 과학 외교는 정부들이 갈등이나 지정학적 경쟁 또는 국내 로비의 포로이기에 실패하는 분야들에서 성공을 거둘 수 있다.

내가 역사학자인 볼로냐 바르바라 쿠클리로부터 배운 바에 따르면, 과학자들의 외교는 다름 아닌 수에즈운하로 소급된다. 지구의 지리를 변화시킨 거대한 토목공사 중 하나, 즉 거리와 항해 시간을 줄이면서 글로벌화의 서막을 열었던 거대한 노력 중 하나는 과학자들의 국제 협력을 통해 결정적인 동력을 확보했다. 정부들은 경계했고 과학자들은 정치를 시작했다.

몇 가지 사례의 경우 과학자들과 저명한 정치 지도자들은 같은 용기와 비전을 공유하고 있었다. 다시 말해 나는 유럽공동체를 설립한 핵심 국가들이 민간용 원자 연구인 유라톰(Euratom)에 활력을 불어넣은 선견지명의 결정에 대해 생각했다. 나의 판단에 따르면, 이것은 아동기의 기억과 같은 이야기이다. 나는 유럽을 설립한 자들의 고향이나 다름없는 브뤼셀에서 어린 시절을 보냈다. 지금 나는, 열정을 가지고 결정을 내릴 수 있는 능력 있는 지도자들이 우리 주변에 있는지를 자문해보고 싶다.

왜 오늘날인가? 우리 시대에는 이스라엘과 아랍의 과학자들이 협력하는 '평화적 목적의 순환입자가속기(synchrotron)' 모델이 있다. 기후변화의 문제도 진행되고 있다. 이는 과학자들의 공동체가 거의 만장일치로 동의하는 분야이며 권력을 쥔 미국 우파의 부정주의적인 맹공에 저항한다. 그리고 글로벌 전염병들이 발생했다. 이란 핵에 대한 합의도 있었다. 이는 과학 외교가 우리에게 교훈을 제공한 구체적인 사례들이다. 2017년 5월 나는 볼로냐에 모인 과학자들을 만났다. 이들은 로마노 프로디와 국가들, 그리고 초국가적인 기관들의 협력을 위해 설립된 재단(유네스코, 세계보건기구, 유럽위원회)의 초대를 받았으며, 당시 3개 대륙 5개 대학의 대표들이 전 세계에서 모였다. 위와 아래로부터 온갖 위협이 가해지고 있는 상황에서 과학의 '재흥'을 위한 기회였다. 과학은 이해 상충의 당사자들과 욕설을 퍼붓고 백신을 거부하는 정치적 흐름과 여론의 공격을 받고 있다.

볼로냐 국제회의에서는 수에즈운하로부터 우리의 시대에 이르는 과학 외교의 역사를 재건하는 것 외에도, 다른 중요한 네 가지의 핵심적인 의제가 논의되었다. 가장 중요한 사안은 이미 요르단에서 부분적으로 진행되고 있으며 이스라엘, 팔레스타인, 이란, 파키스탄, 터키 등 거의 대부분이 이슬람 국가들에서 온 과학자들이 협력하고 있는 순환입자가속기였다. 이것은 회복 불가능한 것처럼 보였던 장벽과 분쟁을 연구로 극복한 사례이다. 또한 구체적인 범위가 무엇인지, 다른 분야에도 적용 가능한지를 이해하기 위해 연구해야 할 사례이다. 전염병(사스, 에볼라 바이러스, 지카 바이러스) 분야에도 이러한 세계적인 재앙을 이겨내기 위한 의약품 처방과 개입을 늦추거나 헛되게 만드는 정치적 장애물 간 격차가 존재한다. 우리는 모든 전염병으로부터 무언가를 배울 수 있다. 초기의 실수는 무엇이었는지, 과소평가된 것은 무엇이었는지, 얻어낸 것은 무엇이었는지를 깨달을 수 있는 것이다. 오늘날 미국에서는 기후변화와 관련해 과학자들이 환경 개선과 더불어 의식의 붕괴를 막기 위한 '적극적인 저항'의 주인공으로 활동하고 있다.

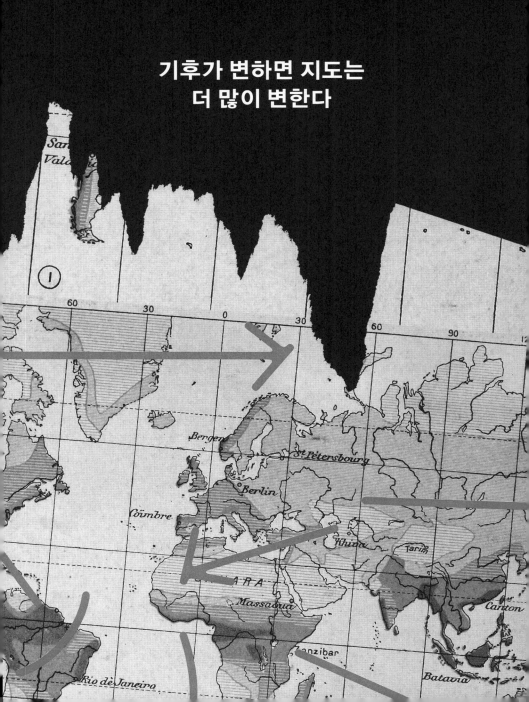

XII

기후가 변하면 지도는
더 많이 변한다

전 세계는 기후변화의 유일한 책임자로 트럼프를 지목한다. 낙관적인 전망에 따르면 파리기후협정은 승리할 것이라고 한다. 오염은 당신이 전혀 예상치 못한 곳에 숨어 있다. 물은 전혀 예상치 못한 곳에서 부족하게 되며 우리의 생각과는 달리 마실 수 없는 물이 더 많다. 북극과 항로의 지리는 바뀌고 있다. 지도는 우리 자신의 재발견으로 이어지는 긴 산책길을 따라 걷는 새로운 도보 여행자들의 행렬에 의해 재발견된다.

이곳 맨해튼의 8월은 울 골프웨어의 계절이다. 뉴욕의 무더위가 시작되면 외출 시 두툼한 스웨터를 지참해야 한다. 집 밖이 더 따뜻하고 집 안이 상대적으로 춥게 느껴지기 때문이다. 사무실이나 기내에서, 레스토랑이나 영화관에서, 그리고 심지어 지하철 안에서도 극지의 환경이 나타난다. 아무런 준비 없이 이곳에 온다면 매번 문을 통과할 때마다 열대에서 북극으로 위도가 바뀌는 것처럼 외부의 화덕 같은 환경에서 냉장고 같은 실내로 들어가는 고통을 느끼게 된다. 심지어 맨해튼의 심각한 소음까지도 증가한다. 최대로 틀어놓은 에어컨에서 발생하는 소음이 엄청나다. 상당한 에너지 소비와 불필요한 오염을 발생시키는 요인들이다. 하지만 좌파 성향의 시장인 빌 더블라지오는 일찍부터 도널드 트럼프를 비판했으며 뉴욕이 기후와의 투쟁을 위해 파리기후협정을 존중할 것이라는 입장을 천명한바 있다. 뉴욕주의 주지사인 앤드루 쿠오모도 더블라지오와 같은 민주당소속으로서 정책적으로 공조했다.

가장 중요한 선언은 좌파의 리더인 제리 브론이 주지사로 있는 캘리포니아에서 있었다. 그는 파리기후협정을 존중한다고 재확인했다. 캘리포니아는 미국에서 가장 큰 주로서 프랑스보다 국내총생산(GDP)이 높기에 G7의 회원국이 될 수도 있을 정도이며 사실상 독립 국가나 다름없다. 당시 캘리포니아의 결정은 트럼프에게는 심각한 도전이었다. 하지만 가장 최근 내가 로스앤젤레스 거리(내가 학술대회를 개최하곤 했던 이탈리아문화원과 베벌리힐스 사이)를 산책했을 당시, 나는 체포되지나 않을까 하는 착각에 빠지기도 했다. 당시 나는 거리를 걷는 유일한 보행자였다. 자동차 운전자들은 나를 마치 무슨 범죄 용의자를 보듯이 쳐다보았다.

이들 모두는 훌륭한 환경주의자들일까? 그렇지 않은 것 같다. 내가 뉴욕에 가지고 있는 아파트에는 전기계량기조차도 없다. 이는 분명한 사실이다. 그러니 당연히 전기요금 고지서는 발급되지 않는다. 전기요금은 상당히 싼 편이다. 100개의 세대가 있는 빌딩을 예로 들 때 전기요금은 고정 비용으로 지출되며, 전체 비용에 포함된다. 따라서 우리는 얼마나 전기를 소비하는지 알지 못한다. 깊은 밤 맨해튼의 거리에서는 산처럼 수북하게 쌓여 있는 검은색 플라스틱 봉지들을 볼 수 있는데, 그 안에 무엇이 들어 있는지는 알 수 없지만 대부분은 분리되지 않은 채 무작위로 섞여 있는 잡동사니나 쓰레기들이다.

바로 이러한 이유로, 나는 미국 진보주의자들이 파리협정 탈퇴에 저항하면서 드러낸 분노에 대해 확신하기 힘들다. 트럼프는 위험천만한 무식쟁이이며, 그의 파리협정 탈퇴를 위한 결정이 부끄러운 짓이라는 것을 의심하지 않는다. 하지만 다른 사람들의 선량한 양심은 내가 보기에는 위선처럼 보였다. 길거리 구석구석과 일상생활의 모든 습관적인 행동들에서 낭비벽이 심하고 에너지를 많이 쓰면서도, 실제의 행동과는 반대로 환경에 대해 아무런 생각 없이 그저 그 반대의 의견들만을 크고 강하게 떠벌리는 사람들을 어렵지 않게 목격할 수 있었다. 강력한 엔진을 장착한 거대한 크기의 자동차와 배기가스를 배출하는 연통이 장착된 트럭, 과도한 겨울 난방에서 과도한 여름철 냉각에 이르기까지, 농업 비즈니스에서 건설 분야에 이르기까지, 트럼프는 단지 저속하고 거만하며 고압적인 인물로서 자신의 국가 문화를 대변하고 있을 뿐이라는 사실을 쉽게 알 수 있다.

트럼프는 '나머지 우리'에게 우리와 전혀 어울리지 않는 무결점의 인식을 선물했다. 나는 세계의 다른 지역들을 돌아다녀볼 때 이와 다르지 않은 불안감을 느낀다. 이러한 관점에서 독일은 고결하다고 할 수 있을까? 독일의 폭스바겐은 기준치보다 더 심한 유로디젤의 오염을 보여주는 자료를 은밀하게 폐기했다. 이는 미국 환경 당국에 의해 적발되어 형사재판을 초래한 거대한 환경 스캔들이었다. 피아트-크라이슬러의 경우도 그랬다. 그럼 파리기후협정에 '가입한' 중국은 어떠한가? 나는 중국에서 5년간 살았으며 지금도 정기적으로 여행한다. 중국 정부는 수년 동안 자국의 오염 관련 자료들을 숨겨왔다. 미국 대사관의 사이트를 열람하면, 우리가 호흡하는 대기의 오염에 관한 진실을 알 수 있다. 트럼프가 가져온 심각한 위험은 우리를 '자족적으로 안주하게' 만든 것, 즉 그 한 명이 문제라는 지나치게 편리한 착각에 있다. 그 밖에도 이처럼 반(反)트럼프에 대한 예상치 못한 전 세계적 만장일치와 파리기후협정에 대한 지지는 본 협정이 가진 심각한 한계에 관한 관심을 축소시켰다. 어제까지만 해도 보다 적극적으로 파리기후협정을 비판하던 자들이 이제는 마지막 희망인 것처럼 이를 옹호하고 있다. 도대체 이러한 상반된 견해와 입장의 안개 속에는 어떤 진실이 숨겨져 있는 것일까?

확실하게 이해하기 위해서는 이전의 상황을 돌아볼 필요가 있다. 트럼프 선풍이 몰아치기 이전에 우리는 어떤 상황에 머물고 있었을까? 우리는 어떤 과정을 거쳐 파리기후협정에 도달했으며, 이를 통해 무엇을 가능하게 했고 그 내용은 무엇이었을까?

나는 2015년 11월 30일 오바마를 따라 파리에서 개최된 기후변화협약 당사국총회(Cop 21)에 참석했었다. 평소보다 훨씬 잘 준비된 정상회담이었다. 당시 프랑스 대통령은 준비에 만전을 기하고 있었다. 하지만 그는 당연히도, 정상회담 며칠 전 바타클랑극장과 프랑스의 대표적인 축구경기장인 스타드드프랑스에 가해진 다발성 테러를 예상할 수 없었다(11월 13일, 130여 명 사망).

내가 지금도 잘 보관하고 있는 기후변화협약 당사국총회 관련 자료들은 전율을 느끼게 하는데, 내용상 기온측정이 신뢰받기 시작했을 때, 즉 신빙성 있는 기온측정이 가능해진 1880년 이후 산업혁명의 결과들을 언급하고 있었다. 우리 인간의 탄소 배출의 결과로 지상에 매일 축적된 열은 히로시마에 투하된 원자폭탄 40만 개의 폭발로 발생한 양에 맞먹는다. 이는 지나친 과장 같고 도저히 믿기 불가능해 보인다. 하지만 이것은 내가 '여섯 번째 멸종'에 대해 언급하며 『혼돈의 시대(Eta' del Caos)』(2015)에서 지적했던 지질학 시대로서, '소행성-인간'이 행성을 강타했을 때 촉발되어 생태계가 파괴되었던 인류세의 본질이다. 막대한 탄소의 축적은 불가피한 기온상승을 초래한다. 거의 필연적이다. 이러한 프로세스를 막기 위한 시간은 거의 한계에 도달하고 있다. 이를 방지하기 위한 서약은 모든 살아 있는 세대의 손에 달려 있다. 이를 우리가 하지 않는다면, 이 임무는 이제 막 출생한 세대에게는 불가능할 것이다.

"인류의 희망은 우리의 어깨에 달려 있으며 이에 대한 기대는 그 어느 때보다 높다." 당시 프랑스 대통령 프랑수아 올랑드는 이러한 말로 기후 변화에 대한 정상회담의 개막을 알렸다. 당일 오바마는 '반성하는 주요 오염자'의 입장을 수용하면서, "이 문제가 발생한 데 미국이 큰 역할을 했다는 사실을 인정한다. 우리는 미래를 바꿀 힘을 가지고 있다. 하지만 그 전에 이러한 약속에 함께해야 한다. 마틴 루터 킹이 말했던 것처럼 너무 늦을 수도 있다. 그리고 우리는 그 한계에 와 있다"라고 말했다. 또한, 교황 프란치스코는 "세계는 자살의 신음으로 가득하다"라고 했다. 150명의 지도자와 195명의 대표단이 이 회담에 참석했다. 일정은 12일 동안 계속되었고 2020년에 효력을 가지게 될 합의가 도출되었다. 합의된 목표는 산업화의 붐 이전과 비교해 지구 온도의 상승을 2도로 억제하는 것이었다. 지금까지 기술한 계획에 근거하면 향후 적어도 2.5도가 상승하게 될 것으로 예측되었다. 프랑수아 올랑드는 "정작 위험은 우리가 목표에 도달하게 되는 것이다. 왜냐하면 (목표가) 너무 낮게 설정됐기 때문이다"라고 말했다.

오바마는 우리가 자초한 환경 위기를 다음과 같이 설명했다. "최근 14년은 우리가 기온을 측정한 이후 역사적으로 가장 더운 시기였다. 나는 알래스카에서 마을을 삼키는 바다, 불타는 툰드라, 녹는 빙하를 내 눈으로 목격했다. 우리가 후손을 위해 준비하는 미래, 즉 물에 잠긴 국가들, 버려진 도시들, 방치된 채 버려진 농지들, 새로운 전쟁과 절망에 빠진 난민들의 행렬을 미리 보는 것 같았다."

오바마는 자동차, 트럭, 발전소의 탄소 배출을 줄이기 위한 법 규정에 근거해 향후 10년 내 미국에서 2005년 대비 26~28퍼센트의 감소를 기대한다고 했다. 시진핑은 2030년 이전에 온실가스의 증가를 멈추도록 할 것이라고 했다. 이들은 지구를 가장 많이 오염시키는 두 강대국이다. 이 분야에서 두 국가는 공동의 책임을 인정한 것이다. 유럽은 법적인 책임에서 벗어나기를 원했을 것이다. 의회의 다수를 차지하고 있는 공화당이 이 조약을 주권(이에 따르면 미국은 분명 모두의 지구를 파괴할 권리도 가지고 있는 셈이다)에 대한 침해로 간주하는 워싱턴에게는 수용 불가능한 옵션이었다. 오바마는 속으로 참으며 인내해야 했다. 대안이 있다면 그것은 "합의한 임무들을 지속해서 살펴보는 것, 즉 이것들을 존중하게 만들기 위한 압력과 우리가 이를 수행하는 과정에 대해 최대의 투명성을 유지하는 것"이다.

남북 간 또는 선진국과 후진국 간 차이는 극명했다. 인도 수상 나렌드라 모디는 간디에 대해 "자연을 옹호했던 최고의 인물이었다"고 회상하면서, 부유하고 낭비가 심한 서양에 대한 청문회를 제안했다. "소수의 생활 방식이 아직도 발전의 초기 단계에 머물러 있는 다수의 기회를 배제해서는 안 된다. 국제사회는 화석에너지의 사용 금지를 요구할 수 없으며, 발전 과정에 있는 국가들의 성장에 필요한 여지를 남겨야 한다." 하지만 오바마는 "오염을 덜 시킨 국가들이 기후변화의 재앙에 가장 먼저 직면한다"는 사실을 경고했다. 중국은 남부 국가들의 논리를 지지했지만, 녹색기술을 빈자들에게 제공하는 데 필요한 재원을 마련하는 문제에서는 부유한 국가들의 입장을 지지했다. 우리는 2009년 코펜하겐에서 설정한 목표, 즉 1,000억 달러의 재원을 마련한다는 목표에는 한창 미치지 못하고 있다. 2017년까지 마련된 자금은 600억 달러에 불과하다.

파리기후협정은 법적 구속력이 있는 조약의 수준에는 도달하지 못했다. 하지만 국제적인 감시와 확인하에서 그동안 이룩된 진보의 성과들을 지속해서 관찰한다는 '투명성과 리포팅(Transparency&Reporting) 시스템'에 대한 합의에는 도달했다. 부차적인 접근은 사적인 분야에서 제공되었다. 그 기수는 마이크로소프트의 창업자이자 자선가로서 파리에서 국가수반에 해당하는 대우를 받은 빌 게이츠였다. 그는 혁신의 임무, 즉 새로운 기술을 연구하는 데 필요한 개인 기금을 모으기 위한 계획을 제안했다. 현재의 태양에너지와 전기에너지의 현실에는 만족할 수 없으며, 따라서 차원들을 달리하는 기술의 발전적 도약이 필요하다는 것이었다. 빌 게이츠는 "전 인류를 가난에서 구할 수 있는 저렴한 에너지, 즉 청정하고 혁신적이며 석탄보다 값이 덜 나가는 에너지가 필요하다"고 했다. 이러한 프로젝트를 위해 28명의 개인투자자가 70억 달러를 모금했으며 여기에는 캘리포니아대학을 중심으로 40개 대학이 참여했다.

과학 단체들이 제시한 아이디어, 즉 탄소 총배출량을 설정한 후에 각 국가에 몫을 할당하는 방안은 통과되지 못했다. 이는 세계적으로 분배에 따른 심각한 갈등을 발생시켰을 것이다. 더구나 지금은 여론이 초국가적인 조직들의 독단적인 의사를 쉽게 받아들이는 시대가 아니다.

5개월이 지난 2016년 4월 22일 관심은 유엔본부가 있는 뉴욕으로 옮겨갔다. 유엔본부의 '유리 궁전'에서 열린 회의에서 175개국 지도자들은 파리기후협정의 합의문에 서명했다. 중국과 미국은 연내 비준을 약속했다. 유엔본부에서의 행사는 정부들의 공식적인 배서였던 만큼, 모든 국가가 서명해야만 했다. 국회나 의회의 승인이 필요한 것은 아니었다. 오바마는 공화당이 다수를 차지하고 있는 의회가 거부할 것을 알고 있었으며, 따라서 파리기후협정이 법적으로 조약과는 다르기를 원했다. 그렇게 되면 기후협정문은 행정부의 단순한 행위로도 승인될 수 있었다. 하지만 이것은 이후 트럼프의 탈퇴에 명분을 주게 될 것이었다(당시에는 누구도 트럼프의 승리를 예상하지 못했다). 하지만 오바마는 대통령 재임 기간까지는 그대로 유지되게 할 목적으로 적어도 4년 동안은 이 협약을 거부할 수 없다는 안전조항을 삽입했다. 유엔본부에서는 많은 대표가 미래 세대에 대한 책임감을 상징적으로 대표하려고 노력했다. 미국 국무부장관 존 켈리는 손녀를 팔에 안은 채 서명했다. 낙관주의자들은 정치 인식이 상당히 낮았던 20년 전만 해도 이와 유사한 협약문이 불가능할 것으로 생각했다. 하지만 과학자들에 따르면, 유엔이 2009년에 목표를 결정했을 때부터 지구의 기온은 합의된 최대수치의 절반을 지나 계속해서 상승하고 있었다. 2017년 6월 1일 트럼프가 결정을 번복한 이후(하지만 다행스럽게도 오바마 조항 덕분에 정지되었다), 어떤 일이 벌어졌을까? 이에 관해서는 오바마의 권위 있는 협력자로서 대통령 재임 당시 백악관 수석 고문으로 파리협정의 협상에 참여했으며, 현재는 하버드대학 교수로 재임 중인 브라이언 디스의 말을 들어볼 필요가 있다. 그는 조심스러운 낙관주의자이다.《포린 어페어스》에 게재된 그의 오랜 분석의 아이러니한 제목은 "파리는 불타지 않을 것이다"였고, 부제는 "파리기후협정이 트럼프 시대에도 살아남게 될 이유"였다. 디스는 진보 진영의 광범위한 합의대로, 세계가 옳은 방향으로 나아가고 있으며 그 이유는 세계의 강력한 시장 세력이 화석에너지를 지양하고 지구를 구하기 위해 노력하고 있기 때문이라고 확신했다.

2007년부터 중국은 미국을 추월하여 탄소를 가장 많이 배출하는 국가가 되었다. 브라이언 디스에 따르면, 이러한 중국의 변화가 결정적이었다. 따라서 중국을 제외한 채 기후변화를 이야기하는 것은 무의미했다. 하지만 중국 정부는 서양의 독단적인 결정으로 보일 수 있는 파리기후협정을 항상 거부해왔다. 중국의 지도자들은 북미와 유럽의 부유한 국가들이 환경주의를 주장할 도덕적 권위도 권리도 가지고 있지 않다고 주장한다. 틀린 말은 아니다. 중국은 그간 삶의 질을 크게 높이려는 노력을 기울여왔다. 중국인 평균은 소비수준에서 서양의 중산층에도 많이 뒤처져 있는 것이 사실이며, 13억 인구 중 적어도 절반은 자신들의 소득을 높여야 한다. '탈성장의 행복'은 환경오염을 주도해왔고 거의 모든 것을 소유하고 있는 우리에 의해 부과된 것이고 최근에서야 윤택한 삶의 수준에 도달한 사람에게는 수용될 수 없는 것이다. 그 밖에도 우리 서양인들은(우리와 함께 오래된 부자의 클럽에 가입한 일본도 포함해서) 산업 재배치를 통해 '죽음의 오염물질' 수출을 계속하고 있다. 매년 300만 명이 산업오염의 미세먼지나 미세입자들로 인해 조기에 사망하고 있다(전문가들은 이러한 오염물질을 PM2.5로 부르는데, 그 이유는 이들이 2.5마이크론보다 더 작은 입자들이기 때문이다). 《네이처》에 실린 베이징 칭화대학 장 치앙 교수의 논문에 따르면, 이러한 조기 사망자 중 25퍼센트는 "부유한 나라에 수출될 상품이 가난한 나라에서 생산된 것에 따른 결과이다. 실제로 부유한 국가들은 자신들의 소비와 연동하여 오염을 수출하고 있는 셈이다".

같은 시기 시진핑의 통치하에서 베이징, 상하이, 그리고 중국의 다른 대도시들의 오염 정도는, 공장에서 일하지 않으면서 물질적인 부를 축적해 삶의 질에 민감하게 반응하는 중상류층 사람들을 긴장하게 할 정도로 심해졌으며 이로 인한 불만은 정권에 대한 지지에 아킬레스건으로 작용하고 있다. 정부가 관련 자료들을 검열하고 위조하거나 조작하더라도 숨 쉬는 공기의 악취와 잿빛 하늘은 모든 사람의 마음과 눈동자를 통해 잘 드러난다. 베이징과 상하이의 부유한 자녀들이 다니는 학교들은 오락이나 체육활동을 하는 아이의 폐를 보호할 목적으로 필터와 에어컨을 사용하는 인공 돔 시설을 만들기 시작했다. 하지만 캘리포니아 또는 호주로 이주하지 않는 한, 부자들이 호흡하는 공기를 정화할 가능성에는 한계가 있다. 시진핑은 오염이 국가적 비극이라는 사실을 인정한 첫 번째 지도자였다. 그는 명확하고 강하게, 탄소 배출을 줄이고 지속 가능한 성장으로의 전환에 도전하는 것이 중국의 이해관계에 직결된다는 사실을 선포했다. 후진타오가 통치하던 당시에 기후변화에 대처하는 노력은 2009년 12월 코펜하겐 회담 당시, 한편의 서양과 다른 한편의 중국과 인도 간 충돌로 인해 초라한 성과에 머물렀었다. 교착상태는 오바마와 시진핑 간 새로운 접근을 통해 극복되었는데, 그 결과 파리기후협정의 합의가 도출될 수 있었다. 지금 기억하기로 그것은 시대에 역행하는 조치로 얻어진 합의였다. 즉, 미국이나 중국은 자신들의 이해관계에서 탄소 배출량 감소의 의무를 배제했다. 오바마는 미국 의회를 우파가 지배하고 있었기 때문에, 시진핑은 향후 수년 동안 경제발전을 위해 불가피한 탄소 배출의 증가 추세를 유지할 수 있었기 때문이다. 중국의 뒤를 이어 새롭게 부상하고 있는 국가들은 이러한 타협을 지지했다. 이제부터 2040년까지 이들은 오염물질을 가장 많이 배출하는 국가들이 될 것이다. 오염물질의 70퍼센트는 오래된 산업국가들 이외의 국가들에 의해 배출될 것이다(인공위성을 보유한 중국과 인도는 북미-유럽-일본보다 더 많은 오염물질을 배출할 것이다).

트럼프의 충격적인 탈퇴로 인해 파리기후협정을 이상적인 것으로 간주하려는 경향이 강화되었다. 협약 당시 NGO의 환경주의자들은 자신들의 미니멀리즘을 위한 데모를 벌이고 있었다. 트럼프가 우리 모두를 바보로 만들었던 또 다른 사례가 있다. 트럼프가 망가트린 파리기후협정을 이후의 시기에 성공으로 되돌린다는 생각이 그것인데, 이는 잘못된 정보이다. 이 협약이 영악하게 행동하는 사람들, 자료를 속이는 사람들, 또는 단순하게 약속을 지키지 않는 사람들에 대한 처벌 없이 서명 국가들의 선한 의지에 근거하고 있다는 사실은 실로 엄청난 한계이다. 반(反)트럼프에 대한 만장일치의 열정 속에는 이미 시진핑에게 지구를 구원하는 역할을 넘겨준 자도 포함되어 있었다. 차라리 시진핑이 자국 정부의 공식적인 통계와는 무관하게 독자적인 방식으로 본인의 역할을 확신하면서 이를 추진할 때까지 기다리는 것이 좋을 것이다.

하지만 오바마 정부에서 일했던 브라이언 디스의 낙관주의는 정부들이 원하든 원하지 않든 녹색경제가 스스로 작동할 것이라는 사실을 강조한 바 있다. 물론 여기에는 미국 정부도 예외가 아니었다. 디스의 설명에 따르면, "300만 명 이상의 미국인이 혁신에너지 분야나 고효율에너지 물품 생산 분야 또는 전기자동차 생산 분야에 종사한다. 태양열과 풍력에너지의 점유율은 최근 몇 년 동안 20퍼센트 성장했는데 이는 다른 경제 영역의 12배에 해당한다". 즉, "이제 미국의 자본주의는 석탄 이후의 기술을 지향하고 있으며, 비록 트럼프가 애팔래치아의 광산 작업자들에게 석탄 생산의 재개를 약속한다고 할지라도 뒤로 후퇴하지는 않을 것이다. 석탄은 고비용이지만 효율성이 떨어진다. 시장은 우리 편이다". 그리고 "이미 2015년에 중국은 혁신에너지 분야에 1,030억 달러를 투자했으며 미국은 440억 달러를 투자했다. 중국에서는 세계 6대 풍력 터빈과 전기자동차 용도의 리튬 배터리 제조업체 중 5개가 중국에 기반 시설을 두고 있다". 결론적으로 이미 새로운 에너지 지리를 지배하기 위한 세계적인 경쟁이 진행되고 있으며 혁신에너지는 중국이 가장 서두르는 비즈니스 분야이다. 이를 멈추는 자는 패배할 것이다.

한편, 미국의 국내 지도 자체는 캘리포니아가 가장 앞서가고 있던 환경주의 탈퇴에 따른 영향으로 변화하고 있다. 탄소 배출이 줄어들고 있는 세계의 지역들과 그렇지 못한 지역들을 구분하는 붉은 선을 상상한다면 우리는 놀라게 될 것이다. 중국과 인도는 CO_2의 대기 배출량을 아직도 증가시키고 있다. 반면에 캘리포니아의 경우, 탄소 배출은 2004년 최고 수치를 기록한 이후 지금까지 10퍼센트가 감소한 상태이다. 2014년과 2015년 사이에 탄소가스의 배출량이 150만 톤 줄었다. 이는 길거리에서 30만 대의 차량 운행을 정지시키는 효과에 해당한다. 2020년 내로 캘리포니아는 1990년의 탄소 배출 수준으로 돌아갈 것이며, 이후 10년 내에는 40퍼센트 감축을 희망하고 있다. 이 경우 미국 연방주의는 도움이 될 수 있다. 캘리포니아는 오래전부터 환경 분야에서 자치권을 누리고 있다. 예를 들어 자동차와 트럭의 경우 오염의 한계를 설정할 권리를 가지고 있다. 뉴욕주와 같이 민주당이 우세한 다른 주들은 자연스럽게 캘리포니아 표준을 자신들의 법으로 '채택했다'. 트럼프가 과거 오바마 시대로 거슬러 올라가는 환경보호국의 반(反)오염에 관한 지침을 폐지하려고 했을 때 캘리포니아와 미국 주들의 3분의 1은 대통령의 조치가 자신들에게는 해당하지 않으며 자신들의 주에서 자동차를 팔기를 원하는 사람은 가장 엄격한 규정을 준수해야 한다고 말했다. 이는 매우 엄격한 제약이었는데, 그 이유는 디트로이트 자동차 산업이 캘리포니아와 뉴욕의 경우 오염이 덜하고 텍사스의 경우에는 오염의 정도가 더한 새로운 자동차 모델의 생산계획을 가지고 있지는 않았기 때문이다. 환경에 가장 민감한 주들과 트럼프를 지지했던 주들을 분리하는 붉은 선은, 공화당 출신의 대통령이 석유 로비스트들에게 약속했던 화석에너지의 재사용을 저지하는 효과를 동반했다. 환경 변

지도 위의 붉은 선

화에 대한 투쟁이 아직도 가능한 상황에서 미국의 일부 주들은 명백한 불복종 정책을 유지하고 있으며, 녹색경제에 투자한 일부 자본주의는 워싱턴의 지침들을 따르지 않으면서 거대한 슈퍼메이저 또는 빅 오일 기업들[1]의 경영 방침과는 다른 방향으로 나아가고 있다.

하지만 트럼프의 협상주의 그 이면에 잠재된 저력을 평가절하하는 것은 위험할 수 있다. 그는 선거 유세 초반에는 열세였지만 결국에는 대통령 선거에서 승리했으며 수년 전부터 오바마 개혁을 좌절시키려 하고 있었다. 또한, 공화당은 이미 부시 대통령 당시부터 과학계의 판단을 인정하지 않고 있었다. 이것은 미국의 자본주의를 둘로 분열시키며 심지어 역사적 왕조 중 하나를 관통하는 이야기이다.

엑슨모빌에 맞선 록펠러 왕조의 에피소드가 그것이다. 이것은 상당히 미국적인 무용담이었다. 가장 고명한 자본주의 가문을 상속한 21명의 사촌은 맨해튼의 중심 지역에 있는, 자신들의 이름을 붙인 록펠러센터의 5600호에서 매년 모임을 개최한다. 록펠러 가문은 트럼프 가문과 마찬가지로 (물론 재산 규모에서는 비교할 바가 아니지만) 독일 출신이었다. 이들은 마치 해적과 다르지 않고 규칙을 전혀 존중하지 않는다. 단지 다른 점이 있다면 록펠러 가문은 두 세대 전에 이미 '회개'했다는 사실이다. 이들은 속죄하는 의미에서, 미국의 가장 큰 석유회사인 엑슨모빌을 공격하는 데 자신들의 재력을 동원했다. 엑슨모빌은 오래전 가문의 기업으로 설립되었고 최근 12년간 렉스 틸러슨이 최고경영자로 있던 다국적 기업이었다. 틸러슨은 트럼프 대통령 시절 국무부 장관, 즉 미국외교부 수장을 역임한 바 있다.

---

1   엑슨 모빌, 로열더치쉘, BP, 셰브런, 토탈, ENI 등의 메이저급 석유 회사들을 가리킨다.

《뉴욕 리뷰 오브 북스》에 여러 차례 게재된 기소장에서 미국 최대의 민간기업 경영자들은 자신들이 설립했고 여러 세대에 걸쳐 소유와 경영을 반복했던 다국적 기업과 벌인 자신들의 전쟁에 대해 다음과 같이 설명했다. "록펠러 재단은 화석에너지를 생산하는 모든 기업을 매각할 것을 발표했다. 이러한 결정의 점진적인 과정 가운데 하나로 우리는 엑슨모빌을 목표로 삼았으며 이 경우 매각 결정은 도덕적으로 비난을 받을 수 있는 것들에 대한 즉각적인 조치가 될 것이다." 21명의 록펠러 사촌 중 두 명의 관리자인 데이비드 카이저와 리 와서맨은 스캔들에 관해 다음과 같이 설명했다. "25년이 넘는 기간 동안 기업은 환경 변화의 현실에 관해 정부와 시민을 속여왔으며 자신의 이익을 추구하기 위해 지구의 생명체들에 대한 심각한 피해를 방조했다." 엑슨모빌은 렉스 틸러슨이 최고경영자로 있던 당시에도 똑같이 노골적인 어조로 말한 적이 있었다. "그들의 매각 결정은 우리에게 놀라운 일이 아니다. 그들은 우리를 음해하는 음모에 이미 재정 지원을 시작하고 있다." 비방을 위한 비난만이 있었던 것은 아니다. 법적 차원에서도 공방전이 시작되었다. 뉴욕주, 캘리포니아주, 매사추세츠주, 그리고 다른 13개 주의 법무장관들은 엑슨모빌이 탄소 배출에 미치는 영향에 관한 자료를 불법적으로 조작했는지에 대해 책임을 물을 수 있는 불법(사기 및 허위 회계 포함) 가능성을 조사했다. 법적인 공방이 시작된 배경에는 컬럼비아대학의 저널리즘 대학원이 록펠러 가문의 재정적 지원을 받아 수행한 저널리즘 조사(취재) 활동의 오랜 노력이 있었다. 틸러슨은 이것을 음모라고 비판했다.

록펠러 가문의 분노와 자금은, 과거 자신들에게 행운을 안겨주었던 기업을 겨냥했다. 록펠러의 신화를 창조했던 존 D. 록펠러와 윌리엄 록펠러가 자신들 시대의 거대 석유 기업인 스탠더드오일 덕분에(그리고 이후 지속적인 인수를 통해 현재의 엑슨모빌이 탄생했다) 미국 자본주의의 정상에 우뚝 설 수 있었던 것은 19세기 말이었다. 이는 최악의 독점기업이었으며 미국의 대통령 테드 루스벨트는 최초의 독점금지법(Sherman Act)을 마련했지만 실제로 통과되지는 않았다. 반독점의 공격에도 불구하고 록펠러 가문의 행운은 계속되었고 체이스맨해튼은행과 함께 금융 다각화를 시도했다. 하지만 이미 당시부터 록펠러 가문은 독실한 침례교 신자로서 전례 없는 자선 활동을 벌여 탐욕스러운 수익자들이라는 이미지에서 벗어나려고 노력했다. 이들의 자선 활동 덕분에 예술과 문화의 전당과 교육 기관들이 설립되거나 미국의 인재들로 성장한 싱크탱크들이 배출될 수 있었다. 하버드대학과 프린스턴대학에, 뉴욕현대미술관과 링컨센터에, 미국외교협의회(Council on Foreign Relations)와 아시아소사이어티(Asia Society)에 기금을 제공했다. 대공황이 시작될 당시 5번가에 있는 록펠러센터는 미국 시대의 도약에 대한 믿음의 기념비적인 증거였다.

록펠러 가문의 제4세대는 모두 150명으로 21명 사촌의 권위 덕분에 아직도 상대적으로 응집력과 지지력을 유지하고 있었다. 이들은 엑슨모빌에 대한 공세에서 일관성을 보여주었다. 고발은 큰 원성을 불러일으켰다. 엑슨모빌은 1만 6,000명의 과학자와 공학자들을 고용해 기후변화가 예상되는 내부 연구의 결과를 조작했다. 게다가 과학계의 주변을 맴도는 거짓의 전문가들인 '부인주의자들(negationists)'을 재정적으로 지원했다. 기후변화의 영향이 장차 엑슨모빌의 수익성에도 영향을 미친다는 점을 고려할 때, 극단의 사기 행위는 주주들에게 손해를 끼칠 수 있었다. 틸러슨은 초강대국 미국의 국무장관이 되기 전 엑슨모빌에서 41년간 근무했으며, 창립자-주주들이 거대 사기의 연구실로 지목한 기업의 최고경영자에 올랐다.

환경의 붉은 선에서 탄소 배출을 많이 하는 국가들의 그룹에 속한 미국을 오염시키기 위한 로비 활동은, 석유 기업의 본사들이 입주해 있던 텍사스 휴스턴의 고층 빌딩들에서만 있었던 것이 아니다. 수년 동안 '청정 유럽 디젤'의 거짓말을 일삼았던 유럽 자동차 산업(독일, 프랑스, 이탈리아)도 거대한 사기 행위를 저질렀다. 노골적으로 환경을 오염시킨 부문이 있었지만 고발은 되지 않았다. 오염은 주택들이나 사무실 아래에도 있었다. 사실상 오염은 어디에서든 목격할 수 있었다. 이것은 내가 사는 뉴욕에 관한 이야기지만 실상은 지구의 모든 구석구석에도 적용될 수 있다.

'불도저법'은 맨해튼에서 가장 강력한 법이다. 오랫동안 성서 애호가, 작가, 예술가 및 이탈리아 애호가를 위한 만남의 장소로서 이탈리아 문화의 역사적 아이콘이었던 리졸리 서점도 재정 피해를 대가로 이러한 사실을 알게 되었다. 일부 진정한 뉴요커들이 오랫동안 기억할 주소인 웨스트 57번가 31번지에서 마지막 영업을 한 것은 2014년 4월 마지막 날이었다. 폐업 소식은 갑작스러운 결정이 아니었다. 주인들은 이미 3년 전부터 알고 있었다. 한층 당혹스러운 것은 그 원인이었다. 초기에는 뉴욕에 불어닥친 부동산 열풍으로 인해 임대료가 거의 세 배로 증가했으며, 이 도시에서 VIP급의 임대료를 낼 수 없는 자들은 쫓겨났다. 나중에는 더 심각한 소식이 들려왔다. 폐업의 이면에서 철거와 함께 새로운 투자 소식이 알려졌다. 그 후 리졸리 서점은 미드타운의 다른 장소를 물색하여 이탈리 시장[2]

---

2 Eataly, 레스토랑, 식음료 매점, 베이커리, 소매 품목 판매점 및 요리 학교로 구성된 이탈리아 시장 체인.

인근에 서점을 열었다. 하지만 이전의 역사적인 거리에 서점이 있던 건물 즉, 1919년 아트데코 스타일의 멋진 건물이 사라졌다. 구역 주민들의 일부가 항의 시위를 했지만 아무런 소용이 없었다. 이들 중에는 공동체위원회 5(Community Board 5)의 조경위원회 위원장인 레일라 로지시코가 있었다. 그녀는 "원인은 사라졌지만 싸울 가치는 남아 있다"고 말했다. 그녀는 이 건물을, 이탈리아의 여러 감독위원회와 유사한 기능을 담당하는 도시경관보존위원회(Landmark Preservation Commission)의 관리 감독하에 두려고 했었다. 하지만 뉴욕에는 오래된 유적들이 거의 없는데, 그 이유는 새로운 건축에 관한 관심이 상대적으로 훨씬 높았기 때문이다. 로지시코는 한 인터뷰에서 "리졸리 출판사의 문을 닫고 이 건물을 철거하는 것은 잘못된 결정이었다"고 말했다. 경관보존위원회가 그녀의 요청을 거부한 이유는 웃음이 나올 정도로 황당했다. 이 건물의 역사가 1919년으로 거슬러 올라가는 것은 사실이지만 내부 장식은 1985년 것이니 보존의 가치가 없다는 것이었다.

한편, 이 건물은 아름다운 과거의 일부를 구성한다. 루스벨트와 로스차일드와 같은 미국의 대표적인 귀족 가문들이 이 건물에서 살았다. 나중에는 일명 '피아노 구역'으로 유명했으며, 공예품 상점들과 카네기홀에 피아노를 공급하던 스타인웨이앤드선스, 소머앤드컴퍼니, 치커링앤드하드먼, 펙앤드컴퍼니가 영업을 하고 있었다. 1930년대에 《뉴욕 타임스》는 57번가의 거리 명칭을 파리의 거리와 같은 르드라페(Rue de la Paix)로 개칭할 것을 제안한 바 있다. 지금 이곳은 억만장자들을 위한 구역으로 바뀌었다. 흉하고 볼품없고 현기증을 일으킬 정도로 높으며, 세계무역센터의 자리에 새로이 들어선 프리덤타워와 높이를 다투는 주거용 고층 빌딩들로 새로운 주택 붐이 불었다. 또한, 주거지 건설의 계획에 따라 월스트리트를 포함해 은행들도 임대료가 덜 비싼 주변의 다른 구역들, 그리고 맨해튼의 남단으로 이전했다. 금융가들은 360도의 경치가 확보된 펜트하우스에 살기 위해 자신들이 일하는 사무실보다 더 비싼 임대료를 기꺼이 지불했다. 이곳에 건설되고 있는 초고층의 모든 아파트는 불도저가 '낡은' 건물들을 철거하기도 전에 이미 매매가 완료되었다.

매일 아침 집을 나설 때마다 창문을 통해 공압 해머의 요란한 작업 소음이 들려온다. 집과 사무실을 오가면서 나는 건설 현장의 비계 시설물로 덮여 있는 보행로를 통과한다. 유니언 광장 인근 지역에 있는《라 레푸블리카》의 편집실에 도착하면 그 주변에서는 레미콘 트럭들이 오가고, 크레인이 달린 불도저들이 블록 전체를 헐어내고 있다. 뉴욕은 거대하고 장기적인 자재 창고나 다름없다. 활발한 건축 활동은 베이징과 같은 신흥도시와 거의 다르지 않다. 다만 한 가지 의미 있는 차이가 있다면, 베이징에서는 오늘날 세계에서 가장 현대적인 것 중 하나인 방대한 지하철 노선을 볼수 있는 반면, 뉴욕의 건축 붐은 민간 부문의 투기에 초점을 맞추고 있다는 점이다. 뉴욕의 공적 서비스와 집단 인프라는 수익을 내지 못하는 관계로 어려움을 겪고 있다. 요란한 부동산 붐을 막을 수 있는 것은 아무것도 없다. 즉, 경관도 도시 제약도 없으며 빈자들에 의한 오염에도 소음공해에도 제한이 없다. 높이 경쟁에 미쳐버린 '괴물 같은 건물'의 건축은 상당히 너그럽게 허용되고 있다. 이러한 상황을 고려할 때, 뉴욕의 건축업자가 백악관을 차지하는 것은 단지 시간문제일 것이다.

멀리서 보면 뉴욕은 전혀 다른 경제적 계층구조를 연상시킨다. 이곳은 현대자본주의의 강력한 권력 중 하나와 긴밀하게 연결되어 있는데, 이는 월스트리트 금융이다. 보다 일반적으로 미국에서 가장 강력한 로비 활동으로는 금융가, 다국적 석유 회사, 거대 제약 회사, 농업, 무기 생산업자가 머릿속에 떠오른다. 하지만 뉴욕의 도시에 살다 보면 이곳에서 가장 강력한 자들은 건물 소유주라는 사실을 알게 된다. 이들은 자신들의 편의에 따라, 시장이 공화당 소속이든 민주당원이든, 마이클 블룸버그와 같은 프로 비즈니스맨이든 빌 디블라지오와 같은 좌파 포퓰리스트이든 상관없이 정치권력과의 암묵적인 합의로 도시를 파괴하고 재건축하기도 한다. 건설업자들은 건축이 도시를 부유하게 한다는 이론을 내세워 정치와의 동거를 제도화하면서 이를 성장과 일자리를 위한 동력 중 하나라고 주장한다. 따라서 이들의 주장은 자신들의 계획을 방해해서는 안 된다는 논리이다. 오히려 모든 종류의 세금 혜택을 통해 지원해야 한다고 말한다. 트럼프는 자신의 세금신고서를 공개하지 않으려고 했는데, 그 이유는 '국가의 원조'로 불릴 만큼 관대한 대우를 받는 부동산 투기의 억만장자들에게 보조금이 지급되고 있다는 사실을 평범한 납세자, 노동자, 중산층이 알게 될 것이기 때문이었다. 이 분야는 부동산 가격이 지속적으로 상승함에도 불구하고 재정 지원의 대상이다.

이 분야의 기업가 정신에 대해 말하는 것은 웃기는 일이다. 트럼프와 그의 첫째 사위인 재러드 쿠슈너의 가문 또는 상당히 큰 건물을 소유한 부동산 재벌들은 건축에 별다른 신경을 쓰지 않는다. 다른 사람들이 그들을 위해 다 해주기 때문이다. 그들은 자신들의 자본으로 모험하지 않는다. 그들은 위험을 은행에 떠넘기고, 최악의 경우 파산선고로 잘못된 투자에서 빠져나가면 그만이다. 트럼프를 포함한 건설업의 큰손들은 이로부터 자유롭다. 이 직업에서 성공하기 위한 유일한 노하우는 정치-법적인 것이다. 즉, 이들은 시장과 주지사의 선거 캠페인을 후원하며, 특별법에 근거한 비즈니스, 세금 감면, 면세, 허가의 특권을 누릴 수 있게 해주는 변호사들의 자문을 받는다. 이들은 기생충이지만 매우 특별한 존재들로서 많은 것들을 오염시키는 주된 원인이기도 하다. 또한 실제 경쟁에서 보호받기 때문에 건설업은 세계에서 보다 구식이고 비효율적인 산업의 한 분야이다. 전 세계적으로 건축 비즈니스는 매년 10조 달러의 시장 규모를 자랑한다. 2017년 8월 19일《이코노미스트》가 인용한 옥스퍼드대학의 한 연구(「최소로 성장한 건설업(The construction industry-Least improved)」)에 따르면, 모든 기간산업의 90퍼센트가 만성적으로 연체되고 최종 비용은 초기 예산의 규모를 넘어선다. 시간과 비용에서 이 분야처럼 신뢰할 수 없는 업계는 세계 어디에서도 찾아볼 수 없다. 그 효율성이 전설적이라고 평가되는 애플까지도, 실리콘밸리에 새로운 본사를 건설하기로 결정했을 때 건축업의 비효율성으로 인해 상당한 추가 비용의 피해를 감수해야만 했다. 결과적으로 건물의 완성은 2년 늦어졌고 20억 달러의 추가 비용이 발생했다. 매킨지보고서가 지적한 가장 저조한 생산성 증가의 세계적인 기록은 하도급, 불법 노동, 불법이민자 착취, 그리고 환경오염에 의한 피해, 즉 건설 현장의 미세먼지와 콘크리트 믹서의 배출, 모든 탄소 배출 기준을 초과하는 토목 장비들 때문이었다. 이 모든 오염은 태양 빛 아래에서 우리의 눈과 콧구멍, 그리고 폐 속에 그 흔적을 남긴다.

"수천 년 동안 그곳에 있었다. 하지만 분리되어 떨어져 나오는 데는 채 3년도 걸리지 않았다. 라르센 빙붕 C(Larsen Ice Shelf C)가 깨져서, 남극 반도의 바다에서 지금까지 관측된 것 중 가장 규모가 큰 10대 빙산 중 하나가 분리되어 나왔다. 전면이 수백 킬로미터이고 높이가 350미터, 표면적이

5,800제곱킬로미터(리구리아주의 면적보다 더 크다)이며 무게는 1,000억 톤으로 가르다호수를 세 번이나 채울 수 있을 정도의 많은 물을 포함하고 있다."엘레나 두시는 2017년《라 레푸블리카》에 게재한 글에서 지도를 다시 제작한 전례 없는 사태, 즉 리구리아 전체가 분리되어 떨어져 나와 바다로 계류한 것과 다름없는 사태에 대해 언급했다.

남극 반도(백색 대륙의 최북단에 위치해 덜 추운 지역)는 1950년과 2000년 사이에 2.5도의 온도 상승을 기록했다. 두시의 말에 따르면, 이는 지구 온도 상승의 표준을 넘어서는 것이다. 빙하(내륙의 빙하가 흘러내려 해안 지역에 압력을 가해 바다로 밀려들 때 형성되는 수백 미터 두께의 거대한 얼음층)는 1990년대부터 두께가 얇아지고 있으며 2000년부터는 그 속도가 빨라지고 있다. 캘리포니아대학교의 브라질 출신 과학자인 페르난도 파올로는《사이언스》에 게재된 한 연구에서 이러한 현상의 실체를 측정했다. 남극에서는 300세제곱킬로미터의 얼음이 매년 바다를 향해 미끄러지고 있었다. 이 거대한 얼음덩어리는 파올로의 설명에 따르면, 1만 1,000년 전부터 이곳에 있었다.

이제 많은 전통적인 지도들이 더 이상 쓸모가 없어지고 있다. 과거의 지도들은 빠른 속도로 폐기되고 있는데, 그 이유는 기후변화가 지구의 물리적인 형태를 변화시키고 있기 때문이다.

리구리아만큼 거대한 빙하의 소식이 남극으로부터 들려왔다. 충격적인 소식은 북극에서도 들려왔다. 남극과 북극은 지구의 일부로서 기후변화의 영향은 보다 빠르고 폭력적으로 나타난다. 파리기후협정이 엄격하게 적용되었다고 할지라도, 북극위원회의 주도하에 「눈, 물, 얼음, 영구동토층(Snow, Water, Ice, Permafrost)」이라는 보고서를 작성한 태스크포스 책임자인

1979년 북극 빙하의 범위

과학자 라르스오토 라이어젠에 따르면, "북극은 이제 구할 수 없을 것이다". 파리기후협정이 완벽하게 실천된다고 해도(우리가 알다시피 그럴 가능성도 없지만) 1986~2005년에 비해 북극해 기온은 5도에서 9도로 상승할지모른다. 그린란드에서는 2011년부터 2014년까지 매년 3,750억 톤의 얼음이 사라졌다. 2017년 4월 27일, 《이코노미스트》에 게재된 북극 보고서에

　　　　　지도 위의 붉은 선

2016년 북극 빙하의 범위

따르면, 북극에 미치는 기후변화의 엄청난 영향은 또 다른 차원, 즉 새로운 비즈니스의 기회를 제공한다. 북극에는 아직까지도 사용되지 않은 탄화수소의 5분의 1 이상이 매장되어 있다. 광물 산업은 구리와 같은 금속들을 채굴하는 데 많은 관심을 가지고 있다.

얼음을 녹이는 기후 과열로 인해 절단된 붉은 선을 따라 화물 운송을 위한 새로운 극지방 해로가 열리면, 선주들의 시간과 비용이 크게 절약될 수 있다. 한때는 불가능했던 북서쪽이나 북동쪽으로(출발 지점에 따라) 가는 해로가 점차 더 오랜 기간 개방되고 있다. 2040년이 되기 전에 북극해는 여름 내내 빙하가 없는 바다로 남게 될 것이다. 이곳을 항해하는 선박은 지구가 남극과 북극의 두 극지에서 더 좁아지게 된다는 점을 고려할 때, 항해 거리를 상당히 단축할 것이다. 뉴욕에서 베이징까지, 또는 유럽에서 일본까지의 대륙 간 비행에 이용되는 극지 항로는 제로 고도에서도 유용해질 것이다.

블라디미르 푸틴은 이러한 새로운 붉은 선을 가장 먼저 이용했다. 러시아는 북극에 대한 주권을 주장하는 국가 중 가장 적극적이었다. 2017년 8월 러시아의 유조선이 처음으로 쇄빙선의 호위 없이 극지 루트를 따라 항해했다. 크리스토프 드마르제리로 명명된 이 유조선은 노르웨이에서 북한까지 단 19일동안, 즉 수에즈운하를 거치는 전통적인 항로에 비해 무려 30 퍼센트의 시간을 절약하면서 천연액화가스를 운반했다. 항해용 지도는 이러한 가능성 덕분에 크게 발전했다. 푸틴의 지시에 따라 러시아는 대량으로 매장된 북극 야말반도의 천연가스를 극지 항로를 이용하여 운반하는 전용 유조선을 건조했다. 러시아는 극지의 항로를 따라 항해하는 선박들의 교통량이 향후 몇 년 이내에 10배 정도 증가할 것으로 예측했다. 이것은 초기에는 항해가 불가능했던 지역을 배들이 통과하면서 나타나게 될 새로운 오염을 의미하는 것이기도 했다.

제노바에서는 물을 배급한다? 어린 시절 기억의 한 부분이다. 나는 벨기에서 살고 있었지만, 여름방학 때는 리구리아에 사는 할머니 댁을 방문하곤 했다. 일정한 시간마다 단수로 인해 물이 나오지 않았다. 부엌과 화장실에는 배급받는 물을 받아놓기 위한 큰 용기들이 놓여 있었다. 1960년대 말의 상황이 이러했다. 물론 나중에는 수도관 관리가 한층 효율적으로 개선되면서, 적어도 이탈리아의 일부 지역들에서는 적은 비용으로 수도꼭지에서 자유롭게 흐르는 물을 보는 것이 수십 년 동안 일상화되었다. 2017년 여름 로마의 주민은 물 배급을 경험했다. 비상사태는 오래가지 않았다. 하지만 물이 생각과는 달리 결코 무제한적인 것이 아니라는 충격적인 교훈을 남겼다. 우리는 물 낭비가 일상적이라고 생각할 만큼 매우 적은 비용만을 지불하는 데 익숙해졌다. 프란치스코 그릴로는 2017년 8월 일간지 《코리에레 델라 세라》에 기고한 「물 전쟁, 피해야 할 위험(Le guerre dell'acqua, un pericolo da evitare)」에서 다음과 같이 말했다. "이탈리아에서 마실 물 1리터의 가격은 1유로의 1,000분의 1에 불과하다. 에스프레소 한 잔값으로 로마 주민은 1주일 동안 하루에 물 150리터(그 절반은 샤워로 소비한다)를 소비할 수 있다. 프랑스 사람은 알제리 사람이 한 달 동안 사용할 물을 한나절 만에 소비한다. 코펜하겐에서는 밀라노에 비해 평균 10배의 물값을 지불한다."

나는 물과의 관계가 매우 조심스럽고 불안하며 문제시되고 있는 다른 지역들에서도 살았었다. 건조하고 사막 같은 지역이 아니라 습하고 초목이 우거진 자연환경의 케랄라에서, 우리가 배워야 할 지역 주민들의 물 존중 의식에 감탄한 바 있다. 낭비가 심한 서양 관광객을 위해 호텔의 화장실에는 절약의 덕목을 알리는 글이 붙어 있다. "우리는 양치할 때 입안을 행구는 데 한 컵의 물이면 충분하다. 만약 당신들이 수도꼭지에서 물이 계속 흐르게 내버려 둔다면 하루에 44리터까지 낭비될 수 있다." "손을 씻을 때 물이 계속해서 흐르도록 방치하는 사람들이 있다. 우리는 구멍을 막아 세

면대에 고인 물로 손을 씻는다. 이러한 간단한 방법으로도 16리터의 물을 절약할 수 있다.""샤워할 때 우리는 필요할 때만 수도꼭지를 열고 다 쓰면 물을 잠근다. 처음부터 끝까지 물을 틀어놓는 사람은 70리터를 더 소비한다." 인도는 물 소비 면에서 결코 안심할 수 없는 국가이다.

물에 관한 어린 시절 기억이 하나 있다. 학교에서 프랑스어로 역사를 공부할 때였다. 메소포타미아의 황금기에 관한 수업에서 나는 '비옥한 초승달(지역)'이라는 표현에 큰 매력을 느꼈었다. 이탈리아어로는 메차루나 페르틸레라고 하며 티그리스강과 유프라테스강 사이의 평야 지대를 가리킨다. 프랑스어 발음이 더 좋다. 아침에 크루아상[3]을 먹는 것은 식욕을 왕성하게 해주기 때문에, 그리고 어린 나에게는 우유와 꿀, 천일야화 시대의 풍요로움을 생각나게 하기 때문이다. 어른이 된 후 나는 오늘날의 이라크에 해당하는 이 지역이 비옥했었다는 사실을 알게 되었다. 과거에는 인류 문명의 거대한 곡물창고 중 하나였지만, 지금은 건조할 뿐이다. 이곳에서 기후변화는 산업혁명이 일어나기 훨씬 전, 다른 여러 이유로 인해 이미 나타났다. 때로는 환경 재앙의 원인들이 근대 이전 시대에 자동차 공장들에 의한 오염이 아니라 인간에게 있기도 했다. 재러드 다이아몬드는 자신의 『몰락, 사회가 죽거나 사는 것을 선택하는 방법(Collapse: How Socities Choose to Fail or Succeed)』(2004, 한국어판은 『문명의 붕괴』, 김영사, 2005)에서, 몰락하고 붕괴되고 때로는 생명을 유지해주는 환경 시스템을 관리할 줄 몰라 온통 사라져버린 과거의 많은 문명을 분석했다. 기후변화는 호모사피엔스가 등장하기 이전에도 발생했었다. 즉, 지중해는 600만 년 전에 거의 완전히

---

3 Croissant, 초승달이라는 뜻.

말라버렸고, 530만 년 전에 잔클레 홍수로 다시 채워졌다. 모든 것을 부인하는 자들, 즉 적어도 몇 권의 책쯤은 읽은 유식한 사람들은 인간의 책임으로부터 양심을 자유롭게 하고, 정유업자들을 용서하고, 모든 사람에게 오염시킬 자유를 제공하기 위해 인용하는 것을 즐긴다. 게다가 과학적인 증거는 압도적으로 많으며 일관된다. 물론, 기후변화는 항상 있었다. 하지만 이번에는 우리의 역할이 결정적이었으며 지금 우리의 행동을 바꾸지 않는다면 인류는 멸망할 것이다.

미래의 석유는 물이다. 지난 20세기에 에너지 자원에 대한 전략적 통제를 위해 우리가 치렀던 전쟁들은 21세기에는 지구의 물 자원에 대한 접근을 위태롭게 할지도 모른다. 수년 전부터 미 국방부는 중국, 인도, 방글라데시, 파키스탄에 대항하는 제3차 세계대전의 시나리오를 연구해왔으며, 티베트와 히말라야 빙하를 관리해야 할 '생명의 저수지'로 간주하고 있다. 인류의 생존을 위한 물의 중요성은 빈부의 양극단 모두에게 공통적이다. 미국 서부 해안 지역 전체는 4년 연속으로 물 부족 현상을 겪고 있다. 이 기간 동안 나무 1,200만 그루가 말라 죽었다. 우리는 캘리포니아를 말할 때 가장 먼저 실리콘밸리를 떠올린다. 하지만 이러한 혁신의 실험실까지도 기술이 모든 문제를 해결할 수 없다는 엄연한 현실을 인식하고 있다. 물의 담수화를 의미하는 기술적 해결 방안은 환경 피해를 불러올 수 있기에 대규모로 추진될 수는 없다. 미국 캘리포니아 산타크루즈대학의 과학자인 마이클 로익스는 "이러한 담수화 과정에는 막대한 화석에너지가 필요하며 바닷물을 오염시키고 염분도를 높이며 수온을 증가시킨다"고 말했다. 보다 효율적이고 시급한 해결책은 미국인들의 생활 스타일을 근본적으로 재검토하는 것이다. 캘리포니아의 방대한 지역은 웰빙의 극단적인 사례이다. 이곳의 빌라들은 물을 공급해야 하는 영국 스타일의 잔디정원과 수영장까지 갖추고 있다. 기술에 관해서는 분명한 역할이 있겠지만, 다른 분야에서는 가전제품에 대한 새로운 규정들, 물 소비를 줄인 세탁기 및 식기 세척기를 생산해야 할 의무가 마련될 것이다. 캘리포니아는 '주가드 혁신'[4]이 희소자원의 절약에 초점을 맞춘 발명의 흐름을 주도하고 있는 인도로부터 배워야 할 것이다.

극단적으로 상반된 사례로서, 지구에서 가장 빈곤한 지역들에서는 물 부족으로 인해 매일 1,400명의 어린아이가 사망한다. 물 부족 또는 물 오염은 동전의 양면이다. 비정부기구에 따르면 "1억 6,500만 명, 즉 10명 중 1명이 마실 물, 또는 마셔도 죽지 않을 만큼 깨끗한 물의 부족에 고통받고 있다"고 한다. 물 부족은 하수도, 보건 장비, 화장실 부족에 영향을 미친다. 그 결과는 화장실을 이용하지 못하는 2억 4,000만 명의 사람들에게 충격적이다. 세계 전체에서 물은 아동사망율의 주된 원인이기도 하다. "신생아의 50만 명 이상이 매년 폐혈증과 같은 오염으로 사망하는데, 어머니들과 조산부들이 깨끗한 물로 손조차 씻을 수 없기 때문이다."

이러한 정치-전략적인 상황의 여정은 충분히 예상 가능하다. 이미 오래전부터 미국 대학의 환경과학 학과들은 '물 전쟁'에 관한 연구와 관련해 국방부로부터 재정 지원을 받고 있다. 미국국방부는 물 위기가 분쟁의 뇌관이라고 확신한다. 전략 전문가인 스트로브 드라이버는 한 잡지에 기고한 「글로벌 정책(Global Policy)」에서 실제로 물 전쟁이 이미 여러 차례 발생

---

4 Jugaad Innovation, 주가드는 힌두어이며 기존의 것을 독창적인 방식으로 활용해 예상치 못한 상황을 극복하는 능력을 가리킨다.

했었다고 주장했다. 드라이버의 말에 따르면, "1967년에 발발한 6일 전쟁에서 이스라엘군은 골란고원을 점령하여 자신들의 물 자원의 3분의 1을 확보했으며, 이와 마찬가지로 1965년에 있었던 인도-파키스탄 전쟁의 진정한 원인은 카슈미르를 장악하는 것이었다." 그렇지 않다면, 우리는 이라크 정규군, 쿠르드족, 이슬람국가가 모술의 댐을 장악하기 위해 전쟁을 벌인 이유를 이해하지 못할 것이다. 전쟁의 전략은 물 공급을 보장하는 데 맞추어져 있었는데, 이는 제2차 세계대전 당시 바쿠의 석유를 놓고 벌인 전쟁과 다르지 않았다.

경제적 부는 물 위기를 해결하는 데 충분하지 않다. 캘리포니아 외에도 또 다른 세계적인 자본 강대국인 중국이 이를 증명한다. 사막화는 지속적으로 확대되고 있으며 중국의 방대한 지역으로 확산되고 있다. 베이징은 많은 오염 물질을 동반한 끔찍한 모래폭풍에 시달리고 있다. 경제적 자원과 계획 수립의 능력이 충분한 국가들은 가장 오래된 전통에서 그 해답을 찾으려고 하는데, 이는 수로이다. 수로 전체를 이동시키기 위해 새로운 수로를 건설한다는 거대한 프로젝트가 완성을 앞두고 있다. '수력 문명'의 현대 버전인 셈인데, 이는 칼 아우구스트 비트포겔과 페르낭 브로델과 같은 서양 역사가들이 감탄하는 시스템으로, 중원을 호령하던 황제들의 자부심이었다.

하지만 오늘날에는 기존 강들의 수로를 변경하거나 바꾸는 것으로도 충분하지 않다. 여러 강 중에서 황허강과 같은 강은 연중 긴 기간 동안 수량이 현격하게 줄어든 상태를 유지한다. 중국이 티베트를 강력하게 통제하고 있는 이유가 여기에 있다. 히말라야 지역 또는 티베트고원의 인근에서 아시아를 가로지르는 큰 강들의 수원이 시작된다. 양쯔강과 황허강은 중국을, 인더스강과 갠지스강과 브라마푸트라강은 인도를, 메콩강과 이라와디강은 인도차이나반도를 관통한다. 티베트고원을 장악하는 것은 아시아의 '수도꼭지'를 차지하는 것이다. 강의 흐름과 수력에너지에 대한 통제는 이미 역사적으로 있어왔다. 그러한 시도는 언제든 가능하다. 이들 중 펜타곤이 주목하고 있는 가장 묵시록적인 시나리오는 제3차 세계대전이 30억 인구가 살고 있는 지역(중국과 인도, 파키스탄, 방글라데시)에서 물 때문에 발생할 수 있다는 것이다.

베이징과 상하이에서 물은 수도꼭지를 통해 풍부하게 공급되는데, 이는 이론적으로는 마실 수 있는 물이다. 적어도 지역 정부들은 이와 같이 말하고 있다. 하지만 나의 중국인 동료들은 모두 이 물을 그냥 먹지 않으며 오래 끓인 후 차로만 마신다. 오히려 명목상으로만 광천수(Mineral water)일 뿐인 상당량의 물을 구입해서 마신다. 실제로 이 물도 다국적 기업인 네슬레가 많은 돈을 벌고 있는 다사니(Dasani) 생수처럼, 샘물이 아니라 '정수한' 수돗물이다. 내가 방문했던 중국 모든 도시의 가정과 사무실에서는 많은 업체들이 유료로 정수된 물을 공급하고 있다. 이 사업은 정부에 대한 불신과 시민의 건강을 보호하는 능력 덕분에 번창하고 있다. 이것은 과도한 불신이자 의심이며, 독재정권의 지배하에 있는 시민들 사이에서 전형적으로 나타나는 사례일까? 그럴지도 모른다. 그럼에도 정부를 신뢰하는 대가로 미시간주 플린트시의 주민들은 엄청난 대가를 지불했다. 이 미국 도시에서 공권력은 예산 절감을 위해 상수도 관리를 사기업에 위임했었고 이 기업은 산업폐기물의 수은에 오염된 강물을 이용해 비용을 절감했다. 성장 과정에 있는 만큼 가장 연약했던 수백 명의 아이들이 수은에 중독되면서 뇌 손상을 입었다. 가장 근대화된 미국에서 플린트시의 사례는 다른 곳에서도 감사와 조사로 이어졌고 수돗물의 품질에 문제가 많다는 사실이 드러났다.

물에서는 플라스틱의 문제도 드러났다. 우리는 이러한 사실을 알지 못한 채 매일같이 물을 마신다. 미국과 유럽에서, 그리고 다른 많은 신흥국가들에서도 그러하다. 많은 연구가 이러한 사실을 경고하고 있으며, 연구 결과는 댄 모리슨의 글을 통해, 그리고 저널리즘 조직인 오브미디어에서는 크리스토퍼 타이리를 통해 발표되었다(2017년 9월 6일 자《라 레푸블리카》를 통해 번역문이 보도되었다). 여기에서는 그 요약문을 살펴보자. 우리는 마실 수 있다고 생각하는 물의 오염에 대해 많은 관심을 가져야 한다.

뉴욕에서 뉴델리에 이르는 전 세계 모든 가정의 수도꼭지에서는 미세플라스틱 섬유가 검출되고 있다. 이러한 문제는 다섯 개 대륙의 크고 작은 도시들이 식수로 소비하는 물의 159개 견본에 대한 분석을 통해 밝혀졌다. 이들 중 83개와, 미국 의회와 워싱턴에 있는 환경보호국 본부의 수돗물, 그리고 뉴욕에 있는 트럼프타워의 트럼프그릴레스토랑의 수돗물에서 미세플라스틱 섬유가 검출되었다. 첫 연구는 워싱턴의 비영리정보저널리즘 사이트인 오브미디어에 의해 추진되었다. 뉴욕주립대학과 미네소타대학이 공동으로 협력한 연구를 통해 오브미디어는 전 세계의 식수에서 미세플라스틱의 흔적을 발견했다. 연구진은 미세플라스틱이 수돗물에서 검출되었다면, 그 물을 사용해 만든 빵, 파스타, 수프, 그리고 인공우유들에서도 발견될 가능성이 매우 높을 것이라고 말했다. 과학자들은 어떤 방식으로 미세플라스틱 섬유들이 수돗물에 들어갔는지, 또는 이들이 건강에 어떤 영향을 미치는지를 알지 못한다. 누군가는 이러한 물질이 합성섬유 또는 카펫과 가구류에 사용된 천들을 통해 들어갈 수 있다고 추정한다. 우려되는 점은 이러한 섬유들이 유독한 화학물질을 운반할 수 있다는 것, 즉 담수에서 인체로 위험한 물질을 운반하는 일종의 셔틀과 같다는 사실이다. 영국의 플리머스대학 연구진의 리처드 톰슨에 따르면, 동물실험에서는 "플라스틱 섬유들이 이러한 화학물질을 방출하고 소화 시스템의 조건이 다소 빠른 방출을 촉진한다는 사실이 분명하게 드러났다". 미세플라스틱에 대한 연구의 개척자 중 한 명으로 오브미디어의 연구 전반을 감독했던 뉴욕주립대학 셰리 메이슨 프레도니아 교수는 "우리는 야생동물에 대한 관찰을 통해 우려할 만한 데이터를 충분히 확보하고 있다"고 말했다. "만약 야생동물에 영향을 미친다면 어떻게 우리에게 영향을 주지 않는다고 할 수 있을까?" 오염은 지리적 장벽과 소득의 장벽을 무너뜨리고 있다. 트럼프그릴의 화장실에서 채취한 수돗물의 견본들에서 발견된 미세플라스틱 섬유의 수는 에콰도르의 수도 키토에서 확보한 견본들의 그것과 동일하다. 오브미디어는 역삼투압 정수기의 필터를 사용하는 가정과 병에 담긴 물에서도 플라스틱 섬유를 발견했다. 미국의 여러 도시들에서 채취한 33개의 수돗물 견본 중 94퍼센트에서 플라스틱 섬유가 발견되었다. 그리고 동일한 수치의 결과가 레바논의 수도 베이루트에서 얻은 견본들에서도 드러났다. 그 밖에도 조사 대상의 다른 도시들 중에서는 다음과 같은 결과가 확인되었다. 인도의 뉴델리(82퍼센트), 우간다의 캄팔라(81퍼센트), 인도네시아의 자카르타(76퍼센트), 에콰도르의 키토(75퍼센트), 그리고 유럽의 여러 도시들(72퍼센트). 전 세계적으로 매년 3억 톤의 플라스틱이 생산된다. 이 중 40퍼센트는 단 한 번만 사용될 뿐이며 그것도 불과 1분도 되지 않아 버려지고 있다. 하지만 플라스틱은 수 세기 동안 잔존한다. 최근 연구에 따르면, 1950년대부터 지금까지 세계적으로 83억 톤 이상의 플라스틱이 생산되었다고 한다. 수조 개의 미세플라스틱 조각들이 대양의 전 표면에 확산되었다. 연구 결과, 동남아시아, 아프리카 동부, 캘리포니아의 시장들에서 판매되는 생선들로부터도 플라스틱 섬유가 검출되었다. 플라스틱 섬유에 의한 오염의 출처가 확인되었는데, 아마도 우리가 이를 몸에 착용하고 있을지 모른다. 플리머스대학의 연구자들이 발견한 바에 따르면, 합성의류는 세탁할 때마다 최대 70만 개의 미세 섬유를 방출한다. 미국의 폐수처리 공장은 그중 절반 이상을 걸러낸다. 나머지 미세플라스틱 섬유는 수로로 유입되고 그 잔량은 하루 2만 9,000킬로그램에 이른다. 일부 전문가들은 이러한 섬유가 수계를 통해 하류의 정착지로 운반되고 수도관을 통해 가정으로 유입된다고 주장한다. 파리에스트크레테유대학의 조니 가스페리 교수는 "호수와 기타 수역들이 환경퇴적물에 의해 오염될 수 있다고 확신한다". "우리가 파리에서 관찰한 바에 따르면, 대기의 낙진에 막대한 양의 미세 섬유가 존재한다는 사실이 확인되었다." 이러한 사실은 거의 알려지지 않았다. 예를 들어, 미세플라스틱 섬유가 식수를 통해 몸속으로 들어오기 전에 인간과 야생동물의 호르몬 체계를 변화시키는 내분비 교란 물질을 포함한다면 그 위험성은 얼마나 심각할까? 엑서터대학의 생태독성학자인 타마라 갤러웨이는 "우리는 이전까지 이러한 위험에 대해 결코 생각해본 적이 없다"고 말했다(본 보고서의 전문은 www.orbmedia.org에서 검색할 수 있다).

케일럽 오토 박사는 태평양에 위치한 인구 2만 1,000명의 팔라우섬 유엔 대사이다. 데버라 마네세는 29개의 산호초로 이루어진 적도 마셜군도의 유엔 대사이다. 이들은 다른 많은 사람들과 함께, 뉴욕의 유리 궁전에 마련된 사진 전시실에서 놀라움을 금치 못했다. 해안 지역을 찍은 15장의 사진과 바닷속 풍경을 찍은 15장의 사진이 전시되었다. 나는 첫눈에 이 사진들이 20시간의 긴 비행 끝에 도달할 수 있는 열대 환초 지대의 황량한 섬들을 촬영한 것이려니 생각했다. 다른 나라의 외교관들은 눈을 크게 뜬 채 모두 이탈리아 자연 경관의 놀라움을 보여주는 사진들에서 아름답고 오염되지 않은 경치를 감상하고 있었다. 점차 나는 각 사진의 하단에 적혀 있는 설명 글을 읽으면서 자부심을 가지게 되었다. 하지만 약간의 부끄러운 감정도 느꼈다. 나는 이탈리아인으로서 눈앞의 사진들에 담긴 지상 낙원의 절반은 방문한 적이 없었기 때문이다. 내가 아는 장소는 포르토피노와 친퀘테레, 마렘마, 마달레나, 코네로 정도이다. 하지만 사진작가들은 내가 어릴 때부터 알고 있던 장소들에 대해서도 마치 처음 보는 것 같은 멋진 감동을 연출했다. 사르데냐의 아시나라, 카포카르보나라, 살리네 디몰렌타르지우스, 시칠리아의 마도니에, 에올리에의 경관도 함께 전시되었다. 캄파니아주에 위치한 실렌토의 모습도 사진에 담겨 있었다. 폴리네시아가 자랑하는 해저 산호와 식물들이 있는 벤토테네의 사진도 있었다. 하와이의 모든 풍경을 잊게 할 만한 (사르데냐섬의) 젠나르젠투의 사진이나 스티븐 스필버그가 영화 〈쥬라기 공원〉을 촬영한 가짜 야생의 섬, 코스타리카 근처의 신화적인 이슬라누바르의 풍경도 전시되었다. 나의 집 어딘가에는 선사시대, 즉 인간이 꽃 한 송이나 조류 한 마리와도 접촉하지 않은 것 같은 원시적인 지역의 사진들도 걸려 있을 것이다.

　뉴욕에 사는 이탈리아인이 자신의 조국에 대한 자긍심에 고취된 채, 몇 미터의 높이에서 다른 사람들 위로 날아가는 것 같은 느낌을 받았다.

　유리 궁전의 방문객을 감동시킨 사진 전시회는 '지구의 푸르른 허파'

로 정의되었다. 이번 전시는 NGO 환경단체인 마레비보(MareVivo)와 우니베르데재단(Fondazione Univerde)이 이탈리아 지리협회와 공동으로 기획했다. 살렌토대학의 미생물배양 및 해양생물학 과학자인 페르디난도 보에로는 이탈리아 바다의 아름다움에 감탄한 전 세계 외교관들에게, 실제로는 우리가 이 모든 것을 파괴하고 있다는 말을 전했다. 사실, 환상적인 사진들 옆에는 끔찍한 재앙, 난파된 유조선들, 심지어 호화 여객선 코스타콩코르디아호의 좌초된 모습을 적나라하게 보여주는 다큐멘터리 행사가 함께했다. 그뿐만 아니라 우리가 알고 있고 할 수 있는 좋은 일을 긍정적으로 제시하는 다큐멘터리는 에네아[5]가 바다의 파도에서 생성하는 재생가능에너지의 사례를 보여주었다. 이는 구체적이고 실현 가능한 꿈이다. 만약 이탈리아의 모든 항구와 선착장의 부두에서 폭풍 해일을 전기로 바꿀 수만 있다면 우리는 석유 소비를 상당량 줄일 수 있을 것이다. 할 수 있고, 시작할 수 있고, 해야만 한다.

세계의 수도로 상징되는 이곳 뉴욕에서 열린 전시회는 이탈리아인들의 최선과 최악을 모두 보여주었다. 사진들 속의 경관은 태평양 섬들의 대사들도 감탄하게 만들 만큼 환상적이었다. 비옥하고 많은 사람들이 방문하는 땅은 너무 오래 방치되었고, 너무 많은 폭력에 노출되어 있었다. 언젠가 우리는 지구가 모든 최선을 보존하고 모든 파괴적인 것들로부터 자유로워지기 위한 경험들의 실험실이 될 것이라는 사실을 알고 있다.

마레비보의 로살바 지우니는 '마레 노스트룸'[6]이라는 새로운 캠페인

---

5 Enea, 신기술, 에너지 및 지속 가능한 경제 개발을 위한 이탈리아 공공기업.

6 Mare Nostrum, 로마인들이 지중해를 부르던 명칭으로 '우리의 바다'를 의미한다.

을 제안했다. 이 전시는 미세플라스틱 섬유를 계기로 추진되었다. 물에 버려진 병들뿐만 아니라 치약과 샴푸에 함유된 미세플라스틱이 본 전시의 주원인이었다. 이러한 환경은 물고기들을 해치고, 우리를 해치게 될 것이다.

여섯 번째 멸종으로부터 인류를 구하기 위한 투쟁은 우리가 살고 있는 지역들에서 시작되어야 한다. 우리의 집, 우리의 학교, 우리의 사무실로부터 출발해야 한다. 우리가 매일 아침 일하러 가기 위해 이용하는 교통수단에 대한 선택부터 고민이 필요하다. 이것은 우리의 손이 닿는 범위, 당신의 손이 닿는 범위에서 한 번에 한 가지씩 실천해야 한다.

인류의 역사에서는 처음으로, 수년 전부터 인류의 대부분이 도시 환경에 정착해 살고 있다. 과거 산업화 국가들은 정도가 더욱 심한데, 서양의 경우 80퍼센트 이상의 인구가 도시에 거주하고 있다. 이러한 사실은 엄청난 환경 영향에 대한 많은 결정이 도시 차원에서 이루어진다는 것을 의미한다. 각 도시에서는 대중교통과 쓰레기 수집의 정책이 수립된다. 도시들은 자전거 도로와 공원, 정원의 공공녹지를 위해 얼마나 많은 공간을 사용할지를 결정한다. 때로는 도시 난방이나 에너지 공급에 관한 규정들까지도 도시 차원에서 수립한다. 이것은 시장과 시민들의 움직임이 차이를 드러낼 수 있다는 것을 의미한다. 결국 우리 각자는 일상의 많은 소소한 행동을 바꿀 것인지, 즉 어떤 운송 수단을 이용할 것인지, 쇼핑을 할 때 무엇을 구입할지, 각각의 쓰레기 분리함에 쓰레기를 버릴 때 얼마나 주의를 기울일 것인지를 결정할 수 있다는 것이다. 적어도 집 안의 온도를 낮추고 텔레비전을 볼 때 스웨터를 걸치는 행동까지는 바꿀 수 있다. 한 번에 하나씩, 이러한 행동의 합계는 우리의 성공을 결정하게 될 것이다. '지구를 구하자'는 슬로건은 인간 중심적 사고의 전형적인 어리석음을 보여주는 표현

지도 위의 붉은 선

이다. 땅은 우리에 앞서 수만 년 전부터 존재하고 있었으며 우리가 사라진 이후에도 존재할 것이다. 인류와 우리가 멸종으로 몰아가고 있는 수많은 종(種)이 지구에 살 수 있는지는 일종의 게임이 되어버렸다.

지도는 걷고 또 걷는 자들 덕분에 새로운 생명력을 얻는다. 매년 침묵의 무리가 끝없는 샛길들을 따라 증가하고 있다. 우리는 유럽과 미국에서 과거의 많은 관행을 발견한다. 인류는 유목민으로 삶을 시작했다. 긴 여정을 시도했고, 도보를 통해 모든 대륙을 발견했다. 신발이 발명되지 않았고 말을 길들이지 않았을 때에도 수천 킬로미터를 이주했다.

엠파이어 스테이트 트레일[7]은 웅장한 명칭과 거대한 규모에서 루스벨트의 뉴딜정책이 떠오를 정도의 원대한 계획이다. 시멘트를 사용하지 않고 오염도 전무한 온통 녹색의 기간산업이다. 걷거나 사이클을 타는 사람들을 위한 1,200킬로미터가 넘는 산책로이자 도로이다. 이 도로는 승마를 즐기는 사람들에게도 허용되었다. 맨해튼 중심부터 시작해 캐나다까지 이어진다. 자연의 공기를 마시며 긴 여행을 즐기는 사람들, 하이킹 마니아들 또는 산악자전거를 즐기는 사람들 모두 이 도로를 애용한다. 이러한 새로운 주도권의 핵심 키워드는 '다목적'이다. 도로는 이미 완성되었고 산책하는 사람들, 조깅을 즐기는 사람들, 사이클을 타는 사람들을 불러들인다. 이 도로의 일부는 더 이상 사용되지 않는 철도에서 온 것이다. 이것은 이미 도시 환경에서 거대한 성공을 의미했다. 가장 큰 변화는, 엠파이어 스테이트 트레일(이 명칭은 뉴욕주에서 따 왔고, 기원에서부터 '제국의' 이름으로 불렸다)

---

7 Empire State Trail, 2017년 뉴욕 시장이었던 앤드루 쿠오모가 발표한 프로젝트로, 뉴욕을 가로 지르는 1,207킬로미터 길이의 하이킹 및 사이클링 도로.

의 새로움 그 자체였다. 이전의 다른 길들과는 달리, 이 트레일은 하이킹이나 자전거를 위한 도로가 없던 곳에 충분한 시설을 갖춰 건설되었다. 엠파이어 스테이트 트레일의 도로는 맨해튼에서 출발하여 여러 분기점들을 지나며 허드슨강의 숲길을 따라 애디론댁스산맥의 캠핑장에 도달한 후 다른 길을 따라 올버니시와 버팔로시로 연결된다.

이러한 새로운 프로젝트의 실현은 두 개의 유명한 '역사적인' 도로를 이용하는 사람들이 많아지는 결과를 가져왔다. 미국의 동부 해안에는 이미 야생의 독자적인 산책로가 있는데, 이는 애팔래치아 국립관광도로이다. 이 산책로는 미국의 내륙으로 연결된다. 남부로는 조지아주의 스프링거산에서 시작하며, 북부의 마지막 여정은 메인주의 카타딘산에서 끝난다. 전체적으로는 노스캐롤라이나, 테네시, 버지니아, 웨스트버지니아, 메릴랜드, 펜실베이니아, 뉴저지, 뉴욕, 코네티컷, 매사추세츠, 버몬트, 뉴햄프셔를 거치는 3,500킬로미터에 이른다. 이러한 산책로들은 31개의 협회에 의해 관리되고 있다. 여정의 대부분이 숲과 원시림의 자연경관을 관통하고 있으며 가끔은 도시들과 아스팔트 도로 또는 농업 경작지를 통과한다. 숲을 통과하는 산책로에서는 몇 년 전 애팔래치아 트레일을 배경으로 로버트 레드퍼드와 닉 놀테가 주연한 영화 〈어 워크 인 더 우즈〉가 촬영되기도 했다.

하지만 문학이나 영화로 가장 잘 알려진 산책로는 미국의 서부 지역에 있는 퍼시픽 크레스트 트레일[8]이다. 아마도 유럽의 비아 프란치제나보다

---

8 Pacific Crest Trail, PCT, 미국 서부의 멕시코 국경에서 캐나다 국경까지 4,300킬로미터를 종단하는 미국 3대 장거리 트레일 중 하나.

더 많은 등산객을 위한 가장 긴 산악 트랙일 것이다. 산티아고 델라 콤포스텔라로 향하는 순례와는 달리, 태평양을 따라가는 이 능선은 자연과 접하는 경험, 즉 야생적이고 오염되지 않았으며 위대하고 웅장한 경험이다. 한 지점에서 다른 지점까지의 길이는 4,265킬로미터이며, 미국의 캘리포니아, 오리건과 워싱턴을 거쳐 멕시코에서 캐나다에 이른다. 방대한 사막을 지나고 시에라네바다사막의 얼음을 통과해야 하며, 그 도중에 거대한 세쿼이아들의 숲, 캐스케이드산맥의 화산들도 만나게 된다. 이는 수천 명의 자원봉사자, PCTA(Pacific Crest Trail Association)의 회원들과 미국 산림청 산림관리원들의 헌신 덕분에 깨끗하고 잘 보존된 여정이다. 수백 킬로미터의 오랜 여정을 거치거나 일주일 정도 머물 수 있고, 걷거나 말을 타고 지날 수 있으며 공개된 장소에서 캠핑을 하거나 피신처에 머물 수도 있다.

PCT는 방대하고 고독한 여정이지만, 이전보다 더 많은 시민을 끌어들이고 있다. 특히 '자신이 누구인지를 되돌아보려는' 사람들의 수가 급증하고 있다. 여기에는 부분적으로 소설과 영화의 도움 또는 잘못이 작용했다. 소설 『야생(Wild)』은 미니애폴리스의 작가인 셰릴 스트레이드의 자서전과 같았다. 47세인 셰릴은 어머니의 죽음, 약물 중독, 이혼과 같은 여러 심리적 쇼크로부터 벗어나기 위해 모하비사막에서 출발하는 100일 동안의 오디세이를 통해 1,800킬로미터를 여행해 PCT에 도착했다. 그녀의 베스트셀러는 2014년에 리즈 위더스푼 주연의 〈와일드〉로 영화화되었다. 영화는 대중적인 성공을 거두었다. 하지만 이는 영화 그 자체의 흥행으로만 끝나지 않았다. 수천 명의 미국인이 셰릴 스트레이드의 100일간 여정을 따라 하기 시작했다. 경이로운 산책로를 따라 자주 만나는 인간 동물군은 강력한 경험을 찾아 트라우마를 극복하고 자신의 존재를 반성하며 삶의 새로운 방향을 계획하기 위한 주도권의 여행을 시작했다.

어쩌면 우리 모두는 삶의 일정 기간 동안 주변과의 관계를 끊고 자연 속에서 위대한 산책을 해야 할지도 모른다. 우리가 무엇을 잃고 있는지를 이해하기 위해, 아이디어를 모으기 위해, 아직 시간이 남았을 때 대응할 수 있는 힘을 얻기 위해.

지도 위의 붉은 선

XIII

바다는 갈라진
사람들을 합쳐준다

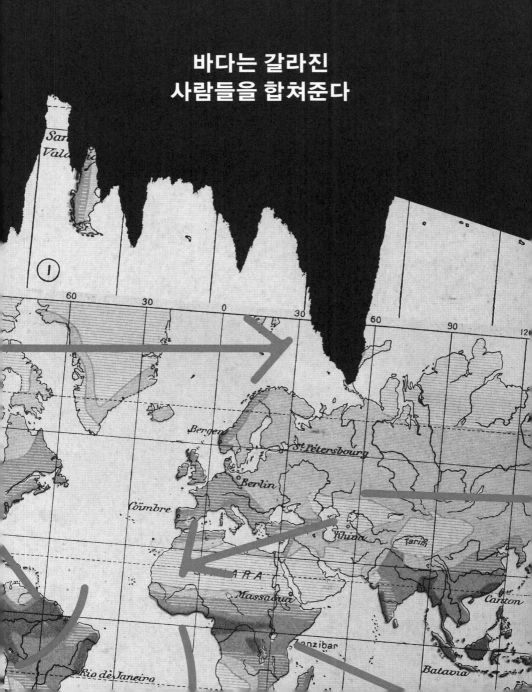

이탈리아는 자신이 초강대국이라는 사실을 알지 못한다. 음식 문화, 패션, 그리고 관광산업의 성공 이면에서는 지구의 매력을 발휘하는 '전체론적인 모델'이 부상한다. 이탈리아인의 상상력은 자신이 믿는 것보다 더 뛰어나다. 하지만 종종 '메이드 인 이태리'는 이탈리아인을 부유하게 만들지 못한 채 외국의 다국적기업들에 의해 점령되었다. 보호주의는 양날의 검이며 누구도 이를 중국인만큼 잘 다루지 못한다. 대위기가 있은 지 10년이 지난 지금, 우리는 이 교훈을 망각하고 있다. 지중해 남부에 실망한 나의 상상력은 다시 살아날 수 있을까?

만약 과거에 세계에서 가장 큰 영향력을 행사하던 남자가 자신의 부인과 딸과 저녁 식사를 함께하는 자리에서, 당신이 그들에게 레스토랑의 메뉴를 설명해야 한다면 어떻게 대해야 할까? 예의를 갖추어 말하자면, 평생 그를 따라다니게 될 호칭인 '대통령님'이라고 불러야 할 것이다(후임 대통령이 전임자만큼의 자격을 갖추지 못했다면 더욱 그럴 것이다). 나의 아들인 야코포 람피니는 편안한 호칭으로 "하이, 가이스(Hi, guys)"를 선택했다. 이는 단어 그대로 번역하면, 친근한 의미에서의 "안녕, 친구들" 정도일 것이다. 하지만 여기 미국에서는 보편적으로 사용되는데, 그 이유는 좀 더 캐주얼하기 때문이다. 게다가 용어의 문제는 비밀경호국의 팀장이 행사의 규칙을 설명하는 데 필수적인 사항이었다. "오늘 저녁 이 레스토랑에 딸과 조용한 저녁 식사를 즐기기 위해 한 아버지와 어머니가 손님으로 올 것입니다. 당신은 지나친 격식 접대를 자제해주시기 바랍니다. 당부드립니다."

야코포는 열정과 소명감으로 배우 일을 하면서 자신의 생활을 위해 레스토랑에서 웨이터로 일하고 있다. 때로는 두 직업 사이에서 혼란스러워한다. 예를 들면 2017년 3월 10일 저녁, 아들은 버락 오바마와 영부인 미셸, 그리고 딸 말리아에게 서비스를 제공했다. 그가 일하는 레스토랑은 웨스트빌리지의 카로타 거리에 있으며 두 명의 여성 요리사가 일하고 있는데, 이들의 명성에 이끌려 배우, 가수, 정치인, 그리고 다른 VIP 등의 많은 유명인사가 찾는다. 세라 제시카 파커와 우디 앨런, 하비 케이틀과 우마 서먼이 이곳에서 식사했다. 하지만 금요일 오바마가 온다는 소식이 알려지자 이 식당의 표준적인 서비스 지침에도 비상 상황이 발생했다. 레스토랑의 주인인 두 여성 요리사는 세 명의 특별한 손님을 맞이하는 데 무대에서처럼 강한 정신력이 필요하다고 판단했는지 각별한 임무를 야코포에게 부탁했다. 오바마 가족은 방문하는 곳마다 열렬한 환영의 장면을 연출했다. 브로드웨이의 연극을 보러 갈 때도 막이 오른 후에 입장해 관객들 사이의 작은 '소요'를 방지해야 했다. 이들의 안전은 퇴임 후에도 국가가 관리했다. 비밀정보국은 두 시간 전에 카로타 거리를 통제했다. 여러 장소를 검색하고 건물주들과도 면담했다. 일반인의 레스토랑 출입을 막지는 않았는데, 오바마 가족이 다른 사람들의 삶을 방해하는 것을 원하지 않았기 때문이다. 하지만 공간을 분리했고, 길에서 직접 입장할 수 있게 했으며, 오바마 가족을 위한 음식을 운반하는 통로는 6명의 요원이 통제했다. 조심스럽게 추진했음에도 오바마 가족이 왔다는 소식이 알려지면서 레스토랑에서는 '기립박수'가 터져 나왔다.

식당 안은 화기애애했다. 오바마 내외와 딸, 그리고 웨이터인 야코포가 연출하는 친근함이 계속되었다. "저는 오늘 저녁 여러분의 식사를 도와드릴 웨이터입니다. 오늘의 메뉴를 소개해드려도 될까요?" 그 밖의 다른 대화 내용은 비밀이었다. 나는 단지 몇 마디의 대화만을 알고 있을 뿐이다.

우리 시대의 다른 가족들처럼 딸은 이야기하고 부모는 듣는다. 야코포는 말리아의 정숙한 품행에 깊은 인상을 받은 모양이었다. 영부인 미셸의 품위 있는 행동은 따뜻했고 오바마는 첫 순간 포도주의 목록에서부터 분명한 견해를 가지고 있었으며 웨이터의 조언을 기다리지 않았다. 이 모든 것이 '이탈리아인' 웨이터에게 신뢰감을 불러일으켰을 것이다. 세부 사항들에서도 모든 것이 정확했다. 말리아는 알코올을 한 방울도 마시지 않았으며 프로세코 포도주병을 한 번도 만지지 않았는데, 그녀는 법이 정한 21세가 되지 않았기 때문이다. 버락 오바마는 너그러운 미국인들의 평균 두 배에 해당하는 팁을 남겼다. 우리 집안은 미국의 44번째 대통령이 직접 사인한 영수증 사진을 액자에 넣어 대대로 남길 것이다.

자랑인 것 같아 조금은 부끄러운 고백이지만, 나는 그의 8년 임기 동안 《라 레푸블리카》에서 두 번의 인터뷰를 했다. 그의 해외 순방을 함께했고, 열 번의 기자회견에 참석했다. 하지만 나의 아들이 웨이터로서 대통령 가족과 경험했던 친근한 접촉의 기회는 누리지 못했다. 물론, 아들의 놀라운 경험은 카로타 거리에 있는 레스토랑 주인의 배려로 가능했다. 그러나 일반적으로 볼 때 이 이야기는 미국 엘리트의 지위를 상징하는, 유행하는 이탈리아식 식사의 일부이다.

"프로세코? 그게 뭔가요? 죄송하지만 우리 매장엔 없네요."

이미 언급했듯이, 2000년에 나는 가족 모두와 함께 샌프란시스코로 이주했다. 밀라노를 떠나 이곳으로 왔지만 고향의 전형적인 소비 습관은 그대로 유지하고 있었다. 부유하고 건강미 넘치는 캘리포니아의 슈퍼마켓들에서는 이미 많은 이탈리아 제품을 찾아볼 수 있다. 하지만 프로세코는 없었다. 탄산 식전주를 마실 수 없다는 뜻이었다. 굳이 식전주를 고집한다면 값비싼 프렌치 샴페인이나 프렌치-캘리포니아의 플루트를 선택해야만 했다. 그렇다. 캘리포니아는 이미 수십 년 전부터 포도주 문화를 만들어가고 있었으며 이미 높은 품질과 세계적인 명성을 자랑하는 지역 포도주들을 생산하고 있었다. 물론 프랑스인들이 이주하면서 소노마카운티 나파밸리의 농지와 포도원에 대규모 투자를 했다. 그 결과 모엣앤드샹동이 설립되어 샴페인을 수출하는 것 외에도 비싼 가격의 지역 포도주를 생산했다.

서부의 해안 지역에서 생활한 지 2년이 지난 어느 날 프로세코 포도주가 이곳에 상륙했다. 하지만 우발적인 수입이 아니었다. 마치 제2차 세계대전 당시의 '노르망디 상륙작전'을 방불케 하는 모습이었다. 프로세코 포도주의 미국 수입이 본격화된 것이다. 단순 소비자인 나까지도 아침부터 저녁까지 모든 바, 모든 레스토랑에서 프로세코를 목격했다. 실로 전격적인 수입 작전이 아닐 수 없었다. 그 결과 어느 날부터인가, 얼마 전까지만 해도 프로세코가 무엇인지 알지 못했던 바리스타들은 이 포도주의 다양한 상표들에 대한 정보를 꿰차고 있었으며 이 포도주를 기반으로 만든 여러 칵테일을 소개했다. 이제 프로세코는 고급스럽고 인기 있는 모든 레스토랑의 포도주 목록에 이름을 올렸다. 모든 소믈리에는 베네토와 프리울리의 작은 포도주 산지들 명칭을 외우고 있었다. 코넬리아노와 발도비아데네는 베네치아와 피렌체만큼 유명했다. 샴페인은 매우 부유한 자들과 과시를 좋아하는 자들의 식탁에서 밀려났으며 소비자 대부분(캘리포니아 주민들은 포도주에 대해 어느 정도는 잘 알고 있다)은 민주적이고 값싼 이탈리아 탄산 식전주에 열광했다. 이를 계기로 프로세코의 미국 식민지화가 시작되었다. 미국의 동해안과 서해안 지역들에 있는 거대 도시들, 즉 뉴욕에서 워싱턴까지, 마이애미에서 보스턴까지, 샌디에이고에서 로스앤젤레스

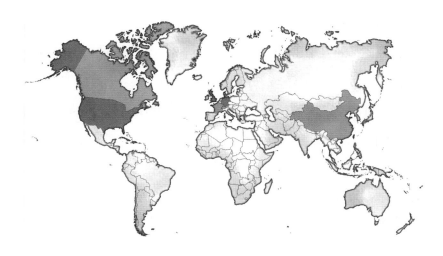

이탈리아 포도주의 주요 수입국

까지 프로세코의 성공은 최근 들어 스프리츠 아페롤과 이탈리아 탄산 식전주를 기반으로 한 다양한 칵테일로 확대되었다. 더 나아가 프로세코 '그 자체'는 텍사스와 루이지애나뿐 아니라, 창업자들이자 지금까지도 소유주로 있는 메리어트 형제들이 엄격한 모르몬교도라는 사실에도 불구하고 내륙 지방들에 있는 메리어트 호텔들의 많은 상점에서도 쉽게 찾을 수 있다.

프로세코 포도주의 마케팅은 한 명의 천재 또는 천재들로 구성된 그룹에 의해 시작되었겠지만, 이들의 포도주 시장 전략은 미국에 국한되지 않았다. 2017년 여름, 웃기면서도 어이 없는 소식이 영국으로부터 들려왔다. 프로세코의 대유행에 염증을 느낀 영국 소비자들과, 추정하건대 낮은 품질의 포도주를 생산하는 업자들이 탄산이 치아에 해로울 수 있다는 거짓 뉴스를 퍼트리면서 이탈리아 포도주의 공세를 차단하려고 시도했다는 것이다. 프로세코의 세계적인 경쟁력은 이탈리아 프로세코 탄산 식전주가 연간 5억 병 이상 판매된다는 사실을 통해서도 잘 드러난다. 프로세코의 세계적인 침투력을 보여주는 붉은 선을 참고해, 글로벌 시장에 대한 이탈리아(포도주)의 공세를 지도로 나타낼 수 있을까?

글로벌 유목민과 같은 삶을 살면서, 나는 이탈리아의 성공을 수없이 목격했다. 17년 전 샌프란시스코에 온 후에 나는 캘리포니아 주민들을 위한 식문화 건강의 최고 전문가는 카를로 페트리니였다는 사실을 알게 되었다. 슬로푸드운동은 종교보다 더 강력하다. 지역의 최고 요리사들은 우리 할머니들의 요리를 배우기 위해 이탈리아로 유학을 떠났다. 오바마가 대통령에 당선되고 영부인 미셸 오바마가 페트리니를 백악관에 초대한 것을 계기로, 리디아 바스티아니치와 같은 이탈리아인 요리사가 자주 출입했으며 미국 보건 당국이 지중해 식단의 축복을 배우도록 했다.

뉴욕에 살면서부터는 또 다른 현상을 목격했는데, 이는 프랑스 레스토랑 신화의 슬픈 몰락이었다. 한때 그리 멀지 않은 과거에 맨해튼의 고급 레스토랑들은 파리, 레옹, 보르도에서 요리사를 초빙했다. 최근에는 이탈리아인 요리사들이 자신들의 상상력을 놀라운 방식으로 혁신하면서 이들의 역할을 대신하고 있다. 내가 소년 시절 미국을 여행하고 있을 때, 거리의 이곳저곳에서는 피자 전문점이 이미 영업을 하고 있었다. 하지만 이들은 모두 소규모 영업에 불과했다. 나중에는 리틀 이탈리[1]의 레스토랑들이 문을 열면서 퓨전 스타일의 이탈리아 음식을 판매했다. 이러한 음식점들은 이탈리아 이민자들이 미국인의 세련되지 못한 입맛과 접하면서 만들어낸 음식 문화였다. 예를 들면 이탈리아 전통의 음식과는 거리가 멀고 일정

---

1 Little Italy, 이탈리아계 주민들이 모여 사는 구역을 가리킨다.

부분 부정적으로 변형된 이미지의 '미트볼 스파게티'가 그것이다. 미트볼은 잘 먹기 위해 교육을 거의 포기해야 했던 지역 소비자의 허기를 만족시키기 위해 햄버거만큼 컸다. 지역들의 정크푸드인 패스트푸드의 영향으로 건강한 지중해 식단으로부터 가짜 이탈리아 음식이 탄생했다. 이탈리아계 미국인 세대의 레스토랑은 아직도 존재하지만 음식량이 너무 많고 맛도 없었다. 하지만 얼마 후에는 젊은 이탈리아인 요리사들이 미국으로 이주해 오면서, 이탈리아로부터 환상적인 혁명이 함께 옮겨져 왔다. 적은 돈으로 훌륭한 이탈리아 음식을 먹을 수 있는 트라토리아와 같은 아담한 규모의 음식점에서는 이탈리아 가정의 요리와 별반 다르지 않은 단순하고 건강한 요리들이 등장했다. 또한 세련된 레스토랑에서도 이탈리아 음식을 경험할 수 있게 되면서 대도시의 최고급 요리 전문점들을 점령하기 시작했다. 이탈리아 음식 문화는 시장의 모든 구석까지 점령해가고 있다. 프랑스 음식은 점점 더 밀려났다. 미국의 최고급 레스토랑을 지배하던 작은 제국의 뷜루와 장조르주 같은 프랑스 요리사들은 자신들의 메뉴를 수정해야만 했으며, 그 결과 '지중해 전문 음식', 즉 이탈리아 요리를 중심으로 하는 프랑스식, 스페인식, 마그레브식, 그리스식의 휴전을 새롭게 제시했다.

미국에서 또 다른 새로운 신호들도 나타났다. 슈퍼마켓의 일정 구역에서는 이탈리아 식품만을 진열한 코너가 등장했다(파스타에서 파르마 치즈까지, 올리브유에서 껍질을 제거한 토마토까지, 프로슈토 햄에서 살라미 소시지까지). 반면, 프랑스 식품 진열대는 치즈를 제외하고는 상당 규모로 축소되었다. 이탈리아 식자재 마켓인 이탈리는 미국의 모든 대도시에 매장을 두고 있었는데, 맨해튼에는 그 수가 두 배나 되었다. 얼마 전까지만 해도 높은 수준의 음식 문화를 대표하던 프랑스와 같은 국가는 거의 무장해제의 상태로 전락했다. 전 세계는 이탈리아 음식에 열광했다. 그 이유는 이탈리아 음식 문화가 음식을 즐기는 것뿐만 아니라, 좋은 건강 상태를 유지하면서도 살찌지 않고, 해독 상태를 유지하면서 콜레스테롤의 섭취를 예방하고 심혈관계를 건강하게 하는 등 우리 시대 소비자의 새로운 열망에 부응할 수 있었기 때문이다. 이 경우 붉은 선은 세계의 모든 지역에 영향을 미치면서 거부할 수 없는 공세를 이어가고 있는 이탈리아 음식 취향의 유동적인 경계를 그려낼 수 있을 것이다.

이탈리아 음식의 글로벌한 지배력은 방대하고 아름다운 역사의 일부에 불과하다. 나처럼 세계의 이곳저곳을 옮겨 다니면서 살다 보면 이탈리아가 전 세계로부터 얼마나 큰 찬사를 받았는지 잘 알 수 있다. 이에 관해서도 나의 가족사를 통해 구체적인 사례를 찾아볼 수 있다. 나의 아내 스테파니아는 나와 함께 다시 한 번 샌프란시스코로 이사했다. 과거 그러했듯이 이번에도 많은 것을 희생해야만 했다. 그녀에게는 삶의 뿌리가 뽑히는 것이었고 일자리는 물론 이탈리아의 많은 친구들과도 헤어지는 것을 의미했기 때문이다. 이전처럼 그녀는 다시 한 번 새로운 삶과 일자리를 찾아냈다. 처음에는 가르치는 일을 시작했다. 이탈리아어를 성인학교에서 강의한 데 이어 나중에는 영국-프랑스 국제고등학교에서 선생님으로 자리를 잡았다. 의미 있는 성공을 거둔 것이다. 매년 등록인의 수도 증가했다. 그녀의 노력 덕분에 샌프란시스코의 프랑스-미국 국제학교에 이탈리아어 강좌가 개설되었다. 중·고등학교 수준의 학생들 사이에서 큰 인기를 얻었다. 물론 이러한 성공은 스테파니아의 교육 능력 덕분이었다. 하지만 그녀는 그 이면에 무언가가 있다는 사실을 직감하고 있었다. 이탈리아어는 비즈니스 영역에서 독일어를 추월했다. 극동이나 라틴아메리카에서 떠나온

자들의 후손인 모국어 학생들도 상당수 있는 중국어와 스페인어 다음이었다. 스테파니아는 다른 미국 도시들에서도 이와 유사한 현상이 일어나고 있다는 소식을 들었다고 한다.

이탈리아어 공부는 학교 커리큘럼에 별로 '유익한' 것이 아니었다. 전문가 경력을 위해서는 이미 더 보편적으로 알려진 언어들(중국어와 스페인어 외에도 아랍어와 러시아어)이 있었다. 따라서 이탈리아어 열풍은 다르게 설명되어야 한다. 즉, 이탈리아어는 이탈리아에 대한 매력의 일부를 구성한다는 것이다. 유식하고 여행에 취미를 가진 중상위층의 캘리포니아 학부모들은 이탈리아에 대한 신화와 숭배의식을 가지고 있다. 이들에게 자식을 이탈리아어 코스에 등록시키는 것은 선물이며 상징적인 의미를 가진다. 즉, 바이올린을 공부하거나 고전 무용을 배우는 것은, 전문적인 바이올린 연주자나 무용가가 될 것이 아니라면 젊은이들의 교육에 대한 고귀한 이념의 일부에 해당하는 사치와 특권이었다. 이는 우리의 공로일 뿐만 아니라 레오나르도 다빈치, 라파엘로, 미켈란젤로, 카라바조, 베르디와 푸치니, 그리고 다른 많은 유명인사를 고려할 때 이탈리아의 극히 일부분에 해당한다. 이탈리아의 과거 유산을 상속한 우리는 다른 사람들로부터 높은 평가를 받고 있는데, 그 이유는 우리가 과거의 거인들 어깨 위에 앉아 있기 때문이다. 사업가인 오스카 파리네티는 이러한 사실을 잘 이해하고 있었다. 이탈리는 뉴욕에 로시니의 서곡을 기반으로 한 백야를 위해 토리노왕립극장(Teatro Regio Torino)의 오케스트라를 초대했고, 알렉산드로 바리코를 초대해서는 소설과 시 낭송회를 개최했으며, 밀라노의 파브리카 델 두오모를 불러 이탈리아의 예술-건축 유산의 소중한 부분을 전시하는 행사를 벌였다. 이것은 미국인들이 원하는 통합적이고 '전체적인' 접근 방식이었다. 미국인들은 음식의 품질, 예술, 경관, 역사, 문화, 우아함 등, 이 모든 것의 조화로운 조합을 사랑한다. 더구나 미국인들만 이 모든 것을 좋아하는 것은 아니다.

2004년 캘리포니아를 떠나 베이징으로 이주했을 때, 스테파니아는 이탈리아에 대한 열정이 극동에서도 여전하다는 사실을 발견했다. 5년 동안 중국의 오염된 구름들에 포위된 채 살면서, 이 오래된 국가가 부패와 검열이 식품 오염의 에피소드에 대한 공포를 증폭시키고 있는 사회에서 자기 과거의 일부만을 유지하고 있다는 것을 알게 되었다. 나는 이러한 사실을 중국인들이 이탈리아를 방문할 때 드러내는 시선에서 읽을 수 있었다. 그리고 이에 관해, 베이징에 체류하고 있던 당시 집필한 『10만 개의 바늘구멍 (Centomila punture di spillo)』(2008)에서 언급한 바 있다. 이 책에서 관련 내용의 일부를 인용하는 이유는 10년이 지난 지금 현실이 되었기 때문이다.

이탈리아 방식으로 식사하는 것은 산업화된 식품들로 인한 화학적 오염을 저지하기 위해, 프랑켄푸드[2]에 맞서기 위해 장려해야 할 예술이다. 이탈리아 지역 식문화의 오랜 지혜는 우리 시대의 문제들에 답변을 제공한다. 유럽과 미국에서뿐만 아니라 신흥 국가들에서도 중상위 소득의 수천만 명이 문화적으로 수준이 높아지면서 덜 해로운 식습관을 받아들이는 것의 중요성을 인식하고 있으며 자신들의 소비 품질과 관련해 새로운 변화를 요구하고 있다.

---

2 Franken food, 영국의 괴기소설에 등장하는 프랑켄슈타인에서 유래된 용어로, 음식을 합성하여 유전자를 조작한 농산물을 가리킨다.

중국이나 인도에서, 러시아나 브라질에서, 이탈리아가 완벽에 가깝게 구현한 살아가는 방식의 문화가 얼마나 매혹적인지 알려지기 시작했다. 이것은 특권층만을 위한 매력적인 삶의 스타일이 아니다. 방대한 신흥 중산층은 아직은 메이드 인 이태리의 사치와 이탈리아 명성의 상징들을 누릴수 없지만, 여전히 부인할 수 없는 매력에 빠져 있다. 예를 들어, 한 중국기업은 우아하고 세련된 심미적인 제품을 자국 시장에 출시할 때마다 이탈리아어 발음의 상표명을 선택하곤 한다. 반드시 근절되어야 하는 위조 및 불법 복제의 현상 자체도 모방 대상에 대한 무한한 감탄을 배반한다. 상하이와 베이징에서처럼 방콕, 마라케시 또는 상트페테르부르크에서도 이탈리아는 사랑받는다는 이유로 복제되고 있다.

오늘날 세계에서 가장 활력적인 나라들은 이탈리아성(Italianity)의 영향을 받고 있다. 우리는 글로벌화를 미국화의 이음동의어로 간주하지만, 이것이 항상 옳은 것이 아니라는 사실을 무시하곤 했다. 글로벌화는 패션과 삶의 방식, 행동과 취향을 동질화했다. 그 결과, 글로벌화는 '메이드 인 USA'의 상징들까지도 집단 상상력과 세계적인 유통망에 포함시켰다. 이탈리아적인 삶의 방식은 과거 이탈리아와는 무관했던 문명들에 침투해 들어갔다. 새로운 세대들은 이탈리아의 취향을 그 어느 때보다 빠르게 흡수하는 사람들이다. 카페에서 아이스크림 가게에 이르기까지 이탈리아화의 경쟁이 세계적으로 확산되고 있다.

유럽인, 아시아인, 미국인은 우리가 디자인하고 설계한 것, 생산하고 판매한 것만을 좋아하는 것은 아니다. 이들은 이탈리아 제품의 이면에 있는 것, 즉 이탈리아적인 창의성의 중요성을 보여주는 보편 가치들로서 이탈리아인의 사는 법, 품질에 대한 자긍심과 결합된 상상력에 열광한다. 예를 든다면, 역사와 과거의 위대한 창조에 대한 존경심, 유연성을 동반한 전통의 보존, 아름다움에 유익함을 추가하고 현대에 고대를 접목하는 능력이 그것이다.

중국은 이탈리아의 가장 소중한 자산이 무엇인지를 연구할 수 있는 흥미로운 현장이다. 한편으로 중국인들은 이탈리아 문화와의 상당한 유사성을 느끼고 있으며, 다른 한편으로는 이탈리아 문화에서 자신들이 상실한 그 무언가를 직감한다. 중국은 과거에 대한 강한 의식을 가지고 있으며 세계에서 가장 오래된 문명의 후손이라는 사실을 자각하고 있다. 하지만 중국 그 자체는 현대에 들어 역사적 기억을 단절하려고 했던 사회 변혁의 드라마틱한 경험을 가지고 있다. 마오쩌둥 시대에 중국은 과거와 단절했다. 대학이 폐쇄되고, 사찰과 박물관과 도서관이 파괴되었으며, 오래된 것에 대한 증오로 인해 도시에 대한 폭력과 역사 중심지에 대한 파괴가 자행되었다. 이 시기의 트라우마에는 최근의 쇼크, 즉 도시의 경관을 야만적으로 뒤집어놓고 젊은이들이 대중적인 팝 문화의 영향에 휘둘리면서 과거(전통)와의 관계를 '단절한' 자본주의의 노골적인 출현이 더해졌다.

이러한 극심한 혼란은 중국인뿐만 아니라 중국까지도 극단의 카오스로 몰아넣었고, 이 와중에 중국인들은 이탈리아에 대한 높은 관심을 드러냈다. 왜냐하면 이탈리아를 역사 보존과 현대화의 조화를 보여주는 국가–박물관으로 간주했기 때문이다. 중국인 관광객들에게 로마, 베네치아, 피렌체와의 첫 만남은 과거 문명의 보물을 자신들의 도시 심장부에 보존하면서 21세기를 살 수 있다는 사실의 발견이기도 했다. 중국인들과 마찬가지로, 다른 많은 외국인들도 이탈리아 관광의 매력만을 느낀 것은 아니다. 이들은 오래전 삶의 방식들에 아직까지도 남아 있는 유효한 측면들을 보유한 산업화 이후 시대의 사회를 재건하기 위해, 이탈리아에서 실존적인 품격과 도시 중심지의 주거 가능성에 대해 무언가를 배울 수 있다고 느꼈다.

나는 2008년 중국에서 이탈리아의 특징들에 의한 글로벌화와 관련한 글을 쓰면서, 다른 한편으로는 이탈리아의 심각한 한계에 대해서도 성찰하고 있었다. 이탈리아성(Italianity)의 매력을 과도하게 활용하고 있는 것은 이탈리아 기업들이 아니라(또는 그뿐만 아니라) 오히려 외국의 다국적기업들이었다. 그 후 다른 기업들도 이에 가세했다. 이 시기에 베이징과 상하이의 슈퍼마켓, 레스토랑, 쇼핑몰을 다니다 보면 자가당착의 모순이 수치스럽고 심각하며 불쾌할 정도였다. 새 천년에 태어난 중국인의 관심은 '차의 문명'에서 커피로 돌아서고 있었다. 젊은 세대는 이 같은 변화의 상징이었고 급작스럽게 항상 커피만을 마시길 원했는데, 이는 아마도 음료의 에너지 넘치는 이미지를 통해 자신의 부모 및 조부모 세대와 차별화하기 위한 것일지 모른다. 문제는 차에서 커피로의 대규모 취향 전환이 상당할 뿐만 아니라 갑작스럽고 비정해 보인다는 것이다. 이러한 변화를 이끈 초기의 두 거대 다국적기업은 중국의 전 지역에 분점들을 연 미국의 스타벅스와, 중상류층 가정들에 에스프레소 커피 기계를 판매하는 스위스의 네슬레였다. 이탈리아의 라바차와 릴리는 자신들의 최선을 다했으며 중국 시장에 투자를 했지만 대부분의 공간은 앞서 말한 두 거대 다국적기업이 이미 차지하고 있었다. 당시 내가 지적했던 것처럼 이는 참으로 불합리한 현상이지만 어쨌든 스위스인들과 미국인들이 극동에서 커피의 대사로 활약하고 있는 셈이다.

이와 유사한 현상은 아이스크림의 경우에도 반복되었다. 다른 모든 디

저트와 마찬가지로, 최근까지 중국에는 알려지지 않은 또 다른 식품이다. 급작스러운 식문화의 변화이며 거의 무설탕 식단이었던 오랜 관습에서 벗어나는 것을 의미했다. 하지만 아이스크림 공세의 최대 주인공은 미국의 또 다른 다국적기업인 하겐다즈이다. 그럼 초콜릿은? 이 역시 수천 년 동안 중국에는 없었다. 내가 중국에 살던 해에 모든 쇼핑에서 프랄린 초콜릿과 함께 등장한 레오니다스처럼, 미국과 프랑스의 다국적기업이 소유하고 있는 벨기에 브랜드가 중국에 진출했다. 그럼 피자는? 코카콜라 계열의 자회사로 미국 체인의 패스트푸드 전문점인 피자헛이 중국에 확산되었다. 결국 이를 계기로 이탈리아 식문화는 이탈리아의 그것과는 상당히 다른 전통을 수천 년 동안 집요하게 보호하고 있던 중국에까지 당당하게 진출했다. 하지만 진정한 이탈리아 기업들은 다른 국적의 기업들이 이미 점령한 중국의 거대 시장에서 부스러기만을 주워 먹는 수준에 만족해야만 했다.

이탈리아 생활 방식의 붉은 선은 중국의 만리장성처럼 널리 확대되고 있었지만 동시에 이탈리아를 모방하는 데 능숙한 다국적 브랜드의 매정한 침략을 막을 수는 없었다. 소비와 풍속의 글로벌화는 이탈리아적인 삶의 스타일, 즉 부분적으로 프로세코와 이탈리, 바릴라, 페레로와 같은 몇 가지 사례를 보여주고는 있지만, 다른 생산업자들은 이탈리아 제품인 것처럼 속이고 이탈리아인들의 지위를 훔치는 데 너무 신속하고 유능했다.

때때로 이러한 경영은 도적 행위였고, 규칙을 존중하고 예의가 바른 국가에서도 실제로 자행되었다. 나는 이탈리안 사운딩[3]에 관해 지적하고

---

3 Italian Sounding, 이탈리아를 연상시키는 상품 명칭을 사용하여 이탈리아 식품의 이미지를 도용하는 현상.

싶다. 미국에서 살고 있는 나로서는 괴로운 일이 아닐 수 없다. 이는 이탈리아어 발음을 사용하거나 오리지널과 유사한 명칭을 사용하는 일종의 도적 행위이지만 불행히도 확산되어 있는 것이 사실이다. 나는 미국의 슈퍼마켓에서 장을 보는 소비자로서 생각한다. 언제쯤이면 파르메산(파마산) 또는 파르미자노의 부당한 판매 전략이 사라질까? 언제쯤이면 오하이오의 사육업자들이 이탈리아 제품과 동일하다고 주장하는 프로슈토 크루도를 대형 슈퍼마켓인 홀푸드마켓에 공급하는 것을 멈추게 될까? 숨겨진 보호주의는 관세, 세관, 규제 장애를 통해 농산물에서 보석까지, 직물에서 기계에 이르기까지 이탈리아의 무역에 타격을 주고 있다. 카를로 칼렌다 장관의 말에 따르면, "미국인들은 파르마의 프로슈토 같은 지역 상표들을 결코 인정하지 않았으며, 그들에게는 단지 기업 상표들만이 존재할 뿐이다". 이것은 '이탈리안 사운딩'이 분별력이 떨어지는 일반 소비자를 오도하는 실제적인 '무능력의 우회'에 합법적으로 도달하게 만드는 방법이었다. 하지만 나도 이 함정에 빠졌었다. 고백하건대, 나도 가짜인 파마산과 이탈리아 파르마에서 생산된 파르미자노를 혼동한 적이 있었다.

만약 프로세코의 비즈니스 전략을 다른 모든 이탈리아 식품에 적용하는 데 실패한다면, 여기에는 구조적인 이유가 존재한다. 프로세코의 전략은 뒤에 단 하나의 다국적기업도 남기지 않았다. 모엣샹동 샴페인은 패션에서 고급 액세서리까지 취급하는 프랑스의 LVMH(모엣헤네시·루이비통) 소유이다. 반면, 프로세코는 크고 작은 생산업자들의 모자이크이다. 이것은 이탈리아의 일부 지역이 시스템을 구축한 경우로서 일종의 팀 게임이나 다름없다. 하지만 보통은 그렇지 않다. 진정한 다국적기업을 가진 자는 하나의 상표 그 이상을 가진 것이나 다름없다. 이러한 사실은 내가 중국 시장의 정복과 관련해 언급했던 네슬레, 스타벅스, 피자헛, 그리고 다른 많은 기업들의 경우에서 볼 수 있다. 미국인, 독일인, 프랑스인은 세계적인 슈퍼마켓 유통망을 구축하고 있다. 이들은 거대한 글로벌 상표의 상품들을 지원한다. 이탈리아는 이 부문에서도 빈약한 자본 때문에, 그리고 종종 같은 동포 동업자들보다 외국인에게 판매하는 것을 선호하는 고급 브랜드 기업인들의 불신과 탐욕스러운 자본들로 인해 고통을 받고 있다. 이탈리아 스타일의 아이콘을 구입하는 데 가장 탐욕스러운 국가는 프랑스였다. LVMH에서 피노그룹에 이르기까지 프랑스 기업들은 패션과 고급 산업에서 많은 이탈리아 명칭을 도용했다. 이러한 기업 명칭은 세계적으로 마치 이탈리아 용어들인 양 인식되지만 실제로는 프랑스 금융자본을 부자로 만들어준다.

이탈리아의 소규모 기업들은 '이탈리안 사운딩'에 대항한 투쟁에서도 약자의 입장에 있다. "이탈리아화된 명칭으로 거짓된 이탈리아어 명칭에 맞서기" 위한 노력은 더 많은 국제특허를 출원하는 것이다. 하지만 그 비용이 만만치 않다. 게다가 특허에는 이를 존중하게 만드는 조치가 병행되어야 한다. 다국적기업들은 미국과 전 세계를 누비는 전사들의 군대와 같은 대규모 외부 법률회사를 거느리고 있다. 소규모 생산업자들은 이러한 비용 측면에서 절대적으로 불리하다.

따라서 이탈리아는 범대서양무역투자동반자협정(TPP), 즉 오바마가 자신의 임기가 끝나기 전에 체결하려고 했던 미국-유럽연합 간 자유무역협정을 지지했다. 이 조약 덕분에 이탈리아 기업들은 이탈리안 사운딩과 이탈리아 제품들에 피해를 주는 숨겨진 장벽들로부터 안전할 수 있었다. 하지만 TPP는 사실상 무용지물이나 다름없었다. 가장 먼저 유럽 국가들의 저항이 있었다. 수년 전부터 여론에서는 근거 있는 이유 때문에 이 조약에 대한 불신이 팽배해 있었다. 과거에는 이러한 거대한 협정이 거의 불투명한 상태에서 협의되었으며 다국적기업들은 로비 활동을 벌여 모든 규정들을 자신들에게 유리하게 유도했다. 나는 2016년에 펴낸 저서인 『배신(Il Tradimento)』에서 글로벌화에 역행하는 약속들에 대해 기술했다. 그래서 지금 여기에서는 거짓의 이야기, 사기의 행위들에 관해 다시 기술하지 않을 것이다. 오히려 이 책에서는 일종의 도발처럼 보일 수 있는 이야기를 하려고 한다. 향후의 자유무역조약은 시민들의 신뢰를 회복하기 위해, 다국적기업이 수익을 조세피난처에 숨기는 것을 금지하고 우리 시민들이 납세하는 것과 똑같이 대기업 자본가 그룹이 세금을 납부하도록 강제하는 규정들로부터 시작되어야 한다. 하지만 난 이런 유형의 조약이 조만간 체결될 것이라고는 믿지 않는다.

이후 보호주의의 거친 압력은 트럼프의 당선을 계기로 자유주의 사상을 리드하는 국가(즉, 미국)로 확산되었다. 이것은 비록 얼마 전부터 중단되기는 했지만, 여러 이유로 인해 참신했던 것이 사실이다. 보호주의는 항상 이탈리아가 지향하는 여정의 동반자였다. 내가 어린 소년이었을 당시, 프랑스의 포도 생산업자들은 유럽단일시장의 초기 효과를 보이콧하기 위해 이탈리아 와인을 공격했었다. 상대적으로 발전의 수준이 비슷한 국가들 간 국경이 철폐되었을 때에도 항상 무언가를 손해 보는 자들과 무언가를 벌어들이는 자들이 있었다. 중요한 것은 이익의 총액이 긍정적인가를 확인하는 것이다. 또한 피해를 입는 자들을 등한시하지 않고 이들을 위한 해결책을 찾아내는 것도 중요하다. 그 외에도 보호주의를 말하지 않고도 이를 실천하는 산업국가들이 있다. 가장 먼저 일본이, 나중에는 중국이 그러했다. 지금까지 일본은 자신의 시장을 예상했던 것보다 훨씬 덜 개방했다. 부유하고 발전했으며 강력한 경쟁력을 갖춘 국가이면서도 여러 분야에서는 조용하게 외국 기업의 자국 내 활동을 방해하고 있다.

중국은 지난 2001년 세계무역기구(WTO)에 가입했을 때, 서양과 협의한 규정들에 따라 '권위적인' 보호주의의 권리를 가지고 있었다. 이것은 2001년 중국이 가난하고 후진적인 제3세계의 국가였기에 초기에는 이해 가능한 것이었다. 따라서 우리는 중국을 동등한 지위에서 대할 수 없었다. 중국은 우리가 중국의 제품들에 부과하는 관세보다 상당히 높은 관세를 우리의 제품에 부과할 수 있었으며, 또한 자동차를 포함해 조금씩 늘려나가며 전략적으로 육성하고 있는 분야들에서 상당히 특별한 자신의 규정을 유지했다(이러한 불평등은 특히 미국과의 관계에서 두드러지게 나타났다). 중국에 자동차를 수출하는 것은 매우 높은 관세 때문에 결코 쉽지 않다. 예를 들어 페라리 자동차의 경우가 그러하다. 하지만 페라리는 가격을 이유로 소비자들의 관심을 집중시키는 자동차는 아니다. 어쨌든 중국에 투자하여 공장을 세우고 중국인 노동자들에게 일자리를 제공하면서 이곳에서 제품을 생산하는 것이 바람직하다. 하지만 이 경우 중국 주주가 50퍼센트가 되도록 하는 규정이 부과되었으며 중국 파트너에게 기술 노하우를 이전해야 했다. 나는 이를 합법의 탈을 쓴 산업스파이라고 부르고 싶다. 이것은 중국이 근대화의 여정을 차단하면서 보다 수준 높은 기술을 갖춘 분야들로 진출하는 방식이었다. 이렇게 해서 우리는 이상한 잡종과 마주하게 되었는데, 13억 인구의 거대한 중국은 저렴한 인건비 덕분에 경쟁력을 유지하는 분야들과 저개발의 단점들을 여전히 극복하지 못하고 있다. 하지만 그 내부에는 또 다른 중국이 존재한다. 이는 한국과 일본을 따라잡을 만큼 근대

지도 위의 붉은 선

화된 새로운 모습의 중국이지만, 오래전 과거의 역사에서 합의되었던 '유리한' 규정들 덕분에 경쟁력을 유지하고 있다. 게다가 중국 정부는 종종 속임수를 쓰거나 유리한 규칙을 추가하고, 적절하다고 판단되면 합법적이거나 불법적인 방법으로 자국의 기업들을 돕고 있다. 이러한 사실을 고려할 때, 트럼프를 매장시키려는 너무 성급한 해설자들에게서, 시진핑 중국 주석이 열린 국경의 새로운 수호자가 되었다는 소식을 듣는 것은 정말 웃기는 일이다. 시진핑이 마치 글로벌주의의 이념가로 행세하며 참석한 다보스 포럼에서 연설을 하는 것만으로는 충분하지 않다. 중국 정부의 실제 관행은 전혀 다른 것이다.

보호주의가 항상 우리 곁에 존재하고 있었다는 사실을 고려한다면, 트럼프는 전례 없는 벽창호는 아니다. 1980년대에 공화당의 마지막 위대한 리더였던 로널드 레이건은, 일본의 자동차와 철강이 국내로 밀려 들어오는 것을 저지하기 위해 보호주의 카드를 사용한 바 있다. 유럽은 이것이 미국 쇠고기의 유입을 차단하는 수단이 된다면, 우리의 목축업자들을 돕기 위해 기꺼이 꺼내 들 것이다. 더구나 중국인, 일본인, 한국인도 이 카드를 사용하는 데 주저하지 않을 것이다. 동등한 무역과 상호성은 트럼프가 자주 반복하던 두 개의 슬로건이지만, 실제로 그가 이것들을 가장 먼저 언급한 것은 아니다. 오히려 오래전에 좌파와 우파의 많은 인물들이 이미 지적한 바 있다. 글로벌화가 얼마나 진행되고 있는지, 새로운 장이 시작되고 있는지를 이해하는 것이 중요하다. 경제지리 또는 '지리경제'의 지도는 항상 유동적이다. 그리고 대외무역과 관련된 선택들은 정치와 군사 등 다른 수단들과 연결되어 있다.

만약 트럼프가 적어도 자신의 공약 중 일부라도 실천에 옮기는 데 성공할 경우, 세계무역의 지도들에서는 무엇이 바뀔 수 있을까? 5조 달러의 이해관계가 달려 있다. 이는 미국 다국적기업들의 해외투자 금액이며, 수년 동안 전 세계에 직접 투자하여 축적한 가치의 총액이다. 트럼프는 이를 자신의 계획, 즉 '미국을 다시 한 번 위대하게'를 위한 자원으로 사용할 것이다. 그의 선거 캠페인 슬로건인 '미국을 다시 위대하게'는 보호주의에 근거한 전략이다. 그는 대통령에 취임한 지 불과 몇 달 만에 포드자동차와 유나이티드테크놀로지[4]를 설득하여 멕시코에 공장을 건설하기로 했던 해외투자 계획을 취소하게 만들었다. 이들 다국적기업은 대통령의 압박에 굴복한 채 투자 대상지를 국내로 전환했다. 이렇게 해서 기대되는 일자리의 증가는 대략 2,000개에 불과했다. 하지만 이것은 트럼프가 자신의 약속을 지키려고 한다는 신호였다. 만약 이러한 초기의 두 성공 사례가 보다 방대한 분야에 걸쳐 적용된다면 그 결과는 무엇일까? 지난 25년의 재배치 이후 추세를 뒤집으면서 얼마나 많은 일자리를 늘리고 국유화할 수 있을까? 만약 글로벌화가 역행한다면 누가 승리자이고 누가 패배자일까?

　여기에는 우리가 세계지도에 그려 넣을 수 있는 해외투자의 지정학이 숨어 있다. 미국의 다국적기업들의 해외투자 금액인 5조 달러 중에서 가장 많은 2조 9,500억 달러는 유럽에 투자되었다. 그다음으로 라틴아메리카에 8,500억 달러, 아시아에는 7,800억 달러가 투자되었다. 얼마나 많은 일자리가 미국에서, 미국의 다국적기업들이 투자한 국가들로 이전되었을까? 평가는 다양하며 정치적 논쟁의 대상이다. 1994년으로 거슬러 올라가는 미국-캐나다-멕시코의 북미 단일시장의 탄생은 미국 탈산업화의 첫 번

4　United Technologies Corporation, 미국 코네티컷주 하트퍼드에 본사를 둔 다국적기업.

째 원인으로 지목된 바 있다. 이탈리아공업총연합(Confindustria)이나 노동조합의 추정치에 따르면, 70만 개에서 거의 300만 개 사이의 일자리가 해외로 빠져나갔다. 만약 트럼프가 이러한 경향을 역전시켜 다국적기업들이 투자금의 상당 부분을 국내로 돌리게 한다면 고용에 미치는 영향은 엄청날 것이다. 적어도 이론적으로는 유럽에 상당한 타격이 예상된다.

트럼프는 미국 거대 기업들이 국내로 돌아오는 데 영향을 줄 수 있는 주요 수단들을 이미 언급한 바 있다. 그 첫 번째는 가장 고전적인 설득과 처벌의 수단이다. 새로운 관세 부과는 미국 다국적기업들이 해외에서 생산하여 국내로 들여오는 제품들에 타격을 줄 수 있을 것이다. 두 번째 수단은 세금 인센티브이다. 기업 이익에 부과하는 미국의 세율은 가장 높은 편으로 현재 35퍼센트이다. 트럼프는 이를 낮추어주겠다고 약속한 바 있다. 세 번째 수단은 인센티브의 범주에 해당하는 규제 완화인데, 이는 국내에서의 생산가를 낮추는 것에 대한 트럼프의 공약 중 하나였다. 그는 백악관에 들어간 지 불과 몇 달 만에 관련 법령을 통해 기업을 위한 환경 관련 규정의 철폐 및 완화의 혜택을 제공했었다. 끝으로, 그는 공공 계약에서 자신의 결정권을 행사할 수 있는데, 예를 들면 군사 비용이 그것이다. 이 수단은 보잉과 유나이티드테크놀로지를 대상으로 사용한 바 있다.

그럼 오바마 정부와 비교해 얼마나 바뀐 걸까? 나는 보호주의의 부활이 새로운 것이 아니라고 말했다. 레이건 대통령은 북미자유무역협정(NAFTA)과 세계무역기구(WTO) 이전에 토요타자동차에 압력을 넣어 미국에 공장들을 건설하게 했었다. 오바마는 불황 방지 차원에서 이 카드를 사용했다. 2009년에 경제를 되살리기 위해 8,000억 달러의 공공투자를 결정했던 회복법(Recovery Act)에는 '미국 제품 구입하기(Buy American)' 조항이 포함되어 있었다. 이 법은 공공 계약의 수령자로서 미국 생산 기업들을 도와주는 것이었다. 미국은 연방 차원에서, 그리고 각 주정부 차원에서 공격적인 산업 정책을 결코 포기한 적이 없었다. 주지사들은 투자를 유치하거나 주의 영토 내에 기업들이 계속해서 머물도록 감세 혜택을 제공하고 있다. 이는 납세자에게 부담을 지우는 산업 정책이다. 버니 샌더스와 같은 좌파는 이를 '기업 복지'라고 정의했다.

그럼 다른 나라들은 이를 지켜만 보고 있을까? 만약 트럼프의 보호주의가 방대한 분야에 걸쳐 적용된다면 무역 파트너 국가들은 결코 가만히 있지 않을 것이다. 미국 다국적기업들이 가장 선호하는 시장인 중국은 복수를 위한 출구로서, 그리고 생산 플랫폼으로서 '역관세'를 동원해 각 항목마다 반격에 나설 수 있다. 그 결과 중국 시장 전체는 미국 기업들을 거부하게 될 것이다. 이러한 무역전쟁의 시나리오가 본격화되기 전에 미국 자본주의는 트럼프에게 영향력을 행사하기 위해 의회 로비를 본격화할 것이다. 공화당 내부에는 무역장벽에 반대하는 분명한 자유주의 성향이 존재하기 때문이다.

이러한 우발적인 무역전쟁에서 모두가 패배할 것이라는 주장은 거짓이다. 세계무역은 상당히 비대칭적이다. 보호주의에 대한 열망은 독일과 중국처럼 수입보다 수출이 훨씬 많은 나라들에 상당히 큰 타격을 줄 것이다. 반면, 미국은 적어도 초기에는 많은 이득을 볼 것이다. 또 다른 문제는 미국 다국적기업의 국내 복귀가 현실적인가 하는 것이다. 세계적인 생산 채널을 확보하고 있는 애플과 같은 다국적기업도 있다. 아이폰 제품에는 중국, 일본, 대만, 독일에서 제조된 부품들이 내장되어 있다. 이 모든 생산 품목을 국내로 들여오는 것은 상당히 어렵고 사실상 불가능하다.

대서양은 유럽과 미국을 연합시킬까, 아니면 분리할까?

역사에는 강탈과 갑작스럽고 충격적인 전환점이 있다. 비록 동시대 사람들이 그것을 곧바로 인식하지 않더라도 말이다. 크리스토퍼 콜럼버스가 세 척의 범선을 타고 인도를 향한 서쪽 항로를 개척하기 위해 출항했을 때, 그리고 그가 새로운 대륙(적어도 백인들에게는 신대륙이었다)에 도착했을 당시, 누구도 앞으로 일어날 상황을 알지 못했다. 이는 프랑스 역사학자 페르낭 브로델이 글로벌화의 초기 형태로 지적했던 '지중해경제'의 몰락을 알리는 초기 징후였다. 마레 노스트룸은 대서양으로 교체된 교역 흐름의 중심에서 소외되었다. 이러한 변화는 국가 간의 계층과 힘의 관계에 변화를 초래했다. 이탈리아 해상공화국(베네치아, 제노바, 피사)과 같은 지중해 무역 세력들의 점진적인 몰락이 시작되었고 대신 네덜란드와 프랑스의 항구들이 새로운 경제의 중심으로 부상했다. 포르투갈과 스페인은 이탈리아보다 대서양에 더욱 적극적이었고 군주제를 통해 자국에 대한 통제력을 강화할 수 있었으며 이탈리아의 도시국가들에 비해 효율적으로 대처함으로써 대양제국을 건설했다. 영국은 이러한 기반 위에 새로운 해양 세력으로 등장할 수 있었다. 대서양은 새로운 글로벌 경제의 중심지가 되었으며 이후 500년간 유지되었다. 역사적으로 영국제국의 패권이 20세기에 미국의 새로운 패권으로 옮겨 간 것은, 최근까지도 정치적이고 군사적이며, 산업적이고 기술적이며, 금융적이고 문화적인 권력들의 무게중심이 대서양에 머물러 있었다는 것을 의미한다. 미국이 제1차 세계대전, 특히 제2차 세계대전에 참전한 것은 새로운 대륙과 구대륙의 강대국들 간 관계를 견고하게 해주었다. 대서양조약기구는 지리에 기초하여 정체성을 확립했으며 서양의 이념을 포괄하는 축을 대양에 구축했다. 이것은 방어를 위한 동맹 외에도 이해관계와 가치를 공유하는 것이었다.

　트럼프는 진정 순수한 민족주의자이며 유럽과의 협력에는 관심이 없다. "나는 세계의 대통령이 되려고 선출된 게 아니다."라는 말은 그에게 투표한 사람에게 반복되는 슬로건이다. 하지만 만약 미국이 유럽을 스스로의 운명에 맡긴 채 포기한다면 어떤 대가를 지불해야 할까? 즉각적인 트라우마의 시나리오는 존재하지 않으며, 신속한 결별의 조짐도 나타나고 있지 않다. 정치적이고 군사적이며, 경제적이고 가치적인 교감이 너무 오래되고 견고하기 때문에 단 한 명의 대통령에 의해 파괴될 수는 없다. 더구나 관계의 해체에 따른 결과로 미국의 이익에 대한 전략적 피해는 장기적으로 나타날 수 있다.

　방어와 동맹, 이를 트럼프가 깨뜨리는 것은 잔인할 뿐만 아니라 전례를 찾아볼 수 없는 것이다. 이미 조지 W. 부시는 자신의 재임 기간에 평화적이고 순탄한 '오래된 유럽'을 공개적으로 멸시하던 도널드 럼스펠드 및 신보수주의자들과 함께 일방적인 노선을 추구했었다. 미국이 화성이었다면 유럽은 금성이었다고 할 수 있다. 2003년 이라크 침공을 계기로 드러난 프랑스(시라크)와 독일(슈뢰더)의 견해 차이는 전쟁에 대한 국제적 정당성을 획득하지 못하게 된 원인이었다. 시간이 지나면서 대서양 협력 관계가 느슨해지자 각국은 독자적인 방어 체계를 구축해야 했으며, 특히 구대륙에 항상 존재했던, 독일을 선두로 하는 중립주의 성향을 부추길 수 있었다. 미국은 제2차 세계대전 이후 유지되었던 동맹 관계에 글로벌 세력의 일부로만 참여해야 했다.

　미국과 유럽 간 냉각 관계가 조성된다면 이로 인해 이익을 얻게 될 첫 번째 국가는 블라디미르 푸틴의 러시아이다. 러시아는 군사적으로 유라시아의 초강대국이며 미국보다는 유럽에 더 가깝다. 또한 에너지 자원의 출처이기도 하다. 오래전부터 모스크바에 가해진 제재에 대한 불만이 존재하며 실제로 이러한 제재는 유럽 경제에 피해를 주고 있는 반면, 미국 경제에는 별다른 영향을 미치지 않는다. 이탈리아로부터 프랑스, 독일에 이르기까지 산업체들은 미국의 제재를 풀려는 로비 활동을 전개하고 있다. 워싱턴이 신뢰할 수 없는 파트너가 될 경우, 유화정책의 절실함은 한층 강화될 것으로 예상된다. 이러한 사실은 중부유럽과 발칸 지역을 겨냥한 러시아의 팽창주의에 새로운 여지를 제공할 수 있다.

중국은 신실크로드에 주력하는 과정에서 철도와 항구 등의 기간산업에 대한 투자를 통해 유럽을 혼란스럽게 하고 있다. 시진핑은 트럼프가 '글로벌주의'의 리더로 바뀌기를 바라고 있다. 미국의 후퇴는 무역에서나 재정적으로, 그리고 결국에는 정치에서도 중국의 침투를 가속화할 것이다. 인권의 깃발을 포기한 트럼프가 등장하면서 유럽은 더 이상 민주주의 발전을 명분으로 중국에 압력을 가하지 않을 것이다. 이미 오늘날 중국의 투자 규모는 모든 분야에서 확대되고 있다. 이탈리아에서는 축구에서 유틸리티까지 영역을 확대하고 있으며 깊고 지속적인 관계를 형성하고 있다.

유럽은 이미 자신의 방식으로 미국을 괴롭게 만들고 있다. 과거에는 미국 다국적기업들에게 세금 혜택의 관대함을 보여주었다. 가장 대표적인 경우는 아일랜드가 애플에 수년간 보증을 제공한 것이다. 조세 회피의 기회를 차단하는 것을 목표로 하는 브뤼셀위원회의 절차는 이미 강화되었다. 애플에 대한 제재부터, 디지털 경제의 거대 기업들 모두에게 수익금을 한 국가에서 다른 국가로 이전시키는 것을 사실상 금지하려는 유럽 웹텍스(Web-Tax) 프로젝트에 이르기까지 말이다. 대서양의 양측은 수천억 달러의 전리품을 놓고 세금전쟁을 벌이고 있다.

세금 회피와 병행하여, 방대한 규모의 소송이 실리콘밸리의 거대 기업들을 향하고 있다. 구글에서 페이스북까지, 아마존에서 위버에 이르기까지 디지털 경제에 대한 미국의 지배력은 절대적이다. 이러한 패권은 불균형하고 불법적인 규정 시스템에 의한 것이기도 하다. 이러한 사실은 이미지와 뉴스, 심지어 개인의 사생활까지 포함하는 콘텐츠 약탈에서 잘 드러난다. 브뤼셀의 독점금지법은 구글의 독점 행위를 공격하면서 이것이 전쟁의 장이 될 것이라는 사실을 알렸다. 이러한 유럽의 움직임은 이미 얼마 전부터 다른 이유들로 중국과 러시아, 이란에 이르는 전제주의 국가들에서 상용화되고 있는 인터넷의 국유화 경향이 다른 유럽 국가들로 확산될 가능성을 동반했다. 실리콘밸리의 피해는 막대할 것으로 예상된다.

하지만 지금은 대서양에 등을 돌릴 경우 미국이 무엇을 잃을지 검토한 후에 관점을 바꾸어보기로 하자. 유럽이 '독자적으로 움직이는' 시나리오가 실현 가능한 것일까? 앙겔라 메르켈은 다음과 같이 말했다. "지금 유럽은 자신의 운명을 스스로 개척해야 한다." 이는 현실적인 목표일까? 유럽이 미국의 리더십으로부터 벗어나야만 했던 거대 이슈는 무엇일까?

첫째는 방어였다. 베를린장벽이 무너진 이후 유럽의 미래를 '초식 강대국', 즉 경제적 부, 권리와 사회적 포용의 모델, 문화유산의 소프트파워에만 의존한 진정한 헤게모니를 행사하는 능력으로 이론화했던 시대가 있었다. 얼마 지나지 않아 발칸전쟁이 발발하면서 평화의 기간이 깨어졌다. 최근에는 러시아의 우크라이나 보복 전쟁, 발트해 국가들에 대한 러시아의 공격적인 사례들이 있었다. 서유럽은 1945년부터 미국의 군사적 보호를 받았으며 나중에는 이러한 보호정책이 바르샤바조약의 전(前) 회원국들에까지 확대되었다. 유럽의 독자적인 방어는 비싼 대가를 필요로 하는데 이탈리아, 프랑스, 독일은 아직 자국의 몫을 지불할 준비를 갖추지 못하고 있다.

미국의 군사적 리더십에 따른 낙수효과는 에너지 공급으로 확대되었다. 미국과 사우디의 연합은 지중해와 걸프만의 미국 제5함대 및 제6함대의 역할 외에도, 항해하는 배들의 안전을 보장한다. 미국은 혼자서는 이러한 일들을 하지 못할 것이다. 즉, 미국은 에너지를 거의 자급하고 있고, 인접한 캐나다와 멕시코에서 부족한 소량을 수입한다. 얼마 전부터 미국은 아랍 세계로부터 한 방울의 기름도 수입하지 않는다. 페르시아만에서 출발해 대서양을 거쳐 텍사스의 석유 정유소에 원유를 공급하는 유조선들은 과거의 추억 속으로 사라졌다. 그 밖에도 지도의 빠른 변화를 보여주는 것이 있는데, 이는 에너지 권력의 중심이 이동하고 있다는 것이다. '사우디 아메리카'는 전례 없는 전략적 여지를 가지고 있다.

2017년 여름, 국제무역은 오랜 침체에서 벗어나 성장 궤도에 진입했다. 보호주의자를 대통령으로 선출한 국가(미국)의 심장부에서 수입과 수출이 분리되었다. 상당히 단순하고 신뢰할 만한 물리적 지표는 미국의 거대 항구들에서 시작되었다. 뉴욕의 항구는 2016년 대비 8퍼센트의 화물 교통량 증가를 기록했다. 로스앤젤레스 인근의 롱비치항구에서는 특히 아시아에서 도착하는 물품이 16퍼센트 증가했다. 트럼프 대통령의 임기 시작과도 일치하는 2017년 전반에는 미국과 전 세계 간 교역이 6퍼센트 증가했다. 미국인들은 2016년 같은 기간보다 800억 달러 더 많은 물품을 수입했는데, 이 중 200억 달러 이상이 중국에서 생산되었다. 이것은 새로운 무역적자의 증가를 의미하는데 트럼프도 이에 관해 종종 언급한 바 있다.

글로벌화의 부활을 보여주는 다른 신호들은 세계의 모든 지역에서 목격할 수 있다. 중국의 견고한 성장은 이에 대한 신빙성 있는 지표이다. 즉, 중국은 지구의 생산 공장으로서 오래전부터 거대한 수출국으로 변모하고 있으며 중국의 수출이 순조롭게 진행된다면 이는 세계무역이 그다지 침체되지 않았음을 의미한다. 또 다른 분야별 흥미로운 지표는 에어버스그룹의 주문서들에서 볼 수 있다. 에어버스는 향후 10년 내에 6,771대의 제트기를 주문자들에게 인도해야 한다. 가장 큰 비행기는 장거리 A320 항공기이며, 2020년부터 연간 600대의 항공기가 인도될 예정이다. 항공사들은 계산을 실수해 비행기를 너무 크게 설계했지만(실제로 제작되기도 했다), 현재 그들이 기대하고 있는 것은 세계인의 관광 붐, 거리와 장벽의 철폐와 함께 세계가 점차 가까워지는 시나리오이다. 크루즈 승객의 물결에 상당히 지쳐 있는 베네치아는 이러한 사실을 잘 알고 있다.

불과 얼마 전까지만 해도 분위기는 지금과 달랐다. 브렉시트에서 트럼프주의에 이르기까지 보호주의 성향의 정치적 움직임이 더 확대되었기 때문만은 아니다. 오히려 반체제의 선거 쇼크는 실질 경제에서 이미 나타나고 있는 트렌드를 확인시켜주는 것 같다. 2008년의 대위기 이후 글로벌 무역은 일종의 빙하기에 접어들었다. 증가는 사실상 거의 없었다. 1990년대부터 성장을 이끌던 동력이 더 이상 작동하지 않았다. 국민적 포퓰리즘은 이러한 구조적인 현상에 정치적 제재를 가했다. 조선 분야는 분기 지표와 같은 기능을 가지고 있다. 새로운 대형 파나마운하와 같은 거대한 인프라 프로젝트가 끝나가는 동안, 아시아 최대 해운 회사 중 하나가 파산하고 많은 선주들이 선단을 제대로 활용하지 못하고 있었다. 슈퍼파나마는 잘못된 시기의 고전적인 투자처럼 보였고, 전성기에 계획되었으며 더 이상 수요가 없을 때 구체화되었다. 반면, 오늘날 미국의 항구들에서 해상운송의 재도약은 막대한 화물을 운반하는 시간과 비용을 단축하는 새로운 파나마 운하가 건설된 것과도 연결되어 있다.

　정치적으로 알려지지 않은 사실들도 있다. 트럼프는 캐나다와 멕시코와의 단일시장을 의미하는 나프타 조약을 재검토하기 위한 어려운 협상을 재개했다. 멕시코 정부는 비관주의에 젖어 있었고 플랜 B로 중국에 접근했다. 이는 국제무역에 따른 새로운 상황의 연속이었다. 즉, 트럼프의 미국으로부터 버려졌다고 느낀 자는 시진핑이 내민 손을 잡을 수 있다는 것이다. 이로써 중국은 개별 파트너들에게 제공하는 일련의 양자 간 자유무역협정을 통해 세계무역의 궁극적인 '지역화'를 추진할 수 있다. 포퓰리즘에 대한 해결책이 반드시 필요한 것은 아니다. 유라시아그룹[5]의 분석에 따르면, "시민들이 세계화를 이해하는 방식은, 근본적으로 최근 20년 동안 세계화가 자신들을 위한 것인지 여부에 달려 있다". 프랑스, 이탈리아, 스페인, 그리스, 즉 오래전부터 실업률이 매우 높은 국가들에서 포퓰리즘의 보호주의적인 형태들이 나타나는 것은 우연이 아니다. 또한 유라시아그룹의 보고서는 실업의 요인들을 지적했는데, 이에 따르면 유럽에서 전문직의 70퍼센트가 인공지능 로봇의 등장으로 인해 많은 취약성을 드러냈다. 또한 로봇과 대체 소프트웨어의 가격이 계속해서 낮아지는 이유 중 하나는 이러한 제품들이 신흥 국가들에서 더욱 빈번하게 생산되기 때문이다.

　포스트파나맥스(Post Panamax)는 확장 및 현대화 작업을 통해 거대한 규모로 건설된 새로운 파나마운하를 고려해 계획적으로 건조된 거대한 크

5　Eurasia Group, 글로벌 정치-경제 컨설팅업체.

기의 배를 가리킨다. 이 용어는 글로벌화의 역사에서 새로운 장의 시작을 알리는 의미로 언젠가는 모두에 의해 사용될 것이다. 우리는 이를 '운하들의 경쟁'으로 정의할 수 있다. 가장 먼저 두 해양 강국인 미국과 중국이 보다 빠르고 경제적이며 안전한 항로를 보장하는 임무를 위해 등장했다. 또한 '글로벌 상자', 즉 50여 년 전에 도입된 당시부터 글로벌화의 '레고 블록'이 된 컨테이너도 등장했다. 컨테이너는 새로운 파나마운하 덕분에 모든 종류의 화물을 적재하고 보다 빠른 속도와 적은 비용으로 운반된다. 파나마운하의 개통은 그 자체로 다른 역사적인 사건들을 목격했다. 한 세기 전 처음으로 이탈리아의 리구리아 선조들(모든 항해자들)은 남미를 거치는 길고 위험한 항해를 생략한 채, 제노바에서 출발해 캘리포니아의 항구들에 도착할 수 있었다. 혼곳호수에서 얼마나 많은 배들이 침몰했고 얼마는 많은 항해자들이 죽음을 맞이했던가.

1915년, 유럽이 제1차 세계대전을 벌이고 있을 때 캘리포니아는, 대서양과 태평양 간 해상운송의 시간을 단축하면서 세계무역에서 결정적인 역할을 할 수 있게 해줄 것으로 기대되는 파나마운하(1914년 완공)의 개통을 축하하고 있었다. 게다가 범미 박람회는 샌프란시스코를 발명의 쇼케이스로 만들어주었으며, 향후에 등장하게 될 실리콘밸리의 수도로서 테크노폴리스의 역할을 감당할 수 있게 해주었다. 사실, 샌프란시스코 엑스포는 현재 익스플로라토리움[6]의 본부로 사용되고 있는 팰리스오브파인아츠가 건설되어 미래를 밝혀주는 일종의 등대가 되면서, 캘리포니아의 비전을 예고했다. 또한 미국의 서부 해안으로부터 유럽까지, 또는 보스턴과 뉴욕의

6 샌프란시스코 과학기술 박물관.

항구들까지의 거리를 조금 더 단축하는 효과를 동반했다.

오늘날 대서양과 태평양 간의 경제적이고 상업적인 활동에서 '보다 큰 규모를 가진' 운하의 존재는 무엇을 의미할까? 원칙적으로 운송 비용의 절감은 소비자와 수입업자 모두에게 이익을 가져다주며, 남반구의 모든 국가들에게도 좋은 기회를 제공한다. 아프리카에서 라틴아메리카까지 모든 국가는 최종적인 마켓에 도달하기 위한 차선의 항로가 열리는 것을 목격했다. 이집트 군대가 자국의 대안적인 프로젝트인 수에즈운하의 확장에 총력을 기울인 것은 우연이 아니었다. 일부 노선의 경우에는 수에즈와 파나마가 대체 가능해졌으며 비용, 효율성, 안전, 해적으로부터의 안전 면에서 경쟁을 불러일으켰다.

중국인들은 자국으로부터 멀리 떨어진 미국에서도 21세의 위대한 건설자가 되려고 한다. 중국은 안데스산맥을 가로질러 대서양의 브라질 해안을 태평양의 페루와 연결하고 중국으로의 화물운송을 위한 시간을 단축할 목적으로, 브라질-페루 간 거대한 철도 건설의 재정을 지원하고 있다. 또한 중국은 파나마운하를 대체할 다른 운하의 건설도 계획했는데, 이는 니카라과를 관통하는 172마일의 철도로서 두 대양을 연결한다. 결론적으로 이 모든 것을 고려할 때 미국의 고립이 예상된다. 1904~1914년 파나마운하의 건설은 진정한 미국의 시대를 열면서 미국이 초강대국의 반열에 등장하는 신호였다. 반면, 유럽은 제1차 세계대전으로 쇠락의 길에 접어들고 있었다. 지금은 먼로독트린과 루스벨트 시대 이후 라틴아메리카가 고려되어왔던 것처럼, 미국이 자신의 '뒤뜰'에서 중국의 침투를 바라보아야 한다. 이러한 현상이 기간산업의 분야에서만 나타나고 있는 것은 아니다. 2014년 중국이 라틴아메리카에 제공한 자금은 220억 달러인데, 이는 세계은행과 워싱턴의 영향력이 미치는 다른 다자간 기구가 제공한 금액보다 많다.

카리브 지역의 최대 희망은 '기원으로의 귀환'이다. 이들의 경제적 행운은 식민지 경제의 착취 규정과 한계에도 불구하고, 스페인과 포르투갈의 식민지를 모국들과 이어주는 해상 루트와 이상적으로 연결되어 있었다는 사실에 근거한다. 그렇지 않다면 아름다운 수도인 아바나, 즉 황폐하고 안전하지 않으며 과거 스페인 식민지 시대의 놀라운 건물들이 있는 이 도시의 몰락은 설명하기 힘들다.

'운하들의 경쟁'은 이제 막 시작되었으며, 아직까지도 방대하고 복잡한 도전 속에서 흥미로운 장이 될 것으로 추측된다. 세계 교역의 새로운 전략 지도가 그려지고 있는 것이다. 오늘날까지 낡은 파나마운하는 화물수송의 3퍼센트만을 감당할 수 있었는데, 그 이유는 세계의 모든 선박의 절반 이상이 이 '초라한' 운하를 통과하기 힘들 만큼 거대하기 때문이었다. 파나마운하가 확장된다면 운송 비용의 3분의 1이 절약될 수 있다. 대발견의 시대에서처럼, 대서양이 지중해의 시대를 넘어섰을 때 운송의 거대한 흐름을 통해 드러난 변화들은 종종 지리-경제적이고 전략적인 힘의 균형에 연쇄적인 결과를 동반했다.

정치도 이러한 거대한 흐름과 관련이 있다. 글로벌화의 새로운 상황은 "세계를 축소시키는" 방대한 규모의 기간산업 투자뿐만 아니라, 세계무역의 논리를 저해하는 감동, 공포, 여론의 불안감도 불러일으킬 것이다.

2007년경 서브프라임 모기지론의 붕괴를 경고하는 신호들이 나타나고 있었다. 이는 대위기의 시작이었다. 우리는 아직도 당시의 충격으로부터 완전히 벗어나지 못하고 있다. 대위기의 근본적인 원인은 아직까지도 상세하게 분석된 바 없다. 다른 상황에 의해 유발된 또 다른 충격도 더해졌는데, 이는 우리가 심도 있게 고려해야 할 사항이다. 금융은 디지털 기술의 거대 기업들과 맺고 있는 확고한 동맹 덕분에 과거 어느 때보다 세계에 대한 지배력을 유지하고 있다. 그 밖에도 대위기는 전례 없는 정치적 전환점을 유산으로 남겼다. 이러한 경기후퇴로 인해 우익 포퓰리즘이 효율적으로 예측했던 경제적 재앙, 사회적 고통, 원한이 섞인 심각한 불의를 낳지 않았다면 트럼프는 대통령에 당선되지 못했을 것이다.

배경은 무엇이었을까? 미국의 성장은 이미 사회적 불평등(30년 전부터 지속된 심각한 병리학)에 직면해 있었다. 노동자들과 중산층은 삶의 수준을 유지하는 것을 버거워하고 있었다. 금융시스템은 자신의 방식으로 이러한 불균형을 '치료'했다. 우리는 이 점에 대해 성찰해야 한다. 월스트리트는 별다른 주의를 기울이지 않은 채 시민들이 금융을 쉽게 이용할 수 있게 했다. 위기 상황에 처한 채무자들에게 고위험 모기지가 제공되었고, 이들은 경제 충격이 발생하자 곧바로 파산에 직면했다. 은행가들은 축적된 심각한 위험을 무시한 채 이를 시장에 퍼뜨리고 복잡한 구조화 증권들로 덮어버렸다. 근저에는 또 다른 불균형이 잠재되어 있었다. 무역 흑자를 방대한 규모로 '재활용'하는 중국과 독일 같은 수출 국가들의 과도한 저축이 그것이었다. 이것은 원자재의 극심한 인플레이션을 보여주는 사례였다. 이러한 불안한 상황에서 부적절한 관리, 이해관계의 대립과 더불어 '분노의 날'이 도래했다. 그 결과, 가장 먼저 프랑스 금융서비스 기업인 BNP가 파산했고 (2007년 8월 9일), 몇 달 후에는 베어스턴스, 그리고 1년 후에는 리먼브라더스홀딩스가 파산했다. 패닉의 소용돌이가 이어졌고, 그 여파가 서양 전체의 실물경제로 확산되었다. 오직 중국만이 예외였으며 결과적으로 중국의 국가경제에 대한 통제력은 한층 강화되었다.

10년이 지난 후, 세계경제는 예측이 불가능해 보였다. 미국 경제는 8년 차의 지속적인 성장을 누리고 있었으며 완전고용이 가능한 것처럼 보였다. 하지만 2016년 11월 8일, 절망에 빠진 미국에서 트럼프의 연설이 설득력을 얻기 시작했다. 역사적으로 가장 끔찍한 후보가 과거 오바마 덕분에 일자리를 보존할 수 있었던 금속노동자들의 표를 독점했다. 대통령에 당선되자 트럼프는 백악관을 골드만삭스[7]의 사람들로 채웠다. 그는 전임자의 도드-프랭크법[8]으로 통제를 받았던 월스트리트에 대한 각종 규제를 풀기 시작했다. 은행들은 한 번에 하나씩, 고객들에게 피해를 줄 수 있는 자유를 회복하기 시작했다. 그들이 최근 몇 년 동안 합리적인 사고를 갖게 된 것 같지는 않다. 수십억 달러의 벌금에도 불구하고, 금융이 불법을 저지르는 경향은 줄어들지 않았다. 리보 금리[9]의 조작과 같은 가장 심각한 스캔들은 2007년 이후 수년 동안 반복적으로 발생했다. 도이치은행에서 포폴라레디비첸차은행, 에트루리아은행에 이르기까지 유럽은 전혀 개선될 기미를 보이지 않았다. 물론 일부 시스템상의 결함이 개선되었고 은행의 자본화에 대한 요구는 더욱 강화되었다.

오바마는 2009년의 사태와 관련해 "은행가들은 아무도 처벌을 받지

---

7 Goldman Sachs, 미국계 다국적 투자은행.

8 Dodd-Frank, 미국의 오바마 대통령 당시 글로벌 금융위기로 드러난 문제점들을 해결하기 위해 2010년 7월 제정된 금융개혁법.

9 Libor, 국제금융 중심지인 런던금융시장에서 은행 간 단기자금(보통 3개월 만기 기준) 거래 시 적용하는 금리.

않았다"는 사실을 인정해야만 했는데, 그 원인은 이와 관련한 법안이 로비활동에 굴복해 잘못 제정되었기 때문이다. 그러나 오바마는 임기가 끝난 직후, 힐러리 클린턴 부통령의 전례를 따라했고 월스트리트 강연으로 금융업자들로부터 많은 돈(시간당 수십만 달러)을 받았다. 진보주의 엘리트들은 금융이익에 과도하게 민감하다. 이것은 바로 포퓰리즘 물결의 초기 불꽃이었다. 트럼프에 앞서 티파티가 있었다. 반(反)조세와 반(反)정부의 우파 급진운동은 2009년 월스트리트 은행들의 대규모 구제금융, 즉 납세자들이 지불한 8,000억에 맞서 성립했다. 수년 전에는 그러한 결정이, 심지어 공공재정을 위한 작은 이익에도 불구하고 파산한 것이 사실이다. 그러나 2008~2009년에는 소기업들이 파산하고 일자리가 사라졌으며 주 정부는 그렇게 부지런하지도 관대하지도 않았다.

이후에 중앙은행은 연방준비은행이 저렴한 신용경제를 목표로 막대한 채권을 매입했을 당시, '양적 완화'의 결정을 발표했다. 미국에서만 4조 달러의 돈이 시중에 풀렸고, 나중에는 유럽중앙은행이 같은 조치를 반복했다. 효과는 기대치의 절반에 머물렀다. 성장은 최적의 상태가 아니었다. 1950년대와 1980년대 사이의 황금기에는 분명 미치지 못했다. 금융의 비중은 과도하게 높았으며 이로 인해 실물경제에 기생하는 이익이 발생했다. 세계는 중앙은행들이 조성한 유동성으로 출렁이고 있었다. 자본주의 발전의 역사적 엔진, 즉 인구와 구매력 확산, 생산성 향상, 신흥 국가들의 도약과 같은 현상들이 사라지자 세기적 침체를 자극하는 요인들이 겉으로 불거지기 시작했다. 그리고 워싱턴의 권력을 잡은 공화당은 금융 규제 철폐와 함께 은행가들에게 '모든 자유'의 신호를 보내고 있었는데, 그 결과 새로운 사고(事故)가 일어날 가능성이 점처지기 시작했다.

이제 관심을 이탈리아로 돌려보자. 프로세코에 대한 언급과 더불어, 나의 잘못된 예측을 다시 검토하려고 한다. "나는 그것에 대해 이미 말해 왔다"라고 말하는 것은 과도한 편의주의처럼 느껴진다. 나는 지난 2008년 집필한 『10만 개의 바늘구멍』을 재검토하면서, 지중해 남부에서 나를 설레게 만든 시나리오 하나를 찾아냈다. 하지만 이것에 대해 조금 불편한 마음이 있는 것은 사실이다. 한편으로는 아랍의봄 직전인 10년 전 '마레 노스트룸'의 남부 해안 지역이 어떠했는가를 보여주는 객관적인 이미지가 있었다. 즉, 이슬람근본주의가 이미 뿌리를 내리고 있었음에도 낙관적인 경제 전망이 지배하는 가운데 전 세계로부터 북아프리카와 중동에 대한 투자가 이어졌다. 무슨 일이 벌어질지는 아무도 알지 못했다. 다른 한편으로, 이러한 텍스트에는 끔찍한 배신을 당한 채 기회를 상실한 일련의 사건들이 포함되어 있었다. 그렇다면 이를 긍정적으로 되돌리기 위해서는 냉동실에 보관해둔 채 더 적절한 시기를 기다려야 할까? 역사가 우리 인간을 속이는 방법을 알고 있다는 점을 고려할 때, 잔인한 농담을 할 때마다 긍정적인 놀라움도 함께 나타날까? 어쩌면 또 다른 10년 후, 아니면 20년 후에나 그러할까? 10여 년 전에 내가 쓴 '잘못된' 글이 있는데, 그 내용 중 일부는 '우리가 있었던 곳'의 이미지였기에 흥미가 있었던 반면, 대부분은 이후의 발전에 의해 반박되었다. 그래도 나는 도덕적 의미만은 끝까지 유지했다.

중국 다음으로 세계에서 가장 많은 투자를 유치할 지역은 어디일까? ……
이를 예측하는 사람은 별로 많지 않다. 전 세계로부터 자본을 유치하면서
높은 경제성장을 기록하고 있는 지역은 이탈리아의 국경에서 그리 멀지
않은 곳에 있다. 그곳은 모로코에서 터키에 이르는 지중해 남부의 연안 지
역이다. 이탈리아의 이웃들로 지중해의 남부 지역에 위치한 이들은 해외
로부터의 투자 덕분에 7년 동안 6배의 성장을 기록했다. 2006년에 이러한
국가들은 중국의 700억 달러보다는 조금 작지만, 라틴아메리카에 투자된
금액의 두 배에 해당하는 600억 달러의 순수외국자본을 투자받았다. 오
늘날 세계의 17번째 경제력을 가진 터키는 15년 내에 세계의 톱 10에 진
입할 것으로 예상된다. 2000년 이탈리아의 GDP는 지중해의 모든 국가와
페르시아만 국가들을 더한 것만큼의 경제력, 즉 세계 GDP의 3.5퍼센트를
차지하고 있었다. 5년 후, 이탈리아 GDP의 비중은 그대로 유지될 것으로
예상되는 반면, 지중해-남부의 국가들과 페르시아만 국가들의 비중은 세
계 전체의 5.3퍼센트까지 증가할 것이다.

지중해 남부의 국가들은 프랑스, 이탈리아, 스페인과 같은 이웃 국가들의
투자만 유치한 것이 아니다. 이 지역의 경제성장을 견인하는 데 가장 적극
적인 국가 중에는 인도가 있는데, 이 나라는 자국의 진취적인 다국적기업
들과 함께 글로벌화의 가장 중요한 역할을 담당하고 있었다. 인도의 다국
적그룹인 타타는 자동차에서 정보학에 이르기까지 모로코에 막대한 자금
을 투자했다. 아시아의 용들 중 한국은 튀니지의 자동차 부품 생산에, 그
리고 시리아의 호텔업계에 투자했다.

지중해 남부의 성장세는 뚜렷하다. 당시의 초기 단계에서 이 지역의 GDP는 연평균 4.4퍼센트 성장했는데, 이는 존경을 뛰어넘는 가치이다. 이탈리아의 경우 지중해 남부의 재탄생은 특별한 기회를 제공한다. 우리는 이러한 지역들을 불법이민에서 이슬람근본주의에 이르는 위험들로만 인식하는 데 익숙했다. 이는 실제적인 현상들이며 결코 평가절하될 수 없는 내용이다. 그럼에도 우리 모두는 부정적인 측면만을 바라보았으며 진행 중에 있는 상당히 긍정적인 발전에는 관심을 두지 않는다. 북아프리카와 중동은 심각한 후진성, 해결해야 할 심각한 사회문제, 그리고 지속적으로 악화되고 있는 지리-정치적 심각한 긴장감에 직면해 있다. 하지만 이들의 산적한 문제들로 인해 진정 활력적인 발전이 저해되어서는 안 된다는 사실을 인식해야 한다. 우리와 이러한 국가들 간의 불평등은 상당하다. 지중해 남부 국가들의 경우 GDP는 이탈리아, 프랑스, 스페인, 그리스가 위치한 지중해 북부 지역의 국가들에 비해 12배가 낮은 형편이다. 지중해 남부 국가들의 1인당 국민소득 6,200달러는 1950년대 서유럽 국가들의 평균 정도에 불과하다. 이는 핸디캡으로 작용할까? 상황에 따라 다르다. 불평등은 하나의 자극이기도 하다. 우리는 1950년대 이탈리아가 독일과 프랑스 같은 선진국을 지향했을 때의 정신을 기억할 필요가 있다. 게다가 우리와 지중해 남부 지역 간 부의 현실적인 격차는 여전히 오늘날 중국의 1인당 소득과 일본의 1인당 소득 간 차이를 상회한다. 30년 전 중국의 빈곤은 접경 국가들에게는 단지 하나의 위협에 불과한 것처럼 보였었다. 하지만 우리는 그 결과가 무엇이었는지를 잘 알고 있다. 중국이 1979년 덩샤오핑의 의지에 따라 시장개혁의 결정을 내린 이후부터 보여준 놀라운 성장은 주변의 많은 국가에 동력으로 작용했다. 중국의 성장은 가장 먼저 투자의 기회를 엿보고 있던 인접 국가의 다국적기업들로부터 시작해서 해외자본들의 확고한 지지를 이끌어냈다. 일본, 타이완, 홍콩의 다국적기업들은 덩샤오핑이 문호를 개방하자마자 베이징, 상하이, 광둥에 진출했다.

한편, 독일은 베를린 장벽이 붕괴된 이후 자국의 자본을 투자하여 동유럽의 성장을 견인하는 중추적인 역할을 담당했다. 독일의 경쟁력, '메이드 인 저머니'의 활력은 오늘날 동유럽 인접 국가들로 자국의 생산 인프라 일부를 이전하면서 스스로를 재조직하는 독일 시스템의 능력을 지원하고 있다. 이는 인접 국가들에서 새로운 출구의 시장을 발전시키는 데 활용된다면, 동시에 보다 부유한 국가들이 높은 수준의 직종과 고부가가치의 활동에 전념할 수 있게 한다면 상당히 바람직해 보인다. 마그레브에서 중동에 이르는 연안 지역은 상당한 매력을 가지고 있다. 또한 이 지역의 지리적 입지도 매우 유리하다. 세계 해상 교통량의 3분의 1이 이곳의 연안을 통과한다. '메이드 인 차이나'는 유럽연합의 모든 국가로 항해할 뿐만 아니라 많은 컨테이너 선박들도 아시아에서 미국 동부 해안으로 항해한다. 새로운 항구가 탕헤르 근처에 건설되어 몇 년 안에 로테르담과 로스앤젤레스의 롱비치를 넘어 연간 850만 개의 컨테이너를 운반한다면, 이는 국제 교역의 일부를 점유하게 된다는 것을 의미한다. 덴마크의 머스크에서 두바이포츠월드까지 세계의 모든 주요 해운업체와 항만운송업체는 새로운 모로코항구에 터미널을 확보하기를 원했다. 거대한 탕헤르-메드 항구는 선박 물류사업을 넘어 경제발전의 중추가 될 것이 확실하다. 또 다른 강력한 매력은 인구이다. 20년 내에 지중해 남부 국가들의 인구는 3억 2,500만 명으로 증가할 것이 예상되는 반면, 지중해 북부 국가들의 인구는 전부 합쳐 모두 2억 명을 넘지 않을 것이다. (40년 전까지만 해도 관계는 역전되지 않았었다. 즉, 지중해 북부의 인구가 1억 7,000만 명이었던 반면, 남부는 1억 2,000만 명에 미치지 못하고 있었다.) 인구수와 함께 연령의 요인을 고려해야 한다. 지중해 북부의 국가들에서는 노령화가 지속적으로 진행되겠지만, 남부의 인구에서는 젊은이들이 차지하는 비중이 높아질 것이다. 우리는 과거 수십 년 동안 인구요인이 아시아의 기적을 얼마나 잘 지탱해주었는지를 잘 알고 있다.

지중해 남부가 자신의 모든 잠재력을 실현하기 위해서는 수많은 도전을 극복해야 한다. 문맹률, 부정부패, 광신적인 근본주의와 테러 폭력이 그것이다. 그렇지 않다면 소득과 인구의 측면에서 지중해의 남북 간 격차는 외부로의 이민으로 인해 계속해서 확대될 것이다.

문화의 필요성은 명백하다. 마그레브와 아랍 국가들은 과도하게 높은 문맹률로 인해 많은 어려움에 직면해 있다. 특히 기술, 수학, 과학과 경제에 대한 연구는 충분히 보편화되어 있지 않다. 문화적 도전에는 많은 이유가 있다. 여기에는 중요한 정치적 이유도 포함되어 있다. 지중해 남부 지역의 젊은이들에게 현대식 교육을 제공하고 인프라가 잘 갖추어진 일자리를 찾아주는 것은 오늘날 가장 보편화된 교육제도이며, 또한 서양에 대한 파괴적인 증오심을 부추기는 근본주의적인 마드라사[10]의 세력을 약화하는 데 도움이 된다. 교육은 이탈리아와 지중해를 연결하는 새로운 교량을 건설하는 데 필요한 요인이기도 하다. 또한 과거 역사적으로 아랍 세계와의 상호 관계를 통해 많은 부가 창출되었다는 사실을 기억할 필요가 있다. 나

---

10 madrasah, 모든 종류의 학교를 의미하는 아랍어 단어이며, 서양에는 대체로 이슬람교 신학학교 또는 대학을 가리키는 용어로 알려졌다.

폴리, 팔레르모, 바리는 지중해 남부의 국가들로부터 많은 젊은이를 끌어들이는 대학교육의 중심지로 가장 이상적이다. 이렇게 해서 많은 외국 학생을 유치하고 이들을 교육한 후 자국에서 이탈리아를 홍보하는 미래의 대사들로 만드는 노력이 필요하다. 사실 이러한 전략은 이미 미국, 영국, 독일, 프랑스에서 잘 활용되었다. 그리고 이러한 학생들은 자신들의 본국에서 이탈리아의 가치와 이해관계를 해석하고 새롭고 진지한 기회의 문을 열어줄 것이다.

환경의 문제는 한 가지 자료로 정리될 수 있을 것이다. 지중해는 세계 바다 면적의 0.1퍼센트를 차지하며, 세계 해양 동물군의 18퍼센트를 포함하고 있다. 환상적인 해상공원이지만 눈으로 보기에도 인간에 의해 심각하게 오염되고 있다. 지중해는 모든 연안 국가의 자원이며 우리 모두는 이 바다의 환경을 회복하고 보호하는 데 관심을 가져야 한다. 지중해가 있어야 우리 해안의 아름다움도 존재한다. 지중해는 야만적인 도시화, 무절제한 산업 계획, 그리고 물 위기로 인한 사막화에 직면해 있다. 이는 우리 후손의 미래를 위해 필수적으로 극복해야 할 도전이다. 이러한 분야에서 이탈리아는 최선과 최악의 능력을 함께 가지고 있다. 이탈리아에는 국내에 잘 보존된 해안, 낙원 같은 자연공원, 그리고 불법 활동으로 훼손된 끔찍한 자연과 지역들이 공존한다. 만약 이탈리아인들이 마피아 건물 소유주가 아니라, 이탈리아환경재단(Fondo Ambiente Italiano)과 골레타베르데[11]를 수출할 줄 안다면 모로코와 터키에서도 벤치마킹할 모델이 될 것이다. 환경 노하우는 마음의 상태가 아니다. 오히려 전문성, 과학, 복잡한 시스

---

11 Goletta Verde, 바다와 호수들을 오염과 불법, 화석연료, 쓰레기로부터 보호하는 단체.

템을 관리하는 능력이다. 다시 말해 미래가 우리의 자식들에게 제공할 수 있으며 우리가 후진 국가들에 확산시킬 수 있는 소명 중 하나이다.

모든 사람은 내가 제시한 텍스트를 빠르게 파악하여 자신이 원하는 도덕을 행동에 옮길 수 있다. 나는 이들 중 하나를 제안했다. 나는 중국과의 비교에서 이야기를 시작했다. 오늘날 아랍-마그레브 세계의 심각한 침체에 중국 붐의 모델을 적용하는 것은 우습고 의미가 없는 것처럼 보인다. 하지만 1976년 마오쩌둥이 사망하고 덩샤오핑이 권력을 계승하면서 중국의 경제가 미국 경제의 수준으로까지 발전하고 현대화될 것을 예상한 사람은 아무도 없었다. 중국의 지도 계층도 서양의 중국학자들도 적절한 예측을 하지 못했다. 중국은 빈곤한 국가로 남아 있을 수도 있었고, 동시에 마오쩌둥과 같은 카리스마 넘치는 독재자가 사라진 후 혼란 속으로 빠져들 수도 있었다. 상품을 수출하기보다는 해외 이민과 긴장감을 수출할 것 같았다. 그것도 상당한 규모로 말이다. 그럼 북한처럼 되었을까? 결정적인 차이는 중국의 지배 계급과 시민사회에 의해 드러났다. 사회의 소수 특권층은 결점이 많고 권위주의적이었지만, 근대화와 대중의 행복을 향한 평화적인 방향 전환을 추진할 줄 알고 있었다. 또한 이들은 교육에 많은 투자를 아끼지 않았다. 시민사회는 자신의 역할을 다했다. 즉, 더 나은 미래를 위한 노력, 기업가 정신, 헌신을 아끼지 않았다. 이들은 서방에 대한 원한을 억누르는 데 에너지를 낭비하지 않았다. 영국인들에 의해 고통을 받았던 인도 역시 비난을 강화하거나 피해를 입히거나 보상을 요구하거나 복수를 고려하지 않았다.

지중해 남부 지역의 역사는 아랍의봄이 실패한 데 따른 비극과 관련해 다른 길을 선택할 수도 있었다. 중국과 인도에서처럼 아랍 국가들에서도 민중과 이들의 지도자들이 차이를 만들어낸다. 지중해 남부 국가들의 심각한 병은 자신들의 책임을 떠맡지 않으려고 한다는 것이다. 모든 정치 색깔의 지도자들은 자신들의 국가를 파괴했고, 자신들의 편리함에 따라 식민지 이후의 알리바이 속으로 숨어들면서 계속해서 잘못을 서양에 돌렸다. 희생자 코스프레 문화는 이러한 국가들에서 시민사회의 많은 부분을 차단하는 어두운 악이며, 지도자들도 책임을 다른 사람들에게 돌렸다. '정치적으로 정직한' 엘리트들은 이들을 무시했는데, 그 이유는 이것이 우리가 항상 세상의 중심을 느끼는 방식이고 모든 것이 서양 때문이라고 자신을 속이기 때문이다. 서양은 더 이상 동력의 중심도, 모든 것의 원인도 아니다. 이러한 사실은 중국과 인도, 그리고 식민지 시대에 중동보다 더 빈곤했던 극동 국가 모두에 대한 비유에서 잘 드러난다.

집필한 내용을 다시 읽으면서 알게 된 또 다른 윤리는 지중해 남부의 저력이 아직도 그대로 유지되고 있다는 것이다. 사용된 적이 없기에 온전히 남아 있는 것이다. 이탈리아 운명의 일부는 이와 불가분의 관계로 얽혀 있다. 즉, 이탈리아는 항상 지중해의 남과 북을 이어주는 교량이었다.

나는 친퀘테레의 카모글리와 장프루투오소를 왕복하는 증기선 선원들이 멋진 슬로건이 적힌 티셔츠를 입고 있는 것을 보았다. "바다는 갈라진 사람들을 합쳐준다." 이것은 사실이다.

지극히 개인적인 소감
– 감사와 조언을 담아

그녀는 딱 한 번 먼 곳으로 상선을 타고 여행한 적이 있다. "바다와 항구, 제노바에서 휴스턴으로, 그리고 다시 돌아오는 40일의 여행이었어. 나는 전혀 좋지 않았단다. 거의 대부분의 시간을 선실에서 보냈으니까. 바다는 고통 그 자체였지. 휴스턴? 휴스턴은 살기에 끔찍한 곳이다. 이탈리아에 비해 모든 것이 너무 크고 상점들도 엄청나게 크단다."

나는 96세의 나이에도 놀라운 기억력을 가지고 있던 오르텐시아 고모가 돌아가시기 1년 전에 마지막으로 만났다. 카몰리의 경계 지역에 위치한 레시덴차프로테타 요양원으로 그녀를 만나러 갔었다. 그녀는 모든 것을 기억하고 있었고 나는 피곤함도 느끼지 못한 채 많은 질문을 했다. 가족 이야기, 삶에 대한 이야기들. 그녀는 이국적인 바다, 특히 남미의 바다에 관해 이야기했다. 집안의 남자들에 대한 이야기를 들어보자. 나의 어머니 집안의 많은 여인들처럼, 그녀는 힘든 삶을 살았다. 고모는 선장과 결혼했다. 그리고 오랫동안 사고와 난파를 겪으면서 위험한 항해를 했다. 사촌들은 태풍과 전염병으로 자식들을 잃었고, 한 삼촌은 배의 닻을 잘못 다루어 그 밑에 깔려 죽었다. 남편들은 여러 달 동안 떠나 있었고 소식은 거의 들려오지 않았다. 몇 번의 전신(電信)과 한두 번의 전화(요금이 상당히 비쌌다고 한다)가 전부였다. 오늘날에는 보편적으로 이용되고 있지만 당시에는 비행기로 집에 돌아가는 것도 불가능했다. 우리가 조 삼촌이라 불렀던 그녀의 남편은 텍사스 항구로 갈 때 딱 한 번 부인을 대동했다고 한다. "선장이라고 해도 여성을 태우기 위해서는 선박 소유자의 특별 허가를 받아야 했거든. 이후 조는 더 이상 나를 배에 태우지 않았어. 내가 배에 있는 남자들의 관심을 집중시키고 나의 존재가 선원들 간의 질서를 해칠까 염려한 거지." 고모는 매우 아름다웠으며 96세까지도 여전했다. 나는 고모를 치에타(zietta)로 불렀는데, 그녀가 세 자매 중 막내였기 때문이다. 더 이상 존재하지 않는 세계에 관해 고모가 이야기해준 것은 2016년이 마지막이었다.

그녀의 이야기에서 가장 압도적인 내용은 아버지에 대한 기억이었다. 나의 증조부인 마르티노 라체토도 선장으로 이름을 날렸으며, 권위주의적이고 성격이 급했다. "아버지는 수많은 범선을 탄 후에 제노아에서 남미로 항해하는 이탈리아 최초의 디젤 선박을 지휘한 선장이었어. 배는 스카포델 안살도가, 엔진은 피아트가 제작했어. 나는 이 나이까지도 선박을 잘 기억하고 있단다. 첫 항해였기에 안살도와 피아트는 선장을 위해 두 명의 엔지니어를 붙여주었지." 그녀는 마르티노의 전설적인 활동에 대해 이야기했다. 베네수엘라에서 쿠바에 이르기까지 남미의 지도자들과 만났으며 카몰리 해군박물관의 역사기록물보존소에 당시의 기념품들과 빛바랜 사진들이 남아 있다고 했다. 당시의 사진을 보면 증조부 마르티노는 가브리엘 가르시아 마르케스[1]가 쓴 『족장의 가을(El otoño del patriaca)』에 등장하는 인물들 옆에 있었다. "아버지의 선박들 중 한 척이 끔찍한 허리케인을 만

---

1 Gabriel García Márquez, 콜롬비아의 소설가로 노벨문학상을 수상했으며, 저널리스트이자 정치운동가이기도 했다.

나는 바람에, 쿠바의 사탕수수 농장에 처박혔단다. 아버진 노동자들을 지휘해 흙을 파내고 배를 꺼낸 후에 다시 바다에 띄웠지."

고모는 더 많은 여행을 원했을지도 모른다. 고모의 속마음을 누가 알겠는가! 당시는 여성들이 스스로의 삶을 결정할 수 있던 시대가 아니었다. 선원들은 신랑감으로 인기가 좋았다. 다른 사람들보다 더 많은 돈을 벌었고, 세계를 돌아다닌 덕분에 생각도 열려 있었다. 열린 생각으로, 자카르타에서 상하이, 아바나에서 카라카스에 이르는 매력적인 항구들에서 여러 달 동안 지내며 무슨 짓을 하고 다녔는지 누가 알겠는가. 어쨌든 다른 사람들, 즉 육지에서 일하는 사람들은, 고모 말로는 카몰리에서 '스타데기(stadeghi)', 즉 보다 촌티가 나고 열등한 육지노동자들로 불렸다.

선원의 부인들은 혼자 지내는 법을 배우며, 성인이 될 때까지 1년에 한두 번 정도 아버지의 얼굴을 보는 많은 수의 자식들을 키우며 지내고 있었다. 잔인한 운명이었다. 남편들은 세계 전체를 돌아다니고 있었지만, 부인들은 배가 돌아오기만을 기다리면서 보잘것없는 리구리아에 못 박힌 채 살고 있었다.

고모를 마지막으로 보았을 때에도 그녀는 혼자 잘 지내고 있었다. 그녀는 요양원에서 알츠하이머병에 걸린 동년배의 환자들과 함께 지냈다. 그녀는 이 요양원에서는 건강한 정신을 유지하고 있는 거의 유일한 사람이었을 것이며, 독서를 하면서 나름 노년의 세월을 이겨내고 있었다. 그녀는 빈첸조 몬티와 조수에 카르두치가 번역한 『일리아드』를 읽었다. 하루가 길게 느껴지는 날이면 테라스에 얼굴을 내밀고 오래전 아버지이자 남편이, 그리고 자식들이 출항하던 파라디소만을 바라보면서 아직도 기억하고 있는 노래 몇 구절을 읊조리곤 했다. 고등학교 시절부터 부르던 노래였다고 한다. 나는 그녀가 명확하지 않은 발음으로 카르두치의 『야만스러운 송시(Odi barbare)』[2]를 중얼거리는 것을 듣고 있었다. 그녀가 가장 좋아하는 시는 「여름날의 꿈(Sogno d'estate)」이었다.

뉴욕에 살 때 나는 가끔씩 어떤 의문을 떠올린 채 잠에서 깨어나곤 했다. 우리 집에서 두 블록 떨어진 콜럼버스 서클의 중심에는 아직도 크리스토퍼 콜럼버스의 동상이 남아 있을까? 동상을 철거하자는 움직임이 진행되고 있다. 콜럼버스의 또 다른 동상은 센트럴파크의 중심 지역에 있는데, 이는 이미 신원이 밝혀지지 않은 한 사람에 의해 훼손되었다. (나는 이탈리아인으로서, 그리고 제노바 사람으로서 확실히 알고 있지만, 아직도 그가 스페인 사람이며 그의 이름이 크리스토발 콜론[3]이라고 알고 있는 사람들이 없지 않다.) 조금 떨어진 곳에 있는 콜럼버스 거리도 다른 이름으로 바뀔까?

10년 전부터 미국 태생의 후손(한때 우리는 이들을 '아메리카 인디언'이라고 부르고 있었다) 몇 명과 그들에 동조하는 사람들이 콜럼버스가 이곳의 주민들을 학살한 살인범이라고 비난하고 있다. 매년 이들은 이탈로-아메리칸 공동체의 자긍심을 표출하는 국가 축제인 콜럼버스의날(Columbus Day)에 데모를 벌이고 있다. 이들은 항해자 콜럼버스를 기념하는, 뉴욕뿐만 아니라 미국 전국에 수없이 많은 동상들이 철거되기를 원하고 있다.

나는 콜럼버스에게 잘못이 있다고 확신한다. 그는 실제로 히스파니올라섬(오늘날에는 아이티와 산토도밍고를 포함하는)을 통치하던 짧은 기간에 노예무역이나 고문과 같은 잔인한 독재 행위로 고발된 바 있다. 하지만 원

---

2 1877~1889년에 출판된 세 권의 시집.

3 Cristóbal Colón, 콜럼버스의 에스파냐어명.

주민 대학살은 다른 인물들과 관련된 또 다른 이야기이다. 그는 위대한 항해자이자 최악의 통치자였지만 곧 자리에서 물러났다. 그는 정복을 계획하고 방대한 차원에서의 학살을 주도할 군사적인 수단도 문화도 가지고 있지 않았다. 이러한 학살 행위는 스페인과 포르투갈의 콩키스타도르들이 저질렀다. 이들은 사실상 군인이었다. 이후에는 네덜란드, 프랑스, 영국의 식민 개척자들이 북아메리카로 진출했다. 서쪽으로 세력을 확대하면서 정복은 한층 잔인하게 진행되었다. 산업화와 더불어 원주민 학살은 근대적인 무기 체계가 동원된 작전을 방불케 했다. 이것이야말로 진정한 의미의 인종 청소나 다름없었다. 제노바 출신의 항해자인 콜럼버스가 아메리카 대륙을 발견한 후 이를 유럽인들의 탐욕에 바쳤기 때문에 이 모든 것에 대한 책임이 있다고 비난할 수 있을까? 과장된 논리라는 생각이 든다. 그럼 신대륙의 명칭에 기원이 된 아메리고 베스푸치에 대해서는 뭐라고 할 것인가? 그렇다면 동상들을 철거하는 것에 그치지 않고, 미국을 다른 이름으로 불러야 할 것이다.

이 모든 것은 동상에 대한 올바른 인식과는 거리가 있어 보인다. 미국 남부 장군들의 명예를 기념하는 동상들은 비교적 최근의 인종차별적인 반란의 결과이며 많은 유적들이 1960년대에 건설되었다. 이들은 인권 개혁에 반대하며 마틴 루터 킹 목사의 운동과 케네디와 존슨의 반(反)분리주의 법에 적대적인 남부 백인들의 메시지였다. 이러한 동상들을 제거하는 것은 어쩌면 정당할지 모른다. 만약 동상들이 세워질 당시부터 정치적인 계산, 즉 남부의 '다양성'을 유지하고 에이브러햄 링컨 등에 대한 논쟁을 재개하려는 의지를 반영한 것이었다면 말이다.

어쨌든 동상들을 제거하는 것은 역사 연구를 회피하기 위한 지름길이 될 수 없다. 미국인들은 자국의 역사를 잘 알지 못하며 심지어 잘못 알고 있다. 신랄하지만 진실한 논쟁에 따르면, 미국인들은 "지도 위에 표시되지도 않은 국가들을 침략했다".

악을 검열하고 우리의 경관과 언어를 공포 가득한 과거의 잔재들로부터 정화하길 원하는 좌파의 정치적 구체성이 접목된 무지가 널리 확산되어 있다. 그렇다면 당시 독일인들은 나치 포로수용소의 잔재들을 파괴해야만 했을까? 이들을 보존하고 박물관으로 운영하며 과거를 성찰하는 기회로 삼고 역사의 교훈으로 이해하는 것이 바람직하다. 이것은 크리스토퍼 콜럼버스와 관련해서도 해야 할 일이다. 그를 연구해야 한다. 왜냐하면 대발견의 시대는 우리에게 많은 것을 가르쳐주기 때문이다. 공포, 잔혹함, 폭력, 범죄를 포함해서 말이다. 이것은 서양뿐만 아니라 인류 전체의 부담이 아닐 수 없다. 과거의 제국들, 즉 마야제국에서 오스만제국까지, 페르시아의 정복자들에서 중국의 제국들에 이르기까지 이들은 더 이상 우리를 탄압하지 않는다. 깨끗하고 순진한 역사는 존재하지 않는다.

혹시 내가 실존적 위기에 함몰된 것은 아닐까? 트럼프 시대에 미국 특파원으로 무엇을 하고 있는 것일까? 향후 3년 또는 7년 후 독자들에게 단지 공포의 이야기만을 하게 될까? 미국에 정착한 신문기자로서 나는 독자들을 위해, 역사적으로 향후 맞이하게 될 세계와 보다 발전된 근대성, 그리고 경제뿐만 아니라 학문, 기술, 사회적이고 가치 있는 트렌드를 선도할 국가를 탐험하는 임무를 수행했다. 적어도 나는 17년 전 샌프란시스코에 거주 목적으로 이사 와 첫 번째 인터넷 혁명의 진원지인 실리콘밸리를 경험했을 때 이러한 임무를 수행했었다. 이후 캘리포니아를 떠나 태평양을 건너 중국에 정착했을 때에도, 2001년 글로벌 경제에서 중국의 협력을 가리키는 지리-경제적인 혁명을 경험한 바 있다. 그 후 나는 오바마 대통령이 재임한 8년 동안 미국에 살았다.

오늘날 미국은 과거 지향적인 성향을 드러낸다. 트럼프 시대에 미국은 아무것도 발명하지 못했으며, 오래전부터 늙은 유럽에 존재하고 있던 포퓰리즘적인 소요의 요인들을 도입했다. 또한 트럼프는 저속한 리얼리티 TV라는 볼거리를 추가했을 뿐, 그 본질은 전혀 독창적이지 않았다.

한 가지 더 이야기할 것이 남아 있다. 그렇다고 트럼프가 지속적으로 원인을 제공한 격한 자극들과 스캔들에 대해서만 언급하고 싶지는 않다. 왜냐하면 지금 미국은 최저점을 찍었기에 재건의 실험실이 될 임무가 우리에게 있기 때문이다. 나는 경제적 재건을 생각하고 있다. 즉, 오바마는 2008년 공포의 경제적 침체로부터 우리가 벗어나도록 해주었다. 하지만 이런저런 이유로 해서, 심하게 불평등한 발전 모델을 수정하는 데는 성공하지 못했다. 나는 수준 있는 학위를 따는 데 50만 달러의 비용이 드는 아메리칸드림의 재구성에 대해 생각한다. 또한 나는 국가 이념, 견고한 공동체의 재구성을 생각한다. 왜냐하면 상호 간 증오, 불법화, 모욕, 파벌 조장이 거의 병적인 수준에 이르렀기 때문이다.

만약 이곳 미국에서 다른 미래를 향해 재출발하지 못한다면, 그 누구도 이에 성공하지 못할 것이라는 우려를 가지고 있다. 그 이유는 의외로 단순하다. 트럼프 현상의 구조적인 원인은 글로벌화를 소수의 이익을 위해 사용하고 이용했던 잔인하고 과두지배적인 자본주의 때문이다. 미국은 탐욕스러운 자본주의의 최전선이기 때문에 이곳에서 규칙을 바꾸기 위한 노력을 시작할 필요가 있다. 세계의 그 어느 국가도 홀로 이러한 역할을 감당하기에 충분한 저력을 가지고 있지 못하다. 미국은 새로운 경제를 발명하기 위한 재원을 보유하고 있다. 이념이 있고 젊은 다인종 사회가 있다. 가장 창의적인 재능을 가진 인재들이 전 세계에서 모여들고 있다. 미국의 서부와 동부 해안 지역을 대표하는 캘리포니아와 뉴욕에는 11월 8일 반(反)트럼프의 표를 쏟아냈던 많은 진보주의자들이 거주하고 있다. 또한 이러한 지역들에는 소매를 걷어 올리고, 우리가 어디서 잘못했는지를 이해하고, 포퓰리즘에서 복수와 희망을 추구했던 좌절하고 빈곤해진 사람들, 굴욕을 겪은 사람들과 신분의 날개가 꺾인 사람들과 대화하는 것을 배워야 하는 시민사회가 있다.

결코 쉽지 않은 전쟁이 될 것이다. 하지만 분명한 것은 이것이 트럼프에 반대하는 것만은 아니라는 사실이다. 우리를 고통스럽게 했던 문제는 그의 등장 이전부터 존재하고 있었다. 로널드 레이건 전 대통령의 1980년대부터, 신자유주의 정책과 문화 헤게모니와 더불어 이탈의 조짐, 즉 항상 극단으로 치닫던 불평등, 더욱 강력해지는 로비 활동, 자본에 오염된 민주주의의 현상들이 나타나기 시작했다. 악은 멀리서 유래했고 당파를 초월했다. 빌 클린턴이 서명한, 월스트리트에 백지 위임한 금융규제 완화가 그것이었다. 다국적기업들에 대한 세금 완화는 공화당과 민주당 모두의 지지를 받았다. 이 모델은 유럽으로 확대되었으며, 그리고 유럽 역시 이 문제를 해결해야만 했다. 하지만 제국의 중심이 바뀌지 않으면 주변부에서는 성공하기 힘들다.

세계가 미친 것처럼 보일 때, 우리의 모든 불확실성이 확산될 때 우리는 무엇에 의지할 수 있을까? 나는 책들에서 안식처를 찾는다. 고전을 선호하는데(당시 나는 톨스토이의 『전쟁과 평화』에 심취해 있었다), 그 이유는 이 모든 것이 19세기의 위대한 작품들에서 타의 추종을 불허할 정도로 언급되어 있다고 느끼기 때문이다. 그것은 이미 모든 것과 그 모든 것의 반대를 목격한, 우리보다 현명하고 명쾌한 한 증조부의 현명한 가르침을 마음 깊이 새기는 것과 다르지 않다.

나는 알레산드로 바르베로가 쓴 『야만족: 로마제국으로 유입된 이민자들, 난민들(Barbari. Immigrati, profighi, deportati nell'impero romano)』(2010)을 읽었다. 이 책에는 이탈리아, 지중해-유럽의 위대한 문명 몰락에 관한 놀라운 사실들이 기술되어 있다. 미국제국의 역사적 몰락과 불가피한 평행선이 아닐 수 없다. 이것은 역사가 때로는 퇴보한다는 것을 보여준다. 진보에 대한 숭배를 경험한 지금, 우리는 퇴보의 오랜 기간이 필요할 수 있다는 가능성을 점검해보아야 할까? 필요하다면……. 서양은 엘리트들이 헬레니즘 세계에서 그 절정에 도달했던 지식의 요인들과 세계에 대한 분석을 성찰하기 위해 르네상스를 기다려야만 했을까? 경제 전망에서 중세의 수 세기 동안에는 로마의 생산조직과 사회조직이 성숙된 순간과 비교할 때 상대적인 빈곤화의 시기가 있었다. 후손들이 우리보다 더 나은 환경에서 지내야만 한다는 이념은 우리가 부모의 세대에 비해 더 많은 부를 누렸다는 것과 마찬가지로 가장 최근에 만들어진 것이며 인류 역사에서 상당히 짧은 기간 동안에 증명된 바 있다. 더 나아가 바르베로가 쓴 저서의 주제는 이민이 침략이 되었는가, 그리고 언제 그렇게 되었는가와 같이 상당히 현실적이다. 이러한 역사적 현실에서 이주민들은 그들 고유의 가치를 동반해 주변에 영향을 주었을까?

나는 조깅할 때 오디오북으로 유발 노아 하라리의 『사피엔스(Sapiens)』 (2015, 한국어판은 김영사, 2015)를 듣는다. 이 저술은 상당히 수준 높은 걸작이다. 나는 각 장들의 행간에서 낙담, 현기증, 포기의 순간을 경험했다. 수만 년의 시간에 걸친 역사를 현재로 환원해 보는 것은 흥미로운 시도이다. 우리가 '역사'라고 부르는 것은 지극히 짧은 이야기로, 지구와 인간 식민주의 시대의 단 몇 초에 해당하는 극소한 부분에 해당한다. 우리는 존재한 이후 쓰거나 읽는 능력을 오랜 기간 보유하고 있지 않았고, 고정된 주거지를 가지고 있거나 정착 생활을 하지도 않았다. 우리가 농업 활동을 시작한 것은 극히 최근이다. 우리는 생존의 가장 오랜 기간을 유목민처럼, 먹을 것을 채집하는 사람들처럼, 그리고 사냥꾼들처럼 지냈다. 오늘날 우리는 피치 못하게 SUV를 타고 다니고, 바다에 플라스틱병을 버리며 정유업자들을 정부에 불러들인 트럼프를 선출했다. 즉, 우리는 언제나처럼 항상, 자연 자원의 한계가 존재하지 않는 거대한 지구에서 굶주리고 흩어져 살고 있는 소수의 인구에 불과했다. 만약 인류가 지구에 출현한 때부터 가장 최근까지, 그리고 우리가 역사라고 부르는 더 짧은 기간을 돌아본다면 다음과 같은 사실을 인정하게 된다. 즉, 모든 것이 너무 빠르게 일어났고, 우리는 불과 수천 분의 1나노초의 순수한 생존 논리에서 벗어나 치명적인 기술 능력을 소유하게 되었다. 하지만 우리는 여전히 도마뱀과 같은 대뇌피질을 가지고 있다.

네안데르탈인보다 더 우월한 호모 사피엔스의 등장을 가능하게 한 것이 무엇인지에 관한 최선의 설명은 무엇일까? 가치를 공유하고 스스로를 조직하며, 방대한 차원에서 협력하고 복잡한 사회를 형성하기 위해 이야기를 구성하며 신화(그리고 종교)를 만들어내는 능력이 그것일 것이다. 협력의 최종적인 목적이 보다 강력한 군대를 조직해 인근의 주민들을 학살하는 것일 때도 말이다. 우리는 꿈꾸고 무대에서 공연하고 시를 쓰고 차이코프스키의 심포니와 베르디의 레퀴엠에 감동의 눈물을 흘리고, 세르반테스와 구스타브 플로베르에 웃고, 카프카와 도스토옙스키에 전율하는 도마뱀이다. 이상한 창조물인 것이다. 우리의 동료들이 갈색이나 보라색 대신, 노란색이나 녹색에 투표한다고 해서 놀라워해야 할까?

지도를 이용해 세계에 대해 이야기한다는 발상은 프란체스코 안젤모로부터 얻었다. 그는 『중국의 세기(Il secolo cinese)』(2005)부터 시작해 오랫동안 나의 저술들을 출판해주고 있다. 이러한 발상은 다른 사람들, 특히 앵글로색슨의 문화권에서 시도된 바 있다. 나의 저술에 흥미를 느끼고 다른 수단들을 활용해 나와 같은 발상을 시도하길 원하는 사람들을 위해 가장 중요하다고 판단되는 책 몇 권을 소개하고 싶다. 이전의 여러 장들에서 이미 언급한 저술들 외에 개인적으로 선호하는 서적들은 다음과 같다.

Tim Marshall, *Le dieci mappe che spiegano il mondo*, Garzanti, 2017

Jerry Brotton, *La storia del mondo in dodici mappe*, Feltrinelli, 2013

Fernand Braudel, *Mediterraneo*, Bompiani, 2002

Cypriann Broodbank, *Il Mediterraneo*, Einaudi, 2015

Jared Diamond, *Collasso. Come le società scelgono di morire o vivere*, Einaudi, 2014

Peter Frankopan, *Le Vie della Seta*, Mondadori, 2017

영어 판본으로는 로버트 D. 캐플런의 거의 모든 저술을 추천한다.

The Revenge of Geography a Earning the Rockies e Asia's Cauldron

Graham Allison, *The Destined for War: Can America and China Escape*

Thucydides's Trap?

Neil MacGregor, *Germany: Memories of a Nation*

　프랑스 판본은 적게 읽었지만, 파트리스 그니페이와 티에리 렌츠가 감수한 『제국의 종말(La fin des Empires)』은 필수 도서이다. 또한 가브리엘 마르티네스그로스의 『제국의 간략한 역사(Brève histoire des empires)』는 이븐 칼둔[4]의 사고를 이해하는 데 많은 도움을 주었다. 내가 파리에 살고 있었을 때 장크리스토프 빅토르는 아르테 텔레비전 방송에서 지리에 대한 프로그램인 〈지도의 맨 아래(Le dessous des cartes)〉를 제안한 바 있으며, 이를 마친 후에는 지리-정치적이고 지리-경제적인 관점 등을 반영한 지도 관련 저술을 출간했다. 나는 프랑스어를 배우면서 아날학파(블로크, 브로델, 르 고프)와 이브 라코스테가 운영하는 잡지인 《헤로도토스》를 중심으로 형성된 지리정치학파에 존경심을 가지게 되었다. 이탈리아에는 이보다 더 훌륭한 잡지가 있는데, 이는 루치오 카라치올로가 펴내는 《라임스》이다. 나는 이 잡지의 열렬한 독자이다. 각 국가에 대한 분석을 위해서는 권위 있고 개괄적인 두 권의 소책자를 참고했는데, 이것들은 미국에서는 『…의 짧은 역사(A Short History of…)』로, 프랑스에서는 『내가 알고 있는 것은 무엇인가?(Que sais-je?)』로 출판되었다.

　더 많은 참고 서적을 제공할 수 있지만, 독자들에게 스트레스를 주고 싶지 않다. 우리는 경계 너머를 탐험하고 그곳에 가보려는 마음에 관해서는, 율리시스와 이를 비판하면서도 동시에 칭송했던 단테 알리기에리에게

4　Ibn Kaldun, 중세 이슬람 세계를 대표하는 역사가이자 사상가이자 정치가.

빚지고 있다. 이 책을 좋은 모양새로 마감하고 싶은 마음에, 다음의 인용을 통해 또 다른 여행으로 초대한다.

> 아이네이아스가 그에게 가에타라고 이름 짓기 전
> 거기 가까이 일 년 남짓 나를 감춰주던
> 키르케를 내가 떠나오던 그때에
>
> 자식의 사랑도, 늙은 아버지를 향한 효성도,
> 그리고 페넬로페를 언제나 기쁘게
> 해주었던 떳떳한 애정도
>
> 세상과 인간의 악과 그 값어치를
> 몸소 겪어보고자 내 속에 품었던
> 정열을 이겨내지 못했느니라.
>
> 오히려 나는 깊고 넓은 바다로, 나를
> 버리지 않았던 몇몇 벗들과 함께
> 외로이 배에 실려 맡겼더니라.
>
> 멀리 에스파냐와 모로코에 이르기까지
> 나는 이쪽저쪽의 언덕과 사르데냐의 섬을
> 골고루 이 바다가 씻어주는 섬들을 보았노라.

그 누구도 넘어 날지 못하도록

헤라클레스가 제 표지를 꽂아놓은

저 좁은 목으로 왔을 때에는

나와 길벗들은 늙고 흐려졌노라.

오른쪽으로 나는 세비야를 떠났고

왼쪽으론 이미 세우타를 떠났더니라.

나는 말했더니라. "오, 너희 천만 위험을

거쳐 서쪽에 다다른 겨레들이여,

너희 감각에 이렇게라도 강인하게

아직 남아 있는 목숨에 즈음하여

태양을 사뭇 따라서 사람 없는

세계를 찾으려는 그 생각을 버리지 마라.

너희는 모름지기 너희의 타고남을 생각할지니

짐승처럼 살고자 태어났음이 아니라

덕과 지식을 쫓기 위함이었느니라.

단테 알리기에리, 『단테의 신곡』

함께 읽으면 좋은 갈라파고스의 책들

『프로메테우스의 금속』
기욤 피트롱 지음 | 양영란 옮김 | 304쪽 | 16,500원

'차세대 석유'로 불리는 희귀 금속은 전 세계가 지향하는 친환경 자본주의의 핵심이다. 석유
와 석탄을 대체해 탄소 중립을 가능하게 할 에너지원이자 하이테크 산업과 군사 무기에 필수
적인 전략 자원이기 때문이다. 탄소 중립 시대, 세계는 지금 어떤 자원에 의존하는가. 그린 뉴
딜은 '어떻게' 가능한가. 세계 무역 전쟁과 영유권 분쟁의 실체는 무엇인가. 에너지 전환은 현
재 전 세계의 과업이 되었고, 중국은 그것의 핵심 자원인 희귀 금속 대부분을 독점 생산한다.
이것은 무엇을 의미하며 어떤 변화를 불러올 것인가. 희귀 금속 의존에 따른 환경, 경제, 지정
학적 비용은 무엇인가. 이러한 질문에 답하기 위해 6년간 12개국의 현장을 촘촘히 취재한 책
이다.

『물질문명과 자본주의 읽기』
자본주의라는 이름의 히드라 이야기
페르낭 브로델 지음 | 김홍식 옮김 | 204쪽 | 12,000원

역사학의 거장 브로델이 우리가 미처 알지 못했던 자본주의의 맨얼굴과 밑동을 파헤친 역작.
그는 자본주의가 이윤을 따라 변화무쌍하게 움직이는 카멜레온과 히드라 같은 존재임을 밝혀
냄으로써, 우리에게 현대 자본주의의 역사를 이해하고 미래를 가늠해볼 수 있는 넓은 지평과
혜안을 제공했다. 이 책은 그가 심혈을 기울인 '장기지속으로서의 자본주의' 연구의 결정판이
었던 『물질문명과 자본주의』의 길잡이판으로 그의 방대한 연구를 간결하고 수월하게 읽게 해
준다.

『자유로서의 발전』
과거, 현재, 그리고 미래의 모든 지식을 찾아
찰스 밴 도렌 지음 | 박중서 옮김 | 924쪽 | 35,000원
• 한국간행물윤리위원회 선정도서 | 한국경제, 매일경제, 교보문고 선정 2010년 올해의 책

아시아 최초로 노벨 경제학상을 수상한 경제학의 '마더 테레사', 아마티아 센.
민주주의와 자유의 확장이야말로 진정한 발전의 목표임을 실증적으로 규명한 현대의 고전.
이 책은 아마티아 센이 평생에 걸쳐 추구한 웅대한 문제의식의 결정판으로서, 민주주의와 자
유의 확장이야말로 진정한 발전의 목표임을 실증적으로 밝혀내고 있다. 센의 문제의식은 역
량의 회복을 통해 대다수 사람들의 삶의 질이 향상되는 균형잡힌 성장에 초점이 맞추어진다.
특히 센의 민주주의를 기반으로 한 발전관은 개발독재에 신음했던 우리에게도 중요한 시사점
을 준다. 그에 따르면 박정희 정권 시기에 민주화와 사회정의를 위한 저항과 투쟁이 실제로
경제성장에 중요한 영향을 미쳤다는 것이다. 한국사회는 경제민주화를 비롯한 새로운 패러다
임의 요구에 직면했음에도, 아직까지 개발독재의 망령과 성장숭배의 폐해를 떨쳐내지 못하고
있다. 『자유로서의 발전』은 이런 한국사회가 온전한 사회발전을 위해 어떠한 문제의식과 실천
이 선행되어야 하는지를 명쾌하게 제시해준다.

『지식의 역사』
과거, 현재, 그리고 미래의 모든 지식을 찾아
찰스 밴 도렌 지음 | 박중서 옮김 | 924쪽 | 35,000원
• 한국간행물윤리위원회 선정도서 | 한국경제, 매일경제, 교보문고 선정 2010년 올해의 책

문명이 시작된 순간부터 오늘날까지 인간이 생각하고, 발명하고, 창조하고, 고민하고, 완성한
모든 것의 요약으로, 세상의 모든 지식을 담은 책. 인류의 모든 위대한 발견은 물론이거니와,
그것을 탄생시킨 역사적 상황과 각 시대의 세심한 풍경, 다가올 미래 지식의 전망까지도 충실
히 담아낸 찰스 밴 도렌의 역작.

지도 위의 붉은 선
지도가 말하는 사람, 국경, 역사 그 운명의 선을 따라나서는 지정학 여행

1판 1쇄 인쇄 2022년 4월 11일
1판 1쇄 발행 2022년 4월 20일

지은이 페데리코 람피니 | 옮긴이 김정하
책임편집 김지하 | 편집부 김지은 | 표지 디자인 디스커버

펴낸이 임병삼 | 펴낸곳 갈라파고스
등록 2002년 10월 29일 제2003-000147호
주소 03938 서울시 마포구 월드컵로 196 대명비첸시티오피스텔 801호
전화 02-3142-3797 | 전송 02-3142-2408
전자우편 books.galapagos@gmail.com
ISBN 979-11-87038-84-9 (03300)

갈라파고스　자연과 인간, 인간과 인간의 공존을 희망하며, 함께 읽으면 좋은 책들을 만듭니다.